Coleção
Resumos para
CONCURSOS

*Organizadores*
Frederico Amado | Lucas Pavione

10

# Direito Penal

## Parte Especial

Coleção
Resumos para
CONCURSOS

Organizadores
Frederico Amado | Lucas Pavione

10

Caroline Argôlo
Fábio Roque Araújo

# Direito Penal

## Parte Especial

3ª Edição | revista atualizada ampliada

2021

EDITORA JusPODIVM
www.editorajuspodivm.com.br

EDITORA *Jus*PODIVM
www.editorajuspodivm.com.br

Rua Canuto Saraiva, 131 – Mooca – CEP: 03113-010 – São Paulo – São Paulo
Tel: (11) 3582.5757
• Contato: https://www.editorajuspodivm.com.br/sac



**Capa:** Ana Caquetti

**Diagramação:** Futura *(rogerio@futuraeditoracao.com)*

**ISBN:** 978-65-5680-739-3

# APRESENTAÇÃO DA COLEÇÃO

A *Coleção Resumos para Concursos* tem por objetivo a preparação do candidato em disciplinas jurídicas e não jurídicas de maneira objetiva e didática, com o uso de linguagem simples para facilitar a compreensão do leitor.

Em todos os volumes foram abordados os temas essenciais de cada disciplina, sintetizados com bastante atenção para permitir ao leitor uma preparação eficaz e rápida.

Ademais, logo no início de cada capítulo foi indicada a legislação básica sobre o tema discutido ("leia a lei"), o que facilita a separação prévia e a consulta dos principais dispositivos legais durante a leitura.

Ao longo do texto são apresentados com destaque os principais julgados e súmulas dos Tribunais Superiores em destaque, especialmente do Supremo Tribunal Federal e do Superior Tribunal de Justiça.

Para chamar à atenção aos temas mais cobrados nos concursos públicos, quadros de ATENÇÃO foram inseridos ao longo dos capítulos para destacá-los.

Ao final dos capítulos foram inseridos tópicos-síntese abarcando os principais pontos abordados, permitindo uma visão geral dos temas tratados e a elaboração de mapas mentais.

Enfim, a *Coleção Resumos para Concursos* foi concebida com o propósito de otimizar tempo e estudo dos "concurseiros"!

Bons estudos!

***Organizadores***

Lucas dos Santos Pavione

Frederico Amado

# SUMÁRIO

## TÍTULO I - DOS CRIMES CONTRA A PESSOA



## Título II - DOS CRIMES CONTRA O PATRIMÔNIO

## Título III – DOS CRIMES CONTRA A PROPRIEDADE IMATERIAL



## Título IV DOS CRIMES CONTRA A ORGANIZAÇÃO DO TRABALHO

## Título V DOS CRIMES CONTRA O SENTIMENTO RELIGIOSO E CONTRA O RESPEITO AOS MORTOS



## Título VI – DOS CRIMES CONTRA A DIGNIDADE SEXUAL



## Título VII – DOS CRIMES CONTRA A FAMÍLIA

## Título VIII – DOS CRIMES CONTRA A INCOLUMIDADE PÚBLICA



## Título IX – DOS CRIMES CONTRA A PAZ PÚBLICA



## Título X – DOS CRIMES CONTRA A FÉ PÚBLICA

## Título XI – DOS CRIMES CONTRA A ADMINISTRAÇÃO PÚBLICA

# Título I

# DOS CRIMES CONTRA A PESSOA

Capítulo

# 1

# DOS CRIMES CONTRA A VIDA

***Leia a Lei:***

- *arts. 121 a 128 do CP.*

**Homicídio simples**

**Art. 121.** *Matar alguém:*

**Pena** – *reclusão, de seis a vinte anos.*

**Caso de diminuição de pena**

**§ 1º** *Se o agente comete o crime impelido por motivo de relevante valor social ou moral, ou sob o domínio de violenta emoção, logo em seguida a injusta provocação da vítima, o juiz pode reduzir a pena de um sexto a um terço.*

**Homicídio qualificado**

**§ 2°** *Se o homicídio é cometido:*

**I** – *mediante paga ou promessa de recompensa, ou por outro motivo torpe;*

**II** – *por motivo fútil;*

**III** – *com emprego de veneno, fogo, explosivo, asfixia, tortura ou outro meio insidioso ou cruel, ou de que possa resultar perigo comum;*

**IV** – *à traição, de emboscada, ou mediante dissimulação ou outro recurso que dificulte ou torne impossível a defesa do ofendido;*

**V** – *para assegurar a execução, a ocultação, a impunidade ou vantagem de outro crime:*

**Pena** – *reclusão, de doze a trinta anos.*

**Feminicídio**

**VI** – *contra a mulher por razões da condição de sexo feminino:*

**VII** – *contra autoridade ou agente descrito nos arts.142 e 144 da Constituição Federal, integrantes do sistema prisional e da Força Nacional de Segurança Pública, no exercício da função ou em decorrência dela, ou contra seu cônjuge, companheiro ou parente consanguíneo até terceiro grau, em razão dessa condição:*

**VIII** - com emprego de arma de fogo de uso restrito ou proibido: (Incluído pela Lei nº 13.964, de 2019) (Vigência) Pena - reclusão, de doze a trinta anos.

**Pena** – *reclusão, de doze a trinta anos.*

**§ 2°-A** *Considera-se que há razões de condição de sexo feminino quando o crime envolve:*

**I** – *violência doméstica e familiar;*

**II** – *menosprezo ou discriminação à condição de mulher.*

**Homicídio culposo**

**§ 3º** *Se o homicídio é culposo:*

**Pena** – *detenção, de um a três anos.*

**Aumento de pena**

**§ 4o** *No homicídio culposo, a pena é aumentada de 1/3 (um terço), se o crime resulta de inobservância de regra técnica de profissão, arte ou ofício, ou se o agente deixa de prestar imediato socorro à vítima,* *não procura diminuir as consequências do seu ato, ou foge para evitar prisão em flagrante. Sendo doloso o homicídio, a pena é aumentada de 1/3 (um terço) se o crime é praticado contra pessoa menor de 14 (quatorze) ou maior de 60 (sessenta) anos.*

**§ 5º** – *Na hipótese de homicídio culposo, o juiz poderá deixar de aplicar a pena, se as consequências da infração atingirem o próprio agente de forma tão grave que a sanção penal se torne desnecessária.*

**§ 6o** *A pena é aumentada de 1/3 (um terço) até a metade se o crime for praticado por milícia privada, sob o pretexto de prestação de serviço de segurança, ou por grupo de extermínio.*

**§ 7o** *A pena do feminicídio é aumentada de 1/3 (um terço) até a metade se o crime for praticado:*

**I** – *durante a gestação ou nos 3 (três) meses posteriores ao parto;*

**II** – *contra pessoa menor de 14 (catorze) anos, maior de 60 (sessenta), com deficiência ou portadora de doenças degenerativas que acarretem condição limitante ou de vulnerabilidade física ou mental;*

**III** – *na presença física ou virtual de descendente ou de ascendente da vítima;*

**IV** – *em descumprimento das medidas protetivas de urgência previstas nos incisos I, II e III do caput do art. 22 da Lei n. 11.340, de 7 de agosto de 2006.*

## 1. TOPOGRAFIA DO ART. 121

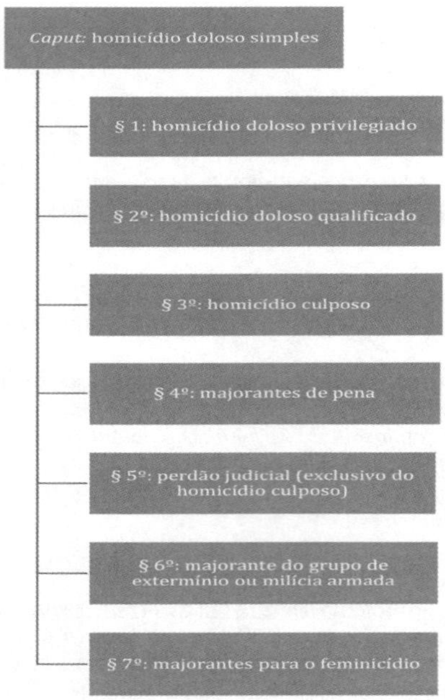


### 1.1. Introdução

O artigo 121 do Código Penal descreve a conduta delitiva de matar alguém, ou seja, quando o agente ceifa a vida de um Homem, age com *animus necandi*. Ademais, incorpora aos seus parágrafos a possibilidade de minorante, as suas formas qualificadas, faz a previsão de sua modalidade culposa, além de indicar as hipóteses de majorantes.

A pena para o crime em sua modalidade simples é de reclusão de seis a vinte anos. Na modalidade qualificada, a pena será de doze a trinta anos.

Ademais, em se tratando de crime que deixa vestígios (portanto, não transeunte), é indispensável a realização do exame de corpo de delito (que, no caso, diz respeito ao exame cadavérico). Todavia, a impossibilidade de realizá-lo (ex.: o corpo nunca foi encontrado) não impede que a prova seja produzida por outra forma, nos termos do artigo 167 do CPP. Este é, inclusive, o entendimento do STF (RHC 113508, Relator (a): Min. Ricardo Lewandowski)

No que tange ao homicídio previsto no *caput*, homicídio simples, em regra, embora seja de maior potencial ofensivo, não é hediondo, salvo quando praticado em atividade típica de grupo de extermínio.

Ainda sobre o *caput*, assinale-se que o tipo não exige uma finalidade específica. Noutro passo, uma vez que exista tal finalidade, poderá restar configurado um privilégio ou uma qualificadora.

Acerca da classificação, o crime de *homicídio* é comum (qualquer um pode ser sujeito ativo); simples; de dano; de forma livre (como regra, pois existem modalidades qualificadas que indicam os meios e modos para a prática do delito (hipóteses dos incisos III e IV)); doloso ou culposo; comissivo ou omissivo; instantâneo de efeitos permanentes; monossubjetivo; plurissubsistente.

## 1.2. Homicídio privilegiado

A previsão do § 1º corresponde a uma causa especial de diminuição, devendo, como se sabe, ser valorada por ocasião da terceira fase da dosimetria da pena (se reconhecidas pelos jurados, o juiz deve reduzir a pena). Assevere-se que se consagrou em nossa doutrina e jurisprudência a utilização da expressão "homicídio privilegiado" para designar o homicídio com causa de diminuição de pena.

a) **Motivo de relevante valor social ou moral;**

O **relevante valor social** é aquele que diz respeito à coletividade, não se adstringindo aos interesses

do homicida. Na dicção da doutrina clássica, haveria um homicídio praticado em razão de relevante valor social na conduta do homem que mata o traidor da pátria, em defesa dos interesses da nação.

Já o motivo de **relevante valor moral** corresponde aos interesses individuais do homicida, ligados aos sentimentos de compaixão, misericórdia ou piedade. Um exemplo emblemático, trazido, inclusive, pela exposição de motivos do Código, é a eutanásia.

A ideia defendida pelo legislador é que em ambos os casos o agente atua de forma menos ignóbil do que nos demais tipos de homicídio. Assim, uma vez considerada a menor reprovabilidade, justifica-se a incidência da causa de diminuição de pena.

b) **Sob o domínio de violenta emoção, logo em seguida à injusta provocação da vítima (homicídio emocional).**

Inicialmente, cumpre não confundir a situação do agente que está sob o **domínio** de violenta emoção com a daquele que está, apenas, sob a **influência** da emoção. A distinção possui significativa importância prática, na medida em que, a influência da emoção constitui uma circunstância atenuante, prevista no art. 65, III, *c*, Código Penal.

Estar sob o domínio da emoção significa dizer que o agente se encontra completamente "fora de si", isto é, perdeu o controle, momentaneamente, sobre a sua conduta.

Assim como não deve ser confundida com a simples influência da emoção, não há que se cogitar qualquer modalidade de inimputabilidade, porquanto ausente a doença mental, exigida pelo art. 26 do Código Penal.

No que tange à expressão "logo em seguida", não há uma determinação temporal precisa, devendo ser analisado o caso concreto. Não obstante, a jurisprudência consagrou entendimento de que enquanto perdurar o domínio da violenta emoção, qualquer reação será considerada imediata.

Importa destacar, ainda, que o dispositivo legal em comento exige a injusta provocação (qualquer conduta desafiadora), e não a agressão (exigida para a caracterização da legítima defesa, prevista no art. 25, Código Penal).

Assinale-se, por fim, que na dicção do art. 30 do Código, as privilegiadoras são circunstâncias subjetivas, incomunicáveis, portanto, aos demais concorrentes do crime.

## 1.3. Homicídio qualificado

As qualificadoras previstas no § 2º dizem respeito aos motivos (incisos I e II), meios (III), modos (IV) e fins (V) do homicídio.

Assevere-se que o homicídio qualificado será sempre hediondo, conforme determina o art. 1º da Lei 8.072/90.

**a) Paga, promessa de recompensa ou outro motivo torpe (interpretação analógica);**

Paga (o matador já recebeu) ou promessa de recompensa (o matador irá receber após a execução) são exemplos de "homicídio mercenário". A distinção entre as duas modalidades, conforme visto, reside quando se dá o pagamento.

Ademais, no que diz respeito ao homicídio mercenário, prevalece que a recompensa deve ser de natureza patrimonial. Não obstante, tendo a recompensa outro caráter, a exemplo de um favor sexual, nada impede a caracterização do motivo torpe. É dizer, ele não poderá ser classificado como mercenário, mas continuará sendo um motivo torpe.

Conforme o entendimento do STJ, o **reconhecimento da qualificadora da "paga ou promessa de recompensa" (inciso I do § 2º do art. 121) em relação ao executor do crime de** homicídio mercenário **não qualifica automaticamente o delito em relação ao mandante, nada obstante este possa incidir no referido dispositivo caso o motivo que o tenha levado a empreitar o óbito alheio seja torpe (REsp 1.209.852-PR, Rel. Min. Rogerio Schietti Cruz)**

O dispositivo em apreço ainda faz menção a "outro motivo torpe". Motivo torpe é aquele que causa repugnância, asco, e que, portanto, é digno de maior reprovabilidade. É o emblemático exemplo da pessoa que mata o próprio pai para ficar com a sua herança ou seguro de vida.

A questão ainda controversa reside na admissibilidade da incidência desta qualificadora em hipóteses emblemáticas como no homicídio praticado por ciúmes e por vingança. Acerca disto, o STJ já decidiu que "o ciúme, por si só, sem outras circunstâncias, não caracteriza o motivo torpe" (HC 123.918/MG, Rel. Min. Felix Fischer). Ademais, conforme assentou o STF, a vingança, por si só, não consubstancia o motivo torpe, que há de ser aferida à luz do contexto do fato. (REsp 785.122-SP, Rel. Min. Og Fernandes).

**b) Motivo fútil;**

Trata-se do motivo banal, irrelevante, desproporcional. Refere-se à pequeneza do motivo. É o caso do sujeito que mata a vítima porque, por exemplo, ela torcia por outro time de futebol, ou por uma briga de trânsito.

Discute-se se haveria a qualificadora em tela em caso de homicídio praticado sem motivo algum. Sobre o tema, a doutrina se manifesta de forma diversa. Há quem defenda que sim, pois seria um contrassenso que o legislador punisse com pena mais grave o agente que comete um homicídio por um motivo banal e não fizesse o mesmo com aquele agente que o fizesse sem motivo algum. Noutro passo, há quem defenda que a ausência de motivos não qualifica o crime, tão somente por falta de previsão legal. Ademais, a intenção de comparar a ausência de motivos a motivo fútil seria analogia *in malam partem*.

***POSIÇÃO DO STJ***

*"Motivo fútil não se confunde com ausência de motivos, de tal sorte que se o crime for praticado sem nenhuma razão, o agente somente poderá ser denunciado por homicídio simples". (HC 152.548/MG, Rel. Min. Jorge Mussi).*

**c) Com emprego de veneno, fogo, explosivo, asfixia, tortura ou outro meio insidioso ou cruel, ou de que possa resultar perigo comum (interpretação analógica);**

Percebam que o inciso aponta exemplos de meios insidiosos ou cruéis, cabendo, portanto, interpretação analógica no caso concreto. Ademais, registre-se que meio insidioso é aquele ministrado pelo agente sem que a vítima tome conhecimento. Por sua vez, meio cruel é aquele que produz sofrimento excessivo, desproporcional. Por fim, meio que possa resultar perigo comum é aquele que pode afetar um número indeterminado de pessoas.

Acerca do venefício (homicídio com emprego de veneno), assinale-se que veneno é toda substância capaz de perturbar ou destruir as funções vitais do organismo humano. Assim, por exemplo, considera-se veneno o açúcar, uma vez estejamos diante de uma vítima sabidamente diabética. De mais a mais, a caracterização do venefício exige que a vítima desconheça da substância que está sendo ingerida. Portanto, presume-se a insídia.

**d) À traição, de emboscada, ou mediante dissimulação ou outro recurso que dificulte ou torne impossível a defesa da vítima (interpretação analógica);**

A traição consiste no ataque desleal e inesperado, a exemplo do agente que atira na vítima que estava dormindo.

Já a emboscada, exige que a espreita do agente, o seu ocultamento, que ataca a vítima com surpresa.

No que tange à dissimulação, o agente oculta a sua intenção.

Por fim, assevere-se que a idade da vítima, por si só, não implica na incidência da qualificadora, vez que se trata de uma característica da vítima e não de um recurso utilizado pelo agente.

**e) Para assegurar a execução, a ocultação, a impunidade ou a vantagem de outro crime (homicídio qualificado pela conexão);**

A qualificadora em análise haverá de incidir, ainda que o agente pratique o homicídio para assegurar a execução de crime (conexão teleológica) que não chegue a ser executado, ou que venha a ser executado por outro agente. De igual modo, restará qualificado ainda que para assegurar a ocultação ou impunidade (conexão consequencial) de crime prescrito, ou cuja punibilidade esteja extinta por outra razão, ou, ainda, que tenha sido cometido por outro agente.

a execução, ocultação, impunidade ou vantagem de contravenção penal ou ilícito extrapenal, porquanto constituiria analogia *in malam partem*, sabidamente vedada no Direito Penal.

**f) Contra a mulher por razões da condição de sexo feminino (Feminicídio);**

Preliminarmente, insta assinalar que o feminicídio não deve ser confundido com o femicídio, vez que este último trata do homicídio cuja vítima é uma mulher, mas não exige que a conduta criminosa tenha sido motivada exclusivamente pelas razões de condição de sexo feminino, que implica em menosprezo ou discriminação (feminicídio).

A inserção da qualificadora do feminicídio ainda é objeto de inúmeras críticas capitaneadas pelos estudiosos da área. Há quem defenda a desnecessidade da referida inserção, vez que feriria o princípio da igualdade, proclamado pela nossa Carta Magna. Com a devida licença aos defensores de tal argumento, já resta mais que consagrado que a premissa do sobredito princípio é de que deve ser ele analisado sob o seu prisma material (equidade), haja vista que a sua perspectiva meramente formal, em verdade, não se coaduna com o ordenamento jurídico pátrio. Ademais, negar o mandamento da equidade é, em verdade, negar a legitimidade de toda e qualquer ação afirmativa promovida pelo mesmo ordenamento. Noutro passo, há quem defenda que outras qualificadoras já presentes no crime de homicídio teriam o condão de qualificar condutas representadas pela descrição do novel parágrafo. É preciso ratificar que a intenção do legislador, assim como de todas as discussões que antecederam a inovação do artigo, não foi dizer o óbvio, já que, decerto, a motivação intrínseca do feminicídio já seria capaz de qualificar a conduta. Trata-se, sem dúvidas, de uma política criminal necessária, que pretende dar azo às questões das minorias, dos subjugados, dos hipossuficientes e, desta forma, festejar o princípio da igualdade, notadamente em sua perspectiva material.

Registre-se que a maioria doutrinária define pessoa do sexo feminino juridicamente, não biologicamente, pelo que a transexual pode ser vítima do referido crime. Não obstante, haja vista as recentes e avançadas discussões acerca do gênero, fica aqui o registro de que, talvez, tenha o legislador perdido a oportunidade de ampliar as questões que permeiam a tão pleiteada igualdade material, quando restringiu a aplicação da qualificadora ao reconhecimento jurídico do gênero.

- ➢ De mais a mais, assinale-se que a pena do feminicídio deve ser aumentada de um terço até a metade se o crime for praticado durante a gestação ou nos 3 (três) meses posteriores ao parto, contra pessoa menor de 14 (catorze) anos, maior de 60 (sessenta), com deficiência ou portadora de doenças degenerativas que acarretem condição limitante ou de vulnerabilidade física ou mental, na presença física ou virtual de descendente ou de ascendente da vítima, ou em descumprimento das medidas protetivas de urgência previstas nos incisos I, II e III do *caput* do art. 22 da Lei n. 11.340, de 7 de agosto de 2006, Lei Maria da Penha, conforme prevê o § 7º do artigo, recentemente alterado pela Lei 13.771/2018.

Note-se que o § 7º prevê causas de aumento exclusivas para o crime de feminicídio. A Lei 13.771/2018 promoveu algumas alterações nas referidas causas. No que tange ao inciso II, fora acrescentada a hipótese de aumento de pena quando a mulher for portadora de doenças degenerativas que acarretem condição limitante ou de vulnerabilidade física ou mental. Já o inciso III foi alterado para deixar expresso que a presença de descendente ou ascendente da vítima poderá ser física ou virtual. Quanto ao inciso IV, inserido pela aludida lei, representa importante avanço, notadamente na busca pela efetivação do cumprimento das medidas protetivas de urgência.

Assevere-se, por ser importante, que a Lei 13.641/18 também alterou dispositivos da Lei Maria da Penha, Lei 11.340/06, tipificando o crime de descumprimento de medidas protetivas de urgência impostas em razão de violência contra mulheres, cuja pena é de detenção de 3 (três) meses a 2 (dois) anos.

**g) Homicídio funcional.**

Trata-se de homicídio cometido contra autoridade ou agente descritos nos arts. 142 e 144 da Constituição Federal, quais sejam agentes das Forças Armadas, da polícia federal, da polícia rodoviária federal, da polícia ferroviária federal, das polícias civis, das polícias militares e dos corpos de bombeiros militares, bem como dos integrantes do sistema prisional e da Força Nacional de Segurança Pública.

Registre-se que os guardas municipais e os agentes de trânsito (arts. 144, §§ 8º e 10 da Constituição Federal), de acordo com parte considerável da doutrina, também podem figurar como sujeitos passivos no homicídio funcional, haja vista serem considerados auxiliares da Segurança Pública.

Destaque-se que a qualificadora pressupõe que o crime tenha sido cometido contra os sobreditos sujeitos no exercício da sua respectiva função ou em razão dela.

Por fim, frise-se que também são sujeitos passivos deste crime cônjuge, companheiro ou parente consanguíneo até terceiro grau dos agentes referenciados, desde que tenham sido vítimas em razão dessa condição.

**h) Emprego de arma de fogo de uso restrito ou proibido**

O Pacote Anticrime, Lei n. 13.964/2019, prevê pena de 12 a 30 anos para homicídios cometidos com emprego de arma de fogo de uso restrito ou proibido. Todavia, o dispositivo havia sido vetado sob o argumento de que "*A propositura legislativa, ao prever como qualificadora do crime de homicídio o emprego de arma de fogo de uso restrito ou proibido, sem qualquer ressalva, viola o princípio da proporcionalidade entre o tipo penal descrito e a pena cominada, além de gerar insegurança jurídica, notadamente aos agentes de segurança pública, tendo em vista que esses servidores poderão ser severamente processados ou condenados criminalmente por utilizarem suas armas, que são de uso restrito, no exercício de suas funções para defesa pessoal ou de terceiros ou, ainda, em situações extremas para a garantia da ordem pública, a exemplo de conflito armado contra facções criminosas*".

Com a rejeição deste veto, ocorrida em 19/04/2021, homicídios praticados com arma de fogo de uso restrito passam a ser qualificados, cuja pena é de 12 a 30 anos.

### 1.4. Homicídio qualificado-privilegiado

É possível vislumbrar situação em que o crime de homicídio seja qualificado, mas, ao mesmo tempo, incida a causa de diminuição de pena (homicídio privilegiado). Isto será possível quando a qualificadora for objetiva, isto é, não disser respeito aos motivos do homicídio. Isto porque não seria razoável imaginar um homicídio praticado por motivo torpe e, ao mesmo tempo, motivo de relevante valor moral, por exemplo. Em contrapartida, é plenamente possível imaginar a hipótese de um homicídio qualificado--privilegiado, no caso, por exemplo, do homem que mata o estuprador de sua filha, ministrando-lhe veneno (AgRg no AREsp 463482 / SP, Rel. Min. Nefi Cordeiro).

### 1.5. Crime hediondo

Nos termos da Lei n.º 8.072/90, o homicídio qualificado é crime hediondo. Por seu turno, será hediondo, também, o crime de homicídio simples, quando praticado em atividade típica de grupo de extermínio, ainda que por um só agente.

Por fim, conforme já decidiu reiteradamente o STJ, o crime de homicídio privilegiado não é considerado hediondo (HC 206888 / RS, Rel. Min. Gilson Dipp).

### 1.6. Homicídio majorado

Atente-se para as hipóteses de aumento de pena previstas no § 4º do artigo, quando a pena será aumentada de um terço se o crime resulta de inobservância de regra técnica de profissão, arte ou ofício, ou se o agente deixa de prestar imediato socorro à vítima, não procura diminuir as consequências do seu ato, ou foge para evitar prisão em flagrante.

Também será aumentada a pena de um terço se o homicídio doloso for praticado contra pessoa menor de 14 (quatorze) ou maior de 60 (sessenta) anos, condições que devem ser alcançadas pelo dolo do agente.

A mesma majorante será aplicada se o crime for praticado por milícia privada, sob o pretexto de prestação de serviço de segurança, ou por grupo de extermínio.

Em caso de incidência de mais de uma qualificadora, há divergência acerca da solução a ser aplicada ao caso. Há forte entendimento doutrinário sustentando a tese de que uma das qualificadoras irá, efetivamente, qualificar o homicídio, ao passo que as demais deverão ser valoradas como circunstâncias agravantes, nos termos do art. 61, Código Penal.

### 1.7. Sujeito Ativo

Qualquer pessoa pode ser sujeito ativo do crime em estudo. Trata-se, portanto, de crime comum, não exigindo qualquer condição especial do agente.

### 1.8. Sujeito Passivo

O sujeito passivo pode ser qualquer pessoa. Trata-se, pois, de crime comum também na perspectiva do sujeito passivo.

### 1.9. Objeto Jurídico

O objeto juridicamente tutelado é a vida humana extrauterina.

### 1.10. Objeto Material

O objeto material é a pessoa sobre a qual é dirigida a conduta do agente.

### 1.11. Elemento Subjetivo

O elemento subjetivo exigido pelo tipo penal é o dolo (direto ou eventual), pois se exige do agente o consciente desejo de querer ceifar, acabar, dar fim a vida de outro ser humano e conduz suas ações de forma a atingir o resultado pretendido. Há, também, previsão de modalidade culposa.

### 1.12. Consumação e Tentativa

Consuma-se o crime quando o agente efetivamente atinge o resultado esperado, ou seja, a morte da pessoa.

A tentativa é admitida quando a conduta for dolosa. Admite-se, ainda, a tentativa em caso de culpa imprópria, decorrente de erro.

### 1.13. Ação Penal

A ação penal é de iniciativa pública incondicionada, com competência exclusiva para o seu julgamento o tribunal do júri, por força do artigo 5º, XXXVIII da CF.

### 1.14. Perdão Judicial

No homicídio culposo, o juiz poderá deixar de aplicar a pena, se as circunstâncias da infração atingirem o próprio agente de forma tão grave que a sanção penal se torne desnecessária. Assinale-se que a sentença que concede o perdão judicial é declaratória da extinção da punibilidade, não subsistindo qualquer efeito condenatório, conforme inteligência da Súmula 18 do STJ.

### 1.15. Súmulas aplicáveis

**600 do STJ.** Para a configuração da violência doméstica e familiar prevista no art. 5º da Lei n. 11.340/06 (Lei Maria da Penha) não se exige a coabitação entre autor e vítima.

**18 do STJ.** A sentença concessiva do perdão judicial e da extinção da punibilidade, não subsistindo qualquer efeito condenatório.

**603 do STF.** A competência para o processo e julgamento de latrocínio é do juiz singular e não do tribunal do júri.

## 2. INDUZIMENTO, INSTIGAÇÃO OU AUXÍLIO A SUICÍDIO OU A AUTOMUTILAÇÃO

Art. 122. Induzir ou instigar alguém a suicidar-se ou a praticar automutilação ou prestar-lhe auxílio material para que o faça:

Pena - reclusão, de 6 (seis) meses a 2 (dois) anos.

§ 1º Se da automutilação ou da tentativa de suicídio resulta lesão corporal de natureza grave ou gravíssima, nos termos dos §§ 1º e 2º do art. 129 deste Código:

Pena - reclusão, de 1 (um) a 3 (três) anos.

§ 2º Se o suicídio se consuma ou se da automutilação resulta morte:

Pena - reclusão, de 2 (dois) a 6 (seis) anos.

§ 3º A pena é duplicada:

I - se o crime é praticado por motivo egoístico, torpe ou fútil;

II - se a vítima é menor ou tem diminuída, por qualquer causa, a capacidade de resistência.

§ 4º A pena é aumentada até o dobro se a conduta é realizada por meio da rede de computadores, de rede social ou transmitida em tempo real.

§ 5º Aumenta-se a pena em metade se o agente é líder ou coordenador de grupo ou de rede virtual.

§ 6º Se o crime de que trata o § 1º deste artigo resulta em lesão corporal de natureza gravíssima e é cometido contra menor de 14 (quatorze) anos ou contra quem, por enfermidade ou deficiência mental, não tem o necessário discernimento para a prática do ato, ou que, por qualquer outra causa, não pode oferecer resistência, responde o agente pelo crime descrito no § 2º do art. 129 deste Código.

§ 7º Se o crime de que trata o § 2º deste artigo é cometido contra menor de 14 (quatorze) anos ou contra quem não tem o necessário discernimento para a prática do ato, ou que, por qualquer outra causa, não pode oferecer resistência, responde o agente pelo crime de homicídio, nos termos do art. 121 deste Código.

## 2.1. INTRODUÇÃO

O art. 122, CP sofreu uma substancial alteração, com o advento da Lei n. 13.968/19. Até então, o crime dizia respeito ao induzimento, instigação ou auxílio ao suicídio. A referida alteração legislativa acrescentou as condutas atinentes à automutilação.

O **suicídio** consiste na destruição voluntária da própria vida (também chamado de **autocídio** ou autoquíria), deste modo, não poderemos falar em suicídio, mas sim em homicídio, quando a pessoa destrói a própria vida por haver sido conduzido a erro (ex.: ingeriu veneno sem o saber, porque foi induzido ao erro).

Por sua vez, a **automutilação** diz respeito à autodestruição da integridade física, sem que haja a intenção de dar fim à própria vida. Na automutilação, o agente pode estar, por exemplo, imbuído da pretensão de castigar-se, exteriorizar um sentimento de culpa que o massacra, atingir terceiros com seu gesto etc.

Modernamente, as legislações não costumam punir as condutas suicidas e de automutilação. E no Brasil não é diferente. E a razão é muito simples: não pode punir o suicídio ou o autor da automutilação porque isto constituiria uma flagrante violação ao **princípio da alteridade,** de acordo com o qual, não se pode criminalizar condutas autolesivas. Todavia, o suicídio continua a ser um ilícito extrapenal. E justamente por tal razão o Código Penal estabelece que não constitui crime de constrangimento ilegal a coação exercida para impedir o suicídio (art. 146, §3º, II, CP).

A pena para o crime, em sua modalidade simples é de reclusão de seis meses a dois anos. Assim, é possível a obtenção da transação penal, bem como é possível a suspensão condicional do processo.

O crime de induzimento, instigação ou auxílio a suicídio é comum; formal; simples; de forma livre; comissivo; doloso; de dano; instantâneo o instantâneo de efeitos permanentes; monossubjetivo, não transeunte; plurissubsistente.

## 2.2. Sujeito Ativo

Qualquer pessoa pode ser sujeito ativo do crime em estudo.

## 2.3. Sujeito Passivo

O sujeito passivo pode ser qualquer pessoa que possua capacidade de autodeterminação, sob pena de restar caracterizado o homicídio ou lesão corporal

É necessário que a vítima possua, pois, discernimento para a prática das condutas (suicídio ou automutilação). Se assim não for, não poderá ser vítima do crime do art. 122, CP, mas sim de algum outro crime. Assim, se a pessoa sem discernimento é induzida à automutilação, o responsável pelo induzimento deverá ser punido pela lesão corporal (art. 129, CP) provocada, e não pelo art. 122, CP. Na mesma linha de intelecção, se a vítima sem discernimento comete o suicídio, o responsável pela conduta (aquele que induziu, por exemplo) deverá ser responsabilizado pelo crime de homicídio (art. 121, CP).

## 2.4. Objeto Jurídico

O objeto juridicamente tutelado é a vida humana extrauterina e a integridade física.

## 2.5. Objeto Material

O objeto material é a pessoa, a vítima contra a qual o agente dirige a sua conduta delitiva e que acaba por suicidar-se ou tentar suicídio ou automutilação

### 2.6. Elemento Subjetivo

O elemento subjetivo exigido pelo tipo penal é o dolo, pois se exige do agente a livre e consciente vontade de querer que a vítima retire a própria vida. Não há previsão para a modalidade culposa.

### 2.7. Consumação e Tentativa

Consuma-se o crime com qualquer das condutas. É possível a tentativa.

### 2.8. Ação Penal

A ação penal é de iniciativa pública incondicionada. É possível a obtenção da transação penal, bem como a suspensão condicional do processo.

### 2.9. Aumento de Pena

Os §§ 1º e 2º trazem modalidades qualificadas do crime. São elas: a) Se da automutilação ou da tentativa de suicídio resulta lesão corporal de natureza grave ou gravíssima, nos termos dos §§ 1º e 2º do art. 129 deste Código e b) Se o suicídio se consuma ou se da automutilação resulta morte.

Já os §§ 3º, 4º e 5 º trouxeram causas de aumento de pena. Vejamos: a) Se o crime é praticado por motivo egoístico, torpe ou fútil, se a vítima é menor, ou tem diminuída a capacidade de resistência (pena duplicada); b) Se a conduta é realizada na rede mundial de computadores, redes sociais ou transmissão em tempo real (pena aumente o dobro (aumenta-se até o dobro); c) Se o agente é líder ou coordenador de grupo ou de rede virtual (aumenta-se em metade).

## 3. INFANTICÍDIO

**Art. 123.** *Matar, sob a influência do estado puerperal, o próprio filho, durante o parto ou logo após:*
**Pena** – *detenção, de dois a seis anos.*

### 3.1. Introdução

Analisar o crime tipificado no artigo 123 do Código Penal requer o entendimento de que este tipo exige características próprias tanto do sujeito ativo, como das condições em que ele se encontra, e do sujeito passivo. Logo, o sujeito ativo sempre será a mãe que esteja sob a influência do estado puerperal e que faça como sua vítima o próprio filho.

Estado puerperal é aquele período variável em que a mulher por força do desequilíbrio hormonal em virtude do parto recente ou no momento do parto, tem sua condição mental alterada. Este período é variável devendo ser pautado nos limites da razoabilidade, em virtude da expressão contida no artigo "logo após" o parto. Ademais, assinale-se que estado puerperal se diferencia do puerpério, este aqui entendido como o período, em média seis a oito semanas, em que o corpo gravídico da mulher retorna ao seu estado anterior ao da gravidez.

A pena para o crime, em sua modalidade simples é de detenção de dois a seis anos. Logo, não é possível a obtenção da transação penal, bem como não é possível a suspensão condicional do processo; tampouco a substituição da pena privativa de liberdade por pena restritiva de direitos.

O crime de *infanticídio* é próprio; material; simples; de forma livre; doloso; comissivo ou omissivo; instantâneo de efeitos permanentes; de dano; não transeunte; monossubjetivo; plurissubsistente.

### 3.2. Sujeito Ativo

Em se tratando de crime próprio, o sujeito ativo só pode ser a mãe que esteja influenciada sob o estado puerperal.

### 3.3. Sujeito Passivo

O sujeito passivo é o próprio filho do sujeito ativo.

Assinale-se que se a mãe, sob a influência do estado puerperal, mata outra criança acreditando ser o seu filho, restará caracterizado o infanticídio putativo (*error in persona*).

### 3.4. Objeto Jurídico

O objeto juridicamente tutelado é a vida do nascente ou neonato.

### 3.5. Objeto Material

O objeto material é o neonato ou o nascente.

### 3.6. Elemento Subjetivo

O elemento subjetivo exigido pelo tipo penal é o dolo, pois não há previsão para sua modalidade culposa, além de se exigir da mãe a conduta de agir de forma a querer matar o próprio filho, influenciada pelo estado puerperal.

### 3.7. Consumação e Tentativa

Consuma-se o crime quando a mãe efetivamente mata o filho nascido ou nascente. Neste caso, se a vítima for natimorto não restará tipificada a conduta, por absoluta impropriedade do objeto (crime impossível).

É admitida a tentativa.

### 3.8. Ação Penal

A ação penal é de iniciativa pública incondicionada.

## 4. ABORTO

**Aborto provocado pela gestante ou com seu consentimento**
**Art. 124.** *Provocar aborto em si mesma ou consentir que outrem lho provoque:*
**Pena –** *detenção, de um a três anos.*
**Aborto provocado por terceiro**
**Art. 125.** *Provocar aborto, sem o consentimento da gestante:*
**Pena –** *reclusão, de três a dez anos.*
**Art. 126.** *Provocar aborto com o consentimento da gestante:*
**Pena –** *reclusão, de um a quatro anos.*
**Parágrafo único.** *Aplica-se a pena do artigo anterior, se a gestante não é maior de quatorze anos, ou é alienada ou débil mental, ou se o consentimento é obtido mediante fraude, grave ameaça ou violência.*
**Forma qualificada**
**Art. 127.** *As penas cominadas nos dois artigos anteriores são aumentadas de um terço, se, em consequência do aborto ou dos meios empregados para provocá-lo, a gestante sofre lesão corporal de natureza grave; e são duplicadas, se, por qualquer dessas causas, lhe sobrevém a morte.*
**Aborto necessário e aborto no caso de gravidez resultante de estupro**

**Art. 128.** *Não se pune o aborto praticado por médico:*
**Aborto Necessário**
**I** – *se não há outro meio de salvar a vida da gestante;*
**Aborto no Caso de Gravidez Resultante de Estupro**
**II** – *se a gravidez resulta de estupro e o Aborto é precedido de consentimento da gestante ou, quando incapaz, de seu representante legal.*

## 4.1. Introdução

O Código Penal se ocupou em pormenorizar o crime de aborto (abortamento), e para tanto, foram criados cinco artigos descrevendo as hipóteses de sua caracterização.

Primeiramente, aborto deve ser entendido como a interrupção do processo de gestação, da qual resulta a morte do produto da concepção. Essa interrupção fisiológica tipificada pode se dar pela conduta adotada pela própria gestante ou por um terceiro que nela realiza procedimentos abortivos, com ou sem o seu consentimento, ou, ainda, em virtude da vida da gestante estar em risco ou quando for resultado de um estupro. Ademais, assinale-se que o abortamento também poderá ser natural ou acidental, quando, decerto, será um indiferente penal.

Assinale-se que o aborto miserável ou econômico-social, praticado por razões de miséria, incapacidade financeira para sustentar a vida futura, é conduta considerada criminosa. Ademais, também caracteriza crime o aborto "*honoris causa*", realizado para ocultar gravidez adulterina.

O processo de gestação para fins penais tem início a partir do 14º (décimo quarto) dia após a fecundação, período conhecido como *nidação*, e o seu termo final é o início do parto, razão pela qual, ocorrendo morte do nascente, a conduta poderá ser tipificada como homicídio ou infanticídio.

Ainda na seara da classificação do aborto, temos as figuras do aborto ovular, praticado até a 8ª semana da gestação; o aborto embrionário, praticado até a 15ª semana da gestação; e o aborto fetal, praticado após a 15ª semana de gestação. Em consonância com a doutrina, aborto é crime não importando a etapa da gestação, bastando, conforme visto no parágrafo anterior, que tenha ocorrido a *nidação*. Não obstante, faz-se oportuno registrar a decisão emanada do STF, que desconsiderou a natureza criminosa do abortamento praticado com o consentimento da gestante no primeiro trimestre da gestação (HC 124.306, Rel. Min. Marco Aurélio).

Importante lembrar que há duas hipóteses de aborto permitido na nossa legislação: aborto necessário e o humanitário (quando a gravidez resulta de estupro). De mais a mais, o STF decidiu, em 2012, que a interrupção da gravidez do feto anencéfalo (aborto eugenésico/eugênio) não constitui crime de aborto (ADPF 54/DF, Rel. Min. Marco Aurélio).

As penas para as modalidades de aborto são de detenção de um a três anos (art. 124, CP), reclusão de três a dez anos (art. 125, CP) e de reclusão de um a quatro anos (art. 126, CP). A partir de tal constatação, podemos concluir que:

a) Não é possível a obtenção da transação penal (art. 76 da Lei n. 9.099/95), pois não se trata de infração penal de menor potencial ofensivo (a pena máxima supera o patamar de dois anos de privação de liberdade).

b) É possível a suspensão condicional do processo (*sursis* processual), pois a pena mínima não ultrapassa um ano (art. 89 da Lei n. 9.099/95), nas condutas previstas no art. 124 (aborto praticado pela gestante ou com o seu consentimento) e 126 (aborto praticado por terceiro com o consentimento da gestante).

Sobre as qualificadoras previstas no art. 127, assinale-se que elas devem ser aplicadas em razão de terceiros provocadores e seus partícipes, haja vista que, em razão do princípio da alteridade, o Direito Penal não pune a autolesão, não se estendendo as referidas qualificadoras, portanto, à gestante.

Ademais, assinale-se que a morte do feto é dispensável para a caracterização das qualificadoras.

O crime de *aborto* poderá ser de mão própria ou comum; material; de forma livre; doloso; comissivo ou omissivo; de dano, instantâneo; não transeunte; monossubjetivo; plurissubsistente.

### 4.2. Sujeito Ativo

Acerca do sujeito ativo do crime de aborto tipificado no artigo 124 do Código Penal, somente a gestante poderá configurar como tal, por se tratar de autoaborto ou com o consentimento da gestante, caracterizando, assim, o crime próprio ou de mão própria.

O artigo 125 do mesmo diploma legal descreve a conduta abortiva praticada por terceiro sem o consentimento da gestante, logo, qualquer pessoa poderá ser o sujeito ativo do tipo penal, quando o crime será comum. O mesmo ocorre na conduta descrita no artigo 126, que possibilita que o aborto seja praticado com o consentimento da gestante, podendo o sujeito ativo ser, também nestes casos, qualquer pessoa.

### 4.3. Sujeito Passivo

Existe uma corrente doutrinária que defende que o sujeito ativo do crime de aborto é o Estado, vez que o feto não seria titular de direitos na seara penal, apenas cível. Noutro passo, há quem defenda que o feto é sim o sujeito passivo, aqui considerados todos os estágios da vida intrauterina.

Existe uma consequência prática para tal definição. Imaginemos a hipótese de um crime de aborto de fetos gêmeos. Para a primeira corrente, estaríamos diante de um crime de aborto. Já para a corrente que defende ser o feto o sujeito passivo, caracterizado estaria o concurso de crimes.

Para os Autores, no que tange à conduta prevista no artigo 124, o sujeito passivo será apenas o feto. Acerca do artigo 125, o sujeito passivo será o feto e, de forma secundária, a própria gestante. Quanto ao *caput* do artigo 126, o sujeito passivo é o feto, sendo desconsiderada a figura da gestante, dado o seu consentimento para que nela se pratique as condutas necessárias para a realização do aborto. Assinale-se, entretanto, que a gestante poderá configurar de forma secundária como vítima, se como resultado das ações do sujeito ativo ocorrer a sua morte ou lesões corporais graves, o que daria ensejo à desconsideração do seu consentimento. Já no que tange ao seu parágrafo único, são sujeitos passivos o feto e a gestante, dado ao dissenso presumido. Para a incidência desse parágrafo deve restar demonstrado que o agente conhecia as condições da vítima ou as circunstâncias do seu consentimento, evitando-se, assim, a responsabilidade penal objetiva.

Noutro passo, por ser oportuno, registre-se que a conduta de matar mulher sabidamente grávida está tipificada no art. 121, que deverá ser cominado com o art.

125 em concurso formal impróprio, oportunidade na qual o sujeito ativo age com desígnios autônomos.

### 4.4. Objeto Jurídico

O objeto juridicamente tutelado é a Vida. Neste caso, a vida que se desenvolve no período da gestação.

### 4.5. Objeto Material

O objeto material é o feto, aqui abrangidos todos os estágios da vida intrauterina.

### 4.6. Elemento Subjetivo

O elemento subjetivo exigido pelo tipo penal é o dolo, direto ou eventual, pois se exige do agente em todos os tipos penais que descrevem o aborto, a vontade inequívoca de querer dar fim à vida que se desenvolve no interior uterino. Não há previsão para a modalidade culposa.

### 4.7. Consumação e Tentativa

Consuma-se o crime quando o agente efetivamente mata o ser proveniente da fecundação, sendo de execução livre. A morte não precisa se dar fora do corpo gravídico da mãe, pode ser configurado o crime ainda que não seja expelido pela gestante ou retirado de seu corpo.

A tentativa é plenamente possível.

### 4.8. Ação Penal

A ação penal é de iniciativa pública incondicionada em todas as modalidades do crime.

## 5. TÓPICO-SÍNTESE

| TÓPICO-SÍNTESE: Dos Crimes contra a vida | |
|---|---|
| **Homicídio (art. 121)** | Matar alguém. |
| **Pena** | A pena para o crime, em sua modalidade simples é de reclusão de seis a vinte anos. Na modalidade qualificada, a pena será de doze a trinta anos. |
| **Homicídio Privilegiado (art. 121, § 1º)** | • Relevante valor social.<br>• Relevante valor moral.<br>• Sob o domínio de violenta emoção, logo em seguida à injusta provocação da vítima. |
| **Homicídio Qualificado (art. 121, § 2º, I, II, III, IV, V)** | • Paga, promessa de recompensa ou outro motivo torpe.<br>• Motivo fútil.<br>• Com emprego de veneno, fogo, explosivo, asfixia, tortura ou outro meio insidioso ou cruel, ou de que possa resultar perigo comum.<br>• À traição, de emboscada, ou mediante dissimulação ou outro recurso que dificulte ou torne impossível a defesa da vítima. |

| | |
|---|---|
| **Homicídio Qualificado (art. 121, § 2º, I, II, III, IV, V, VI, VII, VIII)** | • Para assegurar a execução, a ocultação, a impunidade ou a vantagem de outro crime (homicídio qualificado pela conexão).<br>• Contra a mulher por razões da condição de sexo feminino (Feminicídio).<br>• Contra autoridade ou agente descrito nos arts. 142 e 144 da Constituição Federal, integrantes do sistema prisional e da Força Nacional de Segurança Pública, no exercício da função ou em decorrência dela, ou contra seu cônjuge, companheiro ou parente consanguíneo até terceiro grau, em razão dessa condição.<br>• com emprego de arma de fogo de uso restrito ou proibido. |
| Homicídio culposo § 3º | • Se o homicídio é culposo:<br>• Pena - detenção, de um a três anos. |
| **Majorantes de pena (art. 121, § 4º)** | • **No homicídio culposo, a pena será aumentada de 1/3 se o crime resulta:** de inobservância de regra técnica de profissão, arte ou ofício, ou se o agente deixa de prestar imediato socorro à vítima, não procura diminuir as consequências do seu ato, ou foge para evitar prisão em flagrante.<br>• **No homicídio doloso, a pena é aumentada de 1/3 se o crime é praticado contra pessoa menor de 14 ou maior de 60 anos.** |
| **Perdão Judicial (art. 121, § 5º)** | No homicídio culposo, o juiz poderá deixar de aplicar a pena, se as consequências da infração atingirem o próprio agente de forma tão grave que a sanção penal se torne desnecessária. |
| **Majorante do grupo de extermínio ou milícia armada (art. 121, § 6º)** | **A pena é aumentada de 1/3 (um terço) até a metade** se o crime for praticado por milícia privada, sob o pretexto de prestação de serviço de segurança, ou por grupo de extermínio. |
| **Majorante do feminicídio (art. 121, § 7º)** | **A pena é aumentada de 1/3 até a metade se o crime for praticado**:<br>• durante a gestação ou nos 3 meses posteriores ao parto;<br>• contra pessoa menor de 14 anos, maior de 60 anos, com deficiência ou portadora de doenças degenerativas que acarretem condição limitante ou de vulnerabilidade física ou mental;<br>• na presença física ou virtual de descendente ou de ascendente da vítima;<br>• em descumprimento das medidas protetivas de urgência previstas nos incisos I, II e III do caput do art. 22 da Lei nº 11.340/06. |
| **Classificação** | Comum (qualquer um pode ser sujeito ativo); simples; de dano; de forma livre (como regra, pois existem modalidades qualificadas que indicam os meios e modos para a prática do delito (hipóteses dos incisos III e IV)); doloso ou culposo; comissivo ou omissivo; instantâneo de efeitos permanentes; monossubjetivo; plurissubsistente. |
| **Sujeito Ativo** | Qualquer pessoa. |
| **Sujeito Passivo** | Qualquer pessoa. |
| **Objeto Jurídico** | Vida humana. |
| **Objeto Material** | Pessoa sobre a qual é dirigida a conduta do agente. |
| **Elemento Subjetivo** | Dolo e culpa. |
| **Consumação** | Com a morte da vítima. |
| **Tentativa** | É admitida. |
| **Ação Penal** | Pública incondicionada. |

| | |
|---|---|
| **Súmulas aplicáveis** | **600 do STJ.** Para a configuração da violência doméstica e familiar prevista no art. 5º da Lei n. 11.340/06 (Lei Maria da Penha) não se exige a coabitação entre autor e vítima.<br>**18 do STJ.** A sentença concessiva do perdão judicial e da extinção da punibilidade, não subsistindo qualquer efeito condenatório.<br>**603 do STF.** A competência para o processo e julgamento de latrocínio é do juiz singular e não do tribunal do júri. |
| **INDUZIMENTO, INSTIGAÇÃO OU AUXÍLIO A SUICÍDIO OU A AUTOMUTILAÇÃO** | |
| **Induzimento, instigação ou auxílio a suicídio ou a automutilação (art. 122)** | Induzir, instigar ou auxiliar alguém a suicidar-se ou mutilar-se . |
| **Penas** | A pena para o crime, em sua modalidade simples é de reclusão de seis meses a dois anos. Assim:<br>a) É possível a obtenção da transação penal;<br>b) É possível a suspensão condicional do processo. |
| **Qualificadoras e aumento de Pena** | **A pena é duplicada:**<br>Os §§ 1º e 2º trazem modalidades qualificadas do crime. São elas:<br>**a)** Se da automutilação ou da tentativa de suicídio resulta lesão corporal de natureza grave ou gravíssima, nos termos dos §§ 1º e 2º do art. 129 deste Código;<br>**b)** Se o suicídio se consuma ou se da automutilação resulta morte.<br><br>Os §§ 3º, 4º e 5 º trouxeram causas de aumento de pena. São elas:<br>**a)** Se o crime é praticado por motivo egoístico, torpe ou fútil, se a vítima é menor, ou tem diminuída a capacidade de resistência (pena duplicada);<br>**b) Se a conduta é realizada na r**ede mundial de computadores, redes sociais ou transmissão em tempo real (pena aumente o dobro (aumenta-se até o dobro);<br>c) Se o agente é líder ou coordenador de grupo ou de rede virtual (aumenta-se em metade). |
| **Classificação** | Comum; formal; simples; de forma livre; comissivo; doloso; de dano; instantâneo o instantâneo de efeitos permanentes; monossubjetivo, não transeunte; plurissubsistente. |
| **Sujeito Ativo** | Qualquer pessoa. |
| **Sujeito Passivo** | Qualquer pessoa com capacidade de autodeterminação. |
| **Objeto jurídico** | Vida humana extrauterina e a integridade física. |
| **Objeto Material** | Pessoa sobre a qual é dirigida a conduta do agente. |
| **Elemento subjetivo** | Dolo. |
| **Consumação** | Com a prática de qualquer das condutas. |
| **Ação Penal** | Pública Incondicionada. |

| INFANTICÍDIO | |
|---|---|
| **Infanticídio (art, 123)** | Matar, sob a influência do estado puerperal, o próprio filho, durante o parto ou logo após. |
| **Penas** | A pena para o crime, em sua modalidade simples é de detenção de dois a seis anos. Logo:<br>a)Não é possível a obtenção da transação penal;<br>b) Não é possível a suspensão condicional do processo;<br>c)Não é possível a substituição da pena privativa de liberdade por pena restritiva de direitos. |
| **Classificação** | Próprio; material; simples; de forma livre; doloso; comissivo ou omissivo; instantâneo de efeitos permanentes; de dano; não transeunte; monossubjetivo; plurissubsistente. |
| **Sujeito Ativo** | Mãe sob o estado puerperal. |
| **Sujeito Passivo** | Próprio filho do sujeito ativo. |
| **Objeto jurídico** | Vida do nascente ou do neonato. |
| **Objeto Material** | Neonato ou nascente. |
| **Elemento Subjetivo** | Dolo. |
| **Consumação** | Consuma-se com a morte do nascente ou do neonato. |
| **Tentativa** | É possível. |
| **Ação Penal** | Pública Incondicionada. |
| ABORTO | |
| **Aborto Provocado pela Gestante ou com seu consentimento (arts. 124)** | Provocar aborto em si mesma ou consentir que outrem lhe provoque. |
| **Penas** | As penas para as modalidades de aborto são de detenção de um a três anos (art. 124, CP), reclusão de três a dez anos (art. 125, CP) e de reclusão de um a quatro anos (art. 126, CP). A partir de tal constatação, podemos concluir que:<br>a) Não é possível a obtenção da transação penal (art. 76 da Lei n. 9.099/95), pois não se trata de infração penal de menor potencial ofensivo (a pena máxima supera o patamar de dois anos de privação de liberdade).<br>b) É possível a suspensão condicional do processo (sursis processual), pois a pena mínima não ultrapassa um ano (art. 89 da Lei n. 9.099/95), nas condutas previstas no art. 124 (aborto praticado pela gestante ou com o seu consentimento) e 126 (aborto praticado por terceiro com o consentimento da gestante). |
| **Aborto Provocado por Terceiro (arts. 125 e 126)** | • Provocar aborto, sem o consentimento da gestante.<br>• Provocar aborto com o consentimento da gestante. |
| **Forma Qualificada (art. 127)** | • As penas são **aumentadas de um terço** se resulta em lesão corporal de natureza grave;<br>• São **duplicadas** se resulta em morte. |

| | |
|---|---|
| **Aborto Necessário ou em caso de estupro** | **Não se pune o aborto:**<br>• se não há outro meio de salvar a vida da gestante;<br>• se a gravidez resulta de estupro e o Aborto é precedido de consentimento da gestante ou, quando incapaz, de seu representante legal;<br>• Feto anencéfalo (ADPF 54/DF, Rel. Min. Marco Aurélio). |
| **Classificação** | De mão própria ou comum; material; de forma livre; doloso; comissivo ou omissivo; de dano, instantâneo; não transeunte; monossubjetivo; plurissubsistente. |
| **Sujeito Ativo** | • Própria gestante (art. 124).<br>• Qualquer pessoa (arts. 125 e 126). |
| **Sujeito Passivo** | Duas correntes (Estado, Feto). Para os Autores, o Feto.<br>Feto (art. 124).<br>Feto e gestante (art. 125).<br>Feto (art. 126). |
| **Objeto Jurídico** | Vida intrauterina. |
| **Objeto Material** | Feto. |
| **Elemento Subjetivo** | Dolo. |
| **Consumação** | Consuma-se com a morte do feto. |
| **Tentativa** | É possível. |
| **Ação Penal** | Pública Incondicionada. |

Capítulo

# 2

# LESÃO CORPORAL

***Leia a Lei:***

- *art. 129 do CP.*

**Art. 129.** *Ofender a integridade corporal ou a saúde de outrem:*
**Pena** – *detenção, de três meses a um ano.*
**Lesão corporal de natureza grave**
**§ 1º** *Se resulta:*
**I** – *Incapacidade para as ocupações habituais, por mais de trinta dias;*
**II** – *perigo de vida;*
**III** – *debilidade permanente de membro, sentido ou função;*
**IV** – *aceleração de parto:*
**Pena** – *reclusão, de um a cinco anos.*
**§ 2°** *Se resulta:*
**I** – *Incapacidade permanente para o trabalho;*
**II** – *enfermidade incurável;*
**III** – *perda ou inutilização do membro, sentido ou função;*
**IV** – *deformidade permanente;*
**V** – *aborto:*
**Pena** – *reclusão, de dois a oito anos.*
**Lesão corporal seguida de morte**
**§ 3°** *Se resulta morte e as circunstâncias evidenciam que o agente não quis o resultado, nem assumiu o risco de produzi-lo:*
**Pena** – *reclusão, de quatro a doze anos.*
**Diminuição de pena**
**§ 4°** *Se o agente comete o crime impelido por motivo de relevante valor social ou moral ou sob o domínio de violenta emoção, logo em seguida a injusta provocação da vítima, o juiz pode reduzir a pena de um sexto a um terço.*
**Substituição da pena**
**§ 5°** *O juiz, não sendo graves as lesões, pode ainda substituir a pena de detenção pela de multa, de duzentos mil réis a dois contos de réis:*
**I** – *se ocorre qualquer das hipóteses do parágrafo anterior;*
**II** – *se as lesões são recíprocas.*
**Lesão corporal culposa**
**§ 6°** *Se a lesão é culposa:*
**Pena** – *detenção, de dois meses a um ano.*
**Aumento de pena**

**§ 7º** *Aumenta-se a pena de um terço, se ocorrer qualquer das hipóteses do art. 121, § 4º.*
**§ 8º** *Aplica-se à lesão culposa o disposto no § 5º do art. 121.*
**Violência Doméstica**

**§ 9o** *Se a lesão for praticada contra ascendente, descendente, irmão, cônjuge ou companheiro, ou com quem conviva ou tenha convivido, ou, ainda, prevalecendo-se o agente das relações domésticas, de coabitação ou de hospitalidade:*

**Pena –** *detenção, de 3 (três) meses a 3 (três) anos.*

**§ 10** *Nos casos previstos nos §§ 1º a 3º deste artigo, se as circunstâncias são as indicadas no § 9º deste artigo, aumenta-se a pena em 1/3 (um terço).*

**§ 11** *Na hipótese do § 9º deste artigo, a pena será aumentada de um terço se o crime for cometido contra pessoa portadora de deficiência.*

**§ 12** *Se a lesão for praticada contra autoridade ou agente descrito nos arts. 142 e 144 da Constituição Federal, integrantes do sistema prisional e da Força Nacional de Segurança Pública, no exercício da função ou em decorrência dela, ou contra seu cônjuge, companheiro ou parente consanguíneo até terceiro grau, em razão dessa condição, a pena é aumentada de um a dois terços.*

## 1. INTRODUÇÃO

A conduta de que trata o presente artigo é provocar lesão corporal, ofendendo, pois, a incolumidade pessoal do indivíduo, quer causando a lesão quer agravando a lesão já existente.

A pena para o crime, em sua modalidade simples é de detenção de três meses a um ano. Nas modalidades qualificadas, as penas são de reclusão de um a cinco anos (art. 129, §1º, CP), de dois a oito anos (art. 129, §2º, CP), de quatro a doze anos (art. 129, §3º, CP), de detenção de três meses a três anos (art. 129, §9º, CP). Na modalidade culposa, a pena é de detenção de dois meses a um ano.

Recorde-se que a Lei nº 10.886/2004 incorporou ao artigo em tela o § 9º, passando a prever uma sexta modalidade de lesão corporal, a violência doméstica, que qualifica o crime se for praticado contra ascendente, descendente, irmão, cônjuge/companheiro, ou quem conviva ou tenha convivido ou, ainda, prevalecendo-se o agente das relações domésticas, de coabitação ou hospitalidade.

Vale salientar que além da ausência de *animus necandi*, a lesão corporal em qualquer modalidade deve ser dirigida a outra pessoa física, não se podendo figurar no polo passivo a pessoa jurídica, o animal ou coisas, quando outros crimes restariam configurados.

Assinale-se que havendo pluralidade de ferimentos advinda do mesmo contexto fático, não restará desnaturada a unicidade da conduta, devendo a referida pluralidade, entretanto, ser considerada na dosimetria da pena.

Registre-se, ainda, que a integridade física é um bem relativamente disponível, desde que a lesão seja leve, quando a ação penal dependerá da representação penal da vítima.

O crime de *lesão corporal* é comum; material; de dano, de forma livre; doloso; comissivo ou omissivo; instantâneo; não transeunte; monossubjetivo; plurissubsistente.

## 2. TOPOGRAFIA DO ART. 129

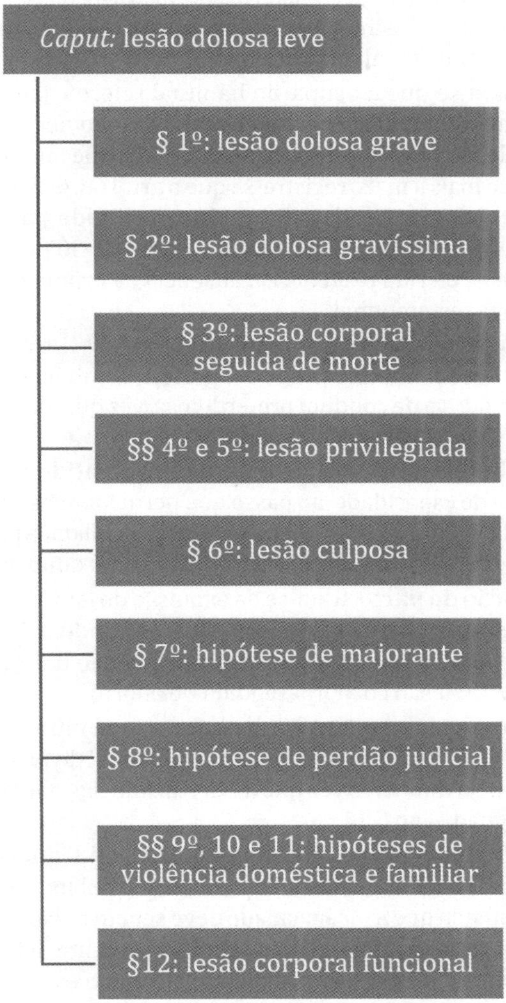


O conceito de lesão leve previsto no *caput* deve ser depreendido a partir da exclusão. Assim, será leve quando a lesão não for grave, gravíssima ou seguida de morte. Assinale-se, por oportuno, que existe jurisprudência aplicando a insignificância nas lesões levíssimas.

No que diz respeito à lesão leve, trata-se de infração de menor potencial ofensivo, de competência, portanto, dos Juizados Especiais Criminais, devendo ser conduzida por ação penal pública condicionada à representação da vítima.

## 2.1. Qualificadoras

A conduta prevista no § 1º já caracteriza lesão grave, passando a ser infração de médio potencial ofensivo. Assim, não é competência dos Juizados Especiais, mas se admite a suspensão condicional do processo.

Ademais, assinale-se que a ocupação habitual referenciada pelo § 1º, I é assim considerada qualquer atividade corporal costumeira, não necessariamente ligada ao trabalho ou atividade lucrativa, devendo ser lícita, ainda que imoral. A conduta pode ser culposa ou dolosa. De mais a mais, registre-se que o art. 168, § 2º, do CPP determina que se o exame pericial tiver por fim classificar a **incapacidade para exercer ocupação habitual**, deverá ser refeito logo que decorra o prazo de 30 dias, contado da data do crime. Não obstante a referida exigência, a ausência de exame complementar poderá ser suprida por prova testemunhal.

No que tange ao **perigo de vida**, prevista no inciso § 1º, II, trata-se da probabilidade do êxito letal, que deve ser comprovada com perícia. Também é importante registrar que tal qualificadora deriva de conduta preterdolosa, vez que, não sendo assim, restaria qualificado o crime de tentativa de homicídio.

Acerca da **debilidade permanente de membro, sentido ou função**, tem-se que debilidade é redução de capacidade, ao passo que permanente é aquela de recuperação incerta. Ainda, a qualificadora irá persistir mesmo que a debilidade possa ser atenuada por aparelhos ou próteses. A caracterização de tal qualificadora também depende de perícia.

Sobre a **aceleração do parto,** trata-se da expulsão do feto com vida antes do tempo normal. Noutro passo, se o feto é expulso sem vida, existindo dolo do agente quanto ao abortamento, responderá pelo art. 125, CP, não havendo o dolo, responderá o agente pelo art. 129, § 2º, V, CP, lesão corporal seguida de aborto.

Sobre a lesão gravíssima, registre-se, de início, que é infração de maior potencial ofensivo, não admitindo, portanto, suspensão condicional do processo. "Gravíssima" é expressão cunhada pela doutrina, vez que as circunstâncias narradas no § 2º são mais graves que as consignadas no § 1º.

Logo no primeiro inciso do § 2º resta consignada a **incapacidade permanente para o trabalho**, que deve ser absoluta. Sobre a atividade laboral, há divergência doutrinária. Há quem defenda que a incapacidade deve ser em razão de qualquer atividade, corrente que prevalece, ao passo que uma segunda corrente defende que basta que a vítima se torne incapaz para exercer a atividade até então exercida.

Acerca da qualificadora **enfermidade incurável,** trata-se de transmissão de uma doença para a qual ainda não exista cura.

Assinale-se que, existindo uma possibilidade de **cura arriscada**, mesmo diante da recusa da vítima a se submeter a tal procedimento, deverá ser mantida a qualificadora. Todavia, caso a vítima se submeta ao procedimento e tenha a doença revertida, deverá desaparecer a qualificadora, ainda que pleiteada em revisão criminal. Noutro passo, em caso de **cura não arriscada**, prevalece o entendimento de que apenas a recusa justificada da vítima por razões de crença não irá excluir a qualificadora.

Sobre a **perda ou inutilização do membro, sentido ou função**, prevista no § 2º, III, compreende-se como perda a amputação ou mutilação, ao passo que a inutilização se caracteriza por membro, sentido ou função inoperante. Tratando-se de órgãos duplos, a lesão para ser considerada gravíssima deve atingir ambos. Se a lesão causar impotência instrumental ou para gerar vida, poderá restar configurada a lesão gravíssima.

Configura-se **deformidade permanente** dano estético aparente e capaz de causar impressão vexatória, podendo ser em qualquer região do corpo. Trata-se de um desconforto para quem vê e para quem ostenta. Se a vítima reparar o dano por meio de cirurgia plástica, há doutrina defendendo que deverá desaparecer a qualificadora; todavia, não é este o entendimento do STJ, que defende a manutenção da qualificadora haja vista que o fato criminoso é valorado no momento de sua consumação, não afetando providências posteriores, notadamente quando não usuais (HC 306.677/FJ, Rel. Min. Ericson Maranho).

Por fim, em relação ao § 2º, tem-se a qualificadora do **aborto**, necessariamente preterdolosa, vez que existindo dolo do agente quanto ao abortamento, responderá pelo art. 125, CP. Ademais, é imprescindível que o agente saiba ou tenha condições de saber que a vítima é gestante, evitando-se, assim, responsabilidade penal objetiva.

Registre-se que a coexistência de qualificadoras provoca a aplicação da qualificadora mais grave, devendo as demais ser consideradas como circunstâncias judiciais desfavoráveis ou agravantes, quando assim estiverem previstas em lei.

Sobre a **lesão corporal seguida de morte** prevista no § 3º, trata-se de homicídio preterdoloso, vez que a conduta dolosa é dirigida contra a incolumidade pessoal da vítima, sendo o resultado morte culposo. Registre-se que, por óbvio, deve haver nexo de causalidade entre a conduta e resultado morte. Trata-se de infração de grande potencial ofensivo, não admitidas, portanto, as medidas despenalizadoras da Lei 9.099/95.

### 2.2. Modalidade privilegiada

Conforme o § 4º, se o agente comete o crime impelido por motivo de relevante valor social ou moral ou sob o domínio de violenta emoção, logo em seguida a injusta provocação da vítima, poderá o juiz reduzir a pena de um sexto a um terço. Trata-se, pois, das mesmas circunstâncias estudadas no crime de homicídio.

Assinale-se que o privilégio incidirá sobre todas as figuras de lesão corporal dolosa.

Quanto ao § 5º, também configura privilégio. Entretanto, ao revés de reduzir a pena, possibilita a substituição da pena de prisão pela pena de multa, caso as lesões sejam leves, e desde que ocorridas nas circunstâncias do § 4º, bem como quando as lesões sejam recíprocas. Tem-se, portanto, que tal privilégio só incide em razão do *caput*, que trata de lesões leves.

### 2.3. Modalidade culposa

A lesão corporal culposa, prevista no § 6º, representa lesão corporal de menor potencial ofensivo, devendo ser procedida por ação penal pública condicionada à representação da vítima.

Registre-se que quando a lesão é culposa, para a sua tipificação, não importa o seu nível, se leve, grave ou gravíssima. O resultado da lesão será considerado no momento da fixação da pena base, mas a tipificação será sempre a inserta no § 6º.

### 2.4. Hipótese de majorante

A pena deve ser aumentada de um terço se o crime resulta de inobservância de regra técnica de profissão, arte ou ofício, ou se o agente deixa de prestar imediato socorro à vítima, não procura diminuir as consequências do seu ato, ou foge para evitar prisão em flagrante. Ainda, deverá ser aumentada se a lesão for praticada contra pessoa menor de 14 (quatorze) ou maior de 60 (sessenta) anos. Ademais, também incidirá a majorante caso o crime seja praticado por milícia privada, sob o pretexto de prestação de serviço de segurança, ou por grupo de extermínio. Hipóteses já estudadas quando foram consideradas as características do crime de homicídio.

### 2.5. Perdão Judicial

Previsto no § 8º, aplica-se somente aos casos de lesão corporal culposa.

### 2.6. Violência doméstica e familiar

Conforme o § 9º, a lesão praticada contra ascendente, descendente, irmão ou companheiro, ou com que conviva ou tenha convivido (não exige coabitação atual), ou, ainda, o aproveitamento do agente das relações domésticas, de coabitação ou hospitalidade, qualificará a lesão corporal dolosa leve, prevista no *caput.*

Ademais, consoante § 10, nos casos de lesão grave ou gravíssima dentro contexto doméstico ou familiar, a pena deverá ser aumentada de um terço. Assim, nos casos de lesão grave, deixa de ser admitida a suspensão condicional do processo.

Por fim, o § 11 traz um aumento de pena para a lesão de natureza leve qualificada pelo § 9º, aumentado a pena de um terço se o crime for cometido contra pessoa portadora de deficiência.

### 2.7. Lesão corporal funcional

O § 12 do artigo em estudo traz um aumento de um terço a dois terços da pena para os crimes de lesão corporal cometidos contra autoridade ou agente descritos nos arts. 142 e 144 da Constituição Federal, quais sejam agentes das Forças Armadas, da polícia federal, da polícia rodoviária federal, da polícia ferroviária federal, das polícias civis, das polícias militares e dos corpos de bombeiros militares, bem como dos integrantes do sistema prisional e da Força Nacional de Segurança Pública.

O referido parágrafo se aplica a qualquer uma das modalidades de lesão dolosa ou preterdolosa.

Assinale-se que no caso de lesão gravíssima ou seguida de morte, o crime será hediondo, conforme art. 1º, I, "a" da Lei 8.072/90.

## 3. SUJEITO ATIVO

Qualquer pessoa pode ser sujeito ativo do crime em estudo. Assim, trata-se de crime comum.

Assinale-se que o Direito Penal, haja vista o princípio da alteridade, não pune a autolesão. Entretanto, aquele que conduzir um inimputável a se autolesionar responderá na condição de autor mediato da conduta.

## 4. SUJEITO PASSIVO

O sujeito passivo, em regra, também é comum. Todavia, em relação aos parágrafos 1º, IV e 2º, V, apenas a gestante se enquadra nessa posição. Já no tocante ao § 9º, o delito deve ser relacionado à violência doméstica. Por fim, acerca do § 12, a lesão deve ser praticada contra autoridade ou agente descritos nos arts. 142 e 144 da Constituição Federal, contra integrantes do sistema prisional e da Força Nacional de Segurança Pública, no exercício da função ou em decorrência dela, ou contra seu cônjuge, companheiro ou parente consanguíneo até terceiro grau, também em razão dessa condição.

## 5. OBJETO JURÍDICO

O objeto juridicamente tutelado é a incolumidade pessoal do indivíduo, protegendo-o na sua saúde física, fisiológica e mental.

## 6. OBJETO MATERIAL

O objeto material é o ser humano atingido pela conduta do agente.

## 7. ELEMENTO SUBJETIVO

O elemento subjetivo exigido pelo tipo penal descrito no *caput,* bem como nos §§ 1º e 2º, é o dolo, pois se exige do agente a vontade de agredir a integridade física e a saúde de outrem (*animus laedendi*). É possível a caracterização do crime na modalidade culposa, conforme previsão do art. 129, § 6º, bem como do preterdolo, conforme § 3º.

## 8. CONSUMAÇÃO E TENTATIVA

Consuma-se o crime com a ofensa a incolumidade pessoal do indivíduo.

A tentativa será possível nas modalidades dolosas.

## 9. AÇÃO PENAL

No caso de lesão leve ou culposa, geralmente, a ação penal é de iniciativa pública condicionada à representação do ofendido. Excepcionalmente, haja vista a incidência da Súmula 542 do STJ, a ação penal relativa ao crime de lesão corporal resultante de violência doméstica contra a mulher, independentemente da sua intensidade, será sempre pública incondicionada, assim como nos demais casos.

## 10. SÚMULAS APLICÁVEIS

**542 do STJ.** A ação penal relativa ao crime de lesão corporal resultante de violência doméstica contra a mulher é pública incondicionada.

**536 do STJ.** A suspensão condicional do processo e a transação penal não se aplicam na hipótese de delitos sujeitos ao rito da Lei Maria da Penha.

**588 do STJ.**A prática de crime ou contravenção penal contra a mulher com violência ou grave ameaça no ambiente doméstico impossibilita a substituição da pena privativa de liberdade por restritiva de direitos".

**589 do STJ.**É inaplicável o princípio da insignificância nos crimes ou contravenções penais praticados contra a mulher no âmbito das relações domésticas.

## 11. TÓPICO-SÍNTESE

| TÓPICO-SÍNTESE: Lesão Corporal | |
|---|---|
| **Lesão Corporal (art. 129)** | Ofender a integridade corporal ou a saúde de outrem. |
| **Penas** | • A pena para o crime, em sua modalidade simples é de detenção de três meses a um ano;<br>• Nas modalidades qualificadas, as penas são de reclusão de um a cinco anos (art. 129, §1º, CP), de dois a oito anos (art. 129, §2º, CP), de quatro a doze anos (art. 129, §3º, CP), de detenção de três meses a três anos (art. 129, §9º, CP);<br>• Na modalidade culposa, a pena é de detenção de dois meses a um ano. |
| **Lesão corporal grave (§ 1º)** | Se resulta:<br>• Incapacidade para as ocupações habituais, por mais de trinta dias;<br>• perigo de vida;<br>• debilidade permanente de membro, sentido ou função;<br>• aceleração de parto. |
| **Lesão corporal gravíssima (§ 2º)** | Se resulta:<br>• Incapacidade permanente para o trabalho;<br>• enfermidade incurável;<br>• perda ou inutilização do membro, sentido ou função;<br>• deformidade permanente;<br>• aborto. |
| **Lesão corporal seguida de morte (§ 3º)** | Crime preterdoloso. |
| **Modalidade privilegiada** | **A pena é reduzida de 1/6 a 1/3 (§ 4º):**<br>• Relevante valor social.<br>• Relevante valor moral.<br>• Sob o domínio de violenta emoção, logo em seguida à injusta provocação da vítima.<br>**Em caso de lesões leves pode ocorrer a substituição da pena de detenção por multa (§ 5º):**<br>• Nos casos do § 4º.<br>• Na ocorrência de lesões recíprocas. |
| **Modalidade culposa (§ 6º)** | Infração de menor potencial ofensivo.<br>Não importa o nível, o resultado da lesão será considerado para a fixação da pena. |
| **Majorante (§ 7º)** | **De 1/3:**<br>• Na lesão culposa, se resulta de inobservância de regra técnica de profissão, arte ou ofício, ou se o agente deixa de prestar imediato socorro à vítima, não procura diminuir as consequências do seu ato, ou foge para evitar prisão em flagrante.<br>• Na lesão dolosa, se é praticada contra pessoa menor de 14 ou maior de 60 anos. |
| **Perdão Judicial (§ 8º)** | Na lesão culposa, o juiz poderá deixar de aplicar a pena, se as consequências da infração atingirem o próprio agente de forma tão grave que a sanção penal se torne desnecessária. |

| | |
|---|---|
| **Violência Doméstica (§ 9º)** | Se a lesão for praticada contra ascendente, descendente, irmão, cônjuge ou companheiro, ou com quem conviva ou tenha convivido, ou, ainda, prevalecendo-se o agente das relações domésticas, de coabitação ou de hospitalidade. |
| **Aumento de pena no caso de violência doméstica (§§ 10º e 11º)** | **Aumenta-se de 1/3:**<br>• Lesão grave;<br>• Lesão gravíssima;<br>• Lesão corporal seguida de morte;<br>• Pessoa portadora de deficiência física (no caso de lesão leve). |
| **Lesão Corporal Funcional (§ 12º)** | **Aumento de pena de 1/3 a 2/3:**<br>Se a lesão for praticada contra autoridade ou agente descrito nos arts. 142 e 144 da Constituição Federal, integrantes do sistema prisional e da Força Nacional de Segurança Pública, no exercício da função ou em decorrência dela, ou contra seu cônjuge, companheiro ou parente consanguíneo até terceiro grau, em razão dessa condição. |
| **Classificação** | Comum; material; de dano, de forma livre; doloso; comissivo ou omissivo; instantâneo; não transeunte; monossubjetivo; plurissubsistente. |
| **Sujeito Ativo** | Qualquer pessoa. |
| **Sujeito Passivo** | Qualquer pessoa, em regra. |
| **Objeto Jurídico** | Incolumidade pessoal. |
| **Objeto Material** | Ser humano atingido pela conduta do agente. |
| **Elemento Subjetivo** | Dolo e Culpa. |
| **Consumação** | Consuma-se o com a ofensa a incolumidade pessoal do indivíduo. |
| **Tentativa** | É admitida nas modalidades dolosas. |
| **Ação Penal** | Pública condicionada à representação, nos casos de lesões leves e culposas.<br>Pública incondicionada nos casos de violência doméstica (Súmula 542 do STJ) e nos demais casos. |
| **Súmulas aplicáveis** | **542 do STJ.** A ação penal relativa ao crime de lesão corporal resultante de violência doméstica contra a mulher é pública incondicionada.<br>**536 do STJ.** A suspensão condicional do processo e a transação penal não se aplicam na hipótese de delitos sujeitos ao rito da Lei Maria da Penha.<br>**588 do STJ.**A prática de crime ou contravenção penal contra a mulher com violência ou grave ameaça no ambiente doméstico impossibilita a substituição da pena privativa de liberdade por restritiva de direitos".<br>**589 do STJ.**É inaplicável o princípio da insignificância nos crimes ou contravenções penais praticados contra a mulher no âmbito das relações domésticas. |

Capítulo

# 3

# DA PERICLITAÇÃO DA VIDA E DA SAÚDE

*Leia a Lei:*

- *arts. 130 a 136 do CP.*

## 1. PERIGO DE CONTÁGIO VENÉREO

**Art. 130.** *Expor alguém, por meio de relações sexuais ou qualquer ato libidinoso, a contágio de moléstia venérea, de que sabe ou deve saber que está contaminado:*
**§ 1º** *Se é intenção do agente transmitir a moléstia:*
**Pena –** *reclusão, de 1 (um) a 4 (quatro) anos, e multa.*
**§ 2º** *Somente se procede mediante representação.*

### 1.1. Introdução

O tipo penal prevê a exposição de alguém, por meio de ato libidinoso ou semelhante, à moléstia venérea, de que o agente sabia ser portador ou deveria saber o ser. De pronto se verifica que não é necessário que haja efetivamente a contaminação.

A tutela penal não se ocupou em definir moléstia venérea; o encargo é da medicina. Se a exposição for com o vírus da AIDS não poderíamos tipificar a conduta de acordo com o artigo em estudo, pois é moléstia que não se contrai apenas pelas vias sexuais, logo, a conduta e intenção do agente em expor ou contaminar a vítima deve ser analisada para que se enquadre a conduta a outro tipo penal, como por exemplo, perigo de contágio de moléstia grave.

Ademais, assinale-se que de acordo com o STF, também não comete homicídio, consumado ou tentado, o sujeito que, tendo ciência de estar contaminado pelo vírus da AIDS, deliberadamente oculta-a de seus parceiros, mantendo relações sexuais sem o uso de preservativo (HC 98.712/SP, rel. Min. Marco Aurélio).

A pena para o crime, em sua modalidade simples é de detenção de três meses a um ano ou multa. A partir desta constatação, podemos concluir que:

a) É possível a obtenção da transação penal (art. 76 da Lei n. 9.099/95), pois se trata de infração penal de menor potencial ofensivo (a pena máxima não supera o patamar de dois anos de privação de liberdade). Este benefício não será possível na modalidade qualificada do crime, pois, neste caso, a pena máxima será de quatro anos;

b) É possível a suspensão condicional do processo (*sursis* processual), pois a pena mínima não ultrapassa um ano (art. 89 da Lei n. 9.099/95);

c) É possível a substituição da pena privativa de liberdade por pena restritiva de direitos, pois a pena efetivamente imposta pelo juiz não deve ultrapassar quatro anos, observados os demais requisitos do art. 44, CP;

d) Quanto à pena de multa, aplicam-se as regras do Código Penal. Logo, as multas podem variar em patamares entre 10 (dez) e 360 (trezentos e sessenta) dias-multa. Em momento posterior, a depender da capacidade econômica do condenado, o juiz irá valorar a pena de multa entre 1/30 do salário-mínimo até 05 (cinco) salários-mínimos. Vale registrar que se o valor máximo for reputado insuficiente, poderá o juiz elevar este valor ao triplo.

De mais a mais, não será demasiado recordar que o inadimplemento da pena de multa não permite sua substituição por pena privativa de liberdade. A multa será considerada dívida de valor do poder público, a ser cobrada pela Procuradoria da Fazenda, perante a Vara de Execuções Fiscais.

Vale registrar que a multa é uma pena alternativa, e não cumulativa com a pena privativa de liberdade. Por outro lado, na modalidade qualificada, a pena de multa deve ser aplicada cumulativamente com a pena de prisão.

O crime de *perigo de contágio venéreo* é de mão própria;; formal; de forma vinculada, pois o tipo exige a prática de relação sexual ou atos libidinosos; de perigo; doloso; comissivo; instantâneo; não transeunte; unissubjetivo; plurissubsistente.

### 1.2. Sujeito Ativo

Trata-se de crime próprio, vez que se exige uma situação fática diferenciada do agente, qual seja que ele esteja contaminado com doença venérea.

### 1.3. Sujeito Passivo

O sujeito passivo pode ser qualquer pessoa.

### 1.4. Objeto Jurídico

O objeto juridicamente tutelado é a incolumidade física da pessoa, compreendendo a sua vida e sua saúde.

### 1.5. Objeto Material

O objeto material é o ser humano que foi exposto à doença venérea através de relação sexual ou qualquer ato libidinoso.

### 1.6. Elemento Subjetivo

O elemento subjetivo exigido pelo tipo penal é o dolo, pois se exige do agente a vontade de praticar a relação sexual ou qualquer ato libidinoso capaz de transmitir a moléstia venérea. Acrescente-se que o **§ 1º previu a figura qualificada, quando o agente tem a intenção de efetivamente transmitir a doença.**

### 1.7. Consumação e Tentativa

Consuma-se o crime quando o agente efetivamente expõe a vítima à situação de perigo, ou seja, quando o sujeito passivo é exposto a moléstia venérea que o agente possui e sabe ser portador, ou que deveria saber sê-lo. Registre-se, portanto, ser desnecessária a contaminação, bastando a exposição ao perigo.

A tentativa é admitida.

### 1.8. Ação Penal

A ação penal é de iniciativa pública condicionada à representação do ofendido.

## 2. PERIGO DE CONTÁGIO DE MOLÉSTIA GRAVE

**Art. 131.** *Praticar, com o fim de transmitir a outrem moléstia grave de que está contaminado, ato capaz de produzir o contágio:*

**Pena** – *reclusão, de 1 (um) a 4 (quatro) anos, e multa.*

### 2.1. Introdução

O artigo 131 do Código Penal descreve a conduta do agente que pratica qualquer ato que seja capaz de transmitir moléstia grave de que sabe estar contaminado. Diferentemente do tipo descrito no artigo anterior, que a exposição deve se dar por meios sexuais ou atos libidinosos.

Igualmente, aqui não precisa da ocorrência efetiva do dano, ou seja, não é necessário que haja a transmissão.

A pena para o crime, é de reclusão de um a quatro anos, e multa. A partir desta constatação, podemos concluir que:

a) Não é possível a obtenção da transação penal (art. 76 da Lei n. 9.099/95), pois não se trata de infração penal de menor potencial ofensivo.

b) É possível a suspensão condicional do processo (*sursis* processual), pois a pena mínima não ultrapassa um ano (art. 89 da Lei n. 9.099/95).

c) É possível a substituição da pena privativa de liberdade por pena restritiva de direitos, pois a pena efetivamente imposta pelo juiz não deve ultrapassar quatro anos, observados os demais requisitos do art. 44, CP.

d) Quanto à pena de multa, aplicam-se as regras do Código Penal. Logo, as multas podem variar em patamares entre 10 (dez) e 360 (trezentos e sessenta) dias-multa. Em momento posterior, a depender da capacidade econômica do condenado, o juiz irá valorar a pena de multa entre 1/30 do salário-mínimo até 05 (cinco) salários-mínimos. Vale registrar que se o valor máximo for reputado insuficiente, poderá o juiz elevar este valor ao triplo.

A multa, no crime em apreço, é uma pena cumulativa, e não alternativa, com a pena privativa de liberdade.

O crime de *perigo de contágio de moléstia grave* é próprio; de forma livre; formal, vez que o tipo não exige a efetiva contaminação, mas, sim, a conduta dirigida finalisticamente a transmitir a moléstia grave; doloso; de perigo ; comissivo; instantâneo; não transeunte ou transeunte, depende do caso; monossubjetivo; plurissubsistente.

### 2.2. Sujeito Ativo

Trata-se de crime próprio, vez que se exige uma situação fática diferenciada do agente, qual seja que o mesmo esteja contaminado com moléstia grave.

### 2.3. Sujeito Passivo

O sujeito passivo pode ser qualquer pessoa.

### 2.4. Objeto Jurídico

O objeto juridicamente tutelado é a vida e a saúde do ser humano.

### 2.5. Objeto Material

O objeto material é o ser humano que é exposto à contaminação de moléstia grave.

### 2.6. Elemento Subjetivo

O elemento subjetivo exigido pelo tipo penal é o dolo, pois se exige do agente a vontade de querer contaminar outrem com a moléstia grave da qual é portador, ou seja, há uma intenção danosa.

Em relação à culpa, não há previsão para essa modalidade, porém, o agente pode ser responsabilizado a título de culpa, no que diz respeito ao crime de homicídio, se da transmissão ocorrer a morte da vítima.

### 2.7. Consumação e Tentativa

Consuma-se o crime quando há a exposição da vítima, efetivamente, à moléstia grave portada pelo agente, sem que, necessariamente, ocorra a sua transmissão.

A tentativa é admitida.

### 2.8. Ação Penal

A ação penal é de iniciativa pública incondicionada.

## 3. PERIGO PARA A VIDA OU SAÚDE DE OUTREM

**Art. 132.** *Expor a vida ou a saúde de outrem a perigo direto e iminente:*
*Pena – detenção, de três meses a um ano, se o fato não constitui crime mais grave.*
**Parágrafo único.** *A pena é aumentada de um sexto a um terço se a exposição da vida ou da saúde de outrem a perigo decorre do transporte de pessoas para a prestação de serviços em estabelecimentos de qualquer natureza, em desacordo com as normas legais.*

### 3.1. Introdução

O crime de perigo para a vida ou saúde de outrem, descreve a intenção do agente em gerar efetivamente o perigo, ou assumir o risco de produzi-lo, devendo ser provado o nexo de causalidade entre a conduta e o perigo. O agente não tem a intenção de matar ou intenção de dano, ou, ainda, produzir qualquer resultado lesivo, mas tão somente, criar a situação de perigo à saúde ou vida da vítima.

Assinale-se que se trata de crime subsidiário, vez que o sujeito somente incorrerá neste artigo de o fato não constituir crime mais grave.

A pena prevista para o crime é de detenção de três meses a um ano. Logo, podemos concluir que:

a) É possível a transação penal (art. 76, Lei n. 9.099/95), pois se trata de infração penal de menor potencial ofensivo;

b) É possível a suspensão condicional do processo (art. 89, Lei n. 9.099/95), pois a pena mínima não ultrapassa um ano.

c) Será cabível a substituição da pena por restritivas de direitos, pois no crime não há violência ou grave ameaça e a pena a ser imposta não ultrapassará quatro anos. Será necessário que se façam presentes os demais requisitos do art. 44, CP.

O crime de *perigo para a vida ou saúde de outrem* é comum; formal; simples; de forma livre; de perigo; doloso; comissivo ou omissivo ; instantâneo; não transeunte ou transeunte, conforme o caso; monossubjetivo; plurissubsistente ou unissubsistente, conforme o caso.

### 3.2. Sujeito Ativo

Qualquer pessoa pode ser sujeito ativo do crime em estudo.

### 3.3. Sujeito Passivo

O sujeito passivo pode ser qualquer pessoa.

### 3.4. Objeto Jurídico

O objeto juridicamente tutelado é a vida e a saúde da pessoa humana.

### 3.5. Objeto Material

O objeto material é o ser humano exposto ao perigo direto e iminente.

### 3.6. Elemento Subjetivo

O elemento subjetivo exigido pelo tipo penal é o dolo, pois se exige do agente a livre consciência de querer produzir efetiva situação de perigo à vida ou saúde de outrem.

Não se admite a modalidade culposa.

### 3.7. Consumação e Tentativa

Consuma-se o crime quando o agente age de forma a trazer perigo para a vida ou saúde de outrem.

A tentativa é admitida.

### 3.8. Ação Penal

A ação penal é de iniciativa pública incondicionada.

## 4. ABANDONO DE INCAPAZ

**Art. 133.** *Abandonar pessoa que está sob seu cuidado, guarda, vigilância ou autoridade, e, por qualquer motivo, incapaz de defender-se dos riscos resultantes do abandono:*

> **Pena** – *detenção, de seis meses a três anos.*
> **§ 1º** *Se do abandono resulta lesão corporal de natureza grave:*
> **Pena** – *reclusão, de um a cinco anos.*
> **§ 2º** *Se resulta a morte:*
> **Pena** – *reclusão, de quatro a doze anos.*
> **Aumento de pena**
> **§ 3º** *As penas cominadas neste artigo aumentam-se de um terço:*
> **I** – *se o abandono ocorre em lugar ermo;*
> **II** – *se o agente é ascendente ou descendente, cônjuge, irmão, tutor ou curador da vítima.*
> **III** – *se a vítima é maior de 60 (sessenta) anos.*

## 4.1. Introdução

O abandono de incapaz é crime próprio, pois exige do agente uma condição especial, qual seja, a de garantidor, dada uma imposição legal ou contratual.

Ademais, o abandonado deve ser incapaz de resistir às consequências do abandono.

Registre-se que o tipo prevê a qualificação da conduta, com o consequente aumento da pena, se do abandono resulta lesão corporal de natureza grave ou morte.

A pena prevista para o crime de abandono de incapaz é de detenção de seis meses a três anos. Logo, podemos concluir que:

a) Não é possível a transação penal (art. 76, Lei n. 9.099/95), pois não se trata de infração penal de menor potencial ofensivo;

b) É possível a suspensão condicional do processo (art. 89, Lei n. 9.099/95), pois a pena mínima não ultrapassa um ano. Também caberá este benefício na primeira modalidade qualificada do crime (art. 133, §1º, CP), pelas mesmas razões.

c) Será cabível a substituição da pena por restritivas de direitos, pois no crime não há violência ou grave ameaça e a pena a ser imposta não ultrapassará quatro anos. Será necessário que se façam presentes os demais requisitos do art. 44, CP.

O crime de *abandono de incapaz* é próprio; formal; de forma livre; simples; de perigo; doloso; comissivo ou omissivo; não transeunte ou transeunte, conforme o caso; instantâneo; monossubjetivo; plurissubsistente ou unissubsistente, conforme o caso.

## 4.2. Sujeito Ativo

O sujeito ativo é somente a pessoa que tem o dever de zelar pela vida, pela saúde ou segurança da vítima.

## 4.3. Sujeito Passivo

O sujeito passivo é aquele que se encontra sob a guarda, cuidado, autoridade ou vigilância do agente, devendo ser incapaz de se defender dos riscos resultantes do abandono.

## 4.4. Objeto Jurídico

O objeto juridicamente tutelado é a vida, a saúde e a segurança da pessoa humana.

### 4.5. Objeto Material

O objeto material é o ser humano, incapaz, que sofre com o abandono.

### 4.6. Elemento Subjetivo

O elemento subjetivo exigido pelo tipo penal é o dolo, pois o agente reconhece a condição de incapaz da vítima, tem consciência do seu dever de cuidado e age de forma a querer abandoná-lo à própria sorte.

Não há previsão de modalidade culposa.

### 4.7. Consumação e Tentativa

Consuma-se o crime quando o agente devendo cuidar do incapaz, da vida que lhe fora confiada, abandona-o.

A tentativa é admitida.

### 4.8. Ação Penal

A ação penal é de iniciativa pública incondicionada.

## 5. EXPOSIÇÃO OU ABANDONO DE RECÉM-NASCIDO

> **Art. 134.** *Expor ou abandonar recém-nascido, para ocultar desonra própria:*
> **Pena** – *detenção, de 6 (seis) meses a 2 (dois) anos.*
> **§ 1º** *Se do fato resulta lesão corporal de natureza grave:*
> **Pena** – *detenção, de 1 (um) a 3 (três) anos.*
> **§ 2º** *Se resulta a morte:*
> **Pena** – *detenção, de 2 (dois) a 6 (seis) anos.*

### 5.1. Introdução

O presente artigo representa, em verdade, uma figura privilegiada do abandono de incapaz, vez que aqui a intenção de agente é ocultar desonra própria. Ademais, diferente do artigo anterior, restringe o incapaz ao recém-nascido, compreendido como o neonato, aquele que tem poucos dias de vida ou acabara de nascer.

A honra tratada pelo referido artigo é a de natureza sexual, a boa fama e a reputação do agente.

A pena prevista para o crime de exposição ou abandono de recém-nascido é de detenção de seis meses a dois anos. Logo, podemos concluir que:

a) É possível a transação penal (art. 76, Lei n. 9.099/95), pois se trata de infração penal de menor potencial ofensivo;

b) É possível a suspensão condicional do processo (art. 89, Lei n. 9.099/95), pois a pena mínima não ultrapassa um ano. Também caberá este benefício na primeira modalidade qualificada do crime (art. 134, §1º, CP), pelas mesmas razões.

c) Será cabível a substituição da pena por restritivas de direitos, pois no crime não há violência ou grave ameaça e a pena a ser imposta não ultrapassará quatro anos. Será necessário que se façam presentes os demais requisitos do art. 44, CP.

Aqui também há previsão de qualificação da conduta, com o consequente aumento da pena, se do abandono resulta lesão corporal de natureza grave ou morte do recém-nascido.

O crime de *exposição ou abandono de recém-nascido* é próprio; formal; de forma livre; simples; de perigo; doloso; comissivo ou omissivo; instantâneo de efeitos permanentes; não transeunte ou transeunte, conforme o caso; monossubjetivo; plurissubsistente ou unissubsistente, conforme o caso.

### 5.2. Sujeito Ativo

O sujeito ativo é a mãe, que age para ocultar ato vergonhoso dela mesma, vez que concebeu o filho de forma irregular. Ademais, também será sujeito ativo o pai adulterino.

### 5.3. Sujeito Passivo

O sujeito passivo é o recém-nascido abandonado.

### 5.4. Objeto Jurídico

O objeto juridicamente tutelado é a vida e a saúde do recém-nascido.

### 5.5. Objeto Material

O objeto material é o recém-nascido.

### 5.6. Elemento Subjetivo

O elemento subjetivo exigido pelo tipo penal é o dolo, pois se exige do agente a vontade consciente de expor ou abandonar seu filho para ocultar desonra própria.

Não há previsão para sua modalidade culposa.

### 5.7. Consumação e Tentativa

Consuma-se o crime com o abandono do recém-nascido, devendo tal conduta criar uma situação de perigo concreto para a sua vida e sua saúde.

A tentativa é admitida.

### 5.8. Ação Penal

A ação penal é de iniciativa pública incondicionada.

## 6. OMISSÃO DE SOCORRO

**Art. 135.** *Deixar de prestar assistência, quando possível fazê-lo sem risco pessoal, à criança abandonada ou extraviada, ou à pessoa inválida ou ferida, ao desamparo ou em grave e iminente perigo; ou não pedir, nesses casos, o socorro da autoridade pública:*

**Pena** – *detenção, de 1 (um) a 6 (seis) meses, ou multa.*

**Parágrafo único.** *A pena é aumentada de metade, se da omissão resulta lesão corporal de natureza grave, e triplicada, se resulta a morte.*

### 6.1. Introdução

O delito de omissão de socorro descreve aquela conduta do agente que se nega a prestar assistência a qualquer pessoa que se encontre em uma das situações descritas no tipo, ou não pede ajuda das autoridades públicas. Não basta apenas que o agente se omita, é preciso que essa omissão se dê por vontade própria, sem que a situação lhe ponha em risco também. É dizer, o agente poderia agir, mas escolhe não o fazer.

A pena prevista para o crime de omissão de socorro é de detenção de um a seis meses, ou multa. Logo, podemos concluir que:

a) É possível a transação penal (art. 76, Lei n. 9.099/95), pois se trata de infração penal de menor potencial ofensivo;

b) É possível a suspensão condicional do processo (art. 89, Lei n. 9.099/95), pois a pena mínima não ultrapassa um ano.

c) Será cabível a substituição da pena por restritivas de direitos, pois no crime não há violência ou grave ameaça e a pena a ser imposta não ultrapassará quatro anos. Será necessário que se façam presentes os demais requisitos do art. 44, CP.

d) Todos estes benefícios penais são possíveis, ainda que incidam as causas de aumento de pena, previstas no art. 135, parágrafo único, CP, pois as penas não ultrapassariam os patamares mencionados.

e) A pena de multa é prevista como alternativa à pena privativa de liberdade, e não como sanção cumulativa. Caberá ao juiz, quando da aplicação da pena, a aferição da adequação de se impor apenas a pena de multa.

O crime de *omissão de socorro* é comum; formal; de forma livre; de perigo; doloso; omissivo; instantâneo; não transeunte ou transeunte, conforme o caso; monossubjetivo; unissubsistente.

### 6.2. Sujeito Ativo

O sujeito ativo pode ser qualquer pessoa.

### 6.3. Sujeito Passivo

O sujeito passivo é a criança abandonada ou extraviada, bem como pessoa inválida ou ferida.

### 6.4. Objeto Jurídico

O objeto juridicamente tutelado é a vida e a saúde.

### 6.5. Objeto Material

O objeto material é a criança abandonada ou extraviada, bem como pessoa inválida ou ferida, desde que se encontrem em situação de grave e iminente perigo.

### 6.6. Elemento Subjetivo

O elemento subjetivo exigido para a configuração do crime é o dolo, pois se exige do agente a vontade consciente e livre de não querer prestar assistência a um dos sujeitos contidos no tipo penal.

### 6.7. Consumação e Tentativa

Consuma-se o crime quando o agente se nega a prestar assistência ao sujeito que ele sabe estar necessitando. Não é a simples omissão, é a sua negativa em socorrer ou chamar autoridade pública para que o faça.

A tentativa não é admitida; tão logo ocorra a omissão do socorro o crime estará tipificado.

### 6.8. Ação Penal

A ação penal é de iniciativa pública incondicionada.

## 7. CONDICIONAMENTO DE ATENDIMENTO MÉDICO-EMERGENCIAL HOSPITALAR

**Art. 135-A.** *Exigir cheque-caução, nota promissória ou qualquer garantia, bem como o preenchimento prévio de formulários administrativos, como condição para o atendimento médico-hospitalar emergencial:*

**Pena** – *detenção de 3 (três) meses a 1 (um) ano, e multa.*

**Parágrafo único.** *A pena é aumentada até o dobro se da negativa de atendimento resulta lesão corporal de natureza grave, e até o triplo se resulta morte.*

### 7.1. Introdução

O delito em tela foi criado pela Lei 12.653/2012 e a referida conduta já configurava ilícito administrativo, conforme Resolução Normativa 44 da ANS – Agência Nacional de Saúde Suplementar, bem como já representaria conduta apta a anular o negócio jurídico firmado, isto na seara civil, consoante o art. 17, II, do Código Civil brasileiro.

De mais a mais, em verdade, os Autores compreendem que, ainda antes da criação do artigo em comento, já restaria caracterizado o crime de omissão de socorro, pois as pessoas referidas no presente tipo penal, decerto se encontram feridas ou em grave e iminente perigo (atendimento médico-hospitalar **emergencial**).

A pena prevista para o crime de condicionamento de atendimento médico-emergencial hospitalar é de detenção de três meses a um ano, e multa. Logo, podemos concluir que:

a) É possível a transação penal (art. 76, Lei n. 9.099/95), pois se trata de infração penal de menor potencial ofensivo; a transação não poderá ser ofertada se da conduta resultar a morte do agente, pois, neste caso, a incidência da causa de aumento de pena (art. 135-A, parágrafo único, CP) faz com que a pena máxima cominada ao delito ultrapasse o limite de dois anos.

b) É possível a suspensão condicional do processo (art. 89, Lei n. 9.099/95), pois a pena mínima não ultrapassa um ano.

c) Será cabível a substituição da pena por restritivas de direitos, pois no crime não há violência ou grave ameaça e a pena a ser imposta não ultrapassará quatro anos. Será necessário que se façam presentes os demais requisitos do art. 44, CP.

O crime de *condicionamento de atendimento médico-hospitalar emergencial* é comum; formal; de forma livre; de perigo; doloso; comissivo (;; não transeunte ou transeunte, conforme o caso; monossubjetivo; plurissubsistente.

### 7.2. Sujeito Ativo

O sujeito ativo pode ser qualquer funcionário ou administrador do estabelecimento de saúde que se realize atendimento médico-hospitalar emergencial, e também o médico que se recusa a atender um paciente sem o fornecimento de garantia ou preenchimento prévio de formulário administrativo.

Atente-se que, no que tange à exigência de garantia, o delito somente pose ser cometido no âmbito de hospitais particulares, vez que estabelecimentos públicos não podem cobrar qualquer valor para o atendimento médico. No âmbito público, uma vez tal exigência seja realizada, restaria caracterizado o crime de concussão (art. 316, CP), sem prejuízo da responsabilização acerca do resultado da omissão. Já no que se refere à exigência de preenchimento prévio de formulários, o estabelecimento pode ser tanto particular quanto público.

### 7.3. Sujeito Passivo

O sujeito passivo é a pessoa acometida de problema em sua saúde, necessitada de atendimento médico-hospitalar emergencial.

### 7.4. Objeto Jurídico

O objeto juridicamente tutelado é a vida e a saúde.

### 7.5. Objeto Material

O objeto material é a pessoa acometida de problema em sua saúde, necessitada de atendimento médico-hospitalar emergencial.

### 7.6. Elemento Subjetivo

O elemento subjetivo exigido para a configuração do crime é o dolo exigindo-se uma finalidade específica de condicionar o atendimento médico-hospitalar emergencial, não se admitindo a modalidade culposa.

### 7.7. Consumação e Tentativa

Consuma-se o crime com a mera exigência da garantia ou do preenchimento de formulários. A tentativa, pois, não é admitida, vez que tão logo ocorra a referida exigência a conduta estará tipificada. Entretanto, se da conduta resultar lesão corporal de natureza grave, a pena é aumentada até o dobro; se resultar a morte da vítima, é aumentada até o triplo.

### 7.8. Ação Penal

A ação penal é de iniciativa pública incondicionada.

## 8. MAUS-TRATOS

**Art. 136.** *Expor a perigo a vida ou a saúde de pessoa sob sua autoridade, guarda ou vigilância, para fim de educação, ensino, tratamento ou custódia, quer privando-a de alimentação ou cuidados indispensáveis, quer sujeitando-a a trabalho excessivo ou inadequado, quer abusando de meios de correção ou disciplina:*

**Pena** – *detenção, de dois meses a um ano, ou multa.*

**§ 1º** *Se do fato resulta lesão corporal de natureza grave:*

**Pena** – *reclusão, de um a quatro anos.*

**§ 2º** *Se resulta a morte:*

**Pena** – *reclusão, de quatro a doze anos.*

**§ 3º** *Aumenta-se a pena de um terço, se o crime é praticado contra pessoa menor de 14 (catorze) anos.*

## 8.1. Introdução

O crime de maus-tratos além de descrever a conduta excessiva do agente, impõe a finalidade de educar, tratar, cuidar ou custodiar uma pessoa, seja através da privação alimentar ou até mesmo mediante a sujeição da mesma a trabalhos inadequados. Se não houver as referidas motivações, a conduta poderá ser tipificada de acordo com outra infração penal, mas não esta.

A pena prevista para o crime de maus tratos é de detenção de dois meses a um ano, ou multa. Logo, podemos concluir que:

a) É possível a transação penal (art. 76, Lei n. 9.099/95), pois se trata de infração penal de menor potencial ofensivo; a transação não poderá ser ofertada se da conduta resultar a lesão corporal de natureza grave ou morte do agente, pois, nestes casos, a incidência das qualificadoras (art. 136, §§ 1º. E 2º, CP) faz com que a pena máxima cominada ao delito ultrapasse o limite de dois anos.

b) É possível a suspensão condicional do processo (art. 89, Lei n. 9.099/95), pois a pena mínima não ultrapassa um ano. Não será possível esse benefício na hipótese em que dos maus tratos resulte a morte da vítima (art. 136, §2º, CP).

Registre-se que o tipo prevê aumento da pena, se do abandono resulta lesão corporal de natureza grave, morte ou se a vítima é pessoa menor de 14 anos.

O crime de *maus-tratos* é próprio; formal; de forma vinculada, pois o tipo aponta os meios de execução do delito; simples; de perigo; doloso; de forma vinculada; comissivo ou omissivo; instantâneo, podendo ser permanente; não transeunte ou transeunte; monossubjetivo; plurissubsistente ou unissubsistente, conforme o caso.

## 8.2. Sujeito Ativo

O tipo penal exige uma vinculação especial entre o autor e a vítima, impondo-se ao agente delituoso a qualidade de exercício de guarda, vigilância ou autoridade perante outrem.

## 8.3. Sujeito Passivo

O sujeito passivo é o sujeito tutelado, vigiado, cuidado ou guardado.

## 8.4. Objeto Jurídico

O objeto juridicamente tutelado é a vida e a saúde.

## 8.5. Objeto Material

O objeto material é a pessoa que se encontra sob a responsabilidade do agente, ou seja, aquele que está sob a guarda, autoridade ou vigilância do agente.

## 8.6. Elemento Subjetivo

O elemento subjetivo exigido pelo tipo penal é o dolo, pois se exige do agente a vontade de querer expor a perigo a vida ou saúde de outra pessoa que se encontra sob a sua guarda, autoridade ou vigilância.

Não há previsão para a modalidade culposa.

### 8.7. Consumação e Tentativa

Consuma-se o crime quando o agente age de forma a criar de modo efetivo situação de perigo para a vítima.

A tentativa é admitida.

### 8.8. Ação Penal

A ação penal é de iniciativa pública incondicionada.

## 9. TÓPICO-SÍNTESE

| TÓPICO-SÍNTESE: Da Periclitação da vida e da saúde | |
|---|---|
| PERIGO DE CONTÁGIO VENÉREO | |
| Perigo de Contágio Venéreo (art. 130) | Expor alguém, por meio de relações sexuais ou qualquer ato libidinoso, a contágio de moléstia venérea, de que sabe ou deve saber que está contaminado. |
| Penas | A pena para o crime, em sua modalidade simples é de detenção de três meses a um ano ou multa. |
| Classificação | De mão própria;; formal; de forma vinculada, pois o tipo exige a prática de relação sexual ou atos libidinosos; de perigo; doloso; comissivo; instantâneo; não transeunte; unissubjetivo; plurissubsistente. |
| Sujeito Ativo | Pessoa contaminada com doença venérea. |
| Sujeito Passivo | Qualquer pessoa. |
| Objeto Jurídico | Incolumidade física da pessoa. |
| Objeto Material | Ser humano que foi exposto à doença venérea através de relação sexual ou qualquer ato libidinoso. |
| Elemento Subjetivo | Dolo. |
| Consumação | Consuma-se com a exposição da vítima ao contágio da doença venérea. |
| Tentativa | É admitida. |
| Ação Penal | Pública condicionada à representação. |
| PERIGO DE CONTÁGIO DE MOLÉSTIA GRAVE | |
| Perigo de Contágio de Moléstia Grave (art. 131) | Praticar, com o fim de transmitir a outrem moléstia grave de que está contaminado, ato capaz de produzir o contágio. |
| Penas | A pena para o crime, é de reclusão de um a quatro anos, e multa. |
| Classificação | Próprio; de forma livre; formal, vez que o tipo não exige a efetiva contaminação, mas, sim, a conduta dirigida finalisticamente a transmitir a moléstia grave; doloso; de perigo ; comissivo; instantâneo; não transeunte ou transeunte, depende do caso; monossubjetivo; plurissubsistente. |
| Sujeito Ativo | Pessoa contaminada com moléstia grave. |
| Sujeito Passivo | Qualquer pessoa. |
| Objeto Jurídico | Vida e saúde. |
| Objeto Material | Ser humano que é exposto à contaminação de moléstia grave. |
| Elemento Subjetivo | Dolo. |
| Consumação | Consuma-se com a exposição da vítima à moléstia grave. |

| | |
|---|---|
| **Tentativa** | É admitida. |
| **Ação Penal** | Pública incondicionada. |
| **PERIGO PARA A VIDA OU SAÚDE DE OUTREM** | |
| **Perigo para a vida ou saúde de outrem (art. 132)** | Expor a vida ou a saúde de outrem a perigo direto e iminente. |
| **Penas** | A pena prevista para o crime é de detenção de três meses a um ano. |
| **Aumento de pena (Parágrafo único)** | A pena é aumentada de um sexto a um terço se a exposição da vida ou da saúde de outrem a perigo decorre do transporte de pessoas para a prestação de serviços em estabelecimentos de qualquer natureza, em desacordo com as normas legais. |
| **Classificação** | Comum; formal; simples; de forma livre; de perigo; doloso; comissivo ou omissivo; instantâneo; não transeunte ou transeunte, conforme o caso; monossubjetivo; plurissubsistente ou unissubsistente, conforme o caso. |
| **Sujeito Ativo** | Qualquer pessoa. |
| **Sujeito Passivo** | Qualquer pessoa. |
| **Objeto Jurídico** | Vida e saúde. |
| **Objeto Material** | Ser humano exposto ao perigo direto e iminente. |
| **Elemento Subjetivo** | Dolo. |
| **Consumação** | Consuma-se com ação do agente em expor a perigo a vítima. |
| **Tentativa** | É admitida. |
| **Ação Penal** | Pública Incondicionada. |
| **ABANDONO DE INCAPAZ** | |
| **Abandono de Incapaz (art. 133)** | Abandonar pessoa que está sob seu cuidado, guarda, vigilância ou autoridade, e, por qualquer motivo, incapaz de defender-se dos riscos resultantes do abandono. |
| **Penas** | A pena prevista para o crime de abandono de incapaz é de detenção de seis meses a três anos. |
| **Qualificadoras (§§ 1º e 2º)** | • Se resulta lesão corporal de natureza grave.<br>• Se resulta a morte. |
| **Aumento de pena de 1/3 (§ 3º, I, II e III)** | • Se o abandono ocorre em lugar ermo.<br>• Se o agente é ascendente ou descendente, cônjuge, irmão, tutor ou curador da vítima.<br>• Se a vítima é maior de 60 (sessenta) anos. |
| **Classificação** | Próprio; formal; de forma livre; simples; de perigo; doloso; comissivo ou omissivo; não transeunte ou transeunte, conforme o caso; instantâneo; monossubjetivo; plurissubsistente ou unissubsistente, conforme o caso. |
| **Sujeito Ativo** | Pessoa que tem o dever de zelar pela vítima. |
| **Sujeito Passivo** | Pessoa incapaz que se encontra sob a guarda, vigilância ou autoridade do agente. |
| **Objeto Jurídico** | Vida, saúde e segurança. |
| **Objeto Material** | Ser humano incapaz que sofre o abandono. |
| **Elemento Subjetivo** | Dolo. |
| **Consumação** | Consuma-se com o abandono do incapaz. |

| | |
|---|---|
| **Tentativa** | É admitida. |
| **Ação Penal** | Pública incondicionada. |
| **EXPOSIÇÃO OU ABANDONO DE RECÉM-NASCIDO** | |
| **Exposição ou Abandono de Recém-nascido (art. 134)** | Expor ou abandonar recém-nascido, para ocultar desonra própria. |
| **Penas** | A pena prevista para o crime de exposição ou abandono de recém-nascido é de detenção de seis meses a dois anos. |
| **Qualificadoras (§§ 1º e 2º)** | • Se resulta lesão corporal de natureza grave.<br>• Se resulta a morte. |
| **Classificação** | Próprio; formal; de forma livre; simples; de perigo; doloso; comissivo ou omissivo; instantâneo de efeitos permanentes; não transeunte ou transeunte, conforme o caso; monossubjetivo; plurissubsistente ou unissubsistente, conforme |
| **Sujeito Ativo** | Mãe ou Pai que abandona o filho para ocultar desonra. |
| **Sujeito Passivo** | Recém-nascido abandonado. |
| **Objeto Jurídico** | Vida e saúde do recém-nascido. |
| **Objeto Material** | Recém-nascido. |
| **Elemento Subjetivo** | Dolo. |
| **Consumação** | Consuma-se com o abandono do recém-nascido e sua exposição a perigo concreto. |
| **Tentativa** | É admitida. |
| **Ação Penal** | Pública incondicionada. |
| **OMISSÃO DE SOCORRO** | |
| **Omissão de Socorro (art. 135)** | Deixar de prestar assistência, quando possível fazê-lo sem risco pessoal, à criança abandonada ou extraviada, ou à pessoa inválida ou ferida, ao desamparo ou em grave e iminente perigo; ou não pedir, nesses casos, o socorro da autoridade pública. |
| **Penas** | A pena prevista para o crime de omissão de socorro é de detenção de um a seis meses, ou multa. |
| **Aumento de pena (parágrafo único)** | • **De 1/2**, se da omissão resulta lesão corporal de natureza grave<br>• **Triplicada**, se resulta a morte. |
| **Classificação** | Comum; formal; de forma livre; de perigo; doloso; omissivo; instantâneo; não transeunte ou transeunte, conforme o caso; monossubjetivo; unissubsistente. |
| **Sujeito Ativo** | Qualquer pessoa. |
| **Sujeito Passivo** | Criança abandonada ou extraviada, bem como pessoa inválida ou ferida, desde que se encontrem em situação de grave e iminente perigo. |
| **Objeto Jurídico** | Vida e saúde. |
| **Objeto Material** | Criança abandonada ou extraviada, bem como pessoa inválida ou ferida. |
| **Elemento Subjetivo** | Dolo. |
| **Consumação** | Consuma-se quando o agente se nega a prestar assistência ao sujeito que ele sabe estar necessitando. |
| **Tentativa** | Não é admitida. |
| **Ação Penal** | Pública Incondicionada. |

| CONDICIONAMENTO DE ATENDIMENTO MÉDICO-HOSPITALAR EMERGENCIAL | |
|---|---|
| **Condicionamento de Atendimento Médico-emergencial Hospitalar (art. 135-A)** | Exigir cheque-caução, nota promissória ou qualquer garantia, bem como o preenchimento prévio de formulários administrativos, como condição para o atendimento médico-hospitalar emergencial. |
| **Penas** | A pena prevista para o crime de condicionamento de atendimento médico-emergencial hospitalar é de detenção de três meses a um ano, e multa. |
| **Aumento de pena (Parágrafo único)** | • Até o **dobro** se resulta lesão grave.<br>• Até o **triplo** se resulta morte. |
| **Classificação** | Comum; formal; de forma livre; de perigo; doloso; comissivo (;; não transeunte ou transeunte, conforme o caso; monossubjetivo; plurissubsistente. |
| **Sujeito Ativo** | Pessoa que realize atendimento hospitalar. |
| **Sujeito Passivo** | Pessoa dependente de atendimento hospitalar. |
| **Objeto Jurídico** | Vida e saúde. |
| **Objeto Material** | Pessoa acometida de problema em sua saúde, necessitada de atendimento médico-hospitalar emergencial. |
| **Elemento Subjetivo** | Dolo. |
| **Consumação** | Consuma-se com a exigência da garantia ou do preenchimento de formulários. |
| **Tentativa** | Não é admitida. |
| **Ação Penal** | Pública Incondicionada. |

| MAUS-TRATOS | |
|---|---|
| **Maus-tratos (art. 136)** | Expor a perigo a vida ou a saúde de pessoa sob sua autoridade, guarda ou vigilância, para fim de educação, ensino, tratamento ou custódia, quer privando-a de alimentação ou cuidados indispensáveis, quer sujeitando-a a trabalho excessivo ou inadequado, quer abusando de meios de correção ou disciplina. |
| **Penas** | A pena prevista para o crime de maus tratos é de detenção de dois meses a um ano, ou multa. |
| **Qualificadoras (§§ 1º e 2º)** | • Se resulta lesão grave.<br>• Se resulta morte. |
| **Aumento de pena de 1/3 (§ 3º)** | Se o crime é praticado contra pessoa menor de 14 anos. |
| **Classificação** | Próprio; formal; de forma vinculada, pois o tipo aponta os meios de execução do delito; simples; de perigo; doloso; de forma vinculada; comissivo ou omissivo; instantâneo, podendo ser permanente; não transeunte ou transeunte; monossubjetivo; plurissubsistente ou unissubsistente, conforme o caso. |
| **Sujeito Ativo** | Pessoa que detém guarda, autoridade ou vigilância. |
| **Sujeito Passivo** | Pessoa tutelada, vigiada, cuidada ou guardada. |
| **Objeto Jurídico** | Vida e saúde. |

| | |
|---|---|
| **Objeto Material** | Pessoa sob a responsabilidade do agente. |
| **Elemento Subjetivo** | Dolo. |
| **Consumação** | Consuma-se com a criação da situação de perigo pelo agente. |
| **Tentativa** | É admitida. |
| **Ação Penal** | Pública Incondicionada. |

Capítulo

# 4

# DA RIXA

*Leia a Lei:*

- *art. 137 do CP.*

**Art. 137.** *Participar de rixa, salvo para separar os contendores:*

**Pena** – *detenção, de 15 (quinze) dias a 2 (dois) meses, ou multa.*

**Parágrafo único.** *Se ocorre morte ou lesão corporal de natureza grave, aplica-se, pelo fato da participação na rixa, a pena de detenção, de 6 (seis) meses a 2 (dois) anos.*

## 1. INTRODUÇÃO

A rixa consiste na briga entre pelo menos três pessoas, devendo ser demonstrada a reciprocidade da conduta entre os participantes, de modo que não seja possível a responsabilização individual.

A pena prevista para o crime de rixa é de detenção de quinze dias a dois meses, ou multa. Logo, podemos concluir que:

a) É possível a transação penal (art. 76, Lei n. 9.099/95), pois se trata de infração penal de menor potencial ofensivo;

b) É possível a suspensão condicional do processo (art. 89, Lei n. 9.099/95), pois a pena mínima não ultrapassa um ano.

c) Mesmo em sua modalidade qualificada, seria possível a transação penal e a suspensão condicional do processo, pois, nestes casos, a pena seria de detenção de seis meses a dois anos.

Ademais, o tipo prevê a qualificação da conduta, com o consequente aumento da pena, se da rixa resulta a morte ou lesão corporal de natureza grave.

O crime de *rixa* é comum; formal; de forma livre; simples; de perigo concreto; doloso; comissivo; instantâneo; de perigo; não transeunte ou transeunte; plurissubjetivo; plurissubsistente.

## 2. SUJEITO ATIVO

Qualquer pessoa pode ser sujeito ativo do crime em estudo. Neste caso, o sujeito ativo será, também, sujeito passivo. Trata-se de crime de condutas contrapostas.

## 3. SUJEITO PASSIVO

O sujeito passivo pode ser qualquer pessoa. Neste caso, o sujeito passivo será, também, sujeito ativo. Trata-se de crime de condutas contrapostas.

## 4. OBJETO JURÍDICO

O objeto juridicamente tutelado é a integridade física e a saúde das pessoas envolvidas na rixa.

## 5. OBJETO MATERIAL

O objeto material é o ser humano, os contendores.

## 6. ELEMENTO SUBJETIVO

O elemento subjetivo exigido pelo tipo penal é o dolo, pois se exige dos sujeitos que queiram, reciprocamente, provocar lesões corporais uns nos outros. Deve estar presente o *animus rixandi*, a vontade de participar da rixa.

Não há previsão para sua modalidade culposa.

## 7. CONSUMAÇÃO E TENTATIVA

Consuma o crime quando os agentes iniciam os atos de agressão, de violência recíproca.

Em relação à tentativa, há divergência. Em sentido favorável, FRAGOSO e GRECO. Em sentido contrário, CARRARA, pois considera a rixa crime de configuração súbita.

## 8. AÇÃO PENAL

A ação penal é de iniciativa pública incondicionada.

## 9. TÓPICO-SÍNTESE

| TÓPICO-SÍNTESE: Rixa | |
|---|---|
| Rixa (art. 137) | Participar de rixa, salvo para separar os contendores. |
| Penas | A pena prevista para o crime de rixa é de detenção de quinze dias a dois meses, ou multa. |
| Qualificadora (Parágrafo único) | Se ocorre morte ou lesão grave. |
| Classificação | Comum; formal; de forma livre; simples; de perigo concreto; doloso; comissivo; instantâneo; de perigo; não transeunte ou transeunte; plurissubjetivo; plurissubsistente. |
| Sujeito Ativo | Qualquer pessoa. |
| Sujeito Passivo | Qualquer pessoa. |
| Objeto Jurídico | Integridade Física e Saúde. |
| Objeto Material | Ser humano, os contendores. |
| Elemento Subjetivo | Dolo. |
| Consumação | Consuma-se com as agressões recíprocas. |
| Tentativa | Há divergência. |
| Ação Penal | Pública Incondicionada. |

Capítulo

# 5

# DOS CRIMES CONTRA A HONRA

***Leia a Lei:***

- *arts. 138 a 145 do CP.*

## 1. CALÚNIA

**Art. 138.** *Caluniar alguém, imputando-lhe falsamente fato definido como crime:*
**Pena** – *detenção, de seis (seis) meses a 2 (dois) anos, e multa.*
**§ 1º** *Na mesma pena incorre quem, sabendo falsa a imputação, a propala ou divulga.*
**§ 2º** *É punível a calúnia contra os mortos.*
**Exceção da Verdade**
**§ 3º** *Admite-se a prova da verdade, salvo:*
**I** – *se, constituindo o fato imputado crime de ação privada, o ofendido não foi condenado por sentença irrecorrível;*
**II** – *se o fato é imputado a qualquer das pessoas indicadas no nº I do Art. 141;*
**III** – *se do crime imputado, embora de ação pública, o ofendido foi absolvido por sentença irrecorrível.*

### 1.1. Introdução

O tipo penal em estudo faz menção à conduta do agente que imputa falsamente a outrem fato **definido como crime**, ou seja, ele sabe ser a vítima inocente e age de forma a atribuir-lhe a autoria do feito. Não haverá calúnia, portanto, se for imputado fato definido como contravenção. Ademais, igualmente não haverá calúnia se não houver a imputação de um fato específico (STF, Inq. 3932-DF, Rel. Min. Luiz Fux).

Permite-se ao autor, contudo, comprovar que o que fora dito corresponde à realidade. Essa faculdade recebe o nome de **exceção da verdade**, e o momento oportuno para a sua apresentação se dá na resposta do réu. Não será admitida, entretanto, nas seguintes situações: se o fato constituir crime de ação privada e o ofendido não foi condenado por sentença irrecorrível, se o fato for imputado às pessoas indicadas no inciso I do art. 141 (Presidente da República ou Chefe de Governo estrangeiro) e se do crime imputado, embora de ação penal pública, o ofendido tenha sido absolvido por sentença penal irrecorrível.

A pena prevista para o crime de calúnia é de detenção de seis meses a dois anos, e multa. Logo, podemos concluir que:

a) É possível a transação penal (art. 76, Lei n. 9.099/95), pois se trata de infração penal de menor potencial ofensivo. Se houver a incidência de causa de aumento de pena, já não será possível a transação penal, pois a pena máxima ultrapassará o limite de dois anos.

b) É possível a suspensão condicional do processo (art. 89, Lei n. 9.099/95), pois a pena mínima não ultrapassa um ano.

O crime de *calúnia* é comum; doloso; formal; de forma livre; comissivo; instantâneo; de dano; não transeunte; monossubjetivo; unissubsistente ou plurissubsistente, conforme o caso concreto.

### 1.2. Sujeito Ativo

Qualquer pessoa pode ser sujeito ativo do crime em estudo.

### 1.3. Sujeito Passivo

O sujeito passivo, de igual sorte, poderá ser qualquer pessoa. Admite-se, ainda, que o sujeito passivo seja a pessoa jurídica, desde que a imputação recaia sobre fato definido como crime ambiental.

Assinale-se que a lei tutela também a honra das pessoas mortas. Não obstante, nesses casos, as vítimas serão o cônjuge e familiares do morto, ante a ausência de direitos penalmente protegidos a este último.

### 1.4. Objeto Jurídico

O objeto juridicamente tutelado é a honra objetiva da vítima. Honra objetiva corresponde à reputação da vítima, isto é, a forma como ela é vista em sociedade.

### 1.5. Objeto Material

O objeto material é o ser humano contra o qual o agente dirigiu a conduta ofensiva a sua honra objetiva. Ou, ainda, contra a pessoa jurídica violada, desde que o fato represente crime ambiental.

### 1.6. Elemento Subjetivo

O elemento subjetivo exigido pelo tipo penal é o dolo, pois se exige do agente a livre e consciente vontade de imputar falsamente a pessoa fato definido como crime, com o propósito de ofender a sua honra. Não há previsão para sua modalidade culposa.

### 1.7. Consumação e Tentativa

Consuma-se o crime quando um terceiro toma conhecimento da falsa imputação de fato definido como crime à vítima. A tentativa é admitida.

### 1.8. Ação Penal

A ação penal, em regra, é de iniciativa privada, porém, se o delito for cometido em face do Presidente da República ou Chefe de Governo estrangeiro, a ação será pública condicionada à requisição do Ministro da Justiça.

No caso de ser em face de funcionário público em razão de sua função, será de iniciativa pública condicionada a representação do ofendido, conforme o Código Penal.

**POSIÇÃO DO STF**

***Súmula 714:*** *"É concorrente a legitimidade do ofendido, mediante queixa, e do Ministério Público, condicionada à representação do ofendido, para a ação penal por crime contra a honra de servidor público em razão do exercício de suas funções".*

## 2. DIFAMAÇÃO

**Art. 139.** *Difamar alguém, imputando-lhe fato ofensivo à sua reputação:*
**Pena** – *detenção, de 3 (três) meses a 1 (um) ano, e multa.*
**Exceção da Verdade**
**Parágrafo único.** *A exceção da verdade somente se admite se o ofendido é funcionário público e a ofensa é relativa ao exercício de suas funções.*

### 2.1. Introdução

A conduta do agente no tipo descrito se destina a macular a honra objetiva da vítima, ou seja, é atribuído a ela fato cuja reprovabilidade ético-social seja largamente sabida.

A exceção da verdade no delito de difamação não é admitida, salvo se for proferida contra funcionário público em razão de suas funções.

A pena prevista para o crime de difamação é de detenção de três meses a um ano, e multa. Logo, podemos concluir que:

a) É possível a transação penal (art. 76, Lei n. 9.099/95), pois se trata de infração penal de menor potencial ofensivo. Se houver a incidência de causa de aumento de pena, já não será possível a transação penal, pois a pena máxima ultrapassará o limite de dois anos.

b) É possível a suspensão condicional do processo (art. 89, Lei n. 9.099/95), pois a pena mínima não ultrapassa um ano.

O crime de *difamação* é comum; formal; simples; doloso; de forma livre; comissivo; instantâneo; de dano; transeunte; monossubjetivo; unissubsistente ou plurissubsistente, conforme o caso concreto.

### 2.2. Sujeito Ativo

Qualquer pessoa pode ser sujeito ativo do crime em estudo.

### 2.3. Sujeito Passivo

O sujeito passivo pode ser qualquer pessoa, física ou jurídica.

### 2.4. Objeto Jurídico

O objeto juridicamente tutelado é a honra objetiva da vítima, ou seja, aquilo que a sociedade pensa a seu respeito, o modo como é vista no seu meio.

### 2.5. Objeto Material

O objeto material é a pessoa contra qual é dirigida a ação do agente.

### 2.6. Elemento Subjetivo

O elemento subjetivo exigido pelo tipo penal é o dolo, pois se exige do agente a vontade de querer ofender a honra objetiva de alguém, ou seja, a presente intenção de ofender e macular. Não há previsão para a sua modalidade culposa.

### 2.7. Consumação e Tentativa

Consuma-se o crime quando um terceiro toma conhecimento dos fatos. A tentativa é admitida.

### 2.8. Ação Penal

A ação penal, em regra, é de iniciativa privada, porém, se o delito for cometido em face do Presidente da República ou Chefe de Governo estrangeiro a ação será pública condicionada à requisição do Ministro da Justiça.

Convém, todavia, trazer à baila o enunciado n.º 714 da súmula de jurisprudência do STF: "É concorrente a legitimidade do ofendido, mediante queixa, e do Ministério Público, condicionada à representação do ofendido, para a ação penal por crime contra a honra de servidor público em razão do exercício de suas funções".

## 3. INJÚRIA

**Art. 140.** *Injuriar alguém, ofendendo-lhe a dignidade ou o decoro:*
**Pena** – *detenção, de um a seis meses, ou multa.*
**§ 1º** *O juiz pode deixar de aplicar a pena:*
**I** – *quando o ofendido, de forma reprovável, provocou diretamente a injúria;*
**II** – *no caso de retorsão imediata, que consista em outra injúria.*
**§ 2º** *Se a injúria consiste em violência ou vias de fato, que, por sua natureza ou pelo meio empregado, se considerem aviltantes:*
**Pena** – *detenção, de três meses a um ano, e multa, além da pena correspondente à violência.*
**§ 3º** *Se a injúria consiste na utilização de elementos referentes a raça, cor, etnia, religião, origem ou a condição de pessoa idosa ou portadora de deficiência:*
**Pena** – *reclusão de um a três anos e multa.*

### 3.1. Topografia do art. 140

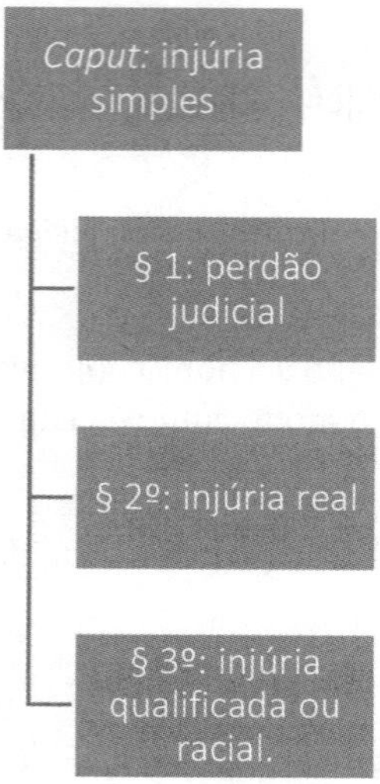

## 3.2. Introdução

Nos crimes de calúnia e difamação a honra penalmente tutelada é a objetiva, ou seja, aquilo que a sociedade pensa a respeito do ofendido. No crime de injúria, tutela-se a honra subjetiva, aquilo que a própria pessoa pensa de si, sua autoestima. Aqui, o que ocorre não é imputação de fatos e sim atribuições pejorativas em relação à vítima. Não se admite a exceção da verdade.

A pena prevista para o crime de injúria é de detenção de um a seis meses, ou multa. Logo, podemos concluir que:

a) É possível a transação penal (art. 76, Lei n. 9.099/95), pois se trata de infração penal de menor potencial ofensivo. Em se tratando de injúria preconceituosa, não há que se falar em cabimento de transação penal, pois, neste caso, a pena máxima chega a três anos.

b) É possível a suspensão condicional do processo (art. 89, Lei n. 9.099/95), pois a pena mínima não ultrapassa um ano.

Qualifica o crime se a injúria consiste em violência ou vias de fato, que, por sua natureza ou pelo meio empregado, considerem-se aviltantes (injúria real).

Ademais, assinale-se que a pena imputada à conduta de injúria será consideravelmente aumentada quando o agente basear a sua ofensa na raça, cor, etnia, religião, origem ou condição de pessoa idosa ou portadora de deficiência (injúria qualificada ou racial).

Admite-se o perdão judicial nos casos em que o ofendido, de forma reprovável, provocou diretamente a injúria ou no caso de retorsão imediata que consista em outra injúria.

O crime de *injúria* é comum; formal; doloso; de dano, de forma livre; simples; comissivo ou omissivo, conforme o caso; instantâneo; transeunte; monossubjetivo; unissubsistente ou plurissubsistente, conforme o caso concreto.

## 3.3. Sujeito Ativo

Qualquer pessoa pode ser sujeito ativo do crime em estudo.

## 3.4. Sujeito Passivo

O sujeito passivo é a pessoa física determinada.

## 3.5. Objeto Jurídico

O objeto juridicamente tutelado é a honra subjetiva da pessoa.

## 3.6. Objeto Material

O objeto material é o ser humano contra o qual são proferidas as condutas injuriosas.

## 3.7. Elemento Subjetivo

O elemento subjetivo exigido pelo tipo penal é o dolo, pois se exige do agente a vontade consciente de querer atingir a honra subjetiva da vítima. Não há previsão para a sua modalidade culposa.

### 3.8. Consumação e Tentativa

Consuma-se o crime, diferente da calúnia e da difamação, quando o sujeito passivo toma conhecimento do que fora feito pelo agente e este ato tenha sido o suficiente para ofender a sua dignidade. Não é necessário que a injúria tenha sido cometida na presença da vítima para que se configure o crime, basta que ela tome conhecimento do ocorrido. A tentativa é admitida.

### 3.9. Ação Penal

A ação penal, em regra, é de iniciativa privada.

Será pública condicionada à representação do ofendido nos casos de injúria preconceituosa e pública incondicionada nos casos de injúria real.

Se o delito for cometido em face do Presidente da República ou Chefe de Governo estrangeiro, a ação será pública condicionada à requisição do Ministro da Justiça.

Por fim, convém, todavia, trazer à baila o enunciado n.º 714 da súmula de jurisprudência do STF: "É concorrente a legitimidade do ofendido, mediante queixa, e do Ministério Público, condicionada à representação do ofendido, para a ação penal por crime contra a honra de servidor público em razão do exercício de suas funções".

## 4. DISPOSIÇÕES COMUNS

**Disposições Comuns**

**Art. 141.** *As penas cominadas neste Capítulo aumentam-se de um terço, se qualquer dos crimes é cometido:*

**I** – *contra o Presidente da República, ou contra chefe de governo estrangeiro;*

**II** – *contra funcionário público, em razão de suas funções;*

**III** – *na presença de várias pessoas, ou por meio que facilite a divulgação da calúnia, da difamação ou da injúria.*

**IV** – *contra pessoa maior de 60 (sessenta) anos ou portadora de deficiência, exceto no caso de injúria.*

**§ 1º** *Se o crime é cometido mediante paga ou promessa de recompensa, aplica-se a pena em dobro.*

**§ 2º Se o crime é cometido ou divulgado em quaisquer modalidades das redes sociais da rede mundial de computadores, aplica-se em triplo a pena.**

**Exclusão do Crime**

**Art. 142.** *Não constituem injúria ou difamação punível:*

**I** – *a ofensa irrogada em juízo, na discussão da causa, pela parte ou por seu procurador;*

**II** – *a opinião desfavorável da crítica literária, artística ou científica, salvo quando inequívoca a intenção de injuriar ou difamar;*

**III** – *o conceito desfavorável emitido por funcionário público, em apreciação ou informação que preste no cumprimento de dever do ofício.*

**Parágrafo único.** *Nos casos dos ns. I e III, responde pela injúria ou pela difamação quem lhe dá publicidade.*

**Retratação**

**Art. 143.** *O querelado que, antes da sentença, se retrata cabalmente da calúnia ou da difamação, fica isento de pena.*

**Parágrafo único.** *Nos casos em que o querelado tenha praticado calúnia ou difamação utilizando-se de meios de comunicação, a retratação dar-se-á, se assim desejar o ofendido, pelos mesmos meios em que se praticou a ofensa.*

**Pedido de explicação em juízo**

**Art. 144.** *Se, de referências, alusões ou frase, se infere calúnia, difamação ou injúria, quem se julga ofendido pode pedir explicações em juízo. Aquele que se recusa a dá-las ou, a critério do juiz, não as dá satisfatórias, responde pela ofensa.*

**Art. 145.** *Nos crimes previstos neste Capítulo somente se procede mediante queixa, salvo quando, no caso do art. 140, § 2º, da violência resulta lesão corporal.*

*Parágrafo único. Procede-se mediante requisição do Ministro da Justiça, no caso do inciso I do caput do art. 141 deste Código, e mediante representação do ofendido, no caso do inciso II do mesmo artigo, bem como no caso do § 3º do art. 140 deste Código.*

Em virtude de alguns cargos ocupados serem de mais valia do que outros, a tutela penal reconhece uma maior gravidade quando a honra dos que os ocupam é atingida, pois se considera que não se trata de ofensa à pessoa propriamente, mas a sua função, e em uma visão mais abrangente, ofensa à própria Administração Pública.

De igual sorte, será maior a reprovabilidade se a ofensa for proferida na presença de várias pessoas ou por meio que facilite sua propagação e divulgação.

Acerca da qualificação em relação à ofensa cometida contra idoso ou portador de deficiência, é crucial que o agente tenha conhecimento da idade da vítima e/ou da deficiência dela.

Ademais, ainda sobre o art. 141, registre-se que, conforme o **§ 1º, se o crime é cometido mediante paga ou promessa de recompensa, a pena deve ser aplicada em dobro; e de acordo com o § 2º, se o crime é cometido ou divulgado em quaisquer modalidades das redes sociais da rede mundial de computadores, a pena será triplicada.**

Acerca do **§ 2º**, trata-se de inclusão promovida pela Lei nº 13.964, de 2019, o Pacote Anticrime, incialmente vetado, sob o seguinte argumento: "*A propositura legislativa, ao promover o incremento da pena no triplo quando o crime for cometido ou divulgado em quaisquer modalidades das redes sociais da rede mundial de computadores, viola o princípio da proporcionalidade entre o tipo penal descrito e a pena cominada, notadamente se considerarmos a existência da legislação atual que já tutela suficientemente os interesses protegidos pelo Projeto, ao permitir o agravamento da pena em um terço na hipótese de qualquer dos crimes contra a honra ser cometido por meio que facilite a sua divulgação. Ademais a substituição da lavratura de termo circunstanciado nesses crimes, em razão da pena máxima ser superior a dois anos, pela necessária abertura de inquérito policial, ensejaria, por conseguinte, superlotação das delegacias, e, com isso, redução do tempo e da força de trabalho para se dedicar ao combate de crimes graves, tais como homicídio e latrocínio.*".

Entretanto, o aludido veto foi derrubado em 19/04/2021 e, assim, os crimes de calúnia, difamação e injúria passaram a ter a pena triplicada, nos termos já mencionados.

Atenção para o artigo 142, o qual prevê a exclusão do crime de injúria e difamação, mas não se aplica à calúnia.

**Em relação à retratação, descrita no artigo 143, percebe-se a indicação de que o ato de se retratar deve ser feito pelo agente antes da sentença e só é cabível em relação a difamação e a calúnia.** Ademais, acrescido pela Lei 13.188/2015, o parágrafo único possibilita que a retratação seja publicada nos mesmos meios em que se praticou a ofensa.

O artigo 144 do Código prevê a possibilidade do pedido de explicações em juízo, quando será possibilitado ao agente se explicar à possível vítima o real significado das palavras ditas. Este ato é anterior à propositura da ação e tem natureza penal-cautelar.

## 5. TÓPICO-SÍNTESE

| TÓPICO-SÍNTESE: Dos crimes contra a Honra | |
|---|---|
| **DA CALÚNIA** | |
| Calúnia (art. 138) | Caluniar alguém, imputando-lhe falsamente fato definido como crime. |
| Penas | A pena prevista para o crime de calúnia é de detenção de seis meses a dois anos, e multa. |
| Exceção da Verdade | É admitida, salvo:<br>se, constituindo o fato imputado crime de ação privada, o ofendido não foi condenado por sentença irrecorrível;<br>se o fato é imputado a qualquer das pessoas indicadas no nº I do Art. 141;<br>se do crime imputado, embora de ação pública, o ofendido foi absolvido por sentença irrecorrível. |
| Aumento de Pena (art. 141, *caput* e § § 1º e 2º) | **De um terço, se é cometido:**<br>I – contra o Presidente da República, ou contra chefe de governo estrangeiro;<br>II – contra funcionário público, em razão de suas funções;<br>III – na presença de várias pessoas, ou por meio que facilite a divulgação da calúnia, da difamação ou da injúria;<br>IV – contra pessoa maior de 60 (sessenta) anos ou portadora de deficiência, exceto no caso de injúria.<br>**Se é cometido mediante paga ou promessa de recompensa, aplica-se a pena em dobro.**<br>**Se é cometido ou divulgado em quaisquer modalidades das redes sociais da rede mundial de computadores, aplica-se em triplo a pena.** |
| Retratação (art. 143) | O querelado que, antes da sentença, se retrata cabalmente da calúnia, fica isento de pena. |
| Classificação | Comum; doloso; formal; de forma livre; comissivo; instantâneo; de dano; não transeunte; monossubjetivo; unissubsistente ou plurissubsistente, conforme o caso concreto. |
| Sujeito Ativo | Qualquer pessoa. |
| Sujeito Passivo | Qualquer pessoa. |
| Objeto Jurídico | Honra objetiva. |
| Objeto Material | Ser humano contra o qual o agente dirigiu a conduta ofensiva a sua honra objetiva ou pessoa jurídica violada, desde que o fato represente crime ambiental. |
| Elemento Subjetivo | Dolo. |
| Consumação | Consuma-se o quando um terceiro toma conhecimento da falsa imputação. |
| Tentativa | É admitida. |
| Ação Penal | Privada.<br>Pública condicionada à requisição do Ministro da Justiça se for contra Presidente da República ou chefe de Governo estrangeiro.<br>Púbica condicionada à representação se for contra funcionário público em razão de sua função. **Entretanto, a Súmula 714 do STF estabelece que:** "É concorrente a legitimidade do ofendido, mediante queixa, e do Ministério Público, condicionada à representação do ofendido, para a ação penal por crime contra a honra de servidor público em razão do exercício de suas funções". **Em que pese o verbete sumular referir-se à legitimidade concorrente, trata-se, em verdade, de uma legitimidade alternativa, conforme já reconheceu o próprio STF.** |
| **DIFAMAÇÃO** | |
| Difamação (art. 139) | Difamar alguém, imputando-lhe fato ofensivo à sua reputação. |
| Penas | A pena prevista para o crime de difamação é de detenção de três meses a um ano, e multa. |

| TÓPICO-SÍNTESE: Dos crimes contra a Honra | |
|---|---|
| **Exceção da Verdade** | Somente se admite se o ofendido é funcionário público e a ofensa é relativa ao exercício de suas funções. |
| **Aumento de Pena (art. 141, *caput* e § § 1º e 2º)** | **De um terço, se é cometido:**<br>I – contra o Presidente da República, ou contra chefe de governo estrangeiro;<br>II – contra funcionário público, em razão de suas funções;<br>III – na presença de várias pessoas, ou por meio que facilite a divulgação da calúnia, da difamação ou da injúria;<br>IV – contra pessoa maior de 60 (sessenta) anos ou portadora de deficiência, exceto no caso de injúria.<br>**Se é cometido mediante paga ou promessa de recompensa, aplica-se a pena em dobro.**<br>**Se é cometido ou divulgado em quaisquer modalidades das redes sociais da rede mundial de computadores, aplica-se em triplo a pena.** |
| **Exclusão do crime (art. 142)** | Não constitui difamação punível:<br>a ofensa irrogada em juízo, na discussão da causa, pela parte ou por seu procurador;<br>a opinião desfavorável da crítica literária, artística ou científica, salvo quando inequívoca a intenção de injuriar ou difamar;<br>o conceito desfavorável emitido por funcionário público, em apreciação ou informação que preste no cumprimento de dever do ofício. |
| **Retratação (art. 143)** | O querelado que, antes da sentença, se retrata cabalmente da difamação, fica isento de pena. |
| **Classificação** | Comum; formal; simples; doloso; de forma livre; comissivo; instantâneo; de dano; transeunte; monossubjetivo; unissubsistente ou plurissubsistente, conforme o caso concreto. |
| **Sujeito Ativo** | Qualquer pessoa. |
| **Sujeito Passivo** | Qualquer pessoa. |
| **Objeto Jurídico** | Honra objetiva. |
| **Objeto Material** | Pessoa contra qual é dirigida a ação do agente. |
| **Elemento Subjetivo** | Dolo. |
| **Consumação** | Consuma-se o crime quando um terceiro toma conhecimento dos fatos. |
| **Tentativa** | É admitida. |
| **Ação Penal** | Privada.<br>Pública condicionada à requisição do Ministro da Justiça se for contra Presidente da República ou chefe de Governo estrangeiro.<br>Púbica condicionada à representação se for contra funcionário público em razão de sua função. **Entretanto, a Súmula 714 do STF estabelece que:** "É concorrente a legitimidade do ofendido, mediante queixa, e do Ministério Público, condicionada à representação do ofendido, para a ação penal por crime contra a honra de servidor público em razão do exercício de suas funções". **Em que pese o verbete sumular referir-se à legitimidade concorrente, trata-se, em verdade, de uma legitimidade alternativa, conforme já reconheceu o próprio STF.** |
| **INJÚRIA** | |
| **Injúria (art. 140)** | Injuriar alguém, ofendendo-lhe a dignidade ou o decoro. |
| **Penas** | A pena prevista para o crime de injúria é de detenção de um a seis meses, ou multa. |

| TÓPICO-SÍNTESE: Dos crimes contra a Honra | |
|---|---|
| **Perdão Judicial (§ 1º)** | Quando o ofendido, de forma reprovável, provocou diretamente a injúria;<br>No caso de retorsão imediata, que consista em outra injúria. |
| **Injúria Real (§ 2º)** | Se consiste em violência ou vias de fato, que, por sua natureza ou pelo meio empregado, se considerem aviltantes. |
| **Injúria Qualificada ou Racial (§ 3º)** | Se consiste na utilização de elementos referentes a raça, cor, etnia, religião, origem ou a condição de pessoa idosa ou portadora de deficiência. |
| **Aumento de Pena (art. 141, *caput* e § § 1º e 2º)** | **De um terço, se é cometido:**<br>I – contra o Presidente da República, ou contra chefe de governo estrangeiro;<br>II – contra funcionário público, em razão de suas funções;<br>III – na presença de várias pessoas, ou por meio que facilite a divulgação da calúnia, da difamação ou da injúria;<br>IV – contra pessoa maior de 60 (sessenta) anos ou portadora de deficiência, exceto no caso de injúria.<br>**Se é cometido mediante paga ou promessa de recompensa, aplica-se a pena em dobro.**<br>**Se é cometido ou divulgado em quaisquer modalidades das redes sociais da rede mundial de computadores, aplica-se em triplo a pena.** |
| **Exclusão do crime (art. 142)** | Não constitui injúria punível:<br>a ofensa irrogada em juízo, na discussão da causa, pela parte ou por seu procurador;<br>a opinião desfavorável da crítica literária, artística ou científica, salvo quando inequívoca a intenção de injuriar ou difamar;<br>o conceito desfavorável emitido por funcionário público, em apreciação ou informação que preste no cumprimento de dever do ofício. |
| **Classificação** | Comum; formal; doloso; de dano, de forma livre; simples; comissivo ou omissivo, conforme o caso; instantâneo; transeunte;monossubjetivo; unissubsistente ou plurissubsistente, conforme o caso concreto. |
| **Sujeito Ativo** | Qualquer pessoa. |
| **Sujeito Passivo** | Pessoa física determinada. |
| **Objeto Jurídico** | Honra subjetiva. |
| **Objeto Material** | Pessoa contra a qual são proferidas as condutas injuriosas. |
| **Elemento Subjetivo** | Dolo. |
| **Consumação** | Consuma-se quando o sujeito passivo toma conhecimento do ato do agente e este tenha sido o suficiente para ofender a sua dignidade. |
| **Tentativa** | É admitida. |
| **Ação Penal** | Privada.<br>Pública condicionada à requisição do Ministro da Justiça se for contra Presidente da República ou chefe de Governo estrangeiro.<br>Pública condicionada à representação do ofendido nos casos de injúria preconceituosa e contra servidor público em razão de sua função. **Entretanto, a Súmula 714 do STF estabelece que:** "É concorrente a legitimidade do ofendido, mediante queixa, e do Ministério Público, condicionada à representação do ofendido, para a ação penal por crime contra a honra de servidor público em razão do exercício de suas funções". **Em que pese o verbete sumular referir-se à legitimidade concorrente, trata-se, em verdade, de uma legitimidade alternativa, conforme já reconheceu o próprio STF.**<br>Pública incondicionada nos casos de injúria real. |

Capítulo

# 6

# DOS CRIMES CONTRA A LIBERDADE PESSOAL

***Leia a Lei:***

- *arts. 146 a 154-B do CP.*

## 1. CONSTRANGIMENTO ILEGAL

**Art. 146.** *Constranger alguém, mediante violência ou grave ameaça, ou depois de lhe haver reduzido, por qualquer outro meio, a capacidade de resistência, a não fazer o que a lei permite, ou a fazer o que ela não manda:*

**Pena** – *detenção, de 3 (três) meses a 1 (um) ano, ou multa.*

**Aumento de Pena**

**§ 1º** *As penas aplicam-se cumulativamente e em dobro, quando, para a execução do crime, se reúnem mais de três pessoas, ou há emprego de armas.*

**§ 2º** *Além das penas cominadas, aplicam-se as correspondentes à violência.*

**§ 3º** *Não se compreendem na disposição deste artigo:*

**I** – *a intervenção médica ou cirúrgica, sem o consentimento do paciente ou de seu representante legal, se justificada por iminente perigo de vida;*

**II** – *a coação exercida para impedir suicídio.*

### 1.1. Introdução

O tipo prevê a conduta do agente que age de forma a impedir ou dificultar que a vítima aja e usufrua plenamente de sua liberdade física e mental, por meio de grave ameaça ou violência, ou qualquer outro meio que lhe diminua a resistência.

Este crime só será tipificado se não for usado como elemento típico de outra infração penal. Trata-se, pois, de crime subsidiário.

A pena prevista para o crime de constrangimento ilegal é de detenção de 3 (três) meses a 1 (um) ano, ou multa. Logo, podemos concluir que:

a) É possível a transação penal (art. 76, Lei n. 9.099/95), pois se trata de infração penal de menor potencial ofensivo.

b) É possível a suspensão condicional do processo (art. 89, Lei n. 9.099/95), pois a pena mínima não ultrapassa um ano.

Estas considerações são válidas mesmo na hipótese de incidência das causas de aumento pena.

Ademais, o artigo prevê duas hipóteses de aumento de pena, quais sejam quando a conduta é cometida a partir da reunião de mais de três pessoas, bem como quando há emprego de armas para se conseguir o constrangimento.

Registre-se, ainda, que o tipo exclui a intervenção médica ou cirúrgica quando necessária à proteção da vida, ainda que sem o consentimento do paciente ou de seu responsável legal, bem como a coação executada a fim de impedir suicídio.

O crime de *constrangimento ilegal* é comum; simples; doloso; material; de forma livre; comissivo; instantâneo; de dano; transeunte ou não transeunte, conforme o caso; monossubjetivo; plurissubsistente.

### 1.2. Sujeito Ativo

Qualquer pessoa pode ser sujeito ativo do crime em estudo.

### 1.3. Sujeito Passivo

O sujeito passivo pode ser qualquer pessoa que entenda o caráter da conduta do agente, ou seja, que tenha capacidade de discernir.

### 1.4. Objeto Jurídico

O objeto juridicamente tutelado é a integridade física da vítima, bem como a sua integridade psíquica.

### 1.5. Objeto Material

O objeto material é o ser humano sobre o qual recai a conduta do agente.

### 1.6. Elemento Subjetivo

O elemento subjetivo exigido pelo tipo penal é o dolo, pois se exige do agente a vontade de querer ver a vítima com sua resistência reduzida ou impossibilitada, cujo objetivo é constrangê-la a agir de forma contrária à lei ou não fazer o que ela permite. Não há previsão para a sua modalidade culposa.

### 1.7. Consumação e Tentativa

Consuma-se o crime quando a vítima faz ou deixa de fazer algo em virtude da ação do agente. A tentativa é admitida.

### 1.8. Ação Penal

A ação penal é de iniciativa pública incondicionada.

## 2. AMEAÇA

**Art. 147.** *Ameaçar alguém, por palavra, escrito ou gesto, ou qualquer outro meio simbólico, de causar-lhe mal injusto e grave:*

**Pena** – *detenção, de 1 (um) a 6 (seis) meses, ou multa.*

**Parágrafo único.** *Somente se procede mediante representação.*

## 2.1. Introdução

O crime de ameaça tem como objetivo intimidar a vítima a fazer ou deixar de fazer algo que o agente queira. Pode ser realizado mediante diversas formas, por isso o tipo descreve como sendo realizável por meio verbal, escrito ou simbólico. Meras palavras, gestos ou a simbologia qualquer não são suficientes para configurar o crime, a conduta praticada pelo agente deve ser de tal forma que se considere injusta e grave.

Este crime só será tipificado se não for usado como elemento típico de outra infração penal. Trata-se, pois, de crime subsidiário.

A pena prevista para o crime de ameaça é de detenção de 1 (um) a 6 (seis) meses, ou multa. Logo, podemos concluir que:

a) É possível a transação penal (art. 76, Lei n. 9.099/95), pois se trata de infração penal de menor potencial ofensivo.

b) É possível a suspensão condicional do processo (art. 89, Lei n. 9.099/95), pois a pena mínima não ultrapassa um ano.

c) É possível também a composição civil dos danos (art. 72, Lei n. 9.099/95), haja vista tratar-se de infração de menor potencial ofendido perseguida por meio de ação penal de iniciativa pública condicionada à representação do ofendido.

O crime de *ameaça* é comum; doloso; simples; formal; de forma livre; comissivo; de dano; instantâneo; transeunte; monossubjetivo; unissubsistente ou plurissubsistente, conforme o caso concreto.

## 2.2. Sujeito Ativo

Qualquer pessoa pode ser sujeito ativo do crime em estudo, salvo nos casos em que for praticado por funcionário público no exercício da função, fato que se amoldará ao abuso de autoridade (Lei 4.898/65).

## 2.3. Sujeito Passivo

O sujeito passivo pode ser qualquer pessoa certa e determinada que entenda o caráter do mal proferido contra si, ou seja, que tenha capacidade de discernir e sentir a intimidação.

## 2.4. Objeto Jurídico

O objeto juridicamente tutelado é a liberdade da pessoa humana, notadamente a integridade psíquica/mental da vítima.

## 2.5. Objeto Material

O objeto material é o ser humano que sofre a ameaça.

## 2.6. Elemento Subjetivo

O elemento subjetivo exigido pelo tipo penal é o dolo, pois se exige do agente a livre consciência de querer influir medo na pessoa da vítima, pouco importando que o agente efetivamente realize o mal prometido (HC 80.626/BA, rel. Min. Nelson Jobim).

### 2.7. Consumação e Tentativa

Consuma-se o crime quando o agente ameaça a vítima, não sendo necessário que tal ameaça seja feita diretamente a ela, basta apenas que se tenha conhecimento e isto cause temor no sujeito passivo.

É admitida a tentativa, sendo incompatível apenas nos casos de ameaça verbal.

### 2.8. Ação Penal

A ação penal é de iniciativa pública condicionada à representação do ofendido.

## 3. PERSEGUIÇÃO

**Art. 147-A. Perseguir alguém, reiteradamente e por qualquer meio, ameaçando-lhe a integridade física ou psicológica, restringindo-lhe a capacidade de locomoção ou, de qualquer forma, invadindo ou perturbando sua esfera de liberdade ou privacidade.**

**Pena – reclusão, de 6 (seis) meses a 2 (dois) anos, e multa.**

**§ 1º A pena é aumentada de metade se o crime é cometido**

**I – contra criança, adolescente ou idoso**

**II – contra mulher por razões da condição de sexo feminino, nos termos do § 2º-A do art. 121 deste Código;**

**III – mediante concurso de 2 (duas) ou mais pessoas ou com o emprego de arma.**

**§ 2º As penas deste artigo são aplicáveis sem prejuízo das correspondentes à violência.**

**§ 3º Somente se procede mediante representação.**

### 3.1. Introdução

Trata-se de tipo penal, introduzido pela Lei n. 14.132 de 31 de março de 2021.

O crime em comento prevê a conduta conhecida como *stalking* e consubstancia-se em uma perseguição obsessiva ou insidiosa. Perseguir significa "importunar", "causar incômodo".

Ademais, o tipo exige que a perseguição seja realizada reiteradamente, o que implica a classificação do crime como habitual (o que exclui, portanto, a possibilidade do crime ser tentado).

Para a conduta inserta no *caput*, a pena prevista é de reclusão de 6 (seis) meses a 2 (dois) anos, além de multa.

Ainda, há previsão, conforme **§ 1º**, de aumento de pena, de metade, quando a vítima for criança, adolescente ou idoso, bem como a conduta for contra mulher, desde que por razões da condição de sexo feminino e, por fim, se realizada mediante concurso de duas ou mais pessoas ou com o emprego de arma de fogo.

Registre-se, por ser importante, que as referidas penas são aplicáveis sem prejuízo das correspondentes à violência que, porventura, pode fazer parte da conduta.

Assinale-se que o legislador estabelece que a perseguição pode ser realizada por qualquer meio. Assim sendo, há uma ampla proteção, pois abrange o mundo físico e o virtual (*cyberstalking*).

Assevere-se que o tipo prevê a maneira de execução, vez que determina que a perseguição ocorra das seguintes formas: *ameaçando-lhe a integridade física ou psicológica, restringindo-lhe a capacidade de locomoção ou, de qualquer forma, invadindo ou perturbando sua esfera de liberdade ou privacidade.*

Por fim, é oportuno registrar que o novel tipo revogou o art. 65 da Lei das Contravenções Penais, cuja previsão era a seguinte: "Molestar alguém ou perturbar-lhe a tranquilidade, por acinte ou por motivo reprovável: Pena – prisão simples, de quinze dias a dois meses, ou multa, de duzentos mil réis a dois contos de réis."

O crime de *perseguição* é comum; formal; simples; doloso; de forma vinculada; comissivo; habitual; transeunte; monossubjetivo; unissubsistente ou plurissubsistente, conforme o caso.

### 3.2. Sujeito Ativo

Qualquer pessoa pode ser sujeito ativo do crime em estudo.

### 3.3. Sujeito Passivo

O sujeito passivo pode ser qualquer pessoa. Entretanto, sendo umas das pessoas previstas nos no § 1°, a pena será aumentada de metade.

### 3.4. Objeto Jurídico

Os objetos juridicamente tutelados são a integridade, a liberdade e a privacidade da pessoa humana.

### 3.5. Objeto Material

O objeto material é o ser humano a quem foi dirigida a conduta criminosa.

### 3.6. Elemento Subjetivo

O elemento subjetivo exigido pelo tipo penal é o dolo.

### 3.7. Consumação e Tentativa

Trata-se de crime habitual, assim, consuma-se o crime em estudo quando a conduta ocorre reiteradamente, não sendo suficiente um ato para a sua configuração. A tentativa não é admitida.

### 3.8. Ação Penal

A ação penal é pública condicionada à representação.

## 4. SEQUESTRO E CÁRCERE PRIVADO

**Art. 148.** *Privar alguém de sua liberdade, mediante sequestro ou cárcere privado:*
**Pena –** *reclusão, de um a três anos.*
**§ 1º** *A pena é de reclusão, de dois a cinco anos:*
**I –** *se a vítima é ascendente, descendente, cônjuge ou companheiro do agente ou maior de 60 (sessenta) anos;*
**II –** *se o crime é praticado mediante internação da vítima em casa de saúde ou hospital;*
**III –** *se a privação da liberdade dura mais de quinze dias.*
**IV –** *se o crime é praticado contra menor de 18 (dezoito) anos;*
**V –** *se o crime é praticado com fins libidinosos.*
**§ 2º** *Se resulta à vítima, em razão de maus-tratos ou da natureza da detenção, grave sofrimento físico ou moral:*
**Pena –** *reclusão, de dois a oito anos.*

### 4.1. Introdução

O crime em comento prevê a conduta do agente que suprime a liberdade de locomoção de outrem, consistente no direito de ir, vir e permanecer, de toda e qualquer pessoa humana.

A pena prevista para o crime de sequestro e cárcere privado é de reclusão de 1 (um) a 3 (três) anos. Logo, podemos concluir que:

a) Não é possível a transação penal (art. 76, Lei n. 9.099/95), pois não se trata de infração penal de menor potencial ofensivo.

b) É possível a suspensão condicional do processo (art. 89, Lei n. 9.099/95), pois a pena mínima não ultrapassa um ano. Nas modalidades qualificadas, não será possível a obtenção de tal benefício, pois a pena mínima passa a ser de 2 (dois) anos.

O crime se torna qualificado quando o agente age em face de cônjuge, companheiro, ascendente, descendente ou maior de 60 (sessenta) anos; mediante internação da vítima em casa de saúde; se durar mais de 15 (quinze) dias; se praticado contra menor de 18 (dezoito) anos; com fins libidinosos e, por fim, também se qualifica se resultar à vítima, em razão de maus-tratos, grave sofrimento físico ou moral.

O crime de *sequestro e cárcere privado* é comum; material; simples; doloso; de forma livre; comissivo ou omissivo ; permanente; de dano; transeunte; monossubjetivo; unissubsistente ou plurissubsistente, conforme o caso.

### 4.2. Sujeito Ativo

Qualquer pessoa pode ser sujeito ativo do crime em estudo, salvo se praticado por funcionário público no exercício de suas funções, o que seria tipificado como abuso de autoridade.

### 4.3. Sujeito Passivo

O sujeito passivo pode ser qualquer pessoa. Entretanto, sendo umas das pessoas previstas nos incisos I e IV do § 1°, restará configurada a qualificação da conduta.

### 4.4. Objeto Jurídico

O objeto juridicamente tutelado é a liberdade de locomoção da pessoa.

### 4.5. Objeto Material

O objeto material é o ser humano que foi privado da sua faculdade de ir, vir e permanecer.

### 4.6. Elemento Subjetivo

O elemento subjetivo exigido pelo tipo penal é o dolo, pois se exige do agente a consciente vontade de querer impedir o deslocamento ou a permanência da vítima em local que ela se encontre.

### 4.7. Consumação e Tentativa

Consuma-se o crime em estudo com a conduta adotada pelo agente que efetivamente impossibilita a vítima a se locomover ou permanecer aonde gostaria de estar. Logo, o crime se configura ainda que a vítima não seja removida do local de origem. A tentativa é admitida.

### 4.8. Ação Penal

A ação penal é de iniciativa pública incondicionada.

## 5. REDUÇÃO A CONDIÇÃO ANÁLOGA À DE ESCRAVO

**Art. 149.** *Reduzir alguém a condição análoga à de escravo, quer submetendo-o a trabalhos forçados ou a jornada exaustiva, quer sujeitando-o a condições degradantes de trabalho, quer restringindo, por qualquer meio, sua locomoção em razão de dívida contraída com o empregador ou preposto:*

**Pena** - *reclusão, de dois a oito anos, e multa, além da pena correspondente à violência.*

**§ 1º** *Nas mesmas penas incorre quem:*

**I** - *cerceia o uso de qualquer meio de transporte por parte do trabalhador, com o fim de retê-lo no local de trabalho;*

**II** - *mantém vigilância ostensiva no local de trabalho ou se apodera de documentos ou objetos pessoais do trabalhador, com o fim de retê-lo no local de trabalho.*

**§ 2º** *A pena é aumentada de metade, se o crime é cometido:*

**I** - *contra criança ou adolescente;*

**II** - *por motivo de preconceito de raça, cor, etnia, religião ou origem.*

### 5.1. Introdução

Ser colocado em situação análoga à de escravo, é ser compelido a realizar trabalhos ou tarefas de forma não voluntária, com extensas jornadas de trabalho e com total falta de garantia de condições mínimas necessárias.

O crime de redução à condição análoga à de escravo possui pena de reclusão, de dois a oito anos, e multa, além da pena correspondente à violência. Logo, podemos concluir que:

a) Não é possível a transação penal (art. 76, Lei n. 9.099/95), pois não se trata de infração penal de menor potencial ofensivo.

b) Não é possível a suspensão condicional do processo (art. 89, Lei n. 9.099/95), pois a pena mínima ultrapassa um ano.

De acordo com o STF (RE 459510, rel. Min. Dias Toffoli), a competência para julgamento deste crime é da Justiça Federal, vez que "[...] a referida conduta acaba por frustrar os direitos assegurados pela lei trabalhista, atingindo, sobremodo, a organização do trabalho, que visa exatamente a consubstanciar o sistema social trazido pela Constituição Federal [...]".

O crime de *redução a condição análoga à de escravo* é comum; material; doloso; de forma vinculada, pois o tipo aponta os meios pelos quais se reduz alguém à condição análoga à de escravo; material; de dano;comissivo ou omissivo impróprio; permanente; transeunte; monossubjetivo; plurissubsistente.

### 5.2. Sujeito Ativo

Será o empregador que utiliza a mão de obra escrava.

### 5.3. Sujeito Passivo

O sujeito passivo é o empregado que teve a sua condição equiparada ao do escravo.

### 5.4. Objeto Jurídico

O objeto juridicamente tutelado é a integridade e liberdade da vítima, bem como a Organização do Trabalho.

### 5.5. Objeto Material

O objeto material é o ser humano reduzido à condição de escravo.

### 5.6. Elemento Subjetivo

O elemento subjetivo exigido pelo tipo penal é o dolo, pois se exige do agente a consciência da vontade em querer colocar seu empregado em condição de sujeição total com a supressão de suas liberdades, não havendo previsão para sua modalidade culposa.

### 5.7. Consumação e Tentativa

Consuma-se o crime quando o empregador adota qualquer medida prevista no artigo e dessa forma priva a liberdade da vítima. É desnecessária a imposição de maus-tratos, bastando o cerceamento da sua liberdade individual.

### 5.8. Ação Penal

A ação penal é de iniciativa pública incondicionada.

## 6. TRÁFICO DE PESSOAS

**Art. 149-A.** *Agenciar, aliciar, recrutar, transportar, transferir, comprar, alojar ou acolher pessoa, mediante grave ameaça, violência, fraude ou abuso, com a finalidade de:*

**I** – *remover-lhe órgãos, tecidos ou partes do corpo;*

**II** – *submetê-la a trabalho em condições análogas à de escravo;*

**III** – *submetê-la a qualquer tipo de servidão;*

**IV** – *adoção ilegal; ou*

**V** – *exploração sexual.*

**Pena** – *reclusão, de 4 (quatro) a 8 (oito) anos, e multa.*

**§ 1º A pena é aumentada de um terço até a metade se:**

**I** – *o crime for cometido por funcionário público no exercício de suas funções ou a pretexto de exercê-las;*

**II** – *o crime for cometido contra criança, adolescente ou pessoa idosa ou com deficiência;*

**III** – *o agente se prevalecer de relações de parentesco, domésticas, de coabitação, de hospitalidade, de dependência econômica, de autoridade ou de superioridade hierárquica inerente ao exercício de emprego, cargo ou função; ou*

**IV** – *a vítima do tráfico de pessoas for retirada do território nacional.*

**§ 2º** *A pena é reduzida de um a dois terços se o agente for primário e não integrar organização criminosa.*

### 6.1. Introdução

O crime em comento foi inserido pela Lei n. 13.344/2016. De acordo com a nova legislação, o crime de tráfico de pessoas, outrora restrito à finalidade de exploração sexual (artigos 231 e 231-A revogados), atualmente amplia a abrangência da proibição, acrescentando, além da finalidade sexual, os seguintes desígnios: remoção de órgãos ou partes do corpo, submissão à condição análoga a de escravo ou qualquer tipo de servidão e para adoção ilegal.

Assevere-se, entretanto, que embora tenha ampliado a abrangência da proibição, o referido artigo passou a exigir que a conduta seja praticada mediante grave ameaça, violência, coação, fraude ou abuso.

Assinale-se que o referido crime é autônomo em relação ao crime que possa vir a ser praticado posteriormente. Assim, aquele que trafica pessoas com a finalidade de remover seus órgãos, além de restar inserto no crime de tráfico de pessoas, poderá responder pelo crime previsto no art. 14 da Lei n. 9.434/97, que trata sobre a remoção de tecidos, órgãos ou partes do corpo de pessoa ou cadáver, em desacordo com as disposições legais.

O crime de *tráfico de pessoas* é comum; doloso; formal; simples; comissivo (podendo ser praticado via omissão imprópria na hipótese de o agente gozar do *status* de garantidor); de forma livre; instantâneo (no que tange às condutas de agenciar, aliciar, recrutar, transferir e comprar); de dano; transeunte; permanente (no que diz respeito aos núcleos transportar, alojar e acolher); unissubjetivo; plurissubsistente.

### 6.2. Sujeito Ativo

Qualquer pessoa pode ser sujeito ativo do crime em estudo.

Atente-se, entretanto, que para a incidência da majorante tratada pelo **§ 1º, que aumenta a pena prevista no** *caput* até a metade, deve o agente ser funcionário público no exercício de suas funções ou a pretexto de exercê-la, ou, ainda, deve o agente prevalecer-se de relações de parentesco, domésticas, de coabitação, de hospitalidade, de dependência econômica, de autoridade ou de superioridade hierárquica inerente ao exercício de emprego, cargo ou função.

### 6.3. Sujeito Passivo

O sujeito passivo pode ser qualquer pessoa.

Assinale-se, todavia, que para a incidência da majorante tratada pelo **§ 1º, que aumenta a pena prevista no** *caput* até a metade, deve a vítima ser criança, adolescente ou pessoa idosa ou com deficiência.

### 6.4. Objeto Jurídico

O objeto juridicamente tutelado é a liberdade individual da vítima.

### 6.5. Objeto Material

O objeto material é o ser humano traficado.

### 6.6. Elemento Subjetivo

O elemento subjetivo exigido pelo tipo penal é o dolo, não havendo previsão para sua modalidade culposa.

### 6.7. Consumação e Tentativa

Consuma-se o crime quando o agente, mediante um dos meios de execução praticar qualquer das condições típicas, ainda que não atinja a finalidade pretendida.

### 6.8. Ação Penal

A ação penal é de iniciativa pública incondicionada.

## 7. DOS CRIMES CONTRA A INVIOLABILIDADE DO DOMICÍLIO

**Violação de domicílio**

**Art. 150.** *Entrar ou permanecer, clandestina ou astuciosamente, ou contra a vontade expressa ou tácita de quem de direito, em casa alheia ou em suas dependências:*

**Pena** – *detenção, de um a três meses, ou multa.*

**§ 1º** *Se o crime é cometido durante a noite, ou em lugar ermo, ou com o emprego de violência ou de arma, ou por duas ou mais pessoas:*

**Pena** – *detenção, de seis meses a dois anos, além da pena correspondente à violência.*

§ 2º *(Revogado pela Lei nº 13.869, de 2019)*
§ 3º *Não constitui crime a entrada ou permanência em casa alheia ou em suas dependências:*
I – *durante o dia, com observância das formalidades legais, para efetuar prisão ou outra diligência;*
II – *a qualquer hora do dia ou da noite, quando algum crime está sendo ali praticado ou na iminência de o ser.*
§ 4º *A expressão "casa" compreende:*
I – *qualquer compartimento habitado;*
II – *aposento ocupado de habitação coletiva;*
III – *compartimento não aberto ao público, onde alguém exerce profissão ou atividade.*
§ 5º *Não se compreendem na expressão «casa»:*
I – *hospedaria, estalagem ou qualquer outra habitação coletiva, enquanto aberta, salvo a restrição do n.º II do parágrafo anterior;*
II – *taverna, casa de jogo e outras do mesmo gênero.*

### 7.1. Introdução

Com efeito, a violação de domicílio tutela não o patrimônio, mas a paz no lar. Logo, o tipo penal prevê a conduta do agente que age de forma a entrar (invadir) ou permanecer (se recusar a sair), sendo que neste último caso a entrada se pressupõe lícita. A entrada deve ser clandestina (dissimulada) ou astuciosa (induzindo a erro), admitindo-se, porém, para a configuração do crime, aquela entrada forçada ou ostensiva.

A pena para o crime de "violação de domicílio" é de detenção, de um a três meses, ou multa. Logo, podemos concluir que:

a) **É possível a transação penal, pois se trata de infração de menor potencial ofensivo;**

b) **É possível a suspensão condicional do processo, pois a pena mínima não ultrapassa um ano.**

O crime de *violação de domicílio* é comum; doloso; de mera conduta; de forma livre; simples; comissivo ou omissivo; instantâneo ou permanente (pois a sua consumação se perpetua enquanto houver a permanência do agente em casa alheia ou em suas dependências); de dano, transeunte; monossubjetivo; unissubsistente ou plurissubsistente, conforme o caso concreto.

### 7.2. Sujeito Ativo

Qualquer pessoa pode ser sujeito ativo do crime em estudo.

### 7.3. Sujeito Passivo

O sujeito passivo é a pessoa que tinha o status de poder impedir a entrada ou recusar a permanência do agente em seu domicílio, ou seja, a pessoa de direito.

### 7.4. Objeto Jurídico

O objeto juridicamente tutelado é a inviolabilidade do lar, a paz doméstica.

### 7.5. Objeto Material

O objeto material é o domicílio invadido.

### 7.6. Elemento Subjetivo

O elemento subjetivo exigido pelo tipo penal é o dolo, pois se exige a vontade consciente do agente em querer invadir o domicílio alheio ou nele permanecer quando não é permitida a sua entrada ou permanência.

Não há previsão para a modalidade culposa.

### 7.7. Consumação e Tentativa

Consuma-se o crime quando o agente efetivamente ingressa ou permanece no domicílio alheio.

A tentativa é admitida quando o agente pratica o verbo do núcleo entrar, não podendo ser configurado quando o agente escolhe permanecer no domicílio alheio.

### 7.8. Ação Penal

A ação penal é de iniciativa pública incondicionada.

## 8. DOS CRIMES CONTRA A INVIOLABILIDADE DE CORRESPONDÊNCIA

**Violação de correspondência**
**Art. 151. Revogado pela Lei n. 6.538/78.**

Trata-se de artigo revogado pela Lei n. 6.538/78, vez ser esta última legislação especial e posterior.

**Correspondência comercial**
**Art. 152.** *Abusar da condição de sócio ou empregado de estabelecimento comercial ou industrial para, no todo ou em parte, desviar, sonegar, subtrair ou suprimir correspondência, ou revelar a estranho seu conteúdo:*
**Pena** – *detenção, de três meses a dois anos.*
**Parágrafo único.** *Somente se procede mediante representação.*

### 8.1. Introdução

O tipo penal descreve a conduta do sócio de empresa ou empregado que se vale da sua condição para agir de forma abusiva, ou seja, indevida. Dessa forma, para que o crime se configure deve o agente praticar quaisquer das condutas descritas no tipo, como desencaminhar a correspondência de seu destino; esconder; retirar; fazer desaparecer a correspondência comercial; ou revelar seu conteúdo a outrem.

A pena para o crime de "violação de correspondência comercial" é de detenção, de três meses a dois anos. Logo, podemos concluir que:

a) É possível a transação penal, pois se trata de infração de menor potencial ofensivo;

b) É possível a suspensão condicional do processo, pois a pena mínima não ultrapassa um ano.

O crime de *violação de correspondência* é próprio; formal; doloso; de forma livre; comissivo ou omissivo; instantâneo (podendo ter efeito permanente na hipótese de destruição); monossubjetivo; de dano; transeunte; unissubsistente ou plurissubsistente, conforme o caso.

### 8.2. Sujeito Ativo

O sujeito ativo do crime é o empregado ou sócio de estabelecimento comercial.

### 8.3. Sujeito Passivo

O sujeito passivo é o estabelecimento comercial ou industrial.

### 8.4. Objeto Jurídico

O objeto juridicamente tutelado é a inviolabilidade das correspondências.

### 8.5. Objeto Material

O objeto material é a correspondência desviada, sonegada, subtraída, suprimida ou revelada.

### 8.6. Elemento Subjetivo

O elemento subjetivo exigido pelo tipo penal é o dolo, não havendo previsão para sua modalidade culposa.

### 8.7. Consumação e Tentativa

Consuma-se o delito quando o agente desvia, sonega, subtrai, suprime ou revela o conteúdo da correspondência comercial a outrem, não sendo necessária a produção do resultado naturalístico, isto é, prescinde-se de prejuízo à pessoa jurídica.

A tentativa é admitida.

### 8.8. Ação Penal

A ação penal é de iniciativa pública condicionada à representação do ofendido.

## 9. DOS CRIMES CONTRA A INVIOLABILIDADE DOS SEGREDOS

### 9.1. Divulgação de Segredo

**Art. 153.** *Divulgar alguém, sem justa causa, conteúdo de documento particular ou de correspondência confidencial, de que é destinatário ou detentor, e cuja divulgação possa produzir dano a outrem:*
**Pena –** *detenção, de um a seis meses, ou multa.*
**§ 1º** *Somente se procede mediante representação.*
**§ 1º A** *Divulgar, sem justa causa, informações sigilosas ou reservadas, assim definidas em lei, contidas ou não nos sistemas de informações ou banco de dados da Administração Pública:*
**Pena –** *detenção, de 1 (um) a 4 (quatro) anos, e multa.*
**§ 2o** *Quando resultar prejuízo para a Administração Pública, a ação penal será incondicionada.*

#### 9.1.1. Introdução

O artigo 153 do Código Penal foi alterado pela Lei nº 9.983/2000, que inseriu o § 1-A, que trata da divulgação de segredos reservados à Administração Pública.

Assinale-se que é necessário que o agente aja sem justa causa. Assim, quando a revelação se der por justa causa, o fato será atípico.

A pena para o crime de "divulgação de segredo" é de detenção, de um a seis meses, ou multa. Logo, podemos concluir que:

a) É possível a transação penal, pois se trata de infração de menor potencial ofensivo;

b) É possível a suspensão condicional do processo, pois a pena mínima não ultrapassa um ano.

O crime de *divulgação de segredo* é próprio; doloso; formal; de forma livre; comissivo ou omissivo impróprio (no caso do agente gozar do *status* de garantidor); instantâneo; de dano; transeunte; monossubjetivo; unissubsistente ou plurissubsistente, conforme o caso concreto.

### 9.1.2. Sujeito Ativo

O sujeito ativo previsto no tipo penal é o destinatário e o detentor do documento particular ou da correspondência confidencial.

### 9.1.3. Sujeito Passivo

O sujeito passivo é aquele terceiro que pode ser lesionado ou prejudicado com a revelação do conteúdo da correspondência confidencial ou documento particular.

Quando a vítima for a Administração Pública, atente-se para o aumento da pena prevista.

### 9.1.4. Objeto Jurídico

O objeto juridicamente tutelado é a inviolabilidade dos segredos.

### 9.1.5. Objeto Material

O objeto material é o documento particular ou a correspondência confidencial.

### 9.1.6. Elemento Subjetivo

O elemento subjetivo exigido é o dolo, pois se exige do agente a vontade consciente de querer revelar, sem justa causa, o que está sacramentado em documento confidencial ou particular.

Não há previsão para sua modalidade culposa.

### 9.1.7. Consumação e Tentativa

Consuma-se o crime quando o conteúdo de documento particular ou de correspondência confidencial efetivamente é revelado a terceiros. Dispensa-se a efetiva consumação do dano.

A tentativa é admitida.

### 9.1.8. Ação Penal

A ação penal é de iniciativa pública incondicionada quando resultar dano à Administração Pública. Em qualquer outro caso, será de iniciativa pública condicionada à representação do ofendido.

## 9.2. Violação de Segredo Profissional

**Art. 154.** *Revelar alguém, sem justa causa, segredo, de que tem ciência em razão de função, ministério, ofício ou profissão, e cuja revelação possa produzir dano a outrem:*
**Pena** – *detenção, de três meses a um ano, ou multa.*
**Parágrafo único.** *Somente se procede mediante representação.*

### *9.2.1. Introdução*

A conduta do agente se adequa ao tipo quando, em razão do seu ministério, profissão, ofício ou função tem conhecimento de algum fato da vida privada de alguém e, sem justa causa, o revela a outrem. Vale ressaltar que o sigilo profissional deve ser respeitado como questão de ordem pública e por isso o Judiciário não possui atribuição para impor sua revelação, a menos que exista específica lei possibilitando a sua quebra.

A pena para o crime de "violação de segredo profissional" é de detenção, de três meses a um ano, ou multa. Logo, podemos concluir que:

a) É possível a transação penal, pois se trata de infração de menor potencial ofensivo;

b) É possível a suspensão condicional do processo, pois a pena mínima não ultrapassa um ano.

O crime de *violação de segredo profissional* é próprio; doloso; formal; simples; de forma livre; comissivo; instantâneo; de dano; transeunte; monossubjetivo; unissubsistente ou plurissubsistente, conforme o caso concreto.

### 9.2.2. *Sujeito Ativo*

O sujeito ativo é aquele que em razão de função, ministério, ofício ou profissão teve conhecimento do segredo e, sem justa causa, revela-o.

### 9.2.3. *Sujeito Passivo*

O sujeito passivo é aquele que teve o seu segredo revelado pelo sujeito ativo, bem como o terceiro que por conta de seu conteúdo possa ser lesionado com a revelação do mesmo.

### 9.2.4. *Objeto Jurídico*

O objeto juridicamente tutelado é a inviolabilidade do segredo profissional.

### 9.2.5. *Objeto Material*

O objeto material é o conteúdo sigiloso do objeto, ou seja, o segredo.

### 9.2.6. *Elemento Subjetivo*

O elemento subjetivo exigido pelo tipo penal é o dolo, pois se exige do agente a vontade de querer revelar o segredo de outrem, que lhe fora confiado, sabendo ser este potencialmente lesivo à vítima, caso descoberto por outra pessoa.

Não há previsão para sua modalidade culposa.

### 9.2.7. *Consumação e Tentativa*

Consuma-se o crime quando o segredo é revelado a outrem. Vale lembrar que o segredo deve ser potencialmente lesivo.

A tentativa é admitida.

### 9.2.8. *Ação Penal*

A ação penal é de iniciativa pública condicionada à representação.

## 9.3. INVASÃO DE DISPOSITIVO INFORMÁTICO

**Art. 154-A. Invadir dispositivo informático de uso alheio, conectado ou não à rede de computadores, com o fim de obter, adulterar ou destruir dados ou informações sem autorização expressa ou tácita do usuário do dispositivo ou de instalar vulnerabilidades para obter vantagem ilícita: (Redação dada pela Lei nº 14.155, de 2021)**

**Pena – reclusão, de 1 (um) a 4 (quatro) anos, e multa.**

**§ 1º Na mesma pena incorre quem produz, oferece, distribui, vende ou difunde dispositivo ou programa de computador com o intuito de permitir a prática da conduta definida no caput**

**§ 2º Aumenta-se a pena de 1/3 (um terço) a 2/3 (dois terços) se da invasão resulta prejuízo econômico. (Redação dada pela Lei nº 14.155, de 2021)**

**§ 3º Se da invasão resultar a obtenção de conteúdo de comunicações eletrônicas privadas, segredos comerciais ou industriais, informações sigilosas, assim definidas em lei, ou o controle remoto não autorizado do dispositivo invadido:**

**Pena – reclusão, de 2 (dois) a 5 (cinco) anos, e multa. (Redação dada pela Lei nº 14.155, de 2021)**

**§ 4º Na hipótese do § 3º, aumenta-se a pena de um a dois terços se houver divulgação, comercialização ou transmissão a terceiro, a qualquer título, dos dados ou informações obtidos.**

**§ 5º Aumenta-se a pena de um terço à metade se o crime for praticado contra:**

**I - Presidente da República, governadores e prefeitos;**

**II - Presidente do Supremo Tribunal Federal;**

**III - Presidente da Câmara dos Deputados, do Senado Federal, de Assembleia Legislativa de Estado, da Câmara Legislativa do Distrito Federal ou de Câmara Municipal; ou**

**IV - dirigente máximo da administração direta e indireta federal, estadual, municipal ou do Distrito Federal.**

### *9.3.1. Introdução*

Trata-se de tipo penal alterado pela Lei n. 14.155 de 27 de maio de 2021.

| Redação atual do caput | Redação anterior do caput |
|---|---|
| *Invadir dispositivo informático* de uso *alheio, conectado ou não à rede de computadores, com o fim de obter, adulterar ou destruir dados ou informações sem autorização expressa ou tácita* do usuário do dispositivo *ou de instalar vulnerabilidades para obter vantagem ilícita.*<br>*Pena* – reclusão, de 1 (um) a 4 (quatro) anos, e multa. | *Invadir dispositivo informático* alheio, *conectado ou não à rede de computadores,* mediante violação indevida de mecanismo de segurança *com o fim de obter, adulterar ou destruir dados ou informações sem autorização expressa ou tácita* do titular do dispositivo *ou instalar vulnerabilidades para obter vantagem ilícita.*<br>*Pena:* detenção, de 3 (três) meses a 1 (um) ano, e multa. |
| **Redação atual do § 2º** | **Redação anterior do § 2º** |
| Aumenta-se a pena de 1/3 (um terço) a 2/3 (dois terços) *se da invasão resulta prejuízo econômico.* | Aumenta-se a pena de um sexto a um terço *se da invasão resulta prejuízo econômico.* |
| **Redação atual do § 3º** | **Redação anterior do § 3º** |
| *Pena* – reclusão, de 2 (dois) a 5 (cinco) anos, e multa. | *Pena* – reclusão, de 6 (seis) meses a 2 (dois) anos, e multa, se a conduta não constitui crime mais grave. |

Percebe-se que houve uma alteração na descrição do tipo inserto no *caput*. Vejamos:

- Antes, falava-se em "dispositivo alheio", o que indicava propriedade do referido dispositivo informático; agora, fala-se em "dispositivo DE USO alheio". Assim, não é necessário que a vítima possua o aparelho informático para que reste caracterizado o crime. É o que se depreende, também, da expressa alteração no final da redação: "do titular do dispositivo", para "do usuário do dispositivo";
- Ainda sobre o *caput*, antes se falava em "*mediante violação indevida de mecanismo de segurança*", o que suscitava certa polêmica, pois havia quem considerasse que era exigida uma forma vinculada de execução do tipo, forma esta, inclusive, também sujeita a interpretações diversas (embora

estes autores sempre tenham considerado se tratar de um crime cuja forma de execução é livre);

- Vê-se, ainda, que houve uma alteração na natureza da prisão, bem como um aumento da pena imposta. Antes, "detenção, de 3 (três) meses a 1 (um) ano, e multa", agora, "reclusão, de 1 (um) a 4 (quatro) anos, e multa".

O § 1º do presente artigo traz formas equiparadas ao delito, aduzindo que na mesma pena incorre quem produz, oferece, distribui, vende ou difunde dispositivo ou programa de computador com o intuito de permitir a prática da conduta definida no caput. A Lei n. 14.155/21 não promoveu alteração.

Ademais, o § 2º traz a forma majorada, caracterizada quando da conduta do agente delituoso ocorrer prejuízo econômico à vítima. Nesses casos, de acordo com a alteração promovida pela Lei n. 14.155/21, a pena será aumentada de um terço a dois terços (antes o aumento era de um sexto a um terço).

Já o § 3º descreve a forma qualificada do crime, quando da invasão resulta a obtenção de conteúdo de comunicações eletrônicas privadas, segredos comerciais ou industriais, informações sigilosas, assim definidas em lei, ou o controle remoto não autorizado do dispositivo invadido, oportunidade na qual a pena será, com a redação promovida pela Lei n. 14.155/21, de reclusão, de 2 (dois) a 5 (cinco) anos, e multa ( antes era de reclusão, de 6 (seis) meses a 2 (dois) anos, e multa, se a conduta não constitui crime mais grave). Houve, portanto, um aumento da pena imposta.

Por fim, nos §§ 4º e 5º, novas formas de majoração da pena são descritas, aumentando-se a pena de um a dois terços se houver divulgação, comercialização ou transmissão a terceiro, a qualquer título, dos dados ou informações obtidos, e de um terço à metade se o crime for praticado contra Presidente da República, governadores e prefeitos; Presidente do Supremo Tribunal Federal; Presidente da Câmara dos Deputados, do Senado Federal, de Assembleia Legislativa de Estado, da Câmara Legislativa do Distrito Federal ou de Câmara Municipal; ou dirigente máximo da administração direta e indireta federal, estadual, municipal ou do Distrito Federal.

O crime de *invasão de dispositivo informático* é comum; doloso; formal; de forma livre; simples; de dano; comissivo; instantâneo ou permanente, conforme o caso; transeunte ou não transeunte, conforme o caso; unissubjetivo; plurissubsistente.

### *9.3.2. Sujeito Ativo*

O sujeito pode ser qualquer pessoa. Trata-se, portanto, de crime comum.

### *9.3.3. Sujeito Passivo*

O sujeito passivo pode ser qualquer pessoa. Entretanto, se o crime for praticado contra Presidente da República, governadores e prefeitos; Presidente do Supremo Tribunal Federal; Presidente da Câmara dos Deputados, do Senado Federal, de Assembleia Legislativa de Estado, da Câmara Legislativa do Distrito Federal ou de Câmara Municipal; ou dirigente máximo da administração direta e indireta federal, estadual, municipal ou do Distrito Federal, restará majorada a pena do agente delituoso de um terço à metade, conforme inteligência do § 5º do presente artigo.

### *9.3.4. Objeto Jurídico*

O objeto juridicamente tutelado é a liberdade individual, notadamente no tocante à inviolabilidade dos segredos.

### 9.3.5. *Objeto Material*

O objeto material é o dispositivo informático alheio, conectado ou não à rede de computadores.

### 9.3.6. *Elemento Subjetivo*

O elemento subjetivo exigido pelo tipo penal é o dolo, não havendo previsão para sua modalidade culposa.

### 9.3.7. *Consumação e Tentativa*

Consuma-se o crime com o simples ato de devassar dispositivo informático alheio, pouco importando se os objetivos de obter, adulterar, destruir os dados ou informações ou, ainda, instalar vulnerabilidade ilícita serão alcançados.

A tentativa é admitida.

### 9.3.8. *Ação Penal*

A ação penal é, em regra, de iniciativa pública condicionada à representação. Será pública incondicionada nas hipóteses que o delito envolver a Administração Pública.

## 10. TÓPICO-SÍNTESE

| TÓPICO-SÍNTESE: Dos Crimes contra a liberdade pessoal | |
|---|---|
| **CONSTRANGIMENTO ILEGAL** | |
| **Constrangimento ilegal (art. 146)** | Constranger alguém, mediante violência ou grave ameaça, ou depois de lhe haver reduzido, por qualquer outro meio, a capacidade de resistência, a não fazer o que a lei permite, ou a fazer o que ela não manda. |
| **Penas** | A pena prevista para o crime de constrangimento ilegal é de detenção de 3 (três) meses a 1 (um) ano, ou multa. |
| **Aumento de Pena (§§ 1º e 2º)** | As penas aplicam-se cumulativamente e em dobro quando:<br>Cometida por mais de três pessoas.<br>Há emprego de armas. |
| **Não se configuram Constrangimento Ilegal (§ 3º)** | A intervenção médica ou cirúrgica, sem o consentimento do paciente ou de seu representante legal, se justificada por iminente perigo de vida;<br>A coação exercida para impedir suicídio. |
| **Classificação** | Comum; simples; doloso; material; de forma livre; comissivo; instantâneo; de dano; transeunte ou não transeunte, conforme o caso; monossubjetivo; plurissubsistente. |
| **Sujeito Ativo** | Qualquer pessoa. |
| **Sujeito Passivo** | Qualquer pessoa com discernimento. |
| **Objeto Jurídico** | Integridade física e psíquica. |

| TÓPICO-SÍNTESE: Dos Crimes contra a liberdade pessoal | |
|---|---|
| **Objeto Material** | Pessoa contra o qual o agente dirigiu a conduta. |
| **Elemento Subjetivo** | Dolo. |
| **Consumação** | Consuma-se quando a vítima faz ou deixa de fazer algo em virtude da ação do agente. |
| **Tentativa** | É admitida. |
| **Ação Penal** | Pública Incondicionada. |
| **AMEAÇA** | |
| **Ameaça (art. 147)** | Ameaçar alguém, por palavra, escrito ou gesto, ou qualquer outro meio simbólico, de causar-lhe mal injusto e grave. |
| **Penas** | A pena prevista para o crime de ameaça é de detenção de 1 (um) a 6 (seis) meses, ou multa. |
| **Classificação** | Comum; doloso; simples; formal; de forma livre; comissivo; de dano; instantâneo; transeunte; monossubjetivo; unissubsistente ou plurissubsistente, conforme o caso concreto. |
| **Sujeito Ativo** | Qualquer pessoa. |
| **Sujeito Passivo** | Qualquer pessoa com discernimento. |
| **Objeto Jurídico** | Liberdade e integridade física e psíquica. |
| **Objeto Material** | Pessoa que sofre a ameaça. |
| **Elemento Subjetivo** | Dolo. |
| **Consumação** | Consuma-se quando o agente ameaça a vítima. |
| **Tentativa** | É admitida. |
| **Ação Penal** | Pública condicionada à representação. |
| **PERSEGUIÇÃO** | |
| **Ameaça (art. 147-A)** | Perseguir alguém, reiteradamente e por qualquer meio, ameaçando-lhe a integridade física ou psicológica, restringindo-lhe a capacidade de locomoção ou, de qualquer forma, invadindo ou perturbando sua esfera de liberdade ou privacidade. |
| **Pena** | A pena prevista para o crime de perseguição é de reclusão, de 6 (seis) meses a 2 (dois) anos, e multa. |
| **Majorante** | Conforme o § 1º, a pena é aumentada de metade se o crime é cometido:<br>I – contra criança, adolescente ou idoso<br>II – contra mulher por razões da condição de sexo feminino, nos termos do § 2º-A do art. 121 deste Código;<br>III – mediante concurso de 2 (duas) ou mais pessoas ou com o emprego de arma. |
| **Classificação** | Comum; formal; simples; doloso; de forma vinculada; comissivo; habitual; transeunte; monossubjetivo; unissubsistente ou plurissubsistente, conforme o caso. |
| **Sujeito Ativo** | Qualquer pessoa. |
| **Sujeito Passivo** | Qualquer pessoa. Entretanto, a pena será aumentada de metade quando a vítima for criança, adolescente, idoso ou mulher (desde que por razões da condição de sexo feminino). |
| **Objetos Jurídicos** | São a integridade, a liberdade e a privacidade da pessoa humana. |
| **Objeto Material** | Pessoa a quem é direcionada a conduta. |

| TÓPICO-SÍNTESE: Dos Crimes contra a liberdade pessoal | |
|---|---|
| **Elemento Subjetivo** | Dolo. |
| **Consumação** | Trata-se de crime habitual e, portanto, para consumação, é necessária a reiteração da conduta criminosa. |
| **Tentativa** | Não é admitida. |
| **Ação Penal** | Pública condicionada à representação. |
| **SEQUESTRO E CÁRCERE PRIVADO** | |
| **Sequestro e cárcere privado (art. 148)** | Privar alguém de sua liberdade, mediante sequestro ou cárcere privado. |
| **Penas** | A pena prevista para o crime de sequestro e cárcere privado é de reclusão de 1 (um) a 3 (três) anos. |
| **Qualificadoras (§§ 1º e 2º)** | Se a vítima é ascendente, descendente, cônjuge ou companheiro do agente ou maior de 60 (sessenta) anos;<br>Se o crime é praticado mediante internação da vítima em casa de saúde ou hospital;<br>Se a privação da liberdade dura mais de quinze dias;<br>Se o crime é praticado contra menor de 18 (dezoito) anos;<br>Se o crime é praticado com fins libidinosos;<br>Se resulta à vítima, em razão de maus-tratos ou da natureza da detenção, grave sofrimento físico ou moral. |
| **Classificação** | Comum; material; simples; doloso; de forma livre; comissivo ou omissivo ; permanente; de dano; transeunte; monossubjetivo; unissubsistente ou plurissubsistente, conforme o caso. |
| **Sujeito Ativo** | Qualquer pessoa. |
| **Sujeito Passivo** | Qualquer pessoa. |
| **Objeto Jurídico** | Liberdade de locomoção. |
| **Objeto Material** | Pessoa privada de sua liberdade de locomoção. |
| **Elemento Subjetivo** | Dolo. |
| **Consumação** | Consuma-se quando o agente impossibilita a vítima a se locomover ou permanecer onde gostaria de estar. |
| **Tentativa** | É admitida. |
| **Ação Penal** | Pública incondicionada. |
| **REDUÇÃO À CONDIÇÃO ANÁLOGA A DE ESCRAVO** | |
| **Redução à condição análoga a de escravo (art. 149)** | Reduzir alguém a condição análoga à de escravo, quer submetendo-o a trabalhos forçados ou a jornada exaustiva, quer sujeitando-o a condições degradantes de trabalho, quer restringindo, por qualquer meio, sua locomoção em razão de dívida contraída com o empregador ou preposto. |

| TÓPICO-SÍNTESE: Dos Crimes contra a liberdade pessoal | |
|---|---|
| **Penas** | O crime de redução à condição análoga à de escravo possui pena de reclusão, de dois a oito anos, e multa, além da pena correspondente à violência. |
| **Incorre nas mesmas penas, quem (§ 1º)** | Cerceia o uso de qualquer meio de transporte por parte do trabalhador, com o fim de retê-lo no local de trabalho.<br>Mantém vigilância ostensiva no local de trabalho ou se apodera de documentos ou objetos pessoais do trabalhador, com o fim de retê-lo no local de trabalho. |
| **Aumento de pena de metade, se cometido (§ 2º)** | Contra criança ou adolescente;<br>Por motivo de preconceito de raça, cor, etnia, religião ou origem. |
| **Classificação** | Comum; material; doloso; de forma vinculada, pois o tipo aponta os meios pelos quais se reduz alguém à condição análoga à de escravo; material; de dano;comissivo ou omissivo impróprio; permanente; transeunte; monossubjetivo; plurissubsistente. |
| **Sujeito Ativo** | Será o empregador que utiliza a mão de obra escrava. |
| **Sujeito Passivo** | Qualquer pessoa. |
| **Objeto Jurídico** | Liberdade, integridade física e psíquica e organização do trabalho. |
| **Objeto Material** | Pessoa reduzida à condição de escravo. |
| **Elemento Subjetivo** | Dolo. |
| **Consumação** | Consuma-se quando o agente, adotando qualquer medida prevista no artigo, priva a liberdade da vítima. |
| **Tentativa** | É admitida. |
| **Ação Penal** | Pública incondicionada. |
| **TRÁFICO DE PESSOAS** | |
| **Tráfico de Pessoas (art. 149-A)** | Agenciar, aliciar, recrutar, transportar, transferir, comprar, alojar ou acolher pessoa, mediante grave ameaça, violência, fraude ou abuso, com a finalidade de:<br>I – remover-lhe órgãos, tecidos ou partes do corpo;<br>II – submetê-la a trabalho em condições análogas à de escravo;<br>III – submetê-la a qualquer tipo de servidão;<br>IV – adoção ilegal; ou<br>V – exploração sexual. |
| **Aumento de pena de 1/3 a 1/2 se (§ 1º):** | Cometido por funcionário público no exercício de suas funções ou a pretexto de exercê-las;<br>Cometido contra criança, adolescente ou pessoa idosa ou com deficiência;<br>O agente se prevalecer de relações de parentesco, domésticas, de coabitação, de hospitalidade, de dependência econômica, de autoridade ou de superioridade hierárquica inerente ao exercício de emprego, cargo ou função; ou<br>A vítima for retirada do território nacional. |
| **Redução de pena de 1/3 a 2/3 (§ 2º)** | Agente primário e não integrante de organização criminosa. |

| TÓPICO-SÍNTESE: Dos Crimes contra a liberdade pessoal | |
|---|---|
| **Classificação** | Comum; doloso; formal; simples; comissivo (podendo ser praticado via omissão imprópria na hipótese de o agente gozar do *status* de garantidor); de forma livre; instantâneo (no que tange às condutas de agenciar, aliciar, recrutar, transferir e comprar); de dano; transeunte;permanente (no que diz respeito aos núcleos transportar, alojar e acolher); unissubjetivo; plurissubsistente. |
| **Sujeito Ativo** | Qualquer pessoa. |
| **Sujeito Passivo** | Qualquer pessoa. |
| **Objeto Jurídico** | Liberdade da pessoa. |
| **Objeto Material** | Pessoa traficada. |
| **Elemento Subjetivo** | Dolo. |
| **Consumação** | Consuma-se quando o agente, mediante um dos meios de execução, praticar qualquer das condições típicas. |
| **Tentativa** | É admitida. |
| **Ação Penal** | Pública incondicionada. |
| **DOS CRIMES CONTRA A INVIOLABILIDADE DO DOMICÍLIO** | |
| **Violação de domicílio (art. 150)** | Entrar ou permanecer, clandestina ou astuciosamente, ou contra a vontade expressa ou tácita de quem de direito, em casa alheia ou em suas dependências. |
| **Penas** | A pena para o crime de "violação de domicílio" é de detenção, de um a três meses, ou multa. |
| **Qualificadora (§ 1º)** | Se é cometido durante a noite, ou em lugar ermo, ou com o emprego de violência ou de arma, ou por duas ou mais pessoas. |
| **(§ 2º)** | (Revogado pela Lei nº 13.869, de 2019) |
| **Não constitui crime (§ 3º)** | A entrada ou permanência em casa alheia ou em suas dependências:<br>durante o dia, com observância das formalidades legais, para efetuar prisão ou outra diligência;<br>a qualquer hora do dia ou da noite, quando algum crime está sendo ali praticado ou na iminência de o ser. |
| **Classificação** | Comum; doloso; de mera conduta; de forma livre; simples; comissivo ou omissivo; instantâneo ou permanente (pois a sua consumação se perpetua enquanto houver a permanência do agente em casa alheia ou em suas dependências); de dano, transeunte; monossubjetivo; unissubsistente ou plurissubsistente, conforme o caso concreto. |
| **Sujeito Ativo** | Qualquer pessoa. |
| **Sujeito Passivo** | Qualquer pessoa. |
| **Objeto Jurídico** | Inviolabilidade do lar. |
| **Objeto Material** | Domicílio invadido. |
| **Elemento Subjetivo** | Dolo. |
| **Consumação** | Consuma-se quando o agente ingressa ou permanece no domicílio alheio. |

| TÓPICO-SÍNTESE: Dos Crimes contra a liberdade pessoal | |
|---|---|
| **Tentativa** | É admitida no verbo entrar. |
| **Ação Penal** | Pública incondicionada. |
| **DOS CRIMES CONTRA A INVIOLABILIDADE DE CORRESPONDÊNCIA** | |
| **Correspondência comercial (art. 152)** | Abusar da condição de sócio ou empregado de estabelecimento comercial ou industrial para, no todo ou em parte, desviar, sonegar, subtrair ou suprimir correspondência, ou revelar a estranho seu conteúdo. |
| **Penas** | A pena para o crime de "violação de correspondência comercial" é de detenção, de três meses a dois anos. |
| **Classificação** | Próprio; formal; doloso; de forma livre; comissivo ou omissivo; instantâneo (podendo ter efeito permanente na hipótese de destruição); monossubjetivo; de dano; transeunte; unissubsistente ou plurissubsistente, conforme o caso.. |
| **Sujeito Ativo** | Qualquer pessoa. |
| **Sujeito Passivo** | Estabelecimento comercial ou industrial. |
| **Objeto Jurídico** | Inviolabilidade das correspondências. |
| **Objeto Material** | Correspondência desviada, sonegada, subtraída, suprimida ou revelada. |
| **Elemento Subjetivo** | Dolo. |
| **Consumação** | Consuma-se quando o agente desvia, sonega, subtrai, suprime ou revela o conteúdo da correspondência comercial a outrem. |
| **Tentativa** | É admitida. |
| **Ação Penal** | Pública condicionada à representação. |
| **DOS CRIMES CONTRA A INVIOLABILIDADE DE SEGREDOS** | |
| **DIVULGAÇÃO DE SEGREDO** | |
| **Divulgação de segredo (art. 153)** | Divulgar alguém, sem justa causa, conteúdo de documento particular ou de correspondência confidencial, de que é destinatário ou detentor, e cuja divulgação possa produzir dano a outrem. |
| **Penas** | A pena para o crime de "divulgação de segredo" é de detenção, de um a seis meses, ou multa. |
| **Qualificadora (§ 1º-A)** | Divulgar, sem justa causa, informações sigilosas ou reservadas, assim definidas em lei, contidas ou não nos sistemas de informações ou banco de dados da Administração Pública. |
| **Classificação** | Próprio; doloso; formal; de forma livre; comissivo ou omissivo impróprio (no caso do agente gozar do *status* de garantidor); instantâneo; de dano; transeunte; monossubjetivo; unissubsistente ou plurissubsistente, conforme o caso concreto. |
| **Sujeito Ativo** | Destinatário e detentor do documento particular ou da correspondência confidencial. |
| **Sujeito Passivo** | Terceiro que pode ser lesionado ou prejudicado com a revelação do conteúdo da correspondência confidencial ou documento particular. |
| **Objeto Jurídico** | Inviolabilidade dos segredos. |

| TÓPICO-SÍNTESE: Dos Crimes contra a liberdade pessoal | |
|---|---|
| **Objeto Material** | Documento particular ou a correspondência confidencial. |
| **Elemento Subjetivo** | Dolo. |
| **Consumação** | Consuma-se quando o conteúdo de documento particular ou de correspondência confidencial efetivamente é revelado a terceiros. |
| **Tentativa** | É admitida. |
| **Ação Penal** | Pública condicionada à representação.<br>Pública incondicionada, nos casos em que resulte dano à Administração Pública. |
| **VIOLAÇÃO DE SEGREDO PROFISSIONAL** | |
| **Violação de Segredo Profissional (art. 154)** | Revelar alguém, sem justa causa, segredo, de que tem ciência em razão de função, ministério, ofício ou profissão, e cuja revelação possa produzir dano a outrem. |
| **Penas** | A pena para o crime de "violação de segredo profissional" é de detenção, de três meses a um ano, ou multa. |
| **Classificação** | Próprio; doloso; formal; simples; de forma livre; comissivo; instantâneo; de dano; transeunte; monossubjetivo; unissubsistente ou plurissubsistente, conforme o caso concreto. |
| **Sujeito Ativo** | Pessoa que em razão de função, ministério, ofício ou profissão teve conhecimento do segredo e o revela sem justa causa. |
| **Sujeito Passivo** | Quem teve o seu segredo revelado e o terceiro que possa ser prejudicado. |
| **Objeto Jurídico** | Inviolabilidade do segredo profissional. |
| **Objeto Material** | Conteúdo sigiloso do objeto. |
| **Elemento Subjetivo** | Dolo. |
| **Consumação** | Consuma-se quando o segredo é revelado a outrem. |
| **Tentativa** | É admitida. |
| **Ação Penal** | Pública condicionada à representação. |
| **INVASÃO DE DISPOSITIVO INFORMÁTICO** | |
| **Invasão de Dispositivo Informático (art. 154-A)** | Invadir dispositivo informático de uso alheio, conectado ou não à rede de computadores, com o fim de obter, adulterar ou destruir dados ou informações sem autorização expressa ou tácita do usuário do dispositivo ou de instalar vulnerabilidades para obter vantagem ilícita. |
| **Penas** | Pena – reclusão, de 1 (um) a 4 (quatro) anos, e multa. |
| **Incorre na mesma pena (§ 1º)** | Quem produz, oferece, distribui, vende ou difunde dispositivo ou programa de computador com o intuito de permitir a prática da conduta definida no caput. |

| TÓPICO-SÍNTESE: Dos Crimes contra a liberdade pessoal | |
|---|---|
| **Qualificadora (§ 3º)** | Se da invasão resultar a obtenção de conteúdo de comunicações eletrônicas privadas, segredos comerciais ou industriais, informações sigilosas, assim definidas em lei, ou o controle remoto não autorizado do dispositivo invadido.<br>Pena - reclusão, de 2 (dois) a 5 (cinco) anos, e multa. |
| **Aumento de pena (§§ 2º, 4º e 5º)** | → De **1/3 a 2/3** se da invasão resulta prejuízo econômico.<br>• Na hipótese do § 3º, de 1/3 a 2/3 se houver divulgação, comercialização ou transmissão a terceiro, a qualquer título, dos dados ou informações obtidos.<br>→ De **1/3 a 1/2** se o crime for praticado contra:<br>Presidente da República, governadores e prefeitos;<br>Presidente do Supremo Tribunal Federal;<br>Presidente da Câmara dos Deputados, do Senado Federal, de Assembleia Legislativa de Estado, da Câmara Legislativa do Distrito Federal ou de Câmara Municipal; ou<br>Dirigente máximo da administração direta e indireta federal, estadual, municipal ou do Distrito Federal. |
| **Classificação** | Comum; doloso; formal; de forma livre; simples; de dano; comissivo; instantâneo ou permanente, conforme o caso; transeunte ou não transeunte, conforme o caso; unissubjetivo; plurissubsistente. |
| **Sujeito Ativo** | Qualquer pessoa. |
| **Sujeito Passivo** | Qualquer pessoa. |
| **Objeto Jurídico** | Liberdade individual. |
| **Objeto Material** | Dispositivo informático de uso alheio, conectado ou não à rede de computadores. |
| **Elemento Subjetivo** | Dolo. |
| **Consumação** | Consuma-se com o ato de devassar dispositivo informático de uso alheio. |
| **Tentativa** | É admitida. |
| **Ação Penal** | Pública condicionada à representação.<br>Pública incondicionada nos casos que envolvam a Administração Pública. |

Título II

# DOS CRIMES CONTRA O PATRIMÔNIO

Capítulo

# 1

# DO FURTO

***Leia a Lei:***

- *arts. 155 a 156 do CP.*

## 1. FURTO

Art. 155 - Subtrair, para si ou para outrem, coisa alheia móvel:

Pena - reclusão, de um a quatro anos, e multa.

§ 1º - A pena aumenta-se de um terço, se o crime é praticado durante o repouso noturno.

§ 2º - Se o criminoso é primário, e é de pequeno valor a coisa furtada, o juiz pode substituir a pena de reclusão pela de detenção, diminuí-la de um a dois terços, ou aplicar somente a pena de multa.

§ 3º - Equipara-se à coisa móvel a energia elétrica ou qualquer outra que tenha valor econômico.

Furto qualificado

§ 4º - A pena é de reclusão de dois a oito anos, e multa, se o crime é cometido:

I - com destruição ou rompimento de obstáculo à subtração da coisa;

II - com abuso de confiança, ou mediante fraude, escalada ou destreza;

III - com emprego de chave falsa;

IV - mediante concurso de duas ou mais pessoas.

§ 4º-A A pena é de reclusão de 4 (quatro) a 10 (dez) anos e multa, se houver emprego de explosivo ou de artefato análogo que cause perigo comum.

§ 4º-B. A pena é de reclusão, de 4 (quatro) a 8 (oito) anos, e multa, se o furto mediante fraude é cometido por meio de dispositivo eletrônico ou informático, conectado ou não à rede de computadores, com ou sem a violação de mecanismo de segurança ou a utilização de programa malicioso, ou por qualquer outro meio fraudulento análogo. (Incluído pela Lei nº 14.155, de 2021)

§ 4º-C. A pena prevista no § 4º-B deste artigo, considerada a relevância do resultado gravoso: (Incluído pela Lei nº 14.155, de 2021)

I – aumenta-se de 1/3 (um terço) a 2/3 (dois terços), se o crime é praticado mediante a utilização de servidor mantido fora do território nacional; (Incluído pela Lei nº 14.155, de 2021)

II – aumenta-se de 1/3 (um terço) ao dobro, se o crime é praticado contra idoso ou vulnerável. (Incluído pela Lei nº 14.155, de 2021)

§ 5º - A pena é de reclusão de três a oito anos, se a subtração for de veículo automotor que venha a ser transportado para outro Estado ou para o exterior.

§ 6o A pena é de reclusão de 2 (dois) a 5 (cinco) anos se a subtração for de semovente domesticável de produção, ainda que abatido ou dividido em partes no local da subtração.

§ 7º A pena é de reclusão de 4 (quatro) a 10 (dez) anos e multa, se a subtração for de substâncias explosivas ou de acessórios que, conjunta ou isoladamente, possibilitem sua fabricação, montagem ou emprego.

## 1.1. Topografia do art. 155

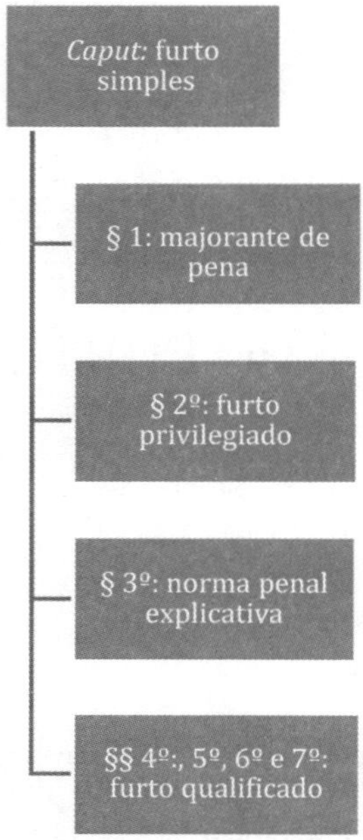


## 1.2. Introdução

O artigo 155 do Código Penal tutela a propriedade e a posse legítima de coisa móvel.

A pena prevista para o crime de furto é de reclusão de um a quatro anos, além da multa. Logo, podemos concluir que:

a) Não é possível a transação penal (art. 76, Lei n. 9.099/95), pois não se trata de infração penal de menor potencial ofensivo;

b) É possível a suspensão condicional do processo (art. 89, Lei n. 9.099/95), pois a pena mínima não ultrapassa um ano. Havendo incidência de causa de aumento ou ocorrência de qualificadora, não será possível a suspensão, pois a pena mínima irá ultrapassar um ano.

c) Será cabível a substituição da pena por restritivas de direitos, pois no crime não há violência ou grave ameaça e a pena a ser imposta não ultrapassará quatro anos. Será necessário que se façam presentes os demais requisitos do art. 44, CP.

Assinale-se que não há furto quando se tratar de *res nullius* (coisas que nunca tiveram dono) ou *res derelicta* (coisas abandonadas), conforme inteligência do art. 1.263 do Código Civil. Também não caracterizará o crime de furto em relação às coisas de uso comum, tais como o ar e a água. Todavia, restará caracterizado o delito quando as referidas coisas foram destacadas do local de origem e sejam exploradas por pessoa específica.

Noutro passo, no que tange à coisa perdida (*res desperdicta)*, o art. 169 tipifica a conduta daquele que acha coisa alheia perdida e dela se apropria, total ou parcialmente, deixando de restitui-la ao dono ou legítimo possuidor ou de entregá-la a autoridade competente, dentro do prazo de quinze dias. Trata-se de apropriação de coisa achada, inserta no inciso II do art. 169.

Frise-se, ainda, que se entende como coisa móvel todo e qualquer bem corpóreo suscetível de ser apreendido e transportado de um local para outro, inclusive, conforme se depreende da norma penal explicativa inserta no § 3º, a energia elétrica ou qualquer outra que tenha valor econômico. Pelo exposto, os bens incorpóreos, representados pelos direitos, não podem ser furtados.

Ademais, cumpre registar que os **semoventes e animais em geral**, quando tiverem proprietário, podem ser objeto material de furto. Se, entretanto, alguém se apoderar de um animal alheio com o propósito de exigir alguma vantagem econômica para restituí-lo, o crime será o tipificado no art. 158 do CP, extorsão.

Outro ponto que merece consideração é a relação entre o crime de furto e o **princípio da insignificância**. Conforme entendimento dos tribunais superiores, caso seja verificada a inexpressividade do comportamento do agente (STJ), não apenas, portanto, o valor da coisa subtraída (STF), fica afastada a intervenção do Direito Penal.

Há, ainda, discussão doutrinária acerca da caracterização ou não do crime de furto em subtrações envolvendo **objetos de estimação**, sem, portanto, valor econômico. A compreensão mais acertada é a de que não deve restar caracterizado, haja vista que o tipo imputa à coisa alheia passível de furto, o valor econômico. Assim, se deve ser aplicado o princípio da insignificância em caso de furto de coisas de pequeno valor, decerto deve ser afastado o Direito Penal nos casos de furto de coisa sem qualquer valor econômico. Não obstante, possíveis danos morais devem ser resolvidos na esfera cível.

Ainda no sentido de afastamento da aplicação do Direito Penal, o **furto famélico**, em razão do estado de necessidade que permeia a conduta do agente, implica na exclusão da ilicitude, conforme consignado no art. 24 do mesmo Código.

No mesmo sentido, o **furto de uso** limita-se à esfera do Direito Civil. Assevere-se que o furto depende do fim de assenhoramento definitivo, não caracterizado pelo furto de uso, que pretende um apoderamento temporário.

Ademais, o furto de uso implica na subtração, intenção de utilizar momentaneamente e a posterior e imediata restituição da coisa (e não algo que lhe seja equivalente) ao seu possuidor originário. É imperioso destacar que o furto de uso não pode ser confundido com o furto seguido de arrependimento do agente – em tal caso, se a restituição da coisa anteceder o recebimento da denúncia ou queixa, incidirá a diminuição de pena, conforme art. 16 do mesmo Código.

O § 1º traz a hipótese de **majorante**, quando determina que a pena deve ser aumentada de um terço, se o crime é praticado durante o repouso noturno. Diametralmente oposto está o § 2º, hipótese de **furto privilegiado**, vez que determina que se o criminoso é primário, e é de pequeno valor a coisa furtada, o juiz pode substituir a pena de reclusão pela de detenção, diminuí-la de um a dois terços, ou aplicar somente a pena de multa.

O § 4º prevê as modalidades de **furto qualificado**, asseverando que a pena deve ser aumentada de dois a oito anos, além do pagamento de multa, caso o furto seja cometido com destruição ou rompimento de obstáculo à subtração da coisa, com abuso de confiança, ou mediante fraude, escalada ou destreza, com emprego de chave falsa ou mediante concurso de duas ou mais pessoas.

A Lei n. 13.654/2018 incluiu no presente artigo o § 4º-A, que determina que a pena é de reclusão de 4 (quatro) a 10 (dez) anos e multa, nos casos onde houver emprego de explosivo ou de artefato análogo que cause perigo comum. O objetivo declarado desse novo parágrafo foi punir com mais rigor os furtos realizados em caixas eletrônicos localizados em agências bancárias ou em estabelecimentos comerciais, haja vista que a referida conduta tem se tornado cada vez mais comum. Ocorre, entretanto, que, na prática, o que ocorreu foi um abrandamento no tratamento, vez que, antes do novel artigo, a conduta narrada era punida com base no art. 155, § 4º, I c/c o art. 251, § 2º do CP, furto qualificado pelo rompimento de obstáculo à subtração da coisa, em concurso formal impróprio com o crime de explosão majorada, cuja pena mínima era de 6 (seis) anos. Era o entendimento da maioria dos tribunais. Após a incidência da nova lei, a pena mínima passa a ser de 4 (quatro) anos.

Outra questão que merece observação é a seguinte: se o agente, durante a noite, explode caixa eletrônico para furtar o numerário, poderá incidir a qualificadora inserta no § 1º? Ou seja, é possível combinar o § 4º com a causa de aumento prevista no § 1º?

Sim. Parece-nos legítimo a incidência da majorante, uma vez que são circunstâncias diversas, que incidem em momentos distintos da aplicação da pena (Precedente: STF. 2ª Turma. HC 130952/MG, Rel. Min. Dias Toffoli. Julgado em 13/12/2016).

A Lei n. 14.155/2021 incluiu os parágrafos § 4º - B e § 4º-C.

O § 4º-B determina que a pena é de reclusão, de 4 (quatro) a 8 (oito) anos, e multa, se o furto mediante fraude é cometido por meio de dispositivo eletrônico ou informático, conectado ou não à rede de computadores, com ou sem a violação de mecanismo de segurança ou a utilização de programa malicioso, ou por qualquer outro meio fraudulento análogo.

Já o § 4º-C estabelece que a pena prevista no citado § 4º-B, considerada a relevância do resultado gravoso:

- Aumenta-se de 1/3 (um terço) a 2/3 (dois terços), se o crime é praticado mediante a utilização de servidor mantido fora do território nacional;
- Aumenta-se de 1/3 (um terço) ao dobro, se o crime é praticado contra idoso ou vulnerável.

Ademais, a pena também será mais severa, de três a oito anos, se a subtração for de veículo automotor que venha a ser transportado para outro Estado ou para o exterior, essa é a inteligência do § 5º do mesmo artigo.

O art. 6º estabelece que a pena é de reclusão de 2 (dois) a 5 (cinco) anos, nos casos em que a subtração for de semovente domesticável de produção, ainda que abatido ou dividido em partes no local da subtração.

Ainda no sentido das inovações trazidas pela Lei n. 13.654/2018, fora acrescentado o parágrafo 7º, que estabelece a pena de reclusão de 4 (quatro) a 10 (dez) anos e multa, se a subtração for de substâncias explosivas ou de acessórios que, conjunta ou isoladamente, possibilitem sua fabricação, montagem ou emprego. Um exemplo da referida conduta é o agente que furta uma bana de dinamite do quartel do Exército.

De mais a mais, merece destaque o **furto mediante fraude**, que não deve ser confundido com o estelionato. No primeiro, a fraude funcionada como qualificadora, ao passo que no segundo funciona como elementar. Ademais, na hipótese de qualificadora, a fraude deve ser empregada antes ou durante a subtração, ao passo que no estelionato ela antecede o apossamento da coisa. Por fim, no furto mediante fraude tal medida é utilizada a fim de diminuir a vigilância da vítima e de terceiro sobre o bem; já no estelionato, a fraude é utilizada para induzir a vítima ou terceiro em erro, mediante falsa percepção da realidade.

***POSIÇÃO DO STJ***

***Súmula 511:*** *"É possível o reconhecimento do privilégio previsto § 2º do art. 155 do CP nos casos de crime de furto qualificado, se estiverem presentes a primariedade do agente, o pequeno valor da ciosa e a qualificadora for de ordem objetiva".*

Por fim, acerca da classificação, o crime de *furto* é comum; simples; doloso; de forma livre; de dano; material; instantâneo (regra) e permanente (exceção do § 3º); doloso; comissivo ou omissivo impróprio; de dano; não transeunte; unissubjetivo; plurissubsistente.

## 1.3. Sujeito Ativo

Qualquer pessoa pode ser sujeito ativo do crime de furto. Trata-se de crime comum, portanto.

## 1.4. Sujeito Passivo

Qualquer pessoa pode ser sujeito passivo deste crime, desde que seja proprietário ou possuidor de coisa móvel. Se alguém furtar uma coisa que já havia sido furtada, incorrerá no crime da mesma forma. Neste caso, o sujeito passivo não será o primeiro ladrão, mas o proprietário da coisa.

## 1.5. Objeto Jurídico

O bem jurídico tutelado, consoante disposto no Código Penal, é o patrimônio. A doutrina majoritária explicita os contornos desta definição, salientando que o bem jurídico tutelado é a posse e a propriedade. Ainda na esteira da doutrina majoritária, tem-se rechaçado a inclusão da detenção como objeto jurídico do crime de furto.

## 1.6. Objeto Material

É a coisa alheia móvel. O conceito de mobilidade para o Direito Penal é natural. Assim, é coisa móvel qualquer coisa passível de remoção.

O Código equipara, expressamente, a energia elétrica, e outras energias de valor econômico, à coisa móvel, para fins de crime de furto (art. 155, § 3º, CP). Consoante entendimento do Supremo Tribunal Federal, "o sinal de TV a cabo não é energia, e assim, não pode ser objeto material do delito previsto no art. 155, § 3º, do Código Penal" (HC 97.261/RS, Rel. Min. Joaquim Barbosa).

## 1.7. Elemento Subjetivo

O elemento subjetivo é o dolo específico de subtrair a coisa *para si ou para outrem*. Trata-se, portanto, de ânimo de assenhoramento definitivo da coisa.

### 1.8. Consumação e Tentativa

Ainda subsiste certa polêmica em torno do momento consumativo do crime de furto. A dúvida consiste em saber se a consumação pressupõe a posse pacífica da coisa, isto é, se é necessário que a coisa saia da esfera de vigilância da vítima.

Na jurisprudência, todavia, já se consagrou o entendimento no sentido de que a posse pacífica é desnecessária à consumação do delito em apreço. Assim compreende a jurisprudência do **STF** "[...] para a consumação do crime de furto ou de roubo, não se faz necessário que o agente logre a posse mansa e pacífica do objeto do crime, bastando a saída, ainda que breve, do bem da chamada esfera de vigilância da vítima [...] " (HC n. 113563/SP, Rel. Min. Rosa Weber).

Já no âmbito do **STJ**, temos que: "Esta Corte e o Supremo Tribunal, para balizar o debate sobre a consumação do crime de furto, adotam a teoria da *apprehensio*, também denominada de *amotio*, segundo a qual se considera consumado o delito no momento em que o agente obtém a posse da res furtiva, ainda que não seja mansa e pacífica e/ou haja perseguição policial, sendo prescindível que o objeto do crime saia da esfera de vigilância da vítima" (AgRg no REsp 1300954/RS, Rel. Min. Laurita Vaz).

Admite-se a tentativa.

### 1.9. Ação Penal

Trata-se de crime de ação penal de inciativa pública incondicionada. Poderá a ação penal converter-se em pública condicionada à representação do ofendido, nas hipóteses do art. 182 do Código Penal, quais sejam se o sujeito passivo é cônjuge desquitado ou judicialmente separado; irmão, legítimo ou ilegítimo; e, por fim, tio ou sobrinho, com quem o agente coabita, desde que a vítima não seja pessoa com idade igual ou superior a 60 (sessenta) anos, conforme determina o art. 183 do mesmo diploma legal.

## 2. FURTO DE COISA COMUM

**Art. 156.** *Subtrair o condômino, coerdeiro ou sócio, para si ou para outrem, a quem legitimamente a detém, a coisa comum:*

**Pena –** *detenção, de seis meses a dois anos, ou multa.*

**§ 1º** *Somente se procede mediante representação.*

**§ 2º** *Não é punível a subtração de coisa comum fungível, cujo valor não excede a quota a que tem direito o agente.*

### 2.1. Introdução

Trata-se de modalidade específica de furto, que é direcionada também contra coisa móvel, diferenciando-se, porém, por não se tratar de coisa completamente "alheia", vez que o agente responsável pela subtração a possui em conjunto com outras pessoas. A lógica consignada é a de que ao retirar a coisa comum de quem legitimamente a detém, não subtrai somente a coisa própria, mas também aquela fração pertencente à terceiro.

A pena para o crime de "furto de coisa comum" é de detenção de seis meses a dois anos, ou multa. Logo, podemos concluir que:

a) É possível a transação penal (art. 76, Lei n. 9.099/95), pois se trata de infração penal de menor potencial ofensivo;

b) É possível a suspensão condicional do processo (art. 89, Lei n. 9.099/95), pois a pena mínima não ultrapassa um ano.

c) Será cabível a substituição da pena por restritivas de direitos, pois no crime não há violência ou grave ameaça e a pena a ser imposta não ultrapassará quatro anos. Será necessário que se façam presentes os demais requisitos do art. 44, CP.

Acerca da classificação, o crime de *furto de coisa comum* é próprio; doloso; de forma livre; simples; de dano; material; instantâneo; doloso; comissivo ou omissivo impróprio; não transeunte; unissubjetivo; plurissubsistente.

### 2.2. Sujeito Ativo

Sujeito ativo é condômino, coerdeiro ou sócio. Trata-se, portanto, de crime próprio, exigindo uma qualidade especial do sujeito ativo.

### 2.3. Sujeito Passivo

Sujeito passivo é o condômino, coerdeiro ou sócio que detém legitimamente a coisa.

### 2.4. Objeto Jurídico

A posse legítima ou a propriedade de determinado patrimônio.

### 2.5. Objeto Material

A coisa móvel e comum.

### 2.6. Elemento Subjetivo

Exige-se o ânimo de apossamento definitivo.

### 2.7. Consumação e Tentativa

Tal qual ocorre com o furto do artigo 155, não se exige que o agente tenha a posse pacífica da coisa.

Admite-se a tentativa.

### 2.8. Ação Penal

Trata-se de ação penal pública condicionada à representação do ofendido.

## 3. TÓPICO-SÍNTESE

| TÓPICO-SÍNTESE: Do Furto | |
|---|---|
| FURTO | |
| **Furto (art. 155)** | Subtrair, para si ou para outrem, coisa alheia móvel. |
| **Penas** | A pena prevista para o crime de furto é de reclusão de um a quatro anos, além da multa. |
| **Majorante de pena (§ 1º)** | **De 1/3:** se o crime é praticado durante o repouso noturno. |
| **Furto Privilegiado (§ 2º)** | Se o criminoso é primário, e é de pequeno valor a coisa furtada. |
| **Figuras equiparadas (§ 3º)** | Equipara-se à coisa móvel a energia elétrica ou qualquer outra que tenha valor econômico. |
| **Furto Qualificado (§ 4º)** | • com destruição ou rompimento de obstáculo à subtração da coisa;<br>• com abuso de confiança, ou mediante fraude, escalada ou destreza;<br>• com emprego de chave falsa;<br>• mediante concurso de duas ou mais pessoas. |
| **Furto Qualificado (§ 4º – A)** | • A pena é de reclusão de 4 (quatro) a 10 (dez) anos e multa, se houver emprego de explosivo ou de artefato análogo que cause perigo comum. |
| **Furto Qualificado § 4º-B** | • A pena é de reclusão, de 4 (quatro) a 8 (oito) anos, e multa, se o furto mediante fraude é cometido por meio de dispositivo eletrônico ou informático, conectado ou não à rede de computadores, com ou sem a violação de mecanismo de segurança ou a utilização de programa malicioso, ou por qualquer outro meio fraudulento análogo. |
| **Furto Qualificado § 4º-C** | A pena prevista no citado § 4º-B, considerada a relevância do resultado gravoso:<br>• Aumenta-se de 1/3 (um terço) a 2/3 (dois terços), se o crime é praticado mediante a utilização de servidor mantido fora do território nacional;<br>• Aumenta-se de 1/3 (um terço) ao dobro, se o crime é praticado contra idoso ou vulnerável. |
| **Furto Qualificado (§ 5º)** | • A pena é de reclusão de três a oito anos, se a subtração for de veículo automotor que venha a ser transportado para outro Estado ou para o exterior. |
| **Furto Qualificado (§ 6º)** | • A pena é de reclusão de 2 (dois) a 5 (cinco) anos se a subtração for de semovente domesticável de produção, ainda que abatido ou dividido em partes no local da subtração. |
| **Furto Qualificado (§ 7º)** | • A pena é de reclusão de 4 (quatro) a 10 (dez) anos e multa, se a subtração for de substâncias explosivas ou de acessórios que, conjunta ou isoladamente, possibilitem sua fabricação, montagem ou emprego. |
| **Classificação** | Comum; simples; doloso; de forma livre; de dano; material; instantâneo (regra) e permanente (exceção do § 3º); doloso; comissivo ou omissivo impróprio; de dano; não transeunte; unissubjetivo; plurissubsistente. |
| **Sujeito Ativo** | Qualquer pessoa. |

| TÓPICO-SÍNTESE: Do Furto | |
|---|---|
| **Sujeito Passivo** | Qualquer pessoa. |
| **Objeto Jurídico** | Patrimônio. |
| **Objeto Material** | Coisa alheia móvel. |
| **Elemento Subjetivo** | Dolo específico de subtrair a coisa para si ou para outrem. |
| **Consumação** | Consuma-se com a posse da coisa, ainda que não pacífica. |
| **Tentativa** | É admitida. |
| **Ação Penal** | Pública incondicionada.<br>Pública condicionada à representação nos casos do art. 182 do CP. |
| **Súmulas aplicáveis** | 442 do STJ. É inadmissível aplicar, no furto qualificado, pelo concurso de agentes, a majorante do roubo.<br>511 do STJ.É possível o reconhecimento do privilégio previsto §2º do art. 155 do CP nos casos de crime de furto qualificado, se estiverem presentes a primariedade do agente, o pequeno valor da ciosa e a qualificadora for de ordem objetiva. |
| **FURTO DE COISA COMUM** | |
| **Furto de coisa comum (art. 156)** | Subtrair o condômino, coerdeiro ou sócio, para si ou para outrem, a quem legitimamente a detém, a coisa comum. |
| **Penas** | A pena para o crime de "furto de coisa comum" é de detenção de seis meses a dois anos, ou multa. |
| **Não se pune (§ 2º)** | A subtração de coisa comum fungível, cujo valor não excede a quota a que tem direito o agente. |
| **Classificação** | Próprio; doloso; de forma livre; simples; de dano; material; instantâneo; doloso; comissivo ou omissivo impróprio; não transeunte; unissubjetivo; plurissubsistente. |
| **Sujeito Ativo** | Condômino, coerdeiro ou sócio. |
| **Sujeito Passivo** | Condômino, coerdeiro ou sócio. |
| **Objeto jurídico** | Patrimônio. |
| **Objeto Material** | Coisa móvel e comum. |
| **Elemento subjetivo** | Dolo, ânimo de apossamento definitivo. |
| **Consumação** | Consuma-se com a posse da coisa, ainda que não pacífica. |
| **Ação Penal** | Pública condicionada à representação. |
| **Súmulas aplicáveis** | 442 do STJ. É inadmissível aplicar, no furto qualificado, pelo concurso de agentes, a majorante do roubo.<br>511 do STJ.É possível o reconhecimento do privilégio previsto §2º do art. 155 do CP nos casos de crime de furto qualificado, se estiverem presentes a primariedade do agente, o pequeno valor da ciosa e a qualificadora for de ordem objetiva. |

Capítulo

# 2

# DO ROUBO E DA EXTORSÃO

***Leia a Lei:***

- *arts. 157 a 160 do CP.*

## 1. ROUBO

**Art. 157.** *Subtrair coisa móvel alheia, para si ou para outrem, mediante grave ameaça ou violência a pessoa, ou depois de havê-la, por qualquer meio, reduzido à impossibilidade de resistência:*

**Pena** – *reclusão, de quatro a dez anos, e multa.*

**§ 1º** *Na mesma pena incorre quem, logo depois de subtraída a coisa, emprega violência contra pessoa ou grave ameaça, a fim de assegurar a impunidade do crime ou a detenção da coisa para si ou para terceiro.*

**§ 2º** *A pena aumenta-se de um terço até metade:*

**I** – *(Revogado pela Lei n. 13.654/2018)*

**II** – *se há o concurso de duas ou mais pessoas;*

**III** – *se a vítima está em serviço de transporte de valores e o agente conhece tal circunstância.*

**IV** – *se a subtração for de veículo automotor que venha a ser transportado para outro Estado ou para o exterior;*

**V** – *se o agente mantém a vítima em seu poder, restringindo sua liberdade.*

**VI** – *se a subtração for de substâncias explosivas ou de acessórios que, conjunta ou isoladamente, possibilitem sua fabricação, montagem ou emprego.*

**VII** - *se a violência ou grave ameaça é exercida com emprego de arma branca; (Incluído pela Lei nº 13.964, de 2019)*

**§ 2º-A** *A pena aumenta-se de 2/3 (dois terços):*

**I** – *se a violência ou ameaça é exercida com emprego de arma de fogo;*

**II** – *se há destruição ou rompimento de obstáculo mediante o emprego de explosivo ou de artefato análogo que cause perigo comum.*

*§ 2º-B. Se a violência ou grave ameaça é exercida com emprego de arma de fogo de uso restrito ou proibido, aplica-se em dobro a pena prevista no* ***caput*** deste artigo. *(Incluído pela Lei nº 13.964, de 2019)*

**§ 3º** *Se da violência resulta:*

**I** – *lesão corporal grave, a pena é de reclusão de 7 (sete) a 18 (dezoito) anos, e multa;*

**II** – *morte, a pena é de reclusão de 20 (vinte) a 30 (trinta) anos, e multa.*

### 1.1. Topografia do art. 157

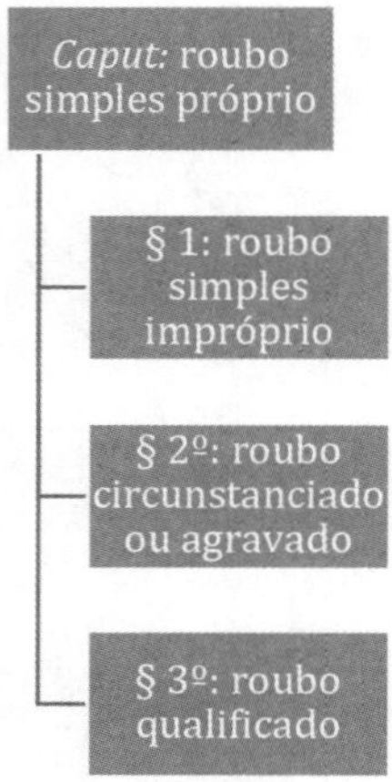


### 1.2. Introdução

O roubo possui elementos idênticos ao furto, a saber, a subtração de coisa alheia como conduta típica, com a finalidade de apropriação definitiva. Além dos referidos elementos, para restar caracterizado o roubo, assinale-se que a conduta deve ser acrescida de violência ou ameaça.

A pena prevista para o crime de roubo é de reclusão de 4 (quatro) a 10 (dez) anos, além da multa. À vista disto, devemos recordar não ser possível a aplicação dos institutos despenalizadores, como a transação penal e a suspensão condicional do processo. Ademais, não será possível a substituição da pena privativa de liberdade pela pena restritiva de direitos, ainda que a pena efetivamente imposta não supere 4 (quatro) anos, haja vista a impossibilidade de se realizar tal substituição em crimes praticados mediante violência ou grave ameaça (art. 44, CP).

O *caput* do presente artigo descreve a conduta do roubo classificado como **próprio**, quando a violência é empregada antes ou simultaneamente à subtração. Noutro passo, o § 1º descreve o roubo **impróprio**, quando a violência é empregada de forma posterior, com a intenção de assegurar a impunidade do crime ou o sucesso do feito.

Já o § 2º descreve as causas de aumento de pena (roubo circunstanciado ou agravado), devendo a condenação ser aumentada de um terço até a metade se executado em concurso de duas ou mais pessoas, se a vítima está em serviço de transporte de valores e o agente conhece tal circunstância, se a subtração é de veículo automotor que venha a ser transportado para outro Estado ou para o exterior, se o agente mantém a vítima mantém em seu poder, restringindo, assim, a sua liberdade se a subtração for de substâncias explosivas ou de acessórios que, conjunta ou isoladamente, possibilitem sua fabricação, montagem ou emprego, acrescido pela Lei n. 13.654/2018 e, por fim, se a violência ou grave ameaça é exercida com emprego de arma branca, conforme a Lei n. 13.964/2019.

Assinale-se que a causa de aumento outrora existente no inciso I do § 2º, qual seja a execução da conduta com o emprego de arma, fora revogada pela Lei n. 13.654/2018, passando a ilustrar, a partir de então, o § 2º A do mesmo artigo, que determina o aumento da pena em 2/3 (e não mais de um terço até a metade), caso a violência ou ameaça se dê a partir do emprego de arma de fogo .Percebam, pois, que não houve *abolitio criminis*, mas sim continuidade normativo-típica.

Também incluído pela Lei n.13.654/2018, o inciso IV determina o aumento de pena de 1/3 até a metade se a subtração for de substâncias explosivas ou de acessórios que, conjunta ou isoladamente, possibilitem sua fabricação, montagem ou emprego.

Ainda sobre as inovações trazidas pelo § 2º A, incidirá a majorante de 2/3 nos casos de destruição ou rompimento de obstáculo mediante o emprego de explosivo ou de artefato análogo que cause perigo comum. Acerca das hipóteses de aumento, cumpre destacar que na hipótese de concurso de agentes, ainda que apenas um deles faça uso da arma de fogo, a causa de aumento de pena se estenderá aos demais, é o que se extrai do art. 30 do mesmo Código.

Ainda acerca do emprego de arma, de acordo como STF, é desnecessária a sua apreensão e perícia para fins de aplicação da causa de aumento (HC 96.099/RS, rel. Min. Ricardo Lewandowski).

Outra discussão reside na utilização de arma com defeito ou desmuniciada, ou, ainda, arma de brinquedo.

No tocante à arma com defeito, a perícia deve estabelecer se a falha acarreta ineficácia absoluta ou relativa. Na primeira hipótese o entendimento STJ é no sentido de que não se aplica a causa de aumento de pena, ao passo que na segunda hipótese a majorante deve incidir (HC 247.669/SP, rel. Min. Sebastião Reis Júnior).

Quanto à arma desmuniciada, há divergência no STJ acerca da sua ineficácia seja absoluta ou relativa, já tendo sido proferidas decisões em ambos os sentidos. (HC 246.811/RJ, rel. Min. Laurita Vaz e HC 261.090/SP, rel. Min. Og Fernandes).

Sobre o uso da arma de brinquedo (arma ficta), é dominante o entendimento doutrinário e jurisprudencial no sentido de que não permite o aumento da pena do crime de roubo.

Ainda na seara das atualizações, a Lei n. 13.964/2019 inseriu o § 2º-B, que determina a aplicação da pena em dobro se a violência ou grave ameaça é exercida com emprego de arma de fogo de uso restrito ou proibido.

Ao final do artigo, o § 3º, cuja redação foi alterada/melhorada pela Lei 13.654/2018, estabelece que quando da conduta decorrer lesão corporal de natureza grave, a pena é de reclusão de 7 (sete) a 18 (dezoito) anos e multa; já na hipótese de morte (latrocínio, quando será hediondo), a pena é de reclusão de 20 (vinte) a 30 (trinta) anos, além da multa. Trata-se das hipóteses de roubo qualificado.

Acerca da classificação, o crime de *roubo* é comum; de forma livre; de dano; material (posição doutrinária tradicional); pluriofensivo; instantâneo; doloso; comissivo ou omissivo impróprio; não transeunte; unissubjetivo; plurissubsistente.

### 1.3. Sujeito Ativo

Qualquer pessoa pode ser sujeito ativo do crime de roubo. Trata-se de crime comum, portanto.

### 1.4. Sujeito Passivo

O proprietário ou possuidor da coisa, bem como qualquer outra pessoa que venha a ser atingida pela violência ou grave ameaça empregada no roubo.

### 1.5. Objeto Jurídico

Trata-se de crime pluriofensivo, isto é, que se consuma mediante a lesão (ofensa) a mais de um bem jurídico. Dito de outra maneira, trata-se de crime que tutela mais de um bem jurídico. Desta forma, no roubo, tutela-se o patrimônio da vítima, bem como a integridade física e a liberdade individual, pois o crime pressupõe emprego de violência ou grave ameaça.

### 1.6. Objeto Material

O objeto material é a coisa móvel subtraída, bem como a pessoa contra quem a violência ou ameaça foi empregada.

### 1.7. Elemento Subjetivo

Da mesma forma que ocorre com o crime de furto, no roubo o elemento subjetivo consiste no ânimo de apossamento definitivo da coisa.

### 1.8. Consumação e Tentativa

A jurisprudência não exige a posse pacífica da coisa para que haja consumação. Neste sentido, o entendimento do STJ: "Este Tribunal firmou entendimento de que há consumação do crime de roubo com a simples posse de coisa alheia móvel, subtraída mediante violência ou grave ameaça, mesmo que haja perseguição policial e seja o agente preso logo em seguida" (HC 192.831/RJ, Rel. Min. Sebastião Reis Júnior).

Esse é, também, o entendimento do STF: "[...] O Supremo Tribunal Federal já decidiu que "O crime de roubo **consuma-se quando o agente, após subtrair coisa alheia móvel, mediante o emprego** de **violência, passa a ter a posse** da **res furtiva fora** da esfera de vigilância da vítima, **não se exigindo, todavia, a posse tranquila do bem." (HC 123314/SP, Rel. Min. Marco Aurélio),**

Admite-se a tentativa.

### 1.9. Ação Penal

A ação penal é pública incondicionada.

### 1.10. Súmulas Aplicáveis

582 do STJ. Consuma-se o crime de roubo com a inversão da posse do bem mediante emprego de violência ou grave ameaça, ainda que por breve tempo e em seguida à perseguição imediata ao agente e recuperação da coisa roubada, sendo prescindível a posse mansa e pacífica ou desvigiada.

**442 do STJ.** É inadmissível aplicar, no furto qualificado, pelo concurso de agentes, a majorante do roubo.

**443 do STJ.** O aumento na terceira fase de aplicação da pena no crime de roubo circunstanciado exige fundamentação concreta, não sendo suficiente para a sua exasperação a mera indicação do número de majorantes.

**603 do STF.** A competência para o processo e julgamento de latrocínio é do juiz singular e não do tribunal do júri.

**610 do STF.** Há crime de latrocínio, quando o homicídio se consuma, ainda que não se realize o agente a subtração de bens da vítima.

## 2. EXTORSÃO

**Art. 158.** *Constranger alguém, mediante violência ou grave ameaça, e com o intuito de obter para si ou para outrem indevida vantagem econômica, a fazer, tolerar que se faça ou deixar fazer alguma coisa:*

**Pena -** *reclusão, de quatro a dez anos, e multa.*

**§ 1º** *Se o crime é cometido por duas ou mais pessoas, ou com emprego de arma, aumenta-se a pena de um terço até metade.*

**§ 2º** *Aplica-se à extorsão praticada mediante violência o disposto no § 3º do artigo anterior.*

**§ 3º** *Se o crime é cometido mediante a restrição da liberdade da vítima, e essa condição é necessária para a obtenção da vantagem econômica, a pena é de reclusão, de 6 (seis) a 12 (doze) anos, além da multa; se resulta lesão corporal grave ou morte, aplicam-se as penas previstas no art. 159, §§ 2° e 3°, respectivamente.*

### 2.1. Introdução

O crime de extorsão em muito se assemelha ao roubo, possuindo, entretanto, e por óbvio, características que os diferenciam, do contrário, inexistiria razão para o legislador ter criado crimes diversos.

Aqui, o núcleo do tipo é constranger, que significa retirar de alguém a capacidade de autodeterminação, sendo o *modus operandi* o emprego de violência ou grave ameaça à vítima. O agente cria na vítima um estado de coação para que ela faça, tolere que se faça ou deixe de fazer alguma coisa, a fim de lhe proporcionar uma vantagem econômica indevida.

Cumpre registrar que se a vantagem for devida, restará caracterizado outro crime, aquele descrito no art. 345 do CP, o crime de exercício arbitrário das próprias razões.

A pena prevista para o crime de extorsão é de reclusão de 4 (quatro) a 10 (dez) anos, além da multa. À vista disto, devemos recordar não ser possível a aplicação dos institutos despenalizadores, como a transação penal e a suspensão condicional do processo. Ademais, não será possível a substituição da pena privativa de liberdade pela pena restritiva de direitos, ainda que a pena efetivamente imposta não supere 4 (quatro) anos, haja vista a impossibilidade de se realizar tal substituição em crimes praticados mediante violência ou grave ameaça (art. 44, CP).

Assinale-se, ainda, que o tipo prevê **causas de aumento de pena**, quando o montante da pena deverá ser aumentado de um terço até a metade, conforme a descrição do § 1º do presente artigo. São elas: quando o crime é praticado por duas ou mais pessoas e quando o crime for cometido com emprego de arma.

Noutro passo, o § 2º descreve a **extorsão qualificada**, quando é praticada mediante violência. Assevere-se, ainda, que a extorsão qualificada pela morte é crime hediondo.

Por fim, o § 3º prevê o crime conhecido como "sequestro relâmpago". Trata-se de crime remetido, pois o parágrafo reporta às penas previstas em outro dispositivo legal, art. 159 – extorsão mediante sequestro. Entretanto, não há como se confundir o "sequestro relâmpago" com a extorsão mediante sequestro, vez que no primeiro não há privação da liberdade e sim a sua **restrição**.

Acerca da classificação, o crime de *extorsão* é comum; de forma livre; formal; pluriofensivo; de dano; instantâneo; doloso; comissivo ou omissivo impróprio; transeunte; unissubjetivo; plurissubsistente.

### 2.2. Sujeito Ativo

Qualquer pessoa. Trata-se de crime comum, não exigindo qualidade especial do agente.

### 2.3. Sujeito Passivo

Qualquer pessoa.

### 2.4. Objeto Jurídico

Tal como ocorre com o crime de roubo, trata-se de crime pluriofensivo. São bens jurídicos tutelados neste crime: patrimônio, integridade física e liberdade individual da vítima.

### 2.5. Objeto Material

A pessoa contra quem é empregada a violência ou a ameaça.

### 2.6. Elemento Subjetivo

Elemento subjetivo é o dolo, consistente na pretensão de apossamento definitivo da vantagem econômica indevida.

### 2.7. Consumação e Tentativa

Trata-se de crime formal, vale dizer, não exige a produção do resultado naturalístico para que se consume. Desta forma, o crime de extorsão estará consumado quando o agente exigir a vantagem econômica, mediante violência ou grave ameaça, independentemente da obtenção desta vantagem. Este é o disposto na **Súmula 96 do STJ**.

É possível a tentativa, porquanto se trata de crime plurissubsistente. Na esteira da doutrina majoritária, podemos imaginar a hipótese em que o agente envia uma carta, contendo a exigência ameaçadora, que é interceptada. Estaríamos diante de uma hipótese em que se iniciaram os atos de execução e o crime não se consumou por circunstâncias alheias à vontade do agente.

### 2.8. Ação Penal

Trata-se de crime de ação penal pública incondicionada.

## 3. EXTORSÃO MEDIANTE SEQUESTRO

**Art. 159.** *Sequestrar pessoa com o fim de obter, para si ou para outrem, qualquer vantagem, como condição ou preço do resgate:*
**Pena –** *reclusão, de oito a quinze anos.*
**§ 1º** *Se o sequestro dura mais de 24 (vinte e quatro) horas, se o sequestrado é menor de 18 (dezoito) ou maior de 60 (sessenta) anos, ou se o crime é cometido por bando ou quadrilha.*
**Pena –** *reclusão, de doze a vinte anos.*

§ 2º *Se do fato resulta lesão corporal de natureza grave:*
**Pena** – *reclusão, de dezesseis a vinte e quatro anos.*
§ 3º *Se resulta a morte:*
**Pena** – *reclusão, de vinte e quatro a trinta anos.*
§ 4º *Se o crime é cometido em concurso, o concorrente que o denunciar à autoridade, facilitando a libertação do sequestrado, terá sua pena reduzida de um a dois terços.*

## 3.1. Introdução

Inicialmente cumpre registrar que o crime de extorsão mediante sequestro é hediondo em todas as suas modalidades, é o que pode ser extraído do art. 1º, IV, da Lei 8.072/1990.

A pena prevista para o crime de extorsão mediante sequestro é de reclusão de 8 (oito) a 15 (quinze) anos. À vista disto, devemos recordar não ser possível a aplicação dos institutos despenalizadores, como a transação penal e a suspensão condicional do processo. Ademais, não será possível a substituição da pena privativa de liberdade pela pena restritiva de direitos, ainda que a pena efetivamente imposta não supere 4 (quatro) anos, haja vista a impossibilidade de se realizar tal substituição em crimes praticados mediante violência ou grave ameaça (art. 44, CP).

Destoando da maior parte dos crimes contra o patrimônio, o crime de extorsão mediante sequestro não prevê pena de multa.

O núcleo do tipo é "sequestrar", sendo fundamental que seja um ser humano. Assim, a privação da liberdade de um animal, ainda que com o propósito de obtenção de resgate, configurará o crime de extorsão, consignado no art. 158 do Código.

O elemento característico deste crime é que o estado de sujeição do ofendido perante o criminoso.

O artigo cuida de qualificar a extorsão mediante sequestro, conforme se depreende da leitura dos seus parágrafos primeiro, segundo e terceiro. A qualificadora inserta no § 1º está relacionada a características da vítima, a saber, se for ela menor de 18 anos ou maior de 60 anos, bem como ao *modus operandi* do agente, vez que qualifica a conduta quando cometida por bando ou quadrilha.

Seguindo nas hipóteses de qualificação da conduta, o legislador cuidou das hipóteses onde da extorsão derivam lesão corporal de natureza grave ou morte, conforme os parágrafos segundo e terceiro, respectivamente.

Por fim, o artigo trata da "delação premiada", quando prevê em seu § 4º a diminuição da pena daquele agente concorrente que denunciar à autoridade a conduta delituosa, facilitando a libertação da vítima. Ademais, sendo o delator primário, poderá ser beneficiado pelo "perdão judicial", conforme determina o art. 13 da Lei 9.807/99, que estabelece normas para a organização e a manutenção de programas especiais de proteção a vítima e a testemunhas ameaçadas.

Acerca da classificação, o crime de *extorsão mediante sequestro* é comum; de forma livre; formal; pluriofensivo; permanente; de dano; doloso; comissivo ou omissivo (podendo ser praticado via omissão imprópria); transeunte; unissubjetivo; plurissubsistente.

## 3.2. Sujeito Ativo

Qualquer pessoa. Trata-se de crime comum, portanto.

### 3.3. Sujeito Passivo

Qualquer pessoa. Será aquele que suporta a lesão patrimonial, bem como aquele que tem a sua liberdade privada. Assinale-se, por ser oportuno, que se a vítima for menor de 18 anos ou maio de 60, o crime será qualificado, inteligência do § 1º.

### 3.4. Objeto Jurídico

Trata-se de crime pluriofensivo, vez que o Estado tutela o patrimônio e a liberdade individual da vítima.

### 3.5. Objeto Material

A pessoa que tem o patrimônio atingido, bem como a pessoa que tem a sua liberdade tolhida.

### 3.6. Elemento Subjetivo

É o ânimo de assenhorear-se definitivamente da vantagem a ser obtida como condição ou preço do resgate, devendo a referida vantagem, como se sabe, ser econômica e indevida. Será sempre doloso.

### 3.7. Consumação e Tentativa

Consuma-se o crime com a privação da liberdade, independentemente da obtenção da vantagem pretendida. Trata-se de crime plurissubsistente, razão pela qual admite-se a tentativa.

### 3.8. Ação Penal

É crime de ação penal pública incondicionada em todas as suas modalidades.

## 4. EXTORSÃO INDIRETA

> **Art. 160.** *Exigir ou receber, como garantia de dívida, abusando da situação de alguém, documento que pode dar causa a procedimento criminal contra a vítima ou contra terceiro:*
> **Pena** – *reclusão, de um a três anos, e multa.*

### 4.1. Introdução

Aqui o legislador se preocupou em cuidar da conduta do agente que indiretamente se vale da situação financeira aflitiva da vítima para alcançar seu objetivo. Registre-se que a referida situação não necessariamente deve ter sido criada pelo agente delituoso.

Nos núcleos do tipo penal estão os verbos exigir e receber, condutas relacionadas a documento público ou particular apto a iniciar um procedimento criminal.

Para o crime de "extorsão indireta", a pena é de reclusão, de um a três anos, e multa. Logo, podemos concluir que:

a) Não é possível a transação penal (art. 76, Lei n. 9.099/95), pois não se trata de infração penal de menor potencial ofensivo.

b) É possível a suspensão condicional do processo (art. 89, Lei n. 9.099/95), pois a pena mínima não ultrapassa um ano.

c) Não será cabível a substituição da pena por restritivas de direitos, pois no crime há grave ameaça (art. 44, CP).

Acerca da classificação, o crime de *extorsão indireta* é comum; de forma vinculada; formal (quanto à conduta *exigir*) e material (diante da conduta *receber*); pluriofensivo; instantâneo; doloso; comissivo; de dano; transeunte; unissubjetivo; plurissubsistente.

### 4.2. Sujeito Ativo

Qualquer pessoa, desde que seja o credor da dívida.

### 4.3. Sujeito Passivo

É o devedor de quem se exige ou se recebe documento que pode ensejar o procedimento criminal, bem como a terceira pessoa em relação à qual pode ser instaurado o inquérito.

### 4.4. Objeto Jurídico

O patrimônio e a liberdade individual da vítima. Trata-se, assim, de mais um crime pluriofensivo.

### 4.5. Objeto Material

É o documento público ou particular que pode ensejar a instauração do procedimento criminal contra vítima ou contra terceiro.

### 4.6. Elemento Subjetivo

Trata-se de crime doloso, especificamente a pretensão de garantia da dívida.

### 4.7. Consumação e Tentativa

Consuma-se o crime em análise tanto no momento da exigência, quanto no momento do recebimento do documento. Assim, se o recebimento é precedido da exigência, constituirá mero exaurimento, pois o crime já teria sido consumado quando da ocorrência da exigência.

### 4.8. Ação Penal

A ação penal é pública incondicionada.

Trata-se de crime de médio potencial ofensivo, sendo permitido, portanto, a suspensão condicional do processo, conforme art. 89 da Lei 9.099/95.

## 5. TÓPICO-SÍNTESE

| TÓPICO-SÍNTESE: Do Roubo e da Extorsão | |
|---|---|
| ROUBO | |
| Roubo (art. 157) | Subtrair coisa móvel alheia, para si ou para outrem, mediante grave ameaça ou violência a pessoa, ou depois de havê-la, por qualquer meio, reduzido à impossibilidade de resistência. |
| Penas | A pena prevista para o crime de roubo é de reclusão de 4 (quatro) a 10 (dez) anos, além da multa. |

| TÓPICO-SÍNTESE: Do Roubo e da Extorsão | |
|---|---|
| **Roubo Impróprio (§ 1º)** | Logo depois de subtraída a coisa, empregar violência contra pessoa ou grave ameaça, a fim de assegurar a impunidade do crime ou a detenção da coisa para si ou para terceiro. |
| **Roubo Agravado (§ 2º)** | **A pena aumenta-se de um terço até metade:**<br>• se há o concurso de duas ou mais pessoas;<br>•se a vítima está em serviço de transporte de valores e o agente conhece tal circunstância;<br>• se a subtração for de veículo automotor que venha a ser transportado para outro Estado ou para o exterior;<br>• se o agente mantém a vítima em seu poder, restringindo sua liberdade;<br>• se a subtração for de substâncias ou de acessórios que, conjunta ou isoladamente, possibilitem a sua fabricação, montagem ou emprego;<br>• se a violência ou grave ameaça é exercida com emprego de arma branca. |
| **Roubo Agravado (§ 2º – A)** | **A pena aumenta-se de dois terços:**<br>**• se a violência ou ameaça é exercida com emprego de arma de fogo;**<br>**• se há destruição ou rompimento de obstáculo mediante emprego de explosivo ou de artefato análogo que cause perigo comum.** |
| **(Roubo Agravado (§ 2º – B)** | Aplica-se a pena em dobro:<br>• Se a violência ou grave ameaça é exercida com emprego de arma de fogo de uso restrito ou proibido. |
| **Roubo Qualificado (§ 3º)** | • Se resulta lesão corporal grave, a pena é de reclusão de sete a dezoito anos e multa;<br>• Se resulta morte, a pena é de reclusão de vinte a trinta anos, além da multa. |
| **Classificação** | Comum; de forma livre; de dano; material (posição doutrinária tradicional); pluriofensivo; instantâneo; doloso; comissivo ou omissivo impróprio; não transeunte; unissubjetivo; plurissubsistente. |
| **Sujeito Ativo** | Qualquer pessoa. |
| **Sujeito Passivo** | Qualquer pessoa. |
| **Objeto jurídico** | Patrimônio, integridade física e liberdade individual. |
| **Objeto Material** | Coisa móvel subtraída e pessoa que sofreu a violência ou ameaça. |
| **Elemento Subjetivo** | Dolo, ânimo de apossamento definitivo da coisa. |
| **Consumação** | Consuma-se com a posse da coisa, ainda que não pacífica. |
| **Tentativa** | É possível. |
| **Ação Penal** | Pública Incondicionada. |

| TÓPICO-SÍNTESE: Do Roubo e da Extorsão | |
|---|---|
| **Súmulas aplicáveis** | 582 do STJ. Consuma-se o crime de roubo com a inversão da posse do bem mediante emprego de violência ou grave ameaça, ainda que por breve tempo e em seguida à perseguição imediata ao agente e recuperação da coisa roubada, sendo prescindível a posse mansa e pacífica ou desvigiada.<br>442 do STJ. É inadmissível aplicar, no furto qualificado, pelo concurso de agentes, a majorante do roubo.<br>443 do STJ. O aumento na terceira fase de aplicação da pena no crime de roubo circunstanciado exige fundamentação concreta, não sendo suficiente para a sua exasperação a mera indicação do número de majorantes.<br>603 do STF. A competência para o processo e julgamento de latrocínio é do juiz singular e não do tribunal do júri.<br>610 do STF. Há crime de latrocínio, quando o homicídio se consuma, ainda que não se realize o agente a subtração de bens da vítima. |
| **EXTORSÃO** | |
| Extorsão (art. 158) | Constranger alguém, mediante violência ou grave ameaça, e com o intuito de obter para si ou para outrem indevida vantagem econômica, a fazer, tolerar que se faça ou deixar fazer alguma coisa. |
| **Penas** | A pena prevista para o crime de extorsão é de reclusão de 4 (quatro) a 10 (dez) anos, além da multa. |
| **Aumento de Pena (§ 1º)** | **Aumenta-se de 1/3 até a metade:** Se é cometido por duas ou mais pessoas, ou com emprego de arma. |
| **Forma Qualificada (§ 2º)** | • se resulta em lesão grave.<br>• se resulta em morte. |
| **Forma Qualificada (§ 3º)** | • Se é cometido mediante a restrição da liberdade da vítima, e essa condição é necessária para a obtenção da vantagem econômica.<br>• Se resulta lesão corporal grave ou morte. |
| **Classificação** | Comum; de forma livre; formal; pluriofensivo; de dano; instantâneo; doloso; comissivo ou omissivo impróprio; transeunte; unissubjetivo; plurissubsistente. |
| **Sujeito Ativo** | Qualquer pessoa. |
| **Sujeito Passivo** | Qualquer pessoa. |
| **Objeto Jurídico** | Patrimônio, integridade física e liberdade individual. |
| **Objeto Material** | Pessoa contra quem é empregada a violência ou a ameaça. |
| **Elemento Subjetivo** | Dolo, apossamento definitivo da vantagem econômica indevida. |
| **Consumação** | Consuma-se quando o agente exige a vantagem econômica, mediante violência ou grave ameaça (Súmula 96 do STJ). |
| **Tentativa** | É possível. |
| **Ação Penal** | Pública Incondicionada. |
| **Súmula aplicável** | 96 do STJ: O crime de extorsão consuma-se independentemente da obtenção da vantagem indevida. |

| TÓPICO-SÍNTESE: Do Roubo e da Extorsão | |
|---|---|
| **EXTORSÃO MEDIANTE SEQUESTRO** | |
| **Extorsão Mediante Sequestro (art. 159)** | Sequestrar pessoa com o fim de obter, para si ou para outrem, qualquer vantagem, como condição ou preço do resgate. |
| **Pena** | A pena prevista para o crime de extorsão mediante sequestro é de reclusão de 8 (oito) a 15 (quinze) anos. |
| **Forma Qualificada (§ 1º)** | • se o sequestro dura mais de 24 horas;<br>• se o sequestrado é menor de 18 ou maior de 60 anos;<br>• se é cometido por bando ou quadrilha. |
| **Forma Qualificada (§§ 2º e 3º)** | • se do fato resulta lesão grave;<br>• se resulta morte. |
| **"Delação Premiada" (§ 4º)** | Se o crime é cometido em concurso, o concorrente que o denunciar à autoridade, facilitando a libertação do sequestrado, terá sua pena reduzida de um a dois terços. |
| **Classificação** | Comum; de forma livre; formal; pluriofensivo; permanente; de dano; doloso; comissivo ou omissivo (podendo ser praticado via omissão imprópria); transeunte; unissubjetivo; plurissubsistente. |
| **Sujeito Ativo** | Qualquer pessoa. |
| **Sujeito Passivo** | Qualquer pessoa. |
| **Objeto Jurídico** | Patrimônio e liberdade individual. |
| **Objeto Material** | Pessoa atingida pela conduta do agente. |
| **Elemento Subjetivo** | Dolo, apossamento definitivo da vantagem econômica indevida. |
| **Consumação** | Consuma-se com a privação da liberdade da vítima. |
| **Tentativa** | É admitida. |
| **Ação Penal** | Pública incondicionada. |
| **EXTORSÃO INDIRETA** | |
| **Extorsão Indireta (art. 160)** | Exigir ou receber, como garantia de dívida, abusando da situação de alguém, documento que pode dar causa a procedimento criminal contra a vítima ou contra terceiro. |
| **Penas** | Para o crime de "extorsão indireta", a pena é de reclusão, de um a três anos, e multa. |
| **Classificação** | Comum; de forma vinculada; formal (quanto à conduta *exigir*) e material (diante da conduta *receber*); pluriofensivo; instantâneo; doloso; comissivo; de dano; transeunte; unissubjetivo; plurissubsistente. |
| **Sujeito Ativo** | Qualquer pessoa. |
| **Sujeito Passivo** | Qualquer pessoa. |

| TÓPICO-SÍNTESE: Do Roubo e da Extorsão | |
|---|---|
| **Objeto Jurídico** | Patrimônio e liberdade individual. |
| **Objeto Material** | Documento público ou particular que pode ensejar a instauração do procedimento criminal. |
| **Elemento Subjetivo** | Dolo. |
| **Consumação** | Consuma-se tanto no momento da exigência, quanto no momento do recebimento do documento. |
| **Tentativa** | É admitida. |
| **Ação Penal** | Pública incondicionada. |

Capítulo

3

# DA USURPAÇÃO

***Leia a Lei:***

- *arts. 161 a 162 do CP.*

## 1. ALTERAÇÃO DE LIMITES, USURPAÇÃO DE ÁGUAS E ESBULHO POSSESSÓRIO

**Art. 161.** *Suprimir ou deslocar tapume, marco, ou qualquer outro sinal indicativo de linha divisória, para apropriar-se, no todo ou em parte, de coisa imóvel alheia:*

**Pena –** *detenção, de um a seis meses, e multa.*

**§ 1º** *Na mesma pena incorre quem:*

**Usurpação de águas**

**I –** *desvia ou represa, em proveito próprio ou de outrem, águas alheias;*

**Esbulho possessório**

**II –** *invade, com violência a pessoa ou grave ameaça, ou mediante concurso de mais de duas pessoas, terreno ou edifício alheio, para o fim de esbulho possessório.*

**§ 2º** *Se o agente usa de violência, incorre também na pena a esta cominada.*

**§ 3º** *Se a propriedade é particular, e não há emprego de violência, somente se procede mediante queixa.*

### 1.1. Introdução

O presente artigo traz uma pluralidade de crimes, quais sejam a alteração de limites, a usurpação de águas e o esbulho possessório.

A pena para o crime de "alteração de limites" é de detenção, de um a seis meses, e multa. Logo, podemos concluir que:

a) É possível a transação penal (art. 76, Lei n. 9.099/95), pois se trata de infração penal de menor potencial ofensivo.

b) É possível a suspensão condicional do processo (art. 89, Lei n. 9.099/95), pois a pena mínima não ultrapassa um ano.

Se houver o emprego da violência, ser-lhe-á aplicada também a pena correspondente (art. 161, § 2º, CP).

Acerca da classificação, o crime de *alteração de limites* é próprio; de forma vinculada; simples; formal; instantâneo; doloso; comissivo (podendo, excepcionalmente, ser cometido via omissão imprópria, desde que o agente goze do *status* de garantidor); de dano; não transeunte; unissubjetivo; plurissubsistente.

### 1.2. Sujeito Ativo

Somente o proprietário e o possuidor do imóvel limítrofe poderão figurar como sujeito ativo do presente delito.

### 1.3. Sujeito Passivo

É o proprietário ou possuidor do imóvel que teve as suas divisas alteradas.

### 1.4. Objeto Jurídico

É a inviolabilidade patrimonial imobiliária.

### 1.5. Objeto Material

É o imóvel cujas divisas foram alteradas.

### 1.6. Elemento Subjetivo

É a finalidade de se apropriar da coisa imóvel alheia. Trata-se de crime doloso.

### 1.7. Consumação e Tentativa

A consumação ocorre no momento em que ocorre a supressão ou deslocamento do tapume, marco ou sinal indicativo da linha divisória. Trata-se de crime plurissubsistente, admitindo, portanto, a tentativa.

### 1.8. Ação Penal

A ação penal é, geralmente, privada, desde que a propriedade seja particular e o crime tenha sido cometido sem violência. Todavia, será pública incondicionada nos casos de emprego de violência e quando a propriedade for pública.

## 2. SUPRESSÃO OU ALTERAÇÃO DE MARCAS EM ANIMAIS

> **Art. 162.** *Suprimir ou alterar, indevidamente, em gado ou rebanho alheio, marca ou sinal indicativo de propriedade:*
> **Pena –** *detenção, de seis meses a três anos, e multa.*

### 2.1. Introdução

O crime de *supressão ou alteração de marca e animais* é comum; de forma livre; material; instantâneo; doloso; comissivo (podendo ser praticado via omissão imprópria no caso do agente gozar do *status* de garantidor); não transeunte; unissubjetivo; plurissubsistente.

A pena para o crime de "supressão ou alteração de marcas em animais" é de detenção, de seis meses a três anos, e multa.

### 2.2. Sujeito Ativo

Qualquer pessoa, trata-se de crime comum.

### 2.3. Sujeito Passivo

O proprietário dos animais é o sujeito passivo deste crime.

### 2.4. Objeto Jurídico

É o patrimônio, consistente na propriedade dos animais (gado ou rebanho).

### 2.5. Objeto Material

É o gado ou rebanho.

### 2.6. Elemento Subjetivo

É o dolo. Não se admite a modalidade culposa.

### 2.7. Consumação e Tentativa

Ocorre quando efetuada a supressão ou alteração da marca ou sinal, independentemente de ter havido a real inversão na posse dos animais em questão.

**Admite-se a tentativa.**

### 2.8. Ação Penal

A ação penal é pública incondicionada.

Trata-se de crime de médio potencial ofensivo, sendo permitido, portanto, a suspensão condicional do processo, conforme art. 89 da Lei 9.099/95.

## 3. TÓPICO-SÍNTESE

| TÓPICO-SÍNTESE: Da Usurpação | |
|---|---|
| ALTERAÇÃO DE LIMITES, USURPAÇÃO DE ÁGUAS E ESBULHO POSSESSÓRIO | |
| Alteração de Limites (art. 161) | Suprimir ou deslocar tapume, marco, ou qualquer outro sinal indicativo de linha divisória, para apropriar-se, no todo ou em parte, de coisa imóvel alheia. |
| Penas | A pena para o crime de "alteração de limites" é de detenção, de um a seis meses, e multa. |
| Figuras Equiparadas (§ 1º, I e II) | • desviar ou represar, em proveito próprio ou de outrem, águas alheias;<br>• invadir, com violência a pessoa ou grave ameaça, ou mediante concurso de mais de duas pessoas, terreno ou edifício alheio, para o fim de esbulho possessório. |
| Classificação | Próprio; de forma vinculada; simples; formal; instantâneo; doloso; comissivo (podendo, excepcionalmente, ser cometido via omissão imprópria, desde que o agente goze do *status* de garantidor); de dano; não transeunte; unissubjetivo; plurissubsistente. |
| Sujeito Ativo | Somente o proprietário e o possuidor do imóvel limítrofe poderão figurar como sujeito ativo do presente delito. |
| Sujeito Passivo | Proprietário ou possuidor do imóvel que teve as suas divisas alteradas. |
| Objeto Jurídico | Patrimônio. |
| Objeto Material | Imóvel cujas divisas foram alteradas. |
| Elemento Subjetivo | Dolo. |
| Consumação | Consuma-se no momento em que ocorre a supressão ou deslocamento do tapume, marco ou sinal indicativo da linha divisória. |
| Tentativa | É admitida. |

| TÓPICO-SÍNTESE: Da Usurpação | |
|---|---|
| **Ação Penal** | Privada, se a propriedade for particular e o crime tenha sido cometido sem violência.<br>Pública incondicionada, nos casos de emprego de violência e propriedade pública. |
| **SUPRESSÃO OU ALTERAÇÃO DE MARCAS EM ANIMAIS** | |
| **Supressão ou alteração de marca em animais (art. 162)** | Suprimir ou alterar, indevidamente, em gado ou rebanho alheio, marca ou sinal indicativo de propriedade. |
| **Pena** | Detenção, de seis meses a três anos, e multa. |
| **Classificação** | Comum; de forma livre; material; instantâneo; doloso; comissivo (podendo ser praticado via omissão imprópria no caso do agente gozar do *status* de garantidor); não transeunte; unissubjetivo; plurissubsistente. |
| **Sujeito Ativo** | Qualquer pessoa. |
| **Sujeito Passivo** | Proprietário dos animais. |
| **Objeto Jurídico** | Patrimônio. |
| **Objeto Material** | Gado ou rebanho. |
| **Elemento Subjetivo** | Dolo. |
| **Consumação** | Consuma-se quando efetuada a supressão ou alteração da marca ou sinal. |
| **Tentativa** | É admitida. |
| **Ação Penal** | Pública Incondicionada. |

Capítulo

# 4

# DO DANO

**_Leia a Lei:_**

- *arts. 163 a 167 do CP.*

## 1. DANO

**Art. 163.** *Destruir, inutilizar ou deteriorar coisa alheia:*
**Pena** – *detenção, de um a seis meses, ou multa.*
**Dano qualificado**
**Parágrafo único.** *Se o crime é cometido:*
**I** – *com violência à pessoa ou grave ameaça;*
**II** – *com emprego de substância inflamável ou explosiva, se o fato não constitui crime mais grave;*
**III** – *contra o patrimônio da União, de Estado, do Distrito Federal, de Município ou de autarquia, fundação pública, empresa pública, sociedade de economia mista ou empresa concessionária de serviços públicos;*
**IV** – *por motivo egoístico ou com prejuízo considerável para a vítima:*
**Pena** – *detenção, de seis meses a três anos, e multa, além da pena correspondente à violência.*

### 1.1. Introdução

Trata-se de crime cujos núcleos são destruir, inutilizar ou deteriorar coisa alheia, conforme se depreende da leitura do *caput* do presente artigo.

A pena para o crime de "dano" é de detenção, de um a seis meses, ou multa. Logo, podemos concluir que:

a) É possível a transação penal (art. 76, Lei n. 9.099/95), pois não se trata de infração penal de menor potencial ofensivo. Nas modalidades qualificadas, a pena máxima chega a três anos e, nestes casos, não haverá que se falar em transação penal.

b) É possível a suspensão condicional do processo (art. 89, Lei n. 9.099/95), pois a pena mínima não ultrapassa um ano (nem mesmo nas modalidades qualificadas).

Ademais, o parágrafo único cuida de listar as modalidades qualificadas do crime, quando a pena abstrata estabelecida é de seis meses a três anos e multa, além da pena correspondente à violência, vez que o inciso I trata da hipótese de crime cometido com o emprego de violência à pessoa ou grave ameaça. Além da qualificadora descrita no inciso I, o artigo cuidou de qualificar a conduta quando for cometida com emprego de substância inflamável ou explosiva, se o fato não constitui crime mais grave (inciso II).

De mais a mais, registre-se que a Lei n. 13.531/2017 ampliou o rol dos sujeitos passivos previstos no inciso III do presente artigo, qualificando a conduta se o crime é cometido contra patrimônio público (aqui considerados os bens pertencentes à Administração Direta e às autarquias), se pertencente às fundações públicas, empresas públicas, sociedades de economia mista (Administração Indireta) ou, ainda, se pertencente à empresa concessionária de serviços públicos.

Por fim, também restará qualificado o crime de dano se for cometido por motivo egoístico ou com prejuízo considerável para a vítima.

Acerca da classificação, o crime de *dano* é comum; material; simples; comissivo (podendo ser praticado via omissão imprópria, considerando-se a posição de garantidor do agente); doloso; de forma livre; de dano; não transeunte; instantâneo; unissubjetivo; plurissubsistente.

### 1.2. Sujeito Ativo

Qualquer pessoa. Trata-se de crime comum.

### 1.3. Sujeito Passivo

Qualquer pessoa, desde que proprietário ou possuidor legítimo da coisa.

### 1.4. Objeto Jurídico

É o patrimônio.

### 1.5. Objeto Material

É a coisa alheia, imóvel ou móvel, sobre a qual recai a conduta criminosa. Não há crime de quando o dano recai sobre *res nullius* (coisa de ninguém).

### 1.6. Elemento Subjetivo

É o dolo. Não se pune a modalidade culposa.

No Brasil, o único crime de dano culposo é o dano ambiental, previsto na Lei de crimes ambientais (Lei n.º 9.605/98).

### 1.7. Consumação e Tentativa

Consuma-se o crime quando ocorre a efetiva destruição, deterioração ou inutilização da coisa, trata-se de crime material. Admite-se a modalidade tentada.

### 1.8. Ação Penal

A ação penal será de iniciativa privada, na hipótese de dano simples e dano qualificado por motivo egoístico ou com prejuízo considerável para a vítima. Nas demais hipóteses a ação penal será pública incondicionada.

## 2. INTRODUÇÃO OU ABANDONO DE ANIMAIS EM PROPRIEDADE ALHEIA

**Art. 164.** *Introduzir ou deixar animais em propriedade alheia, sem consentimento de quem de direito, desde que o fato resulte prejuízo:*
**Pena** – *detenção, de quinze dias a seis meses, ou multa.*

### 2.1. Introdução

O crime de *introdução ou abandono de animais em propriedade alheia* é comum; doloso; comissivo, na modalidade *introduzir* (podendo ser por omissão imprópria, caso o agente goze do *status* de garantidor) e omissivo próprio (na modalidade *deixar*); material; de forma livre; de dano; não transeunte; instantâneo (como regra, podendo ser compreendido como permanente quando o agente pratica a conduta de *deixar*); não transeunte; unissubjetivo; plurissubsistente.

A pena para o crime de "introdução ou abandono de animais em propriedade alheia" é detenção, de quinze dias a seis meses, ou multa. Logo, podemos concluir que:

a) É possível a transação penal (art. 76, Lei n. 9.099/95), pois se trata de infração penal de menor potencial ofensivo.

b) É possível a suspensão condicional do processo (art. 89, Lei n. 9.099/95), pois a pena mínima não ultrapassa um ano.

Devemos chamar a atenção para o fato de que a multa constitui, no tipo penal em apreço, uma pena alternativa à privação de liberdade, e não uma pena a ser aplicada de forma cumulativa.

Assevere-se que da conduta deve resultar relevante prejuízo patrimonial ao titular do imóvel, o qual deve ser analisado na situação concreta. Trata-se de elementar do tipo penal.

### 2.2. Sujeito Ativo

Qualquer pessoa, vez que se trata de crime comum.

### 2.3. Sujeito Passivo

É o proprietário do imóvel, bem como seu possuidor legítimo.

### 2.4. Objeto Jurídico

É o patrimônio, consistente na propriedade e posse do imóvel.

### 2.5. Objeto Material

É a propriedade alheia onde os animais são introduzidos ou deixados.

### 2.6. Elemento Subjetivo

É o dolo de introduzir ou abandonar os animais em propriedade alheia. Se o dolo for o de danificar a propriedade utilizando os referidos animais como instrumento, o crime será de dano.

Não se admite a modalidade culposa, na medida em que não há previsão legal neste sentido.

### 2.7. Consumação e Tentativa

O crime estará consumado quando ocorrer o prejuízo a que se refere o tipo penal. Trata-se, portanto, de crime material, que só restará consumado quando existente o resultado naturalístico.

Admite-se a tentativa.

### 2.8. Ação Penal

É crime de ação penal de iniciativa privada.

## 3. DANO EM COISA DE VALOR ARTÍSTICO, ARQUEOLÓGICO OU HISTÓRICO

**Art. 165. Revogado pela Lei nº 9.605/98.**

## 4. ALTERAÇÃO DE LOCAL ESPECIALMENTE PROTEGIDO

**Art. 166. Revogado pela Lei nº 9.605/98.**

## 5. AÇÃO PENAL

**Art. 167.** *Nos casos do art. 163, do inciso IV do seu parágrafo e do art. 164, somente se procede mediante queixa.*

## 6. TÓPICO-SÍNTESE

| TÓPICO-SÍNTESE: Do Dano | |
|---|---|
| DANO | |
| Dano (art. 163) | Destruir, inutilizar ou deteriorar coisa alheia. |
| Penas | A pena para o crime de "dano" é de detenção, de um a seis meses, ou multa. |
| Dano Qualificado (Parágrafo único) | Se o crime é cometido:<br>• com violência à pessoa ou grave ameaça;<br>• com emprego de substância inflamável ou explosiva, se o fato não constitui crime mais grave;<br>• contra o patrimônio da União, de Estado, do Distrito Federal, de Município ou de autarquia, fundação pública, empresa pública, sociedade de economia mista ou empresa concessionária de serviços públicos;<br>• por motivo egoístico ou com prejuízo considerável para a vítima. |
| Classificação | Comum; material; simples; comissivo (podendo ser praticado via omissão imprópria, considerando-se a posição de garantidor do agente); doloso; de forma livre; de dano; não transeunte; instantâneo; unissubjetivo; plurissubsistente. |
| Sujeito Ativo | Qualquer pessoa. |
| Sujeito Passivo | Qualquer pessoa. |
| Objeto Jurídico | Patrimônio. |

| TÓPICO-SÍNTESE: Do Dano | |
|---|---|
| **Objeto Material** | Coisa alheia, imóvel ou móvel. |
| **Elemento Subjetivo** | Dolo. |
| **Consumação** | Consuma-se quando ocorre a efetiva destruição, deterioração ou inutilização da coisa. |
| **Tentativa** | É admitida. |
| **Ação Penal** | Pública incondicionada.<br>Privada, nos casos de dano simples e dano qualificado por motivo egoístico ou com prejuízo considerável para a vítima. |
| **INTRODUÇÃO OU ABANDONO DE ANIMAIS EM PROPRIEDADE ALHEIA** | |
| **Introdução ou abandono de animais em propriedade alheia (art. 164)** | Introduzir ou deixar animais em propriedade alheia, sem consentimento de quem de direito, desde que o fato resulte prejuízo. |
| **Penas** | A pena para o crime de "introdução ou abandono de animais em propriedade alheia" é detenção, de quinze dias a seis meses, ou multa. |
| **Classificação** | Comum; doloso; comissivo, na modalidade *introduzir* (podendo ser por omissão imprópria, caso o agente goze do *status* de garantidor) e omissivo próprio (na modalidade *deixar*); material; de forma livre; de dano; não transeunte; instantâneo (como regra, podendo ser compreendido como permanente quando o agente pratica a conduta de *deixar*); não transeunte; unissubjetivo; plurissubsistente. |
| **Sujeito Ativo** | Qualquer pessoa. |
| **Sujeito Passivo** | Proprietário ou possuidor legítimo do imóvel. |
| **Objeto Jurídico** | Patrimônio. |
| **Objeto Material** | Propriedade alheia onde os animais são introduzidos ou deixados. |
| **Elemento Subjetivo** | Dolo. |
| **Consumação** | Consuma-se quando ocorrer o prejuízo a que se refere o tipo penal. |
| **Tentativa** | É admitida. |
| **Ação Penal** | Privada. |

Capítulo

# 5

# DA APROPRIAÇÃO INDÉBITA

***Leia a Lei:***

- *arts. 168 a 170 do CP.*

## 1. APROPRIAÇÃO INDÉBITA

**Art. 168.** *Apropriar-se de coisa alheia móvel, de que tem a posse ou a detenção:*

**Pena** – *reclusão, de um a quatro anos, e multa.*

**Aumento de pena**

**§ 1º** *A pena é aumentada de um terço, quando o agente recebeu a coisa:*

**I** – *em depósito necessário;*

**II** – *na qualidade de tutor, curador, síndico, liquidatário, inventariante, testamenteiro ou depositário judicial;*

**III** – *em razão de ofício, emprego ou profissão.*

### 1.1. Introdução

O ponto característico do crime de apropriação indébita é a quebra de confiança existente entre o criminoso e a vítima, vez que esta entrega voluntariamente o bem ao agente que, posteriormente, passa a se comportar como seu proprietário.

Percebam que inicialmente o sujeito até exerce de forma legítima a posse ou a detenção do bem, entretanto, posteriormente modifica o seu comportamento, passando a agir como se proprietário da coisa alheia fosse, apropriando-se da mesma, negando-se a restituí-la. Trata-se da "apropriação indébita própria" ou "propriamente dita".

Assinale-se que não há crime quando presente o direito de retenção do bem, consoante determinam alguns contratos de depósito e de mandato, regidos pelo Código Civil. De igual modo, também não restará caracterizado o crime de apropriação quando o sujeito possuir o direito de compensação, instituto igualmente civilista.

A pena prevista para o crime de apropriação indébita é de reclusão de um a quatro anos, além da multa. Logo, podemos concluir que:

a) Não é possível a transação penal (art. 76, Lei n. 9.099/95), pois não se trata de infração penal de menor potencial ofensivo;

b) É possível a suspensão condicional do processo (art. 89, Lei n. 9.099/95), pois a pena mínima não ultrapassa um ano. Havendo incidência de causa de aumento de pena, não será possível a suspensão, pois a pena mínima irá ultrapassar um ano.

c) Será cabível a substituição da pena por restritivas de direitos, pois no crime não há violência ou grave ameaça e a pena a ser imposta não ultrapassará quatro anos. Será necessário que se façam presentes os demais requisitos do art. 44, CP.

Ademais, o § 1º estabelece as causas de aumento de pena, quais sejam, quando o agente recebe a coisa em depósito necessário; na qualidade de tutor, curador, síndico (administrador judicial), liquidatário, inventariante, testamenteiro ou depositário judicial; e, por fim, quando recebe a coisa em razão de ofício, emprego ou profissão. Nos referidos casos a pena deverá ser aumentada de um terço.

Por fim, pela oportunidade, assinale-se que existem hipóteses especiais de apropriação indébita, conforme se depreende do art. 102 da Lei 10.741/2003, que institui a modalidade de apropriação cuja vítima é um idoso, bem como a Lei 7.492/86, que trata sobre a apropriação indébita cometida no âmbito do sistema financeiro nacional.

O crime de *apropriação indébita* é comum; comissivo e omissivo (podendo, inclusive, ser praticado por omissão imprópria); material; doloso; de forma livre; instantâneo (podendo ter efeitos permanentes, no caso da destruição da coisa); unissubjetivo; de dano; não transeunte; unissubsistente e plurissubsistente, conforme o caso concreto.

### 1.2. Sujeito Ativo

É a pessoa que tem a posse ou a detenção da coisa móvel.

### 1.3. Sujeito Passivo

É, geralmente, o proprietário que suporta o prejuízo causado pela conduta criminosa. Entretanto, nada obsta que seja o possuidor ou usufrutuário da coisa.

### 1.4. Objeto Jurídico

É o patrimônio, consistente na propriedade e posse legítima da coisa móvel.

### 1.5. Objeto Material

É a coisa alheia móvel sobre a qual recai a conduta criminosa.

### 1.6. Elemento Subjetivo

É o dolo específico de se apropriar da coisa móvel alheia (*animus rem sibi habendi*). Não se admite a modalidade culposa (RHC 22.914/BA, rel. Min. Jorge Mussi).

### 1.7. Consumação e Tentativa

O crime estará consumado a partir do momento em que o agente exteriorizar sua pretensão de exercer domínio (e não apenas posse ou detenção) sobre a coisa móvel.

**Admite-se a tentativa.**

### 1.8. Ação Penal

A ação penal é pública incondicionada.

Trata-se de crime de médio potencial ofensivo, compatível, portanto, com a suspensão condicional do processo – Lei 9.099/95.

## 2. APROPRIAÇÃO INDÉBITA PREVIDENCIÁRIA

**Art. 168-A.** *Deixar de repassar à previdência social as contribuições recolhidas dos contribuintes, no prazo e forma legal ou convencional:*

**Pena** – *reclusão, de 2 (dois) a 5 (cinco) anos, e multa.*

**§ 1º** *Nas mesmas penas incorre quem deixar de:*

**I** – *recolher, no prazo legal, contribuição ou outra importância destinada à previdência social que tenha sido descontada de pagamento efetuado a segurados, a terceiros ou arrecadada do público;*

**II** – *recolher contribuições devidas à previdência social que tenham integrado despesas contábeis ou custos relativos à venda de produtos ou à prestação de serviços;*

**III** – *pagar benefício devido a segurado, quando as respectivas cotas ou valores já tiverem sido reembolsados à empresa pela previdência social.*

**§ 2º** *É extinta a punibilidade se o agente, espontaneamente, declara, confessa e efetua o pagamento das contribuições, importâncias ou valores e presta as informações devidas à previdência social, na forma definida em lei ou regulamento, antes do início da ação fiscal.*

**§ 3º** *É facultado ao juiz deixar de aplicar a pena ou aplicar somente a de multa se o agente for primário e de bons antecedentes, desde que:*

**I** – *tenha promovido, após o início da ação fiscal e antes de oferecida a denúncia, o pagamento da contribuição social previdenciária, inclusive acessórios; ou*

**II** – *o valor das contribuições devidas, inclusive acessórios, seja igual ou inferior àquele estabelecido pela previdência social, administrativamente, como sendo o mínimo para o ajuizamento de suas execuções fiscais.*

**§ 4º** *A faculdade prevista no § 3º deste artigo não se aplica aos casos de parcelamento de contribuições cujo valor, inclusive dos acessórios, seja superior àquele estabelecido, administrativamente, como sendo o mínimo para o ajuizamento de suas execuções fiscais.*

### 2.1. Topografia do art. 168-A

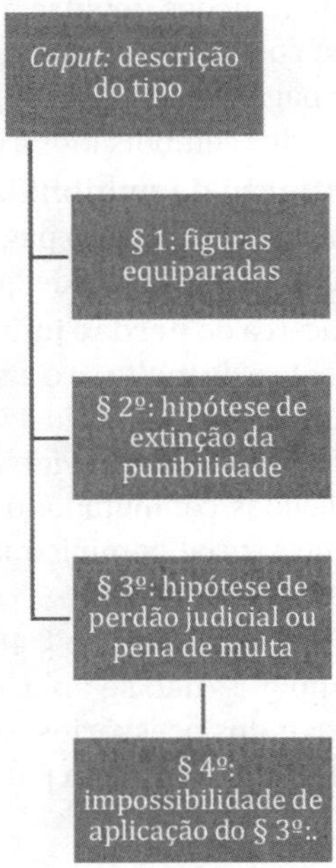

## 2.2. Introdução

Trata-se da conduta daquele que, não obstante o dever legal de executar, conforme disposição do art. 30 da Lei n. 8.212/90, deixa de repassar (recolher) aos cofres públicos as contribuições arrecadadas (recolhidas/descontadas) dos contribuintes. Assevere-se, pois, que deve haver a ação de arrecadas e a omissão de repassar à Previdência Social.

A pena prevista para o crime de apropriação indébita previdenciária é de reclusão de 2 (dois) a 5 (cinco) anos, além da multa. Logo, podemos concluir que:

a) Não é possível a transação penal (art. 76, Lei n. 9.099/95), pois não se trata de infração penal de menor potencial ofensivo;

b) Não é possível a suspensão condicional do processo (art. 89, Lei n. 9.099/95), pois a pena mínima ultrapassa um ano. Havendo incidência de causa de aumento de pena, não será possível a suspensão, pois a pena mínima irá ultrapassar um ano.

c) Poderá ser cabível a substituição da pena por restritivas de direitos, pois no crime não há violência ou grave ameaça, se a pena a ser imposta não ultrapassar quatro anos. Será necessário que se façam presentes os demais requisitos do art. 44, CP.

O § 1º traz as **figuras equiparadas** à conduta descrita no *caput,* a saber, deixar de recolher contribuição ou outra importância destinada à previdência social que tenha sido descontada de pagamento efetuado a segurados, a terceiros ou arrecadada do público; deixar de recolher contribuições devidas à previdência social que tenham integrado despesas contábeis ou custos relativos à venda de produtos ou à prestação de serviços; e, por fim, deixar de pagar benefício devido a segurado, quando as respectivas cotas ou valores já tiverem sido reembolsados à empresa pela previdência social.

O § 2º traz a hipótese de **extinção da punibilidade,** quando o agente delituoso, espontaneamente, declarar, confessar e efetuar o pagamento das contribuições, prestando as informações devidas à Previdência, desde que antes do início da ação fiscal.

Noutro passo, o § 3º dispõe acerca do **perdão judicial**, quando o juiz poderá deixar de aplicar a pena ou aplicar somente a de multa se o agente for primário e de bons antecedentes, desde que tenha promovido, após o início da ação fiscal e antes de oferecida a denúncia, o pagamento da contribuição social previdenciária, inclusive acessórios ou no caso do valor das contribuições devidas, computados os acessórios, seja igual ou inferior àquele estabelecido pela previdência social, administrativamente, como sendo o mínimo para o ajuizamento de suas execuções fiscais.

➢ Por fim, a Lei nº 13.606/2018 inseriu o § 4º no presente artigo, que determina que a faculdade prevista no § 3º não se aplica aos casos de parcelamento de contribuições cujo valor, inclusive dos acessórios, seja superior àquele estabelecido, administrativamente, como sendo o mínimo para o ajuizamento de suas execuções fiscais.

Assim sendo, em caso de parcelamento de contribuições previdenciárias cujo valo seja superior ao estabelecido administrativamente como sendo o mínimo para ajuizamento de suas execuções fiscais, será vedado ao juiz deixar de aplicar a pena ou aplicar somente a de multa, mesmo se o agente for primário e de bons antecedentes.

No âmbito federal, se a dívida for de até 20 mil reais, não haverá o ajuizamento da execução fiscal, conforme se depreende das Portarias MF 75 e 130/2012, do Ministério da Fazenda, que preveem o não ajuizamento de execuções fiscais de débitos com a Fazenda Nacional, cujo valor consolidado seja igual ou inferior ao referido montante. Assim sendo, acima do aludido valor, em âmbito federal, não é facultado ao juiz deixar de aplicar a pena ou aplicar somente a de multa.

***ATENÇÃO***

*Perceba que não basta declarar/confessar, deve ser procedido o pagamento, cujo valor deve ser a soma do montante* ***principal + acessórios*** *(aqui considerados juros e multa).*

Ademais, cumpre-nos tecer algumas considerações acerca da Lei 9.430/96, notadamente o seu artigo 83, o qual, dentre outras considerações, estabelece que a representação fiscal deve ser encaminhada para o Ministério Público após decisão final da esfera administrativa. Ainda, o mesmo artigo esclarece a possibilidade de parcelamento da dívida, quando a representação, para fins penais, só poderá ser encaminhada ao Ministério Público após a exclusão da pessoa jurídica ou física do referido parcelamento. Isso se dá em razão de que enquanto durar o parcelamento restará suspensa a pretensão punitiva do Estado, assim como a sua prescrição, desde que o parcelamento tenha sido formalizado antes do recebimento da denúncia criminal. Por fim, assevere-se que restará extinta a punibilidade uma vez que haja o pagamento integral do valor devido (parcelado).

***POSIÇÃO DO STJ***

***Princípio da Insignificância:*** *O STJ aceita a aplicação do sobredito princípio quando o valor do débito não for superior a RS 10.000,00 (dez mil reais), vez que se não há interesse para execução fiscal (art. 20 da Lei n. 10.522/2002), tampouco haverá para ajuizamento de ação penal. (AgRg no AREsp 1087027 / PE, rel. min. Reynaldo Soares da Fonseca)*

***POSIÇÃO DO STF***

***Súmula Vinculante 24:*** *"Não se tipifica crime material contra a ordem tributária, previsto no art. 1º, incisos I a IV, da Lei nº 8.137/90, antes do lançamento definitivo do tributo".*

O crime de *apropriação indébita previdenciária* é próprio; de mera conduta;; doloso; de forma vinculada; instantâneo; de dano; transeunte; unissubjetivo; unissubsistente.

### 2.3. Sujeito Ativo

É o substituto tributário, isto é, aquele que possui o dever jurídico de recolher as contribuições sociais e repassá-las à Previdência Social.

### 2.4. Sujeito Passivo

É a União, que por meio da Receita Federal do Brasil arrecada e fiscaliza a referida contribuição.

### 2.5. Objeto Jurídico

A seguridade social é o bem jurídico tutelado neste tipo penal.

### 2.6. Objeto Material

É a contribuição previdenciária arrecadada e não recolhida.

### 2.7. Elemento Subjetivo

A despeito das controvérsias doutrinárias, a jurisprudência vem dispensando o dolo específico (*animus rem sibi habendi*) como exigência para a caracterização do delito (STF, **HC 113418**-PB, Rel. Min. Luiz Fux). No mesmo sentido, o STJ (**EREsp 1.296.631-RN**, Rel. Min. Laurita Vaz, julgado em 11/9/2013).

Não se admite a modalidade culposa.

### 2.8. Consumação e Tentativa

Consuma-se o crime no momento da omissão referida no tipo penal ("deixar de repassar"). Consoante entendimento majoritário em doutrina, trata-se de crime omissivo próprio e, por esta razão, não admite fracionamento da ação e, por conseguinte, não admite a tentativa.

### 2.9. Ação Penal

A ação penal é pública incondicionada.

## 3. APROPRIAÇÃO DE COISA HAVIDA POR ERRO, CASO FORTUITO OU FORÇA DA NATUREZA

**Art. 169.** *Apropriar-se alguém de coisa alheia vinda ao seu poder por erro, caso fortuito ou força da natureza:*

**Pena** – *detenção, de um mês a um ano, ou multa.*

**Parágrafo único.** *Na mesma pena incorre:*

*Apropriação de tesouro*

**I** – *quem acha tesouro em prédio alheio e se apropria, no todo ou em parte, da quota a que tem direito o proprietário do prédio;*

**Apropriação de coisa achada**

**II** – *quem acha coisa alheia perdida e dela se apropria, total ou parcialmente, deixando de restituí-la ao dono ou legítimo possuidor ou de entregá-la à autoridade competente, dentro no prazo de quinze dias.*

**Art. 170.** *Nos crimes previstos neste Capítulo, aplica-se o disposto no art. 155, § 2º.*

### 3.1. Introdução

Trata-se de uma forma privilegiada de apropriação indébita, quando o sujeito se apropria de coisa alheia vinda ao seu poder por erro, caso fortuito ou força da natureza.

Assinale-se que o tipo também trata da apropriação de tesouro, bem como da apropriação de coisa alheia achada e não devolvida no prazo de quinze dias.

A pena prevista para os crimes do art. 169, CP é de detenção, de um mês a um ano, ou multa. Logo, podemos concluir que:

a) É possível a transação penal (art. 76, Lei n. 9.099/95), pois se trata de infração penal de menor potencial ofensivo;

b) É possível a suspensão condicional do processo (art. 89, Lei n. 9.099/95), pois a pena mínima não ultrapassa um ano.

c) Será cabível a substituição da pena por restritivas de direitos, pois no crime não há violência ou grave ameaça e a pena a ser imposta não ultrapassará quatro anos. Será necessário que se façam presentes os demais requisitos do art. 44, CP.

O crime de *apropriação de coisa havida por erro, caso fortuito ou força da natureza* é comum; comissivo (podendo ser considerado omissivo impróprio, como ocorre com a apropriação de coisa achada); de dano; material; doloso; de forma livre; instantâneo (podendo ter efeitos permanentes, caso ocorra a destruição da coisa); não transeunte; unissubjetivo; unissubsistente ou plurissubsistente, conforme o caso concreto.

### 3.2. Sujeito Ativo

Qualquer pessoa.

### 3.3. Sujeito Passivo

É o proprietário ou possuidor da coisa perdida ou do prédio em que o tesouro é encontrado.

### 3.4. Objeto Jurídico

É o patrimônio, consistente na propriedade e posse das coisas.

### 3.5. Objeto Material

É a coisa vinda ao agente por erro, caso fortuito ou força da natureza.

### 3.6. Elemento Subjetivo

É o dolo de assenhora-se de coisa alheia. Não se admite a modalidade culposa.

### 3.7. Consumação e Tentativa

A consumação se dá com a efetiva apropriação da coisa, devendo ser observado o prazo de quinze dias, no caso da apropriação da coisa achada.

Admite-se a tentativa.

### 3.8. Ação Penal

A ação penal é pública incondicionada.

Trata-se de infração de menor potencial ofensivo, sendo compatível, portanto, com a transação penal e como o rito sumaríssimo, nos moldes da Lei 9.099/95.

## 4. TÓPICO-SÍNTESE

| TÓPICO-SÍNTESE: Do Apropriação Indébita | |
|---|---|
| **APROPRIAÇÃO INDÉBITA** | |
| **Apropriação Indébita (art. 168)** | Apropriar-se de coisa alheia móvel, de que tem a posse ou a detenção. |
| **Penas** | A pena prevista para o crime de apropriação indébita é de reclusão de um a quatro anos, além da multa. |
| **Aumento de pena (§ 1º)** | **De 1/3**, quando o agente recebeu a coisa:<br>• em depósito necessário;<br>• na qualidade de tutor, curador, síndico, liquidatário, inventariante, testamenteiro ou depositário judicial;<br>• em razão de ofício, emprego ou profissão. |
| **Classificação** | Comum; comissivo e omissivo (podendo, inclusive, ser praticado por omissão imprópria); material; doloso; de forma livre; instantâneo (podendo ter efeitos permanentes, no caso da destruição da coisa); unissubjetivo; de dano; não transeunte; unissubsistente e plurissubsistente, conforme o caso concreto. |
| **Sujeito Ativo** | Pessoa que tem a posse ou a detenção da coisa móvel. |
| **Sujeito Passivo** | Qualquer pessoa. |
| **Objeto Jurídico** | Patrimônio. |
| **Objeto Material** | Coisa alheia móvel. |
| **Elemento Subjetivo** | Dolo específico de se apropriar da coisa móvel alheia. |
| **Consumação** | Consuma-se no momento em que o agente exteriorizar sua pretensão de exercer domínio sobre a coisa móvel. |
| **Tentativa** | É admitida. |
| **Ação Penal** | Pública Incondicionada. |
| **APROPRIAÇÃO INDÉBITA PREVIDENCIÁRIA** | |
| **Apropriação indébita previdenciária (art. 168-A)** | Deixar de repassar à previdência social as contribuições recolhidas dos contribuintes, no prazo e forma legal ou convencional. |
| **Penas** | A pena prevista para o crime de apropriação indébita previdenciária é de reclusão de 2 (dois) a 5 (cinco) anos, além da multa. |
| **Figuras Equiparadas (§ 1º)** | • recolher, no prazo legal, contribuição ou outra importância destinada à previdência social que tenha sido descontada de pagamento efetuado a segurados, a terceiros ou arrecadada do público;<br>• recolher contribuições devidas à previdência social que tenham integrado despesas contábeis ou custos relativos à venda de produtos ou à prestação de serviços;<br>• pagar benefício devido a segurado, quando as respectivas cotas ou valores já tiverem sido reembolsados à empresa pela previdência social. |
| **Extinção de Punibilidade (§ 2º)** | Se o agente, espontaneamente, declara, confessa e efetua o pagamento das contribuições, importâncias ou valores e presta as informações devidas à previdência social, na forma definida em lei ou regulamento, antes do início da ação fiscal. |

| | |
|---|---|
| **Perdão Judicial ou Aplicação de Pena de Multa (§ 3º)** | No caso de agente primário e de bons antecedentes, é facultado ao juiz deixar de aplicar a pena ou aplicar somente a de multa, desde que:<br>• tenha promovido, após o início da ação fiscal e antes de oferecida a denúncia, o pagamento da contribuição social previdenciária, inclusive acessórios; ou<br>• o valor das contribuições devidas, inclusive acessórios, seja igual ou inferior àquele estabelecido pela previdência social, administrativamente, como sendo o mínimo para o ajuizamento de suas execuções fiscais. |
| **Impossibilidade de concessão do perdão judicial ou da aplicação apenas da pena de multa (§ 4º)** | A concessão do perdão judicial ou a determinação apenas da multa em detrimento da pena privativa de liberdade, não se aplica aos casos de parcelamento de contribuições cujo valor, inclusive dos acessórios, seja superior àquele estabelecido, administrativamente, como sendo o mínimo para o ajuizamento de suas execuções fiscais. |
| **Classificação** | Próprio; de mera conduta;; doloso; de forma vinculada; instantâneo; de dano; transeunte; unissubjetivo; unissubsistente. |
| **Sujeito Ativo** | Substituto tributário. |
| **Sujeito Passivo** | União. |
| **Objeto Jurídico** | Seguridade Social. |
| **Objeto Material** | Contribuição previdenciária arrecadada e não recolhida. |
| **Elemento Subjetivo** | Dolo. |
| **Consumação** | Consuma-se no momento que o agente deixa de repassar a contribuição previdenciária. |
| **Tentativa** | Não é admitida. |
| **Ação Penal** | Pública Incondicionada. |
| **Súmulas aplicáveis** | Súmula Vinculante 24: *"Não se tipifica crime material contra a ordem tributária, previsto no art. 1º, incisos I a IV, da Lei nº 8.137/90, antes do lançamento definitivo do tributo."* |
| **APROPRIAÇÃO DE COISA HAVIDA POR ERRO, CASO FORTUITO OU FORÇA DA NATUREZA** | |
| **Apropriação de coisa havida por erro, caso fortuito ou força da natureza (art. 169)** | Apropriação de coisa havida por erro, caso fortuito ou força da natureza. |
| **Penas** | A pena prevista para os crimes do art. 169, CP é de detenção, de um mês a um ano, ou multa. |
| **Figuras Equiparadas (parágrafo único)** | • achar tesouro em prédio alheio e se apropriar, no todo ou em parte, da quota a que tem direito o proprietário do prédio;<br>• achar coisa alheia perdida e dela se apropriar, total ou parcialmente, deixando de restitui-la ao dono ou legítimo possuidor ou de entregá-la à autoridade competente, dentro no prazo de quinze dias. |

| | |
|---|---|
| **Classificação** | Comum; comissivo (podendo ser considerado omissivo impróprio, como ocorre com a apropriação de coisa achada); de dano; material; doloso; de forma livre; instantâneo (podendo ter efeitos permanentes, caso ocorra a destruição da coisa); não transeunte; unissubjetivo; unissubsistente ou plurissubsistente, conforme o caso concreto. |
| **Sujeito Ativo** | Qualquer pessoa. |
| **Sujeito Passivo** | Proprietário ou possuidor da coisa perdida ou do prédio em que o tesouro é encontrado. |
| **Objeto Jurídico** | Patrimônio. |
| **Objeto Material** | Coisa vinda ao agente por erro, caso fortuito ou força da natureza. |
| **Elemento Subjetivo** | Dolo de assenhora-se de coisa alheia. |
| **Consumação** | Consuma-se com a efetiva apropriação da coisa, e após o prazo de quinze dias, no caso da apropriação da coisa achada. |
| **Tentativa** | É admitida. |
| **Ação Penal** | Pública Incondicionada. |

Capítulo

# 6

# DO ESTELIONATO E OUTRAS FRAUDES

*Leia a Lei:*

- *arts. 171 a 179 do CP.*

## 1. ESTELIONATO

**Art. 171.** *Obter, para si ou para outrem, vantagem ilícita, em prejuízo alheio, induzindo ou mantendo alguém em erro, mediante artifício, ardil, ou qualquer outro meio fraudulento:*

**Pena** – *reclusão, de um a cinco anos, e multa, de quinhentos mil réis a dez contos de réis.*

**§ 1º** *Se o criminoso é primário, e é de pequeno valor o prejuízo, o juiz pode aplicar a pena conforme o disposto no art. 155, § 2º.*

**§ 2º** *Nas mesmas penas incorre quem:*

**Disposição de coisa alheia como própria**

**I** – *vende, permuta, dá em pagamento, em locação ou em garantia coisa alheia como própria;*

**Alienação ou oneração fraudulenta de coisa própria**

**II** – *vende, permuta, dá em pagamento ou em garantia coisa própria inalienável, gravada de ônus ou litigiosa, ou imóvel que prometeu vender a terceiro, mediante pagamento em prestações, silenciando sobre qualquer dessas circunstâncias;*

**Defraudação de penhor**

**III** – *defrauda, mediante alienação não consentida pelo credor ou por outro modo, a garantia pignoratícia, quando tem a posse do objeto empenhado;*

**Fraude na entrega de coisa**

**IV** – *defrauda substância, qualidade ou quantidade de coisa que deve entregar a alguém;*

**Fraude para recebimento de indenização ou valor de seguro**

**V** – *destrói, total ou parcialmente, ou oculta coisa própria, ou lesa o próprio corpo ou a saúde, ou agrava as consequências da lesão ou doença, com o intuito de haver indenização ou valor de seguro;*

**Fraude no pagamento por meio de cheque**

**VI** – *emite cheque, sem suficiente provisão de fundos em poder do sacado, ou lhe frustra o pagamento.*

**§ 2º-A. A pena é de reclusão, de 4 (quatro) a 8 (oito) anos, e multa, se a fraude é cometida com a utilização de informações fornecidas pela vítima ou por terceiro induzido a erro por meio de redes sociais, contatos telefônicos ou envio de correio eletrônico fraudulento, ou por qualquer outro meio fraudulento análogo. (Incluído pela Lei nº 14.155, de 2021)**

**§ 2º-B. A pena prevista no § 2º-A deste artigo, considerada a relevância do resultado gravoso, aumenta-se de 1/3 (um terço) a 2/3 (dois terços), se o crime é praticado mediante a utilização de servidor mantido fora do território nacional. (Incluído pela Lei nº 14.155, de 2021)**

*§ 3º A pena aumenta-se de um terço, se o crime é cometido em detrimento de entidade de direito público ou de instituto de economia popular, assistência social ou beneficência.*

**Estelionato contra idoso ou vulnerável (Redação dada pela Lei nº 14.155, de 2021)**

**§ 4º A pena aumenta-se de 1/3 (um terço) ao dobro, se o crime é cometido contra idoso ou vulnerável, considerada a relevância do resultado gravoso. (Redação dada pela Lei nº 14.155, de 2021)**

*§ 5º Somente se procede mediante representação, salvo se a vítima for:*

*I - a Administração Pública, direta ou indireta;*

*II - criança ou adolescente;*

*III - pessoa com deficiência mental; ou*

*IV - maior de 70 (setenta) anos de idade ou incapaz.*

## 1.1. Topografia do art. 171

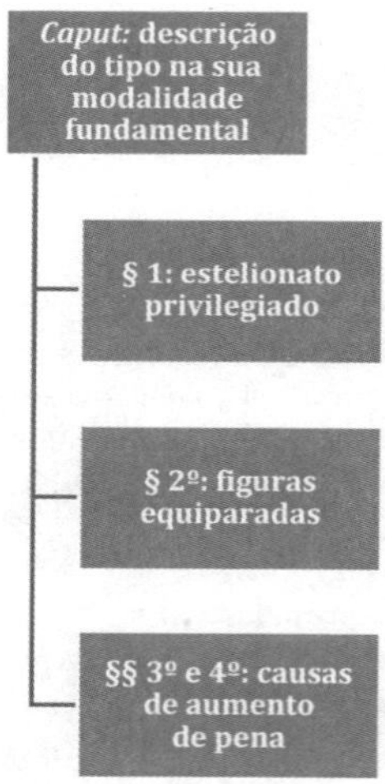


## 1.2. Introdução

Preliminarmente, assevere-se que o crime de estelionato é, em essência, uma fraude. O agente se vale do engano para espoliar o patrimônio de outrem, não fazendo uso da clandestinidade, da violência física ou da ameaça.

Ainda na esfera daquilo que é essencial no crime de estelionato, assinale-se que a prática exige um dolo específico da obtenção da vantagem para si ou para outrem.

Dito isso, faz-se oportuno considerar a **diferença precípua entre estelionato e apropriação indébita.** É que no primeiro, desde o início, o dolo do agente é o de auferir a vantagem, ao passo que na apropriação, incialmente a posse ou detenção é legítima, passando o agente a apropriar-se indevidamente posteriormente.

Na esteira da diferenciação, cumpre-nos pontuar a **diferença entre estelionato e furto mediante fraude.** Enquanto no estelionato a fraude é utilizada para que a vítima entregue a coisa ao agente, no furto mediante fraude ela é empregada com o objetivo de reduzir a vigilância da vítima sobre a coisa, a fim de facilitar a sua subtração.

Ademais, também é oportuno mencionar a **diferença entre estelionato e extorsão.** No estelionato a vítima entrega a coisa voluntariamente, ao passo que na extorsão o comportamento da vítima deriva de conduta violenta ou grave ameaça do agente delituoso.

Ainda na seara das diferenciações que nos parecem oportunas, vale considerar a **diferença entre o crime de falso e o de estelionato**, matéria, inclusive, sumulada pelo STJ. Diz a **Súmula 17 do STJ** que "Quando o falso se exaure no estelionato, sem mais potencialidade lesiva, é por este absorvido". É dizer, são crimes distintos, com bens jurídicos distintos, mas quando o falso é utilizado como crime meio para a obtenção do estelionato (crime-fim), deve por este ser absorvido, trata-se do princípio da consunção.

Por fim, no que tange às diferenciações, registre-se a **distinção entre estelionato e curandeirismo**, pois a depender do caso concreto a situação pode caracterizar um crime ou outro. No curandeirismo, o agente acredita ser capaz de resolver os problemas da vítima, trata-se de crime contra a saúde pública. De outro modo, no estelionato, o agente tem consciência de que seus meios são fraudulentos, aproveitando-se da vulnerabilidade da vítima para obter vantagem indevida.

Em suma no que tange às diferenciações oportunas:

| Estelionato | Apropriação Indébita |
|---|---|
| Dolo de auferir a vantagem desde o início. | Posse/detenção incialmente lícita, sendo o dolo de apropriar-se da coisa alheia conduta posterior. |
| **Estelionato** | **Furto mediante fraude** |
| Fraude utilizada para que a vítima entregue a coisa ao agente. | Fraude utilizada para diminuir a vigilância da vítima sobre a coisa que se pretende furtar. |
| **Estelionato** | **Extorsão** |
| Entrega voluntária da coisa pela vítima. | A vítima age em razão de violência grave ou ameaça empregada pelo agente. |
| **Estelionato** | **Curandeirismo** |
| O agente tem consciência de que seus meios são fraudulentos, aproveitando-se da vulnerabilidade da vítima para obter vantagem indevida. | O agente acredita ser capaz de resolver os problemas da vítima, trata-se de crime contra a saúde pública. |
| **Estelionato** | **Falso** |
| Tutela o patrimônio. | Tutela a fé pública. |
| ***Súmula 17 do STJ: "Quando o crime de falso se exaure no estelionato, sem mais potencialidade lesiva, é por este absorvido".*** | |

***ATENÇÃO***

*"A "**cola eletrônica**", antes do advento da Lei n. 12.550/2011, era uma conduta atípica, não configurando o crime de estelionato. Fraudar concurso público ou vestibular através de cola eletrônica não se enquadra na conduta do art. 171 do CP (crime de estelionato), pois não há como definir se esta conduta seria apta a significar algum prejuízo de ordem patrimonial, nem reconhecer quem teria suportado o revés. Assim, caso ocorresse uma aprovação mediante a fraude, os únicos prejudicados seriam os demais candidatos ao cargo, já que a remuneração é devida pelo efetivo exercício da função, ou seja, trata-se de uma contraprestação pela mão de obra empregada, não se podendo falar em prejuízo patrimonial para a administração pública ou para a organizadora do certame. Ademais, não é permitido o emprego da analogia para ampliar o âmbito de incidência da norma incriminadora; pois, conforme o princípio da legalidade estrita, previsto no art. 5º, XXXIX, da CF e art. 1º do CP, a tutela penal se limita apenas*

*àquelas condutas previamente definidas em lei. Por fim, ressalta-se que a Lei n. 12.550/2011 acrescentou ao CP uma nova figura típica com o fim de punir quem utiliza ou divulga informação sigilosa para lograr aprovação em concurso público. Precedentes citados do STF: Inq 1.145-PB, DJe 4/4/2008; do STJ: HC 39.592-PI, DJe 14/12/2009, e RHC 22.898-RS, DJe 4/8/2008.* ***HC 245.039-CE****, Rel. Min. Marco Aurélio Bellizze" (Informativo 0506 – STJ).*

A pena prevista para o crime de estelionato é de reclusão, de 1 (um) a 5 (cinco) anos, e multa. Logo, podemos concluir que:

a) Não é possível a transação penal (art. 76, Lei n. 9.099/95), pois não se trata de infração penal de menor potencial ofensivo;

b) É possível a suspensão condicional do processo (art. 89, Lei n. 9.099/95), pois a pena mínima não ultrapassa um ano.

O § 1º traz a hipótese do **estelionato privilegiado**, vez que determina que se o criminoso é primário, e é de pequeno valor o prejuízo, o juiz pode aplicar a pena do furto qualificado, substituindo a pena de reclusão pela de detenção, ou diminuindo-a de um a dois terços, ou, ainda, aplicar somente a pena de multa.

Já o § 2º traz as **figuras equiparadas** ao crime de estelionato, vejamos cada uma delas:

a) **Disposição de coisa alheia como própria:** aqui o agente dispõe de coisa alheia, móvel ou imóvel, como se dele fosse. São sujeitos passivos o adquirente de boa-fé, assim como o proprietário do bem. Consuma-se com o recebimento do preço.

b) **Alienação ou oneração fraudulenta de coisa própria:** aqui o agente dispõe de coisa própria sabidamente inalienável, já prometida ou gravada de ônus ou litigiosa, omitindo as referidas circunstâncias. Sujeito passivo a pessoa que suporta a lesão patrimonial.

c) **Defraudação de penhor:** trata-se da conduta de defraudar, mediante alienação não consentida pelo credor ou por outro modo, a garantia pignoratícia, quando tem a posse do objeto empenhado. É sujeito ativo o devedor do contrato de penhor e sujeito passivo o credor pignoratício.

d) **Fraude na entrega de coisa:** incorre nesta conduta que defrauda substância, qualidade ou quantidade de coisa que deve entregar a alguém. O sujeito ativo é aquele que está obrigado a entregar a coisa, ao passo que o sujeito passivo é aquele que tem o direito de receber a coisa.

e) **Fraude para recebimento de indenização ou valor de seguro:** comete o presente crime quem destrói, total ou parcialmente, ou oculta coisa própria, ou lesa o próprio corpo ou a saúde, ou agrava as consequências da lesão ou doença, com o intuito de haver indenização ou valor de seguro. O sujeito ativo é o segurado, ao passo que o sujeito passivo é o segurador. A consumação ocorre com a prática da conduta, independentemente do recebimento da vantagem.

f) **Fraude no pagamento por meio de cheque:** trata-se da conduta de emitir cheque, sem suficiente provisão de fundos em poder do sacado, ou lhe frustra o pagamento.

Registre-se que conforme preceitua o art. 32, *caput*, da Lei 7.357/85 – Lei do Cheque, o cheque se constitui em ordem de pagamento à vista, pelo que aquele que aceita receber cheque para ser descontado posteriormente, está recebendo uma promessa de pagamento, desvirtuando, assim, a proteção dada pelo Direito Penal.

> ***POSIÇÃO DO STJ***
>
> *A jurisprudência do STJ tem orientado que não se amolda à figura do estelionato a conduta de emissão de cheque dada como garantia. (RHC 18.475/MG, rel. Min. Arnaldo Esteves Lima).*

> ***POSIÇÃO DO STF***
>
> ***Súmula 554:*** *"O pagamento de cheque emitido sem provisão de fundos, após o recebimento da denúncia, não obsta ao prosseguimento da ação penal".*
>
> ***Súmula 521:*** *"O pagamento de cheque emitido sem provisão de fundos, após o recebimento da denúncia, não obsta ao prosseguimento da ação penal".*

> ***POSIÇÃO DO STJ***
>
> ***Súmula 244:*** *"Compete ao foro do local da recusa processar e julgar o crime de estelionato mediante cheque sem provisão de fundos".*
>
> ***Súmula 48:*** *"Compete ao juízo do local da obtenção da vantagem ilícita processar e julgar crime de estelionato cometido mediante falsificação de cheque".*

O § 2º-A, incluído pela Lei n. 14.155 de 27 de maio de 2021, determina que a pena é de reclusão, de 4 (quatro) a 8 (oito) anos, e multa, se a fraude é cometida com a utilização de informações fornecidas pela vítima ou por terceiro induzido a erro por meio de redes sociais, contatos telefônicos ou envio de correio eletrônico fraudulento, ou por qualquer outro meio fraudulento análogo.

O § 2º-B, igualmente incluído pela Lei n. 14.155/2021, a pena prevista no mencionado § 2º-A, considerada a relevância do resultado gravoso, aumenta-se de 1/3 (um terço) a 2/3 (dois terços), se o crime é praticado mediante a utilização de servidor mantido fora do território nacional.

O parágrafo 3º traz hipótese de aumento de pena, quando ela deverá ser majorada de um terço, se o crime é cometido em detrimento de entidade de direito público ou de instituto de economia popular, assistência social ou beneficência. Ademais, é imperioso destacar o conteúdo da **Súmula 599 do STJ**, que determina ser inadmissível a aplicação do princípio da insignificância aos crimes contra a Administração Pública.

Por fim, a Lei n. 14.155/2021 alterou o § 4º, que prevê um aumento de pena de 1/3 (um terço) ao dobro, se o crime é cometido contra idoso ou vulnerável, considerada a relevância do resultado gravoso, sendo este último, o vulnerável, inserido pela referida Lei.

O crime de *estelionato* é comum; material; doloso; de forma livre; instantâneo (regra) ou instantâneo de efeitos permanentes (exceção); de dano; não transeunte; unissubjetivo; plurissubsistente.

### 1.3. Sujeito Ativo

Como regra, qualquer pessoa pode ser sujeito ativo do crime de estelionato, trata-se, portanto, de crime comum.

### 1.4. Sujeito Passivo

Qualquer pessoa física ou jurídica, seja quem é enganado pela fraude, seja quem suporta o prejuízo patrimonial.

Registre-se que a conduta deve ser direcionada a **pessoa certa e determinada**, pelo que a conduta de, por exemplo, adulterar bomba de combustível, configura crime contra a economia popular (art. 2º, XI, da Lei 1.521/1951), apenas caracterizando o estelionato se alguém efetivamente vier a ser lesado.

Ademais, conforme o parágrafo 3º, a pena deve ser majorada de um terço, se o crime for cometido em detrimento de entidade de direito público ou de instituto de economia popular, assistência social ou beneficência. Ademais, é imperioso destacar o conteúdo da **Súmula 599 do STJ**, que determina ser inadmissível a aplicação do princípio da insignificância aos crimes contra a Administração Pública.

Por fim, a Lei n. 14.155/2021 alterou o § 4º, que prevê um aumento de pena de 1/3 (um terço) ao dobro, se o crime for cometido contra idoso ou vulnerável, considerada a relevância do resultado gravoso, este último, o vulnerável, acrescentado pela referida Lei.

### 1.5. Objeto Jurídico

O bem jurídico tutelado pelo tipo penal em apreço é o patrimônio.

### 1.6. Objeto Material

É a pessoa ludibriada pelo agente, bem como a vantagem obtida indevidamente.

### 1.7. Elemento Subjetivo

É o dolo, presente na vontade de obter a vantagem sabidamente indevida. Não se admite a modalidade culposa.

### 1.8. Consumação e Tentativa

A consumação deste crime ocorre no momento em que a vítima sofre a perda patrimonial, haja vista o locupletamento indevido do estelionatário. Trata-se de crime plurissubsistente, admitindo-se, portanto, a tentativa.

### 1.9. Ação Penal

De acordo com o § 5º do presente artigo, inserido pela novel Lei n. 13.964/2019, a ação penal somente se procede mediante representação, salvo se a vítima for: a Administração Pública, direta ou indireta, criança ou adolescente, pessoa com deficiência mental, ou, por fim, maior de 70 (setenta) anos de idade ou incapaz.

**_POSIÇÃO DO STF_**

***Súmula 246:*** *"Comprovado não ter havido fraude, não se configura o crime de emissão de cheque sem fundos".*

**_POSIÇÃO DO STJ_**

***Súmula 24:*** *"Aplica-se ao crime de estelionato, em que figure como vítima entidade autárquica da previdência social, a qualificadora do § 3º, do Art. 171 do Código Penal".*

***Súmula 73:*** *"A utilização de papel moeda grosseiramente falsificado configura, em tese, o crime de estelionato, da competência da Justiça Estadual".*

***Súmula 107:*** *"Compete à Justiça Comum Estadual processar e julgar crime de estelionato praticado mediante falsificação das guias de recolhimento das contribuições previdenciárias, quando não ocorrente lesão à autarquia federal".*

## 2. DUPLICATA SIMULADA

**Art. 172.** *Emitir fatura, duplicata ou nota de venda que não corresponda à mercadoria vendida, em quantidade ou qualidade, ou ao serviço prestado.*

**Pena –** *detenção, de 2 (dois) a 4 (quatro) anos, e multa.*

**Parágrafo único.** *Nas mesmas penas incorrerá aquele que falsificar ou adulterar a escrituração do Livro de Registro de Duplicatas.*

### 2.1. Introdução

Trata-se da conduta de colocar em circulação fatura, duplicata ou nota de venda, sem a devida correspondência com a mercadoria vendida, em quantidade ou qualidade, ou com o serviço prestado. Não basta o simples preenchimento da duplicata, sendo necessária que ela siga assinada.

A pena prevista para o crime de duplicata simulada é de detenção, de 2 (dois) a 4 (quatro) anos, e multa. Logo, podemos concluir que:

a) Não é possível a transação penal (art. 76, Lei n. 9.099/95), pois não se trata de infração penal de menor potencial ofensivo;

b) Não é possível a suspensão condicional do processo (art. 89, Lei n. 9.099/95), pois a pena mínima ultrapassa um ano.

c) Será cabível a substituição da pena por restritivas de direitos, pois no crime não há violência ou grave ameaça e a pena a ser imposta não ultrapassará quatro anos. Será necessário que se façam presentes os demais requisitos do art. 44, CP.

O crime de *duplicata simulada* é próprio; formal; doloso; de dano; de forma livre; instantâneo; não transeunte; unissubjetivo; unissubsistente.

### 2.2. Sujeito Ativo

Trata-se de crime próprio, pois somente pode ser praticado pelo comerciante que coloca em circulação a fatura, duplicata ou nota de venda, sem a devida correspondência com a mercadoria vendida, em quantidade ou qualidade, ou com o serviço prestado.

### 2.3. Sujeito Passivo

É o recebedor, aquele que aceita a duplicata como caução, bem como o sacado de boa-fé, que corre o risco de ser protestado.

### 2.4. Objeto Jurídico

É o patrimônio.

### 2.5. Objeto Material

É a fatura, duplicata ou nota de venda, sem a devida correspondência com a mercadoria vendida, em quantidade ou qualidade, ou com o serviço prestado.

### 2.6. Elemento Subjetivo

É o dolo. Não se admite a modalidade culposa.

### 2.7. Consumação e Tentativa

Consuma-se com a colocação em circulação da fatura, duplicata ou nota de venda, sem a devida correspondência com a mercadoria vendida, em quantidade ou qualidade, ou com o serviço prestado.

- **A tentativa não é admitida.**

### 2.8. Ação Penal

A ação penal é pública incondicionada.

## 3. ABUSO DE INCAPAZES

> **Art. 173.** *Abusar, em proveito próprio ou alheio, de necessidade, paixão ou inexperiência de menor, ou da alienação ou debilidade mental de outrem, induzindo qualquer deles à prática de ato suscetível de produzir efeito jurídico, em prejuízo próprio ou de terceiro:*
> **Pena** – *reclusão, de dois a seis anos, e multa.*

### 3.1. Introdução

No núcleo do tipo estão as condutas de abusar, no sentido de aproveitar-se, e induzir, cujo sentido é o de fazer nascer a ideia na mente de outrem.

A pena prevista para o crime de abuso de incapazes é de reclusão, de dois a seis anos, e multa. Logo, podemos concluir que:

a) Não é possível a transação penal (art. 76, Lei n. 9.099/95), pois não se trata de infração penal de menor potencial ofensivo;

b) Não é possível a suspensão condicional do processo (art. 89, Lei n. 9.099/95), pois a pena mínima ultrapassa um ano.

O crime de *abuso de incapazes* é comum; formal; doloso; comissivo (podendo ser praticado via omissão imprópria caso o agente goze do *status* de garantidor); de forma livre; instantâneo (podendo ser considerado de efeitos permanentes, caso o dano sofrido seja irreversível); de dano; não transeunte; unissubjetivo; unissubsistente e plurissubsistente, conforme o caso.

### 3.2. Sujeito Ativo

Qualquer pessoa. Trata-se, pois, de crime comum.

### 3.3. Sujeito Passivo

É o menor ou o portador de alienação ou debilidade mental.

### 3.4. Objeto Jurídico

É o patrimônio.

### 3.5. Objeto Material

É a própria pessoa que foi ludibriada.

### 3.6. Elemento Subjetivo

É o dolo. Não se admite a modalidade culposa.

### 3.7. Consumação e Tentativa

Quando houver o induzimento da vítima à prática do ato. Não se exige a concretização efetiva do prejuízo da vítima para a consumação do crime. Trata-se de crime formal, portanto, dispensa a produção do resultado naturalístico.

Admite-se a tentativa.

### 3.8. Ação Penal

A ação penal é pública incondicionada.

## 4. INDUZIMENTO À ESPECULAÇÃO

**Art. 174.** *Abusar, em proveito próprio ou alheio, da inexperiência ou da simplicidade ou inferioridade mental de outrem, induzindo-o à prática de jogo ou aposta, ou à especulação com títulos ou mercadorias, sabendo ou devendo saber que a operação é ruinosa:*
**Pena** – *reclusão, de um a três anos, e multa.*

### 4.1. Introdução

No núcleo do tipo estão as condutas de abusar, no sentido de aproveitar-se, e induzir, cujo sentido é o de fazer nascer a ideia na mente de outrem.

Acrescente-se que a lei descreve as formas de execução da conduta, trata-se, conforme a doutrina, de crime de forma vinculada.

A pena prevista para o crime de "induzimento à especulação" é de reclusão, de um a três anos, e multa. Logo, podemos concluir que:

a) Não é possível a transação penal (art. 76, Lei n. 9.099/95), pois não se trata de infração penal de menor potencial ofensivo;

b) É possível a suspensão condicional do processo (art. 89, Lei n. 9.099/95), pois a pena mínima ultrapassa um ano.

O crime de *induzimento à especulação* é comum; comissivo; formal; doloso; simples; de forma vinculada; instantâneo; de dano; transeunte; unissubjetivo; plurissubsistente.

### 4.2. Sujeito Ativo

Qualquer pessoa. Trata-se, pois, de crime comum.

### 4.3. Sujeito Passivo

É a pessoa inexperiente, simples ou com inferioridade mental.

### 4.4. Objeto Jurídico

O patrimônio é o bem jurídico tutelado.

### 4.5. Objeto Material

É a própria pessoa ludibriada.

### 4.6. Elemento Subjetivo

É o dolo. Não se admite a modalidade culposa.

### 4.7. Consumação e Tentativa

Consuma-se o crime com o induzimento da vítima, independentemente de uma real obtenção da vantagem.

Admite-se a tentativa.

### 4.8. Ação Penal

A ação penal será pública incondicionada.

Constitui-se crime de médio potencial ofensivo, compatível, portanto, com a suspensão condicional do processo, desde que presentes os requisitos da Lei 9.099/95.

## 5. FRAUDE NO COMÉRCIO

**Art. 175.** *Enganar, no exercício de atividade comercial, o adquirente ou consumidor:*
**I** – *vendendo, como verdadeira ou perfeita, mercadoria falsificada ou deteriorada;*
**II** – *entregando uma mercadoria por outra:*
**Pena** – *detenção, de seis meses a dois anos, ou multa.*
**§ 1º** *Alterar em obra que lhe é encomendada a qualidade ou o peso de metal ou substituir, no mesmo caso, pedra verdadeira por falsa ou por outra de menor valor; vender pedra falsa por verdadeira; vender, como precioso, metal de ou outra qualidade:*
**Pena** – *reclusão, de um a cinco anos, e multa.*
**§ 2º** *É aplicável o disposto no art. 155, § 2º.*

### 5.1. Introdução

No núcleo do tipo está a conduta de enganar, que significa induzir alguém a erro. O agente engana vendendo, como verdadeira ou perfeita, mercadoria falsa ou deteriorada ou entregando uma mercadoria por outra.

A pena prevista para o crime de "fraude no comércio" é de detenção, de seis meses a dois anos, ou multa. Logo, podemos concluir que:

a) É possível a transação penal (art. 76, Lei n. 9.099/95), pois se trata de infração penal de menor potencial ofensivo. Em se tratando da modalidade qualificada (pena de reclusão, de um a cinco anos, e multa), já não será possível.

b) É possível a suspensão condicional do processo (art. 89, Lei n. 9.099/95), até mesmo na modalidade qualificada, pois a pena mínima ultrapassa um ano.

O § 1º dispõe sobre a **forma qualificada** do presente crime, quando a pena será de reclusão, de um a cinco anos, e multa. A referida conduta é reservada aos joalheiros, nas figuras "alterar" e "substituir", e ao comerciante de joias, no que tange à ação de "vender".

Ademais, o artigo também prevê a **figura privilegiada**, quando os benefícios da substituição da pena de reclusão pela de detenção, da diminuição de um a dois terços da pena, ou a aplicação somente da pena de multa podem ser aplicados, desde que o agente delituoso seja primário e a mercadoria seja de pequeno valor.

O crime de *fraude no comércio* é próprio; material; simples; comissivo (podendo ser praticado via omissão imprópria, no caso do agente ser garantidor); de dano; doloso; de forma livre; instantâneo; não transeunte; unissubjetivo; plurissubsistente.

### 5.2. Sujeito Ativo

É o comerciante, no exercício de sua atividade. Trata-se de crime próprio.

### 5.3. Sujeito Passivo

É o adquirente ou o consumidor, devendo se pessoa certa e determinada.

### 5.4. Objeto Jurídico

É patrimônio.

### 5.5. Objeto Material

É a mercadoria ou obra falsificada, alterada ou danificada.

### 5.6. Elemento Subjetivo

É o dolo. Não se admite a modalidade culposa.

### 5.7. Consumação e Tentativa

Consuma-se o crime com o prejuízo da vítima, trata-se de crime material.

Admite-se a tentativa.

### 5.8. Ação Penal

A ação penal é pública incondicionada.

Configura infração de menor potencial ofensivo (exceto no que tange à figura qualificada consignada no § 2º), de competência, portanto, dos Juizados Especiais Criminais – Lei n. 9.099/95.

## 6. OUTRAS FRAUDES

> **Art. 176.** *Tomar refeição em restaurante, alojar-se em hotel ou utilizar-se de meio de transporte sem dispor de recursos para efetuar o pagamento:*
>
> **Pena –** *detenção, de quinze dias a dois meses, ou multa.*
>
> **Parágrafo único.** *Somente se procede mediante representação, e o juiz pode, conforme as circunstâncias, deixar de aplicar a pena.*

### 6.1. Introdução

Trata-se de figuras privilegiadas de estelionato, assim tratadas pelo legislador em razão do menos desvalor da conduta.

A pena prevista para o crime de "outras fraudes" é de detenção, detenção, de quinze dias a dois meses, ou multa. Logo, podemos concluir que:

a) É possível a transação penal (art. 76, Lei n. 9.099/95), pois se trata de infração penal de menor potencial ofensivo.

b) É possível a suspensão condicional do processo (art. 89, Lei n. 9.099/95).

O crime de *outras fraudes* é comum; material; simples; doloso; de dano; comissivo (podendo ser praticado via omissão imprópria caso o agente seja garantidor); de forma livre; instantâneo; transeunte; unissubjetivo; plurissubsistente.

### 6.2. Sujeito Ativo

Pode ser qualquer pessoa, trata-se, portanto, de crime comum.

### 6.3. Sujeito Passivo

É a pessoa física ou jurídica prestadora do serviço de alimentação, hospedagem ou transporte.

### 6.4. Objeto Jurídico

É patrimônio.

### 6.5. Objeto Material

É a pessoa física ou jurídica prestadora do serviço de alimentação, hospedagem ou transporte e não recebe o pagamento devido.

### 6.6. Elemento Subjetivo

É o dolo. Não se admite a modalidade culposa.

### 6.7. Consumação e Tentativa

Consuma-se o crime no momento em que o agente realiza uma das condutas previstas no tipo, sendo imprescindível, por elementar, que ele não disponha de recursos para efetuar o pagamento dos serviços usufruídos.

Admite-se a tentativa.

### 6.8. Ação Penal

A ação penal é pública condicionada à representação do ofendido.

Configura infração de menor potencial ofensivo, de competência, portanto, dos Juizados Especiais Criminais – Lei n. 9.099/95.

## 7. FRAUDES E ABUSOS NA FUNDAÇÃO OU ADMINISTRAÇÃO DE SOCIEDADE POR AÇÕES

**Art. 177.** *Promover a fundação de sociedade por ações, fazendo, em prospecto ou em comunicação ao público ou à assembleia, afirmação falsa sobre a constituição da sociedade, ou ocultando fraudulentamente fato a ela relativo:*

**Pena** – *reclusão, de um a quatro anos, e multa, se o fato não constitui crime contra a economia popular.*

**§ 1º** *Incorrem na mesma pena, se o fato não constitui crime contra a economia popular:*

**I** – *o diretor, o gerente ou o fiscal de sociedade por ações, que, em prospecto, relatório, parecer, balanço ou comunicação ao público ou à assembleia, faz afirmação falsa sobre as condições econômicas da sociedade, ou oculta fraudulentamente, no todo ou em parte, fato a elas relativo;*

**II** – *o diretor, o gerente ou o fiscal que promove, por qualquer artifício, falsa cotação das ações ou de outros títulos da sociedade;*

**III** – *o diretor ou o gerente que toma empréstimo à sociedade ou usa, em proveito próprio ou de terceiro, dos bens ou haveres sociais, sem prévia autorização da assembleia geral;*

**IV** – *o diretor ou o gerente que compra ou vende, por conta da sociedade, ações por ela emitidas, salvo quando a lei o permite;*

**V** – *o diretor ou o gerente que, como garantia de crédito social, aceita em penhor ou em caução ações da própria sociedade;*

**VI** – *o diretor ou o gerente que, na falta de balanço, em desacordo com este, ou mediante balanço falso, distribui lucros ou dividendos fictícios;*

**VII** – *o diretor, o gerente ou o fiscal que, por interposta pessoa, ou conluiado com acionista, consegue a aprovação de conta ou parecer;*

**VIII** – *o liquidante, nos casos dos ns. I, II, III, IV, V e VII;*

**IX** – *o representante da sociedade anônima estrangeira, autorizada a funcionar no País, que pratica os atos mencionados nos ns. I e II, ou dá falsa informação ao Governo.*

**§ 2º** *Incorre na pena de detenção, de seis meses a dois anos, e multa, o acionista que, a fim de obter vantagem para si ou para outrem, negocia o voto nas deliberações de assembleia geral.*

### 7.1. Introdução

O crime de *fraude e abusos na fundação ou administração de sociedade por ações* é próprio; formal; doloso; comissivo (em regra); simples; de forma livre; instantâneo; de dano; transeunte; unissubjetivo; plurissubsistente.

Cumpre assinalar que o delito tipificado no *caput* deste artigo somente pode ocorrer no momento da formação da sociedade anônima ou da sociedade em comandita por ações, vez que são elas espécies de sociedades por ações.

A pena prevista para o crime é de detenção, reclusão, de um a quatro anos, e multa. Logo, podemos concluir que:

a) Não é possível a transação penal (art. 76, Lei n. 9.099/95), pois não se trata de infração penal de menor potencial ofensivo. Na modalidade privilegiada, prevista no 2º, a pena máxima não ultrapassa dois anos, razão pela qual se faz possível ao agente beneficiar-se da transação penal, desde que estejam presentes os demais requisitos contidos no art. 76 da Lei n. 9.099/95.

b) É possível a suspensão condicional do processo (art. 89, Lei n. 9.099/95) pois a pena mínima ultrapassa um ano.

### 7.2. Sujeito Ativo

Pode ser qualquer pessoa. Trata-se, pois, de crime próprio.

### 7.3. Sujeito Passivo

Qualquer pessoa que subscreva ou adquira o capital da sociedade por ações.

### 7.4. Objeto Jurídico

É patrimônio.

### 7.5. Objeto Material

É o prospecto ou a comunicação ao público ou à assembleia, cujo conteúdo é falso no que tange à constituição da sociedade, ou a ocultação fraudulenta de fato a ela relativa.

### 7.6. Elemento Subjetivo

É dolo, não havendo previsão para a modalidade culposa.

### 7.7. Consumação e Tentativa

Consuma-se no momento em que o sujeito faz a afirmação falsa ou pratica a ocultação referida no artigo. Trata-se de crime formal, de consumação antecipada.

Admite-se a tentativa.

### 7.8. Ação Penal

A ação penal é pública incondicionada.

Trata-se de crime de médio potencial ofensivo, compatível, portanto, com a suspensão condicional do processo, uma vez estejam presentes os requisitos do art. 89 da Lei 9.099/95.

## 8. EMISSÃO IRREGULAR DE CONHECIMENTO DE DEPÓSITO OU "WARRANT"

**Art. 178.** *Emitir conhecimento de depósito ou warrant, em desacordo com disposição legal:*
**Pena** – *reclusão, de um a quatro anos, e multa.*

### 8.1. Introdução

Tem-se como *conhecimento de depósito* o título de crédito que representa as mercadorias depositadas no armazém-geral, servindo como prova de sua guarda e conservação e conferindo ao seu portador o poder de disponibilidade no tocante às mercadorias. Já *warrant* é o título de crédito emitido em conjunto com o conhecimento de depósito, tendo como objetivo eventuais operações de crédito cuja garantia seja o penhor sobre as mercadorias depositadas no armazém-geral.

A pena prevista para o crime é de reclusão de um a quatro anos, além da multa. Logo, podemos concluir que:

a) Não é possível a transação penal (art. 76, Lei n. 9.099/95), pois não se trata de infração penal de menor potencial ofensivo;

b) É possível a suspensão condicional do processo (art. 89, Lei n. 9.099/95), pois a pena mínima não ultrapassa um ano.

c) Será cabível a substituição da pena por restritivas de direitos, pois no crime não há violência ou grave ameaça e a pena a ser imposta não ultrapassará quatro anos. Será necessário que se façam presentes os demais requisitos do art. 44, CP.

O crime de *emissão irregular de conhecimento de depósito ou "warrant"* é próprio; formal; doloso; comissivo (podendo ser praticado via omissão imprópria no caso de o agente ser garantidor); de forma livre; instantâneo; de dano; não transeunte; unissubjetivo; unissubsistente.

### 8.2. Sujeito Ativo

Trata-se e crime próprio, apenas podendo ser cometido por quem tem legitimidade para emitir o referido título de crédito.

### 8.3. Sujeito Passivo

É o portador ou endossatário do referido título de crédito.

### 8.4. Objeto Jurídico

É patrimônio.

### 8.5. Objeto Material

É o conhecimento de depósito ou *warrant.*

### 8.6. Elemento Subjetivo

É dolo, não havendo previsão para a modalidade culposa.

### 8.7. Consumação e Tentativa

Consuma-se com a emissão do conhecimento de depósito ou *warrant.* Trata-se de crime formal, de consumação antecipada.

A tentativa não é admitida.

### 8.8. Ação Penal

A ação penal é pública incondicionada.

Trata-se de crime de médio potencial ofensivo, compatível, portanto, com a suspensão condicional do processo, uma vez estejam presentes os requisitos do art. 89 da Lei 9.099/95.

## 9. FRAUDE À EXECUÇÃO

**Art. 179.** *Fraudar execução, alienando, desviando, destruindo ou danificando bens, ou simulando dívidas:*

**Pena –** *detenção, de seis meses a dois anos, ou multa.*

*Parágrafo* **único.** *Somente se procede mediante queixa.*

### 9.1. Introdução

A fraude à execução ocorre quando o devedor aliena, desvia, destrói ou danifica o bem, ou simula dívidas, a fim de esvaziar seu patrimônio em prejuízo do credor. Assinale-se que a caracterização do presente crime pressupõe o ajuizamento de um processo de execução, que já deve estar em trâmite, tendo o executado já sido citado acerca da ação.

Ademais, de acordo com o entendimento do STJ, é imprescindível que a manobra fraudulenta torne o devedor insolvente.

A pena prevista para o crime é de detenção, de seis meses a dois anos, ou multa. Logo, podemos concluir que:

a) É possível a transação penal (art. 76, Lei n. 9.099/95), pois se trata de infração penal de menor potencial ofensivo;

b) É possível a suspensão condicional do processo (art. 89, Lei n. 9.099/95), pois a pena mínima não ultrapassa um ano.

c) Será cabível a substituição da pena por restritivas de direitos, pois no crime não há violência ou grave ameaça e a pena a ser imposta não ultrapassará quatro anos. Será necessário que se façam presentes os demais requisitos do art. 44, CP.

O crime de *fraude à execução* é próprio; simples; comissivo (podendo ser omissivo por omissão, considerando que o agente goze do status de garantidor); material; doloso; de forma livre; instantâneo; de dano; não transeunte; unissubjetivo; plurissubsistente.

### 9.2. Sujeito Ativo

Trata-se de crime próprio, pois só pode ser cometido pelo devedor executado.

### 9.3. Sujeito Passivo

É o exequente, o credor.

### 9.4. Objeto Jurídico

É patrimônio.

### 9.5. Objeto Material

É o bem alienado, desviado, destruído ou danificado, com a finalidade de fraudar a execução, bem como a própria execução.

> ***POSIÇÃO DO STJ***
>
> ***Súmula 375:*** *"O reconhecimento da fraude à execução depende do registro a penhora do bem alienado ou da prova de má-fé do terceiro adquirente".*

### 9.6. Elemento Subjetivo

É dolo, não havendo previsão para a modalidade culposa.

### 9.7. Consumação e Tentativa

Consuma-se o crime quando o executado, com o dolo de frustrar o êxito da execução em curso, aliena, desvia, destrói ou danifica bens, ou simula dívidas, tronando-se insolvente.

Admite-se a tentativa.

### 9.8. Ação Penal

A ação penal é, em regra, privada. Todavia, será pública incondicionada na hipótese de delito praticado em detrimento de patrimônio ou interesse público.

Trata-se de crime de menor potencial ofensivo, de competência, portanto, do Juizado Especial Criminal.

## 10. TÓPICO-SÍNTESE

| TÓPICO-SÍNTESE: Do Estelionato e outras fraudes | |
|---|---|
| **ESTELIONATO** | |
| **Estelionato (art. 171)** | Obter, para si ou para outrem, vantagem ilícita, em prejuízo alheio, induzindo ou mantendo alguém em erro, mediante artifício, ardil, ou qualquer outro meio fraudulento. |
| **Penas** | A pena prevista para o crime de estelionato é de reclusão, de 1 (um) a 5 (cinco) anos, e multa. |
| **Estelionato Privilegiado (§ 1º)** | Se o criminoso é primário, e é de pequeno valor o prejuízo. |
| **Figuras Equiparadas (§ 2º)** | • vende, permuta, dá em pagamento, em locação ou em garantia coisa alheia como própria;<br>• vende, permuta, dá em pagamento ou em garantia coisa própria inalienável, gravada de ônus ou litigiosa, ou imóvel que prometeu vender a terceiro, mediante pagamento em prestações, silenciando sobre qualquer dessas circunstâncias;<br>• defrauda, mediante alienação não consentida pelo credor ou por outro modo, a garantia pignoratícia, quando tem a posse do objeto empenhado;<br>• defrauda substância, qualidade ou quantidade de coisa que deve entregar a alguém;<br>• destrói, total ou parcialmente, ou oculta coisa própria, ou lesa o próprio corpo ou a saúde, ou agrava as consequências da lesão ou doença, com o intuito de haver indenização ou valor de seguro;<br>• emite cheque, sem suficiente provisão de fundos em poder do sacado, ou lhe frustra o pagamento. |
| **§ 2º-A** | A pena é de reclusão, de 4 (quatro) a 8 (oito) anos, e multa, se a fraude é cometida com a utilização de informações fornecidas pela vítima ou por terceiro induzido a erro por meio de redes sociais, contatos telefônicos ou envio de correio eletrônico fraudulento, ou por qualquer outro meio fraudulento análogo. |
| **§ 2º-B** | A pena prevista no mencionado § 2º-A, considerada a relevância do resultado gravoso, aumenta-se de 1/3 (um terço) a 2/3 (dois terços), se o crime é praticado mediante a utilização de servidor mantido fora do território nacional. |
| **Causas de Aumento de Pena (§§ 3º e 4º)** | **De 1/3:**<br>• se o crime é cometido em detrimento de entidade de direito público ou de instituto de economia popular, assistência social ou beneficência.<br>**De 1/3 ao dobro:**<br>• se o crime for cometido contra idoso ou vulnerável. |

| TÓPICO-SÍNTESE: Do Estelionato e outras fraudes | |
|---|---|
| **Classificação** | Comum; material; doloso; de forma livre; instantâneo (regra) ou instantâneo de efeitos permanentes (exceção); de dano; não transeunte; unissubjetivo; plurissubsistente. |
| **Sujeito Ativo** | Qualquer pessoa. |
| **Sujeito Passivo** | Qualquer pessoa física ou jurídica. |
| **Objeto Jurídico** | Patrimônio. |
| **Objeto Material** | Pessoa ludibriada pelo agente, bem como a vantagem indevida. |
| **Elemento Subjetivo** | Dolo. |
| **Consumação** | Consuma-se no momento em que a vítima sofre a perda patrimonial. |
| **Tentativa** | É admitida. |
| **Ação Penal** | Somente se procede mediante representação, salvo se a vítima for: a Administração Pública, direta ou indireta, criança ou adolescente, pessoa com deficiência mental, ou, por fim, maior de 70 (setenta) anos de idade ou incapaz. |
| **Súmulas aplicáveis** | **17 do STJ: "Quando o crime de falso se exaure no estelionato, sem mais potencialidade lesiva, é por este absorvido".**<br>**521 do STJ: "O pagamento de cheque emitido sem provisão de fundos, após o recebimento da denúncia, não obsta ao prosseguimento da ação penal"**<br>**244 do STJ: "Compete ao foro do local da recusa processar e julgar o crime de estelionato mediante cheque sem provisão de fundos".**<br>**48 do STJ: "Compete ao juízo do local da obtenção da vantagem ilícita processar e julgar crime de estelionato cometido mediante falsificação de cheque".**<br>**24 do STJ: "Aplica-se ao crime de estelionato, em que figure como vítima entidade autárquica da previdência social, a qualificadora do § 3º, do Art. 171 do Código Penal".**<br>**73 do STJ: "A utilização de papel moeda grosseiramente falsificado configura, em tese, o crime de estelionato, da competência da Justiça Estadual".**<br>**107 do STJ: "Compete à Justiça Comum Estadual processar e julgar crime de estelionato praticado mediante falsificação das guias de recolhimento das contribuições previdenciárias, quando não ocorrente lesão à autarquia federal".**<br>**554 do STF: "O pagamento de cheque emitido sem provisão de fundos, após o recebimento da denúncia, não obsta ao prosseguimento da ação penal".**<br>**246 do STF: "Comprovado não ter havido fraude, não se configura o crime de emissão de cheque sem fundos".** |
| **DUPLICATA SIMULADA** | |
| **Duplicata Simulada (art. 172)** | Emitir fatura, duplicata ou nota de venda que não corresponda à mercadoria vendida, em quantidade ou qualidade, ou ao serviço prestado. |
| **Penas** | A pena prevista para o crime de duplicata simulada é de detenção, de 2 (dois) a 4 (quatro) anos, e multa. |
| **Figura Equiparada (parágrafo único)** | Falsificar ou adulterar a escrituração do Livro de Registro de Duplicatas. |
| **Classificação** | Próprio; formal; doloso; de dano; de forma livre; instantâneo; não transeunte; unissubjetivo; unissubsistente. |
| **Sujeito Ativo** | Comerciante que coloca em circulação a fatura, duplicata ou nota de venda, sem a devida correspondência com a mercadoria vendida. |
| **Sujeito Passivo** | Recebedor que aceita a duplicata como caução, bem como o sacado de boa-fé. |

| TÓPICO-SÍNTESE: Do Estelionato e outras fraudes | |
|---|---|
| **Objeto Jurídico** | Patrimônio. |
| **Objeto Material** | Fatura, duplicata ou nota de venda, sem a devida correspondência com a mercadoria vendida. |
| **Elemento Subjetivo** | Dolo. |
| **Consumação** | Consuma-se com a colocação em circulação da fatura, duplicata ou nota de venda, sem a devida correspondência com a mercadoria vendida. |
| **Tentativa** | Não é admitida. |
| **Ação Penal** | Pública incondicionada. |
| **ABUSO DE INCAPAZES** | |
| **Abuso de Incapazes (art. 173)** | Abusar, em proveito próprio ou alheio, de necessidade, paixão ou inexperiência de menor, ou da alienação ou debilidade mental de outrem, induzindo qualquer deles à prática de ato suscetível de produzir efeito jurídico, em prejuízo próprio ou de terceiro. |
| **Penas** | A pena prevista para o crime de abuso de incapazes é de reclusão, de dois a seis anos, e multa. |
| **Classificação** | Comum; formal; doloso; comissivo (podendo ser praticado via omissão imprópria caso o agente goze do *status* de garantidor); de forma livre; instantâneo (podendo ser considerado de efeitos permanentes, caso o dano sofrido seja irreversível); de dano; não transeunte; unissubjetivo; unissubsistente e plurissubsistente, conforme o caso. |
| **Sujeito Ativo** | Qualquer pessoa. |
| **Sujeito Passivo** | Menor ou portador de alienação ou debilidade mental. |
| **Objeto Jurídico** | Patrimônio. |
| **Objeto Material** | Pessoa ludibriada. |
| **Elemento Subjetivo** | Dolo. |
| **Consumação** | Consuma-se quando houver o induzimento da vítima à prática do ato. |
| **Tentativa** | É admitida. |
| **Ação Penal** | Pública incondicionada. |
| **INDUZIMENTO À ESPECULAÇÃO** | |
| **Induzimento à Especulação (art. 174)** | Abusar, em proveito próprio ou alheio, da inexperiência ou da simplicidade ou inferioridade mental de outrem, induzindo-o à prática de jogo ou aposta, ou à especulação com títulos ou mercadorias, sabendo ou devendo saber que a operação é ruinosa. |
| **Penas** | A pena prevista para o crime de "induzimento à especulação" é de reclusão, de um a três anos, e multa. |
| **Classificação** | Comum; comissivo; formal; doloso; simples; de forma vinculada; instantâneo; de dano; transeunte; unissubjetivo; plurissubsistente. |
| **Sujeito Ativo** | Qualquer pessoa. |
| **Sujeito Passivo** | Pessoa inexperiente, simples ou com inferioridade mental. |

| TÓPICO-SÍNTESE: Do Estelionato e outras fraudes | |
|---|---|
| **Objeto Jurídico** | Patrimônio. |
| **Objeto Material** | Pessoa ludibriada. |
| **Elemento Subjetivo** | Dolo. |
| **Consumação** | Consuma-se o crime com o induzimento da vítima. |
| **Tentativa** | É admitida. |
| **Ação Penal** | Pública incondicionada. |
| **FRAUDE NO COMÉRCIO** | |
| **Fraude no Comércio (art. 175)** | Enganar, no exercício de atividade comercial, o adquirente ou consumidor:<br>I – vendendo, como verdadeira ou perfeita, mercadoria falsificada ou deteriorada;<br>II – entregando uma mercadoria por outra. |
| **Penas** | A pena prevista para o crime de "fraude no comércio" é de detenção, de seis meses a dois anos, ou multa. |
| **Qualificadora (§ 1º)** | Alterar em obra que lhe é encomendada a qualidade ou o peso de metal ou substituir, no mesmo caso, pedra verdadeira por falsa ou por outra de menor valor; vender pedra falsa por verdadeira; vender, como precioso, metal de ou outra qualidade. |
| **Classificação** | Próprio; material; simples; comissivo (podendo ser praticado via omissão imprópria, no caso do agente ser garantidor); de dano; doloso; de forma livre; instantâneo; não transeunte; unissubjetivo; plurissubsistente. |
| **Sujeito Ativo** | Comerciante, no exercício de sua atividade. |
| **Sujeito Passivo** | Adquirente ou consumidor. |
| **Objeto Jurídico** | Patrimônio. |
| **Objeto Material** | Mercadoria ou obra falsificada, alterada ou danificada. |
| **Elemento Subjetivo** | Dolo. |
| **Consumação** | Consuma-se com o prejuízo da vítima. |
| **Tentativa** | É admitida. |
| **Ação Penal** | Pública Incondicionada. |
| **OUTRAS FRAUDES** | |
| **Outras Fraudes (art. 176)** | Tomar refeição em restaurante, alojar-se em hotel ou utilizar-se de meio de transporte sem dispor de recursos para efetuar o pagamento. |
| **Penas** | A pena prevista para o crime de "outras fraudes" é de detenção, detenção, de quinze dias a dois meses, ou multa. |
| **Classificação** | Comum; material; simples; doloso; de dano; comissivo (podendo ser praticado via omissão imprópria caso o agente seja garantidor); de forma livre; instantâneo; transneunte; unissubjetivo; plurissubsistente. |
| **Sujeito Ativo** | Qualquer pessoa. |

| TÓPICO-SÍNTESE: Do Estelionato e outras fraudes | |
|---|---|
| **Sujeito Passivo** | Pessoa física ou jurídica prestadora do serviço de alimentação, hospedagem ou transporte. |
| **Objeto Jurídico** | Patrimônio. |
| **Objeto Material** | Pessoa física ou jurídica prestadora do serviço de alimentação, hospedagem ou transporte. |
| **Elemento Subjetivo** | Dolo. |
| **Consumação** | Consuma-se momento em que o agente realiza uma das condutas previstas no tipo, sem ter recursos para pagar pelos serviços. |
| **Tentativa** | É admitida. |
| **Ação Penal** | Pública condicionada à representação. |
| **FRAUDES E ABUSOS NA FUNDAÇÃO OU ADMINISTRAÇÃO DE SOCIEDADE POR AÇÕES** | |
| **Fraudes e Abusos na Fundação ou Administração de Sociedade por Ações (art. 177)** | Promover a fundação de sociedade por ações, fazendo, em prospecto ou em comunicação ao público ou à assembleia, afirmação falsa sobre a constituição da sociedade, ou ocultando fraudulentamente fato a ela relativo. |
| **Penas** | A pena prevista para o crime é de detenção, reclusão, de um a quatro anos, e multa. |
| **Figuras Equiparadas (§§ 1º e 2º)** | I – o diretor, o gerente ou o fiscal de sociedade por ações, que, em prospecto, relatório, parecer, balanço ou comunicação ao público ou à assembleia, faz afirmação falsa sobre as condições econômicas da sociedade, ou oculta fraudulentamente, no todo ou em parte, fato a elas relativo;<br>II – o diretor, o gerente ou o fiscal que promove, por qualquer artifício, falsa cotação das ações ou de outros títulos da sociedade;<br>III – o diretor ou o gerente que toma empréstimo à sociedade ou usa, em proveito próprio ou de terceiro, dos bens ou haveres sociais, sem prévia autorização da assembleia geral;<br>IV – o diretor ou o gerente que compra ou vende, por conta da sociedade, ações por ela emitidas, salvo quando a lei o permite;<br>V – o diretor ou o gerente que, como garantia de crédito social, aceita em penhor ou em caução ações da própria sociedade;<br>VI – o diretor ou o gerente que, na falta de balanço, em desacordo com este, ou mediante balanço falso, distribui lucros ou dividendos fictícios;<br>VII – o diretor, o gerente ou o fiscal que, por interposta pessoa, ou conluiado com acionista, consegue a aprovação de conta ou parecer;<br>VIII – o liquidante, nos casos dos ns. I, II, III, IV, V e VII;<br>IX – o representante da sociedade anônima estrangeira, autorizada a funcionar no País, que pratica os atos mencionados nos ns. I e II, ou dá falsa informação ao Governo. |
| **Classificação** | Próprio; formal; doloso; comissivo (em regra); simples; de forma livre; instantâneo; de dano; transeunte; unissubjetivo; plurissubsistente. |
| **Sujeito Ativo** | Qualquer pessoa. |

| TÓPICO-SÍNTESE: Do Estelionato e outras fraudes | |
|---|---|
| **Sujeito Passivo** | Qualquer pessoa que subscreva ou adquira o capital da sociedade por ações. |
| **Objeto Jurídico** | Patrimônio. |
| **Objeto Material** | Prospecto ou comunicação ao público ou à assembleia ou ocultação fraudulenta de fato a ela relativa. |
| **Elemento Subjetivo** | Dolo. |
| **Consumação** | Consuma-se no momento em que o sujeito faz a afirmação falsa ou pratica a ocultação referida no artigo. |
| **Tentativa** | É admitida. |
| **Ação Penal** | Pública incondicionada. |
| **EMISSÃO IRREGULAR DE CONHECIMENTO DE DEPÓSITO OU "WARRANT"** | |
| **Emissão irregular de conhecimento de depósito ou "warrant" (art. 178)** | Emitir conhecimento de depósito ou warrant, em desacordo com disposição legal. |
| **Pena** | A pena prevista para o crime é de reclusão de um a quatro anos, além da multa. |
| **Classificação** | Próprio; formal; doloso; comissivo (podendo ser praticado via omissão imprópria no caso de o agente ser garantidor); de forma livre; instantâneo; de dano; não transeunte; unissubjetivo; unissubsistente. |
| **Sujeito Ativo** | Pessoa com legitimidade para emitir o referido título de crédito. |
| **Sujeito Passivo** | Portador ou endossatário do referido título de crédito. |
| **Objeto Jurídico** | Patrimônio. |
| **Objeto Material** | Conhecimento de depósito ou *warrant.* |
| **Elemento Subjetivo** | Dolo. |
| **Consumação** | Consuma-se com a emissão do conhecimento de depósito ou warrant. |
| **Tentativa** | Não é admitida. |
| **Ação Penal** | Pública incondicionada. |
| **FRAUDE À EXECUÇÃO** | |
| **Fraude à Execução (art. 179)** | Fraudar execução, alienando, desviando, destruindo ou danificando bens, ou simulando dívidas. |
| **Penas** | A pena prevista para o crime é de detenção, de seis meses a dois anos, ou multa. |
| **Classificação** | Próprio; simples; comissivo (podendo ser omissivo por omissão, considerando que o agente goze do status de garantidor); material; doloso; de forma livre; instantâneo; de dano; não transeunte; unissubjetivo; plurissubsistente. |
| **Sujeito Ativo** | Devedor executado. |
| **Sujeito Passivo** | Exequente. |
| **Objeto Jurídico** | Patrimônio. |
| **Objeto Material** | Bem alienado, desviado, destruído ou danificado e a execução. |
| **Elemento Subjetivo** | Dolo. |

| TÓPICO-SÍNTESE: Do Estelionato e outras fraudes | |
|---|---|
| **Consumação** | Consuma-se quando o executado aliena, desvia, destrói ou danifica bens, ou simula dívidas. |
| **Tentativa** | É admitida. |
| **Ação Penal** | Privada.<br>Pública incondicionada, quando o delito for praticado em detrimento de patrimônio ou interesse público. |
| **Súmulas aplicáveis** | **375 do STJ.** O reconhecimento da fraude à execução depende do registro a penhora do bem alienado ou da prova de má-fé do terceiro adquirente. |

Capítulo

# 7

# DA RECEPTAÇÃO

***Leia a Lei:***

- *arts. 180 a 180 A do CP.*

## 1. RECEPTAÇÃO

**Art. 180.** *Adquirir, receber, transportar, conduzir ou ocultar, em proveito próprio ou alheio, coisa que sabe ser produto de crime, ou influir para que terceiro, de boa-fé, a adquira, receba ou oculte:*

**Pena** – *reclusão, de um a quatro anos, e multa.*

**Receptação qualificada**

**§ 1º** *Adquirir, receber, transportar, conduzir, ocultar, ter em depósito, desmontar, montar, remontar, vender, expor à venda, ou de qualquer forma utilizar, em proveito próprio ou alheio, no exercício de atividade comercial ou industrial, coisa que deve saber ser produto de crime:*

**Pena** – *reclusão, de três a oito anos, e multa.*

**§ 2º** *Equipara-se à atividade comercial, para efeito do parágrafo anterior, qualquer forma de comércio irregular ou clandestino, inclusive o exercício em residência.*

**§ 3º** *Adquirir ou receber coisa que, por sua natureza ou pela desproporção entre o valor e o preço, ou pela condição de quem a oferece, deve presumir-se obtida por meio criminoso:*

**Pena** – *detenção, de um mês a um ano, ou multa, ou ambas as penas.*

**§ 4º** *A receptação é punível, ainda que desconhecido ou isento de pena o autor do crime de que proveio a coisa.*

**§ 5º** *Na hipótese do § 3º, se o criminoso é primário, pode o juiz, tendo em consideração as circunstâncias, deixar de aplicar a pena. Na receptação dolosa aplica-se o disposto no § 2º do art. 155.*

**§ 6º** *Tratando-se de bens do patrimônio da União, de Estado, do Distrito Federal, de Município ou de autarquia, fundação pública, empresa pública, sociedade de economia mista ou empresa concessionária de serviços públicos, aplica-se em dobro a pena prevista no caput deste artigo.*

**Receptação de animais**

**Art. 180-A.** *Adquirir, receber, transportar, conduzir, ocultar, ter em depósito ou vender, com a finalidade de produção ou de comercialização, semovente domesticável de produção, ainda que abatido ou dividido em partes, que deve saber ser produto de crime:*

**Pena** – *reclusão, de 2 (dois) a 5 (cinco) anos, e multa*

## 1.1. Topografia do art. 180

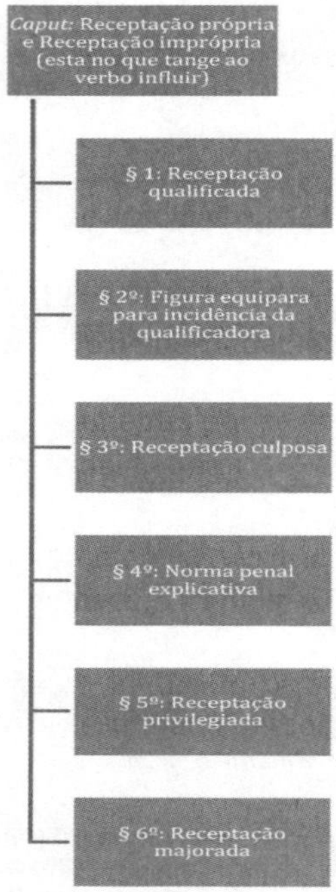


## 1.2. Introdução

O crime de receptação é acessório, de fusão ou parasita, haja vista depender da existência prévia de outro crime, já que o seu objeto material, o bem receptado, deve ter procedência ilícita. Entretanto, assevere-se que a receptação é autônoma, pois o Código exige a existência de crime anterior, mas não exige que o autor do delito precedente seja conhecido ou punível.

Conforme se depreende da leitura da topografia trazida no parágrafo anterior, a receptação dolosa poderá ser própria, no que diz respeito à primeira parte do *caput*, ou imprópria, mais especificamente em relação à conduta de influir.

A pena prevista para o crime de receptação é de reclusão de um a quatro anos, e multa. Logo, podemos concluir que:

a) Não é possível a transação penal (art. 76, Lei n. 9.099/95), pois não se trata de infração penal de menor potencial ofensivo;

b) É possível a suspensão condicional do processo (art. 89, Lei n. 9.099/95), pois a pena mínima não ultrapassa um ano. Noutro passo, para a figura qualificada a lei comina pena mínima de 3 (três) anos, quando o referido benefício não poderá ser aplicado.

c) Será cabível a substituição da pena por restritivas de direitos, pois no crime não há violência ou grave ameaça e a pena a ser imposta não ultrapassará quatro anos. Será necessário que se façam presentes os demais requisitos do art. 44, CP.

Ademais, o artigo traz a figura qualificada, caracterizada pelo exercício de atividade comercial ou industrial, asseverando que incidirá tal qualificadora ainda que o comércio seja irregular, clandestino, ou exercido em residência.

Outrossim, também está prevista a figura privilegiada do delito, caracterizada quando da receptação culposa (quando o agente deve presumir ser o bem produto de crime) e desde que o agente seja primário. Nestes casos incidirá o perdão judicial se, somado à primariedade, restar demonstrado através das circunstâncias do crime que o fato não se revestiu de especial gravidade. Noutro passo, se a receptação dor dolosa, sendo o criminoso primário e de pequeno valor a coisa furtada, o juiz poderá substituir a pena de reclusão pela de detenção, diminuí-la de um a dois terços, ou aplicar somente a pena de multa. É o que se depreende da inteligência do § 5º.

O artigo também apresenta uma majorante, devendo a pena ser aplicada em dobro, quando determina que a pena prevista no *caput* seja duplicada quando se tratar de bens e instalações da União, Estado, Distrito Federal, Município, autarquia, fundação pública, empresa pública, sociedade de economia mista ou empresa concessionária de serviços públicos. Assinale-se que o § 4º é norma penal explicativa, pois anota que a recepção será punível mesmo que desconhecido ou isento de pena o autor do crime de que proveio a coisa.

O crime de *receptação* é comum; material; simples; doloso; comissivo (podendo, excepcionalmente, ser cometido via omissão imprópria, na hipótese de o agente gozar do status de garantidor);; material; de forma livre; instantâneo; de dano; não transeunte; unissubjetivo; plurissubsistente.

### 1.3. Receptação X Favorecimento real

Demonstra-se importante registrar a diferença entre receptação e favorecimento real. Na primeira, o agente visa uma vantagem econômica para si beneficiar ou para outrem. Noutro passo, no favorecimento real, o agente objetiva apenas beneficiar o autor do crime anterior, tornando seguro o proveito do crime (art. 349, CP).

### 1.4. Receptação de animais (Art. 180 – A)

A Lei n. 13.330/2016, incluiu no Código Penal o crime de receptação de animal, quando a pena será de reclusão de 2 (dois) a 5 (cinco) anos, e multa.

O crime pode ser classificado como comum; material; de forma livre; simples; comissivo; de dano; não transeunte; instantâneo; doloso; unissubjetivo; plurissubsistente.

### 1.5. Estatuto do Desarmamento – Lei 10.826/2004

Quando o agente "adquire", "recebe", "transporta" ou "oculta" arma de fogo, acessório ou munição, de uso permitido, de procedência ilícita, comete o crime previsto no art. 14 da Lei 10.826/2004 – Estatuto do Desarmamento, quando a pena cominada é de dois a quatro anos de reclusão, e multa.

Noutro giro, se a arma de fogo, acessório ou munição for de uso proibido ou restrito, incidirá no art. 16 da mesma lei, cuja pena cominada é a de reclusão de três a seis anos, e multa.

### 1.6. Leis de Falências – Lei 11.101/2005

Conforme determina o art. 174 da Lei de Falências, é punida com reclusão de dois a quatro anos, e multa, a conduta de adquirir, receber, usar, ilicitamente, bem que sabe pertencer à massa falida ou influir para que terceiro, de boa-fé, o adquira, receba ou use.

### 1.7. Sujeito Ativo

Trata-se de crime comum, portanto, pode ser cometido por qualquer pessoa.

### 1.8. Sujeito Passivo

É a mesma vítima do crime precedente.

### 1.9. Objeto Jurídico

É o patrimônio.

### 1.10. Objeto Material

É a coisa produto de crime.

### 1.11. Elemento Subjetivo

É, em regra, o dolo. Admite-se, entretanto, a modalidade culposa, conforme se depreende do § 3º do presente artigo.

### 1.12. Consumação e Tentativa

A receptação própria é crime material, cuja consumação se dá no instante em que o sujeito adquire, recebe, transporta, conduz ou oculta a coisa produto do crime. A tentativa é admissível.

A receptação imprópria, caracterizada pela conduta "influir", é crime formal, de consumação antecipada, consumando-se com a simples prática de atos idôneos de mediação para o terceiro de boa-fé adquirir, receber ou ocultar coisa ou produto do crime. A tentativa não é admitida.

### 1.13. Ação Penal

Trata-se de ação penal pública incondicionada.

A pena mínima cominada para a receptação própria ou imprópria é de 1 (um) ano de reclusão. Portanto, é crime de médio potencial ofensivo, compatível com a suspensão condicional do processo, desde que presentes os requisitos da Lei 9.099/95. Noutro passo, para a figura qualificada a lei comina pena mínima de 3(três) anos, quando o referido benefício não poderá ser aplicado.

## 2. TÓPICO-SÍNTESE

| TÓPICO-SÍNTESE: Da Receptação | |
|---|---|
| **Receptação (art. 180)** | Adquirir, receber, transportar, conduzir ou ocultar, em proveito próprio ou alheio, coisa que sabe ser produto de crime, ou influir para que terceiro, de boa-fé, a adquira, receba ou oculte. |
| **Penas** | A pena prevista para o crime de receptação é de reclusão de um a quatro anos, e multa. |
| **Receptação qualificada (§ 1º)** | Adquirir, receber, transportar, conduzir, ocultar, ter em depósito, desmontar, montar, remontar, vender, expor à venda, ou de qualquer3 forma utilizar, em proveito próprio ou alheio, no exercício de atividade comercial ou industrial, coisa que deve saber ser produto de crime. |
| **Figura equipara para incidência da qualificadora (§ 2º)** | Equipara-se à atividade comercial qualquer forma de comércio irregular ou clandestino, inclusive o exercício em residência. |
| **Receptação Culposa (§ 3º)** | Adquirir ou receber coisa que, por sua natureza ou pela desproporção entre o valor e o preço, ou pela condição de quem a oferece, deve presumir-se obtida por meio criminoso. |
| **Receptação Privilegiada (§ 5º)** | Na receptação culposa, se o criminoso é primário, pode o juiz, tendo em consideração as circunstâncias, deixar de aplicar a pena.<br>Na receptação dolosa aplica-se o disposto no § 2º do art. 155. |
| **Receptação Majorada (§ 6º)** | **Aplica-se a pena em dobro:**<br>Tratando-se de bens e instalações do patrimônio da União, Estado, Município, empresa concessionária de serviços públicos ou sociedade de economia mista. |
| **Receptação de animal Art. 180 A** | Adquirir, receber, transportar, conduzir, ocultar, ter em depósito ou vender, com a finalidade de produção ou de comercialização, semovente domesticável de produção, ainda que abatido ou dividido em partes, que deve saber ser produto de crime. |
| **Penas** | A pena prevista para o crime de receptação é de reclusão, de 2 (dois) a 5 (cinco) anos, e multa. |
| **Classificação** | Comum; material; simples; doloso; comissivo (podendo, excepcionalmente, ser cometido via omissão imprópria, na hipótese de o agente gozar do status de garantidor);; material; de forma livre; instantâneo; de dano; não transeunte; unissubjetivo; plurissubsistente.<br>Sobre a receptação de animal, inserta no art. 180-A, o crime é comum; material; de forma livre; simples; comissivo; de dano; não transeunte; instantâneo; doloso; unissubjetivo; plurissubsistente. |
| **Sujeito Ativo** | Qualquer pessoa, na conduta prevista no *caput*. Aquele que esteja no exercício de atividade comercial ou industrial, na conduta prevista no § 1º . |
| **Sujeito Passivo** | Qualquer pessoa. |
| **Objeto Jurídico** | Coisa móvel produto de crime.<br>Na conduta prevista no art. 180-A o objeto jurídico é o patrimônio. |
| **Objeto Material** | Coisa móvel produto de crime.<br>Na conduta prevista no art. 180-A o objeto material é o semovente domesticável de produção. |

| **TÓPICO-SÍNTESE: Da Receptação** | |
|---|---|
| **Elemento Subjetivo** | Dolo, em regra. Culpa no caso do § 3º. |
| **Consumação** | Consuma-se no instante em que o sujeito adquire, recebe, transporta, conduz ou oculta a coisa produto do crime. Na receptação imprópria, consuma-se com a simples prática de atos idôneos de mediação para o terceiro de boa-fé adquirir, receber ou ocultar coisa ou produto do crime. |
| **Tentativa** | É admitida. |
| **Ação Penal** | Pública incondicionada. |

Capítulo

# 8

# DISPOSIÇÕES GERAIS

***Leia a Lei:***

- *arts. 181 A 183 do CP.*

**Art. 181.** *É isento de pena quem comete qualquer dos crimes previstos neste título, em prejuízo:*

**I** – *do cônjuge, na constância da sociedade conjugal;*

**II** – *de ascendente ou descendente, seja o parentesco legítimo ou ilegítimo, seja civil ou natural.*

**Art. 182.** *Somente se procede mediante representação, se o crime previsto neste título é cometido em prejuízo:*

**I** – *do cônjuge desquitado ou judicialmente separado;*

**II** – *de irmão, legítimo ou ilegítimo;*

**III** – *de tio ou sobrinho, com quem o agente coabita.*

**Art. 183.** *Não se aplica o disposto nos dois artigos anteriores:*

**I** – *se o crime é de roubo ou de extorsão, ou, em geral, quando haja emprego de grave ameaça ou violência à pessoa;*

**II** – *ao estranho que participa do crime.*

**III** – *se o crime é praticado contra pessoa com idade igual ou superior a 60 (sessenta) anos.*

O art. 181 traz as hipóteses de imunidade penal absoluta ou escusa absolutória, quando o crime permanece inalterado, mas haverá extinção da punibilidade.

Já o art. 182 dispõe sobre a imunidade penal relativa, pois não extingue a punibilidade, mas transforma a ação penal pública incondicionada em condicionada à representação.

Por fim, o art. 183 traz as hipóteses de exclusão das imunidades, que ocorrerá quando o crime for praticado com grave ameaça ou violência à pessoa, quando um estranho participa da conduta ou, ainda, quando o sujeito passivo é pessoa com idade igual ou superior a 60 anos.

# TÓPICO-SÍNTESE

<table>
<tr><th colspan="2">TÓPICO-SÍNTESE: Disposições Gerais</th></tr>
<tr><th colspan="2">DISPOSIÇÕES GERAIS DOS CRIMES CONTRA O PATRIMÔNIO</th></tr>
<tr><td>Imunidade penal absoluta ou escusa absolutória (art. 181)</td><td>• cônjuge, na constância da sociedade conjugal;<br>• ascendente ou descendente, seja o parentesco legítimo ou ilegítimo, seja civil ou natural.</td></tr>
<tr><td>Imunidade penal relativa (art. 182)</td><td>• cônjuge desquitado ou judicialmente separado;<br>• irmão, legítimo ou ilegítimo;<br>• tio ou sobrinho, com quem o agente coabita.</td></tr>
<tr><td>Hipóteses de exclusão das imunidades (art. 183)</td><td>• se o crime é de roubo ou de extorsão, ou, em geral, quando haja emprego de grave ameaça ou violência à pessoa;<br>• ao estranho que participa do crime;<br>• se o crime é praticado contra pessoa com idade igual ou superior a 60 anos.</td></tr>
</table>

Título III

# DOS CRIMES CONTRA A PROPRIEDADE IMATERIAL

Capítulo

# 1

# DOS CRIMES CONTRA A PROPRIEDADE INTELECTUAL

***Leia a Lei:***

- *arts. 184 a 186 do CP.*

## 1. VIOLAÇÃO DE DIREITO AUTORAL

**Art. 184.** *Violar direitos de autor e os que lhe são conexos:*

**Pena** – *detenção, de 3 (três) meses a 1 (um) ano, ou multa.*

**§ 1º** *Se a violação consistir em reprodução total ou parcial, com intuito de lucro direto ou indireto, por qualquer meio ou processo, de obra intelectual, interpretação, execução ou fonograma, sem autorização expressa do autor, do artista intérprete ou executante, do produtor, conforme o caso, ou de quem os represente:*

**Pena** – *reclusão, de 2 (dois) a 4 (quatro) anos, e multa.*

**§ 2º** *Na mesma pena do § 1º incorre quem, com o intuito de lucro direto ou indireto, distribui, vende, expõe à venda, aluga, introduz no País, adquire, oculta, tem em depósito, original ou cópia de obra intelectual ou fonograma reproduzido com violação do direito de autor, do direito de artista intérprete ou executante ou do direito do produtor de fonograma, ou, ainda, aluga original ou cópia de obra intelectual ou fonograma, sem a expressa autorização dos titulares dos direitos ou de quem os represente.*

**§ 3º** *Se a violação consistir no oferecimento ao público, mediante cabo, fibra ótica, satélite, ondas ou qualquer outro sistema que permita ao usuário realizar a seleção da obra ou produção para recebê-la em um tempo e lugar previamente determinados por quem formula a demanda, com intuito de lucro, direto ou indireto, sem autorização expressa, conforme o caso, do autor, do artista intérprete ou executante, do produtor de fonograma, ou de quem os represente:*

**Pena** – *reclusão, de 2 (dois) a 4 (quatro) anos, e multa.*

**§ 4º** *O disposto nos §§ 1º, 2º e 3º não se aplica quando se tratar de exceção ou limitação ao direito de autor ou os que lhe são conexos, em conformidade com o previsto na Lei nº 9.610, de 19 de fevereiro de 1998, nem a cópia de obra intelectual ou fonograma, em um só exemplar, para uso privado do copista, sem intuito de lucro direto ou indireto.*

### 1.1. Introdução

A Lei nº 10.695/2003 alterou a redação do artigo 184 do Código Penal.

O direito autoral é constitucionalmente assegurado e compreendido como direito fundamental. Inserto na Constituição Federal, no art. 5º, XXVII, a tutela penal não aprova a violação desse direito, por restar lesado, em muitos casos, não apenas o autor propriamente dito, mas o intérprete e as empresas de radiodifusão/fonográficas; ou seja, entende-se que há uma lesão direta à própria sociedade.

Com natureza jurídica de bens móveis, os direitos autorais lesados são aqueles transgredidos pela conduta do agente que infringe os direitos do autor e os direitos daqueles que lhes são conexos. A transgressão ao direito do autor, ou seja, o direito daquela pessoa física criadora da obra literária, científica ou artística, pode se dar de variadas formas, como por exemplo, o plágio. Pertencem ao autor os direitos não apenas patrimoniais, mas também os morais da obra que criou.

Assinale-se que o crime se qualifica se o agente viola esse direito do autor com a intenção de obter lucro.

Ademais, no âmbito do **Superior Tribunal de Justiça**, não procede o argumento no sentido de que o delito em tela poderia ser afastado, em virtude da sua adequação social, assim como não procede a aplicação do princípio da insignificância. Vejamos:

> PENAL. HABEAS CORPUS. EXPOSIÇÃO À VENDA DE CDs E DVDs "PIRATAS". VIOLAÇÃO DE DIREITO AUTORAL. ART. 184, § 2º, DO CÓDIGO PENAL. PRINCÍPIOS DA INSIGNIFICÂNCIA E DA ADEQUAÇÃO SOCIAL. NÃO INCIDÊNCIA. PRECEDENTES DO STJ. ORDEM DENEGADA. I. O Supremo Tribunal Federal manifestou entendimento no sentido de que, para a incidência do princípio da insignificância, é necessária a presença de quatro vetores, a saber: a) a mínima ofensividade da conduta do agente; b) nenhuma periculosidade social da ação; c) o reduzidíssimo grau de reprovabilidade do comportamento e d) inexpressividade da lesão jurídica provocada. Isso porque "O direito penal não se deve ocupar de condutas que produzam resultado, cujo desvalor – por não importar em lesão significativa a bens jurídicos relevantes – não represente, por isso mesmo, prejuízo importante, seja ao titular do bem jurídico tutelado, seja à integridade da própria ordem social" (HC 84.412/SP, Rel. Min. CELSO DE MELLO, Segunda Turma, DJU de 19/11/2004). II. No caso posto em análise, trata-se da exposição à venda de 74 (setenta e quatro) cópias contrafeitas de CDs e DVDs de títulos diversos, sem expressa autorização dos titulares dos direitos ou de quem os represente. III. Tal conduta não é dotada de mínima ofensividade, inexpressiva lesividade ao bem jurídico tutelado, tampouco de reduzido grau de reprovabilidade, porque, além de violar seriamente o direito autoral, causa grandes prejuízos, não apenas aos artistas, mas também aos comerciantes regularmente estabelecidos, a todos os integrantes da indústria fonográfica nacional e, ainda, ao Fisco. IV. A propagação do comércio de mercadorias "pirateadas", com o objetivo de lucro, revela alto grau de reprovabilidade da conduta do agente, que, embora rotineira, não a torna socialmente adequada e aceitável. Precedentes. V. Ordem denegada.

Ainda no que se refere à **jurisprudência do Superior Tribunal de Justiça**, importa mencionar que a Corte não reconhece a competência da Justiça Federal para o julgamento deste crime, salvo quando a comercialização dos produtos ultrapassa as fronteiras. Desta forma, "a mera divulgação da venda por meio da internet, *tout court*, não tem o condão de conduzir ao reconhecimento da transnacionalidade, e, via de consequência, a competência de Justiça Federal" (CC 116.820/MG, Rel. Min. Maria Thereza de Assis Moura).

Atente-se, por fim, a existência de suas súmulas, ambas do STJ, correlacionadas ao tema, quais sejam as Súmulas 502 e 574. Vejamos:

***POSIÇÃO DO STJ***

***Súmula 502:*** *presentes a materialidade e a autoria, afigura-se típica, em relação ao crime previsto no artigo 184, parágrafo 2º, do Código Penal, a conduta de expor à venda CDs e DVDs piratas.*

***Súmula 574:*** *Para a configuração do delito de violação de direito autoral e a comprovação de sua materialidade, é suficiente a perícia realizada por amostragem do produto apreendido, nos aspectos externos do material, e é desnecessária a identificação dos titulares dos direitos autorais violados ou daqueles que os representem.*

A pena para o crime é de detenção, de 3 (três) meses a 1 (um) ano, ou multa. Logo, podemos concluir que:

a) É possível a transação penal (art. 76, Lei n. 9.099/95), pois se trata de infração penal de menor potencial ofensivo;

b) É possível a suspensão condicional do processo (art. 89, Lei n. 9.099/95), pois a pena mínima não ultrapassa um ano.

c) Será cabível a substituição da pena por restritivas de direitos, pois no crime não há violência ou grave ameaça e a pena a ser imposta não ultrapassará quatro anos. Será necessário que se façam presentes os demais requisitos do art. 44, CP.

Nas modalidades qualificadas, as penas passam a ser de reclusão, de 2 (dois) a 4 (quatro) anos, e multa. Logo, incabível a transação penal e a suspensão condicional do processo.

O crime de *violação de direito autoral* é comum; doloso; formal; de forma livre; comissivo (podendo, no entanto, ser praticado via omissão imprópria, desde que o agente seja garantidor); instantâneo ou permanente (pode se protrair no tempo); de dano; não transeunte; monossubjetivo; plurissubsistente.

### 1.2. Sujeito Ativo

O sujeito ativo pode ser qualquer pessoa.

### 1.3. Sujeito Passivo

O sujeito passivo é o titular dos direitos autorais em relação à obra, que pode ser tanto o autor como outra pessoa.

### 1.4. Objeto Jurídico

O objeto juridicamente protegido é a propriedade intelectual.

### 1.5. Objeto Material

O objeto material é a obra do autor, seja ela artística, literária ou científica.

### 1.6. Elemento Subjetivo

O elemento subjetivo exigido no tipo é o dolo, pois se exige do agente a vontade de violar o direito autoral de outrem. Em sua modalidade qualificada, essa vontade de violar tem como finalidade específica o lucro.

### 1.7. Consumação e Tentativa

Consuma-se o crime quando o agente transgride o direito autoral, ou seja, quando o agente se vale de uma das condutas descritas no tipo penal. A tentativa é admitida.

### 1.8. Ação Penal

A ação penal é de iniciativa pública incondicionada.

## 2. USURPAÇÃO DE NOME OU PSUDÔNIMO ALHEIO

**Art. 185. Revogado pela Lei nº 10.695, de 01.07.2003.**

**Art. 186.** *Procede-se mediante:*

**I** – *queixa, nos crimes previstos no caput do art. 184;*

**II** – *ação penal pública incondicionada, nos crimes previstos nos §§ 1° e 2° do art. 184;*

**III** – *ação penal pública incondicionada, nos crimes cometidos em desfavor de entidades de direito público, autarquia, empresa pública, sociedade de economia mista ou fundação instituída pelo Poder Público;*

**IV** – *ação penal pública condicionada à representação, nos crimes previstos no* **§ 3º** *do art. 184.*

Conforme se depreende da leitura do presente artigo, o crime ainda vigente tratado neste capítulo, qual seja Violação de Direito Autoral, será procedido mediante ação penal privada, quando da hipótese do caput; através de ação penal pública incondicionada, nas hipóteses consignadas nos parágrafos primeiro e segundo, bem como quando a conduta criminosa for dirigida à entidades de direito público, seja administração direta ou indireta; e, por fim, a ação será pública condicionada à representação, os crimes previstos no parágrafo 3º do mesmo artigo.

## 3. TÓPICO-SÍNTESE

| TÓPICO-SÍNTESE: Dos Crimes contra a propriedade intelectual | |
|---|---|
| **Violação de Direito Autoral (art. 184)** | Violar direitos de autor e os que lhe são conexos. |
| **Penas** | A pena para o crime é de detenção, de 3 (três) meses a 1 (um) ano, ou multa. |
| **Forma Qualificada (§ 1º)** | Se a violação consistir em reprodução total ou parcial, com intuito de lucro direto ou indireto, por qualquer meio ou processo, de obra intelectual, interpretação, execução ou fonograma, sem autorização expressa do autor, do artista intérprete ou executante, do produtor, conforme o caso, ou de quem os represente. |
| **Forma Equiparada à forma qualificada (§ 2º)** | Com o intuito de lucro direto ou indireto, distribuir vender, expor à venda, alugar, introduzir no País, adquirir, ocultar, ter em depósito, original ou cópia de obra intelectual ou fonograma reproduzido com violação do direito de autor, do direito de artista intérprete ou executante ou do direito do produtor de fonograma, ou, ainda, aluga original ou cópia de obra intelectual ou fonograma, sem a expressa autorização dos titulares dos direitos ou de quem os represente. |

| | |
|---|---|
| **Forma Qualificada (§ 3º)** | Se a violação consistir no oferecimento ao público, mediante cabo, fibra ótica, satélite, ondas ou qualquer outro sistema que permita ao usuário realizar a seleção da obra ou produção para recebê-la em um tempo e lugar previamente determinados por quem formula a demanda, com intuito de lucro, direto ou indireto, sem autorização expressa, conforme o caso, do autor, do artista intérprete ou executante, do produtor de fonograma, ou de quem os represente. |
| **Classificação** | Comum; doloso; formal; de forma livre; comissivo (podendo, no entanto, ser praticado via omissão imprópria, desde que o agente seja garantidor); instantâneo ou permanente (pode se protrair no tempo); de dano; não transeunte; monossubjetivo; plurissubsistente. |
| **Sujeito Ativo** | Qualquer pessoa. |
| **Sujeito Passivo** | Titular dos direitos autorais em relação à obra. |
| **Objeto Jurídico** | Propriedade intelectual. |
| **Objeto Material** | Obra do autor. |
| **Elemento Subjetivo** | Dolo. |
| **Consumação** | Consuma-se quando o agente transgride o direito autoral. |
| **Tentativa** | É admitida. |
| **Ação Penal** | Privada, caput.<br>Pública incondicionada, §§ 1º e 2º e nos crimes cometidos em desfavor de entidades de direito público, autarquia, empresa pública, sociedade de economia mista ou fundação instituída pelo Poder Público.<br>Pública condicionada à representação, § 3º. |
| **Súmulas aplicáveis** | 502 do STJ. Presentes a materialidade e a autoria, afigura-se típica, em relação ao crime previsto no artigo 184, parágrafo 2º, do Código Penal, a conduta de expor à venda CDs e DVDs piratas.<br>574 do STJ. Para a configuração do delito de violação de direito autoral e a comprovação de sua materialidade, é suficiente a perícia realizada por amostragem do produto apreendido, nos aspectos externos do material, e é desnecessária a identificação dos titulares dos direitos autorais violados ou daqueles que os representem. |

Capítulo

# 2

# DOS CRIMES CONTRA O PRIVILÉGIO DE INVENÇÃO

***Leia a Lei:***

- *arts. 187 a 191 do CP.*

**VIOLAÇÃO DE PRIVILÉGIO DE INVENÇÃO**
**Art. 187. Revogado pela Lei nº 9.279, de 14.5.1996.**
**FALSA ATRIBUIÇÃO DE PRIVILÉGIO**
**Art. 188. Revogado pela Lei nº 9.279, de 14.5.1996.**
**USURPAÇÃO OU INDEVIDA EXPLORAÇÃO DE MODELO OU DESENHO PRIVILEGIADO**
**Art. 189. Revogado pela Lei nº 9.279, de 14.5.1996.**
**FALSA DECLARAÇÃO DE DEPÓSITO EM MODELO OU DESENHO**
**Art. 190. Revogado pela Lei nº 9.279, de 14.5.1996.**
**Art. 191. Revogado pela Lei nº 9.279, de 14.5.1996.**

Capítulo

# 3

# DOS CRIMES CONTRA AS MARCAS DE INDÚSTRIA E COMÉRCIO

***Leia a Lei:***

- *arts. 192 a 195 do CP.*

**VIOLAÇÃO DO DIREITO DE MARCA**

**Art. 192. Revogado pela Lei nº 9.279, de 14.5.1996.**

**USO INDEVIDO DE ARMAS, BRASÕES E DISTINTIVOS PÚBLICOS**

**Art. 193. Revogado pela Lei nº 9.279, de 14.5.1996.**

**MARCA COM FALSA INDICAÇÃO DE PROCEDÊNCIA**

**Art. 194. Revogado pela Lei nº 9.279, de 14.5.1996.**

**Art. 195. Revogado pela Lei nº 9.279, de 14.5.1996.**

Capítulo

# 4

# DOS CRIMES DE CONCORRÊNCIA DESLEAL

***Leia a Lei:***

- *arts. 196 do CP.*

## 1. CONCORRÊNCIA DESLEAL

**Art. 196. Revogado pela Lei nº 9.279, de 14.5.1996.**

Título IV

# DOS CRIMES CONTRA A ORGANIZAÇÃO DO TRABALHO

## NOÇÕES INTRODUTÓRIAS

No que tange aos crimes contra a organização do trabalho, a vontade do legislador penal é proteger não apenas o livre gozo e exercício dos direitos individuais, mas, sobretudo, a própria organização do trabalho, acastelando e ratificando desta maneira, a superioridade dos interesses coletivos quando contrapostos aos direitos individuais.

Para que reste configurado crime contra a organização do trabalho não basta que haja simplesmente os atos de violência, é necessário que se coloque em risco a manutenção das instituições trabalhistas, que seja evidenciado prejuízo a bens e serviços ou interesses da União, além de atingir a liberdade individual dos trabalhadores.

Capítulo

# 1

# ATENTADO CONTRA A LIBERDADE DE TRABALHO

***Leia a Lei:***

- *arts. 197 do CP.*

**Art. 197.** *Constranger alguém, mediante violência ou grave ameaça:*
**I** – *a exercer ou não exercer arte, ofício, profissão ou indústria, ou a trabalhar ou não trabalhar durante certo período ou em determinados dias:*
**Pena** – *detenção, de um mês a um ano, e multa, além da pena correspondente à violência;*
**II** – *a abrir ou fechar o seu estabelecimento de trabalho, ou a participar de parede ou paralisação de atividade econômica:*
**Pena** – *detenção, de três meses a um ano, e multa, além da pena correspondente à violência.*

## 1. INTRODUÇÃO

O agente delituoso atenta contra a liberdade de trabalho quando constrange alguém mediante violência ou grave ameaça a desempenhar ou não arte, ofício, profissão ou indústria, ou a trabalhar ou não trabalhar durante certos períodos ou determinados dias. O constrangimento pode ser dirigido também para que a vítima abra ou feche seu estabelecimento, participe de parede ou paralisação.

No núcleo do tipo penal está o verbo *constranger* (subjugar, sujeitar, obrigar, forçar), comportamento este que deve ser realizado mediante *violência* ou *grave ameaça.* Em ambos os casos a lei prevê o cúmulo material das penas do crime em análise e aquela relativa à violência ou ameaça empregada pelo agente, não sendo permitida, pois, a absorção.

A pena para o crime pode ser de detenção, de um mês a um ano, e multa (inciso I) ou de detenção, de 3 (três) meses a 1 (um) ano, e multa (inciso II). Logo, podemos concluir que, em qualquer dos dois casos:

a) É possível a transação penal (art. 76, Lei n. 9.099/95), pois se trata de infração penal de menor potencial ofensivo;

b) É possível a suspensão condicional do processo (art. 89, Lei n. 9.099/95), pois a pena mínima não ultrapassa um ano.

c) Será cabível a substituição da pena por restritivas de direitos, pois no crime não há violência ou grave ameaça e a pena a ser imposta não ultrapassará quatro anos. Será necessário que se façam presentes os demais requisitos do art. 44, CP.

Vale registrar que, em qualquer dos casos (conduta do inciso I ou do inciso II), as penas aplicadas serão acrescidas daquelas correspondentes à violência.

No que diz respeito à competência para julgamento, é importante recordar que, consoante o disposto no art. 109, VI da Constituição Federal, os crimes contra a organização do trabalho são de competência da Justiça Federal. Contudo, ainda que atraente tal entendimento, sobretudo por estar sob o manto constitucional, não é o que tem prevalecido na jurisprudência.

***POSIÇÃO DO STJ***

*"Os crimes contra a organização do trabalho devem ser julgados na Justiça Federal somente se demonstrada lesão a direito dos trabalhadores coletivamente considerados ou à organização geral do trabalho" (Informativo n. 0507 – STJ).*

Assim, se o crime contra a organização do trabalho consistir em ofensa a interesse individual de trabalhador, a competência será da Justiça Estadual.

Noutro giro, para o STF, a competência para julgar o referido crime é da Justiça Federal.

***POSIÇÃO DO STF***

*"[...] O Supremo Tribunal Federal firmou o entendimento de que a competência para julgar os crimes contra a organização do trabalho é da Justiça Federal. Agravo regimental a que se nega provimento". (RE 511849. Relator Min. Roberto Barroso).*

O crime de *atentado contra a liberdade de trabalho* é comum; doloso; material; de forma livre; comissivo (podendo, também, ser praticado via omissão imprópria); instantâneo ou permanente (pode se protrair no tempo); de dano; unissubjetivo; plurissubsistente.

## 2. SUJEITO ATIVO

O sujeito ativo pode ser qualquer pessoa, tratando-se, pois, de crime comum.

## 3. SUJEITO PASSIVO

O sujeito passivo é a vítima do constrangimento, devendo ser pessoa física.

## 4. OBJETO JURÍDICO

O objeto juridicamente tutelado é a liberdade do trabalhador na escolha de seu trabalho, ofício ou profissão, liberdade esta garantida constitucionalmente, vide art. 5°, XIII da Constituição Federal.

## 5. OBJETO MATERIAL

O objeto material é a pessoa contra a qual recai a conduta delitiva do sujeito ativo.

## 6. ELEMENTO SUBJETIVO

O elemento subjetivo exigido no tipo penal é o dolo, pois se exige do agente a vontade livre e consciente de querer constranger a vítima, mediante violência ou grave ameaça, a praticar ou deixar de praticar qualquer das condutas descritas no tipo. Não há previsão para modalidade culposa.

## 7. CONSUMAÇÃO E TENTATIVA

Consuma-se o crime quando a vítima, após sofrer o constrangimento, pratica efetivamente qualquer das condutas previstas nos incisos do artigo em estudo. A forma tentada é perfeitamente cabível.

## 8. AÇÃO PENAL

A ação penal é de iniciativa pública incondicionada.

## 9. TÓPICO-SÍNTESE

| TÓPICO-SÍNTESE: Atentado contra a liberdade do trabalho | |
|---|---|
| **Atentado contra a Liberdade de Trabalho (art. 197)** | Constranger alguém, mediante violência ou grave ameaça:<br>I – a exercer ou não exercer arte, ofício, profissão ou indústria, ou a trabalhar ou não trabalhar durante certo período ou em determinados dias;<br>II – a abrir ou fechar o seu estabelecimento de trabalho, ou a participar de parede ou paralisação de atividade econômica. |
| **Penas** | A ação penal é de iniciativa pública incondicionada. |
| **Classificação** | Comum; doloso; material; de forma livre; comissivo (podendo, também, ser praticado via omissão imprópria); instantâneo ou permanente (pode se protrair no tempo); de dano; unissubjetivo; plurissubsistente. |
| **Sujeito Ativo** | Qualquer pessoa. |
| **Sujeito Passivo** | Vítima do constrangimento. |
| **Objeto Jurídico** | Liberdade do trabalhador na escolha de seu trabalho, ofício ou profissão. |
| **Objeto Material** | Pessoa contra a qual recai a conduta delitiva do sujeito ativo. |
| **Elemento Subjetivo** | Dolo. |
| **Consumação** | Consuma-se quando a vítima, após sofrer o constrangimento, pratica qualquer das condutas previstas no tipo. |
| **Tentativa** | É admitida. |
| **Ação Penal** | Pública incondicionada. |

Capítulo

# 2

# ATENTADO CONTRA A LIBERDADE DE CONTRATO E BOICOTAGEM VIOLENTA

***Leia a Lei:***

- *arts. 198 do CP.*

> **Art. 198.** *Constranger alguém, mediante violência ou grave ameaça, a celebrar contrato de trabalho, ou a não fornecer a outrem ou não adquirir de outrem matéria-prima ou produto industrial ou agrícola:*
>
> **Pena** – *detenção, de um mês a um ano, e multa, além da pena correspondente à violência.*

## 1. INTRODUÇÃO

O tipo previsto neste artigo se divide em duas partes: a primeira descreve a conduta do agente que se vale da violência ou da grave ameaça para constranger alguém a celebrar contrato de trabalho individual ou coletivo. Assevere-se, pois, que a lei não previu a hipótese em que o indivíduo é constrangido a não realizar o contrato. Por este motivo, caso tal conduta aconteça, poderá o fato ser enquadrado como crime de constrangimento ilegal, consoante art. 146 do Código Penal. Já na segunda parte, o agente se vale das mesmas condutas, só que para impedir que a vítima não forneça matéria-prima, produto industrial ou agrícola; a chamada *boicotagem violenta*. Na primeira parte, tutela-se o arbítrio do trabalhador de eleger a profissão que entender adequada às suas aptidões. Na segunda, pretende-se manter a normalidade das relações de trabalho, que não podem ser debeladas a ações especulativas, cuja finalidade é a obtenção de proveito por parte do agente.

A lei também prevê o cúmulo material das penas deste crime e aquela relativa à violência ou ameaça, vedando a absorção.

Assinale-se que boicotar significa punir, constranger (pessoa, classe, estabelecimento, país), geralmente em represália, recusando sistematicamente relações sociais ou comerciais. Aqui, constrange-se alguém a não fornecer ou não adquirir de outrem matéria-prima ou produto agrícola, colocando-o à margem da atividade econômica (*boicotagem violenta*).

Temos, pois, crimes diversos previstos no mesmo dispositivo legal (tipo misto cumulativo). Desta forma, a prática das duas ações implicará em concurso de crimes.

A pena para o crime pode ser de detenção, de um mês a um ano, e multa. Logo, podemos concluir que:

a) É possível a transação penal (art. 76, Lei n. 9.099/95), pois se trata de infração penal de menor potencial ofensivo;

b) É possível a suspensão condicional do processo (art. 89, Lei n. 9.099/95), pois a pena mínima não ultrapassa um ano.

c) Será cabível a substituição da pena por restritivas de direitos, pois no crime não há violência ou grave ameaça e a pena a ser imposta não ultrapassará quatro anos. Será necessário que se façam presentes os demais requisitos do art. 44, CP.

Vale registrar que a pena aplicada será acrescida daquela correspondente à violência.

As considerações acerca da competência para julgamento são as mesmas feitas para o dispositivo legal anterior.

O crime de *atentado contra a liberdade de contrato de trabalho e boicotagem violenta* é comum; doloso; simples; material; de forma livre; comissivo (podendo, também, ser praticado via omissão imprópria); instantâneo ou permanente (pode se protrair no tempo); de dano; unissubjetivo; plurissubsistente.

## 2. SUJEITO ATIVO

O sujeito ativo pode ser qualquer pessoa, tratando-se, pois, de crime comum.

## 3. SUJEITO PASSIVO

Em relação à primeira parte do artigo, qualquer pessoa poderá ser o sujeito passivo, pois qualquer um poderá ser constrangido a celebrar determinado contrato de trabalho.

Já no que tange à segunda parte do artigo, o sujeito passivo na modalidade de boicotagem violenta somente poderá ser aquele que fornece matéria-prima ou produto industrial ou agrícola.

## 4. OBJETO JURÍDICO

O objeto juridicamente tutelado é a liberdade do trabalho.

## 5. OBJETO MATERIAL

O objeto material é a pessoa constrangida, podendo ser física ou jurídica.

## 6. ELEMENTO SUBJETIVO

O elemento subjetivo exigido no tipo penal é o dolo, pois se exige do agente a vontade livre e consciente de querer tirar alguém do círculo econômico ao qual pertence mediante a boicotagem violenta, ou obrigá-lo a celebrar contrato de trabalho contra sua vontade.

Não há previsão para sua modalidade culposa.

## 7. CONSUMAÇÃO E TENTATIVA

Consuma-se o crime em estudo na sua primeira parte quando o agente faz com que a vítima celebre o contrato de trabalho, seja escrito (quando da assinatura) ou tácito (aquiescência). No que diz respeito à segunda parte, qual seja, a boicotagem violenta, restará consumado o crime no momento em que a vítima não fornece a matéria-prima ou produto industrial ou agrícola. Admite-se a tentativa.

## 8. AÇÃO PENAL

A ação penal é de iniciativa pública incondicionada.

## 9. TÓPICO-SÍNTESE

| TÓPICO-SÍNTESE: Atentado contra a liberdade de contrato de trabalho e boicotagem violenta | |
|---|---|
| **Atentado Contra a Liberdade de Contrato de Trabalho e Boicotagem Violenta (art. 198)** | Constranger alguém, mediante violência ou grave ameaça, a celebrar contrato de trabalho, ou a não fornecer a outrem ou não adquirir de outrem matéria-prima ou produto industrial ou agrícola. |
| **Pena** | A pena para o crime pode ser de detenção, de um mês a um ano, e multa. |
| **Classificação** | Comum; doloso; simples; material; de forma livre; comissivo (podendo, também, ser praticado via omissão imprópria); instantâneo ou permanente (pode se protrair no tempo); de dano; unissubjetivo; plurissubsistente. |
| **Sujeito Ativo** | Qualquer pessoa. |
| **Sujeito Passivo** | Na primeira parte do tipo é qualquer pessoa; na segunda parte é o fornecedor de matéria-prima ou produto industrial ou agrícola. |
| **Objeto jurídico** | Liberdade do trabalho. |
| **Objeto Material** | Pessoa constrangida. |
| **Elemento subjetivo** | Dolo. |
| **Consumação** | A primeira parte consuma-se quando o agente faz com que a vítima celebre o contrato de trabalho; a segunda parte consuma-se quando a vítima não fornece a matéria-prima ou produto industrial ou agrícola. |
| **Ação Penal** | Pública incondicionada. |

Capítulo

# 3

# ATENTADO CONTRA A LIBERDADE DE ASSOCIAÇÃO

***Leia a Lei:***

- *arts. 199 do CP.*

**Art. 199.** *Constranger alguém, mediante violência ou grave ameaça, a participar ou deixar de participar de determinado sindicato ou associação profissional:*
**Pena** – *detenção, de um mês a um ano, e multa, além da pena correspondente à violência.*

## 1. INTRODUÇÃO

O direito de associação está previsto na Constituição Federal, consoante seu art. 5°, XVII. Trata-se de um direito com caráter negativo, que impede a intervenção estatal na sua criação e funcionamento e veda que qualquer pessoa seja compelida a se associar ou permanecer associada contra a própria vontade. Ainda, a Magna Carta dirigiu seu art. 8° especialmente aos trabalhadores, oportunidade na qual determinou que *ninguém será obrigado a filiar-se ou a manter-se filiado a sindicato.*

O delito em comento descreve a conduta do agente que constrange alguém, mediante violência ou grave ameaça a participar ou deixar de participar de sindicato ou associação sindical. O sindicato deve ser determinado, específico; não há crime se a pessoa for, tão só, forçada a ingressar, genericamente, em algum sindicato.

Tal qual o tipo anterior, o constrangimento deverá ser realizado mediante *violência* ou *grave ameaça,* o que propiciará o cúmulo material das penas deste crime e aquela relativa à violência ou ameaça empregada pelo agente, sendo vedada a absorção.

As considerações acerca da competência para julgamento são as mesmas feitas para o dispositivo legal anterior, ou seja, quando atingido direito individuais, a competência será do Juizado Especial Criminal Estadual, ao passo que, no caso de violação de interesses coletivos, a competência para julgamento será do Juizado Especial Criminal Federal.

O crime de *atentado contra a liberdade de associação* é comum; doloso; material, de forma livre; simples; comissivo (podendo, no entanto, ser praticado via omissão imprópria); instantâneo ou permanente; de dano; unissubjetivo; e plurissubsistente.

## 2. SUJEITO ATIVO

Trata-se de crime comum, podendo ser praticado por qualquer pessoa.

Nos casos em que a conduta delituosa parta de um funcionário público, o crime poderá ser de abuso de autoridade, *vide* art. 3, *f*, da Lei 4.898/65.

## 3. SUJEITO PASSIVO

Aquele que tem a faculdade de se associar ou se filiar a sindicato.

## 4. OBJETO JURÍDICO

O objeto juridicamente tutelado é a liberdade de associação sindical.

## 5. OBJETO MATERIAL

O objeto material é a pessoa constrangida.

## 6. ELEMENTO SUBJETIVO

O elemento subjetivo exigido no tipo penal é o dolo, pois se exige do agente a vontade livre e consciente de querer constranger mediante violência ou grave ameaça alguém a se associar ou participar de sindicado, ou seja, a atitude do agente é agir de modo a conseguir fazer com que determinada pessoa participe de sindicado ou associação profissional.

Não há previsão para sua modalidade culposa.

## 7. CONSUMAÇÃO E TENTATIVA

Consuma-se o crime quando a pessoa que possui qualidade para se associar ou se filiar, efetivamente o faz contra a sua vontade, ou, querendo participar de determinado sindicato ou associação profissional, é impedido de fazê-lo. A tentativa é admitida, haja vista se tratar de conduta que admite fracionamento.

## 8. AÇÃO PENAL

A ação penal é de iniciativa pública incondicionada.

## 9. TÓPICO-SÍNTESE

| TÓPICO-SÍNTESE: Atentado contra a liberdade de associação | |
|---|---|
| **Atentado Contra a Liberdade de Associação (art. 199)** | Constranger alguém, mediante violência ou grave ameaça, a participar ou deixar de participar de determinado sindicato ou associação profissional. |
| **Penas** | A pena para o crime pode ser de detenção, de um mês a um ano, e multa. |
| **Classificação** | Comum; doloso; material, de forma livre; simples; comissivo (podendo, no entanto, ser praticado via omissão imprópria); instantâneo ou permanente; de dano; unissubjetivo; e plurissubsistente. |
| **Sujeito Ativo** | Qualquer pessoa. |
| **Sujeito Passivo** | Quem tem a faculdade de se associar ou se filiar a sindicato. |

| **Objeto jurídico** | Liberdade de associação sindical. |
|---|---|
| **Objeto Material** | Pessoa constrangida. |
| **Elemento Subjetivo** | Dolo. |
| **Consumação** | Consuma-se quando a pessoa se associa contra a sua vontade, ou, querendo participar de determinado sindicato ou associação profissional, é impedida. |
| **Tentativa** | É possível. |
| **Ação Penal** | Pública Incondicionada. |

Capítulo

# 4

# PARALISAÇÃO DE TRABALHO, SEGUIDA DE VIOLÊNCIA OU PERTURBAÇÃO DA ORDEM

***Leia a Lei:***

- *arts. 200 do CP.*

**Art. 200.** *Participar de suspensão ou abandono coletivo de trabalho, praticando violência contra pessoa ou contra coisa:*

**Pena** – *detenção, de um mês a um ano, e multa, além da pena correspondente à violência.*

**Parágrafo único.** *Para que se considere coletivo o abandono de trabalho é indispensável o concurso de, pelo menos, três empregados.*

## 1. INTRODUÇÃO

A tutela penal ocupa-se daqueles que participam do movimento grevista praticando violência contra a coisa ou a pessoa, ultrapassando os meios permitidos de persuadirem os trabalhadores a aderirem à greve. É dizer, o Código Penal não pretende reprovar a conduta daquele trabalhador que, tão somente, adira a uma paralisação, mas daquele que, integrando o movimento, pratique violência contra pessoa ou coisa, seja para tornar mais eficiente a pressão, evitar a intervenção conciliatória de terceiros, ou por mero espírito de brutalidade ou vandalismo.

O parágrafo primeiro prevê a suspensão ou abandono coletivo de trabalho, com o concurso necessário de pelo menos três agentes. A modalidade pode ser mediante greve, que é a paralisação praticada pelo empregado ou através de *lockout,* aquela paralisação realizada pelo empregador.

No núcleo do tipo penal estão os verbos *participar* (fazer parte, aderir) e *praticar*. Percebam que este dispositivo, ao contrário dos anteriores, não referencia a grave ameaça, mas somente a violência, que pode ocorrer tanto contra a pessoa, quanto contra a coisa.

A pena para o crime pode ser de detenção, de um mês a um ano, e multa. Logo, podemos concluir que:

a) É possível a transação penal (art. 76, Lei n. 9.099/95), pois se trata de infração penal de menor potencial ofensivo;

b) É possível a suspensão condicional do processo (art. 89, Lei n. 9.099/95), pois a pena mínima não ultrapassa um ano.

c) Será cabível a substituição da pena por restritivas de direitos, pois no crime não há violência ou grave ameaça e a pena a ser imposta não ultrapassará quatro anos. Será necessário que se façam presentes os demais requisitos do art. 44, CP.

No que tange à prática da *violência*, a lei prevê o cúmulo material das penas do crime em análise e aquela relativa à violência ou ameaça empregada pelo agente, não sendo permitida, pois, a absorção. Todavia, se o meio for a promessa de causar mal injusto e grave a alguém, não restará configurado este crime, mas aquele previsto no art. 147 do Código Penal.

A competência para julgamento é da Justiça Federal, haja vista a violação de interesses coletivos.

O crime de *paralisação de trabalho, seguida de violência ou perturbação da ordem* é próprio; doloso; material, de forma livre; simples; comissivo (podendo ser praticado via omissão imprópria); instantâneo; de dano; plurissubjetivo; e plurissubsistente.

## 2. SUJEITO ATIVO

O crime é plurissubjetivo, o que implica a presença de mais de um agente. A própria legislação previu o número mínimo para que seja considerado o abandono coletivo (greve), qual seja, três empregados, questão já abordada anteriormente.

Ocorre que não há previsão legal acerca do quantitativo mínimo para a caracterização do *lockout*, que é a paralisação protagonizada pelos empregadores. A despeito de tal omissão, a maioria da doutrina entende a obviedade ululante da necessidade de multiplicidade de agentes. Ora, se o tipo penal prevê a conduta de *participar*, que significa *tomar parte ou associar-se*, presume-se majoritariamente a pluralidade de pessoas.

## 3. SUJEITO PASSIVO

O sujeito passivo é a coletividade, trata-se, pois, de um crime vago.

## 4. OBJETO JURÍDICO

O bem juridicamente tutelado é liberdade de trabalho.

## 5. OBJETO MATERIAL

O objeto material é a pessoa ou a coisa contra qual a violência do agente é direcionada.

## 6. ELEMENTO SUBJETIVO

O elemento subjetivo exigido no tipo penal é o dolo, pois se exige do agente a vontade livre e consciente de querer paralisar o trabalho seguido de violência ou perturbação da ordem.

Não há previsão para sua modalidade culposa.

## 7. CONSUMAÇÃO E TENTATIVA

Consuma-se o crime quando o agente pratica o ato de violência contra a pessoa ou contra a coisa, seja essa conduta praticada pelo empregado ou pelo empregador. A tentativa é admitida.

## 8. AÇÃO PENAL

A ação penal é de iniciativa pública incondicionada.

## 9. TÓPICO-SÍNTESE

| TÓPICO-SÍNTESE: Paralisação de trabalho, seguida por violência ou perturbação da ordem | |
|---|---|
| **Paralisação de Trabalho, Seguida por Violência ou Perturbação da Ordem (art. 200)** | Participar de suspensão ou abandono coletivo de trabalho, praticando violência contra pessoa ou contra coisa. |
| **Penas** | A pena para o crime pode ser de detenção, de um mês a um ano, e multa. |
| **Classificação** | Próprio; doloso; material, de forma livre; simples; comissivo (podendo ser praticado via omissão imprópria); instantâneo; de dano; plurissubjetivo; e plurissubsistente. |
| **Sujeito Ativo** | Mínimo de três empregados ou pluralidade de empregadores. |
| **Sujeito Passivo** | Coletividade. |
| **Objeto Jurídico** | Liberdade de trabalho. |
| **Objeto Material** | Pessoa ou coisa contra qual é empregada a violência. |
| **Elemento Subjetivo** | Dolo. |
| **Consumação** | Consuma-se quando o agente pratica o ato de violência contra pessoa ou coisa. |
| **Tentativa** | É possível. |
| **Ação Penal** | Pública Incondicionada. |

Capítulo

# 5

# PARALISAÇÃO DE TRABALHO DE INTERESSE COLETIVO

***Leia a Lei:***

- *arts. 201 do CP.*

**Art. 201-** *Participar de suspensão ou abandono coletivo de trabalho, provocando a interrupção de obra pública ou serviço de interesse coletivo:*
**Pena -** *detenção, de seis meses a dois anos, e multa.*

## 1. INTRODUÇÃO

A Lei nº 7.783/89 revogou o artigo 201 do Código Penal ao definir os serviços e atividades essenciais, necessidades inadiáveis da coletividade e regulando o direito de greve. Por esta razão, a interrupção de obra pública ou serviço de interesse coletivo deverá estar de acordo com o disposto nos artigos 10, 11, 14 e 15 da referida lei. Vale lembrar que a greve é um direito constitucionalmente garantido aos trabalhadores.

O delito consiste em *participar* (aderir, envolver-se, tomar parte) de suspensão ou abandono coletivo de trabalho provocando a interrupção de obra pública, não importando se a paralisação é pacífica ou não.

A pena para o crime pode ser de detenção, de seis meses a dois anos, e multa. Logo, podemos concluir que:

a) É possível a transação penal (art. 76, Lei n. 9.099/95), pois se trata de infração penal de menor potencial ofensivo;

b) É possível a suspensão condicional do processo (art. 89, Lei n. 9.099/95), pois a pena mínima não ultrapassa um ano.

c) Será cabível a substituição da pena por restritivas de direitos, pois no crime não há violência ou grave ameaça e a pena a ser imposta não ultrapassará quatro anos. Será necessário que se façam presentes os demais requisitos do art. 44, CP.

Vale registrar que a pena aplicada será acrescida daquela correspondente à violência.

A competência para julgamento é da Justiça Federal, haja vista a violação de interesses coletivos.

O crime de *paralisação de trabalho de interesse coletivo* é próprio; doloso; material; de forma livre; simples; comissivo (podendo, entretanto, ser cometido via omissão imprópria); instantâneo; de dano; plurissubjetivo; plurissubsistente.

## 2. SUJEITO ATIVO

O sujeito ativo será qualquer empregado ou empregador que tenha sob a sua responsabilidade obra pública ou serviço de interesse coletivo.

## 3. SUJEITO PASSIVO

O sujeito passivo é a coletividade, trata-se, pois, de um crime vago.

## 4. OBJETO JURÍDICO

É o interesse da coletividade na manutenção do serviço.

## 5. OBJETO MATERIAL

O objeto material é a pessoa ou a coisa contra qual a violência do agente é direcionada.

## 6. ELEMENTO SUBJETIVO

O elemento subjetivo exigido no tipo penal é o dolo, pois se exige do agente a vontade livre e consciente de *interromper obra pública ou serviço de interesse coletivo*. Note-se que o dolo deve abranger o conhecimento do tipo de obra paralisada.

Não há previsão para sua modalidade culposa.

## 7. CONSUMAÇÃO E TENTATIVA

Consuma-se o crime com a efetiva interrupção do serviço ou obra de interesse coletivo.

A tentativa é admitida, pois estamos diante de um crime plurissubsistente, o que permite o fracionamento da conduta.

## 8. AÇÃO PENAL

A ação penal é de iniciativa pública incondicionada.

## 9. TÓPICO-SÍNTESE

| TÓPICO-SÍNTESE: Paralisação de trabalho de interesse coletivo | |
|---|---|
| **Paralisação de Trabalho de Interesse Coletivo (art. 201)** | Participar de suspensão ou abandono coletivo de trabalho, provocando a interrupção de obra pública ou serviço de interesse coletivo. |
| **Penas** | A pena para o crime pode ser de detenção, de seis meses a dois anos, e multa. |

| | |
|---|---|
| **Classificação** | Próprio; doloso; material; de forma livre; simples; comissivo (podendo, entretanto, ser cometido via omissão imprópria); instantâneo; de dano; plurissubjetivo; plurissubsistente. |
| **Sujeito Ativo** | Empregado ou empregador responsável por obra pública ou serviço de interesse coletivo. |
| **Sujeito Passivo** | Coletividade. |
| **Objeto Jurídico** | Interesse da coletividade na manutenção do serviço. |
| **Objeto Material** | Pessoa ou coisa contra qual é direcionada a violência. |
| **Elemento Subjetivo** | Dolo. |
| **Consumação** | Consuma-se com a interrupção do serviço ou obra de interesse coletivo. |
| **Tentativa** | É admitida. |
| **Ação Penal** | Pública incondicionada. |

Capítulo

# 6

# INVASÃO DE ESTABELECIMENTO INDUSTRIAL, COMERCIAL OU AGRÍCOLA, SABOTAGEM

***Leia a Lei:***

- *arts. 202 do CP.*

> **Art. 202.** *Invadir ou ocupar estabelecimento industrial, comercial ou agrícola, com o intuito de impedir ou embaraçar o curso normal do trabalho, ou com o mesmo fim danificar o estabelecimento ou as coisas nele existentes ou delas dispor:*
> **Pena** – *reclusão, de um a três anos, e multa.*

## 1. INTRODUÇÃO

O tipo penal prevê duas figuras criminosas, tratando-se, pois, de um tipo misto. A primeira parte pressupõe a ocupação ou invasão pelo agente no estabelecimento, seja mediante a entrada arbitrária ou com a tomada de posse pela ocupação, com a clara finalidade de atrapalhar, interromper ou evitar que se inicie o curso normal e regular das atividades desenvolvidas ou o curso normal de trabalho. Já na segunda parte, a conduta consiste em danificar o estabelecimento ou as coisas nele existentes, ou, ainda, delas dispor, cuja finalidade é a mesma descrita para a figura anterior.

Assevere-se, pois, o fim específico que configura o crime agora estudado, pois a falta dele ensejará adequação à conduta descrita no art. 163 do Código Penal – crime de dano.

*Industrial, comercial ou agrícola* diz respeito à natureza das atividades desenvolvidas pelo estabelecimento.

A pena para o crime pode ser de reclusão, de um a três anos, e multa. Logo, podemos concluir que:

a) Não é possível a transação penal (art. 76, Lei n. 9.099/95), pois não se trata de infração penal de menor potencial ofensivo;

b) É possível a suspensão condicional do processo (art. 89, Lei n. 9.099/95), pois a pena mínima não ultrapassa um ano.

c) Será cabível a substituição da pena por restritivas de direitos, pois no crime não há violência ou grave ameaça e a pena a ser imposta não ultrapassará quatro anos. Será necessário que se façam presentes os demais requisitos do art. 44, CP.

A competência para julgamento é da Justiça Federal, haja vista a violação de interesses coletivos.

O crime de *invasão de estabelecimento industrial, comercial ou agrícola e sabotagem* é comum; doloso; formal; de forma livre; comissivo (podendo, no entanto, ser praticado via omissão imprópria); instantâneo ou permanente (invadir e ocupar são condutas que podem se prolongar no tempo); de dano; unissubjetivo; plurissubsistente.

## 2. SUJEITO ATIVO

O sujeito ativo pode ser qualquer pessoa, seja empregado o não do estabelecimento. Trata-se, pois, de um crime comum.

## 3. SUJEITO PASSIVO

Para a doutrina majoritária, o sujeito passivo será tanto a coletividade quanto o proprietário ou o possuidor do estabelecimento industrial, comercial ou agrícola.

## 4. OBJETO JURÍDICO

O objeto juridicamente tutelado é, primariamente, a organização do trabalho. De forma secundária, protege-se o estabelecimento industrial.

## 5. OBJETO MATERIAL

O objeto material é o estabelecimento industrial, comercial ou agrícola e tudo o que neles há.

## 6. ELEMENTO SUBJETIVO

O elemento subjetivo exigido no tipo penal é o dolo, pois se exige do agente a vontade livre e consciente de querer ocupar ou invadir o estabelecimento de qualquer das naturezas previstas no artigo, com o fim de causar algum tipo de transtorno ao normal funcionamento das funções exercidas naquele lugar, ou apenas para danificá-lo. É este fim específico que diferencia o crime em estudo da invasão de domicílio, do esbulho possessório e do dano. Não há previsão para sua modalidade culposa.

## 7. CONSUMAÇÃO E TENTATIVA

Na primeira ação, consuma-se o crime quando ocorre a invasão ou ocupação do estabelecimento industrial, comercial ou agrícola, independentemente de o agente ter conseguido efetivamente atrapalhar o normal funcionamento das atividades ali realizadas ou danificar o local. Na segunda ação prevista, o crime atinge o seu momento consumativo com o dano ao estabelecimento ou às coisas nele existentes, ou a disposição destas últimas. A tentativa é admitida.

## 8. AÇÃO PENAL

A ação penal é de iniciativa pública incondicionada.

## 9. TÓPICO-SÍNTESE

| TÓPICO-SÍNTESE: Paralisação de trabalho de interesse coletivo | |
|---|---|
| **Invasão de Estabelecimento Industria, Comercial ou Agrícola e Sabotagem (art. 202)** | Invadir ou ocupar estabelecimento industrial, comercial ou agrícola, com o intuito de impedir ou embaraçar o curso normal do trabalho, ou com o mesmo fim danificar o estabelecimento ou as coisas nele existentes ou delas dispor. |
| **Penas** | A pena para o crime pode ser de reclusão, de um a três anos, e multa. |
| **Classificação** | Comum; doloso; formal; de forma livre; comissivo (podendo, no entanto, ser praticado via omissão imprópria); instantâneo ou permanente (invadir e ocupar são condutas que podem se prolongar no tempo); de dano; unissubjetivo; plurissubsistente. |
| **Sujeito Ativo** | Qualquer pessoa. |
| **Sujeito Passivo** | Coletividade e proprietário ou possuidor do estabelecimento industrial, comercial ou agrícola. |
| **Objeto Jurídico** | Organização do trabalho. |
| **Objeto Material** | Estabelecimento industrial, comercial ou agrícola. |
| **Elemento Subjetivo** | Dolo. |
| **Consumação** | Consuma-se quando ocorre a invasão ou ocupação do estabelecimento industrial, comercial ou agrícola. |
| **Tentativa** | É admitida. |
| **Ação Penal** | Pública incondicionada. |

Capítulo

# 7

# FRUSTRAÇÃO DE DIREITO ASSEGURADO POR LEI TRABALHISTA

***Leia a Lei:***

- *arts. 203 do CP.*

**Art. 203.** *Frustrar, mediante fraude ou violência, direito assegurado pela legislação do trabalho:*

*Pena – detenção de um ano a dois anos, e multa, além da pena correspondente à violência.*

**§ 1º** *Na mesma pena incorre quem:*

**I** – *obriga ou coage alguém a usar mercadorias de determinado estabelecimento, para impossibilitar o desligamento do serviço em virtude de dívida;*

**II** – *impede alguém de se desligar de serviços de qualquer natureza, mediante coação ou por meio da retenção de seus documentos pessoais ou contratuais.*

**§ 2º** *A pena é aumentada de um sexto a um terço se a vítima é menor de dezoito anos, idosa, gestante, indígena ou portadora de deficiência física ou mental.*

## 1. INTRODUÇÃO

Trata-se de norma penal em branco, uma vez que os direitos trabalhistas referenciados pelo artigo estão consignados em outras normas, notadamente na Constituição Federal, na CLT e leis especiais.

Neste tipo o agente delituoso priva o titular do direito trabalhista daquilo que lhe é assegurado, mediante fraude ou violência física, não sendo a violência moral meio de execução deste delito.

Ao analisar o núcleo do tipo, temos que *frustrar* significa afastar, impedir, privar o titular do direito que lhe é assegurado por lei. São exemplos clássicos a conduta de obrigar os empregados a assinarem pedido de demissão dando quitação, ou então a realizar o pagamento de salário inferior ao mínimo legal, mas fazendo com que os funcionários assinem recibo de valor igual ao salário-mínimo.

Atente-se para o fato de que existem direitos trabalhistas que são renunciáveis, pelo que, quanto a estes, entende-se que não restará qualificado o crime caso haja a anuência do trabalhador. Não obstante, em relação àqueles direitos tidos como irrenunciáveis, a anuência do trabalhador será irrelevante, restando, ainda assim, caracterizado o crime.

A pena para o crime pode ser de detenção de um ano a dois anos, e multa. Logo, podemos concluir que:

a) É possível a transação penal (art. 76, Lei n. 9.099/95), pois se trata de infração penal de menor potencial ofensivo;

b) É possível a suspensão condicional do processo (art. 89, Lei n. 9.099/95), pois a pena mínima não ultrapassa um ano.

c) Será cabível a substituição da pena por restritivas de direitos, pois no crime não há violência ou grave ameaça e a pena a ser imposta não ultrapassará quatro anos. Será necessário que se façam presentes os demais requisitos do art. 44, CP.

Ademais, se o crime for praticado mediante emprego da violência, a pena a ela correspondente deve se fazer presente.

Quanto à competência para julgamento, tem-se que quando forem atingidos direitos individuais, a competência será do Juizado Especial Criminal Estadual, ao passo que, no caso de violação de interesses coletivos, a competência para julgamento será do Juizado Especial Criminal Federal.

O crime de *frustração de direito assegurado por lei trabalhista* é comum; doloso; material; de forma livre; comissivo (podendo, também, ser praticado via omissão imprópria); instantâneo ou permanente (conforme o caso concreto); de dano; unissubjetivo e plurissubsistente.

## 2. SUJEITO ATIVO

O sujeito ativo pode ser qualquer pessoa, configurando, pois, crime comum.

## 3. SUJEITO PASSIVO

O sujeito passivo é aquele que tem o seu direito trabalhista frustrado.

Há previsão de uma majorante de pena nos casos em que a vítima é menor de dezoito anos, idosa, gestante, indígena ou portadora de deficiência física ou mental. A pena é aumentada de um sexto a um terço.

## 4. OBJETO JURÍDICO

Para a doutrina majoritária, o objeto juridicamente tutelado são os direitos trabalhistas.

## 5. OBJETO MATERIAL

O objeto material é a pessoa que tem o seu direito trabalhista frustrado.

## 6. ELEMENTO SUBJETIVO

O elemento subjetivo exigido é o dolo, pois se exige do agente a vontade livre e consciente de querer tirar do trabalhador o direito que lhe é dado por Lei. Não há previsão para sua modalidade culposa.

## 7. CONSUMAÇÃO E TENTATIVA

Consuma-se o crime no instante em que o agente priva o titular do seu direito assegurado por lei trabalhista. A tentativa é admitida.

## 8. AÇÃO PENAL

A ação penal é de iniciativa pública incondicionada.

## 9. TÓPICO-SÍNTESE

| TÓPICO-SÍNTESE: Paralisação de trabalho de interesse coletivo | |
|---|---|
| **Frustração de Direito Assegurado por Lei Trabalhista (art. 203)** | Frustrar, mediante fraude ou violência, direito assegurado pela legislação do trabalho. |
| **Penas** | A pena para o crime pode ser de detenção de um ano a dois anos, e multa. |
| **Figuras Equiparadas (§ 1º, I e II)** | • obrigar ou coagir alguém a usar mercadorias de determinado estabelecimento, para impossibilitar o desligamento do serviço em virtude de dívida;<br>• impedir alguém de se desligar de serviços de qualquer natureza, mediante coação ou por meio da retenção de seus documentos pessoais ou contratuais. |
| **Aumento de Pena (§ 2º)** | **De 1/6 a 1/3:** se a vítima é menor de dezoito anos, idosa, gestante, indígena ou portadora de deficiência física ou mental. |
| **Classificação** | Comum; doloso; material; de forma livre; comissivo (podendo, também, ser praticado via omissão imprópria); instantâneo ou permanente (conforme o caso concreto); de dano; unissubjetivo e plurissubsistente. |
| **Sujeito Ativo** | Qualquer pessoa. |
| **Sujeito Passivo** | Pessoa que tem o seu direito trabalhista frustrado. |
| **Objeto Jurídico** | Direitos trabalhistas. |
| **Objeto Material** | Pessoa que tem direito trabalhista frustrado. |
| **Elemento Subjetivo** | Dolo. |
| **Consumação** | Consuma-se quando o agente priva o titular do seu direito trabalhista. |
| **Tentativa** | É admitida. |
| **Ação Penal** | Pública incondicionada. |

Capítulo

# 8

# FRUSTRAÇÃO DE LEI SOBRE A NACIONALIZAÇÃO DO TRABALHO

***Leia a Lei:***

- *arts. 204 do CP.*

**Art. 204.** *Frustrar, mediante fraude ou violência, obrigação legal relativa à nacionalização do trabalho:*
**Pena** – *detenção, de um mês a um ano, e multa, além da pena correspondente à violência.*

## 1. INTRODUÇÃO

Trata-se de norma penal em branco, pois o tipo criminaliza a conduta do agente que priva, mediante fraude ou violência, obrigação legal relativa à nacionalização do trabalho, cujas regras estão insertas na CLT, artigos 352 a 371.

No que tange à *nacionalização do* trabalho, a Constituição Federal de 1967/1969 previa a *fixação das percentagens de empregados brasileiros nos serviços públicos dados em concessão e nos estabelecimentos de determinados ramos comerciais e industriais.* Há posicionamento doutrinário no sentido da não recepção do art. 204 do Código Penal pela hodierna Constituição Federal, pois, com a promulgação da Carta Magna de 1988, passou-se a garantir a igualdade entre brasileiros e estrangeiros residentes no país, sendo a todos assegurado o livre exercício de qualquer trabalho, ofício ou profissão, desde que respeitadas as qualificações profissionais estabelecidas em lei. A despeito da discussão da recepção do presente artigo pela Constituição Federal de 1988, cuja conclusão pode tornar ineficaz o presente estudo, iremos analisá-lo.

Pois bem. Discussão da recepção ou não do referido artigo à parte, fato é que a CLT, nos arts. 352 e 354, ainda exige uma percentagem mínima de trabalhadores brasileiros. Vejamos:

**Art. 352.** *As empresas, individuais ou coletivas, que explorem serviços públicos dados em concessão, ou que exerçam atividades industriais ou comerciais, são obrigadas a manter, no quadro do seu pessoal, quando composto de 3 (três) ou mais empregados, uma proporção de brasileiros não inferior à estabelecida no presente Capítulo.*

**Art. 354.** *A proporcionalidade será de 2/3 (dois terços) de empregados brasileiros, podendo, entretanto, ser fixada proporcionalidade inferior, em atenção às circunstâncias especiais de cada atividade, mediante*

> *ato do Poder Executivo, e depois de devidamente apurada pelo Departamento Nacional do Trabalho e pelo Serviço de Estatística de Previdência e Trabalho a insuficiência do número de brasileiros na atividade de que se tratar.*
> **Parágrafo único.** *A proporcionalidade é obrigatória não só em relação à totalidade do quadro de empregados, com as exceções desta Lei, como ainda em relação à correspondente folha de salários.*

Assinale-se, por ser importante, que o simples descumprimento da determinação contida na CLT enseja infração administrativa. Para a caracterização do crime agora estudado, é necessária que a conduta de descumprimento seja realizada mediante fraude ou violência.

A pena para o crime pode ser de detenção, de um mês a um ano, e multa. Logo, podemos concluir que:

a) É possível a transação penal (art. 76, Lei n. 9.099/95), pois se trata de infração penal de menor potencial ofensivo;

b) É possível a suspensão condicional do processo (art. 89, Lei n. 9.099/95), pois a pena mínima não ultrapassa um ano.

c) Será cabível a substituição da pena por restritivas de direitos, pois no crime não há violência ou grave ameaça e a pena a ser imposta não ultrapassará quatro anos. Será necessário que se façam presentes os demais requisitos do art. 44, CP.

Ademais, se o crime for praticado mediante emprego da violência, a pena a ela correspondente deve se fazer presente.

Quanto à competência para julgamento, por se tratar de tutela de interesses coletivos, será do Juizado Especial Criminal Federal.

O crime de *frustração de lei sobre a nacionalização do trabalho* é comum; doloso; material; de forma livre; comissivo; de dano; unissubjetivo; plurissubsistente.

## 2. SUJEITO ATIVO

O sujeito ativo pode ser qualquer pessoa, muito embora a regra seja que o empregador figure nesse polo.

## 3. SUJEITO PASSIVO

O sujeito passivo é o Estado.

## 4. OBJETO JURÍDICO

O objeto juridicamente tutelado é o interesse do Estado em garantir reserva de mercado para brasileiros.

## 5. OBJETO MATERIAL

O objeto material é o contrato celebrado indevidamente.

## 6. ELEMENTO SUBJETIVO

O elemento subjetivo exigido no tipo penal é o dolo, pois se exige do agente a vontade livre e consciente de querer enganar, frustrar, mediante fraude ou violência a proteção conferida por lei aos trabalhadores nacionais. Não há previsão para sua modalidade culposa.

## 7. CONSUMAÇÃO E TENTATIVA

Consuma-se o delito no momento em que efetivamente o agente frustra essa proteção conferida por lei ao trabalhador nacional, mediante fraude ou violência. A tentativa é admitida.

## 8. AÇÃO PENAL

A ação penal é de iniciativa pública incondicionada.

## 9. TÓPICO-SÍNTESE

| TÓPICO-SÍNTESE: Frustação de lei sobre a nacionalização do trabalho | |
|---|---|
| **Frustração de Lei sobre a Nacionalização do Trabalho (art. 204)** | Frustrar, mediante fraude ou violência, obrigação legal relativa à nacionalização do trabalho. |
| **Penas** | A pena para o crime pode ser de detenção, de um mês a um ano, e multa. |
| **Classificação** | Comum; doloso; material; de forma livre; comissivo; de dano; unissubjetivo; plurissubsistente. |
| **Sujeito Ativo** | Qualquer pessoa. |
| **Sujeito Passivo** | Estado. |
| **Objeto Jurídico** | Interesse do Estado em garantir reserva de mercado para brasileiros. |
| **Objeto Material** | Contrato celebrado indevidamente. |
| **Elemento Subjetivo** | Dolo. |
| **Consumação** | Consuma-se no momento em que o agente frustra proteção conferida por lei ao trabalhador nacional, mediante fraude ou violência. |
| **Tentativa** | É admitida. |
| **Ação Penal** | Pública Incondicionada. |

Capítulo

# 9

# EXERCÍCIO DE ATIVIDADE COM INFRAÇÃO DE DECISÃO ADMINISTRATIVA

***Leia a Lei:***

- *arts. 205 do CP.*

**Art. 205**- *Exercer atividade, de que está impedido por decisão administrativa:*
**Pena** – *detenção, de três meses a dois anos, ou multa.*

## 1. INTRODUÇÃO

A conduta descrita no tipo diz respeito à atividade que o agente está impedido de exercer por decisão administrativa. Essa atividade exercida deve ser entendida como atividade habitual, já que esta é uma característica necessária para a configuração do crime. Logo, deve existir uma prévia decisão administrativa emanada de um órgão da administração pública ou de entidade disciplinadora de profissão, a exemplo dos Conselhos de Classe (autarquias em regime especial).

A pena para o crime pode ser de detenção, de três meses a dois anos, ou multa. Logo, podemos concluir que:

a) É possível a transação penal (art. 76, Lei n. 9.099/95), pois se trata de infração penal de menor potencial ofensivo;

b) É possível a suspensão condicional do processo (art. 89, Lei n. 9.099/95), pois a pena mínima não ultrapassa um ano.

c) Será cabível a substituição da pena por restritivas de direitos, pois no crime não há violência ou grave ameaça e a pena a ser imposta não ultrapassará quatro anos. Será necessário que se façam presentes os demais requisitos do art. 44, CP.

Vale registrar que a multa figura como pena alternativa (e não cumulativa) à pena privativa de liberdade.

Em relação à Ordem dos Advogados do Brasil, haja vista a sua natureza *sui generis*, o entendimento do STF é no sentido de que aquele que exerce a profissão de advocacia estando suspenso, incorre na contravenção de exercício ilegal da profissão (art. 47 da LCP). O entendimento do STF se baseia no fato de que as decisões emanadas da referida entidade não têm caráter de decisão administrativa, pelo que resta descaracterizado o crime em questão. (Precedentes STF – HC 74.471, Rel. Min. Celso de Melo).

Ademais, a decisão judicial não é tutelada pelo dispositivo em análise, pois a desobediência à ordem judicial poderá configurar o delito previsto no art. 359 do Código Penal.

Noutro passo, o exercício ilegal de função pública, por sua vez, configura o delito previsto no art. 324 do mesmo diploma.

Ainda, assinale-se que o exercício ilegal da medicina, arte dentária ou farmacêutica enseja a caracterização do crime previsto no art. 282 do mesmo Código, haja vista a sua especificidade.

A competência para julgamento é do Juizado Especial Criminal. Se o crime for cometido em detrimento de serviço ou interesse de autarquia federal, a competência será da Justiça Federal.

O crime de *exercício de atividade com infração de decisão administrativa* é próprio; doloso; de mera conduta; de forma livre; simples; ; comissivo; habitual; instantâneo; de dano; unissubjetivo; plurissubsistente.

## 2. SUJEITO ATIVO

O sujeito ativo é a pessoa impedida de exercer determinada atividade por decisão administrativa.

## 3. SUJEITO PASSIVO

O sujeito passivo é o Estado, pois ele tem interesse que as suas decisões sejam cumpridas por aqueles que se sujeitam elas.

## 4. OBJETO JURÍDICO

Objeto juridicamente tutelado é a força normativa do Estado em relação às decisões relativas ao exercício de atividade, trabalho.

## 5. OBJETO MATERIAL

O objeto material é a atividade desempenhada pelo agente.

## 6. ELEMENTO SUBJETIVO

O elemento subjetivo exigido para o tipo é o dolo, pois se exige do agente a vontade livre e consciente de querer exercer atividade da qual se encontra devidamente impedido por decisão administrativa. Não há previsão para sua modalidade culposa.

## 7. CONSUMAÇÃO E TENTATIVA

Consuma-se o crime com a prática reiterada – habitualidade – dos atos próprios da atividade para a qual se encontre impedido pela decisão administrativa. Dado ao predicado da habitualidade do crime, não se admite a tentativa.

## 8. AÇÃO PENAL

A ação penal é de iniciativa pública incondicionada.

## 9. TÓPICO-SÍNTESE

| TÓPICO-SÍNTESE: Exercício de atividade com infração de Decisão Administrativa | |
|---|---|
| **Exercício de Atividade com Infração de Decisão Administrativa (art. 205)** | Exercer atividade, de que está impedido por decisão administrativa. |
| **Penas** | A pena para o crime pode ser de detenção, de três meses a dois anos, ou multa. |
| **Classificação** | Próprio; doloso; de mera conduta; de forma livre; simples; ; comissivo; habitual; instantâneo; de dano; unissubjetivo; plurissubsistente. |
| **Sujeito Ativo** | Pessoa impedida de exercer atividade por decisão administrativa. |
| **Sujeito Passivo** | Estado. |
| **Objeto Jurídico** | Força normativa do Estado em relação às decisões relativas ao exercício de atividade, trabalho. |
| **Objeto Material** | Atividade desempenhada pelo agente. |
| **Elemento Subjetivo** | Dolo. |
| **Consumação** | Consuma-se com a prática reiterada da atividade para a qual se encontre impedido por decisão administrativa. |
| **Tentativa** | Não é admitida. |
| **Ação Penal** | Pública incondicionada. |

Capítulo

# 10

# ALICIAMENTO PARA O FIM DE EMIGRAÇÃO

***Leia a Lei:***

- *arts. 206 do CP.*

**Art. 206.** *Recrutar trabalhadores, mediante fraude, com o fim de levá-los para território estrangeiro.*
**Pena** – *detenção, de 1 (um) a 3 (três) anos e multa.*

## 1. INTRODUÇÃO

A Lei nº 8.683/93 deu nova redação ao artigo em estudo, criminalizando a conduta do agente que age mediante fraude, recrutando trabalhadores para fins de emigração, ou seja, aquele que mediante falsas promessas de enriquecimento em curto prazo, por exemplo, seduz e convence trabalhadores a irem para território estrangeiro. É necessário que o agente se valha da fraude para estimular os trabalhadores a sair do país, a exemplo de prometer bom emprego e bom salário quando, em verdade, as atividades serão braçais e mal remuneradas.

A pena para o crime pode ser de detenção, de 1 (um) a 3 (três) anos e multa. Logo, podemos concluir que:

a) Não é possível a transação penal (art. 76, Lei n. 9.099/95), pois se trata de infração penal de menor potencial ofensivo;

b) É possível a suspensão condicional do processo (art. 89, Lei n. 9.099/95), pois a pena mínima não ultrapassa um ano.

c) Será cabível a substituição da pena por restritivas de direitos, pois no crime não há violência ou grave ameaça e a pena a ser imposta não ultrapassará quatro anos. Será necessário que se façam presentes os demais requisitos do art. 44, CP.

Atente-se que a conduta de aliciar prostitutas para atuarem no exterior caracteriza o crime previsto no art. 149- A do Código Penal, Tráfico de Pessoas.

A lei faz referência a *trabalhadores*, isto é, usa o termo no plural. Há divergência doutrinária no que tange ao quantitativo mínimo. Para MIRABETE e NORONHA, exigem-se no mínimo três pessoas. DAMÁSIO e DELMANTO sustentam que a lei se contenta com o número mínimo de dois trabalhadores.

Quanto à competência para julgamento, por se tratar de tutela de interesses coletivos, será do Juizado Especial Criminal Federal.

O crime de *aliciamento para o fim de emigração* é comum; doloso; formal; simples; de forma livre; comissivo; instantâneo; de dano; unissubjetivo; plurissubsistente.

## 2. SUJEITO ATIVO

O sujeito ativo pode ser qualquer pessoa, configurando, pois, crime comum.

## 3. SUJEITO PASSIVO

O sujeito passivo será, em análise primária, o Estado. De forma secundária, tem-se que as vítimas também podem figurar no polo passivo.

## 4. OBJETO JURÍDICO

O objeto juridicamente tutelado é a organização do trabalho, aqui representada pelo interesse do Estado na permanência de trabalhadores no território brasileiro, buscando evitar, desta forma, a diminuição da mão de obra, o que causaria contratempos à economia nacional.

## 5. OBJETO MATERIAL

O objeto material são os trabalhadores aliciados.

## 6. ELEMENTO SUBJETIVO

O elemento subjetivo exigido no tipo é o dolo, pois se exige do agente a vontade livre e consciente de querer tirar o trabalhador do território nacional se utilizando de conduta fraudulenta para estimulá-lo.

Não há previsão para sua modalidade culposa.

## 7. CONSUMAÇÃO E TENTATIVA

Consuma-se o crime quando o agente recruta os trabalhadores com a finalidade de levá-los ao exterior, não necessitando para a configuração do tipo que haja a saída do país.

A tentativa é admitida, tendo em vista a possibilidade de fracionamento da conduta.

## 8. AÇÃO PENAL

A ação penal é de iniciativa pública incondicionada.

## 9. TÓPICO-SÍNTESE

| TÓPICO-SÍNTESE: Aliciamento para fim de imigração | |
|---|---|
| **Aliciamento para Fim de Imigração (art. 206)** | Recrutar trabalhadores, mediante fraude, com o fim de levá-los para território estrangeiro. |
| **Penas** | Detenção, de 1 (um) a 3 (três) anos e multa |
| **Classificação** | Comum; doloso; formal; simples; de forma livre; comissivo; instantâneo; de dano; unissubjetivo; plurissubsistente. |
| **Sujeito Ativo** | Qualquer pessoa. |
| **Sujeito Passivo** | Estado e secundariamente, as vítimas. |
| **Objeto Jurídico** | Organização do trabalho. |
| **Objeto Material** | Trabalhadores aliciados. |
| **Elemento Subjetivo** | Dolo. |
| **Consumação** | Consuma-se quando o agente recruta os trabalhadores com a finalidade de levá-los ao exterior. |
| **Tentativa** | É admitida. |
| **Ação Penal** | Pública incondicionada. |

Capítulo

# 11

# ALICIAMENTO DE TRABALHADORES DE UM LOCAL PARA OUTRO DO TERRITÓRIO NACIONAL

***Leia a Lei:***

- *arts. 207 do CP.*

**Art. 207.** *Aliciar trabalhadores, com o fim de levá-los de uma para outra localidade do território nacional:*
**Pena** – *detenção de um a três anos, e multa.*
**§ 1º** *Incorre na mesma pena quem recrutar trabalhadores fora da localidade de execução do trabalho, dentro do território nacional, mediante fraude ou cobrança de qualquer quantia do trabalhador, ou, ainda, não assegurar condições do seu retorno ao local de origem.*
**§ 2º** *A pena é aumentada de um sexto a um terço se a vítima é menor de dezoito anos, idosa, gestante, indígena ou portadora de deficiência física ou mental.*

## 1. INTRODUÇÃO

São duas as figuras presentes neste tipo. Na primeira figura, semelhante ao artigo anterior, a tutela penal se ocupa com a conduta daquele que alicia trabalhadores com o fim de levá-los de uma localidade a outra dentro do território nacional. A diferença é que o agente não precisa se valer de conduta fraudulenta, ou seja, não há que se falar em falsas promessas, basta que o agente recrute, ainda que com promessas verdadeiras. A ação nuclear consubstancia-se o verbo *aliciar*, isto é, seduzir, convencer, induzir. A segunda figura caracteriza-se na conduta de *recrutar*, que é angariar adeptos, aqui, por meio de fraude ou cobrança de qualquer valor do trabalhador, ou, ainda, através da conduta de não assegurar condições de seu retorno.

O Direito Penal tem o objetivo claro de evitar que as regiões enfraquecidas economicamente sofram ainda mais com a emigração e as regiões mais abastadas sejam sufocadas com o excesso de demanda.

A pena para o crime pode ser de detenção, de 1 (um) a 3 (três) anos e multa. Logo, podemos concluir que:

a) Não é possível a transação penal (art. 76, Lei n. 9.099/95), pois se trata de infração penal de menor potencial ofensivo;

b) É possível a suspensão condicional do processo (art. 89, Lei n. 9.099/95), pois a pena mínima não ultrapassa um ano.

c) Será cabível a substituição da pena por restritivas de direitos, pois no crime não há violência ou grave ameaça e a pena a ser imposta não ultrapassará quatro anos. Será necessário que se façam presentes os demais requisitos do art. 44, CP.

Há previsão de uma majorante de pena, de um sexto a um terço, nos casos em que a vítima é menor de dezoito anos, idosa, gestante, indígena ou portadora de deficiência física ou mental.

Quanto à competência para julgamento, por se tratar de tutela de interesses coletivos, será do Juizado Especial Criminal Federal.

O crime de *aliciamento de trabalhadores de um local para outro do território nacional* é comum (próprio, quando o agente já recrutou e não fornece meios de retorno do trabalhador); formal; de forma livre; simples; comissivo; instantâneo; de dano; unissubjetivo; plurissubsistente.

## 2. SUJEITO ATIVO

O sujeito ativo pode ser qualquer pessoa, já que se trata de um crime comum.

## 3. SUJEITO PASSIVO

Primariamente, o sujeito passivo é o Estado. De forma secundária, podem figurar como vítimas os trabalhadores aliciados.

## 4. OBJETO JURÍDICO

Objeto juridicamente tutelado é a organização do trabalho, aqui consubstanciado no interesse do Estado em não deslocar a mão de obra artificialmente dentro do território nacional.

## 5. OBJETO MATERIAL

O objeto material são os trabalhadores aliciados.

## 6. ELEMENTO SUBJETIVO

O elemento subjetivo exigido no tipo é o dolo, pois se exige do agente a vontade livre e consciente de querer tirar o trabalhador de uma localidade para outra dentro do território nacional. Não há previsão para sua modalidade culposa.

## 7. CONSUMAÇÃO E TENTATIVA

O delito se consuma quando o agente convence os trabalhadores a se mudarem de uma localidade a outra dentro do território nacional, acertando os meios e condições, não sendo necessário, entretanto, que isso realmente ocorra. No que diz respeito à conduta de não assegurar meios de retorno do trabalhador, restará configurada ainda que a vítima consiga retornar à sua localidade de origem. A tentativa é admitida.

## 8. AÇÃO PENAL

A ação penal é de iniciativa pública incondicionada.

## 9. TÓPICO-SÍNTESE

| TÓPICO-SÍNTESE: Aliciamento para fim de imigração | |
|---|---|
| Aliciamento de Trabalhadores de Um Local para Outro do Território Nacional (art. 207) | Aliciar trabalhadores, com o fim de levá-los de uma para outra localidade do território nacional. |
| Penas | A pena para o crime pode ser de detenção, de 1 (um) a 3 (três) anos e multa. |
| Figura Equiparada (§ 1º) | Recrutar trabalhadores fora da localidade de execução do trabalho, dentro do território nacional, mediante fraude ou cobrança de qualquer quantia do trabalhador, ou, ainda, não assegurar condições do seu retorno ao local de origem. |
| Aumento de pena (§ 2º) | **De 1/6 a 1/3:** se a vítima é menor de dezoito anos, idosa, gestante, indígena ou portadora de deficiência física ou mental na qualidade de tutor, curador, síndico, liquidatário, inventariante, testamenteiro ou depositário judicial. |
| Classificação | Comum (próprio, quando o agente já recrutou e não fornece meios de retorno do trabalhador); formal; de forma livre; simples; comissivo; instantâneo; de dano; unissubjetivo; plurissubsistente. |
| Sujeito Ativo | Qualquer pessoa. |
| Sujeito Passivo | Estado, secundariamente os trabalhadores aliciados. |
| Objeto Jurídico | Organização do trabalho. |
| Objeto Material | Trabalhadores alíciados. |
| Elemento Subjetivo | Dolo. |
| Consumação | Consuma-se quando o agente convence os trabalhadores a se mudarem de uma localidade a outra dentro do território nacional por meio de acertos. |
| Tentativa | É admitida. |
| Ação Penal | Pública Incondicionada. |

## Título V

# DOS CRIMES CONTRA O SENTIMENTO RELIGIOSO E CONTRA O RESPEITO AOS MORTOS

Capítulo

# 1

# DOS CRIMES CONTRA O SENTIMENTO RELIGIOSO

**Leia a Lei:**

- *arts. 208 do CP.*

## 1. ULTRAJE A CULTO E IMPEDIMENTO OU PERTURBAÇÃO DE ATO A ELE RELATIVO

> **Art. 208.** *Escarnecer de alguém publicamente, por motivo de crença ou função religiosa; impedir ou perturbar cerimônia ou prática de culto religioso; vilipendiar publicamente ato ou objeto de culto religioso:*
>
> **Pena –** *detenção, de um mês a um ano, ou multa.*
>
> **Parágrafo único.** *Se há emprego de violência, a pena é aumentada de um terço, sem prejuízo da correspondente à violência.*

### 1.1. Introdução

O tipo penal do art. 208 traz uma série de condutas distintas. Passemos ao estudo individualizado de cada uma delas:

a) **Escarnecer de alguém publicamente, por motivo de crença ou função religiosa;**

Escarnecer é zombar, tripudiar, humilhar, menoscabar, diminuir, ridicularizar etc. Como se vê, a partir da literalidade legislativa, somente restará consumado o crime se a conduta se der em público, não havendo que se falar neste delito para eventual ato de escarnecimento em privado, somente agressor e vítima. Em um caso como este, poderá haver algum outro delito, como um crime contra a honra por exemplo.

Ademais, imprescindível estar presente a motivação, atrelada à crença ou função religiosa exercida pela vítima.

b) **Impedir ou perturbar cerimônia ou prática de culto religioso;**

Nosso Estado é laico e é protegida a liberdade religiosa. Todas as manifestações religiosas merecem respeito e a proteção do Estado contra atos de discriminação. É o que temos neste dispositivo, em que o Código Penal tipifica a conduta daqueles que, violentando as liberdades religiosas alheias, procuram impedir ou perturbar a cerimônia ou o culto religioso.

c) **Vilipendiar publicamente ato ou objeto de culto religioso.**

Vilipendiar equivale a ofender, humilhar, desprezar, menoscabar.

O art. 208 constitui um tipo penal misto cumulativo. Deste modo, a realização de mais de uma conduta descrita no tipo dará ensejo à prática de mais de um crime.

A pena para o crime pode ser de detenção, de um mês a um ano, ou multa. Logo, podemos concluir que, em qualquer dos dois casos:

a) É possível a transação penal (art. 76, Lei n. 9.099/95), pois se trata de infração penal de menor potencial ofensivo;

b) É possível a suspensão condicional do processo (art. 89, Lei n. 9.099/95), pois a pena mínima não ultrapassa um ano.

c) Será cabível a substituição da pena por restritivas de direitos, pois no crime não há violência ou grave ameaça e a pena a ser imposta não ultrapassará quatro anos. Será necessário que se façam presentes os demais requisitos do art. 44, CP.

Ademais, o parágrafo único prevê uma causa de aumento de pena de um terço se há o emprego da violência. O referido aumento ocorre sem prejuízo da condenação penal pena correspondente à violência. Deste modo, se, por exemplo, ao empregar violência contra o sacerdote do culto religioso para impedir a sua ocorrência, o agente produzir-lhe lesão corporal de natureza grave, deverá ser responsabilizado, também, pela pena referente a este delito.

O crime de *ultraje a culto e impedimento ou perturbação de ato a ele relativo* é comum; doloso; formal; comissivo (podendo, no entanto, ser cometido via omissão imprópria); de forma livre; instantâneo; de dano; unissubjetivo; unissubsistente ou plurissubsistente, conforme o caso concreto.

### 1.2. Sujeito Ativo

Qualquer pessoa. Trata-se, portanto, de crime comum.

### 1.3. Sujeito Passivo

Serão as pessoas que foram escarnecidas, bem como as pessoas vinculadas à cerimônia ou culto religioso impedido ou perturbado. Por fim, também serão sujeitos passivos as pessoas vinculadas ao culto religioso vilipendiado.

### 1.4. Objeto Jurídico

O bem jurídico tutelado é o sentimento dos mortos.

### 1.5. Objeto Material

O objeto material, a depender da conduta perpetrada, poderá ser a pessoa escarnecida, a cerimônia ou culto religioso impedidos ou perturbados ou, ainda, o ato ou objeto de culto religioso vilipendiados.

### 1.6. Elemento Subjetivo

É o dolo. Não há previsão de modalidade culposa.

### 1.7. Consumação e Tentativa

O crime se consuma com a realização de quaisquer das condutas descritas no tipo penal. A tentativa é admissível.

### 1.8. Ação Penal

A ação penal é pública incondicionada.

## 2. TÓPICO-SÍNTESE

| TÓPICO-SÍNTESE: Dos Crimes contra o sentimento religioso | |
|---|---|
| **Ultraje a Culto ou Perturbação de ato a ela relativo (art. 208)** | Escarnecer de alguém publicamente, por motivo de crença ou função religiosa; impedir ou perturbar cerimônia ou prática de culto religioso; vilipendiar publicamente ato ou objeto de culto religioso. |
| **Penas** | A pena para o crime pode ser de detenção, de um mês a um ano, ou multa. |
| **Aumento de Pena (Parágrafo único)** | **De 1/3:** Se há emprego de violência. |
| **Classificação** | Comum; doloso; formal; comissivo (podendo, no entanto, ser cometido via omissão imprópria); de forma livre; instantâneo; de dano; unissubjetivo; unissubsistente ou plurissubsistente, conforme o caso concreto. |
| **Sujeito Ativo** | Qualquer pessoa. |
| **Sujeito Passivo** | Qualquer pessoa. |
| **Objeto Jurídico** | Sentimento dos mortos. |
| **Objeto Material** | A depender da conduta: pessoa escarnecida, cerimônia ou culto religioso impedidos ou perturbados, ato ou objeto de culto religioso vilipendiados. |
| **Elemento Subjetivo** | Dolo. |
| **Consumação** | Consuma-se com a realização de quaisquer das condutas descritas no tipo penal. |
| **Tentativa** | É admitida. |
| **Ação Penal** | Pública incondicionada. |

Capítulo

# 2

# DOS CRIMES CONTRA O RESPEITO AOS MORTOS

*Leia a Lei:*

- *arts. 209 a 212 do CP.*

## 1. IMPEDIMENTO OU PERTURBAÇÃO DE CERIMÔNIA FUNERÁRIA

**Art. 209.** *Impedir ou perturbar enterro ou cerimônia funerária:*
**Pena** – *detenção, de um mês a um ano, ou multa.*
**Parágrafo único.** *Se há emprego de violência, a pena é aumentada de um terço, sem prejuízo da correspondente à violência.*

### 1.1. Introdução

As condutas são "impedir" ou "perturbar". Impedir significa evitar, impossibilitar; perturbar equivale a tumultuar, embaraçar. As condutas recaem sobre o enterro ou a cerimônia funerária. Enterro diz respeito ao sepultamento do cadáver, e como cerimônia funerária devemos entender todos os atos em homenagem à memória do morto.

A pena para o crime pode ser de detenção, de um mês a um ano, ou multa. Logo, podemos concluir que, em qualquer dos dois casos:

a) É possível a transação penal (art. 76, Lei n. 9.099/95), pois se trata de infração penal de menor potencial ofensivo;

b) É possível a suspensão condicional do processo (art. 89, Lei n. 9.099/95), pois a pena mínima não ultrapassa um ano.

c) Será cabível a substituição da pena por restritivas de direitos, pois no crime não há violência ou grave ameaça e a pena a ser imposta não ultrapassará quatro anos. Será necessário que se façam presentes os demais requisitos do art. 44, CP.

Vale registrar que há previsão de causa de aumento de pena em um terço se houver emprego de violência. Neste caso, as penas aplicadas serão acrescidas daquelas correspondentes à violência.

O crime de *impedimento ou perturbação de cerimônia funerária* é comum; simples; doloso; comissivo (podendo, no entanto, ser praticado via omissão imprópria) ; de forma livre; de mera conduta; instantâneo; unissubjetivo; de dano; unissubsitente ou plurissubsistente, conforme o caso concreto.

### 1.2. Sujeito Ativo

Qualquer pessoa. Trata-se, portanto, de crime comum.

### 1.3. Sujeito Passivo

Sujeito passivo é a coletividade e, mais especificamente, as pessoas que participavam da cerimônia fúnebre.

### 1.4. Objeto Jurídico

O bem jurídico tutelado é o sentimento dos mortos.

### 1.5. Objeto Material

O objeto material é o enterro ou cerimônia funerária.

### 1.6. Elemento Subjetivo

É o dolo. Não há previsão de modalidade culposa.

### 1.7. Consumação e Tentativa

O crime se consuma com a realização de quaisquer das condutas descritas no tipo penal, isto é, com o efetivo impedimento ou perturbação do enterro ou da cerimônia funerária. A tentativa é admissível.

### 1.8. Ação Penal

A ação penal é pública incondicionada.

## 2. VIOLAÇÃO DE SEPULTURA

**Art. 210.** *Violar ou profanar sepultura ou urna funerária:*
**Pena –** *reclusão, de um a três anos, e multa.*

### 2.1. Introdução

As condutas consistem em "violar" ou "profanar". Violar é devassar, abrir, arrebentar; profanar é ultrajar, vilipendiar. Sepultura é o local destinado a se enterrar o cadáver. A urna funerária é destinada a receber as cinzar, oriundas da cremação do corpo.

A pena para o crime pode ser de reclusão, de um a três anos, e multa. Logo, podemos concluir que, em qualquer dos dois casos:

a) Não é possível a transação penal (art. 76, Lei n. 9.099/95), pois não se trata de infração penal de menor potencial ofensivo;

b) É possível a suspensão condicional do processo (art. 89, Lei n. 9.099/95), pois a pena mínima não ultrapassa um ano.

c) Será cabível a substituição da pena por restritivas de direitos, pois no crime não há violência ou grave ameaça e a pena a ser imposta não ultrapassará quatro anos. Será necessário que se façam presentes os demais requisitos do art. 44, CP.

O crime de *violação de sepultura* é comum; formal; doloso; comissivo (podendo, entretanto, ser praticado via omissão imprópria); de forma livre; instantâneo; de dano; unissubjetivo; unissubsistente ou plurissubsistente, conforme o caso concreto.

### 2.2. Sujeito Ativo

Qualquer pessoa. Trata-se, portanto, de crime comum.

### 2.3. Sujeito Passivo

É a coletividade.

### 2.4. Objeto Jurídico

O bem jurídico tutelado é o sentimento dos mortos.

### 2.5. Objeto material

O objeto material é a sepultura ou a urna funerária.

### 2.6. Elemento subjetivo

É o dolo. Não há previsão de modalidade culposa.

### 2.7. Consumação e tentativa

O crime se consuma com a realização de quaisquer das condutas descritas no tipo penal, isto é, quando a sepultura ou a urna funerária são violadas ou profanadas. A tentativa é admissível.

### 2.8. Ação penal

A ação penal é pública incondicionada.

## 3. DESTRUIÇÃO, SUBTRAÇÃO OU OCULTAÇÃO DE CADÁVER

**Art. 211.** *Destruir, subtrair ou ocultar cadáver ou parte dele:*
**Pena –** *reclusão, de um a três anos, e multa.*

### 3.1. Introdução

As condutas consistem em "destruir", "subtrair" ou "ocultar". Destruir é conduta que diz respeito à deterioração, pode ser total ou parcial. Subtrair equivale a retirar e ocultar significa esconder. As condutas recaem sobre o cadáver, isto é, o corpo sem vida, ou apenas partes deles.

A pena para o crime pode ser de reclusão, de um a três anos, e multa. Logo, podemos concluir que, em qualquer dos dois casos:

a) Não é possível a transação penal (art. 76, Lei n. 9.099/95), pois não se trata de infração penal de menor potencial ofensivo;

b) É possível a suspensão condicional do processo (art. 89, Lei n. 9.099/95), pois a pena mínima não ultrapassa um ano.

c) Será cabível a substituição da pena por restritivas de direitos, pois no crime não há violência ou grave ameaça e a pena a ser imposta não ultrapassará quatro anos. Será necessário que se façam presentes os demais requisitos do art. 44, CP.

O crime de *destruição, subtração ou ocultação de cadáver* é comum; formal; doloso; comissivo ou omissivo impróprio; de forma livre; instantâneo ou permanente; de dano; unissubjetivo; plurissubsistente.

### 3.2. Sujeito Ativo

Qualquer pessoa. Trata-se, pois, de crime comum.

### 3.3. Sujeito Passivo

É a coletividade e, particularmente, a família do morto.

### 3.4. Objeto Jurídico

O bem jurídico tutelado é o sentimento dos mortos.

### 3.5. Objeto Material

É o cadáver ou parte dele.

### 3.6. Elemento subjetivo

É o dolo. Não há previsão de modalidade culposa.

### 3.7. Consumação e tentativa

O crime se consuma com a realização de quaisquer das condutas descritas no tipo penal. A tentativa é admissível.

### 3.8. Ação penal

A ação penal é pública incondicionada

## 4. VILIPÊNDIO A CADÁVER

> **Art. 212.** *Vilipendiar cadáver ou suas cinzas:*
> **Pena –** *detenção, de um a três anos, e multa.*

### 4.1. Introdução

A conduta é vilipendiar, que equivale a ultrajar, desrespeitar. Pode recair sobre o cadáver (corpo sem vida) ou as cinzas provenientes de sua cremação.

A pena para o crime pode ser de detenção, de um a três anos, e multa. Logo, podemos concluir que, em qualquer dos dois casos:

a) Não é possível a transação penal (art. 76, Lei n. 9.099/95), pois não se trata de infração penal de menor potencial ofensivo;

b) É possível a suspensão condicional do processo (art. 89, Lei n. 9.099/95), pois a pena mínima não ultrapassa um ano.

c) Será cabível a substituição da pena por restritivas de direitos, pois no crime não há violência ou grave ameaça e a pena a ser imposta não ultrapassará quatro anos. Será necessário que se façam presentes os demais requisitos do art. 44, CP.

O crime de *vilipêndio a cadáver* é comum; doloso; formal; comissivo (podendo, também, ser praticado via omissão imprópria); de forma livre; simples; instantâneo; de dano; unissubjetivo; unissubsistente ou plurissubsistente, conforme o caso.

### 4.2. Sujeito Ativo

Qualquer pessoa.

### 4.3. Sujeito Passivo

É a coletividade e, particularmente, a família do morto.

### 4.4. Objeto Jurídico

O bem jurídico tutelado é o sentimento dos mortos.

### 4.5. Objeto Material

É o cadáver ou as suas cinzas.

### 4.6. Elemento Subjetivo

É o dolo. Não há previsão de modalidade culposa.

### 4.7. Consumação e Tentativa

O crime se consuma com a realização da conduta descrita no tipo penal, isto é, com o efetivo vilipêndio ao cadáver ou a suas cinzas. A tentativa é admissível.

### 4.8. Ação penal

A ação penal é pública incondicionada.

## 5. TÓPICO-SÍNTESE

| TÓPICO-SÍNTESE: Dos Crimes contra o respeito aos mortos | |
|---|---|
| IMPEDIMENTO OU PERTURBAÇÃO DE CERIMÔNIA FUNERÁRIA | |
| **Impedimento ou perturbação de cerimônia funerária (art. 209)** | Impedir ou perturbar enterro ou cerimônia funerária. |
| **Penas** | A pena para o crime pode ser de detenção, de um mês a um ano, ou multa. |
| **Aumento de Pena (parágrafo único)** | **De 1/3:** Se há emprego de violência. |

| TÓPICO-SÍNTESE: Dos Crimes contra o respeito aos mortos | |
|---|---|
| **Classificação** | Comum; simples; doloso; comissivo (podendo, no entanto, ser praticado via omissão imprópria) ; de forma livre; de mera conduta; instantâneo; unissubjetivo; de dano; unissubsitente ou plurissubsistente, conforme o caso concreto. |
| **Sujeito Ativo** | Qualquer pessoa. |
| **Sujeito Passivo** | Coletividade e pessoas que participavam da cerimônia fúnebre. |
| **Objeto jurídico** | Sentimento dos mortos. |
| **Objeto Material** | Enterro ou cerimônia funerária. |
| **Elemento subjetivo** | Dolo. |
| **Consumação** | Consuma-se com o impedimento ou perturbação do enterro ou da cerimônia funerária. |
| **Tentativa** | Admitida. |
| **Ação Penal** | Pública Incondicionada. |
| **VIOLAÇÃO DE SEPULTURA** | |
| **Violação de Sepultura (art, 210)** | Violar ou profanar sepultura ou urna funerária. |
| **Penas** | A pena para o crime pode ser de reclusão, de um a três anos, e multa. |
| **Classificação** | Comum; formal; doloso; comissivo (podendo, entretanto, ser praticado via omissão imprópria); de forma livre; instantâneo; de dano; unissubjetivo; unissubsistente ou plurissubsistente, conforme o caso concreto. |
| **Sujeito Ativo** | Qualquer pessoa. |
| **Sujeito Passivo** | Coletividade. |
| **Objeto jurídico** | Sentimento dos mortos. |
| **Objeto Material** | Sepultura ou urna funerária. |
| **Elemento Subjetivo** | Dolo. |
| **Consumação** | Consuma-se com a violação ou profanação da sepultura ou da urna funerária. |
| **Tentativa** | É possível. |
| **Ação Penal** | Pública Incondicionada. |
| **DESTRUIÇÃO, SUBTRAÇÃO OU OCULTAÇÃO DE CADÁVER** | |
| **Destruição, Subtração ou Ocultação de Cadáver (art. 211)** | Destruir, subtrair ou ocultar cadáver ou parte dele. |
| **Penas** | A pena para o crime pode ser de reclusão, de um a três anos, e multa. |
| **Classificação** | Comum; formal; doloso; comissivo ou omissivo impróprio; de forma livre; instantâneo ou permanente; de dano; unissubjetivo; plurissubsistente. |
| **Sujeito Ativo** | Qualquer pessoa. |

| TÓPICO-SÍNTESE: Dos Crimes contra o respeito aos mortos | |
|---|---|
| **Sujeito Passivo** | Coletividade e família do morto. |
| **Objeto Jurídico** | Sentimento dos mortos. |
| **Objeto Material** | Cadáver ou parte dele. |
| **Elemento Subjetivo** | Dolo. |
| **Consumação** | Consuma-se com a ocultação, destruição ou subtração do cadáver ou de parte dele. |
| **Tentativa** | É possível. |
| **Ação Penal** | Pública Incondicionada. |
| **VILIPÊNDIO A CADÁVER** | |
| **Vilipêndio a Cadáver (art. 212)** | Vilipendiar cadáver ou suas cinzas. |
| **Penas** | A pena para o crime pode ser de detenção, de um a três anos, e multa. |
| **Classificação** | Comum; doloso; formal; comissivo (podendo, também, ser praticado via omissão imprópria); de forma livre; simples; instantâneo; de dano; unissubjetivo; unissubsistente ou plurissubsistente, conforme o caso. |
| **Sujeito Ativo** | Qualquer pessoa. |
| **Sujeito Passivo** | Coletividade e família do morto. |
| **Objeto Jurídico** | Sentimento dos mortos. |
| **Objeto Material** | Cadáver ou suas cinzas. |
| **Elemento Subjetivo** | Dolo. |
| **Consumação** | Consuma-se com o efetivo vilipêndio ao cadáver ou a suas cinzas. |
| **Tentativa** | É admitida. |
| **Ação Penal** | Pública incondicionada. |

# Título VI

# DOS CRIMES CONTRA A DIGNIDADE SEXUAL

## NOÇÕES INTRODUTÓRIAS

O Título VI do Código Penal, com a nova redação dada pela Lei no 12.015, de 07 de agosto de 2009, passou a prever os chamados *crimes contra a dignidade sexual*, alterando, desta forma, a redação anterior constante do referido Título, que previa os *crimes contra os costumes*, expressão que já não mais traduz a realidade dos bens juridicamente protegidos pelos seus tipos penais. O Estado já não tutela mais a forma como as pessoas devem se comportar sexualmente perante a sociedade, mas sim a *dignidade sexual* das pessoas, que é uma das espécies do gênero *dignidade da pessoa humana*.

Capítulo

# 1

# DOS CRIMES CONTRA A LIBERDADE SEXUAL

***Leia a Lei:***

- *arts. 213 a 216-A do CP.*

## 1. ESTUPRO

**Art. 213**. *Constranger alguém, mediante violência ou grave ameaça, a ter conjunção carnal ou a praticar ou permitir que com ele se pratique outro ato libidinoso:*

**Pena** – *reclusão, de 6 (seis) a 10 (dez) anos.*

**§ 1º** *Se da conduta resulta lesão corporal de natureza grave ou se a vítima é menor de 18 (dezoito) ou maior de 14 (catorze) anos:*

**Pena** – *reclusão, de 8 (oito) a 12 (doze) anos.*

**§ 2º** *Se da conduta resulta morte:*

**Pena** – *reclusão, de 12 (doze) a 30 (trinta) anos.*

### 1.1. Introdução

Outrora, o presente artigo cuidava apenas da tutela da liberdade sexual da mulher, consistente no direito de não ser compelida a manter conjunção carnal com um homem. Ocorre que com a nova redação do artigo em epígrafe, passou-se a tipificar a conduta de constranger qualquer pessoa – abrangendo, portanto, o homem e a mulher – a ter conjunção carnal ou a praticar ou permitir que com ele se pratique outro ato libidinoso. Assim, tendo em vista incidência da Lei nº 12.015/2009, a conduta antes tipificada como atentado violento ao pudor (revogado art. 214, do CP), agora integra o delito de estupro. Percebam que não houve uma *abolitio criminis,* mas, tão somente, uma mudança de um tipo para outro.

No núcleo do tipo penal está o verbo *constranger* (subjugar, sujeitar, obrigar, forçar) alguém, comportamento este que deve ser realizado mediante *violência* ou *grave ameaça.* Assinale-se que não é necessária para a caracterização do crime a chamada "resistência heroica", quando a vítima luta fisicamente com o agente delituoso até que estejam esgotadas as suas últimas forças.

Ademais, consoante o **Informativo 592 do STJ**, "*Subsume-se ao crime previsto* no art. 213, § 1º, do CP – a conduta de agente que abordou de forma violenta e sorrateira a vítima com a intenção de satisfazer sua lascívia, o que ficou demonstrado por sua declarada intenção de «ficar» com a jovem – adolescente de 15 anos – e pela ação de impingir-lhe, à força, um beijo, após ser derrubada *ao* solo e mantida subjugada pelo agressor, que a imobilizou pressionando o joelho sobre seu abdômen." (REsp 1.611.910-MT, Rel. Min. Rogerio Schietti Cruz).

Tem-se por *conjunção carnal* a cópula vagínica, ou seja, a penetração efetiva do membro viril na vagina. Já a*to libidinoso* compreende outras formas de realização do ato sexual, que não a *conjunção carnal*, a exemplo da cópula oral ou anal.

**ATENÇÃO**

*Para a caracterização do crime de estupro não é necessário o contato físico entre o autor do crime e a vítima. Neste sentido, "[...] A maior parte da doutrina penalista pátria orienta no sentido de que a contemplação lasciva configura o ato libidinoso constitutivo dos tipos dos arts. 213 e 217-A do CP, sendo irrelevante, para a consumação dos delitos, que haja contato físico entre ofensor e ofendido. No caso, cumpre ainda ressaltar que o delito imputado encontra-se em capítulo inserto no Título VI do CP, que tutela a dignidade sexual. Com efeito, a dignidade sexual não se ofende somente com lesões de natureza física. A maior ou menor gravidade do ato libidinoso praticado, em decorrência a adição de lesões físicas ao transtorno psíquico que a conduta supostamente praticada enseja na vítima, constitui matéria afeta à dosimetria da pena." (RHC 70.976-MS, Rel. Min. Joel Ilan Paciornik).*

Da leitura do artigo, vê-se que o crime de estupro passou a ser de conduta múltipla. Desta forma, praticando o agente mais de um núcleo, dentro do mesmo contexto fático, não desnatura a unidade do crime. A mudança, portanto, é mais benéfica para o acusado, devendo alcançar os fatos pretéritos (retroagir em benefício), consoante o art. 2°, parágrafo único, do Código Penal. Neste sentido, entende o STF que a edição daquela Lei torna possível o reconhecimento da continuidade delitiva dos antigos delitos de estupro e atentado violento ao pudor, quando praticados nas mesmas circunstâncias de tempo, modo e local e contra a mesma vítima. (HC 86.110, Rel. Min. Cezar Peluso).

A prova do crime de estupro consiste na demonstração de materialidade e autoria. Entretanto, nem sempre ele deixa vestígios, como por exemplo, na hipótese de tentativa. O art. 158 do Código de Processo Penal determina que se "a infração deixar vestígios, será indispensável o exame de corpo e delito, direto ou indireto, não podendo supri-lo a confissão do acusado", implicando sua falta em nulidade de qualquer outra prova produzida em sua substituição e, por conseguinte, a absolvição do imputado, no rigor do art. 564, III, *b* e do art. 386, VII, ambos do mesmo Código. Nota-se, contudo, uma tendência jurisprudencial dos tribunais superiores a atenuar os rigores dessa regra, sob o argumento de que, não sendo ilícitas, as demais provas podem ser valoradas pelo juiz como admissíveis.

**POSIÇÃO DO STF**

*"A nulidade decorrente da falta de realização do exame de corpo e delito não tem sustentação frente à jurisprudência do Supremo Tribunal Federal, que não considera imprescindível a perícia, desde que existentes outros elementos de prova". (HC 74265 RS, Rel. Ilmar Galvão).*

Ademais, diante da ausência do exame de corpo de delito, faz-se importante registrar que entra em cena a palavra da vítima, pois se os vestígios já desapareceram, ou então sequer existiram, a prova testemunhal assume relevante papel. Ora, as provas não têm valores previamente estabelecidos, razão pela qual o magistrado poderá fazer uso da prerrogativa do livre convencimento e, ainda que diante da ausência do referido exame, fundamentar a sua decisão pela condenação. Decerto, entretanto, que nesses casos deve o magistrado atuar com redobrada atenção, pois a presunção de veracidade da palavra da vítima é relativa, devendo estar coadunada com o contexto do crime.

A pena prevista para o crime de estupro é de reclusão de 6 (seis) a 10 (dez) anos. À vista disto, devemos recordar não ser possível a aplicação dos institutos despenalizadores, como a transação penal e a suspensão condicional do processo. Ademais, não será possível a substituição da pena privativa de liberdade pela pena restritiva de direitos, ainda que a pena efetivamente imposta não supere 4 (quatro) anos, haja vista a impossibilidade de se realizar tal substituição em crimes praticados mediante violência ou grave ameaça (art. 44, CP).

O artigo também prevê qualificadoras da conduta caso dela decorra lesão grave ou morte da vítima. Portanto, será estupro qualificado se dele advier a morte da vítima ou resultar lesão corporal de natureza leve ou grave, desde que o dolo tenha sido apenas para o cometimento do ato libidinoso (crime preterdoloso). Se os desígnios de morte e lesão forem autônomos, responderá o agente em concurso material de crimes. Também será qualificado o estupro, se a vítima for menor de 18 anos de idade. Logicamente **a vítima deve ter idade superior a 14 anos**, pois se menor, **haverá estupro de vulnerável,** conduta inserta em outro artigo do Código Penal (art. 217-A do CP).

Atente-se, ainda, para as hipóteses de aumento de pena inseridas nas Disposições Gerais do Título agora estudado, umas valem para os crimes previstos nos arts. 213 a 218 (art. 226) e outras são aplicáveis a todos os crimes contra a dignidade sexual (234 – A).

Nesse sentido, se o crime é cometido com o **concurso de duas ou mais pessoas**, deve a pena ser aumentada de quarta parte (art. 226, I). Ademais, se o **agente é ascendente, padrasto, tio, irmão, cônjuge, companheiro, tutor, curador, preceptor ou empregador da vítima, ou, por qualquer outro modo, tenha autoridade sobre ela**, a pena deve ser aumentada de metade (art. 226, II). Ainda na seara das majorantes, assinale-se que a pena é aumentada de metade se do estupro **resultar gravidez** e de um sexto até a metade (art. 234 – A, III), **se o agente transmite à vítima doença sexualmente transmissível de que sabe ou deveria saber ser portador** (art. 234 – A, IV).

> **ATENÇÃO**
>
> *Responde por **estupro em concurso formal com o crime do art. 130 (Perigo de Contágio de Moléstia Venérea)** se o estuprador sabe ou deveria saber que está contaminado com doença venérea, expondo a vítima, assim, ao risco de contrair a moléstia. A configuração desse crime pressupõe que o ato sexual seja capaz de transmitir a doença.*
>
> *Se a intenção do estuprador era transmitir a doença, reponde por estupro em concurso formal com o crime qualificado do art. 130, **§ 1º, desde que a doença não seja transmitida.***
>
> ***Havendo a transmissão, aplica-se a causa de aumento prevista para o estupro** (art. 234 – A, IV).*

O crime de *estupro* é hediondo, comum; doloso; simples; comissivo; (podendo ser praticado via omissão imprópria, na hipótese de o agente gozar do status de garantidor); material; de dano; de forma livre; instantâneo; unissubjetivo; e plurissubsistente.

### 1.2. Sujeito Ativo

O sujeito ativo pode ser qualquer pessoa, representando essa conduta, pois, *delicta communi,* ou seja, crime comum, não sendo necessária qualquer qualificação para o agente delituoso. Faz-se necessário ressaltar, porém, que nas hipóteses em que a conduta típica consistir em "ter conjunção carnal", o sujeito ativo obrigatoriamente será do sexo oposto ao da vítima.

Por fim, conforme já mencionado, se o agente se enquadrar em uma das hipóteses previstas no art. 226 do CP, a pena será aumentada de quarta parte.

### 1.3. Sujeito Passivo

O sujeito passivo poderá ser qualquer pessoa (homem ou mulher).

### 1.4. Objeto Jurídico

O objeto juridicamente tutelado é a liberdade sexual.

### 1.5. Objeto Material

O objeto material é a liberdade sexual da pessoa contra a qual se dirige a conduta criminosa, independentemente do seu sexo.

### 1.6. Elemento Subjetivo

O elemento subjetivo exigido no tipo penal é o dolo, consubstanciado na vontade de constranger alguém à conjunção carnal ou a praticar ou permitir que com ele se pratique outro ato libidinoso, mediante o emprego de violência ou grave ameaça, não sendo necessária nenhuma finalidade específica. Não há previsão para modalidade culposa.

### 1.7. Consumação e Tentativa

Consuma-se o crime com a prática do ato libidinoso buscado pelo agente. A forma tentada é perfeitamente cabível.

### 1.8. Ação Penal

A ação penal será pública incondicionada, conforme o art. 225 do Código Penal, alterado pela Lei 13.718/2018.

Os processos que apuram esta modalidade de infração penal devem correr em segredo de justiça (art. 234 – B).

## 2. ATENTADO VIOLENTO AO PUDOR

**Art. 214. Revogado pela Lei n° 12.015/2009.**

De acordo com a nova redação determinada pela Lei n. 12.015/2009 ao art. 213 do Código Penal, constitui crime de estupro a ação de "Constranger alguém, mediante violência ou grave ameaça, a ter conjunção carnal ou a praticar ou permitir que com ele se pratique *outro ato libidinoso*". Portanto, a conduta de ato libidinoso diverso da conjunção carnal antes prevista no art. 214 do *Codex*, com o advento daquela Lei foi abarcada pelo art. 213, que outrora, como vimos, apenas tipificava a conduta de constranger a mulher a ter conjunção carnal.

## 3. VIOLAÇÃO SEXUAL MEDIANTE FRAUDE

**Art. 215.** *Ter conjunção carnal ou praticar outro ato libidinoso com alguém, mediante fraude ou outro meio que impeça ou dificulte a livre manifestação de vontade da vítima:*
**Pena** – *reclusão, de 2 (dois) a 6 (seis) anos.*
**Parágrafo único.** *Se o crime é cometido com o fim de obter vantagem econômica, aplica-se também multa.*
**Pena** – *reclusão, de 2 (dois) a 6 (seis) anos.*

### 3.1. Introdução

A antiga redação do art. 215 tipificava a conduta da conjunção carnal com mulher, mediante fraude. Era a antiga redação do art. 213, acrescida de um meio específico de execução, a fraude, que é o artifício ardil utilizado para enganar determinada pessoa, afetando a livre manifestação da sua vontade. Registre-se que a idoneidade ou inidoneidade da fraude deverá ser constatada no caso concreto.

Com o advento da Lei n. 12.015/2009, o Código Penal passou a reprimir a conduta de "Ter conjunção carnal *ou praticar outro ato libidinoso com alguém*, mediante fraude *ou outro meio que impeça ou dificulte a livre manifestação de vontade da vítima"*. Diante disto, o crime de atentado ao pudor mediante fraude (Código Penal, art. 216), o qual preceituava a prática de "Induzir alguém, mediante fraude, a praticar ou submeter-se à prática de ato libidinoso diverso da conjunção carnal", acabou por ser revogado.

Note-se, pois, que as modificações legais vão ao encontro das novas reformulações operadas no tipo penal de estupro, pois como o aludido delito passou a abranger a prática de qualquer ato libidinoso, abarcando a liberdade sexual tanto da mulher como a do homem, mantendo, por necessário, a harmonia do sistema.

A pena prevista para o crime de é de reclusão, de 2 (dois) a 6 (seis) anos. À vista disto, devemos concluir que:

a) Não é possível a transação penal (a pena máxima supera dois anos);

b) Não é possível a suspensão condicional do processo (a pena mínima supera um ano).

Vale registrar que, se a conduta tiver finalidade lucrativa, à pena privativa de liberdade será acrescida a pena de multa.

O crime de *violação sexual mediante fraude* é comum; doloso; simples; comissivo; (podendo ser praticado via omissão imprópria, na hipótese de o agente gozar do status de garantidor); material; de dano; de forma livre; instantâneo; unissubjetivo; e plurissubsistente.

### 3.2. Sujeito Ativo

O sujeito ativo pode ser qualquer pessoa, representando essa conduta, pois, *delicta communi,* ou seja, crime comum, não sendo necessária qualquer qualificação para o agente delituoso. Faz-se necessário ressaltar, porém, que nas hipóteses em que a conduta típica consistir em "ter conjunção carnal", o sujeito ativo obrigatoriamente será do sexo oposto ao da vítima.

### 3.3. Sujeito Passivo

O sujeito passivo é a vítima do constrangimento, que pode ser qualquer pessoa. Ainda que o meio de execução tenha sido a fraude, tratando-se de vítima menor de 14 anos, o crime será o previsto no art. 217-A do Código Penal, *estupro de vulnerável*.

### 3.4. Objeto Jurídico

O objeto juridicamente tutelado é a liberdade sexual.

### 3.5. Objeto Material

O objeto material é a liberdade sexual da pessoa contra a qual se dirige a conduta criminosa, independentemente do seu sexo.

### 3.6. Elemento Subjetivo

O elemento subjetivo exigido no tipo penal é o dolo, pois se exige do agente a vontade livre e consciente de praticar, mediante fraude, qualquer das condutas descritas no tipo. Não há previsão para modalidade culposa.

### 3.7. Consumação e Tentativa

Consuma-se o crime com a prática do ato libidinoso buscado pelo agente. A forma tentada é perfeitamente cabível.

### 3.8. Ação Penal

A ação penal será pública incondicionada, conforme o art. 225 do Código Penal, alterado pela Lei 13.718/2018.

Os processos que apuram esta modalidade de infração penal devem correr em segredo de justiça (art. 234 – B).

## 4. IMPORTUNAÇÃO SEXUAL

**Art. 215-A.** *Praticar contra alguém e sem a sua anuência ato libidinoso com o objetivo de satisfazer a própria lascívia ou a de terceiro:*
**Pena** – *reclusão, de 1 (um) a 5 (cinco) anos, se o ato não constitui crime mais grave.*

### 4.1. Introdução

A referida conduta foi introduzida no Código Penal pela Lei n. 13.718/2018. O delito consiste na prática contra vítima de ato libidinoso, com o objetivo de satisfazer lascívia própria ou de terceiro.

A pena prevista para o crime de é de reclusão, de 1 (um) a 5 (cinco) anos. À vista disto, devemos concluir que:

a) Não é possível a transação penal (a pena máxima supera dois anos);

b) É possível a suspensão condicional do processo (a pena mínima não supera um ano).

Registre-se que há uma subsidiariedade expressa no preceito secundário deste artigo, vez que se a conduta praticada puder se enquadrar em delito mais grave, não restará configurado o crime do art. 215-A. É dizer, se, por exemplo, o agente utilizar da violência ou grave ameaça para praticar a sua conduta, poderá configurar o crume do art. 213 do mesmo Código.

Se a vítima for menor de 14 anos, a conduta poderá configurar o crime do art. 218-A, satisfação de lascívia mediante presença de criança e adolescente. A depender de peculiaridades do caso concreto, poderá ser enquadrado como estupro de vulnerável (STJ. 5ª Turma. RHC 70.976-MS, Rel. Min. Joel Ilan Paciornik, julgado em 02/08/2016).

Registre-se que a Lei 13.718/2018, além de inserir o artigo agora discutido, também revogou o art. 61 da Lei de Contravenções Penais, que previsa conduta descrita como *importunação ofensiva ao pudor*. Todavia, não há que se falar em *abolitio criminis*, mas sim em continuidade normativo-típica, vez que a conduta passou a ser descrita, ainda que de forma mais abrangente, neste art. 215-A.

De mais a mais, cumpre registrar que como a aludida lei representa *novatio legis in pejus* (lei penal mais grave), não poderá retroagir para alcançar situações pretéritas.

O crime de *importunação sexual* é comum; doloso; simples; comissivo ou omissivo impróprio; de forma livre; instantâneo; de dano; unissubjetivo; e plurissubsistente.

### 4.2. Sujeito Ativo

O sujeito ativo pode ser qualquer pessoa (homem ou mulher), representando essa conduta, pois, *delicta communi,* ou seja, crime comum, não sendo necessária qualquer qualificação para o agente delituoso.

### 4.3. SUJEITO PASSIVO

O sujeito passivo é a vítima do constrangimento, que pode ser qualquer pessoa (homem ou mulher). Todavia, precisa ser uma pessoa específica.

### 4.4. OBJETO JURÍDICO

O objeto juridicamente tutelado é a liberdade sexual.

### 4.5. OBJETO MATERIAL

O objeto material é a liberdade sexual da pessoa contra a qual se dirige a conduta criminosa, independentemente do seu sexo.

### 4.6. ELEMENTO SUBJETIVO

O elemento subjetivo exigido no tipo penal é o dolo, pois se exige do agente a vontade livre e consciente de praticar as condutas descritas no tipo. Ademais, exige-se o dolo específico de satisfazer a lascívia própria ou de terceiro. Não há previsão para modalidade culposa.

### 4.7. CONSUMAÇÃO E TENTATIVA

Consuma-se o crime com a prática do ato libidinoso buscado pelo agente. A forma tentada é perfeitamente cabível.

### 4.8. AÇÃO PENAL

A ação penal será pública incondicionada , conforme o art. 225 do Código Penal, alterado pela Lei 13.718/2018.

Os processos que apuram esta modalidade de infração penal devem correr em segredo de justiça (art. 234 – B).

## 5. ATENTADO AO PUDOR MEDIANTE FRAUDE

**Art. 216. Revogado pela Lei n° 12.015, de 2009.**

## 6. ASSÉDIO SEXUAL

**Art. 216-A.** *Constranger alguém com o intuito de obter vantagem ou favorecimento sexual, prevalecendo-se o agente da sua condição de superior hierárquico ou ascendência inerentes ao exercício de emprego, cargo ou função.*
**Pena** – *detenção, de 1 (um) a 2 (dois) anos.*
**Parágrafo** *único. (VETADO)*
**§ 2º** *A pena é aumentada em até um terço se a vítima é menor de 18 (dezoito) anos.*

### 6.1. Introdução

A ação típica consiste em *constranger* (acanhar, intimidar, compelir, sujeitar, subjugar) alguém com o intuito de obter *vantagem ou favor sexual, prevalecendo-se o agente da sua condição* de *superior hierárquico ou ascendência inerentes ao exercício de emprego, cargo ou função.* Trata-se da insistência inoportuna de alguém em posição privilegiada, que usa dessa vantagem para obter favores sexuais de um subalterno.

A *superioridade hierárquica* está relacionada a uma relação de trabalho tanto no âmbito privado quanto na seara da Administração Pública, ao passo que na *ascendência* não se exige uma carreira funcional, mas, tão somente, uma relação de domínio, de influência, de respeito e até mesmo temor reverencial, situação que se encaixaria a relação entre professor e aluno.

A pena prevista para o crime de é de detenção, de 1 (um) a 2 (dois) anos. À vista disto, devemos concluir que:

a) É possível a transação penal (a pena máxima não supera dois anos);

b) É possível a suspensão condicional do processo (a pena mínima não supera um ano).

Registre-se que a pena é aumentada de um terço se a vítima é menor de 18 anos (art. 216 – A, **§ 2º)**. Todavia, se a vítima for menor de 14 anos e a proposta de sexo for enfaticamente feita, o crime será o estupro de vulnerável, em sua modalidade tentada.

As causas de aumento de pena previstas no art. 226 aplicam-se ao crime agora estudado, exceto a inserta no inciso II, que prevê aumento de pena se o agente é empregador da vítima, pois isso representaria *bis in idem*.

O crime de *assédio sexual* é próprio; doloso; formal; comissivo (podendo ser praticado por omissão imprópria, na hipótese de o agente gozar do status de garantidor); instantâneo; de dano; monossubjetivo; plurissubsistente.

### 6.2. Sujeito Ativo

O delito de assédio sexual exige que o sujeito ativo se encontre na condição de superior hierárquico da vítima ou com ela tenha ascendência inerente ao exercício de emprego, cargo ou função, não importando o seu sexo.

### 6.3. Sujeito Passivo

O sujeito passivo é a vítima do constrangimento, que deve estar ocupando o outro polo da relação hierárquica ou aquele sobre o qual tenha ascendência o sujeito ativo, não importando o seu sexo.

### 6.4. Objeto Jurídico

O objeto juridicamente tutelado é a liberdade sexual.

### 6.5. Objeto Material

O objeto material é a liberdade sexual da pessoa contra a qual se dirige a conduta criminosa, independentemente do seu sexo.

### 6.6. Elemento Subjetivo

O elemento subjetivo exigido no tipo penal é o dolo específico de obter vantagem ou favorecimento sexual. Não há previsão para modalidade culposa.

### 6.7. Consumação e Tentativa

Para a doutrina majoritária, o assédio sexual é crime formal, de consumação antecipada. Consuma-se, pois, no momento do constrangimento ocasionado à vítima com o intuito de obter vantagem ou favorecimento sexual, ainda que o ato desejado pelo superior hierárquico ou ascendente não se realize.

A forma tentada é perfeitamente cabível.

### 6.8. Ação Penal

A ação penal será pública incondicionada , conforme o art. 225 do Código Penal, alterado pela Lei 13.718/2018.

Os processos que apuram esta modalidade de infração penal devem correr em segredo de justiça (art. 234 – B).

Capítulo

# 1-A

# DA EXPOSIÇÃO DA INTIMIDADE SEXUAL

## 1. REGISTRO NÃO AUTORIZADO DA INTIMIDADE SEXUAL

**Art. 216-B.** *Produzir, fotografar, filmar ou registrar, por qualquer meio, conteúdo com cena de nudez ou ato sexual ou libidinoso de caráter íntimo e privado sem autorização dos participantes:*

**Pena** – *detenção, de 6 (seis) meses a 1 (um) ano, e multa.*

**Parágrafo único.** *Na mesma pena incorre quem realiza montagem em fotografia, vídeo, áudio ou qualquer outro registro com o fim de incluir pessoa em cena de nudez ou ato sexual ou libidinoso de caráter íntimo.*

### 1.1. Introdução

O referido artigo foi inserido no Código Penal através da Lei n. 13.772/2018 e consiste na produção (criação ou financiamento) ou registro (fotografia, filme) de cena de nudez ou ato sexual ou libidinoso, de caráter íntimo e privado, sem autorização dos participantes.

A pena prevista para o crime de é de detenção, de 6 (seis) meses a 1 (um) ano, e multa. À vista disto, devemos concluir que:

a) É possível a transação penal (a pena máxima não supera dois anos);

b) É possível a suspensão condicional do processo (a pena mínima não supera um ano).

Havendo autorização, salvo em se tratando de criança ou adolescente (art. 240 do ECA), o fato será atípico.

Ademais, o parágrafo único determina que incorra na mesma pena o agente que realiza montagem em fotografia, vídeo, áudio ou qualquer outro registro com o fim de incluir pessoa em cena de nudez ou ato sexual ou libidinoso de caráter íntimo. Trata-se de figura equiparada. Assevere-se que o crime se consuma ainda que o agente tenha feito a montagem com o intuito apenas de "brincadeira".

De mais a mais, registre-se que a Lei 13.772/2018 entrou em vigor em 20/12/2018. Por ser uma lei mais gravosa, ela não se aplica para fatos anteriores a sua vigência.

Assevere-se que se o agente faz o registro indevido e posteriormente divulga a cena, deve responder pelos crimes dos arts. 216-B e 216-C em concurso material.

Importante assinalar que a referida lei ainda promoveu uma pequena alteração na Lei Maria da Penha, deixando expresso que a violação da intimidade da mulher é uma forma de violência doméstica, classificada como violência psicológica (art. 7º, II, Lei 11.340/06).

O crime de *registro não autorizado da intimidade sexual* é comum; doloso; comissivo (podendo ser praticado por omissão imprópria, na hipótese de o agente gozar do status de garantidor); simples; de forma livre; instantâneo; de dano; monossubjetivo; plurissubsistente.

### 1.2. Sujeito Ativo

Qualquer pessoa. Trata-se, portanto, de crime comum.

### 1.3. Sujeito Passivo

O sujeito passivo é a vítima do constrangimento, podendo ser qualquer pessoa.

### 1.4. Objeto Jurídico

O objeto juridicamente tutelado é a intimidade sexual da vítima.

### 1.5. Objeto Material

O objeto material é a intimidade sexual da pessoa contra a qual se dirige a conduta criminosa.

### 1.6. Elemento Subjetivo

O elemento subjetivo exigido no tipo penal é o dolo, não sendo exigida finalidade específica. A modalidade culposa não é admitida.

### 1.7. Consumação e Tentativa

Consuma-se no momento da produção, fotografia, filmagem ou registro da cena de nudez ou ato sexual ou libidinoso de caráter íntimo e privado, sem a autorização dos participantes.

A forma tentada é perfeitamente cabível.

### 1.8. Ação Penal

A ação penal será pública incondicionada , conforme o art. 225 do Código Penal, alterado pela Lei 13.718/2018.

Os processos que apuram esta modalidade de infração penal devem correr em segredo de justiça (art. 234 – B).

## 2. TÓPICO-SÍNTESE

| TÓPICO-SÍNTESE: Dos Crimes contra a liberdade sexual | |
|---|---|
| **ESTUPRO** | |
| **Estupro (art. 213)** | Constranger alguém, mediante violência ou grave ameaça, a ter conjunção carnal ou a praticar ou permitir que com ele se pratique outro ato libidinoso. |
| **Penas** | A pena prevista para o crime de estupro é de reclusão de 6 (seis) a 10 (dez) anos. |
| **Qualificadoras (§§ 1º e 2º)** | • Se lesão grave ou se a vítima é menor de 18 ou maior de 14 anos;<br>• Se resulta morte. |
| **Aumento de Pena (art. 226, I e II)** | **De 1/4:** se é cometido com o concurso de 2 ou mais pessoas;<br>**De 1/2:** se o agente é ascendente, padrasto ou madrasta, tio, irmão, cônjuge, companheiro, tutor, curador, preceptor ou empregador da vítima ou por qualquer outro título tem autoridade sobre ela. |
| **Aumento de Pena (art. 234-A)** | • De metade, se do crime resultar gravidez;<br>• De um sexto até a metade, se o agente transmite à vítima doença sexualmente transmissível de que sabe ou deveria saber ser portador. |
| **Classificação** | Hediondo, comum; doloso; simples; comissivo; (podendo ser praticado via omissão imprópria, na hipótese do agente gozar do status de garantidor); material; de dano; de forma livre; instantâneo; unissubjetivo; e plurissubsistente. |
| **Sujeito Ativo** | Qualquer pessoa. |
| **Sujeito Passivo** | Qualquer pessoa. |
| **Objeto Jurídico** | Liberdade sexual. |
| **Objeto Material** | Liberdade sexual da pessoa contra a qual se dirige a conduta do agente. |
| **Elemento Subjetivo** | Dolo. |
| **Consumação** | Consuma-se com a prática do ato libidinoso. |
| **Tentativa** | É admitida. |
| **Ação Penal** | Pública incondicionada. |
| **Súmulas aplicáveis** | **608 do STF.** No crime de estupro, praticado mediante violência real, a ação penal é pública incondicionada. |
| **VIOLAÇÃO SEXUAL MEDIANTE FRAUDE** | |
| **Violação Sexual Mediante Fraude (art. 215)** | Ter conjunção carnal ou praticar outro ato libidinoso com alguém, mediante fraude ou outro meio que impeça ou dificulte a livre manifestação de vontade da vítima. |
| **Penas** | A pena prevista para o crime de é de reclusão, de 2 (dois) a 6 (seis) anos. |
| **Aplica-se também a pena de Multa (parágrafo único)** | Se é cometido com o fim de obter vantagem econômica. |
| **Aumento de Pena (art. 226, I e II)** | **De 1/4:** se é cometido com o concurso de 2 ou mais pessoas;<br>**De 1/2:** se o agente é ascendente, padrasto ou madrasta, tio, irmão, cônjuge, companheiro, tutor, curador, preceptor ou empregador da vítima ou por qualquer outro título tem autoridade sobre ela. |

| TÓPICO-SÍNTESE: Dos Crimes contra a liberdade sexual | |
|---|---|
| **Aumento de Pena (art. 234-A)** | • De metade, se do crime resultar gravidez.<br>• De um sexto até a metade, se o agente transmite à vítima doença sexualmente transmissível de que sabe ou deveria saber ser portador. |
| **Classificação** | Comum; doloso; simples; comissivo; (podendo ser praticado via omissão imprópria, na hipótese do agente gozar do status de garantidor); material; de dano; de forma livre; instantâneo; unissubjetivo; e plurissubsistente. |
| **Sujeito Ativo** | Qualquer pessoa. |
| **Sujeito Passivo** | Qualquer pessoa. |
| **Objeto jurídico** | Liberdade sexual. |
| **Objeto Material** | Liberdade sexual da pessoa contra a qual se dirige a conduta do agente. |
| **Elemento subjetivo** | Dolo. |
| **Consumação** | Consuma-se a prática do ato libidinoso buscado pelo agente. |
| **Ação Penal** | Pública incondicionada. |
| **IMPORTUNAÇÃO SEXUAL** | |
| **Importunação Sexual (art. 215-A)** | Praticar contra alguém e sem a sua anuência ato libidinoso com o objetivo de satisfazer a própria lascívia ou a de terceiro. |
| **Penas** | A pena prevista para o crime de é de reclusão, de 1 (um) a 5 (cinco) anos. |
| **Classificação** | Comum; doloso; simples; comissivo ou omissivo impróprio; de forma livre; instantâneo; de dano; unissubjetivo; e plurissubsistente. |
| **Sujeito Ativo** | Qualquer pessoa. |
| **Sujeito Passivo** | Qualquer pessoa. |
| **Objeto jurídico** | A liberdade sexual. |
| **Objeto Material** | Liberdade sexual da pessoa contra a qual se dirige a conduta do agente. |
| **Elemento subjetivo** | Dolo. |
| **Consumação** | Consuma-se a prática do ato libidinoso buscado pelo agente. |
| **Tentativa** | É possível. |
| **Ação Penal** | Pública Incondicionada. |
| **ASSÉDIO SEXUAL** | |
| **Assédio Sexual (art. 216-A)** | Constranger alguém com o intuito de obter vantagem ou favorecimento sexual, prevalecendo-se o agente da sua condição de superior hierárquico ou ascendência inerentes ao exercício de emprego, cargo ou função. |
| **Penas** | A pena prevista para o crime de é de detenção, de 1 (um) a 2 (dois) anos. |
| **Aumento de Pena (§ 2º)** | **De 1/3:** se a vítima é menor de 18 (dezoito) anos. |

| TÓPICO-SÍNTESE: Dos Crimes contra a liberdade sexual | |
|---|---|
| Aumento de Pena (art. 226, I e II) | **De 1/4:** se é cometido com o concurso de 2 ou mais pessoas;<br>**De 1/2:** se o agente é ascendente, padrasto ou madrasta, tio, irmão, cônjuge, companheiro, tutor, curador, preceptor ou empregador da vítima ou por qualquer outro título tem autoridade sobre ela. |
| Aumento de Pena (art. 234-A) | • De metade a 2/3, se do crime resultar gravidez;<br>• De 1/3 a 2/3, se o agente transmite à vítima doença sexualmente transmissível de que sabe ou deveria saber ser portador, ou se a vítima é idosa ou pessoa com deficiência. |
| Classificação | Próprio; doloso; formal; comissivo (podendo ser praticado por omissão imprópria, na hipótese de o agente gozar do status de garantidor); instantâneo; de dano; monossubjetivo; plurissubsistente. |
| Sujeito Ativo | Deve ser superior hierárquico da vítima ou com ela tenha ascendência inerente ao exercício de emprego, cargo ou função, não importando o seu sexo. |
| Sujeito Passivo | Vítima do constrangimento, que deve estar ocupando o outro polo da relação hierárquica ou aquele sobre o qual tenha ascendência o sujeito ativo, não importando o seu sexo. |
| Objeto jurídico | Liberdade sexual. |
| Objeto Material | Liberdade sexual da pessoa contra a qual se dirige a conduta do agente. |
| Elemento Subjetivo | Dolo específico de obter vantagem ou favorecimento sexual. |
| Consumação | Consuma-se no momento do constrangimento ocasionado à vítima com o intuito de obter vantagem ou favorecimento sexual. |
| Tentativa | É possível. |
| Ação Penal | Pública incondicionada. |
| **Da exposição da intimidade sexual** | |
| **REGISTRO NÃO AUTORIZADO DA INTIMIDADE SEXUAL** | |
| Registro não autorizado da intimidade sexual (art. 216-B) | Produzir, fotografar, filmar ou registrar, por qualquer meio, conteúdo com cena de nudez ou ato sexual ou libidinoso de caráter íntimo e privado sem autorização dos participantes. |
| Penas | A pena prevista para o crime de é de detenção, de 6 (seis) meses a 1 (um) ano, e multa. |
| Figura equiparada (Parágrafo único) | Na mesma pena incorre quem realiza montagem em fotografia, vídeo, áudio ou qualquer outro registro com o fim de incluir pessoa em cena de nudez ou ato sexual ou libidinoso de caráter íntimo. |
| Classificação | Comum; doloso; comissivo (podendo ser praticado por omissão imprópria, na hipótese de o agente gozar do status de garantidor); simples; de forma livre; instantâneo; de dano; monossubjetivo; plurissubsistente. |
| Sujeito Ativo | Qualquer pessoa. Trata-se de crime comum. |
| Sujeito Passivo | Vítima do constrangimento, podendo ser qualquer pessoa. |
| Objeto jurídico | Intimidade sexual. |
| Objeto Material | Intimidade sexual da pessoa contra a qual se dirige a conduta do agente. |

| TÓPICO-SÍNTESE: Dos Crimes contra a liberdade sexual | |
|---|---|
| **Elemento Subjetivo** | Dolo, não sendo admitida a modalidade culposa. |
| **Consumação** | Consuma-se no momento da produção, fotografia, filmagem ou registro da aludida intimidade. |
| **Tentativa** | É possível. |
| **Ação Penal** | Pública incondicionada. |

Capítulo

# 2

# DOS CRIMES SEXUAIS CONTRA VULNERÁVEL

*Leia a Lei:*

- *arts. 217 a 218-B do CP.*

Com o advento da Lei n. 12.015/2009, significativas alterações foram realizadas neste Capítulo, o qual recebeu a rubrica de "crimes sexuais contra vulneráveis", passando a contemplar inúmeros outros delitos, tais como: estupro de vulnerável; a mediação de menor de 14 anos para satisfação da lascívia de outrem; satisfação de lascívia mediante a presença de criança ou adolescente; e favorecimento da prostituição ou oura forma de exploração sexual de vulnerável.

## 1. SEDUÇÃO

**Art. 217. Revogado pela Lei n° 11.106, de 2005.**

## 2. ESTUPRO DE VULNERÁVEL

**Art. 217-A.** *Ter conjunção carnal ou praticar outro ato libidinoso com menor de 14 (catorze) anos:*

**Pena** – *reclusão, de 8 (oito) a 15 (quinze) anos.*

**§ 1º** *Incorre na mesma pena quem pratica as ações descritas no caput com alguém que, por enfermidade ou deficiência mental, não tem o necessário discernimento para a prática do ato, ou que, por qualquer outra causa, não pode oferecer resistência.*

**§ 2º** *(vetado)*

**§ 3º** *Se da conduta resulta lesão corporal de natureza grave:*

**Pena** – *reclusão, de 10 (dez) a 20 (vinte) anos.*

**§ 4º** *Se da conduta resulta morte:*

**Pena** – *reclusão, de 12 (doze) a 30 (trinta) anos.*

**§ 5º** *As penas previstas no caput e nos* **§ § 1º, 3º e 4º deste artigo aplicam-se independentemente do consentimento** *da vítima ou do fato de ela ter mantido relações sexuais anteriormente ao crime.*

### 1.1. Introdução

Com o advento da Lei n° 12.015/2009, o estupro cometido contra pessoa sem capacidade ou condições de consentir, com violência ficta, deixou de integrar o art.

213 do Código Penal, para configurar crime autônomo, com a nomenclatura "estupro de vulnerável". Dessa forma, as condutas que geravam uma violência ficta passaram a integrar o tipo penal do art. 217-A, com sanções próprias, distintas das admoestações impostas ao crime sexual praticado com violência real. Evoluiu-se da ficção legal para a subsunção típica do fato.

A conduta típica consiste em ter conjunção carnal ou praticar outro ato libidinoso com menor de 14 anos, alguém com enfermidade ou deficiência mental, alguém que não tenha o necessário discernimento para a prática do ato, ou que, por qualquer outra causa, não pode oferecer resistência.

Os conceitos de conjunção carnal e ato libidinoso já foram trazidos nos comentários ao art. 213.

A vulnerabilidade é um conceito abrangente, pois não se trata de, tão somente, presumir violência, mas de proporcionar uma efetiva proteção do Estado em relação a determinadas pessoas que, definitiva ou momentaneamente, não têm a capacidade de se autodeterminar. São vulneráveis os menores de 14 anos, o embriagado, o enfermo, o deficiente mental, e qualquer outro que assim puder ser classificado a partir da análise do caso concreto.

Aceca da vítima menor de 14 anos, assinale-se que não deve haver margem para a discussão sobre a presunção da violência, se relativa ou absoluta. É dizer, não há que ser questionada a vulnerabilidade de, por exemplo, uma criança de 12 anos que se prostituía. A leitura da Exposição de Motivos do Projeto de Lei do Senado n. 252/2004 deixa clara a intenção do legislador de proteger o menor de 14 anos, considerando absoluta a sua presunção de vulnerabilidade, vez que a classifica como objetividade fática.

**ATENÇÃO**

*Apenas o **erro de tipo** (que não se confunde com a relativização da vulnerabilidade) pode afastar o delito, quando o agente irá provar que, por erro plenamente justificado pelas circunstâncias, pensava que a vítima, que concordou em ter com ele relação sexual, já tinha 14 anos ou mais, seja pela formação do seu corpo, seja por estar em ambiente cuja entrada era proibida para menores de 18 anos, por exemplos.*

Tem-se, pois, que a presunção de vulnerabilidade do menor de 14 anos é absoluta. Este é o entendimento do STF (Precedentes: HC 101. 456, Rel. Min. Eros Grau e AgRg no REsp 1.363.531/MG, Rel. Min. Maria Thereza de Assis), bem como do STJ, cuja matéria já foi, inclusive, sumulada:

**POSIÇÃO DO STJ**

***Súmula 593:*** *O crime de estupro de vulnerável configura-se com a conjunção carnal ou prática de ato libidinoso com menor de 14 anos, sendo irrelevante o eventual consentimento da vítima para a prática do ato, experiência sexual anterior ou existência de relacionamento amoroso com o agente.*

*Para que não restasse qualquer dúvida em relação ao entendimento já sumulado, a Lei 13.718/2018 inseriu o* **§ 5º ao presente artigo, que determina que as penas nele previstas** *aplicam-se independentemente do consentimento da vítima ou do fato de ela ter mantido relações sexuais anteriormente ao crime. Entretanto, observe-se que o aludido parágrafo levou o entendimento exposto na súmula para as outras situações de vulnerabilidade previstas no art. 217-A, abrangendo pessoa que, por enfermidade ou deficiência mental, não tem o necessário discernimento para a prática do ato, bem como pessoa que, por qualquer causa, não pode oferecer resistência.*

*Assinale-se, por ser importante, que não basta que a pessoa seja deficiente para que seja configurado o agora discutido crime, faz-se necessário que a sua deficiência implique em ausência de discernimento para a prática do ato.*

A pena prevista para o crime de é de reclusão, de 8 (oito) a 15 (quinze) anos. À vista disto, devemos concluir que:

a) Não é possível a transação penal (a pena máxima supera dois anos);

b) Não é possível a suspensão condicional do processo (a pena mínima supera um ano).

Vale reiterar que se trata de crime hediondo, conforme previsão do art. 1º, Lei n. 8.072/90.

Ademais, o tipo prevê **formas qualificadas de execução**, as quais, para serem caracterizadas, **devem ser exclusivamente preterdolosas.** Assim, se do estupro resultar lesão corporal de natureza grave, a pena será de reclusão de dez a vinte anos; se resultar a morte, a pena será de reclusão doze a trinta anos.

O crime agora estudado também está sujeito às hipóteses de aumento de pena já estudadas no estupro. Nesse sentido, se o crime é cometido com o **concurso de duas ou mais pessoas**, deve a pena ser aumentada de quarta parte (art. 226, I). Ademais, se o **agente é ascendente, padrasto, tio, irmão, cônjuge, companheiro, tutor, curador, preceptor ou empregador da vítima, ou, por qualquer outro modo, tenha autoridade sobre ela**, a pena deve ser aumentada de metade (art. 226, II). Ainda na seara das majorantes, assinale-se que a pena é aumentada de metade se do estupro **resultar gravidez** e de um sexto até a metade (art. 234 – A, III), **se o agente transmite à vítima doença sexualmente transmissível de que sabe ou deveria saber ser portador** (art. 234 – A, IV).

O crime de *estupro de vulnerável* é hediondo; comum; doloso; comissivo (podendo ser praticado pode omissão imprópria, na hipótese de o agente gozar do status de garantidor); material; de dano; de forma livre; instantâneo; unissubjetivo; plurissubsistente.

## 1.2. Sujeito Ativo

O sujeito ativo pode ser qualquer pessoa, representando essa conduta, pois, *delicta communi,* ou seja, crime comum, não sendo necessária qualquer qualificação para o agente delituoso.

## 1.3. Sujeito Passivo

O sujeito passivo é a vítima do constrangimento, que aqui só poderá ser menor de 14 anos de idade ou portadora de enfermidade ou deficiência mental ou, ainda, incapaz de discernimento para a prática do ato, ou que, por qualquer outra coisa, não tenha condições de oferecer resistência. Neste sentido, "Presunção de violência – vítima menor de 14 anos – caráter absoluto, o qual não é elidido pela anterior experiência da ofendida nem pelo seu consentimento para a prática de ato sexual". (STF, HC 81.268-DF, Rel. Min. Sepúlveda Pertence).

### 1.4. Objeto Jurídico

O objeto juridicamente tutelado é a dignidade sexual do indivíduo menor de 14 anos ou daquele que, por enfermidade ou doença mental, não tem o necessário discernimento para a prática do ato, ou que, por qualquer outra causa, não pode oferecer resistência.

### 1.5. Objeto Material

O objeto material é a liberdade sexual do indivíduo menor de 14 anos ou daquele que, por enfermidade ou doença mental, não tem o necessário discernimento para a prática do ato, ou que, por qualquer outra causa, não pode oferecer resistência.

### 1.6. Elemento Subjetivo

O elemento subjetivo exigido no tipo penal é o dolo, consubstanciado na vontade de ter conjunção carnal ou praticar outro ato libidinoso com indivíduo nas condições previstas no *caput* ou § 1° deste artigo. Não há previsão para modalidade culposa.

### 1.7. Consumação e Tentativa

Consuma-se o crime com a prática do ato libidinoso buscado pelo agente. A forma tentada é perfeitamente cabível.

### 1.8. Ação Penal

A ação penal será pública incondicionada, conforme o art. 225 do Código Penal, alterado pela Lei 13.718/2018.

Os processos que apuram esta modalidade de infração penal devem correr em segredo de justiça (art. 234 – B).

## 2. MEDIAÇÃO PARA SATISFAZER A LASCÍVIA DE OUTREM COM PESSOA VULNERÁVEL MENOR DE 14 ANOS (CORRUPÇÃO DE MENORES)

**Art. 218**. *Induzir alguém menor de 14 (catorze) anos a satisfazer a lascívia de outrem:*
**Pena** – *reclusão, de 2 (dois) a 5 (cinco) anos.*

### 2.1. Introdução

No núcleo do tipo penal está o verbo *induzir* (aliciar, persuadir) menor de 14anos a satisfazer a lascívia de outrem. Não restará caracterizado este crime se o menor vulnerável praticar conjunção carnal ou outro ato libidinoso, pois assim ocorrendo, configurado estará o crime de estupro de vulnerável, tanto para quem induz, quanto para quem dele participa diretamente. Aqui, a conduta é limitada às práticas sexuais meramente contemplativas.

A pena prevista para o crime de é de reclusão, de 2 (dois) a 5 (cinco) anos. À vista disto, devemos concluir que:

a) Não é possível a transação penal (a pena máxima supera dois anos);

b) Não é possível a suspensão condicional do processo (a pena mínima supera um ano).

O crime de *mediação para satisfazer a lascívia de outrem com pessoa vulnerável menor de 14 anos* é comum; doloso; comissivo (podendo ser praticado pode omissão imprópria, na hipótese de o agente gozar do status de garantidor); material; de forma livre; instantâneo; de dano; unissubjetivo; plurissubsistente.

### 2.2. Sujeito Ativo

O sujeito ativo pode ser qualquer pessoa, representando essa conduta, pois, *delicta communi,* ou seja, crime comum, não sendo necessária qualquer qualificação para o agente delituoso.

### 2.3. Sujeito Passivo

O sujeito passivo é a vítima do constrangimento, que aqui só poderá ser o menor de 14 anos.

### 2.4. Objeto Jurídico

O objeto juridicamente tutelado é a dignidade sexual de pessoa menor de 14 anos, bem como o direito ao desenvolvimento sexual sadio, equilibrado e compatível com a sua idade.

### 2.5. Objeto Material

O objeto material é a pessoa menor de 14 anos de idade contra qual e dirigida a conduta prevista neste tipo.

### 2.6. Elemento Subjetivo

O elemento subjetivo exigido no tipo penal é o dolo, pois se exige do agente a vontade livre e consciente do agente de induzir a vítima a satisfazer a lascívia de outrem. Não há previsão para modalidade culposa.

### 2.7. Consumação e Tentativa

Consuma-se o crime com a prática do ato que importa satisfação da lascívia de outrem, independentemente de este considerar-se satisfeito. Tendo em vista se tratar de crime material e plurissubsistente, a forma tentada é perfeitamente cabível.

### 2.8. Ação Penal

A ação penal será pública incondicionada, conforme o art. 225 do Código Penal, alterado pela Lei 13.718/2018.

Os processos que apuram esta modalidade de infração penal devem correr em segredo de justiça (art. 234 – B).

## 3. SATISFAÇÃO DE LASCÍVIA MEDIANTE PRESENÇA DE CRIANÇA OU ADOLESCENTE

**Art. 218-A.** *Praticar, na presença de alguém menor de 14 (catorze) anos, ou induzi-lo a presenciar, conjunção carnal ou outro ato libidinoso, a fim de satisfazer lascívia própria ou de outrem:*
**Pena** – *reclusão, de 2 (dois) a 4 (quatro) anos.*

### 3.1. Introdução

Com o advento da Lei n. 12.015/2009, o art. 218-A foi acrescido no Código Penal, possibilitando o preenchimento de uma lacuna anteriormente existente em nosso sistema criminal que, outrora, não alcançava as vítimas menores de 14 anos, deixando sem proteção aqueles que mais necessitavam.

*Praticar* é realizar ou executar. *Induzir* tem o sentido de convencer ou persuadir a fazer algo. Na seara deste artigo, o agente permitiu a presença do menor ou o convenceu a presenciar sua atividade sexual, ambas ações com o desiderato de satisfazer a própria lascívia ou de terceiros.

No núcleo do tipo penal está o verbo *constranger* (subjugar, sujeitar, obrigar, forçar), comportamento este que deve ser realizado mediante *violência* ou *grave ameaça.* Em ambos os casos a lei prevê o acúmulo material das penas do crime em análise e aquela relativa à violência ou ameaça empregada pelo agente, não sendo permitida, pois, a absorção.

A pena prevista para o crime de é de reclusão, de 2 (dois) a 4 (quatro) anos. À vista disto, devemos concluir que:

a) Não é possível a transação penal (a pena máxima supera dois anos);

b) Não é possível a suspensão condicional do processo (a pena mínima supera um ano).

O crime de *satisfação de lascívia mediante presença de criança ou adolescente* é comum; formal; de forma livre; instantâneo; doloso; comissivo ou omissivo impróprio; de dano; monossubjetivo; plurissubsistente.

### 3.2. Sujeito Ativo

O sujeito ativo pode ser qualquer pessoa, representando essa conduta, pois, *delicta communi,* ou seja, crime comum, não sendo necessária qualquer qualificação para o agente delituoso.

### 3.3. Sujeito Passivo

O sujeito passivo é pessoa menor de 14 anos, independentemente do seu sexo.

### 3.4. Objeto Jurídico

O objeto juridicamente tutelado é a dignidade sexual da pessoa menor de 14 anos, bem como o direito ao desenvolvimento sexual sadio, equilibrado e compatível com a sua idade.

### 3.5. Objeto Material

O objeto material é a pessoa de 14 anos que presencia a conjunção carnal ou outro ato libidinoso.

### 3.6. Elemento Subjetivo

O elemento subjetivo exigido no tipo penal é o dolo, acrescido da finalidade especial de saciar desejo sexual próprio ou de terceiro. Não há previsão para modalidade culposa.

### 3.7. Consumação e Tentativa

Trata-se de crime formal, de consumação antecipada. Consuma-se o crime no momento em que o menor de 14 anos presencia a prática da conjunção carnal ou outro ato libidinoso. Tendo em vista se tratar de crime material e plurissubsistente, a forma tentada é perfeitamente cabível.

### 3.8. Ação Penal

A ação penal será pública incondicionada, conforme o art. 225 do Código Penal, alterado pela Lei 13.718/2018.

Os processos que apuram esta modalidade de infração penal devem correr em segredo de justiça (art. 234 – B).

## 4. FAVORECIMENTO DA PROSTITUIÇÃO OU OUTRA FORMA DE EXPLORAÇÃO SEXUAL DE VULNERÁVEL

**Art. 218-B.** *Submeter, induzir ou atrair à prostituição ou outra forma de exploração sexual alguém menor de 18 (dezoito) anos ou que, por enfermidade ou deficiência mental, não tem o necessário discernimento para a prática do ato, facilitá-la, impedir ou dificultar que a abandone:*

**Pena** – *reclusão, de 4 (quatro) a 10 (dez) anos.*

§ **1º** *Se o crime é praticado com o fim de obter vantagem econômica, aplica-se também multa.*

§ **2º** *Incorre nas mesmas penas:*

**I** – *quem pratica conjunção carnal ou outro ato libidinoso com alguém menor de 18 (dezoito) e maior de 14 (catorze) anos na situação descrita no caput deste artigo;*

**II** – *o proprietário, o gerente ou o responsável pelo local em que se verifiquem as práticas referidas no caput deste artigo.*

§ **3º** *Na hipótese do inciso II do § 2º, constitui efeito obrigatório da condenação a cassação da licença de localização e de funcionamento do estabelecimento.*

### 4.1. Introdução

Aqui é prevista uma modalidade específica do crime de favorecimento da prostituição ou outra forma de exploração sexual, diferente daquela prevista no art. 220 do Código Penal, haja vista que, neste caso, há de se constatar uma condição especial da vítima, que deve ser menor de 18 anos ou que, por enfermidade ou deficiência mental, não tem o necessário discernimento para a prática do ato.

*Prostituição* é o comércio sexual exercido com habitualidade e pressupõe contato físico entre as pessoas envolvidas na atividade sexual. Contudo, o legislador também previu punição para qualquer outra forma de exploração sexual, o que, não necessariamente, implica em contato físico entre vítima e autor delituoso.

Registre-se, por ser oportuno, que se a vítima for menor de 14 anos, o agente delituoso responderá, também, por **estupro vulnerável**, caso reste comprovado que do agenciamento derivou encontro sexual com pessoa certa.

Noutro passo, se a vítima for pessoa sã, maior de 18 anos, o induzimento configura o crime previsto no artigo 228 do Código Penal, **favorecimento da prostituição ou outra forma de exploração sexual.**

Ainda na seara da diferenciação, se a vítima for forçada a se prostituir, o crime será o de **estupro qualificado**, conforme art. 213, **§ 1º.**

Acrescente-se, que constituem crimes específicos, constantes da Lei 8.069/1990 – Estatuto da Criança e do Adolescente – ECA, notadamente em seus artigos 240 e 241, produzir, reproduzir, dirigir, fotografar, filmar ou registrar, por qualquer meio, cena de sexo explícito ou pornográfica, envolvendo criança ou adolescente, bem como vender ou expor à venda fotografia, vídeo ou outro registro que contenha cena de sexo explícito ou pornográfica envolvendo-os, assim como oferecer, trocar, disponibilizar, transmitir, distribuir, publicar ou divulgar por qualquer meio, inclusive por meio de sistema de informática ou telemático, fotografia, vídeo ou outro registro que contenha cena de sexo explícito ou pornográfica envolvendo as referidas vítimas.

Ainda é importante frisar que o presente artigo, instituído pela Lei 12.015/2009, revogou tacitamente o crime anteriormente definido no art. 244-A do ECA.

A pena prevista para o crime de é de reclusão, de 4 (quatro) a 10 (dez) anos. À vista disto, devemos concluir que:

a) Não é possível a transação penal (a pena máxima supera dois anos);

b) Não é possível a suspensão condicional do processo (a pena mínima supera um ano).

Importante recordar que se trata de crime hediondo, conforme previsão do art. 1º, Lei n. 8.072/90.

O artigo ainda prevê a aplicação de multa nos casos em que o crime é praticado com finalidade lucrativa **(§ 1º)**. Por fim, em seu **§ 2º, o ato as figuras equiparadas, determinando que** incorre nas mesmas penas quem pratica a conjunção carnal ou outro ato libidinoso com alguém menor de 18 anos e maior de 14 anos, bem como o proprietário, o gerente ou o responsável pelo local em que se verifiquem as práticas constantes do *caput.*

O crime de *favorecimento da prostituição ou outra forma de exploração sexual de vulnerável* é hediondo; comum; doloso; material; de forma livre; comissivo ou omissivo impróprio; instantâneo; de dano; unissubjetivo; e plurissubsistente.

### 4.2. Sujeito Ativo

O sujeito ativo pode ser qualquer pessoa, representando essa conduta, pois, *delicta ommuni,* ou seja, crime comum, não sendo necessária qualquer qualificação para o agente delituoso.

### 4.3. Sujeito Passivo

O sujeito passivo é pessoa vulnerável, independentemente do seu sexo.

### 4.4. Objeto Jurídico

O objeto juridicamente tutelado é a dignidade sexual de vulnerável.

### 4.5. Objeto Material

O objeto material é a pessoa vulnerável contra qual a conduta é dirigida.

### 4.6. Elemento Subjetivo

O elemento subjetivo exigido no tipo penal é o dolo, não havendo finalidade específica. Não há previsão para modalidade culposa.

### 4.7. Consumação e Tentativa

Nas modalidades *submeter, induzir, atrair e facilitar*, consuma-se o delito no momento em que a vítima passa a se dedicar à prostituição, colocando-se, habitualmente, à disposição dos clientes, ainda que não realize atendimento algum. No que tange às modalidades *impedir* ou *dificultar*, o crime restará consumado quando a vítima delibera por deixar a atividade e o agente não permite.

Tendo em vista se tratar de crime material e plurissubsistente, a forma tentada é perfeitamente cabível.

### 4.8. Ação Penal

A ação penal será pública incondicionada, conforme o art. 225 do Código Penal, alterado pela Lei 13.718/2018.

Os processos que apuram esta modalidade de infração penal devem correr em segredo de justiça (art. 234 – B).

## 5. DIVULGAÇÃO DE CENA DE ESTUPRO OU DE CENA DE ESTUPRO DE VULNERÁVEL, DE CENA DE SEXO OU DE PORNOGRAFIA

**Art. 218-C.** *Oferecer, trocar, disponibilizar, transmitir, vender ou expor à venda, distribuir, publicar ou divulgar, por qualquer meio – inclusive por meio de comunicação de massa ou sistema de informática ou telemática -, fotografia, vídeo ou outro registro audiovisual que contenha cena de estupro ou de estupro de vulnerável ou que faça apologia ou induza a sua prática, ou, sem o consentimento da vítima, cena de sexo, nudez ou pornografia:*

**Pena** – *reclusão, de 1 (um) a 5 (cinco) anos, se o fato não constitui crime mais grave.*

**Aumento de pena**

**§ 1º** *A pena é aumentada de 1/3 (um terço) a 2/3 (dois terços) se o crime é praticado por agente que mantém ou tenha mantido relação íntima de afeto com a vítima ou com o fim de vingança ou humilhação.*

**Exclusão de ilicitude**

**§ 2º** *Não há crime quando o agente pratica as condutas descritas no* **caput** *deste artigo em publicação de natureza jornalística, científica, cultural ou acadêmica com a adoção de recurso que impossibilite a identificação da vítima, ressalvada sua prévia autorização, caso seja maior de 18 (dezoito) anos.*

### 5.1. Introdução

Inserido pela Lei 13.718/2018, aqui é tipificada a conduta cada vez mais comum de oferecer, trocar, disponibilizar, transmitir, vender ou expor à venda, distribuir, publicar ou divulgar, por qualquer meio – inclusive por meio de comunicação de massa ou sistema de informática ou telemática -, fotografia, vídeo ou outro registro audiovisual que contenha cena de estupro ou de estupro de vulnerável ou que faça apologia ou induza a sua prática, ou, sem o consentimento da vítima, cena de sexo, nudez ou pornografia.

Assinale-se, pois, que a divulgação poderá ocorrer por **qualquer meio** de comunicação de massa.

A pena prevista para o crime de é de reclusão, de 1 (um) a 5 (cinco) anos. À vista disto, devemos concluir que:

a) Não é possível a transação penal (a pena máxima supera dois anos);

b) É possível a suspensão condicional do processo (a pena mínima não supera um ano).

O § 1º prevê o aumento da pena de 1/3 (um terço) a 2/3 (dois terços), caso o crime seja praticado por agente que mantém ou tenha mantido relação íntima de afeto com a vítima ou com o fim de vingança ou humilhação. Trata-se da cada vez mais comum *revenge porn* (pornagrafia de vingança). Antes da inovação legislativa, restava à vítima apenas busca por indenização na esfera cível

Ademais, o § 2º prevê a exclusão da tipicidade quando o agente pratica as condutas descritas no caput do artigo em publicação de natureza jornalística, científica, cultural ou acadêmica com a adoção de recurso que impossibilite a identificação da vítima, ressalvada sua prévia autorização, caso seja maior de 18 (dezoito) anos.

Importante registrar que há uma subsidiariedade no preceito secundário deste artigo, vez que se a conduta praticada puder se enquadrar em um delito mais grave, não será configurado o crime agora discutido.

Registre-se que se a cena for de sexo explícito ou pornográfica envolvendo criança ou adolescente, a situação se enquadrará nos arts. 241 e 241-A do ECA. Assim sendo, quando o art. 218-C fala em fotografia ou vídeo que contenha cena "de estupro de vulnerável", ele está se referindo à situação inserta no art. 217-A do CP.

O crime de *divulgação de cena de estupro ou de cena de estupro de vulnerável, de cena de sexo ou de pornografia* é comum; simples; doloso; de forma livre; comissivo (podendo ser praticado via omissão imprópria, no caso do agente ser garantidor); de dano; instantâneo; unissubjetivo; e plurissubsistente.

### 5.2. Sujeito Ativo

O sujeito ativo pode ser qualquer pessoa, representando essa conduta, pois, *delicta ommuni,* ou seja, crime comum, não sendo necessária qualquer qualificação para o agente delituoso.

### 5.3. Sujeito Passivo

O sujeito passivo é a pessoa (vulnerável ou não) contra a qual recai a conduta, independentemente do seu sexo.

### 5.4. Objeto Jurídico

O objeto juridicamente tutelado é a dignidade sexual.

### 5.5. Objeto Material

O objeto material é a pessoa contra qual a conduta é dirigida.

### 5.6. Elemento Subjetivo

O elemento subjetivo exigido no tipo penal é o dolo, não havendo finalidade específica. Não há previsão para modalidade culposa.

### 5.7. Consumação e Tentativa

Consuma-se o crime no momento da divulgação.

Tendo em vista se tratar de crime material e plurissubsistente, a forma tentada é perfeitamente cabível.

### 5.8. Ação Penal

A ação penal será pública incondicionada, conforme o art. 225 do Código Penal, alterado pela Lei 13.718/2018.

Os processos que apuram esta modalidade de infração penal devem correr em segredo de justiça (art. 234 – B).

## 6. TÓPICO-SÍNTESE

| TÓPICO-SÍNTESE: Dos Crimes sexuais contra vulnerável | |
|---|---|
| **ESTUPRO DE VULNERÁVEL** | |
| **Estupro de vulnerável (arts. 217-A)** | Ter conjunção carnal ou praticar outro ato libidinoso com menor de 14 anos. |
| **Penas** | A pena prevista para o crime de é de reclusão, de 8 (oito) a 15 (quinze) anos. |
| **Figura Equiparada (§ 1º)** | Praticar as ações descritas no caput com alguém que, por enfermidade ou deficiência mental, não tem o necessário discernimento para a prática do ato, ou que, por qualquer outra causa, não pode oferecer resistência. |
| **Forma Qualificada (§§ 3º e 4º)** | • Se resulta lesão corporal de natureza grave;<br>• Se resulta morte. |
| **§ 5º** | Para que não restasse qualquer dúvida em relação ao entendimento já sumulado, a Lei 13.718/2018 inseriu o § 5º ao presente artigo, que determina que as penas nele previstas aplicam-se independentemente do consentimento da vítima ou do fato de ela ter mantido relações sexuais anteriormente ao crime. Entretanto, observe-se que o aludido parágrafo levou o entendimento exposto na súmula para as outras situações de vulnerabilidade previstas no art. 217-A, abrangendo pessoa que, por enfermidade ou deficiência mental, não tem o necessário discernimento para a prática do ato, bem como pessoa que, por qualquer causa, não pode oferecer resistência.<br>Assinale-se, por ser importante, que não basta que a pessoa seja deficiente para que seja configurado o agora discutido crime, faz-se necessário que a sua deficiência implique em ausência de discernimento para a prática do ato. |
| **Aumento de Pena (art. 226, I e II)** | **De 1/4:** se é cometido com o concurso de 2 ou mais pessoas;<br>**De 1/2:** se o agente é ascendente, padrasto ou madrasta, tio, irmão, cônjuge, companheiro, tutor, curador, preceptor ou empregador da vítima ou por qualquer outro título tem autoridade sobre ela. |
| **Aumento de Pena (art. 234-A)** | • De metade, se do crime resultar gravidez;<br>• De um sexto até a metade, se o agente transmite à vítima doença sexualmente transmissível de que sabe ou deveria saber ser portador. |
| **Classificação** | Hediondo; comum; doloso; comissivo (podendo ser praticado pode omissão imprópria, na hipótese de o agente gozar do status de garantidor); material; de dano; de forma livre; instantâneo; unissubjetivo; plurissubsistente. |
| **Sujeito Ativo** | Qualquer pessoa. |
| **Sujeito Passivo** | Pessoa menor de 14 anos ou que, por enfermidade ou doença mental, não tem o necessário discernimento para a prática do ato, ou que, por qualquer outra causa, não pode oferecer resistência. |

| TÓPICO-SÍNTESE: Dos Crimes sexuais contra vulnerável | |
|---|---|
| **Objeto Jurídico** | Dignidade sexual do menor de 14 anos ou daquele que, por enfermidade ou doença mental, não tem o necessário discernimento para a prática do ato, ou que, por qualquer outra causa, não pode oferecer resistência. |
| **Objeto Material** | Liberdade sexual do menor de 14 anos ou daquele que, por enfermidade ou doença mental, não tem o necessário discernimento para a prática do ato, ou que, por qualquer outra causa, não pode oferecer resistência. |
| **Elemento Subjetivo** | Dolo. |
| **Consumação** | Consuma-se com a prática do ato libidinoso buscado pelo agente. |
| **Tentativa** | É possível. |
| **Ação Penal** | Pública Incondicionada. |
| **Súmulas aplicáveis** | **593 do STF.** O crime de estupro de vulnerável configura-se com a conjunção carnal ou prática de ato libidinoso com menor de 14 anos, sendo irrelevante o eventual consentimento da vítima para a prática do ato, experiência sexual anterior ou existência de relacionamento amoroso com o agente. |
| **MEDIAÇÃO PARA SATISFAZER A LASCÍVIA DE OUTREM COM PESSOA VULNERÁVEL MENOR DE 14 ANOS** | |
| **Mediação para Satisfazer a Lascívia de Outrem com Pessoa Vulnerável Menor de 14 anos (art. 218)** | Induzir alguém menor de 14 (catorze) anos a satisfazer a lascívia de outrem. |
| **Penas** | A pena prevista para o crime de é de reclusão, de 2 (dois) a 5 (cinco) anos. |
| **Aumento de Pena (art. 226, I e II)** | **De 1/4:** se é cometido com o concurso de 2 ou mais pessoas;<br>**De 1/2:** se o agente é ascendente, padrasto ou madrasta, tio, irmão, cônjuge, companheiro, tutor, curador, preceptor ou empregador da vítima ou por qualquer outro título tem autoridade sobre ela. |
| **Aumento de Pena (art. 234-A)** | • De metade, se do crime resultar gravidez.<br>• De um sexto até a metade, se o agente transmite à vítima doença sexualmente transmissível de que sabe ou deveria saber ser portador. |
| **Classificação** | Comum; doloso; comissivo (podendo ser praticado pode omissão imprópria, na hipótese de o agente gozar do status de garantidor); material; de forma livre; instantâneo; de dano; unissubjetivo; plurissubsistente. |
| **Sujeito Ativo** | Qualquer pessoa. |
| **Sujeito Passivo** | Pessoa menor de 14 anos. |
| **Objeto Jurídico** | Dignidade sexual de pessoa menor de 14 anos. |
| **Objeto Material** | Pessoa menor de 14 anos atingida pela conduta do agente. |
| **Elemento Subjetivo** | Dolo. |
| **Consumação** | Consuma-se com a prática do ato que importa satisfação da lascívia de outrem. |
| **Tentativa** | É admitida. |
| **Ação Penal** | Pública incondicionada. |

| TÓPICO-SÍNTESE: Dos Crimes sexuais contra vulnerável | |
|---|---|
| **SATISFAÇÃO DE LASCÍVIA MEDIANTE A PRESENÇA DE CRIANÇA OU ADOLESCENTE** | |
| **Satisfação de lascívia Mediante a Presença de Criança ou Adolescente (art. 218-A)** | Praticar, na presença de alguém menor de 14 (catorze) anos, ou induzi-lo a presenciar, conjunção carnal ou outro ato libidinoso, a fim de satisfazer lascívia própria ou de outrem. |
| **Penas** | A pena prevista para o crime de é de reclusão, de 2 (dois) a 4 (quatro) anos. |
| **Aumento de Pena (art. 226, I e II)** | **De 1/4:** se é cometido com o concurso de 2 ou mais pessoas;<br>**De 1/2:** se o agente é ascendente, padrasto ou madrasta, tio, irmão, cônjuge, companheiro, tutor, curador, preceptor ou empregador da vítima ou por qualquer outro título tem autoridade sobre ela. |
| **Aumento de Pena (art. 234-A)** | • De metade, se do crime resultar gravidez;<br>• De um sexto até a metade, se o agente transmite à vítima doença sexualmente transmissível de que sabe ou deveria saber ser portador. |
| **Classificação** | Comum; formal; de forma livre; instantâneo; doloso; comissivo ou omissivo impróprio; de dano; monossubjetivo; plurissubsistente. |
| **Sujeito Ativo** | Qualquer pessoa. |
| **Sujeito Passivo** | Pessoa menor de 14 anos. |
| **Objeto Jurídico** | Dignidade sexual do menor de 14 anos. |
| **Objeto Material** | Pessoa de 14 anos que presencia a conjunção carnal ou outro ato libidinoso. |
| **Elemento Subjetivo** | Dolo. |
| **Consumação** | Consuma-se no momento em que o menor de 14 anos presencia a prática da conjunção carnal ou outro ato libidinoso. |
| **Tentativa** | É admitida. |
| **Ação Penal** | Pública incondicionada. |
| **FAVORECIMENTO DA PROSTITUIÇÃO OU OUTRA FORMA DE EXPLORAÇÃO SEXUAL DE VULNERÁVEL** | |
| **Favorecimento da Prostituição ou Outra Forma de Exploração Sexual de Vulnerável (art. 218-B)** | Submeter, induzir ou atrair à prostituição ou outra forma de exploração sexual alguém menor de 18 (dezoito) anos ou que, por enfermidade ou deficiência mental, não tem o necessário discernimento para a prática do ato, facilitá-la, impedir ou dificultar que a abandone. |
| **Penas** | A pena prevista para o crime de é de reclusão, de 4 (quatro) a 10 (dez) anos. |
| **Aplica-se também a pena de Multa (§ 1º)** | Se praticado com o fim de obter vantagem econômica. |
| **Figuras Equiparadas (§ 2º, I e II)** | • praticar conjunção carnal ou outro ato libidinoso com alguém menor de 18 e maior de 14 anos na situação descrita no caput deste artigo;<br>• o proprietário, o gerente ou o responsável pelo local em que se verifiquem as práticas referidas no caput deste artigo. |
| **Aumento de Pena (art. 226, I e II)** | **De 1/4:** se é cometido com o concurso de 2 ou mais pessoas;<br>**De 1/2:** se o agente é ascendente, padrasto ou madrasta, tio, irmão, cônjuge, companheiro, tutor, curador, preceptor ou empregador da vítima ou por qualquer outro título tem autoridade sobre ela |

| TÓPICO-SÍNTESE: Dos Crimes sexuais contra vulnerável | |
|---|---|
| **Aumento de Pena (art. 234-A)** | • De metade, se do crime resultar gravidez.<br>• De um sexto até a metade, se o agente transmite à vítima doença sexualmente transmissível de que sabe ou deveria saber ser portador. |
| **Classificação** | Hediondo; comum; doloso; material; de forma livre; comissivo ou omissivo impróprio; instantâneo; de dano; unissubjetivo; e plurissubsistente. |
| **Sujeito Ativo** | Qualquer pessoa. |
| **Sujeito Passivo** | Pessoa vulnerável. |
| **Objeto Jurídico** | Dignidade sexual de vulnerável. |
| **Objeto Material** | Pessoa vulnerável contra qual a conduta do agente é dirigida. |
| **Elemento Subjetivo** | Dolo. |
| **Consumação** | Consuma-se, em relação aos verbos submeter, induzir, atrair e facilitar, no momento em que a vítima passa a se dedicar à prostituição e em relação aos verbos impedir ou dificultar, consuma-se no momento em que a vítima quer deixar a atividade e o agente não permite. |
| **Tentativa** | É admitida. |
| **Ação Penal** | Pública incondicionada. |
| **DIVULGAÇÃO DE CENA DE ESTUPRO OU DE CENA DE ESTUPRO DE VULNERÁVEL, DE CENA DE SEXO OU DE PORNOGRAFIA** | |
| **Divulgação de cena de estupro ou de cena de estupro de vulnerável, de cena de sexo ou de pornografia (art. 218-C)** | Oferecer, trocar, disponibilizar, transmitir, vender ou expor à venda, distribuir, publicar ou divulgar, por qualquer meio – inclusive por meio de comunicação de massa ou sistema de informática ou telemática -, fotografia, vídeo ou outro registro audiovisual que contenha cena de estupro ou de estupro de vulnerável ou que faça apologia ou induza a sua prática, ou, sem o consentimento da vítima, cena de sexo, nudez ou pornografia. |
| **Penas** | A pena prevista para o crime de é de reclusão, de 1 (um) a 5 (cinco) anos. |
| **Aumento de pena** | A pena é aumentada de 1/3 (um terço) a 2/3 (dois terços) se o crime é praticado por agente que mantém ou tenha mantido relação íntima de afeto com a vítima ou com o fim de vingança ou humilhação. |
| **Exclusão da Ilicitude** | Não há crime quando o agente pratica as condutas descritas no **caput** deste artigo em publicação de natureza jornalística, científica, cultural ou acadêmica com a adoção de recurso que impossibilite a identificação da vítima, ressalvada sua prévia autorização, caso seja maior de 18 (dezoito) anos. |
| **Classificação** | Comum; simples; doloso; de forma livre; comissivo (podendo ser praticado via omissão imprópria, no caso do agente ser garantidor); de dano; instantâneo; unissubjetivo; e plurissubsistente. |
| **Sujeito Ativo** | Qualquer pessoa. |
| **Sujeito Passivo** | Qualquer pessoa, devendo ser vulnerável no caso da divulgação de cena de estupro de vulnerável. |
| **Objeto Jurídico** | Dignidade sexual. |
| **Objeto Material** | Pessoa contra qual a conduta do agente é dirigida. |
| **Elemento Subjetivo** | Dolo. |
| **Consumação** | Consuma-se no momento da divulgação. |
| **Tentativa** | É admitida. |
| **Ação Penal** | Pública incondicionada. |

Capítulo

# 3

# DO RAPTO

***Leia a Lei:***

- *arts. 219 a 222 do CP.*

**Rapto violento ou mediante fraude**
**Art. 219. Revogado pela Lei n° 11.106, de 2005.**
**Rapto consensual**
**Art. 220. Revogado pela Lei n° 11.101, de 2005.**
**Diminuição da Pena**
**Art. 221. Revogado pela Lei n° 11.101, de 2005.**
**Concurso de rapto e outro crime**
**Art. 222. Revogado pela Lei n° 11.101, de 2005.**
**Art. 223. Revogado pela Lei n° 11.106, de 2005.**
**Art. 224. Revogado pela Lei n° 11.101, de 2005.**

Capítulo

# 4

# DISPOSIÇÕES GERAIS

***Leia a Lei:***

- *arts. 223 a 226 do CP.*

## 1. AÇÃO PENAL

**Art. 225.** *Nos crimes definidos nos Capítulos I e II deste Título, procede-se mediante ação penal pública incondicionada.*

*Esta redação do art. 225, CP foi dada pela Lei n. 13.718/18. Até o advento da referida Lei, os crimes contra a liberdade sexual eram, em regra, de ação penal pública condicionada à representação do ofendido. Apenas seriam crimes de ação penal pública incondicionada se a vítima fosse menor de 18 (dezoito) anos, vulnerável e, no caso do estupro, quando fosse praticado mediante violência real (súmula n. 608/STF).*

*Vale recordar que a nova regra (os crimes são de ação penal pública incondicionadas) constitui tratamento pior para os réus, razão pela qual não pode retroagir. Por outras palavras, se o crime contra liberdade sexual foi praticado a partir da entrada em vigor da Lei n. 13.718 (24 de setembro de 2018), o crime será de ação penal pública incondicionada. Se, por outro lado, for anterior a essa data, será de ação penal pública condiconada à representação do ofendido, ressalvadas as exceções anteriormente mencionadas – vítima menor de 18 (dezoito) anos, vulnerável e, no caso do estupro, quando fosse praticado mediante violência real (súmula n. 608/STF).*

**Aumento de Pena**

**Art. 226.** *A pena é aumentada:*

**I** – *de quarta parte, se o crime é cometido com o concurso de 2 (duas) ou mais pessoas;*

**II** – *de metade, se o agente é ascendente, padrasto ou madrasta, tio, irmão, cônjuge, companheiro, tutor, curador, preceptor ou empregador da vítima ou por qualquer outro título tiver autoridade sobre ela;*

**III** – *(Revogado pela Lei nº 11.106, de 2005)*

**IV** – *de 1/3 (um terço) a 2/3 (dois terços), se o crime é praticado:*

**Estupro coletivo**

**a)** *mediante concurso de 2 (dois) ou mais agentes;*

**Estupro corretivo**

**b)** *para controlar o comportamento social ou sexual da vítima.*

A Lei n. 13. 718/2018 acrescentou nova causa de aumento de pena, punindo com mais rigor o que foi chamado de “estupro coletivo” e “estupro corretivo”.

**O estupro coletivo é cometido, necessariamente, com o concurso de 2 ou mais pessoas. Tal inserção é absolutamente compatível com o inciso I do mesmo artigo, vez que deve ser aplicado apenas para os casos de estupro (213 e 217-A),**

**já que o nomen juris da causa de aumento fala em "estupro coletivo" e "estupro corretivo". Nesse sentido, o inciso I deve ser aplicado aos demais casos de crime contra a dignidade sexual.**

**O estupro corretivo abrange, geralmente, crimes contra mulheres lésbicas, bissexuais e transexuais, no qual o abusador quer "corrigir" a orientação sexual ou o gênero da vítima.**

Capítulo

# 5

# DO LENOCÍNIO E DO TRÁFICO DE PESSOA PARA FIM DE PROSTITUIÇÃO OU OUTRA FORMA DE EXPLORAÇÃO SEXUAL

***Leia a Lei:***

- *arts. 227 a 232-A do CP.*

Com a mudança do Título VI do Código Penal, o legislador considerou importante estabelecer, dentro dos crimes de violência sexual dos vulneráveis, os chamados crimes de lenocínio. Note-se que agora se fala em *tráfico de pessoas*, abrangendo, pois, homens e mulheres, o que representa uma alteração substancial, haja vista que outrora se falava, tão somente, em mulheres. Outra alteração deveras importante é a descrição da finalidade do agente na conduta delituosa, que é a *exploração sexual*. As formas de tráfico de pessoas são: mediação para servir a lascívia de outrem; favorecimento da prostituição; casa de prostituição; rufianismo; tráfico internacional de pessoa para fim de exploração sexual; e tráfico interno de pessoa para fim de exploração sexual.

## 1. MEDIAÇÃO PARA SERVIR A LASCÍVIA DE OUTREM

**Art. 227.** *Induzir alguém a satisfazer a lascívia de outrem:*
**Pena** – *reclusão, de 1 (um) a 3 (três) anos.*
**§ 1º** *Se a vítima é maior de 14 (catorze) e menor de 18 (dezoito) anos, ou se o agente é seu ascendente, descendente, cônjuge ou companheiro, irmão, tutor ou curador ou pessoa a quem esteja confiada para fins de educação, de tratamento ou de guarda:*
**Pena** – *reclusão, de 2 (dois) a 5 (cinco) anos.*
**§ 2º** *Se o crime é cometido com emprego de violência, grave ameaça ou fraude:*
**Pena** – *reclusão, de 2 (dois) a 8 (oito) anos, além da pena correspondente à violência.*
**§ 3º** *Se o crime é cometido com o fim de lucro, aplica-se também multa.*

### 1.1. Introdução

No núcleo do tipo penal está o verbo *induzir* (persuadir, aliciar) alguém, por qualquer meio, a praticar uma ação para satisfazer a lascívia, o desejo erótico de outrem. Note-se que aqui o desiderato do agente é satisfazer a lascívia de pessoa determinada, já que, se leva a vítima a responder aos desejos sexuais de um número indeterminado de pessoas, o crime não será este, mas *favorecimento da prostituição* ou outra forma de exploração sexual.

Então, temos aqui uma relação triangular no crime de mediação, constituído pelo sujeito ativo (lenão), a vítima (pessoa induzida a satisfazer a lascívia de outrem) e aquele ao qual a atividade criminosa pretendia satisfazer. Assevere-se que o destinatário do lenocínio não responde pelo delito, mesmo que tenha instigado o lenão, já que a conduta tipificada é a satisfação de lascívia de outrem e não a própria. Entretanto, isto não quer dizer que o destinatário do crime de lenocínio está imune a qualquer responsabilização, pois poderá responder, dependendo das circunstâncias, por outro crime sexual, como, por exemplo, estupro.

A pena prevista para o crime de é de reclusão, de 1 (um) a 3 (três) anos. À vista disto, devemos concluir que:

a) Não é possível a transação penal (a pena máxima supera dois anos);
b) É possível a suspensão condicional do processo (a pena mínima não supera um ano). Contudo, nas modalidades qualificadas, a pena mínima irá superar um ano, tornando incabível a suspensão condicional do processo.

O artigo ainda traz as formas qualificadas de cometimento do delito, assim considerada quando a vítima for maior de 14 e menor de 18 anos, quando houver lenocínio familiar, quando o agente era tutor ou curador da vítima e, por fim, quando houver o emprego de violência, grave ameaça ou fraude na indução.

Ademais, assinale-se que se o crime for cometido com finalidade lucrativa, deverá ser acrescida à pena de reclusão a pena de multa.

O crime de *mediação para servir a lascívia de outrem* é comum (geralmente); próprio (na hipótese de lenocínio); doloso; material, de forma livre; comissivo (podendo ser praticado via omissão, na hipótese em que o agente goze do status de garantidor); instantâneo; de dano; unissubjetivo; e plurissubsistente.

### 1.2. Sujeito Ativo

O sujeito ativo pode ser qualquer pessoa. Entretanto, para a incidência da qualificadora prevista no § 1° do presente artigo, o agente delituoso deve ser ascendente, descendente, cônjuge ou companheiro, irmão, tutor ou curador ou, ainda, responsável da vítima.

### 1.3. Sujeito Passivo

O sujeito passivo pode ser qualquer pessoa, independentemente do sexo.

### 1.4. Objeto Jurídico

### 1.5. O objeto juridicamente tutelado é a liberdade sexual.

### 1.6. Objeto Material

O objeto material é a pessoa induzida a satisfazer a lascívia de outrem.

### 1.7. Elemento Subjetivo

O elemento subjetivo exigido no tipo penal é o dolo, pois se exige do agente a vontade livre e consciente de induzir a vítima a realizar uma finalidade especial, que é a satisfação da lascívia de outrem. Não há previsão para modalidade culposa.

### 1.8. Consumação e Tentativa

Consuma-se o crime no momento da prática do ato que importe satisfação da lascívia de outrem, não sendo necessário que este se considere satisfeito. Tendo em vista se tratar de crime material e plurissubsistente, a forma tentada é perfeitamente cabível.

### 1.9. Ação Penal

A ação será pública incondicionada.

Os processos que apuram esta modalidade de infração penal devem correr em segredo de justiça (art. 234 – B).

## 2. FAVORECIMENTO DA PROSTITUIÇÃO OU OUTRA FORMA DE EXPLORAÇÃO SEXUAL

**Art. 228.** *Induzir ou atrair alguém à prostituição ou outra forma de exploração sexual, facilitá-la, impedir ou dificultar que alguém a abandone:*

**Pena** – *reclusão, de 2 (dois) a 5 (cinco) anos, e multa.*

**§ 1º** *Se o agente é ascendente, padrasto, madrasta, irmão, enteado, cônjuge, companheiro, tutor ou curador, preceptor ou empregador da vítima, ou se assumiu, por lei ou outra forma, obrigação de cuidado, proteção ou vigilância:*

**Pena** – *reclusão, de 3 (três) a 8 (oito) anos.*

**§ 2º** *Se o crime, é cometido com emprego de violência, grave ameaça ou fraude:*

**Pena** – *reclusão, de 4 (quatro) a 10 (dez) anos, além da pena correspondente à violência.*

**§ 3º** *Se o crime é cometido com o fim de lucro, aplica-se também multa.*

### 2.1. Introdução

Trata-se de um tipo misto alternativo, pois no núcleo do tipo penal estão os verbos *induzir*, *atrair*, *facilitar*, *impedir* e *dificultar*.

No que diz respeito à indução, à atração e à facilitação, o agente delituoso age com a finalidade instigar, aliciar ou criar meios para que uma pessoa, independentemente do sexo, venha a se prostituir ou se permitir ser explorada sexualmente de outra forma. Aqui, a vítima ainda não se dedica ao mercado de préstimos sexuais, consistindo a conduta criminosa em fazer com que ela ingresse em tal ramo.

No que tange aos verbos *impedir* e *dificultar*, a conduta do agente tem o objetivo de criar obstáculos para que determinada pessoa abandone a vida de prostituição ou exploração sexual.

A pena prevista para o crime de é de reclusão, de 2 (dois) a 5 (cinco) anos, e multa. À vista disto, devemos concluir que:

a) Não é possível a transação penal (a pena máxima supera dois anos);

b) Não é possível a suspensão condicional do processo (a pena mínima não supera um ano).

Restará qualificada a conduta se o agente é ascendente, padrasto, madrasta, irmão, enteado, cônjuge, companheiro, tutor ou curador, preceptor ou empregador da vítima, ou se assumiu, por lei ou outra forma, obrigação de cuidado, proteção ou vigilância dela, ou, ainda, se o crime for cometido com emprego de violência, grave ameaça ou fraude.

Ademais, assinale-se que se o crime for cometido com finalidade lucrativa, deverá ser acrescida à pena de reclusão a pena de multa.

O crime de *favorecimento da prostituição ou outra forma de exploração sexual* é comum; doloso; material, de forma livre; comissivo (podendo ser praticado via omissão imprópria, na hipótese em que o agente goze do status de garantidor); instantâneo ("induzir", "atrair" e "facilitar") ou permanente ("impedir" e "dificultar"); de dano; unissubjetivo; e plurissubsistente.

### 2.2. Sujeito Ativo

O sujeito ativo pode ser qualquer pessoa, representando essa conduta, pois, *delicta communi,* ou seja, crime comum, não sendo necessária qualquer qualificação para o agente delituoso. Entretanto, se o agente é ascendente, padrasto, madrasta, irmão, enteado, cônjuge, companheiro, tutor ou curador, preceptor ou empregador da vítima, ou se assumiu, por lei ou outra forma, obrigação de cuidado, proteção ou vigilância, restará caracterizada a qualificadora definida no § 1° do presente artigo.

### 2.3. Sujeito Passivo

O sujeito passivo é a vítima do constrangimento, que pode ser qualquer pessoa, independentemente de sexo, e desde que seja maior de 18 anos e dotada de discernimento para a prática do ato.

### 2.4. Objeto Jurídico

O objeto juridicamente tutelado é a moralidade pública.

### 2.5. Objeto Material

O objeto material é pessoa, independentemente do seu sexo, levada ou mantida à prostituição ou outra forma de exploração sexual.

### 2.6. Elemento Subjetivo

O elemento subjetivo exigido no tipo penal é o dolo, pois se exige do agente a vontade livre e consciente de levar ou manter pessoa na prática da prostituição ou qualquer outra conduta que implique em sua exploração sexual. Não há previsão para modalidade culposa.

### 2.7. Consumação e Tentativa

Nos núcleos *induzir, atrair* e *facilitar,* a consumação se dá no momento em que alguém passa a se dedicar com habitualidade ao exercício da prostituição ou outra forma de exploração sexual, ainda que não venha a atender nenhuma pessoa interessada em seus serviços. Já nas modalidades *impedir* e *dificultar,* consuma-se o delito no instante em que a vítima decide abandonar a prostituição ou outra forma de exploração sexual, mas o agente não permite ou torna mais onerosa a concretização de sua vontade. A forma tentada é perfeitamente cabível.

### 2.8. Ação Penal

A ação será pública incondicionada.

Os processos que apuram esta modalidade de infração penal devem correr em segredo de justiça (art. 234 - B).

## 3. CASA DE PROSTITUIÇÃO

**Art. 229**. *Manter, por conta própria ou de terceiro, estabelecimento em que ocorra exploração sexual, haja, ou não, intuito de lucro ou mediação direta do proprietário ou gerente:*
**Pena** - *reclusão, de 2 (dois) a 5 (cinco) anos, e multa.*

### 3.1. Introdução

Com o advento da Lei n. 12.014/2009, o tipo penal passou a prever como conduta delituosa a manutenção de *estabelecimento em que ocorra exploração sexual*, isto porque, outrora, o tipo referenciava *lugar destinado a encontros libidinosos.*

A pena prevista para o crime de é de reclusão, de 2 (dois) a 5 (cinco) anos. À vista disto, devemos concluir que:

a) Não é possível a transação penal (a pena máxima supera dois anos);

b) Não é possível a suspensão condicional do processo (a pena mínima não supera um ano).

Assinale-se que o fato de não haver resistência da sociedade atualmente à existência de casas de prostituição não exclui a ilicitude do ato, conforme entendimento dos tribunais superiores.

***POSIÇÃO DO STF***

*[...] No crime de manter casa de prostituição, imputado aos Pacientes, os bens jurídicos protegidos são a moralidade sexual e os bons costumes, valores de elevada importância social a serem resguardados pelo Direito Penal, não havendo que se falar em aplicação do princípio da fragmentariedade. 2. Quanto à aplicação do princípio da adequação social, esse, por si só, não tem o condão de revogar tipos penais. Nos termos do art. 2º da Lei de Introdução às Normas do Direito Brasileiro (com alteração da Lei n. 12.376/2010), "não se destinando à vigência temporária, a lei terá vigor até que outra a modifique ou revogue". 3. Mesmo que a conduta imputada aos Pacientes fizesse parte dos costumes ou fosse socialmente aceita, isso não seria suficiente para revogar a lei penal em vigor. 4. Habeas corpus denegado. (STF – HC 104467, Relator(a): Min. Cármen Lúcia).*

***POSIÇÃO DO STJ***

*Tribunal de Justiça – STJ, não se aplica o princípio da adequação social aos crimes de favorecimento da prostituição ou manutenção de casa de prostituição. [...] (STJ – AgRg no REsp 1508423 / MG, Rel. Ministro Ericson Maranho)*

Ademais, para a caracterização deste crime não se faz necessário que o agente tenha o intuito de obter qualquer lucro, assim como não se exige que o mesmo diretamente a negociação. Entretanto, quando houver cobrança de comissões por parte dos responsáveis pela casa de prostituição, deverá o agente responder também por rufianismo.

O crime de *casa de prostituição* é comum; doloso; de forma livre; comissivo (podendo, excepcionalmente, ser cometido via omissão imprópria, na hipótese de o agente gozar do status de garantidor); habitual; permanente; de dano; unissubjetivo; plurissubsistente.

### 3.2. Sujeito Ativo

O sujeito ativo pode ser qualquer pessoa, seja ela proprietária, possuidora ou gerente do estabelecimento destinado à exploração sexual.

### 3.3. Sujeito Passivo

O sujeito passivo é a pessoa explorada sexualmente.

### 3.4. Objeto Jurídico

O objeto juridicamente tutelado é a dignidade sexual do indivíduo.

### 3.5. Objeto Material

O objeto material é a pessoa explorada, independentemente do seu sexo.

### 3.6. Elemento Subjetivo

O elemento subjetivo exigido no tipo penal é o dolo, pois se exige do agente a vontade livre e consciente de manter estabelecimento em que ocorra a exploração sexual. O objetivo lucrativo é irrelevante. Não há previsão para modalidade culposa.

### 3.7. Consumação e Tentativa

Consuma-se o crime com o início de manutenção do estabelecimento em que ocorra a exploração, não sendo necessário que ocorra qualquer prática sexual. Tendo em vista se tratar de crime plurissubsistente, a forma tentada é perfeitamente cabível.

### 3.8. Ação Penal

A ação será pública incondicionada.

Os processos que apuram esta modalidade de infração penal devem correr em segredo de justiça (art. 234 – B).

## 4. RUFIANISMO

**Art. 230.** *Tirar proveito da prostituição alheia, participando diretamente de seus lucros ou fazendo-se sustentar, no todo ou em parte, por quem a exerça:*

**Pena** – *reclusão, de 1 (um) a 4 (quatro) anos, e multa.*

**§ 1º** *Se a vítima é menor de 18 (dezoito) e maior de 14 (catorze) anos ou se o crime é cometido por ascendente, padrasto, madrasta, irmão, enteado, cônjuge, companheiro, tutor ou curador, preceptor ou empregador da vítima, ou por quem assumiu, por lei ou outra forma, obrigação de cuidado, proteção ou vigilância:*

**Pena** – *reclusão, de 3 (três) a 6 (seis) anos, e multa.*

**§ 2º** *Se o crime é cometido mediante violência, grave ameaça, fraude ou outro meio que impeça ou dificulte a livre manifestação da vontade da vítima:*

**Pena** – *reclusão, de 2 (dois) a 8 (oito) anos, sem prejuízo da pena correspondente à violência.*

### 4.1. Introdução

Muito embora a prostituição em si mesma não seja ilícita, o Código Penal não tolera a atividade daqueles que vivem à custa de quem se prostitui, muito embora este seja um tema controverso na doutrina. Aos que discordam da criminalização desta conduta, argumentam no sentido de se quem lucra com a própria prostituição não comete crime algum, qual seria a legitimidade na punição do terceiro que se aproveita do adulto que exerce a prostituição, sem se valer, obviamente, de qualquer tipo de violência ou fraude? Inobstante, o que prevalece, por pressuposto, é a determinação legislativa, que, até hoje, apresenta-se imune às mencionadas controvérsias.

O agente deste crime deve tirar proveito de qualquer natureza sobre a exploração sexual da vítima. O intuito aqui não é, meramente, satisfazer a lascívia de outrem, mas sim, obter vantagem sobre aquela pessoa que se prostitui ou se permite explorar sexualmente.

A pena prevista para o crime de é de reclusão, de 1 (um) a 4 (quatro) anos, e multa. À vista disto, devemos concluir que:

a) Não é possível a transação penal (a pena máxima supera dois anos);

b) É possível a suspensão condicional do processo (a pena mínima não supera um ano).

Se a vítima é menor de 18 (dezoito) e maior de 14 (catorze) anos ou se o crime é cometido por ascendente, padrasto, madrasta, irmão, enteado, cônjuge, companheiro, tutor ou curador, preceptor ou empregador da vítima, ou por quem assumiu, por lei ou outra forma, obrigação de cuidado, proteção ou vigilância da mesma, restará qualificado o crime, conforme determina o § 1° do artigo agora estudado.

Se o crime é cometido mediante violência, grave ameaça, fraude ou outro meio que impeça ou dificulte a livre manifestação da vontade da vítima, restará caracterizada a qualificadora prevista no § 2°.

O crime de *rufianismo* é comum (em relação ao sujeito ativo); próprio (em relação ao sujeito passivo); doloso; material, de forma livre; comissivo (podendo ser praticado via omissão imprópria, na hipótese de o agente gozar do status de garantidor); habitual; de dano; unissubjetivo; e plurissubsistente.

### 4.2. Sujeito Ativo

O sujeito ativo pode ser qualquer pessoa, representando essa conduta, pois, *delicta communi,* ou seja, crime comum, não sendo necessária qualquer qualificação para o agente delituoso. Entretanto, se o agente é ascendente, padrasto, madrasta, irmão, enteado, cônjuge, companheiro, tutor ou curador, preceptor ou empregador da vítima, ou se assumiu, por lei ou outra forma, obrigação de cuidado, proteção ou vigilância, restará caracterizada a qualificadora definida no § 1° do presente artigo.

### 4.3. Sujeito Passivo

O sujeito passivo é a pessoa prostituída ou explorada, independentemente do seu sexo. Se a vítima for menor de 18 anos e maior de 14 anos, restará caracterizada a qualificadora definida no § 1° do presente artigo.

### 4.4. Objeto Jurídico

O objeto juridicamente tutelado é a moralidade sexual pública.

### 4.5. Objeto Material

O objeto é a pessoa prostituída ou explorada pelo rufião ou pela cafetina, independentemente do seu sexo.

### 4.6. Elemento Subjetivo

O elemento subjetivo exigido no tipo penal é o dolo, pois se exige do agente a vontade livre e consciente de, habitualmente, tirar proveito da prostituição alheia. Não há previsão para modalidade culposa.

### 4.7. Consumação e Tentativa

Consuma-se o crime com o efetivo proveito obtido pelo agente em decorrência da prostituição alheia. A forma tentada é perfeitamente cabível.

### 4.8. Ação Penal

A ação será pública incondicionada.

Os processos que apuram esta modalidade de infração penal devem correr em segredo de justiça (art. 234 – B).

## 5. TRÁFICO INTERNACIONAL DE PESSOA PARA FIM DE EXPLORAÇÃO SEXUAL

**Art. 231. Revogado pela Lei n. 13.344 de 2016.**
**Art. 231-A. Revogado pela Lei n. 13.344 de 2016.**
**Art. 232. Revogado pela Lei n° 12.015, de 2009.**

## 6. PROMOÇÃO DE MIGRAÇÃO ILEGAL

**Art. 232-A.** *Promover, por qualquer meio, com o fim de obter vantagem econômica, a entrada ilegal de estrangeiro em território nacional ou de brasileiro em país estrangeiro:*

**Pena** – *reclusão, de 2 (dois) a 5 (cinco) anos, e multa.*

**§ 1º** *Na mesma pena incorre quem promover, por qualquer meio, com o fim de obter vantagem econômica, a saída de estrangeiro do território nacional para ingressar ilegalmente em país estrangeiro.*

**§ 2º** *A pena é aumentada de 1/6 (um sexto) a 1/3 (um terço) se:*

**I** – *o crime é cometido com violência; ou*

**II** – *a vítima é submetida a condição desumana ou degradante.*

**§ 3º** *A pena prevista para o crime será aplicada sem prejuízo das correspondentes às infrações conexas.*

### 6.1. Introdução

Trata-se de inserção recente no Código Penal, promovida pela Lei n. 13.445/2017, conhecida como Lei de Migração. O referido normativo revogou expressamente o Estatuto do Estrangeiro.

Compreendemos que merece ser consignada uma crítica ao legislador, que estranhamente inseriu no título que trata dos crimes contra a dignidade sexual uma conduta que, em verdade, atinge a Administração Pública.

No núcleo do tipo penal está o verbo *promover*, que implica na execução de algum ato a fim de facilitar a entrada ilegal de estrangeiro em território nacional ou de brasileiro em país estrangeiro. Ademais, também caracteriza este crime a promoção da saída de estrangeiro do território nacional para ingressar ilegalmente em país estrangeiro.

Atente-se que para a caracterização do presente crime o agente deve ter a finalidade de obter vantagem econômica, não restando caracterizado o presente crime se o auxílio se der por amizade ou qualquer outra finalidade que não se econômica.

A pena prevista para o crime de é de reclusão, de 2 (dois) a 5 (cinco) anos, e multa. À vista disto, devemos concluir que:

a) Não é possível a transação penal (a pena máxima supera dois anos);

b) Não é possível a suspensão condicional do processo (a pena mínima supera um ano).

Ademais, incidirá aumento de pena de um sexto a um terço se o crime for cometido com violência ou grave ameaça, bem como se a vítima for submetida à condição desumana ou degradante.

Outro ponto que merece ser consignado é o que se compreende por **território nacional**, tido como toda área compreendida entre as fronteiras nacionais, onde o Estado exerce sua soberania, aí incluídos o solo, os rios, os lagos, as baías, o mar territorial e o espaço aéreo sobre o território e o mar territorial (Lei n. 8.617/93 e Lei n. 7.565/86).

Atente-se, todavia, que o Código Penal, em seu art. 5º, que deve ser considerada **extensão do território nacional** as embarcações e aeronaves brasileiras, de natureza pública, a serviço do governo brasileiro onde quer que se encontrem, bem como as aeronaves e embarcações brasileiras, mercantes ou de propriedade privada, que se achem, respectivamente, no espaço aéreo correspondente ou em alto-mar e as aeronaves ou embarcações estrangeiras de propriedade privada, achando-se aquelas em pouso no território nacional ou em voo no espaço aéreo correspondente, e estas em porto ou mar territorial do Brasil.

Registre-se que, conforme previsão do § 3º, este crime não absorve e não é absorvido por infrações conexas eventualmente cometidas. Trata-se de infração autônoma.

O crime de *promoção de migração ilegal* é comum; doloso; simples; material, de forma livre; comissivo ou omissivo impróprio; de dano; unissubjetivo; e plurissubsistente.

### 6.2. Sujeito Ativo

O sujeito ativo pode ser qualquer pessoa. Trata-se de crime comum.

### 6.3. Sujeito Passivo

O sujeito passivo é o Estado.

### 6.4. Objeto Jurídico

O objeto juridicamente tutelado é a soberania nacional, a segurança interna do país. Na conduta de promover a entrada ilegal de brasileiro em território estrangeiro e saída ilegal de estrangeiro do país, o objeto jurídico protegido é a boa relação entre nações.

### 6.5. Objeto Material

O objeto material é o estrangeiro ou brasileiro cuja migração tenha sido feita de forma irregular.

### 6.6. Elemento Subjetivo

O elemento subjetivo exigido no tipo penal é o dolo, tendo como finalidade específica a obtenção de vantagem econômica.

Não há previsão para modalidade culposa.

### 6.7. Consumação e Tentativa

O crime se consuma com a entrada ilegal do estrangeiro no território nacional ou com a entrada ilegal do brasileiro em outro país. Ademais, considerando a forma equiparada prevista no § 1º, a consumação se dará com a saída do estrangeiro do território brasileiro.

A forma tentada é perfeitamente cabível.

### 6.8. Ação Penal

A ação será pública incondicionada.

## 7. TÓPICO-SÍNTESE

| TÓPICO-SÍNTESE: Do Lenocínio e do tráfico de pessoa para fim de prostituição ou outra forma de exploração sexual | |
|---|---|
| MEDIAÇÃO PARA SERVIR A LASCÍVIA DE OUTREM | |
| **Mediação para Servir a Lascívia de Outrem (art. 227)** | Induzir alguém a satisfazer a lascívia de outrem. |
| **Penas** | A pena prevista para o crime de é de reclusão, de 1 (um) a 3 (três) anos. |
| **Formas Qualificadas (§§ 1º e 2º)** | • Se a vítima é maior de 14 e menor de 18 anos, ou se o agente é seu ascendente, descendente, cônjuge ou companheiro, irmão, tutor ou curador ou pessoa a quem esteja confiada para fins de educação, de tratamento ou de guarda.<br>• Se é cometido com emprego de violência, grave ameaça ou fraude. |
| **Aplica-se também a pena de multa (§ 3º)** | Se o crime é cometido com o fim de lucro. |
| **Aumento de Pena (art. 234-A)** | • De metade, se do crime resultar gravidez.<br>• De um sexto até a metade, se o agente transmite à vítima doença sexualmente transmissível de que sabe ou deveria saber ser portador. |
| **Classificação** | Comum (via de regra); próprio (na hipótese de lenocínio); doloso; material, de forma livre; comissivo (podendo ser praticado via omissão, na hipótese em que o agente goze do status de garantidor); instantâneo; de dano; unissubjetivo; e plurissubsistente. |
| **Sujeito Ativo** | Qualquer pessoa. |
| **Sujeito Passivo** | Qualquer pessoa. |
| **Objeto Jurídico** | Liberdade sexual. |
| **Objeto Material** | Pessoa induzida a satisfazer a lascívia de outrem. |

| TÓPICO-SÍNTESE: Do Lenocínio e do tráfico de pessoa para fim de prostituição ou outra forma de exploração sexual | |
|---|---|
| Elemento Subjetivo | Dolo. |
| Consumação | Consuma-se no momento da prática do ato que importe satisfação da lascívia de outrem. |
| Tentativa | É admitida. |
| Ação Penal | Pública Incondicionada. |
| **FAVORECIMENTO DA PROSTITUIÇÃO OU OUTRA FORMA DE EXPLORAÇÃO SEXUAL** | |
| Favorecimento da Prostituição ou Outra Forma de Exploração Sexual (art. 228) | Induzir ou atrair alguém à prostituição ou outra forma de exploração sexual, facilitá-la, impedir ou dificultar que alguém a abandone. |
| Penas | A pena prevista para o crime de é de reclusão, de 2 (dois) a 5 (cinco) anos, e multa. |
| Qualificadoras (§§ 1º e 2º) | • Se o agente é ascendente, padrasto, madrasta, irmão, enteado, cônjuge, companheiro, tutor ou curador, preceptor ou empregador da vítima, ou se assumiu, por lei ou outra forma, obrigação de cuidado, proteção ou vigilância.<br>• Se é cometido com emprego de violência, grave ameaça ou fraude. |
| Aplica-se também a pena de multa (§ 3º) | Se é cometido com o fim de lucro. |
| Aumento de Pena (art. 234-A) | • De metade, se do crime resultar gravidez.<br>• De um sexto até a metade, se o agente transmite à vítima doença sexualmente transmissível de que sabe ou deveria saber ser portador. |
| Classificação | Comum; doloso; material, de forma livre; comissivo (podendo ser praticado via omissão imprópria, na hipótese em que o agente goze do status de garantidor); instantâneo ("induzir", "atrair" e "facilitar") ou permanente ("impedir" e "dificultar"); de dano; unissubjetivo; e plurissubsistente. |
| Sujeito Ativo | Qualquer pessoa. |
| Sujeito Passivo | Qualquer pessoa maior de idade e com discernimento. |
| Objeto Jurídico | Moralidade pública. |
| Objeto Material | Pessoa levada ou mantida à prostituição ou outra forma de exploração sexual. |
| Elemento Subjetivo | Dolo. |
| Consumação | Consuma-se, nos verbos induzir, atrair e facilitar, no momento em que alguém passa a se dedicar com habitualidade ao exercício da prostituição ou outra forma de exploração sexual. Nas modalidades impedir e dificultar, consuma-se no instante em que a vítima decide abandonar a prostituição ou outra forma de exploração sexual, mas o agente não permite ou torna mais onerosa a concretização de sua vontade. |
| Tentativa | É admitida. |
| Ação Penal | Pública incondicionada. |

| TÓPICO-SÍNTESE: Do Lenocínio e do tráfico de pessoa para fim de prostituição ou outra forma de exploração sexual | |
|---|---|
| **CASA DE PROSTITUIÇÃO** | |
| **Casa de Prostituição (art. 229)** | Manter, por conta própria ou de terceiro, estabelecimento em que ocorra exploração sexual, haja, ou não, intuito de lucro ou mediação direta do proprietário ou gerente. |
| **Penas** | A pena prevista para o crime de é de reclusão, de 2 (dois) a 5 (cinco) anos. |
| **Aumento de Pena (art. 234-A)** | • De metade, se do crime resultar gravidez.<br>• De um sexto até a metade, se o agente transmite à vítima doença sexualmente transmissível de que sabe ou deveria saber ser portador. |
| **Classificação** | Comum; doloso; de forma livre; comissivo (podendo, excepcionalmente, ser cometido via omissão imprópria, na hipótese de o agente gozar do status de garantidor); habitual; permanente; de dano; unissubjetivo; e plurissubsistente. |
| **Sujeito Ativo** | Qualquer pessoa. |
| **Sujeito Passivo** | Pessoa explorada sexualmente. |
| **Objeto Jurídico** | Dignidade sexual do indivíduo. |
| **Objeto Material** | Pessoa explorada. |
| **Elemento Subjetivo** | Dolo. |
| **Consumação** | Consuma-se com o início de manutenção do estabelecimento em que ocorra a exploração. |
| **Tentativa** | É admitida. |
| **Ação Penal** | Pública incondicionada. |
| **RUFIANISMO** | |
| **Rufianismo (art. 230)** | Tirar proveito da prostituição alheia, participando diretamente de seus lucros ou fazendo-se sustentar, no todo ou em parte, por quem a exerça. |
| **Penas** | A pena prevista para o crime de é de reclusão, de 1 (um) a 4 (quatro) anos, e multa. |
| **Formas Qualificadas (§§ 1º e 2º)** | • Se a vítima é menor de 18 e maior de 14 anos ou se o crime é cometido por ascendente, padrasto, madrasta, irmão, enteado, cônjuge, companheiro, tutor ou curador, preceptor ou empregador da vítima, ou por quem assumiu, por lei ou outra forma, obrigação de cuidado, proteção ou vigilância.<br>• Se o crime é cometido mediante violência, grave ameaça, fraude ou outro meio que impeça ou dificulte a livre manifestação da vontade da vítima. |
| **Aumento de Pena (art. 234-A)** | • De metade, se do crime resultar gravidez.<br>• De um sexto até a metade, se o agente transmite à vítima doença sexualmente transmissível de que sabe ou deveria saber ser portador. |
| **Classificação** | Comum (em relação ao sujeito ativo); próprio (em relação ao sujeito passivo); doloso; material, de forma livre; comissivo (podendo ser praticado via omissão imprópria, na hipótese de o agente gozar do status de garantidor); habitual; de dano; unissubjetivo; e plurissubsistente. |
| **Sujeito Ativo** | Qualquer pessoa. |
| **Sujeito Passivo** | Pessoa prostituída ou explorada. |
| **Objeto Jurídico** | Moralidade sexual pública. |
| **Objeto Material** | Pessoa prostituída ou explorada. |
| **Elemento Subjetivo** | Dolo. |

| TÓPICO-SÍNTESE: Do Lenocínio e do tráfico de pessoa para fim de prostituição ou outra forma de exploração sexual | |
|---|---|
| **Consumação** | Consuma-se com o proveito obtido pelo agente em decorrência da prostituição alheia. |
| **Tentativa** | É admitida. |
| **Ação Penal** | Pública Incondicionada. |
| **PROMOÇÃO DE MIGRAÇÃO ILEGAL** | |
| **Promoção de Migração Ilegal (art. 232-A)** | Promover, por qualquer meio, com o fim de obter vantagem econômica, a entrada ilegal de estrangeiro em território nacional ou de brasileiro em país estrangeiro. |
| **Penas** | A pena prevista para o crime de é de reclusão, de 2 (dois) a 5 (cinco) anos, e multa. |
| **Figura Equiparada (§ 1º)** | Promover, por qualquer meio, com o fim de obter vantagem econômica, a saída de estrangeiro do território nacional para ingressar ilegalmente em país estrangeiro. |
| **Aumento de pena (§ 2º)** | De 1/6 a 1/3 se:<br>• o crime é cometido com violência; ou<br>• a vítima é submetida a condição desumana ou degradante. |
| **Aumento de Pena (art. 234-A)** | • De metade, se do crime resultar gravidez.<br>• De um sexto até a metade, se o agente transmite à vítima doença sexualmente transmissível de que sabe ou deveria saber ser portador. |
| **Classificação** | Comum; doloso; simples; material, de forma livre; comissivo ou omissivo impróprio; de dano; unissubjetivo; e plurissubsistente. |
| **Sujeito Ativo** | Qualquer pessoa. |
| **Sujeito Passivo** | Estado. |
| **Objeto Jurídico** | Soberania nacional e segurança interna do país. |
| **Objeto Material** | Estrangeiro ou brasileiro com migração irregular. |
| **Elemento Subjetivo** | Dolo. |
| **Consumação** | Consuma-se com a entrada ilegal do estrangeiro no território nacional ou com a entrada ilegal do brasileiro em outro país. |
| **Tentativa** | É admitida. |
| **Ação Penal** | Pública Incondicionada. |

Capítulo

# 6

# DO ULTRAJE PÚBLICO AO PUDOR

***Leia a Lei:***

- *arts. 233 e 234 do CP.*

## 1. ATO OBSCENO

**Art. 233.** *Praticar ato obsceno em lugar público, ou aberto ou exposto ao público:*
**Pena** – *detenção, de 3 (três) meses a 1 (um) ano, ou multa.*

### 1.1. Introdução

No núcleo do tipo penal está o verbo *praticar* (realizar) ato obsceno em lugar público, aberto ou exposto ao público.

Tem-se por ato obsceno aquele que ofende o pudor dos cidadãos, causa escândalo e fere a honestidade dos que forem testemunhas.

Frise-se que o ato obsceno deve ser praticado em local aberto ou exposto ao público com a possibilidade de ser presenciado. Inexistente tal possibilidade, não haverá crime.

A pena prevista para o crime de é de detenção, de 3 (três) meses a 1 (um) ano, ou multa. À vista disto, devemos concluir que:

a) É possível a transação penal (a pena máxima não supera dois anos). Trata-se, pois, de infração penal de menor potencial ofensivo, de competência do Juizado Especial Criminal, conforme disposto na Lei n. 9.099/95.

b) É possível a suspensão condicional do processo (a pena mínima não supera um ano).

O crime de *ato obsceno* é comum; simples; doloso; formal; de forma livre; comissivo ou omissivo impróprio; instantâneo; de dano; unissubjetivo; e unissubsistente ou plurissubsistente, conforme o caso.

### 1.2. Sujeito Ativo

O sujeito ativo pode ser qualquer pessoa. Trata-se de crime comum.

### 1.3. Sujeito Passivo

O sujeito passivo é a coletividade e, em plano secundário, aquele que, eventualmente, tenha presenciado o ato.

### 1.4. Objeto Jurídico

O objeto juridicamente tutelado é o pudor público.

### 1.5. Objeto Material

O objeto material é a pessoa ou grupo de pessoas contra as quais se dirige o ato obsceno, ou, simplesmente, a coletividade.

### 1.6. Elemento Subjetivo

O elemento subjetivo exigido no tipo penal é o dolo, independentemente de qualquer finalidade específica.

Não há previsão para modalidade culposa.

### 1.7. Consumação e Tentativa

O tipo penal limita-se a descrever o comportamento ilícito, sem a previsão de qualquer resultado naturalístico. Trata-se de crime formal e de perigo. Consuma-se com a prática do ato obsceno em lugar público, aberto, ou exposto ao público, bastando, tão somente, que possa ser presenciado.

Admite-se a tentativa.

### 1.8. Ação Penal

A ação será pública incondicionada.

Trata-se de crime de menor potencial ofensivo, de competência, portanto, do Juizado Especial Criminal.

## 2. ESCRITO OU OBJETO OBSCENO

**Art. 234.** *Fazer, importar, exportar, adquirir ou ter sob sua guarda, para fim de comércio, de distribuição ou de exposição pública, escrito, desenho, pintura, estampa ou qualquer objeto obsceno:*

**Pena** – *detenção, de 6 (seis) meses a 2 (dois) anos, ou multa.*

**Parágrafo único.** *Incorre na mesma pena quem:*

**I** – *vende, distribui ou expõe à venda ou ao público qualquer dos objetos referidos neste artigo;*

**II** – *realiza, em lugar público ou acessível ao público, representação teatral, ou exibição cinematográfica de caráter obsceno, ou qualquer outro espetáculo, que tenha o mesmo caráter;*

**III** – *realiza, em lugar público ou acessível ao público, ou pelo rádio, audição ou recitação de caráter obsceno.*

### 2.1. Introdução

Quando da realização das condutas previstas neste tipo (fazer, importar, exportar, adquirir, ter sob guarda), a finalidade do agente deverá ser a de comércio, de distribuição ou exposição de escrito ou ato obsceno, cujo propósito seja o de ofender a moralidade pública.

Grande parte da doutrina tem apontado que as punições constantes do parágrafo único tendem a ser mitigadas, tendo em vista o advento da Constituição Federal de 1988, que elenca entre os direitos fundamentais a liberdade de expressão da atividade intelectual, artística, científica e de comunicação, independentemente de censura ou licença; bem como em razão da evolução dos costumes da sociedade.

A pena prevista para o crime de é de detenção de seis meses a dois anos, e multa. À vista disto, devemos concluir que:

a) É possível a transação penal (a pena máxima não supera dois anos). Trata-se, pois, de infração penal de menor potencial ofensivo, de competência do Juizado Especial Criminal, conforme disposto na Lei n. 9.099/95.

b) É possível a suspensão condicional do processo (a pena mínima não supera um ano).

O crime de *escrito ou objeto obsceno* é comum; formal; doloso; de forma livre; comissivo (podendo ser, excepcionalmente, praticado via omissão imprópria, na hipótese de o agente gozar do status de garantidor); instantâneo (geralmente); permanente (na modalidade *ter sob sua guarda*); de dano; unissubjetivo; plurissubsistente.

### 2.2. Sujeito Ativo

O sujeito ativo pode ser qualquer pessoa, representando essa conduta, pois, *delicta communi,* ou seja, crime comum, não sendo necessária qualquer qualificação para o agente delituoso.

### 2.3. Sujeito Passivo

O sujeito passivo é a coletividade e, em plano secundário, aquele que, eventualmente, tenha presenciado o ato.

### 2.4. Objeto Jurídico

O objeto juridicamente tutelado é o pudor público.

### 2.5. Objeto Material

O objeto material é o escrito, desenho, pintura, estampa ou qualquer objeto obsceno e, portanto, que esteja revertido de alguma sexual e atentatório ao pudor público.

### 2.6. Elemento Subjetivo

O elemento subjetivo exigido no tipo penal é o dolo, acrescido da finalidade específica de comércio, de distribuição ou de exposição pública.

Não há previsão para modalidade culposa.

### 2.7. Consumação e Tentativa

Trata-se de um crime de consumação antecipada. Consuma-se com a prática de qualquer das condutas prevista no tipo, independentemente de produção do resultado naturalístico.

A forma tentada é perfeitamente cabível.

### 2.8. Ação Penal

A ação é pública incondicionada.

Trata-se de crime de menor potencial ofensivo, de competência, portanto, do Juizado Especial Criminal.

## 3. TÓPICO-SÍNTESE

| TÓPICO-SÍNTESE: Do Ultraje público ao pudor | |
|---|---|
| **ATO OBSCENO** | |
| **Ato Obsceno (art. 233)** | Praticar ato obsceno em lugar público, ou aberto ou exposto ao público. |
| **Penas** | A pena prevista para o crime de é de detenção, de 3 (três) meses a 1 (um) ano, ou multa. |
| **Aumento de Pena (art. 234-A)** | • De metade a 2/3, se do crime resultar gravidez.<br>• De 1/3 a 2/3, se o agente transmite à vítima doença sexualmente transmissível de que sabe ou deveria saber ser portador, ou se a vítima é idosa ou pessoa com deficiência |
| **Classificação** | Comum; simples; doloso; formal; de forma livre; comissivo ou omissivo impróprio; instantâneo; de dano; unissubjetivo; e unissubsistente ou plurissubsistente, conforme o caso. |
| **Sujeito Ativo** | Qualquer pessoa. |
| **Sujeito Passivo** | Coletividade. |
| **Objeto Jurídico** | Pudor público. |
| **Objeto Material** | Pessoa ou grupo de pessoas contra as quais se dirige o ato obsceno. |
| **Elemento Subjetivo** | Dolo. |
| **Consumação** | Consuma-se com a prática do ato obsceno em lugar público, aberto, ou exposto ao público, bastando, tão somente, que possa ser presenciado. |
| **Tentativa** | É admitida. |
| **Ação Penal** | Pública Incondicionada. |
| **ESCRITO OU OBJETO OBSCENO** | |
| **Escrito ou Objeto Obsceno (art. 234)** | Fazer, importar, exportar, adquirir ou ter sob sua guarda, para fim de comércio, de distribuição ou de exposição pública, escrito, desenho, pintura, estampa ou qualquer objeto obsceno. |
| **Penas** | A pena prevista para o crime de é de detenção de seis meses a dois anos, e multa. |
| **Figuras Equiparadas (Parágrafo único, I, II e III)** | • vender, distribuir ou expor à venda ou ao público qualquer dos objetos referidos neste artigo;<br>• realizar, em lugar público ou acessível ao público, representação teatral, ou exibição cinematográfica de caráter obsceno, ou qualquer outro espetáculo, que tenha o mesmo caráter;<br>• realizar, em lugar público ou acessível ao público, ou pelo rádio, audição ou recitação de caráter obsceno. |
| **Aumento de Pena (art. 234-A)** | • De metade a 2/3, se do crime resultar gravidez.<br>• De 1/3 a 2/3, se o agente transmite à vítima doença sexualmente transmissível de que sabe ou deveria saber ser portador, ou se a vítima é idosa ou pessoa com deficiência |
| **Classificação** | Comum; formal; doloso; de forma livre; comissivo (podendo ser, excepcionalmente, praticado via omissão imprópria, na hipótese de o agente gozar do status de garantidor); instantâneo (via de regra); permanente (na modalidade *ter sob sua guarda*); de dano; unissubjetivo; plurissubsistente. |
| **Sujeito Ativo** | Qualquer pessoa. |

| Sujeito Passivo | Coletividade. |
|---|---|
| Objeto Jurídico | Pudor público. |
| Objeto Material | Escrito, desenho, pintura, estampa ou qualquer objeto obsceno e que esteja revertido de alguma sexual e atentatório ao pudor público. |
| Elemento Subjetivo | Dolo. |
| Consumação | Consuma-se com a prática de qualquer das condutas prevista no tipo. |
| Tentativa | É admitida. |
| Ação Penal | Pública Incondicionada. |

Capítulo

# 7

# DISPOSIÇÕES GERAIS

***Leia a Lei:***

- *arts. 234-A a 234-C do CP.*

**Art. 234-A**. *Nos crimes previstos neste Título a pena é aumentada:*

**I – (VETADO);**

**II – (VETADO);**

**III** – *de metade a 2/3 (dois terços), se do crime resulta gravidez;*

**IV** – *de 1/3 (um terço) a 2/3 (dois terços), se o agente transmite à vítima doença sexualmente transmissível de que sabe ou deveria saber ser portador, ou se a vítima é idosa ou pessoa com deficiência.*

**Art. 234-B**. *Os processos em que se apuram crimes definidos neste Título correrão em segredo de justiça.*

**Art. 234-C. (VETADO).**

Título VII

# DOS CRIMES CONTRA A FAMÍLIA

Capítulo

# 1

# DOS CRIMES CONTRA O CASAMENTO

***Leia a Lei:***

- *arts. 235 a 240 do CP.*

## 1. BIGAMIA

**Art. 235.** *Contrair alguém, sendo casado, novo casamento:*
**Pena** – *reclusão, de dois a seis anos.*
**§ 1º** – *Aquele que, não sendo casado, contrai casamento com pessoa casada, conhecendo essa circunstância, é punido com reclusão ou detenção, de um a três anos.*
**§ 2º** – *Anulado por qualquer motivo o primeiro casamento, ou o outro por motivo que não a bigamia, considera-se inexistente o crime.*

### 1.1. Introdução

O Código Civil proíbe que pessoas já casadas venham a contrair novo matrimônio sem que se desfaça o primeiro vínculo matrimonial (art. 1.521, VI, CC). Se ocorrer este novo casamento sem o desfazimento do primeiro vínculo, não apenas estaremos diante da invalidade do segundo matrimônio, mas também restará caracterizado o crime de bigamia.

Como se vê, o crime de bigamia pressupõe que tenhamos o casamento de, ao menos, um dos cônjuges já casado. Se ambos forem casados, haverá concurso de crimes.

Conforme se depreende da regra estampada no § 1º do art. 235, CP, mesmo o cônjuge que não fosse anteriormente casado poderá incorrer no crime de bigamia, desde que tivesse ciência da condição de casado do outro. Evidentemente, a ausência de consciência quanto à condição de casado descaracterizaria o dolo, impedindo, portanto, a responsabilização por este crime, que não admite a modalidade culposa.

Se houver a anulação do primeiro casamento, restará descaracterizado o crime de bigamia. E a regra faz sentido. Afinal de contas, o ato nulo não produz efeitos jurídicos, razão pela qual não se poderá afirmar que havia casamento anterior.

Ademais, dada a peculiaridade do crime de bigamia, o legislador entendeu razoável criar uma regra específica para o cômputo do prazo prescricional. Por esta razão, o início do curso do prazo prescricional neste crime somente se iniciará a partir da data em que se tornar conhecido da autoridade pública (art. 111, IV, CP).

A pena para o crime pode ser de reclusão, de dois a seis anos. Logo, podemos concluir que:

a) Não é possível a transação penal (art. 76, Lei n. 9.099/95), pois não se trata de infração penal de menor potencial ofensivo;

b) Não é possível a suspensão condicional do processo (art. 89, Lei n. 9.099/95), pois a pena mínima ultrapassa um ano.

O crime de *bigamia* é simples; próprio; simples; material; de forma vinculada; comissivo; instantâneo; de dano; unissubjetivo; plurissubsistente.

### 1.2. Sujeito Ativo

Na conduta descrita no *caput,* o sujeito ativo é a pessoa casada. Trata-se, portanto, de crime próprio, pois exige uma qualidade especial do agente. Na conduta descrita no § 1º, por outro lado, trata-se de crime comum, porquanto qualquer pessoa poderá praticar.

### 1.3. Sujeito Passivo

***É o Estado. Mas também são considerados sujeitos passivos o cônjuge do primeiro casamento e o contraente de boa-fé.***

### 1.4. Objeto Jurídico

Objeto jurídico é a família e, mais particularmente, o matrimônio.

### 1.5. Objeto Material

***É o casamento.***

### 1.6. Elemento Subjetivo

***É o dolo. Não há previsão para a modalidade culposa. Também não se exige qualquer finalidade específica do agente (dolo específico).***

### 1.7. Consumação e Tentativa

O crime se consuma quando ocorre a efetiva realização do casamento. A tentativa é admissível.

### 1.8. Ação Penal

A ação penal é pública incondicionada.

## 2. INDUZIMENTO A ERRO ESSENCIAL E OCULTAÇÃO DE IMPEDIMENTO

**Art. 236.** *Contrair casamento, induzindo em erro essencial o outro contraente, ou ocultando-lhe impedimento que não seja casamento anterior:*

**Pena** – *detenção, de seis meses a dois anos.*

**Parágrafo único.** *A ação penal depende de queixa do contraente enganado e não pode ser intentada senão depois de transitar em julgado a sentença que, por motivo de erro ou impedimento, anule o casamento.*

## 2.1. Introdução

O tipo penal traduz duas condutas distintas.

A primeira consiste em contrair matrimônio induzindo em erro essencial o outro contraente. Trata-se, então, de situação na qual o agente ludibria seu consorte, fazendo com que ele se case; este induzimento a erro essencial, significa que o agente leva o contraente a celebrar o matrimônio por desconhecer algo que, se fosse de sua ciência, faria com que repudiasse o casamento.

O Código Civil, em seu art. 1.557 estabelece que se considera erro essencial sobre a pessoa do outro cônjuge: a) o que diz respeito à sua identidade, sua honra e boa fama, sendo esse erro tal que o seu conhecimento ulterior torne insuportável a vida em comum ao cônjuge enganado; b) a ignorância de crime, anterior ao casamento, que, por sua natureza, torne insuportável a vida conjugal; c) a ignorância, anterior ao casamento, de defeito físico irremediável que não caracterize deficiência ou de moléstia grave e transmissível, por contágio ou por herança, capaz de pôr em risco a saúde do outro cônjuge ou de sua descendência.

Podemos citar como exemplo a pessoa que, foragida da polícia, assume nova identidade em outra unidade da federação, contraindo matrimônio com pessoa que sequer conhece sua verdadeira identidade. Em um caso como este, percebemos que, em verdade, o contraente ludibriado nada conhece sobre a vida do cônjuge que a ludibria. Trata-se de um erro essencial sobre a pessoa.

Na segunda conduta, o agente contrai casamento ocultando algum dos impedimentos ao casamento, desde que não seja casamento anterior. Com efeito, os impedimentos ao casamento estão enumerado no art. 1.521, de acordo com o qual: “Não podem, casar: a) os ascendentes com os descendentes, seja o parentesco natural ou civil; b) os afins em linha reta; c) o adotante com quem foi cônjuge do adotado e o adotado com quem o foi do adotante; d) os irmãos, unilaterais ou bilaterais, e demais colaterais, até o terceiro grau inclusive; e) o adotado com o filho do adotante; f) as pessoas casadas; g) o cônjuge sobrevivente com o condenado por homicídio ou tentativa de homicídio contra o seu consorte.

Como se vê, os impedimentos ao casamento são trazidos pelo Código Civil. Com isto, podemos concluir que o tipo penal em apreço cuida de norma penal em branco homogênea heteróloga, porquanto depende de um complemento, que é dado por outra lei.

A pena para o crime pode ser de detenção, de seis meses a dois anos. Logo, podemos concluir que:

a) É possível a transação penal (art. 76, Lei n. 9.099/95), pois se trata de infração penal de menor potencial ofensivo;

b) É possível a suspensão condicional do processo (art. 89, Lei n. 9.099/95), pois a pena mínima não ultrapassa um ano.

O crime de *induzimento a erro essencial e ocultação de impedimento* é simples; próprio; doloso; formal; de forma vinculada; comissivo; instantâneo; de dano; unisubjetivo; plurissubsistente.

## 2.2. Sujeito Ativo

Qualquer pessoa pode ser sujeito ativo deste crime.

### 2.3. Sujeito Passivo

**É o Estado e o contraente ludibriado.**

### 2.4. Objeto Jurídico

**É regularidade da constituição do casamento.**

### 2.5. Objeto Material

É o casamento.

### 2.6. Elemento Subjetivo

**É o dolo, caracterizado pela consciência (elemento intelectivo) prévia do impedimento e a vontade (elemento volitivo) de contrair o matrimônio.**

### 2.7. Consumação e Tentativa

A consumação ocorrerá no momento da realização do casamento.

Até seria possível imaginar a tentativa, sob o ponto de vista fático. Basta imaginar, por exemplo, que a cerimônia matrimonial se iniciou, mas foi interrompida. Contudo, a conduta neste caso não possuiria relevância jurídico-penal. É que a ação penal somente poderia ser ajuizada se tivesse ocorrido a anulação do casamento. Ora, para que se anule o casamento, é necessário, antes, que ele ocorra.

### 2.8. Ação Penal

A ação é de iniciativa privada personalíssima. Deste modo, se o cônjuge ludibriado falecer, o direito de propositura da queixa não passa a quem quer que seja. Por outras palavras, a morte da vítima teria o condão de extinguir a punibilidade do agente. Aliás, o único caso em nosso ordenamento jurídico de ação penal privada personalíssima, e, consequentemente, de extinção da punibilidade do agente pela morte da vítima.

Ademais, o ajuizamento da queixa depende da prévia anulação do casamento, mediante sentença judicial transitada em julgado. Antes do trânsito em julgado, não começa a fluir o prazo decadencial para o oferecimento da queixa, e nem o prazo da prescrição da pretensão punitiva.

## 3. CONHECIMENTO PRÉVIO DE IMPEDIMENTO

**Art. 237.** *Contrair casamento, conhecendo a existência de impedimento que lhe cause a nulidade absoluta:*
**Pena** – *detenção, de três meses a um ano.*

### 3.1. Introdução

Assim como ocorre com o tipo penal anterior, o crime do art. 237, CP, depende do conhecimento dos impedimentos do casamento, que se encontram presentes no art. 1.521, CC. Trata-se, portanto, de norma penal em branco homogênea heteróloga.

Se o impedimento ao casamento for casamento anterior (art. 1.521, VI, CC), não ocorrerá o crime em comento, mas sim o de bigamia (art. 235, CP).

A pena para o crime pode ser de detenção, de três meses a um ano. Logo, podemos concluir que:

a) É possível a transação penal (art. 76, Lei n. 9.099/95), pois se trata de infração penal de menor potencial ofensivo;

b) É possível a suspensão condicional do processo (art. 89, Lei n. 9.099/95), pois a pena mínima não ultrapassa um ano.

O crime de *conhecimento prévio de impedimento* é próprio; formal; simples; doloso; comissivo; de forma vinculada; instantâneo; de dano; unissubjetivo; plurissubsistente.

### 3.2. Sujeito Ativo

Qualquer pessoa. Trata-se, pois, de crime comum.

### 3.3. Sujeito Passivo

O Estado é sujeito passivo direto e indireto.

### 3.4. Objeto Jurídico

**É regularidade da constituição do casamento.**

### 3.5. Objeto Material

**É o casamento.**

### 3.6. Elemento Subjetivo

**É o dolo. Não há previsão para a modalidade culposa.**

### 3.7. Consumação e Tentativa

A consumação ocorre com a efetiva celebração do casamento. A tentativa é admissível.

### 3.8. Ação Penal

A ação penal é pública incondicionada.

## 4. SIMULAÇÃO DE AUTORIDADE PARA CELEBRAÇÃO DE CASAMENTO

> **Art. 238.** *Atribuir-se falsamente autoridade para celebração de casamento:*
> **Pena** – *detenção, de um a três anos, se o fato não constitui crime mais grave.*

### 4.1. Introdução

Como regra, a autoridade competente para a celebração do casamento é o juiz de direito. A depender da lei de organização judiciária local, este juiz poderá ser aquele vinculado às varas de família, vara cível, vara de registros públicos etc. é possível, ainda, que a celebração do casamento se dê por juiz de paz.

A pena para o crime pode ser de detenção, de um a três anos, se o fato não constituir crime mais grave. Logo, podemos concluir que:

a) Não é possível a transação penal (art. 76, Lei n. 9.099/95), pois não se trata de infração penal de menor potencial ofensivo;

b) É possível a suspensão condicional do processo (art. 89, Lei n. 9.099/95), pois a pena mínima não ultrapassa um ano.

O crime de *simulação de autoridade para celebração de casamento* é simples; comum; formal; doloso; de forma livre; comissivo; instantâneo; de dano; unisubjetivo; plurissubsistente.

### 4.2. Sujeito Ativo

Qualquer pessoa. Trata-se, pois, de crime comum.

### 4.3. Sujeito Passivo

O Estado e os celebrantes ludibriados.

### 4.4. Objeto Jurídico

É a regular constituição do casamento.

### 4.5. Objeto Material

É o casamento

### 4.6. Elemento Subjetivo

É o dolo. Não se admite a modalidade culposa.

### 4.7. Consumação e Tentativa

Prevalece o entendimento no sentido de que o crime estará consumado quando o agente praticar qualquer dos atos relativos à celebração do casamento.

A tentativa é admissível.

### 4.8. Ação penal

É de iniciativa pública incondicionada.

## 5. SIMULAÇÃO DE CASAMENTO

> **Art. 239.** *Simular casamento mediante engano de outra pessoa:*
> **Pena** – *detenção, de um a três anos, se o fato não constitui elemento de crime mais grave.*

### 5.1. Introdução

O núcleo do tipo é "simular", que equivale a falsear, fazer de conta etc. mas para que ocorra o crime, não basta a simulação, sendo imprescindível que ela ocorra mediante engano de outrem. Por outras palavras, o agente finge estar casando com a vítima, que acredita na fraude. Se não houver uma vítima ludibriada com a celebração, isto é, se ambos os contraentes simularem o ato, não restará caracterizado este crime.

A pena para o crime pode ser de detenção, de um a três anos. Logo, podemos concluir que:

a) Não é possível a transação penal (art. 76, Lei n. 9.099/95), pois não se trata de infração penal de menor potencial ofensivo;

b) É possível a suspensão condicional do processo (art. 89, Lei n. 9.099/95), pois a pena mínima não ultrapassa um ano.

O crime de *simulação de casamento* é simples; comum; doloso; formal; de forma vinculada; comissivo; instantâneo; de dano; unissubjetivo; plurissubsistente.

### 5.2. Sujeito Ativo

Qualquer pessoa. Trata-se, pois, de crime comum.

### 5.3. Sujeito Passivo

**É o Estado, bem como a pessoa enganada.**

### 5.4. Objeto Jurídico

É a regular constituição do casamento.

### 5.5. Objeto Material

É o casamento

### 5.6. Elemento Subjetivo

**É o dolo. Não se admite a modalidade culposa.**

### 5.7. Consumação e Tentativa

A consumação do crime ocorre com a prática da simulação de qualquer dos atos que integra a celebração do casamento, desde que tenha tido o condão de ludibriar a vítima.

Admite-se a tentativa.

### 5.8. Ação Penal

**É de iniciativa pública incondicionada.**

## 6. ADULTÉRIO

**Art. 240. Revogado pela Lei nº 11.106, de 2005.**

## 7. TÓPICO-SÍNTESE

| TÓPICO-SÍNTESE: Dos Crimes contra o casamento | |
|---|---|
| **BIGAMIA** | |
| **Bigamia (art. 235)** | Contrair alguém, sendo casado, novo casamento. |
| **Penas** | A pena para o crime pode ser de reclusão, de dois a seis anos. |
| **Figura Privilegiada (§ 1º)** | Não sendo casado, contrair casamento com pessoa casada, conhecendo essa circunstância. |
| **Classificação** | Simples; próprio; simples; material; de forma vinculada; comissivo; instantâneo; de dano; unissubjetivo; plurissubsistente. |
| **Sujeito Ativo** | Pessoa casada (caput);<br>Qualquer pessoa (§ 1º). |

| TÓPICO-SÍNTESE: Dos Crimes contra o casamento | |
|---|---|
| **Sujeito Passivo** | Estado, cônjuge do primeiro casamento e contraente de boa-fé. |
| **Objeto Jurídico** | Família. |
| **Objeto Material** | Casamento. |
| **Elemento Subjetivo** | Dolo. |
| **Consumação** | Consuma-se no momento em que ocorre a realização do casamento. |
| **Tentativa** | É admitida. |
| **Ação Penal** | Pública incondicionada. |
| **INDUZIMENTO A ERRO ESSENCIAL E OCULTAÇÃO DE IMPEDIMENTO** | |
| **Induzimento a Erro Essencial e Ocultação de Impedimento (art. 236)** | Contrair casamento, induzindo em erro essencial o outro contraente, ou ocultando-lhe impedimento que não seja casamento anterior. |
| **Penas** | A pena para o crime pode ser de detenção, de seis meses a dois anos. |
| **Classificação** | Simples; próprio; doloso; formal; de forma vinculada; comissivo; instantâneo; de dano; unisubjetivo; plurissubsistente. |
| **Sujeito Ativo** | Qualquer pessoa. |
| **Sujeito Passivo** | Estado e contraente ludibriado. |
| **Objeto Jurídico** | Regularidade da constituição do casamento. |
| **Objeto Material** | Casamento. |
| **Elemento Subjetivo** | Dolo. |
| **Consumação** | Consuma-se no momento da realização do casamento. |
| **Tentativa** | Admitida |
| **Ação Penal** | Iniciativa privada personalíssima. |
| **CONHECIMENTO PRÉVIO DE IMPEDIMENTO** | |
| **Conhecimento Prévio de Impedimento (art. 237)** | Contrair casamento, conhecendo a existência de impedimento que lhe cause a nulidade absoluta. |
| **Penas** | A pena para o crime pode ser de detenção, de três meses a um ano. |
| **Classificação** | Próprio; formal; simples; doloso; comissivo; de forma vinculada; instantâneo; de dano; unissubjetivo; plurissubsistente. |
| **Sujeito Ativo** | Qualquer pessoa. |
| **Sujeito Passivo** | Estado. |
| **Objeto Jurídico** | Regularidade da constituição do casamento. |
| **Objeto Material** | Casamento. |

| TÓPICO-SÍNTESE: Dos Crimes contra o casamento | |
|---|---|
| **Elemento Subjetivo** | Dolo. |
| **Consumação** | Consuma-se com a celebração do casamento. |
| **Tentativa** | É admitida. |
| **Ação Penal** | Pública incondicionada. |
| **SIMULAÇÃO DE AUTORIDADE PARA CELEBRAÇÃO DE CASAMENTO** | |
| **Simulação de Autoridade para a Celebração de Casamento (art. 238)** | Atribuir-se falsamente autoridade para celebração de casamento. |
| **Penas** | A pena para o crime pode ser de detenção, de um a três anos, se o fato não constituir crime mais grave. |
| **Classificação** | Simples; comum; formal; doloso; de forma livre; comissivo; instantâneo; de dano; unisubjetivo; plurissubsistente. |
| **Sujeito Ativo** | Qualquer pessoa. |
| **Sujeito Passivo** | Estado e celebrantes ludibriados. |
| **Objeto Jurídico** | Regular constituição do casamento. |
| **Objeto Material** | Casamento. |
| **Elemento Subjetivo** | Dolo. |
| **Consumação** | Consuma-se quando o agente praticar qualquer dos atos relativos à celebração do casamento. |
| **Tentativa** | É admitida. |
| **Ação Penal** | Pública incondicionada. |
| **SIMULAÇÃO DE CASAMENTO** | |
| **Simulação de Casamento (art. 239)** | Simular casamento mediante engano de outra pessoa. |
| **Penas** | A pena para o crime pode ser de detenção, de um a três anos. |
| **Classificação** | Simples; comum; doloso; formal; de forma vinculada; comissivo; instantâneo; de dano; unissubjetivo; plurissubsistente. |
| **Sujeito Ativo** | Qualquer pessoa. |
| **Sujeito Passivo** | Estado e pessoa enganada. |
| **Objeto Jurídico** | Regular constituição do casamento. |
| **Objeto Material** | Casamento. |
| **Elemento Subjetivo** | Dolo. |

| TÓPICO-SÍNTESE: Dos Crimes contra o casamento | |
|---|---|
| **Consumação** | Consuma-se com a prática da simulação de qualquer dos atos que integra a celebração do casamento, com o condão de ludibriar a vítima. |
| **Tentativa** | É admitida. |
| **Ação Penal** | Pública incondicionada. |

Capítulo

# 2

# DOS CRIMES CONTRA O ESTADO DE FILIAÇÃO

***Leia a Lei:***

- *arts. 241 a 243 do CP.*

## 1. REGISTRO DE NASCIMENTO INEXISTENTE

> **Art. 241.** *Promover no registro civil a inscrição de nascimento inexistente:*
> **Pena** – *reclusão, de dois a seis anos.*

### 1.1. Introdução

A conduta consiste em promover (realizar, dar ensejo, gerar, concretizar) a inscrição no registro civil de nascimento inexistente. Os nascimentos devem ser registrados no cartório de Registro Civil de Pessoas Naturais. Quando o agente promove a inscrição em tal registro de nascimento que não ocorreu, haverá o crime.

A pena para o crime pode ser de reclusão, de dois a seis anos. Logo, podemos concluir que:

a) Não é possível a transação penal (art. 76, Lei n. 9.099/95), pois não se trata de infração penal de menor potencial ofensivo;

b) Não é possível a suspensão condicional do processo (art. 89, Lei n. 9.099/95), pois a pena mínima ultrapassa um ano.

A grande peculiaridade deste crime diz respeito ao início da contagem do prazo prescricional. E isto porque, consoante o disposto no art. 111. IV, CP, referida contagem somente se inicia a partir do momento em que o fato se tornou conhecido.

O crime de *registro de nascimento inexistente* é comum; doloso; material; simples; de forma livre; comissivo (podendo ser praticado via omissão imprópria, na hipótese de o agente gozar do status de garantidor); instantâneo; de dano; unissubjetivo; plurissubsistente.

### 1.2. Sujeito Ativo

Qualquer pessoa. Trata-se, pois, de crime comum.

### 1.3. Sujeito Passivo

**É o Estado, embora possa haver, também, alguma pessoa prejudicada com a conduta.**

### 1.4. Objeto Jurídico

**É o estado de filiação.**

### 1.5. Objeto Material

**É o registro realizado.**

### 1.6. Elemento Subjetivo

**É o dolo. Não se pune a modalidade culposa.**

### 1.7. Consumação e Tentativa

O crime se consuma no exato momento em que se promove a inscrição do nascimento inexistente no registro civil.

Admite-se a tentativa,

### 1.8. Ação Penal

A ação penal é de iniciativa pública incondicionada.

## 2. PARTO SUPOSTO. SUPRESSÃO OU ALTERAÇÃO DE DIREITO INERENTE AO ESTADO CIVIL DE RECÉM-NASCIDO

> **Art. 242.** *Dar parto alheio como próprio; registrar como seu o filho de outrem; ocultar recém-nascido ou substituí-lo, suprimindo ou alterando direito inerente ao estado civil:*
>
> **Pena** – *reclusão, de dois a seis anos.*
>
> **Parágrafo único.** *Se o crime é praticado por motivo de reconhecida nobreza:*
>
> **Pena** – *detenção, de um a dois anos, podendo o juiz deixar de aplicar a pena.*

### 2.1. Introdução

Trata-se de um tipo penal de conteúdo variado, na medida em que existe mais de uma conduta. Logo, teremos:

a) Dar parto alheio como próprio: neste caso, por razões óbvias, o sujeito ativo somente pode ser uma mulher. Em consequência, no que diz respeito a esta primeira conduta, o crime deve ser considerado como próprio, porquanto exige uma qualidade específica do agente. Trata-se da situação em que uma mulher se passa pela mãe biológica da criança.

b) Registrar como seu o filho de outrem: ao contrário da primeira conduta, aqui o agente pode ser um homem ou uma mulher. Trata-se do que já convencionou chamar, coloquialmente de "adoção à brasileira". Evidentemente, esta modalidade de adoção, na qual há uma falsidade no registro civil de documentos, não é lícita.

c) Ocultar ou substituir recém-nascido: para que ocorra o crime, é necessário que haja a supressão ou alteração do direito inerente ao estado civil.

A pena para o crime pode ser de reclusão, de dois a seis anos. Logo, podemos concluir que:

a) Não é possível a transação penal (art. 76, Lei n. 9.099/95), pois não se trata de infração penal de menor potencial ofensivo;

b) Não é possível a suspensão condicional do processo (art. 89, Lei n. 9.099/95), pois a pena mínima ultrapassa um ano.

Ademais, no parágrafo único, temos uma figura privilegiada do crime, consistente na situação na qual o crime é praticado por motivo de reconhecida nobreza. É a hipótese, por exemplo, em que o agente atua para salvar o recém-nascido. Em casos como este, poderá haver uma pena de detenção de um a dois anos (infração de menor potencial ofensivo, de competência dos Juizados Especiais Criminais) ou, até mesmo, o perdão judicial, na medida em que se permite ao juiz deixar de aplicar a pena.

O crime de *Parto suposto. Supressão ou alteração de direito inerente ao estado civil de recém-nascido* é simples; próprio (no núcleo "dar"); comum (nas demais condutas); material; de forma livre; comissivo (podendo ser praticado via omissão imprópria, na hipótese de o agente gozar do status de garantidor); instantâneo ou permanente (no núcleo ocultar); de dano; unissubjetivo; plurissubsistente.

### 2.2. Sujeito Ativo

No que concerne à conduta "dar parto alheio como próprio", o sujeito ativo somente pode ser a mulher. Trata-se, então, de crime próprio, na medida em que exige a especial qualidade do sujeito ativo. Quanto às demais condutas, qualquer um pode ser sujeito ativo.

### 2.3. Sujeito Passivo

**É o Estado, embora possa haver, também, alguma pessoa prejudicada com a conduta.**

### 2.4. Objeto Jurídico

**É o estado de filiação.**

### 2.5. Objeto Material

**É o registro ou o próprio recém-nascido.**

### 2.6. Elemento Subjetivo

**É o dolo. Não se pune a modalidade culposa.**

Nas condutas consistentes em ocultar o recém-nascido ou substituí-lo, exige-se a especial finalidade no agir, consistente na supressão ou alteração do direito inerente ao estado civil.

### 2.7. Consumação e Tentativa

O crime se consuma com a prática de qualquer das condutas, e consequente alteração no estado de filiação.

A tentativa é admissível.

### 2.8. Ação Penal

A ação penal é de iniciativa pública incondicionada.

## 3. SONEGAÇÃO DE ESTADO DE FILIAÇÃO

**Art. 243.** *Deixar em asilo de expostos ou outra instituição de assistência filho próprio ou alheio, ocultando-lhe a filiação ou atribuindo-lhe outra, com o fim de prejudicar direito inerente ao estado civil:*
**Pena** – *reclusão, de um a cinco anos, e multa.*

### 3.1. Introdução

A conduta consiste em deixar (abandonar) em asilo de expostos ou outra instituição de assistência filho próprio ou alheio, ocultando-lhe (escondendo, sonegando) a filiação ou atribuindo-lhe (imputando, conferindo), com o fim de prejudicar direito inerente ao estado civil.

A pena para o crime pode ser de reclusão, de um a cinco anos, e multa. Logo, podemos concluir que:

a) Não é possível a transação penal (art. 76, Lei n. 9.099/95), pois não se trata de infração penal de menor potencial ofensivo;

b) É possível a suspensão condicional do processo (art. 89, Lei n. 9.099/95), pois a pena mínima não ultrapassa um ano.

O crime de *sonegação de estado de filiação* é simples; comum; formal; de dano; de forma livre; comissivo (podendo ser praticado via omissão imprópria, na hipótese de o agente gozar do status de garantidor); instantâneo; de dano; unissubjetivo; plurissubsistente.

### 3.2. Sujeito Ativo

Qualquer pessoa. Quando a conduta recai sobre filho próprio, evidentemente, sujeito ativo somente poderá ser o pai ou a mãe.

### 3.3. Sujeito Passivo

**É o Estado, embora possa haver, também, alguma pessoa prejudicada com a conduta.**

### 3.4. Objeto Jurídico

**É o estado de filiação.**

### 3.5. Objeto Material

**É a pessoa (filho próprio ou alheio).**

### 3.6. Elemento Subjetivo

**É o dolo. Não se pune a modalidade culposa.**

Exige-se o dolo específico, consistente na especial finalidade no agir, que diz respeito à finalidade de prejudicar direito inerente ao estado civil.

### 3.7. Consumação e Tentativa

O crime se consuma no exato momento em que se deixa o filho (próprio ou alheio) em asilo de expostos ou outra instituição de assistência, ocultando-lhe a filiação ou atribuindo-lhe outra. O elemento subjetivo específico, conforme já mencionamos, é a finalidade de prejudicar direito inerente ao estado civil. Por isso, não há necessidade de se concretizar o efetivo prejuízo para que haja consumação.

Admite-se a tentativa.

### 3.8. Ação Penal

A ação penal é de iniciativa pública incondicionada.

## 4. TÓPICO-SÍNTESE

| TÓPICO-SÍNTESE: Dos Crimes contra o estado de filiação | |
|---|---|
| REGISTRO DE NASCIMENTO INEXISTENTE | |
| **Registro de Nascimento Inexistente (art. 241)** | Promover no registro civil a inscrição de nascimento inexistente. |
| **Penas** | A pena para o crime pode ser de reclusão, de dois a seis anos. |
| **Classificação** | Comum; doloso; material; de forma livre; simples; comissivo (podendo ser praticado via omissão imprópria, na hipótese de o agente gozar do status de garantidor); instantâneo; de dano; unissubjetivo; plurissubsistente. |
| **Sujeito Ativo** | Qualquer pessoa. |
| **Sujeito Passivo** | Estado. |
| **Objeto Jurídico** | Estado de filiação. |
| **Objeto Material** | Registro realizado. |
| **Elemento Subjetivo** | Dolo. |
| **Consumação** | Consuma-se quando se promove a inscrição do nascimento inexistente no registro civil. |
| **Tentativa** | É admitida. |
| **Ação Penal** | Pública incondicionada. |
| PARTO SUPOSTO. SUPRESSÃO OU ALTERAÇÃO DE DIREITO INERENTE AO ESTADO CIVIL DE RECÉM-NASCIDO | |
| **Parto Suposto. Supressão ou Alteração de Direito Inerente ao Estado Civil de Recém-nascido (art. 242)** | Dar parto alheio como próprio; registrar como seu o filho de outrem; ocultar recém-nascido ou substituí-lo, suprimindo ou alterando direito inerente ao estado civil. |
| **Penas** | A pena para o crime pode ser de reclusão, de dois a seis anos. |
| **Figura Privilegiada (parágrafo único)** | Se o crime é praticado por motivo de reconhecida nobreza. |
| **Classificação** | Simples; próprio (no núcleo "dar"); comum (nas demais condutas); material; de forma livre; comissivo (podendo ser praticado via omissão imprópria, na hipótese de o agente gozar do status de garantidor); instantâneo ou permanente (no núcleo ocultar); de dano; unissubjetivo; plurissubsistente. |
| **Sujeito Ativo** | Mulher (dar parto alheio);<br>Qualquer pessoa. |
| **Sujeito Passivo** | Estado. |

| TÓPICO-SÍNTESE: Dos Crimes contra o estado de filiação | |
|---|---|
| **Objeto Jurídico** | Estado de filiação. |
| **Objeto Material** | Registro ou o próprio recém-nascido. |
| **Elemento Subjetivo** | Dolo; Dolo específico (ocultar e substituir). |
| **Consumação** | Consuma-se com a prática de qualquer das condutas, e alteração no estado de filiação. |
| **Tentativa** | É admitida. |
| **Ação Penal** | Pública incondicionada. |
| **SONEGAÇÃO DE ESTADO DE FILIAÇÃO** | |
| **Sonegação de Estado de Filiação (art. 243)** | Deixar em asilo de expostos ou outra instituição de assistência filho próprio ou alheio, ocultando-lhe a filiação ou atribuindo-lhe outra, com o fim de prejudicar direito inerente ao estado civil. |
| **Penas** | A pena para o crime pode ser de reclusão, de um a cinco anos, e multa. |
| **Classificação** | Simples; comum; formal; de dano; de forma livre; comissivo (podendo ser praticado via omissão imprópria, na hipótese de o agente gozar do status de garantidor); instantâneo; de dano; unissubjetivo; plurissubsistente. |
| **Sujeito Ativo** | Qualquer pessoa. |
| **Sujeito Passivo** | Estado. |
| **Objeto Jurídico** | Estado de filiação. |
| **Objeto Material** | Pessoa. |
| **Elemento Subjetivo** | Dolo específico, finalidade de prejudicar direito inerente ao estado civil. |
| **Consumação** | Consuma-se no momento em que se deixa o filho (próprio ou alheio) em asilo de expostos ou outra instituição de assistência, ocultando-lhe a filiação ou atribuindo-lhe outra. |
| **Tentativa** | É admitida. |
| **Ação Penal** | Pública incondicionada. |

Capítulo

# 3

# DOS CRIMES CONTRA A ASSISTÊNCIA FAMILIAR

***Leia a Lei:***

- *arts. 244 a 247 do CP.*

## 1. ABANDONO MATERIAL

> **Art. 244.** *Deixar, sem justa causa, de prover a subsistência do cônjuge, ou de filho menor de 18 (dezoito) anos ou inapto para o trabalho, ou de ascendente inválido ou maior de 60 (sessenta) anos, não lhes proporcionando os recursos necessários ou faltando ao pagamento de pensão alimentícia judicialmente acordada, fixada ou majorada; deixar, sem justa causa, de socorrer descendente ou ascendente, gravemente enfermo:*
>
> **Pena –** *detenção, de 1 (um) a 4 (quatro) anos e multa, de uma a dez vezes o maior salário mínimo vigente no País.*
>
> **Parágrafo único.** *Nas mesmas penas incide quem, sendo solvente, frustra ou ilide, de qualquer modo, inclusive por abandono injustificado de emprego ou função, o pagamento de pensão alimentícia judicialmente acordada, fixada ou majorada.*

### 1.1. Introdução

Os pais possuem o dever jurídico de dar assistência material aos filhos. Inclusive, não custa rememorar que o inadimplemento involuntário da pensão alimentícia é a única possibilidade de prisão civil por dívidas, no nosso ordenamento jurídico, haja vista que nem mesmo a prisão civil do depositário infiel subsiste. Mas, independentemente da possibilidade de prisão civil, temos o crime de abandono material que pode estar caracterizado quando o agente deixa, sem justa causa, de prover a subsistência do cônjuge, filho menor de 18 (dezoito) anos ou inapto para o trabalho, ascendente inválido ou maior de 60 (sessenta) anos.

A expressão "sem justa causa" é um conceito jurídico indeterminado, que exigirá uma valoração do intérprete. Podemos vislumbrar a justa causa para deixar de prover a subsistência dos familiares mencionado no tipo quando, por exemplo, o agente não possui recursos financeiros e nem fonte de renda razoável sequer para manter-se.

A pena para o crime pode ser de detenção de um a quatro anos, e multa. Logo, podemos concluir que:

a) Não é possível a transação penal (art. 76, Lei n. 9.099/95), pois não se trata de infração penal de menor potencial ofensivo;

b) É possível a suspensão condicional do processo (art. 89, Lei n. 9.099/95), pois a pena mínima não ultrapassa um ano.

O crime de *abandono material* é simples; próprio; doloso; omissivo; formal; de perigo concreto; permanente; de forma livre; unissubjetivo; plurissubsistente.

### 1.2. Sujeito Ativo

O crime pode ser praticado por cônjuge, ascendentes ou descendentes.

### 1.3. Sujeito Passivo

**É o** cônjuge, o filho menor de 18 (dezoito) anos ou inapto para o trabalho, o ascendente inválido ou maior de 60 (sessenta) anos, bem como qualquer descendente ou ascendente, gravemente enfermo.

### 1.4. Objeto Jurídico

**É a proteção à família.**

### 1.5. Objeto Material

São os recursos negados aos membros da família.

### 1.6. Elemento Subjetivo

**É o dolo. Não há previsão para a modalidade culposa.**

### 1.7. Consumação e Tentativa

O crime restará consumado quando ocorrer a omissão a que se refere o tipo penal. Não se admite a tentativa, na medida em que a conduta omissiva é unissubsistente.

### 1.8. Ação Penal

**É pública incondicionada.**

## 2. ENTREGA DE FILHO MENOR A PESSOA INIDÔNEA

**Art. 245.** *Entregar filho menor de 18 (dezoito) anos a pessoa em cuja companhia saiba ou deva saber que o menor fica moral ou materialmente em perigo:*
**Pena** – *detenção, de 1 (um) a 2 (dois) anos.*
**§ 1º** *A pena é de 1 (um) a 4 (quatro) anos de reclusão, se o agente pratica delito para obter lucro, ou se o menor é enviado para o exterior.*
**§ 2º** *Incorre, também, na pena do parágrafo anterior quem, embora excluído o perigo moral ou material, auxilia a efetivação de ato destinado ao envio de menor para o exterior, com o fito de obter lucro.*

### 2.1. Introdução

A conduta consiste em entregar o filho. Como se percebe, o crime somente pode ser praticado pelos pais, em conjunto ou isoladamente. Trata-se, portanto, de crime próprio, pois exige a presença de qualidade especial do agente. O crime estará consumado quando os pais souberem que, com a pessoa a quem o filho foi entregue, ela estará material ou moralmente exposta.

No caso da exposição material, podemos vislumbrar a situação na qual os pais, em conjunto ou isoladamente, entregam o filho a pessoa que não possui condições financeiras de cria-la ou, mesmo que possua recursos, é, sabidamente, alguém que deixará a criança à míngua. Em se tratando da exposição moral, há um maior campo de valoração da expressão, razão pela qual estamos diante de um conceito jurídico indeterminado. Será necessário que o aplicador do direito analise o caso concreto com parcimônia e razoabilidade, sob pena de se permitir que valorações subjetivas de conteúdo meramente moral ensejem a imposição da pena.

De mais a mais, o crime possui duas modalidades qualificadas. No primeiro caso, quando houver o intuito de obter lucro. Como se vê, a finalidade lucrativa constitui elemento subjetivo específico do tipo penal, isto é, especial finalidade no agir. Por esta razão, não há necessidade de efetiva obtenção de lucro para a consumação da figura qualificada, bastando que o agente atue com tal pretensão. A segunda modalidade qualificada ocorre quando o menor é enviado ao exterior. Neste caso, a consumação da modalidade qualificada depende do efetivo envio do menor, pois não se trata de elemento subjetivo específico.

A pena para o crime pode ser de detenção de um a dois anos. Logo, podemos concluir que:

a) É possível a transação penal (art. 76, Lei n. 9.099/95), pois se trata de infração penal de menor potencial ofensivo; na modalidade qualificada, a pena máxima ultrapassa dois anos, razão pela qual não será possível a transação penal.

b) É possível a suspensão condicional do processo (art. 89, Lei n. 9.099/95), pois a pena mínima não ultrapassa um ano.

O crime de *entrega de filho menor a pessoa inidônea* é simples; próprio; de perigo concreto; de forma livre; comissivo ou omissivo impróprio; doloso; unissubjetivo; plurissubsistente.

### 2.2. Sujeito Ativo

São os pais.

### 2.3. Sujeito Passivo

**É o filho menor de 18 (dezoito) anos.**

### 2.4. Objeto Jurídico

**É a proteção à família e, em especial, aos filhos.**

### 2.5. Objeto Material

**É o filho menor de 18 (dezoito) anos.**

### 2.6. Elemento Subjetivo

**É o dolo. Admite-se o dolo eventual, na modalidade "deva saber". Não há previsão para a modalidade culposa.**

### 2.7. Consumação e Tentativa

O crime restará consumado quando ocorrer a entrega do filho menor. A tentativa é admissível.

### 2.8. Ação Penal

**É pública incondicionada.**

## 3. ABANDONO INTELECTUAL

> **Art. 246.** *Deixar, sem justa causa, de prover à instrução primária de filho em idade escolar:*
> **Pena** – *detenção, de quinze dias a um mês, ou multa.*

### 3.1. Introdução

O tipo penal diz respeito à conduta de deixar de prover a instrução primária do filho em idade escolar. Atualmente, esta instrução primária é denominada de ensino fundamental. A expressão "sem justa causa" é um conceito jurídico indeterminado. Poderemos imaginar uma situação na qual a família não possui condições financeiras de arcar com o deslocamento da criança até a escola pública mais próxima, distante muitos quilômetros de sua residência.

A pena para o crime pode ser de detenção de quinze dias a um mês, ou multa. Logo, podemos concluir que:

a) É possível a transação penal (art. 76, Lei n. 9.099/95), pois se trata de infração penal de menor potencial ofensivo;

b) É possível a suspensão condicional do processo (art. 89, Lei n. 9.099/95), pois a pena mínima não ultrapassa um ano.

Importante consignar que a multa figura como alternativa à pena privativa de liberdade, não podendo ser aplicada cumulativamente.

O crime de *abandono intelectual* é simples; próprio; material; de forma livre; omissivo; permanente; unissubjetivo; plurissubsistente.

### 3.2. Sujeito Ativo

São os pais.

### 3.3. Sujeito Passivo

É o filho em idade escolar.

### 3.4. Objeto Jurídico

**É o direito (fundamental) do filho à educação.**

### 3.5. Objeto Material

É a instrução primária do filho.

### 3.6. Elemento Subjetivo

É o dolo. Não se admite a modalidade culposa.

### 3.7. Consumação e Tentativa

O crime estará consumado quando se esgotar o prazo para a matrícula do filho na educação primária.

A tentativa não é admitida.

### 3.8. Ação Penal

É de iniciativa pública incondicionada.

## 4. ABANDONO MORAL

**Art. 247.** *Permitir alguém que menor de dezoito anos, sujeito a seu poder ou confiado à sua guarda ou vigilância:*

**I** – *frequente casa de jogo ou mal afamada, ou conviva com pessoa viciosa ou de má vida;*

**II** – *frequente espetáculo capaz de pervertê-lo ou de ofender-lhe o pudor, ou participe de representação de igual natureza;*

**III** – *resida ou trabalhe em casa de prostituição;*

**IV** – *mendigue ou sirva a mendigo para excitar a comiseração pública:*

**Pena** – *detenção, de um a três meses, ou multa.*

### 4.1. Introdução

O crime consiste em permitir que o menor de 18 (dezoito) anos realize alguma das condutas que enumera.

O inciso I: casa de jogo é local destinado à exploração de jogos de azar, conduta proibida no território nacional, e que caracteriza contravenção penal. Não se adequa a este tipo penal a frequência do menor a alguma casa na qual se realize jogo de forma lícita, como, por exemplo, casas lotéricas.

Por outro lado, casa mal afamada seria aquela que desfruta de má reputação na coletividade. A doutrina costuma citar, como exemplo, as casas de prostituição. Pessoa viciosa é aquela acometida de algum vício danoso, como o de consumo de drogas ilícitas. Pessoa de má vida é aquela que demonstra conduta destinada à prática de condutas ilícitas (ex.: traficante de drogas).

Em relação ao inciso II: podemos citar como "espetáculo capaz de perverter ou ofender o pudor os shows eróticos e pornográficos".

Quanto ao inciso III: casa de prostituição é o local destinado ao comércio sexual.

Sobre o inciso IV: mendigar é o ato de pedir esmolas e comiseração pública é o sentimento de piedade, compaixão de outras pessoas.

A pena para o crime pode ser de detenção de um a três meses, ou multa. Logo, podemos concluir que:

a) É possível a transação penal (art. 76, Lei n. 9.099/95), pois se trata de infração penal de menor potencial ofensivo;

b) É possível a suspensão condicional do processo (art. 89, Lei n. 9.099/95), pois a pena mínima não ultrapassa um ano.

Importante consignar que a multa figura como alternativa à pena privativa de liberdade, não podendo ser aplicada cumulativamente.

O crime de *abandono moral* é simples; próprio; de dano; material; de forma livre; comissivo ou omissivo; habitual (no núcleo "frequentar"); permanente (no núcleo "conviver" ou "residir"); instantâneo (no núcleo "participar" ou "mendigar"); unissubjetivo; plurissubsistente.

### 4.2. Sujeito Ativo

Quem possui poder sobre o menor ou a quem foi confiada a sua guarda ou vigilância. Abrange, portanto, os pais, que possuem o poder familiar, mas também tutores e guardiães.

### 4.3. Sujeito Passivo

**É o menor de 18 (dezoito) anos.**

### 4.4. Objeto Jurídico

**É a formação moral do menor.**

### 4.5. Objeto Material

**É o menor de 18 (dezoito) anos.**

### 4.6. Elemento Subjetivo

**É o dolo. Não se admite a modalidade culposa.**

No inciso IV, exige-se o dolo específico, consistente na finalidade de "excitar a comiseração pública".

### 4.7. Consumação e Tentativa

O crime estará consumado quando, após o permissivo o sujeito ativo, o menor passe a frequentar, residir, trabalhar ou mendigar.

Admite-se a tentativa.

### 4.8. Ação Penal

**É pública incondicionada.**

## 5. TÓPICO-SÍNTESE

| TÓPICO-SÍNTESE: Dos Crimes contra a Assistência Familiar | |
|---|---|
| ABANDONO MATERIAL | |
| **Abandono Material (art. 244)** | Deixar, sem justa causa, de prover a subsistência do cônjuge, ou de filho menor de 18 (dezoito) anos ou inapto para o trabalho, ou de ascendente inválido ou maior de 60 (sessenta) anos, não lhes proporcionando os recursos necessários ou faltando ao pagamento de pensão alimentícia judicialmente acordada, fixada ou majorada; deixar, sem justa causa, de socorrer descendente ou ascendente, gravemente enfermo. |
| **Penas** | A pena para o crime pode ser de detenção de um a quatro anos, e multa. |
| **Figura Equiparada (parágrafo único)** | Sendo solvente, frustrar ou ilidir, de qualquer modo, inclusive por abandono injustificado de emprego ou função, o pagamento de pensão alimentícia judicialmente acordada, fixada ou majorada. |
| **Classificação** | Simples; próprio; doloso; omissivo; formal; de perigo concreto; permanente; de forma livre; unissubjetivo; plurissubsistente. |

| TÓPICO-SÍNTESE: Dos Crimes contra a Assistência Familiar | |
|---|---|
| **Sujeito Ativo** | Cônjuge, ascendente ou descendente. |
| **Sujeito Passivo** | Cônjuge, filho menor de 18 anos ou inapto para o trabalho, ascendente inválido ou maior de 60 anos, qualquer descendente ou ascendente, gravemente enfermo. |
| **Objeto Jurídico** | Proteção à família. |
| **Objeto Material** | Recursos negados aos membros da família. |
| **Elemento Subjetivo** | Dolo. |
| **Consumação** | Consuma-se quando ocorrer a omissão a que se refere o tipo penal. |
| **Tentativa** | Não é admitida. |
| **Ação Penal** | Pública incondicionada. |
| **ENTREGA DE FILHO MENOR A PESSOA INIDÔNEA** | |
| **Entrega de Filho Menor a Pessoa Inidônea (art. 245)** | Entregar filho menor de 18 (dezoito) anos a pessoa em cuja companhia saiba ou deva saber que o menor fica moral ou materialmente em perigo. |
| **Penas** | A pena para o crime pode ser de detenção de um a dois anos. |
| **Figuras Qualificadas (§§ 1º e 2º)** | Se o agente pratica delito para obter lucro, ou se o menor é enviado para o exterior.<br>Embora excluído o perigo moral ou material, auxiliar a efetivação de ato destinado ao envio de menor para o exterior, com o fito de obter lucro. |
| **Classificação** | Simples; próprio; de perigo concreto; de forma livre; comissivo ou omissivo impróprio; doloso; unissubjetivo; plurissubsistente. |
| **Sujeito Ativo** | Pais. |
| **Sujeito Passivo** | Filho menor de 18 anos. |
| **Objeto Jurídico** | Proteção à família e filhos. |
| **Objeto Material** | Filho menor de 18 anos. |
| **Elemento Subjetivo** | Dolo, admite-se dolo eventual (deva saber). |
| **Consumação** | Consuma-se com a entrega do filho menor. |
| **Tentativa** | É admitida. |
| **Ação Penal** | Pública incondicionada. |
| **ABANDONO INTELECTUAL** | |
| **Abandono Intelectual (art. 246)** | Deixar, sem justa causa, de prover à instrução primária de filho em idade escolar. |
| **Penas** | A pena para o crime pode ser de detenção de quinze dias a um mês, ou multa. |
| **Classificação** | Simples; próprio; material; de forma livre; omissivo; permanente; unissubjetivo; plurissubsistente. |
| **Sujeito Ativo** | Pais. |
| **Sujeito Passivo** | Filho em idade escolar. |
| **Objeto Jurídico** | Direito (fundamental) do filho à educação. |
| **Objeto Material** | Instrução primária do filho. |
| **Elemento Subjetivo** | Dolo. |

| TÓPICO-SÍNTESE: Dos Crimes contra a Assistência Familiar | |
|---|---|
| **Consumação** | Consuma-se quando se esgotar o prazo para a matrícula do filho na educação primária. |
| **Tentativa** | Não é admitida. |
| **Ação Penal** | Pública incondicionada. |
| **ABANDONO MORAL** | |
| **Abandono Moral (art. 247)** | Permitir alguém que menor de dezoito anos, sujeito a seu poder ou confiado à sua guarda ou vigilância:<br>I – frequente casa de jogo ou mal afamada, ou conviva com pessoa viciosa ou de má vida;<br>II – frequente espetáculo capaz de pervertê-lo ou de ofender-lhe o pudor, ou participe de representação de igual natureza;<br>III – resida ou trabalhe em casa de prostituição;<br>IV – mendigue ou sirva a mendigo para excitar a comiseração pública. |
| **Penas** | A pena para o crime pode ser de detenção de um a três meses, ou multa. |
| **Classificação** | Simples; próprio; de dano; material; de forma livre; comissivo ou omissivo; habitual (no núcleo "frequentar"); permanente (no núcleo "conviver" ou "residir"); instantâneo (no núcleo "participar" ou "mendigar"); unissubjetivo; plurissubsistente. |
| **Sujeito Ativo** | Pais, tutores e guardiães. |
| **Sujeito Passivo** | Menor de 18 anos. |
| **Objeto Jurídico** | Formação moral do menor. |
| **Objeto Material** | Menor de 18 anos. |
| **Elemento Subjetivo** | Dolo, dolo específico (inciso IV). |
| **Consumação** | Consuma-se quando, após o permissivo o sujeito ativo, o menor passar a frequentar, residir, trabalhar ou mendigar. |
| **Tentativa** | É admitida. |
| **Ação Penal** | Pública incondicionada. |

Capítulo

# 4

# DOS CRIMES CONTRA O PÁTRIO PODER, TUTELA CURATELA

*Leia a Lei:*

- *arts. 248 e 249 do CP.*

## 1. INDUZIMENTO A FUGA, ENTREGA ARBITRÁRIA OU SONEGAÇÃO DE INCAPAZES

**Art. 248.** *Induzir menor de dezoito anos, ou interdito, a fugir do lugar em que se acha por determinação de quem sobre ele exerce autoridade, em virtude de lei ou de ordem judicial; confiar a outrem sem ordem do pai, do tutor ou do curador algum menor de dezoito anos ou interdito, ou deixar, sem justa causa, de entregá-lo a quem legitimamente o reclame:*
**Pena** – *detenção, de um mês a um ano, ou multa.*

### 1.1. Introdução

O crime possui algumas condutas. São elas:

a) Induzir: significa dar a ideia. Nesta modalidade, alguém convence o menor a fugir. O crime somente se consumará se o menor efetivamente empreender fuga;

b) Entrega: o agente entrega o incapaz sem a concordância dos seus responsáveis;

c) Deixar de entregar: nesta modalidade, o crime é omissivo, pois pressupõe uma inação do agente.

A pena para o crime pode ser de detenção de um mês a um ano, ou multa. Logo, podemos concluir que:

a) É possível a transação penal (art. 76, Lei n. 9.099/95), pois se trata de infração penal de menor potencial ofensivo;

b) É possível a suspensão condicional do processo (art. 89, Lei n. 9.099/95), pois a pena mínima não ultrapassa um ano.

Importante consignar que a multa figura como alternativa à pena privativa de liberdade, não podendo ser aplicada cumulativamente.

O crime de *induzimento a fuga, entrega arbitrária ou sonegação de incapazes* é simples; comum; doloso; de forma livre; comissivo (nas modalidades induzir e confiar a outrem) e omissivo próprio (na modalidade deixar de entregar); instantâneo (no induzimento à fuga e na entrega arbitrária); permanente (na sonegação de incapazes); unissubjetivo; plurissubsistente ou unissubsistente, conforme o caso.

### 1.2. Sujeito Ativo

Qualquer pessoa.

### 1.3. Sujeito Passivo

É a pessoa que exerce autoridade (poder familiar, tutela, guarda etc.) sobre o menor ou interdito. Secundariamente, também teríamos o próprio menor ou interdito.

### 1.4. Objeto Jurídico

É o poder familiar, a tutela ou curatela.

### 1.5. Objeto Material

É o menor ou interdito.

### 1.6. Elemento Subjetivo

É o dolo. Não há previsão para a modalidade culposa.

### 1.7. Consumação e Tentativa

A consumação ocorre com o induzimento, a entrega ou a recusa na entrega. A despeito das controvérsias doutrinárias existentes, entendemos tratar-se de crime material, de modo que, no que se refere ao induzimento, o crime se consumará com a efetiva fuga do menor ou interdito.

A tentativa é admissível.

### 1.8. Ação Penal

É de iniciativa pública incondicionada.

## 2. SUBTRAÇÃO DE INCAPAZES

**Art. 249.** *Subtrair menor de dezoito anos ou interdito ao poder de quem o tem sob sua guarda em virtude de lei ou de ordem judicial:*

**Pena** – *detenção, de dois meses a dois anos, se o fato não constitui elemento de outro crime.*

**§ 1º** *O fato de ser o agente pai ou tutor do menor ou curador do interdito não o exime de pena, se destituído ou temporariamente privado do pátrio poder, tutela, curatela ou guarda.*

**§ 2º** *No caso de restituição do menor ou do interdito, se este não sofreu maus-tratos ou privações, o juiz pode deixar de aplicar pena.*

### 2.1. Introdução

A conduta consiste em subtrair o menor de idade ou o interdito daquele que exerce algum poder sobre ele (poder familiar, tutela, guarda etc.). A consumação do crime independe da manifestação de vontade do menor, pois o seu consentimento não seria válido.

A pena para o crime pode ser de detenção de dois meses a dois anos. Logo, podemos concluir que:

a) É possível a transação penal (art. 76, Lei n. 9.099/95), pois se trata de infração penal de menor potencial ofensivo;

b) É possível a suspensão condicional do processo (art. 89, Lei n. 9.099/95), pois a pena mínima não ultrapassa um ano.

Atente-se, ainda, que na definição da pena, há uma subsidiariedade expressa, na medida em que se assevera que não haverá adequação típica ao art. 249 se a conduta constituir elemento de outro crime. Com efeito, a depender da situação, poderemos ter algum crime mais grave, como, por exemplo, a extorsão mediante sequestro (art. 159, CP).

Assinale-se que o juiz poderá deixar de aplicar a pena, no caso de restituição do menor ou do interdito, se este não sofreu maus-tratos ou privações (§ 2º).

O crime de *subtração de incapazes* é simples; comum; doloso; formal; comissivo (podendo ser praticado via omissão imprópria na hipótese de o agente gozar do status de garantidor); de forma livre; instantâneo; de dano; unissubjetivo; plurissubsistente.

### 2.2. Sujeito Ativo

Qualquer pessoa. Até mesmo o pai ou tutor podem ser sujeito ativo do crime, desde que destituído do poder familiar (em que pese o Código Penal ainda empregar a expressão mais antiga, pátrio poder), tutela, curatela ou guarda (§ 1º).

### 2.3. Sujeito Passivo

É a pessoa que detêm a guarda do menor de 18 (dezoito) anos ou interdito em virtude de lei ou ordem judicial. Secundariamente, também teríamos o próprio menor ou interdito.

### 2.4. Objeto Jurídico

É o poder familiar, a tutela ou curatela.

### 2.5. Objeto Material

É o menor ou interdito.

### 2.6. Elemento Subjetivo

É o dolo. Não há previsão para a modalidade culposa.

### 2.7. Consumação e Tentativa

A consumação ocorre com a efetiva subtração.

### 2.8. Ação Penal

É de iniciativa pública incondicionada.

## 3. TÓPICO-SÍNTESE

| TÓPICO-SÍNTESE: Dos Crimes contra o pátrio poder, tutela curatela | |
|---|---|
| INDUZIMENTO A FUGA, ENTREGA ARBITRÁRIA OU SONEGAÇÃO DE INCAPAZES | |
| **Induzimento a Fuga, Entrega Arbitrária ou Sonegação de Incapazes (art. 248)** | Induzir menor de dezoito anos, ou interdito, a fugir do lugar em que se acha por determinação de quem sobre ele exerce autoridade, em virtude de lei ou de ordem judicial; confiar a outrem sem ordem do pai, do tutor ou do curador algum menor de dezoito anos ou interdito, ou deixar, sem justa causa, de entregá-lo a quem legitimamente o reclame. |
| **Penas** | A pena para o crime pode ser de detenção de um mês a um ano, ou multa. |

| TÓPICO-SÍNTESE: Dos Crimes contra o pátrio poder, tutela curatela | |
|---|---|
| **Classificação** | Simples; comum; doloso; de forma livre; comissivo (nas modalidades induzir e confiar a outrem) e omissivo próprio (na modalidade deixar de entregar); instantâneo (no induzimento à fuga e na entrega arbitrária); permanente (na sonegação de incapazes); unissubjetivo; plurissubsistente ou unissubsistente, conforme o caso. |
| **Sujeito Ativo** | Qualquer pessoa. |
| **Sujeito Passivo** | Pessoa que exerce autoridade sobre o menor ou interdito. |
| **Objeto Jurídico** | Poder familiar, tutela ou curatela. |
| **Objeto Material** | Menor ou interdito. |
| **Elemento Subjetivo** | Dolo. |
| **Consumação** | Consuma-se com o induzimento, a entrega ou a recusa na entrega. |
| **Tentativa** | É admitida. |
| **Ação Penal** | Pública incondicionada. |
| **SUBTRAÇÃO DE INCAPAZES** | |
| **Subtração de Incapazes (art. 249)** | Subtrair menor de dezoito anos ou interdito ao poder de quem o tem sob sua guarda em virtude de lei ou de ordem judicial. |
| **Penas** | A pena para o crime pode ser de detenção de dois meses a dois anos. |
| **O Juiz pode deixar de aplicar a pena (§ 2º)** | No caso de restituição do menor ou do interdito, se este não sofreu maus-tratos ou privações. |
| **Classificação** | Simples; comum; doloso; formal; comissivo (podendo ser praticado via omissão imprópria na hipótese de o agente gozar do status de garantidor); de forma livre; instantâneo; de dano; unissubjetivo; plurissubsistente. |
| **Sujeito Ativo** | Qualquer pessoa. |
| **Sujeito Passivo** | Pessoa que detêm a guarda do menor de 18 anos ou interdito em virtude de lei ou ordem judicial. |
| **Objeto Jurídico** | Poder familiar, a tutela ou curatela. |
| **Objeto Material** | Menor ou interdito. |
| **Elemento Subjetivo** | Dolo. |
| **Consumação** | Consuma-se com a subtração. |
| **Tentativa** | É admitida. |
| **Ação Penal** | Pública incondicionada. |

## Título VIII

# DOS CRIMES CONTRA A INCOLUMIDADE PÚBLICA

## NOÇÕES INTRODUTÓRIAS

O Título VIII do Código Penal foi reservado para tratar dos crimes contra a incolumidade pública, subdivididos em três capítulos: o primeiro nos traz os crimes de perigo comum; o segundo prevê os crimes contra a segurança dos meios de comunicação e transporte e outros serviços públicos; e o terceiro trata dos crimes contra a incolumidade pública.

Segundo o Aurélio, *incolumidade* é isenção de perigo, indenidade, salubridade. Portanto, os tipos previstos no presente título buscam tutelar o bem-estar da coletividade.

Capítulo

# 1

# DOS CRIMES DE PERIGO COMUM

*Leia a Lei:*

- *arts. 250 a 259 do CP.*

## 1. INCÊNDIO

**Art. 250.** *Causar incêndio, expondo a perigo a vida, a integridade física ou o patrimônio de outrem:*
**Pena** – *reclusão, de 3 (três) a 6 (seis) anos, e multa.*
**§ 1º** *As penas aumentam-se de um terço:*
**I** – *se o crime é cometido com intuito de obter vantagem pecuniária em proveito próprio ou alheio;*
**II** – *se o incêndio é:*
**a**) *em casa habitada ou destinada a habitação;*
**b**) *em edifício público ou destinado a uso público ou a obra de assistência social ou de cultura;*
**c)** *em embarcação, aeronave, comboio ou veículo de transporte coletivo;*
**d)** *em estação ferroviária ou aeródromo;*
**e)** *em estaleiro, fábrica ou oficina;*
**f**) *em depósito de explosivo, combustível ou inflamável;*
**g)** *em poço petrolífero ou galeria de mineração;*
**h)** *em lavoura, pastagem, mata ou floresta.*
**§ 2°** *Se culposo o incêndio, apena é de detenção, de 6 (seis) meses a 2 (dois) anos.*

### 1.1. Introdução

A ação nuclear do agente delituoso é *causar incêndio*, que, segundo o Aurélio, significa fogo intenso que tem forte poder de destruição e de causar prejuízos. O legislador pretendeu, na descrição do tipo penal, preservar a sociedade civil de perigo de fogo, não importando para a configuração do crime o dano que possa ser ocasionado. É dizer, apenas a exposição a perigo é suficiente para a classificação do delito e imputação da pena.

A pena para o crime pode ser de reclusão, de três a seis anos, e multa. Logo, podemos concluir que:

a) Não é possível a transação penal (art. 76, Lei n. 9.099/95), pois não se trata de infração penal de menor potencial ofensivo;

b) Não é possível a suspensão condicional do processo (art. 89, Lei n. 9.099/95), pois a pena mínima ultrapassa um ano.

O tipo ainda prevê causas majorantes da pena, circunstâncias nas quais a pena é aumentada de um terço, atentando-se para a cupidez do agente ou a maior dificuldade na contenção do fogo e, portanto, de maior perigo. No que tange ao inciso I do presente artigo, a maioria da doutrina entende pela incidência da majorante independentemente a título de que a vantagem foi recebida, seja por paga para o cometimento do delito, ou em decorrência de sua execução.

De mais a mais, o inciso II prevê aumento de pena nos casos onde o incêndio é provocado em locais onde há maior risco, cujas hipóteses são taxativas, quais sejam: a) em casa habitada ou destinada a habitação; b) em edifício público ou destinado a uso público ou a obra de assistência social ou de cultura; c) em embarcação, aeronave, comboio ou veículo de transporte coletivo; d) em estação ferroviária ou aeródromo; e) em estaleiro, fábrica ou oficina; f) em depósito de explosivo, combustível ou inflamável; g) em poço petrolífero ou galeria de mineração; h) em lavoura, pastagem, mata ou floresta.

Ainda, conforme previsão do art. 258 do Código Penal, se do presente delito, cometido dolosamente, resultar lesão corporal de natureza grave, a pena privativa de liberdade é aumentada na metade; se resultar morte, será aplicada em dobro. Sendo culposo, resultando o fato lesão corporal, a pena será aumentada na metade; se resulta a morte, aplicar-se-á a pena prevista para o homicídio culposo, aumentada em um terço.

Faz-se necessário trazermos algumas distinções, a fim de que determinadas condutas não sejam caracterizadas no crime de incêndio a despeito de serem encaixadas em previsão mais específica. Vejamos:

a) A conduta de **incendiar por inconformismo político** constitui crime inserto no art. 20 da Lei de Segurança Nacional – Lei n° 7.170/83 – e não no crime que agora estudamos;

b) Fabricar, vender, transportar ou soltar balões que possam provocar incêndios em florestas ou qualquer tipo de assentamento humano constituem **crime contra o meio ambiente**, previsto no art. 42 da Lei n° 9.605/98;

c) O art. 16, parágrafo único, III, da Lei n° 10.826/2003, previu, sem prejuízo de outras ações, o ***emprego de artefato explosivo ou incendiário, sem autorização ou em desacordo com determinação legal ou complementar.*** Aqui, o legislador contentou-se com o uso de tais artefatos, punindo mesmo o risco presumido, ponto que diverge do crime previsto no art. 250 do Código Penal, pois neste, como já vimos, o perigo deve ser comprovado;

d) Se a intenção do agente era matar alguém, reponde pelo crime de **homicídio** (consumado ou tentado) **qualificado pelo emprego de fogo**, em concurso formal com o crime de incêndio;

e) A caracterização do crime de incêndio absorve o **crime de dano qualificado pelo uso de substância inflamável** (art. 163, parágrafo único, II, do CP), haja vista a natureza subsidiária deste último. A provocação de incêndio em uma casa na zona rural, afastada de tudo, não caracteriza o crime de incêndio, pois não põe em risco a coletividade, mas sim o crime de dano qualificado.

Ademais, trata-se de crime que deixa vestígios, pelo que se exige a realização de perícia, conforme art. 173 do Código de Processo Penal.

O crime de *incêndio* é comum; doloso ou culposo; formal; simples; de forma livre; comissivo ou omissivo (aquele que tinha o dever jurídico de agir, podendo fazê-lo, resolve se omitir, deixando o fogo se alastrar); instantâneo; de perigo; unissubjetivo; plurissubsistente.

### 1.2. Sujeito Ativo

O sujeito ativo pode ser qualquer pessoa, inclusive o proprietário da coisa incendiada. Percebam que a intenção primária não é proteger a *res*, mas a incolumidade pública, o que torna indiferente, pois, se o incêndio ocorre em coisa própria ou alheia.

### 1.3. Sujeito Passivo

O sujeito passivo será o Estado, a coletividade, bem como aquele que for, efetivamente, atingido ou posto em perigo.

### 1.4. Objeto Jurídico

O objeto juridicamente tutelado é a incolumidade pública, uma vez que o incêndio expõe a perigo um número indeterminado de pessoas.

### 1.5. Objeto Material

É a substância ou objeto incendiado.

### 1.6. Elemento Subjetivo

O elemento subjetivo exigido no tipo penal é o dolo de perigo, pois se exige do agente a vontade de gerar um risco não tolerado a terceiros. A forma culposa também é prevista.

### 1.7. Consumação e Tentativa

Consuma-se o crime no momento em que o fogo se alastra, gerando, desta forma, o efetivo perigo comum. Não há uma fórmula pré-determinada, é necessário que a verificação da execução do crime seja analisada de acordo com o caso concreto.

A forma tentada é perfeitamente cabível.

Registre-se que não restará configurada a tentativa, mas crime impossível, se o agente utilizar meio absolutamente inidôneo ao seu fim de provocar um incêndio, como, por exemplo, acreditar ser álcool o que, em verdade, era água.

### 1.8. Ação Penal

A ação penal é de iniciativa pública incondicionada e será de competência do Juizado Especial Criminal, exceto quando dele resultar lesão corporal ou morte, quando a competência será da Justiça Comum.

## 2. EXPLOSÃO

> **Art. 251.** *Expor a perigo a vida, a integridade física ou o patrimônio de outrem, mediante explosão, arremesso ou simples colocação de engenho de dinamite ou de substância de efeitos análogos:*
>
> **Pena** – *reclusão, de 3 (três) a 6 (seis) anos, e multa.*
>
> **§ 1º** *Se a substância utilizada não é dinamite ou explosivo de efeitos análogos:*
>
> **Pena** – *reclusão, de 1 (um) a 4 (quatro) anos, e multa.*
>
> **§ 2º** *As penas aumentam-se de um terço, se ocorre qualquer das hipóteses previstas no§ 1º, I, do artigo anterior, ou é visada ou atingida qualquer das coisas enumeradas no nº II do mesmo parágrafo.*

**§ 3º** *No caso de culpa, se a explosão é de dinamite ou substância de efeitos análogos, a pena é de detenção, de 6 (seis) meses a 2 (dois) anos; nos demais casos, é de detenção, de 3 (três) meses a 1 (um) ano.*

## 2.1. Introdução

A ação nuclear do agente delituoso consubstancia-se em *expor* a perigo. Distingue-se do crime de incêndio quanto ao *modus operandi*, pois, aqui, a exposição pode ser mediante explosão (estourar), arremesso (lançar) ou colocação (pôr em determinado lugar) de engenho de dinamite ou de substância de efeitos análogos. A perícia deverá concluir se a substância é ou não explosiva.

A pena para o crime pode ser de reclusão, de três a seis anos, e multa. Logo, podemos concluir que:

a) Não é possível a transação penal (art. 76, Lei n. 9.099/95), pois não se trata de infração penal de menor potencial ofensivo;

b) Não é possível a suspensão condicional do processo (art. 89, Lei n. 9.099/95), pois a pena mínima ultrapassa um ano.

O § 1° nos traz a forma privilegiada do crime. Se a substância utilizada não é dinamite ou explosivo de efeitos análogos, a pena é reduzida para reclusão de um a quatro anos. Nesse sentido, "Se a substância utilizada pelo agente não é dinamite ou explosivo de efeitos análogos, e desde que seja de eficácia explosiva menor, como a pólvora, o crime configurado não será o descrito no caput do art. 251, mas o previsto em seu § 1°". (TJMG, Processo n° 1.0702.03.093288-4/001. Rel. Paulo Cesar Dias)

O tipo ainda prevê causas majorantes da pena, circunstâncias em que a pena é aumentada de um terço caso haja constatação de que havia a intenção de se obter alguma vantagem pecuniária, conforme inteligência do § 1°, I, do art. 250, ou é visada ou atingida qualquer das coisas enumeradas no inciso II do art. 250 do Código Penal.

Quanto às qualificadoras, incidem aqui as mesmas considerações do crime de Incêndio.

Registre-se, ainda, que o tipo prevê a modalidade culposa do crime de explosão, conforme se depreende do seu § 2º, quando a pena será de detenção de seis meses a dois anos.

Ainda, conforme previsão do art. 258 do Código Penal, se do presente delito, cometido dolosamente, resultar lesão corporal de natureza grave, a pena privativa de liberdade é aumentada na metade; se resultar morte, será aplicada em dobro. Sendo culposo, resultando o fato lesão corporal, a pena será aumentada na metade; se resulta a morte, aplicar-se-á a pena prevista para o homicídio culposo, aumentada em um terço.

É dispensável a efetiva explosão, sendo suficiente que a ação do agente provoque perigo concreto à incolumidade pública, o que implica em dizer, portanto, que a presunção de perigo não será capaz de caracterizar o crime de Explosão.

Tal qual o crime de Incêndio, faz-se oportuno realizar algumas distinções, a fim de que determinadas condutas não sejam caracterizadas no crime de Explosão a despeito de caracterização de conduta mais específica.

O ato de provocar a **explosão por inconformismo polític**o constitui crime inserto no art. 20 da Lei de Segurança Nacional – Lei n° 7.170/83- e não o crime previsto no art. 251 do Código Penal. Nesta mesma perspectiva, se a conduta acarretar **perigo à vida ou à saúde de pessoa determinada,** poderá ocorrer o delito previsto no art. 132 do mesmo Código, visto que este crime não abarca a hipótese de perigo ao patrimônio individual.

Ainda, o art. 16, parágrafo único, III, da Lei n° 10.826/2003 previu, sem prejuízo de outras ações, o **emprego de artefato explosivo ou incendiário**, sem autorização ou em desacordo com determinação legal ou complementar. Aqui, o legislador contentou-se com a presunção de risco, ponto que diverge do crime que agora estudamos, pois neste, o perigo deve ser concreto.

O crime de *explosão* é comum; doloso ou culposo; fomal; comissivo ou omissivo (aquele que tinha o dever jurídico de agir, podendo fazê-lo, resolve se omitir, deixando o fogo se alastrar); instantâneo; de perigo; de forma vinculada; unissubjetivo; plurissubsistente.

### 2.2. Sujeito Ativo

O sujeito ativo pode ser qualquer pessoa.

### 2.3. Sujeito Passivo

O sujeito passivo será o Estado, a coletividade, bem como aquele que for, efetivamente, atingido ou posto a perigo.

### 2.4. Objeto Jurídico

O objeto juridicamente tutelado é a incolumidade pública, uma vez que a *explosão* expõe a perigo um número indeterminado de pessoas.

### 2.5. Objeto Material

É o engenho de dinamite ou substância análoga.

### 2.6. Elemento Subjetivo

O elemento subjetivo exigido no tipo penal é o dolo de perigo, pois se exige do agente a vontade de gerar um risco não tolerado a terceiros. A forma culposa também é prevista.

### 2.7. Consumação e Tentativa

Consuma-se o crime no momento em que a ação criminosa causa perigo à coletividade, neste sentido RT 382/87.

A forma tentada é perfeitamente cabível.

### 2.8. Ação Penal

A ação penal é de iniciativa pública incondicionada. A competência é do Juizado Especial Criminal, salvo nos casos nos quais da conduta resultar lesão corporal ou morte, quando a competência será da Justiça Comum.

## 3. USO DE GÁS TÓXICO OU ASFIXIANTE

> **Art. 252.** *Expor a perigo a vida, a integridade física ou o patrimônio de outrem, usando de gás tóxico ou asfixiante:*
> **Pena** – *reclusão, de 1 (um) a 4 (quatro) anos, e multa.*

**Modalidade Culposa**
**Parágrafo único.** *Se o crime é culposo:*
**Pena** – *detenção, de 3 (três) meses a 1 (um) ano.*

### 3.1. Introdução

A ação nuclear do agente delituoso consubstancia-se em *expor* a perigo a vida, a integridade física ou o patrimônio de outrem. Como meio de execução do crime, o agente se utiliza de gás tóxico ou asfixiante. Assinale-se, porém, que não se caracterizará o delito se a substância utilizada é de baixa toxidade, não chegando a ocorrer risco de gravame mais sério, neste sentido TJSP, Rel. Ângelo Gallucci, RT 624.

A pena para o crime pode ser de reclusão, de um a quatro anos, e multa. Logo, podemos concluir que:

a) Não é possível a transação penal (art. 76, Lei n. 9.099/95), pois não se trata de infração penal de menor potencial ofensivo; será, todavia, possível a transação na modalidade culposa, pois aí a pena máxima é de apenas um ano.

b) É possível a suspensão condicional do processo (art. 89, Lei n. 9.099/95), pois a pena mínima não ultrapassa um ano.

Ainda, conforme previsão do art. 258 do Código Penal, se do presente delito, cometido dolosamente, resultar lesão corporal de natureza grave, a pena privativa de liberdade é aumentada na metade; se resultar morte, será aplicada em dobro. Sendo culposo, resultando o fato lesão corporal, a pena será aumentada na metade; se resulta a morte, aplicar-se-á a pena prevista para o homicídio culposo, aumentada em um terço.

A fim de que determinadas condutas não sejam caracterizadas no crime de uso de gás tóxico ou asfixiante, faz-se necessário traçarmos algumas distinções no que tange às condutas tipificadas em legislação mais específica.

O art. 54 da Lei n° 9.605/98 pune a conduta de "**causar poluição de qualquer natureza em níveis tais que resultem ou possam resultar em danos à saúde humana, ou que provoquem a mortandade de animais ou a destruição significativa da flora**". A quem incorre nesta conduta, a pena aplicada é de reclusão, de 1 a 4 anos, e multa. Se o crime ocorrer por **lançamento de resíduos sólidos, líquidos ou gasosos, ou detritos, óleos ou substâncias oleosas em desacordo com as exigências estabelecidas em leis ou regulamentos**, a pena imputada será a de reclusão, de 1 a 5 anos. *Vide* também o art. 56 da Lei dos Crimes Ambientais. Ainda, se o agente **usar gás tóxico ou asfixiante com o fim de expor a perigo a vida ou a saúde de pessoa determinada**, configurar-se-á o crime de perigo individual, consoante o art. 132 do Código Penal.

O crime de *uso de gás tóxico ou asfixiante* é comum; formal; simples; doloso ou culposo; comissivo ou omissivo (aquele que tinha o dever jurídico de agir, podendo fazê-lo, resolve se omitir, deixando o fogo se alastrar); instantâneo; de perigo; de forma vinculada; unissubjetivo; plurissubsistente.

### 3.2. Sujeito Ativo

O sujeito ativo pode ser qualquer pessoa.

### 3.3. Sujeito Passivo

O sujeito passivo será o Estado, a coletividade, bem como aquele que for, efetivamente, atingido ou posto a perigo.

### 3.4. Objeto Jurídico

O objeto juridicamente tutelado é a incolumidade pública.

### 3.5. Objeto Material

O objeto material é o gás tóxico ou asfixiante.

### 3.6. Elemento Subjetivo

O elemento subjetivo exigido no tipo penal é o dolo de perigo, pois se exige do agente a vontade de gerar um risco não tolerado a terceiros. A forma culposa também é prevista.

### 3.7. Consumação e Tentativa

Consuma-se o crime quando, após a utilização do gás tóxico ou asfixiante, houver a efetiva exposição de perigo para a vida, a integridade física ou o patrimônio de outrem, já que estamos diante de um crime de perigo concreto.

A forma tentada é perfeitamente cabível.

### 3.8. Ação Penal

A ação penal é de iniciativa pública incondicionada.

## 4. FABRICO, FORNECIMENTO, AQUISIÇÃO, POSSE OU TRANSPORTE DE EXPLOSIVOS OU GÁS TÓXICO, OU ASFIXIANTE

> **Art. 253.** *Fabricar, fornecer, adquirir, possuir ou transportar, sem licença da autoridade, substância ou engenho explosivo, gás tóxico ou asfixiante, ou material destinado à sua fabricação:*
> **Pena** – *detenção, de 6 (seis) meses a 2 (dois) anos, e multa.*

### 4.1. Introdução

Trata-se de crime de ação múltipla vez que, ainda que praticada mais de uma das condutas descritas no tipo, haverá delito único, desde que dentro do mesmo contexto fático. As ações nucleares são: *fabricar* (construir ou manufaturar); *fornecer* (dar ou prover); *adquirir* (obter ou comprar); *possuir* (ter a posse de algo ou usufruir); *transportar* (levar de um lugar a outro ou conduzir).

A pena para o crime pode ser de detenção, de seis meses a dois anos, e multa. Logo, podemos concluir que:

a) É possível a transação penal (art. 76, Lei n. 9.099/95), pois se trata de infração penal de menor potencial ofensivo;

b) É possível a suspensão condicional do processo (art. 89, Lei n. 9.099/95), pois a pena mínima não ultrapassa um ano.

Ainda, conforme previsão do art. 258 do Código Penal, se do presente delito, cometido dolosamente, resultar lesão corporal de natureza grave, a pena privativa de liberdade é aumentada na metade; se resultar morte, será aplicada em dobro. Sendo culposo, resultando o fato lesão corporal, a pena será aumentada na metade; se resulta a morte, aplicar-se-á a pena prevista para o homicídio culposo, aumentada em um terço.

Faz-se necessário trazermos algumas distinções, a fim de que determinadas condutas não sejam caracterizadas no crime deste artigo a despeito ser encaixada em previsão mais específica.

Se o agente **fornece, vende ou entrega gás tóxico ou asfixiante a menor,** incorrerá no art. 242 do Estatuto da Criança e do Adolescente. Nesta mesma perspectiva, o art. 22 da Lei n° 6.453/77 pune a conduta daquele que **"possuir, adquirir, transferir, transportar, guardar ou trazer consigo material nuclear sem a necessária autorização"**. O art. 26, por seu turno, pune aquele que **"deixar de observar as normas de segurança ou de proteção relativas à instalação nuclear ou ao uso, transporte, posse e guarda de material nuclear, expondo a perigo a vida, a integridade ou o patrimônio de outrem"**.

O art. 16, parágrafo único, III, da Lei n°10.826/2003, também prevê figura semelhante: "Nas mesmas penas (reclusão, de 3 a 6 anos, e multa) incorre quem: III – **possuir, detiver, *fabricar* ou empregar artefato explosivo ou incendiário, sem autorização ou em desacordo com determinação legal ou regulamentar**". Diante desse dispositivo, consignado em legislação especial, a doutrina majoritária entende pela **revogação parcial do art. 253 do Código Penal**, especificamente no que diz respeito aos núcleos *fabricar e possuir* substância ou engenho explosivo, devendo ser aplicado, neste caso, o inciso III, do§ 1°, da referida Lei.

O crime de *fabrico, fornecimento, aquisição, posse ou transporte de explosivos ou gás tóxico, ou asfixiante* é comum; formal; doloso; comissivo (podendo ser praticado via omissão imprópria, na hipótese do agente gozar do status de garantidor); de forma livre; instantâneo (nos núcleos fabricar, fornecer e adquirir); permanente (no que diz respeito às condutas de possuir e transportar); de perigo comum concreto; unissubjetivo; unissubsistente ou plurissubsistente, conforme o caso concreto.

### 4.2. Sujeito Ativo

O sujeito ativo pode ser qualquer pessoa, pois estamos estudando um crime comum.

### 4.3. Sujeito Passivo

Trata-se de um crime vago, portanto, o sujeito passivo será o Estado, a coletividade. É certo que pessoas determinadas podem sofrer diretamente o perigo, embora não seja indispensável identificá-las para que o agente possa ser punido.

### 4.4. Objeto Jurídico

O objeto juridicamente tutelado é a incolumidade pública.

### 4.5. Objeto Material

O objeto material é a substância ou engenho explosivo, gás tóxico ou asfixiante ou material destinado à sua fabricação.

### 4.6. Elemento Subjetivo

O elemento subjetivo exigido no tipo penal é o dolo de perigo, pois se exige do agente a vontade de gerar um risco não tolerado a terceiros. A forma culposa também é prevista.

### 4.7. Consumação e Tentativa

Consuma-se o crime quando o agente fabricar, fornecer, adquirir ou transportar gás tóxico ou asfixiante, ou material destinado à sua fabricação, como também a manufatura de substância ou engenho explosivo. A doutrina majoritária entende que este crime é de perigo abstrato e, portanto, presume-se o risco a partir da simples prática de qualquer uma das condutas.

A maioria doutrinária entende pela não admissão da tentativa. Entretanto, coadunamos com a ideia de que, embora de difícil configuração, ela é teoricamente possível.

### 4.8. Ação Penal

A ação penal é de iniciativa pública incondicionada, de competência do Juizado Especial Criminal.

## 5. INUNDAÇÃO

**Art. 254.** *Causar inundação, expondo a perigo a vida, a integridade física ou o patrimônio de outrem:*
**Pena** – *reclusão, de 3 (três) a 6 (seis) anos, e multa, no caso de dolo, ou detenção, de 6 (seis) meses a 2 (dois) anos, no caso de culpa.*

### 5.1. Introdução

A ação nuclear do agente delituoso consubstancia-se em *causar* inundação (transbordamento das águas), conduta esta que deverá expor a perigo a vida, a integridade física ou o patrimônio de outrem.

Registre-se que estamos diante de um crime de perigo concreto, pelo que o extravasamento das águas deve ser apto a causar o efetivo perigo. Se a inundação provocada não tinha essa capacidade, o agente poderá responder pelos crimes insertos no art. 161, § 1°, I, usurpação de águas, ou art. 163, crime de dano. Não se materializa a figura delituosa de inundação se não houver a característica do perigo comum, pois, no caso, o objeto específico da proteção penal é o bem jurídico da incolumidade pública, neste sentido TJSP, Ap. 19279, Rel. L. Minhoto.

Acrescente-se, ainda, que se a intenção do agente é provocar a morte de alguém, responde por homicídio qualificado (art. 121, § 2º, III, do CP), em concurso formal com o crime de inundação.

Admite-se o delito de inundação por omissão, a exemplo do funcionário encarregado pela vistoria de uma barragem que, podendo fazê-lo, deixa de reparar uma brecha nela existente, dando lugar à inundação de determinado local.

A pena para o crime pode ser de reclusão, de 3 (três) a 6 (seis) anos, e multa, no caso de dolo, ou detenção, de 6 (seis) meses a 2 (dois) anos, no caso de culpa. Logo, podemos concluir que:

a) Na modalidade dolosa, não cabe transação penal ou suspensão condicional do processo.

b) Os dois institutos são cabíveis na modalidade culposa, haja vista tratar-se de infração penal de menor potencial ofensivo e a pena mínima não ultrapassar um ano.

Ainda, conforme previsão do art. 258 do Código Penal, se do presente delito, cometido dolosamente, resultar lesão corporal de natureza grave, a pena privativa de liberdade é aumentada na metade; se resultar morte, será aplicada em dobro. Sendo culposo, resultando o fato lesão corporal, a pena será aumentada na metade; se resulta a morte, aplicar-se-á a pena prevista para o homicídio culposo, aumentada em um terço.

O crime de *inundação* é comum; formal; simples; doloso ou culposo; de perigo; de forma livre; comissivo (podendo ser praticado via omissão imprópria); instantâneo; unissubjetivo; plurissubsistente.

### 5.2. Sujeito Ativo

O sujeito ativo pode ser qualquer pessoa, inclusive o proprietário do imóvel inundado.

### 5.3. Sujeito Passivo

O sujeito passivo será o Estado, a coletividade, bem como aquele que for, efetivamente, atingido ou posto a perigo.

### 5.4. Objeto Jurídico

O objeto juridicamente tutelado, mais uma vez, é a incolumidade pública, em razão dos grandes prejuízos físicos e patrimoniais que um grande alagamento pode causar.

### 5.5. Objeto Material

O objeto material é a água liberada em grande quantidade.

### 5.6. Elemento Subjetivo

O elemento subjetivo exigido no tipo penal é o dolo de perigo, pois se exige do agente a vontade de causar perigo para a coletividade. A forma culposa também é prevista.

### 5.7. Consumação e Tentativa

Consuma-se o crime no momento em que a coletividade é exposta ao efetivo perigo causado pela inundação.

A forma tentada é perfeitamente cabível.

### 5.8. Ação Penal

A ação penal é de iniciativa pública incondicionada.

## 6. PERIGO DE INUNDAÇÃO

**Art. 255.** *Remover, destruir ou inutilizar, em prédio próprio ou alheio, expondo a perigo a vida, a integridade física ou o patrimônio de outrem, obstáculo natural ou obra destinada a impedir inundação:*
**Pena** – *reclusão, de 1 (um) a 3 (três) anos, e multa.*

### 6.1. Introdução

A ação nuclear do agente delituoso consubstancia-se nas condutas *remover* (deslocar), *destruir* (fazer desaparecer) *ou inutilizar* (tornar inservível) obstáculo natural ou obra destinada a impedir inundação. Por *obstáculo natural* podemos compreender aqueles naturalmente inerentes ao local onde estão contidas as águas, a exemplo das margens de um rio ou de uma barragem.

O perigo de inundação deve ser concreto, comprovando-se não só a possibilidade de sua ocorrência, como também de que, da ação, advirá ameaça à incolumidade pública.

Perceba que este crime se caracteriza pela não ocorrência de inundação, uma vez que a existência dela tipifica o crime previsto no artigo anterior. Caso a inundação efetivamente sobrevenha, o agente responde pelo crime de inundação dolosa (dolo eventual).

A pena para o crime pode ser de reclusão, de um a três anos, e multa. Logo, podemos concluir que:

a) Não é possível a transação penal (art. 76, Lei n. 9.099/95), pois não se trata de infração penal de menor potencial ofensivo;

b) É possível a suspensão condicional do processo (art. 89, Lei n. 9.099/95), pois a pena mínima não ultrapassa um ano.

Ainda, conforme previsão do art. 258 do Código Penal, se do presente delito, cometido dolosamente, resultar lesão corporal de natureza grave, a pena privativa de liberdade é aumentada na metade; se resultar morte, será aplicada em dobro.

O crime de *perigo de inundação* é comum; formal; doloso; de forma livre; comissivo (podendo, no entanto, ser praticado via omissão imprópria na hipótese em que o agente, gozando do status de garantidor, dolosamente, não impedir o sujeito de praticar a conduta); instantâneo; de perigo; unissubjetivo; unissubsistente ou plurissubsitente, conforme o caso,

### 6.2. Sujeito Ativo

O sujeito ativo pode ser qualquer pessoa, trata-se, pois, de um crime comum.

### 6.3. Sujeito Passivo

O sujeito passivo será o Estado, a coletividade, bem como aquele que for, efetivamente, atingido ou posto a perigo.

### 6.4. Objeto Jurídico

O objeto juridicamente tutelado é a incolumidade pública.

### 6.5. Objeto Material

O objeto material é o obstáculo natural ou obra destinada a impedir inundação.

### 6.6. Elemento Subjetivo

O elemento subjetivo exigido no tipo penal é o dolo de perigo, pois se exige do agente a vontade de gerar um perigo não tolerado a terceiros. Não há previsão para a modalidade culposa.

### 6.7. Consumação e Tentativa

Consuma-se o crime com a efetiva remoção, destruição ou inutilização de obstáculo natural ou obre destinada a impedir inundação que, no caso concreto, traga perigo para a vida, a integridade física ou o patrimônio de outrem.

Muito embora haja controvérsia, a doutrina majoritária entende que a tentativa não é admissível, pois a própria conduta já caracteriza fase preparatória do crime de inundação. Entretanto, coadunamos com o entendimento de que é possível, uma vez que se trata de crime plurissubsitente.

### 6.8. Ação Penal

A ação penal é de iniciativa pública incondicionada.

## 7. DESABAMENTO OU DESMORONAMENTO

**Art. 256.** *Causar desabamento ou desmoronamento, expondo a perigo a vida, a integridade física ou o patrimônio de outrem:*

**Pena** – *reclusão, de 1 (um) a 4 (quatro) anos, e multa.*

**Modalidade Culposa**

**Parágrafo único.** *Se o crime é culposo:*

**Pena** – *detenção, de 6 (seis) meses a 1 (um) ano.*

### 7.1. Introdução

A ação nuclear do agente delituoso consubstancia-se na conduta de *causar desabamento*, que poderá ser total ou parcial, pouco importando o vulto da construção ou o seu estado ruinoso.

É necessária a comprovação da ocorrência de perigo concreto à incolumidade pública, pois, do contrário, poderá estar o sujeito incurso no crime previsto no art. 163 do Código Penal – crime de dano – ou mera contravenção penal prevista no art. 29 da Lei de Contravenções Penais.

A pena para o crime pode ser de reclusão, de um a quatro anos, e multa. Logo, podemos concluir que:

a) Não é possível a transação penal (art. 76, Lei n. 9.099/95), pois se trata de infração penal de menor potencial ofensivo; ela será possível, contudo, na modalidade culposa, em que a pena máxima é de um ano de detenção.

b) É possível a suspensão condicional do processo (art. 89, Lei n. 9.099/95), pois a pena mínima não ultrapassa um ano.

Ainda, conforme previsão do art. 258 do Código Penal, se do presente delito, cometido dolosamente, resultar lesão corporal de natureza grave, a pena privativa de liberdade é aumentada na metade; se resultar morte, será aplicada em dobro. Sendo culposo, resultando o fato lesão corporal, a pena será aumentada na metade; se resulta a morte, aplicar-se-á a pena prevista para o homicídio culposo, aumentada em um terço.

O crime de *desabamento ou desmoronamento* é comum; formal; simples; doloso ou culposo;; de forma livre; comissivo (podendo ser praticado via omissão imprópria na hipótese de o garantidor, dolosa ou culposamente, podendo impedir o agente de cometer a conduta, não o faz); instantâneo; de perigo; unissubjetivo, unissubsistente ou plurissubsitente, conforme o caso.

### 7.2. Sujeito Ativo

O sujeito ativo pode ser qualquer pessoa.

### 7.3. Sujeito Passivo

O sujeito passivo será o Estado, a coletividade, bem como aquele que for, efetivamente, atingido ou posto a perigo. "O delito do art. 256 do CP está encartado nos denominados 'crimes de perigo comum', contra a incolumidade pública, cujo sujeito passivo é a coletividade e não determinadas pessoas". (RT 592, p. 351)

### 7.4. Objeto Jurídico

O objeto juridicamente tutelado é a incolumidade pública.

### 7.5. Objeto Material

O objeto material é a construção, morro, pedreira ou semelhante.

### 7.6. Elemento Subjetivo

O elemento subjetivo exigido no tipo penal é o dolo de perigo, pois se exige do agente a vontade de gerar um risco não tolerado a terceiros. A forma culposa também é prevista.

### 7.7. Consumação e Tentativa

Consuma-se o crime no momento da ocorrência do desabamento ou desmoronamento, desde que estes tenham causado perigo comum.

A forma tentada é perfeitamente cabível.

### 7.8. Ação Penal

A ação penal é de iniciativa pública incondicionada.

## 8. SUBTRAÇÃO, OCULTAÇÃO OU INUTILIZAÇÃO DE MATERIAL DE SALVAMENTO

**Art. 257.** *Subtrair, ocultar ou inutilizar, por ocasião de incêndio, inundação, naufrágio, ou outro desastre ou calamidade, aparelho, material ou qualquer meio destinado a serviço de combate ao perigo, de socorro ou salvamento; ou impedir ou dificultar serviço de tal natureza:*
**Pena** – *reclusão, de 2 (dois) a 5 (cinco) anos, e multa.*

### 8.1. Introdução

A ação nuclear do agente delituoso consubstancia-se nas condutas *subtrair* (apoderar-se), *ocultar* (esconder) *e inutilizar* (tornar imprestável) aparelho, material ou qualquer meio destinado a serviço de combate ao perigo, de socorro ou salvamento. A ação deve ser realizada por ocasião de incêndio, naufrágio, ou outro desastre ou calamidade, pois não o sendo, o crime poderá ser o de furto ou de dano.

A pena para o crime pode ser de reclusão, de dois a cinco anos, e multa. Logo, podemos concluir que:

a) Não é possível a transação penal (art. 76, Lei n. 9.099/95), pois não se trata de infração penal de menor potencial ofensivo;

b) não é possível a suspensão condicional do processo (art. 89, Lei n. 9.099/95), pois a pena mínima ultrapassa um ano.

Ainda, conforme previsão do art. 258 do Código Penal, se do presente delito, cometido dolosamente, resultar lesão corporal de natureza grave, a pena privativa de liberdade é aumentada na metade; se resultar morte, será aplicada em dobro.

O crime de *subtração, ocultação ou inutilização de material de salvamento* é comum; formal; simples; doloso; de forma livre; comissivo (podendo ser pratico via omissão imprópria na hipótese de o garantidor, dolosa ou culposamente, podendo impedir o agente de cometer a conduta, não o faz); instantâneo (permanente na forma de ocultar); de perigo; unissubjetivo; unissubsistente ou plurissubsistente, conforme o caso.

### 8.2. Sujeito Ativo

O sujeito ativo pode ser qualquer pessoa, inclusive o proprietário do material para salvamento.

### 8.3. Sujeito Passivo

O sujeito passivo será o Estado, a coletividade, bem como aquele que for, efetivamente, atingido ou posto a perigo.

### 8.4. Objeto Jurídico

O objeto juridicamente tutelado é a incolumidade pública.

### 8.5. Objeto Material

O objeto material é o aparelho, material ou qualquer meio destinado ao serviço de combate ao perigo, de socorro ou salvamento.

### 8.6. Elemento Subjetivo

O elemento subjetivo exigido no tipo penal é o dolo de perigo, pois se exige do agente a vontade de gerar um risco não tolerado a terceiros. Não há previsão na modalidade culposa.

### 8.7. Consumação e Tentativa

Consuma-se o crime no momento em que o agente pratica qualquer das condutas previstas no tipo penal, não sendo necessária a ocorrência do resultado naturalístico, haja vista se tratar de um crime de perigo abstrato.

A forma tentada é perfeitamente cabível.

### 8.8. Ação Penal

A ação penal é de iniciativa pública incondicionada.

## 9. FORMAS QUALIFICADAS DE CRIME DE PERIGO COMUM

**Art. 258.** *Se do crime doloso de perigo comum resulta lesão corporal de natureza grave, a pena privativa de liberdade é aumentada de metade; se resulta morte, é aplicada em dobro. No caso de culpa, se do fato resulta lesão corporal, a pena aumenta-se de metade; se resulta morte, aplica-se a pena cominada ao homicídio culposo, aumentada de um terço.*

## 10. DIFUSÃO DE DOENÇA OU PAGRA

**Art. 259.** *Difundir doença ou praga que possa causar dano a floresta, plantação ou animais de utilidade econômica:*

*Pena – reclusão, de dois a cinco anos, e multa.*

**Modalidade Culposa**

**Parágrafo único.** *No caso de culpa, a pena é de detenção, de um a seis meses, ou multa.*

No que tange ao *caput*, trata-se de figura revogada pelo art. 61 da Lei n. 9.605/98, Lei de Proteção ao Meio Ambiente. Entretanto, a sua modalidade culposa ainda está em vigor, haja vista não haver figura semelhante na lei ambiental.

## 11. TÓPICO-SÍNTESE

| TÓPICO-SÍNTESE: Dos Crimes de Perigo Comum | |
|---|---|
| **INCÊNDIO** | |
| **Incêndio (art. 250)** | Causar incêndio, expondo a perigo a vida, a integridade física ou o patrimônio de outrem. |
| **Penas** | A pena para o crime pode ser de reclusão, de três a seis anos, e multa. |
| **Majorantes de Pena (§ 1º)** | **De 1/3:**<br>• se o crime é cometido com intuito de obter vantagem pecuniária em proveito próprio ou alheio;<br>• se o incêndio é:<br>a) em casa habitada ou destinada a habitação;<br>b) em edifício público ou destinado a uso público ou a obra de assistência social ou de cultura; |
| **Majorantes de Pena (§ 1º)** | c) em embarcação, aeronave, comboio ou veículo de transporte coletivo;<br>d) em estação ferroviária ou aeródromo;<br>e) em estaleiro, fábrica ou oficina;<br>f) em depósito de explosivo, combustível ou inflamável;<br>g) em poço petrolífero ou galeria de mineração;<br>h) em lavoura, pastagem, mata ou floresta. |
| **Incêndio Culposo (§ 2°)** | Se culposo o incêndio, apena é de detenção, de 6 (seis) meses a 2 (dois) anos. |
| **Qualificadora (art. 258)** | **Se do crime doloso**<br>• resulta lesão grave, a pena é aumentada de metade;<br>• se resulta morte, é aplicada em dobro.<br>**Se do crime culposo**<br>• resulta lesão corporal, a pena aumenta-se de metade;<br>• resulta morte, aplica-se a pena cominada ao homicídio culposo, aumentada de um terço. |
| **Classificação** | Comum; doloso ou culposo; formal; simples; de forma livre; comissivo ou omissivo (aquele que tinha o dever jurídico de agir, podendo fazê-lo, resolve se omitir, deixando o fogo se alastrar); instantâneo; de perigo; unissubjetivo; plurissubsistente.. |
| **Sujeito Ativo** | Qualquer pessoa. |
| **Sujeito Passivo** | Estado, coletividade ou quem foi atingido ou posto em perigo. |
| **Objeto Jurídico** | Incolumidade pública. |
| **Objeto Material** | Substância ou objeto incendiado. |
| **Elemento Subjetivo** | Dolo de perigo, admite-se a modalidade culposa. |
| **Consumação** | Consuma-se o no momento em que o fogo se alastra, gerando, desta forma, o efetivo perigo comum. |
| **Tentativa** | É admitida. |
| **Ação Penal** | Pública incondicionada. |

| TÓPICO-SÍNTESE: Dos Crimes de Perigo Comum | |
|---|---|
| EXPLOSÃO | |
| Explosão (art. 251) | Expor a perigo a vida, a integridade física ou o patrimônio de outrem, mediante explosão, arremesso ou simples colocação de engenho de dinamite ou de substância de efeitos análogos. |
| Penas | A pena para o crime pode ser de reclusão, de três a seis anos, e multa. |
| Figura privilegiada (§ 1º) | Se a substância utilizada não é dinamite ou explosivo de efeitos análogos. |
| Majorante de pena (§ 2º) | **De 1/3:**<br>• se o crime é cometido com intuito de obter vantagem pecuniária em proveito próprio ou alheio;<br>• se o incêndio é:<br>a) em casa habitada ou destinada a habitação;<br>b) em edifício público ou destinado a uso público ou a obra de assistência social ou de cultura; |
| Majorante de pena (§ 2º) | c) em embarcação, aeronave, comboio ou veículo de transporte coletivo;<br>d) em estação ferroviária ou aeródromo;<br>e) em estaleiro, fábrica ou oficina;<br>f) em depósito de explosivo, combustível ou inflamável;<br>g) em poço petrolífero ou galeria de mineração;<br>h) em lavoura, pastagem, mata ou floresta. |
| Modalidade culposa (§ 3º) | No caso de culpa, se a explosão é de dinamite ou substância de efeitos análogos, a pena é de detenção, de 6 (seis) meses a 2 (dois) anos; nos demais casos, é de detenção, de 3 (três) meses a 1 (um) ano. |
| Qualificadora (art. 258) | **Se do crime doloso**<br>• resulta lesão grave, a pena é aumentada de metade;<br>• se resulta morte, é aplicada em dobro.<br>**Se do crime culposo**<br>• resulta lesão corporal, a pena aumenta-se de metade;<br>• resulta morte, aplica-se a pena cominada ao homicídio culposo, aumentada de um terço. |
| Classificação | Comum; doloso ou culposo; fomal; comissivo ou omissivo (aquele que tinha o dever jurídico de agir, podendo fazê-lo, resolve se omitir, deixando o fogo se alastrar); instantâneo; de perigo; de forma vinculada; unissubjetivo; plurissubsistente. |
| Sujeito Ativo | Qualquer pessoa. |
| Sujeito Passivo | Estado, coletividade ou quem foi atingido ou posto em perigo. |
| Objeto jurídico | Incolumidade pública. |
| Objeto Material | Engenho de dinamite ou substância análoga. |
| Elemento subjetivo | Dolo de perigo, admite-se a modalidade culposa. |
| Consumação | Consuma-se o crime no momento em que a ação criminosa causa perigo à coletividade. |
| Tentativa | É admitida. |
| Ação Penal | Pública Incondicionada. |
| USO DE GÁS TÓXICO OU ASFIXIANTE | |
| Uso de Gás Tóxico ou Asfixiante (art. 252) | Expor a perigo a vida, a integridade física ou o patrimônio de outrem, usando de gás tóxico ou asfixiante. |
| Penas | A pena para o crime pode ser de reclusão, de um a quatro anos, e multa. |

| TÓPICO-SÍNTESE: Dos Crimes de Perigo Comum | |
|---|---|
| **Modalidade Culposa (parágrafo único)** | Se o crime é culposo: Pena – detenção, de 3 (três) meses a 1 (um) ano. |
| **Qualificadora (art. 258)** | **Se do crime doloso**<br>• resulta lesão grave, a pena é aumentada de metade;<br>• se resulta morte, é aplicada em dobro.<br>**Se do crime culposo**<br>• resulta lesão corporal, a pena aumenta-se de metade;<br>• resulta morte, aplica-se a pena cominada ao homicídio culposo, aumentada de um terço. |
| **Classificação** | Comum; formal; simples; doloso ou culposo; comissivo ou omissivo (aquele que tinha o dever jurídico de agir, podendo fazê-lo, resolve se omitir, deixando o fogo se alastrar); instantâneo; de perigo; de forma vinculada; unissubjetivo; plurissubsistente. |
| **Sujeito Ativo** | Qualquer pessoa. |
| **Sujeito Passivo** | Estado, coletividade ou quem foi atingido ou posto em perigo. |
| **Objeto jurídico** | Incolumidade pública. |
| **Objeto Material** | Gás tóxico ou asfixiante. |
| **Elemento Subjetivo** | Dolo de perigo, admite-se a modalidade culposa. |
| **Consumação** | Consuma-se quando, após a utilização do gás tóxico ou asfixiante, houver a efetiva exposição de perigo para a vida, a integridade física ou o patrimônio de outrem. |
| **Tentativa** | É possível. |
| **Ação Penal** | Pública Incondicionada. |
| **FABRICO, FORNECIMENTO, AQUISIÇÃO, POSSE OU TRANSPORTE DE EXPLOSIVOS OU GÁS TÓXICO, OU ASFIXIANTE** | |
| **Fabrico, Fornecimento, Aquisição, Posse ou Transporte de Explosivos os Gás Tóxico ou Asfixiante (art. 253)** | Fabricar, fornecer, adquirir, possuir ou transportar, sem licença da autoridade, substância ou engenho explosivo, gás tóxico ou asfixiante, ou material destinado à sua fabricação. |
| **Penas** | A pena para o crime pode ser de detenção, de seis meses a dois anos, e multa |
| **Qualificadora (art. 258)** | **Se do crime doloso**<br>• resulta lesão grave, a pena é aumentada de metade;<br>• se resulta morte, é aplicada em dobro.<br>**Se do crime culposo**<br>• resulta lesão corporal, a pena aumenta-se de metade;<br>• resulta morte, aplica-se a pena cominada ao homicídio culposo, aumentada de um terço. |
| **Classificação** | Comum; formal; doloso; comissivo (podendo ser praticado via omissão imprópria, na hipótese do agente gozar do status de garantidor); de forma livre; instantâneo (nos núcleos fabricar, fornecer e adquirir); permanente (no que diz respeito às condutas de possuir e transportar); de perigo comum concreto; unissubjetivo; unissubsistente ou plurissubsistente, conforme o caso concreto. |
| **Sujeito Ativo** | Qualquer pessoa. |

| TÓPICO-SÍNTESE: Dos Crimes de Perigo Comum | |
|---|---|
| **Sujeito Passivo** | Estado e coletividade. |
| **Objeto Jurídico** | Incolumidade pública. |
| **Objeto Material** | Substância ou engenho explosivo, gás tóxico ou asfixiante ou material destinado à sua fabricação. |
| **Elemento Subjetivo** | Dolo de perigo, admite-se a modalidade culposa. |
| **Consumação** | Consuma-se quando o agente fabricar, fornecer, adquirir ou transportar gás tóxico ou asfixiante, ou material destinado à sua fabricação, como também a manufatura de substância ou engenho explosivo. |
| **Tentativa** | Admitida, embora de difícil configuração |
| **Ação Penal** | Pública Incondicionada. |
| **INUNDAÇÃO** | |
| **Inundação (art. 254)** | Causar inundação, expondo a perigo a vida, a integridade física ou o patrimônio de outrem. |
| **Penas** | A pena para o crime pode ser de reclusão, de 3 (três) a 6 (seis) anos, e multa, no caso de dolo, ou detenção, de 6 (seis) meses a 2 (dois) anos, no caso de culpa. |
| **Classificação** | Comum; formal; simples; doloso ou culposo; de perigo; de forma livre; comissivo (podendo ser pratico via omissão imprópria); instantâneo; unissubjetivo; plurissubsistente. |
| **Qualificadora (art. 258)** | **Se do crime doloso**<br>• resulta lesão grave, a pena é aumentada de metade;<br>• se resulta morte, é aplicada em dobro.<br>**Se do crime culposo**<br>• resulta lesão corporal, a pena aumenta-se de metade;<br>• resulta morte, aplica-se a pena cominada ao homicídio culposo, aumentada de um terço. |
| **Sujeito Ativo** | Qualquer pessoa. |
| **Sujeito Passivo** | Estado, coletividade ou quem foi atingido ou posto em perigo. |
| **Objeto Jurídico** | Incolumidade pública. |
| **Objeto Material** | Água liberada em grande quantidade. |
| **Elemento Subjetivo** | Dolo de perigo, admite-se a modalidade culposa. |
| **Consumação** | Consuma-se no momento em que a coletividade é exposta ao efetivo perigo causado pela inundação. |
| **Tentativa** | É admitida. |
| **Ação Penal** | Pública incondicionada. |
| **PERIGO DE INUNDAÇÃO** | |
| **Perigo de inundação (art. 255)** | Remover, destruir ou inutilizar, em prédio próprio ou alheio, expondo a perigo a vida, a integridade física ou o patrimônio de outrem, obstáculo natural ou obra destinada a impedir inundação. |
| **Penas** | A pena para o crime pode ser de reclusão, de um a três anos, e multa. |

<table>
<tr><th colspan="2">TÓPICO-SÍNTESE: Dos Crimes de Perigo Comum</th></tr>
<tr><td>Qualificadora (art. 258)</td><td>Se do crime doloso<br>• resulta lesão grave, a pena é aumentada de metade;<br>• se resulta morte, é aplicada em dobro.<br>Se do crime culposo<br>• resulta lesão corporal, a pena aumenta-se de metade;<br>• resulta morte, aplica-se a pena cominada ao homicídio culposo, aumentada de um terço.</td></tr>
<tr><td>Classificação</td><td>Comum; formal; doloso; de forma livre; comissivo (podendo, no entanto, ser praticado via omissão imprópria na hipótese em que o agente, gozando do status de garantidor, dolosamente, não impedir o sujeito de praticar a conduta); instantâneo; de perigo; unissubjetivo; unissubsistente ou plurissubsitente, conforme o caso,</td></tr>
<tr><td>Sujeito Ativo</td><td>Qualquer pessoa.</td></tr>
<tr><td>Sujeito Passivo</td><td>Estado, coletividade ou quem foi atingido ou posto em perigo.</td></tr>
<tr><td>Objeto Jurídico</td><td>Incolumidade pública.</td></tr>
<tr><td>Objeto Material</td><td>Obstáculo natural ou obra destinada a impedir inundação.</td></tr>
<tr><td>Elemento Subjetivo</td><td>Dolo de perigo.</td></tr>
<tr><td>Consumação</td><td>Consuma-se com a remoção, destruição ou inutilização de obstáculo natural ou obre destinada a impedir inundação que traga perigo para a vida, a integridade física ou o patrimônio de outrem.</td></tr>
<tr><td>Tentativa</td><td>Admitida.</td></tr>
<tr><td>Ação Penal</td><td>Pública incondicionada.</td></tr>
<tr><th colspan="2">DESABAMENTO OU DESMORONAMENTO</th></tr>
<tr><td>Desabamento ou Desmoronamento (art. 256)</td><td>Causar desabamento ou desmoronamento, expondo a perigo a vida, a integridade física ou o patrimônio de outrem.</td></tr>
<tr><td>Penas</td><td>A pena para o crime pode ser de reclusão, de um a quatro anos, e multa.</td></tr>
<tr><td>Modalidade Culposa (parágrafo único)</td><td>Se o crime é culposo: Pena – detenção, de 6 (seis) meses a 1 (um) ano.</td></tr>
<tr><td>Qualificadora (art. 258)</td><td>Se do crime doloso<br>• resulta lesão grave, a pena é aumentada de metade;<br>• se resulta morte, é aplicada em dobro.<br>Se do crime culposo<br>• resulta lesão corporal, a pena aumenta-se de metade;<br>• resulta morte, aplica-se a pena cominada ao homicídio culposo, aumentada de um terço.</td></tr>
<tr><td>Classificação</td><td>Comum; formal; simples; doloso ou culposo;; de forma livre; comissivo (podendo ser pratico via omissão imprópria na hipótese de o garantidor, dolosa ou culposamente, podendo impedir o agente de cometer a conduta, não o faz); instantâneo; de perigo; unissubjetivo, unissubsistente ou plurissubsitente, conforme o caso.</td></tr>
<tr><td>Sujeito Ativo</td><td>Qualquer pessoa.</td></tr>
<tr><td>Sujeito Passivo</td><td>Estado, coletividade ou quem foi atingido ou posto em perigo.</td></tr>
<tr><td>Objeto Jurídico</td><td>Incolumidade pública.</td></tr>
</table>

| TÓPICO-SÍNTESE: Dos Crimes de Perigo Comum | |
|---|---|
| **Objeto Material** | Construção, morro, pedreira ou semelhante. |
| **Elemento Subjetivo** | Dolo de perigo, admite-se a modalidade culposa. |
| **Consumação** | Consuma-se no momento da ocorrência do desabamento ou desmoronamento, desde que estes tenham causado perigo comum. |
| **Tentativa** | É admitida. |
| **Ação Penal** | Pública incondicionada. |
| **SUBTRAÇÃO, OCULTAÇÃO OU INUTILIZAÇÃO DE MATERIAL DE SALVAMENTO** | |
| **Subtração, Ocultação ou Inutilização de Material de Salvamento (art. 257)** | Subtrair, ocultar ou inutilizar, por ocasião de incêndio, inundação, naufrágio, ou outro desastre ou calamidade, aparelho, material ou qualquer meio destinado a serviço de combate ao perigo, de socorro ou salvamento; ou impedir ou dificultar serviço de tal natureza. |
| **Penas** | A pena para o crime pode ser de reclusão, de dois a cinco anos, e multa. |
| **Qualificadora (art. 258)** | **Se do crime doloso**<br>• resulta lesão grave, a pena é aumentada de metade;<br>• se resulta morte, é aplicada em dobro.<br>**Se do crime culposo**<br>• resulta lesão corporal, a pena aumenta-se de metade;<br>• resulta morte, aplica-se a pena cominada ao homicídio culposo, aumentada de um terço. |
| **Classificação** | Comum; formal; simples; doloso; de forma livre; comissivo (podendo ser pratico via omissão imprópria na hipótese de o garantidor, dolosa ou culposamente, podendo impedir o agente de cometer a conduta, não o faz); instantâneo (permanente na forma de ocultar); de perigo; unissubjetivo; unissubsistente ou plurissubsistente, conforme o caso. |
| **Sujeito Ativo** | Qualquer pessoa. |
| **Sujeito Passivo** | Estado, coletividade ou quem foi atingido ou posto em perigo. |
| **Objeto Jurídico** | Incolumidade pública. |
| **Objeto Material** | Aparelho, material ou qualquer meio destinado ao serviço de combate ao perigo, de socorro ou salvamento. |
| **Elemento Subjetivo** | Dolo de perigo. |
| **Consumação** | Consuma-se quando o agente pratica qualquer das condutas previstas no tipo penal. |
| **Tentativa** | É admitida. |
| **Ação Penal** | Pública Incondicionada. |

Capítulo

# 2

# DOS CRIMES CONTRA A SEGURANÇA DOS MEIOS DE COMUNICAÇÃO E TRANSPORTE E OUTROS SERVIÇOS PÚBLICOS

***Leia a Lei:***

- *arts. 260 a 266 do CP.*

## 1. PERIGO DE DESASTRE FERROVIÁRIO

**Art. 260.** *Impedir ou perturbar serviço de estrada de ferro:*
**I** – *destruindo, danificando ou desarranjando, total ou parcialmente, linha férrea, material rodante ou de tração, obra-de-arte ou instalação;*
**II** – *colocando obstáculo na linha;*
**III** – *transmitindo falso aviso acerca do movimento dos veículos ou interrompendo ou embaraçando o funcionamento de telégrafo, telefone ou radiotelegrafia;*
**IV** – *praticando outro ato de que possa resultar desastre:*
**Pena** – *reclusão, de 2 (dois) a 5 (cinco) anos, e multa.*
**Desastre Ferroviário**
**§ 1º** *Se do fato resulta desastre:*
**Pena** – *reclusão, de 4 (quatro) a 12 (doze) anos e multa.*
**§ 2º** *No caso de culpa, ocorrendo desastre:*
*Pena – detenção, de 6 (seis) meses a 2 (dois) anos.*
**§ 3º** *Para os efeitos deste artigo, entende-se por estrada de ferro qualquer via de comunicação em que circulem veículos de tração mecânica, em trilhos ou por meio de cabo aéreo.*

### 1.1. Introdução

A ação nuclear do agente delituoso consubstancia-se nas condutas *impedir* (obstruir) ou *perturbar* (atrapalhar) serviços de estrada e ferro. Cuida-se, portanto, de um tipo misto alternativo e a prática de uma ou mais condutas implica no cometimento de um único delito, desde que considerado o mesmo contexto fático.

Entende-se por estrada de ferro, qualquer via de comunicação em que circulem veículos de tração mecânica, em trilhos ou por meio de cabo aéreo, consoante disposto no § 3° do artigo agora estudado. Ainda, ressalte-se que, necessariamente, o transporte deverá ser coletivo, ou seja, destinado a conduzir um número indeterminado de pessoas, já que estamos diante de um crime de perigo comum.

Os meios de execução deste delito são aqueles previstos, exemplificativamente, nos incisos do art. 260 do Código Penal, bem como qualquer outro meio capaz de impedir ou perturbar o serviço de estrada de ferro. Além disso, o artigo também prevê pena maior para os casos de ocorrência do desastre, seja dolosa ou culposamente.

A pena para o crime pode ser de reclusão, de dois a cinco anos, e multa. Logo, podemos concluir que:

a) Não é possível a transação penal (art. 76, Lei n. 9.099/95), pois não se trata de infração penal de menor potencial ofensivo;

b) Não é possível a suspensão condicional do processo (art. 89, Lei n. 9.099/95), pois a pena mínima ultrapassa um ano.

Consoante art. 263, combinando com o art. 258 do Código Penal, se do desastre culposo resulta lesão, ainda que leve, a pena aumenta-se em metade e, se resulta morte, aplica-se a pena de homicídio culposo aumentada de um terço.

Demonstra-se oportuno tratarmos do ***surfista ferroviário***. Há entendimentos no sentido de que os jovens que se equilibram sobre a composição do trem em andamento, não incidem no crime de *perigo de desastre rodoviário*, haja vista que, em verdade, expõe a perigo a própria vida, e não de terceiros. Ou seja, o elemento subjetivo, que é a vontade livre e consciente de criar situação concreta de perigo de desastre rodoviário, em verdade, não é encontrado em tal conduta. (TJRJ, AC, REL. Antônio Carlos Amorim, RJTJ 12, p. 339).

Igualmente adequado é trazermos a distinção a seguir, a fim de que tal conduta não seja caracterizada no crime previsto no artigo agora estudado, a despeito de ser encaixada em previsão mais específica. **Se há o fim político, o art. 15 da Lei de Segurança Nacional pune a prática de sabotagem contra meios e vias de transportes**. Ainda nesta perspectiva, **caso o agente se utilize de espécies da fauna silvestre para impedir ou perturbar o serviço de estrada de ferro**, responderá também pelo crime previsto no art. 29 da Lei de Crimes Ambientai (Lei n. 9.605/98).

O crime de *perigo de desastre rodoviário* é comum; formal; simples; doloso ou culposo; comissivo (podendo ser praticado via omissão imprópria, caso o agente goze do status de garantidor); de forma vinculada; instantâneo; de perigo; unissubjetivo; plurissubsistente.

### 1.2. Sujeito Ativo

Trata-se de um crime comum, portanto, o sujeito ativo pode ser qualquer pessoa.

### 1.3. Sujeito Passivo

O sujeito passivo será o Estado, a coletividade, bem como aquele que for, direta e efetivamente, sofreu o dano ou a ele foi exposto.

### 1.4. Objeto Jurídico

O objeto juridicamente tutelado é a incolumidade pública.

### 1.5. Objeto Material

Consoante o § 3° do presente artigo, o objeto material é a linha férrea, material rodante ou de tração, obra de arte ou instalação, telégrafo, telefone ou radiotelegrafia.

### 1.6. Elemento Subjetivo

O elemento subjetivo exigido no tipo penal é o dolo de perigo, pois se exige do agente a vontade de gerar um risco não tolerado a terceiros, o que não quer dizer que o agente queira, efetivamente, praticar o dano, já que ele não quer causar o desastre, e sim apenas uma situação perigosa. Há previsão para a modalidade culposa.

### 1.7. Consumação e Tentativa

Consuma-se o crime quando o agente pratica qualquer das condutas previstas no tipo penal, não sendo necessária a ocorrência do resultado naturalístico. A forma tentada é perfeitamente cabível.

### 1.8. Ação Penal

A ação penal é de iniciativa pública incondicionada.

## 2. ATENTADO CONTRA A SEGURANÇA DE TRANSPORTE MARÍTIMO, FLUVIAL OU AÉREO

**Art. 261.** *Expor a perigo embarcação ou aeronave, própria ou alheia, ou praticar qualquer ato tendente a impedir ou dificultar navegação marítima, fluvial ou aérea:*
**Pena** – *reclusão, de 2 (dois) a 5 (cinco) anos.*
**Sinistro em Transporte Marítimo, Fluvial ou Aéreo**
**§ 1º** *Se do fato resulta naufrágio, submersão ou encalhe de embarcação ou a queda ou destruição de aeronave:*
**Pena** – *reclusão, de 4 (quatro) a 12 (doze) anos.*
**Prática do Crime com o Fim de Lucro**
**§ 2º** *Aplica-se, também, a pena de multa, se o agente pratica o crime com intuito de obter vantagem econômica, para si ou para outrem.*
**Modalidade Culposa**
**§ 3º** *No caso de culpa, se ocorre o sinistro:*
**Pena** – *detenção, de 6 (seis) meses a 2 (dois) anos.*

### 2.1. Introdução

A ação nuclear do agente delituoso consubstancia-se nas condutas *expor* (arriscar) a perigo embarcação ou aeronave e *praticar* qualquer ato que impeça ou dificulte navegação marítima, fluvial ou aérea, seja própria ou alheia.

Merece ser destacado que o tipo não abrangeu a chamada *embarcação lacustre*, isto é, aquela que se faz em lagos e lagoas. Se o crime for cometido neste ambiente, a conduta será aquela inserta no art. 262 do Código Penal, **atentado contra a segurança de outro meio de transporte.**

Entende-se por embarcação o navio, a lancha, o barco, ou qualquer outra construção destinada à navegação, que vise o transporte coletivo. Por aeronave, compreende-se o avião, o helicóptero, o balão, ou, igualmente, qualquer outro meio que vise, necessariamente, o transporte coletivo.

A pena para o crime pode ser de reclusão, de dois a cinco anos, e multa. Logo, podemos concluir que:

a) Não é possível a transação penal (art. 76, Lei n. 9.099/95), pois não se trata de infração penal de menor potencial ofensivo;

b) Não é possível a suspensão condicional do processo (art. 89, Lei n. 9.099/95), pois a pena mínima ultrapassa um ano.

O § 1º prevê que se do fato resulta naufrágio, submersão ou encalhe de embarcação ou queda ou destruição de aeronave, a pena é de reclusão de quatro a doze anos. Trata-se da figura qualificada.

O § 2º prevê a aplicação da pena de multa cominada com a de reclusão, caso o agente tenha praticado o crime com intuito de obter vantagem econômica, seja para si ou para outrem.

De mais a mais, é prevista a modalidade culposa, conforme § 3º, podendo incidir causa de aumento de pena da metade, se do sinistro culposo resultar lesão; caso resulte a morte, deve ser aplicada a pena prevista para o homicídio culposo aumentada de um terço.

Ademais, consoante art. 263, combinando com o art. 258 do Código Penal, se da conduta resulta lesão grave, a pena aumenta-se em metade e, se resulta morte, é aplicada em dobro. Noutro passo, sendo culposo, se da ação resulta lesão, ainda que leve, a pena é aumentada em metade; se resulta morte, aplica-se a pena do homicídio culposo acrescido de um terço.

Registre-se, entretanto, que se a **destruição da embarcação ou aeronave ocorrer por meio de incêndio ou explosão,** o crime será aquele previsto no art. 250, § 1°, II, *c*, ou ar. 251, § 2°; **caso haja motivação política, o crime poderá ser o previsto no art. 15 da Lei de Segurança Nacional** (Lei n. 7.170/83); caso o agente se entregue, na prática de aviação, a acrobacias ou voos baixos, fora da zona em que a lei o permite, ou faça descer aeronave fora dos lugares destinados a esse fim, haverá a **contravenção penal de abuso na prática da aviação**, prevista no art. 35 da Lei das Contravenções Penais.

O crime de *atentado contra a segurança de transporte marítimo, fluvial ou aéreo* é comum; formal; doloso ou culposo; simples; comissivo (podendo ser praticado via omissão imprópria, caso o agente goze do status de garantidor); de forma livre; instantâneo; de perigo; unissubjetivo; plurissubsistente.

### 2.2. Sujeito Ativo

Trata-se de um crime comum, portanto, o sujeito ativo pode ser qualquer pessoa.

### 2.3. Sujeito Passivo

O sujeito passivo será o Estado, a coletividade, bem como aquele que for, direta e efetivamente, sofreu o dano ou a ele foi exposto.

### 2.4. Objeto Jurídico

O objeto juridicamente tutelado é a incolumidade pública.

### 2.5. Objeto Material

Considerado o previsto no § 3° do presente artigo, o objeto material é a linha férrea, material rodante ou de tração, obra de arte ou instalação, telégrafo, telefone ou radiotelegrafia.

### 2.6. Elemento Subjetivo

O elemento subjetivo exigido no tipo penal é o dolo de perigo, pois se exige do agente a vontade de gerar um risco não tolerado a terceiros. É sempre necessária a ciência do agente quanto à provocação do perigo comum. Há previsão para a modalidade culposa.

### 2.7. Consumação e Tentativa

Consuma-se o crime quando o agente pratica qualquer das condutas previstas no tipo penal, não sendo necessária a ocorrência do resultado naturalístico. A forma tentada é perfeitamente cabível.

### 2.8. Ação Penal

A ação penal é de iniciativa pública incondicionada.

## 3. ATENTADO CONTRA A SEGURANÇA DE OUTRO MEIO DE TRANSPORTE

> **Art. 262.** *Expor a perigo outro meio de transporte público, impedir-lhe ou dificultar-lhe o funcionamento:*
> **Pena** – *detenção, de 1 (um) a 2 (dois) anos.*
> **§ 1º** *Se do fato resulta desastre, a pena é de reclusão, de 2 (dois) a 5 (cinco) anos.*
> **§ 2º** *No caso de culpa, se ocorre desastre:*
> **Pena** – *detenção, de 3 (três) meses a 1 (um) ano.*

### 3.1. Introdução

A ação nuclear do agente delituoso consubstancia-se na conduta de *expor* (arriscar) a perigo meio de transporte não abrangido nos artigos anteriores, a exemplo do transporte viário, lacustre, os realizados por meio de ascensores públicos, como acontece na cidade de Salvador, na Bahia, onde um elevador faz a comunicação entre as cidades baixa e alta etc. Cuida-se de um tipo misto alternativo.

Por *transporte público* devemos entender não somente aquele prestado pelo Estado, mas sim o levado a efeito no interesse da coletividade, ainda que prestado por particulares.

A pena para o crime pode ser de detenção, de um a dois anos. Logo, podemos concluir que:

a) É possível a transação penal (art. 76, Lei n. 9.099/95), pois se trata de infração penal de menor potencial ofensivo;

b) É possível a suspensão condicional do processo (art. 89, Lei n. 9.099/95), pois a pena mínima não ultrapassa um ano.

O § 1º prevê que se do fato resulta desastre, a pena é de reclusão de dois a cinco anos. Trata-se da figura qualificada.

De mais a mais, é prevista a modalidade culposa, conforme § 2º, quando a pena será de detenção de três meses a um ano.

Ademais, consoante art. 263, combinando com o art. 258 do Código Penal, se do desastre resulta lesão grave, a pena aumenta-se em metade e, se resulta morte, é aplicada em dobro. Noutro passo, sendo culposo, se do desastre resulta lesão, ainda que leve, a pena é aumentada em metade; se resulta morte, aplica-se a pena do homicídio culposo acrescido de um terço.

Registre-se que **caso haja motivação política, o crime poderá ser o previsto no art. 15 da Lei de Segurança Nacional** (Lei n. 7.170/83); já o ato de **impedir ou dificultar o funcionamento de instalação nuclear ou o transporte de material nuclear** configurará o crime previsto no art. 27 da Lei n. 6.358/78, que dispõe sobre a responsabilidade civil por danos nucleares e a responsabilidade criminal por atos relacionados com atividades nucleares.

O crime de *atentado contra a segurança de outro meio de transporte* é comum; formal; doloso ou culposo; simples; comissivo (podendo ser praticado via omissão imprópria, caso o agente goze do status de garantidor); de forma livre; instantâneo; de perigo; unissubjetivo; plurissubsistente.

### 3.2. Sujeito Ativo

Trata-se de um crime comum, portanto, o sujeito ativo pode ser qualquer pessoa.

### 3.3. Sujeito Passivo

O sujeito passivo será o Estado, a coletividade, bem como aquele que for, direta e efetivamente, sofreu o dano ou a ele foi exposto.

### 3.4. Objeto Jurídico

O objeto juridicamente tutelado é a incolumidade pública.

### 3.5. Objeto Material

O objeto material é qualquer meio de transporte público diverso de embarcação ou aeronave.

### 3.6. Elemento Subjetivo

O elemento subjetivo exigido no tipo penal é o dolo de perigo, pois se exige do agente a vontade de gerar um risco não tolerado a terceiros. É sempre necessária a ciência do agente quanto à provocação do perigo comum. Há previsão para a modalidade culposa.

### 3.7. Consumação e Tentativa

Consuma-se o crime quando o agente pratica qualquer das condutas previstas no tipo penal, não sendo necessária a ocorrência do resultado naturalístico. Este, se ocorrer, ensejará a aplicação das qualificadoras previstas nos parágrafos 1° e 2° do artigo agora estudado.

A forma tentada é perfeitamente cabível.

### 3.8. Ação Penal

A ação penal é de iniciativa pública incondicionada.

## 4. FORMA QUALIFICADA

**Art. 263**

*. Se de qualquer dos crimes previstos nos arts. 260 a 262, no caso de desastre ou sinistro, resulta lesão corporal ou morte, aplica-se o disposto no Art. 258.*

## 5. ARREMESSO DE PROJÉTIL

**Art. 264.** *Arremessar projétil contra veículo, em movimento, destinado ao transporte público por terra, por água ou pelo ar:*

*Pena – detenção, de 1 (um) a 6 (seis) meses.*

**Parágrafo único.** *Se do fato resulta lesão corporal, a pena é de detenção, de 6 (seis) meses a 2 (dois) anos; se resulta morte, a pena é a do Art. 121, § 3º, aumentada de um terço.*

### 5.1. Introdução

A ação nuclear do agente delituoso consubstancia-se na conduta de *arremessar* (lançar) projétil contra veículo em movimento, destinado a transporte público.

Faz-se necessário frisar que o veículo deve estar em movimento. Se a conduta prevista neste artigo for desferida contra veículo estacionado, o crime poderá ser classificado, por exemplo, como crime de dano. Para a maioria da doutrina, o veículo parado em um congestionamento está em movimento. Nesta perspectiva, não será objeto material deste crime, tão somente, aquele veículo que esteja estacionado. Ainda sobre o veículo, ele deverá ser destinado ao transporte que tenha natureza pública, mesmo que ele seja particular.

A pena para o crime pode ser de detenção, de um a seis meses. Logo, podemos concluir que:

a) É possível a transação penal (art. 76, Lei n. 9.099/95), pois se trata de infração penal de menor potencial ofensivo;

b) É possível a suspensão condicional do processo (art. 89, Lei n. 9.099/95), pois a pena mínima não ultrapassa um ano.

Ademais, conforme o parágrafo único deste artigo, se a conduta resultar lesão corporal, a pena é de detenção, de 6 (seis) meses a 2 (dois) anos; se resulta morte, a pena é a do homicídio culposo, aumentada de um terço.

Vejamos, entretanto, que se o agente, **mediante emprego de arma de fogo, disparar projéteis contra o veículo de transporte coletivo que se encontra em via pública**, o fato poderá enquadrar-se no art. 15 da Lei n. 10.826/2003, cujo teor é o seguinte: "Disparar arma de fogo ou acionar munição em local habitado ou em suas adjacências, em via pública ou em direção a ela, desde que essa conduta não tenha como finalidade a prática de outro crime"; se o agente realizar **arremesso de projétil com a intenção de matar ou lesionar pessoa determinada dentro de transporte coletivo**, o crime será o do ar. 121 ou 129 do Código Penal.

O crime de *arremesso de projétil* é comum; formal; doloso ou culposo; comissivo (podendo ser praticado via omissão imprópria, caso o agente goze do status de garantidor); de forma livre; instantâneo; de perigo; unissubjetivo; unissubsistente ou plurissubsistente, conforme o caso.

### 5.2. Sujeito Ativo

Trata-se de um crime comum, portanto, o sujeito ativo pode ser qualquer pessoa.

### 5.3. Sujeito Passivo

O sujeito passivo será o Estado, a coletividade, bem como aquele quer, direta e efetivamente, sofreu o dano ou a ele foi exposto.

### 5.4. Objeto Jurídico

O objeto juridicamente tutelado, mais uma vez, é a incolumidade pública.

### 5.5. Objeto Material

O objeto material é o projétil.

### 5.6. Elemento Subjetivo

O elemento subjetivo exigido no tipo penal é o dolo de perigo, pois se exige do agente a vontade de gerar um risco não tolerado a terceiros. Não há previsão para a modalidade culposa.

### 5.7. Consumação e Tentativa

Consuma-se o crime quando o agente pratica qualquer das condutas previstas no tipo penal, não sendo necessária a ocorrência do resultado naturalístico, haja vista o crime em questão é de perigo abstrato.

Existe controvérsia doutrinária acerca da possibilidade ou não do reconhecimento da tentativa. Não obstante, defendemos a possibilidade de a conduta ser fracionada, como no caso, por exemplo, de terceiro que impede o arremesso do projeto no exato momento que o agente iria lançá-lo. Assim, restaria admitida a tentativa.

### 5.8. Ação Penal

A ação penal é de iniciativa pública incondicionada.

## 6. ATENTADO CONTRA A SEGURANÇA DE SERVIÇO DE UTILIDADE PÚBLICA

**Art. 265.** *Atentar contra a segurança ou o funcionamento de serviço de água, luz, força ou calor, ou qualquer outro de utilidade pública:*

**Pena** – *reclusão, de 1 (um) a 5 (cinco) anos, e multa.*

**Parágrafo único.** *Aumentar-se-á a pena de um terço até a metade, se o dano ocorrer em virtude de subtração de material essencial ao funcionamento dos serviços.*

### 6.1. Introdução

A ação nuclear do agente delituoso consubstancia-se na conduta *atentar* contra a segurança ou funcionamento de serviço de água, luz, força ou calor, ou qualquer outro serviço de utilidade pública, permitindo-se, pois, uma interpretação análoga no que tange a identificação de tais serviços.

A pena para o crime pode ser de reclusão, de um a cinco anos, e multa. Logo, podemos concluir que: a) Não é possível a transação penal (art. 76, Lei n. 9.099/95), pois não se trata de infração penal de menor potencial ofensivo; b) É possível a suspensão condicional do processo (art. 89, Lei n. 9.099/95), pois a pena mínima não ultrapassa um ano.

Ademais, o parágrafo único prevê aumento de pena de um terço até a metade se o dano ocorrer em virtude de subtração de material essencial ao funcionamento daqueles serviços de utilidade pública.

Com o desiderato de evitar que determinadas condutas sejam caracterizadas neste tipo penal à revelia de se amoldar em legislação específica, faz-se necessário trazermos algumas distinções. **Caso haja motivação política, o crime poderá ser o previsto no art. 15 da Lei de Segurança Nacional** (Lei n. 7.170/83); **se o agente impedir ou dificultar o funcionamento de instalação nuclear ou o transporte de material nuclear,** o fato poderá ser enquadrado no art. 27 da Lei n.6.453/77.

O crime de *atentado contra a segurança de serviço de utilidade pública* é comum; formal; doloso ou culposo; simples; comissivo (podendo ser praticado via omissão imprópria, caso o agente goze do status de garantidor); de forma livre; instantâneo; de perigo; unissubjetivo; plurissubsistente.

### 6.2. Sujeito Ativo

Trata-se de um crime comum, portanto, o sujeito ativo pode ser qualquer pessoa.

### 6.3. Sujeito Passivo

O sujeito passivo será o Estado, a coletividade, bem como aquele que, direta e efetivamente, sofreu o dano ou a ele foi exposto.

### 6.4. Objeto Jurídico

O objeto juridicamente tutelado é a incolumidade pública, especialmente os serviços de água, luz, força ou calor, ou qualquer outro de utilidade pública.

### 6.5. Objeto Material

O objeto material é o serviço de utilidade pública contra o qual é dirigida a conduta praticada pelo agente.

### 6.6. Elemento Subjetivo

O elemento subjetivo exigido no tipo penal é o dolo de perigo, pois se exige do agente a vontade de gerar um risco não tolerado a terceiros. É sempre necessária a ciência do agente quanto à provocação do perigo comum. Não há previsão para a modalidade culposa.

### 6.7. Consumação e Tentativa

Consuma-se o crime quando o agente pratica qualquer das condutas previstas no tipo penal, não sendo necessária a ocorrência do resultado naturalístico, haja vista que a maioria da doutrina classifica o presente crime como sendo de perigo abstrato. Ocorrendo o resultado, a conduta poderá ser qualificada, o que ensejará o aumento da pena, conforme previsão do parágrafo único do artigo agora estudado.

Há quem defenda que a forma tentada é inadmissível, vez que, como o artigo trata de um crime de atentado, a lei já pune como crime consumado o mero início da execução. Entretanto, tratando-se de um crime plurissubsistente, no qual é possível o fracionamento do *iter criminis*, pensamos que apenas a análise do caso concreto dirá sobre essa possibilidade.

### 6.8. Ação Penal

A ação penal é de iniciativa pública incondicionada.

## 7. INTERRUPÇÃO OU PERTURBAÇÃO DE SERVIÇO TELEGRÁFICO, TELEFÔNICO, INFORMÁTICO, TELEMÁTICO OU DE INFORMAÇÃO DE UTILIDADE PÚBLICA

**Art. 266.** *Interromper ou perturbar serviço telegráfico, radiotelegráfico ou telefônico, impedir ou dificultar-lhe o restabelecimento:*

**Pena** – *detenção, de 1 (um) a 3 (três) anos, e multa.*

**§ 1º** *Incorre na mesma pena quem interrompe serviço telemático ou de informação de utilidade pública, ou impede ou dificulta-lhe o restabelecimento.*

**§ 2º** *Aplicam-se as penas em dobro se o crime e cometido por ocasião de calamidade pública.*

### 7.1. Introdução

A ação nuclear do agente delituoso consubstancia-se nas condutas *interromper* ou *perturbar* serviço telegráfico, radiotelegráfico ou telefônico, impedindo ou dificultando o restabelecimento de tais serviços. Trata-se, pois, de um tipo penal misto. Ademais, o tipo ainda prevê figuras equiparadas, determinando que incorre na mesma pena quem interrompe serviço telemático ou de informação de utilidade pública, ou impede ou dificulta-lhe o restabelecimento – são os chamados *crackers*.

A pena para o crime pode ser de detenção, de um a três anos, e multa. Logo, podemos concluir que:

a) Não é possível a transação penal (art. 76, Lei n. 9.099/95), pois não se trata de infração penal de menor potencial ofensivo;

b) É possível a suspensão condicional do processo (art. 89, Lei n. 9.099/95), pois a pena mínima não ultrapassa um ano.

O **§ 2º** prevê uma causa de aumento de pena, devendo a mesma ser aplicada em dobro caso a conduta seja cometida por ocasião de calamidade pública.

Registre-se que é imprescindível que a prática das ações típicas possa vir a causar perigo a todo o sistema de telecomunicação, pois se trata de crime de perigo comum. Caso haja **impedimento de comunicação ou conversação entre duas pessoas**, o crime será do art. 151, § 1°, III, do Código Penal. Ainda, **caso a motivação seja política,** o crime poderá ser aquele previsto no art. 15 da Lei de Segurança Nacional.

O crime de *interrupção ou perturbação de serviço telegráfico, telefônico, informático, telemático ou de informação de utilidade pública* é comum; formal; simples; doloso; comissivo (podendo ser praticado via omissão imprópria, caso o agente goze do status de garantidor); de forma livre; instantâneo; de perigo; unissubjetivo; plurissubsistente.

### 7.2. Sujeito Ativo

Trata-se de um crime comum, portanto, o sujeito ativo pode ser qualquer pessoa.

### 7.3. Sujeito Passivo

O sujeito passivo será o Estado, a coletividade.

### 7.4. Objeto Jurídico

O objeto juridicamente tutelado é a incolumidade pública.

### 7.5. Objeto Material

O objeto material é o serviço de telegrafia, radiotelegrafia, telefonia, serviço telemático ou de informação de utilidade pública.

### 7.6. Elemento Subjetivo

O elemento subjetivo exigido no tipo penal é o dolo de perigo, pois se exige do agente a vontade de gerar um risco não tolerado a terceiros. É sempre necessária a ciência do agente quanto à provocação do perigo comum. Não há previsão para a modalidade culposa.

### 7.7. Consumação e Tentativa

Consuma-se o crime no momento em que o agente pratica qualquer das condutas previstas no tipo penal, não sendo necessária a ocorrência do resultado naturalístico, haja vista ser este crime classificado como de perigo abstrato.

Admite-se a tentativa.

### 7.8. Ação Penal

A ação penal é de iniciativa pública incondicionada.

## 8. TÓPICO-SÍNTESE

| TÓPICO-SÍNTESE: Dos Crimes contra a segurança dos meios de comunicação e transporte e outros serviços públicos | |
|---|---|
| PERIGO DE DESASTRE FERROVIÁRIO | |
| Perigo de Desastre Ferroviário (art. 260) | Impedir ou perturbar serviço de estrada de ferro:<br>I – destruindo, danificando ou desarranjando, total ou parcialmente, linha férrea, material rodante ou de tração, obra-de-arte ou instalação;<br>II – colocando obstáculo na linha;<br>III – transmitindo falso aviso acerca do movimento dos veículos ou interrompendo ou embaraçando o funcionamento de telégrafo, telefone ou radiotelegrafia;<br>IV – praticando outro ato de que possa resultar desastre. |
| Penas | A pena para o crime pode ser de reclusão, de dois a cinco anos, e multa. |
| Modalidade qualificada (§ 1º) | Se do fato resulta desastre:<br>Pena - reclusão, de quatro a doze anos e multa. |
| Modalidade Culposa (§ 2º) | No caso de culpa, ocorrendo desastre:<br>Pena – detenção, de 6 (seis) meses a 2 (dois) anos |

<table>
<tr><th colspan="2">TÓPICO-SÍNTESE: Dos Crimes contra a segurança dos meios de comunicação e transporte e outros serviços públicos</th></tr>
<tr><td>Qualificadora (art. 258 c/c 263)</td><td>Se do crime doloso<br>• resulta lesão corporal, a pena é aumentada de metade;<br>• se resulta morte, é aplicada em dobro.<br>Se do crime culposo<br>• resulta lesão corporal, a pena aumenta-se de metade;<br>• resulta morte, aplica-se a pena cominada ao homicídio culposo, aumentada de um terço.</td></tr>
<tr><td>Classificação</td><td>Comum; formal; simples; doloso ou culposo; comissivo (podendo ser praticado via omissão imprópria, caso o agente goze do status de garantidor); de forma vinculada; instantâneo; de perigo; unissubjetivo; plurissubsistente.</td></tr>
<tr><td>Sujeito Ativo</td><td>Qualquer pessoa.</td></tr>
<tr><td>Sujeito Passivo</td><td>Estado, coletividade ou quem foi atingido ou posto em perigo.</td></tr>
<tr><td>Objeto Jurídico</td><td>Incolumidade pública.</td></tr>
<tr><td>Objeto Material</td><td>Linha férrea, material rodante ou de tração, obra de arte ou instalação, telégrafo, telefone ou radiotelegrafia.</td></tr>
<tr><td>Elemento Subjetivo</td><td>Dolo de perigo, admite-se a modalidade culposa.</td></tr>
<tr><td>Consumação</td><td>Consuma-se no momento em que o agente pratica qualquer das condutas previstas no tipo penal.</td></tr>
<tr><td>Tentativa</td><td>É admitida.</td></tr>
<tr><td>Ação Penal</td><td>Pública incondicionada.</td></tr>
<tr><th colspan="2">ATENTADO CONTRA A SEGURANÇA DE TRANSPORTE MARÍTIMO, FLUVIAL OU AÉREO</th></tr>
<tr><td>Atentado Contra a Segurança de Transporte Marítimo, Fluvial ou Aéreo (art. 261)</td><td>Expor a perigo embarcação ou aeronave, própria ou alheia, ou praticar qualquer ato tendente a impedir ou dificultar navegação marítima, fluvial ou aérea.</td></tr>
<tr><td>Penas</td><td>A pena para o crime pode ser de reclusão, de dois a cinco anos, e multa.</td></tr>
<tr><td>Qualificadora (§ 1º)</td><td>Se resulta naufrágio, submersão ou encalhe de embarcação ou a queda ou destruição de aeronave.</td></tr>
<tr><td>Aplica-se também a pena de multa (§ 2º)</td><td>Se o agente pratica o crime com intuito de obter vantagem econômica, para si ou para outrem.</td></tr>
<tr><td>Modalidade Culposa (§ 3º)</td><td>No caso de culpa, se ocorre o sinistro:<br>Pena – detenção, de 6 (seis) meses a 2 (dois) anos.</td></tr>
<tr><td>Classificação</td><td>Comum; formal; doloso ou culposo; simples; comissivo (podendo ser praticado via omissão imprópria, caso o agente goze do status de garantidor); de forma livre; instantâneo; de perigo; unissubjetivo; plurissubsistente.</td></tr>
<tr><td>Sujeito Ativo</td><td>Qualquer pessoa.</td></tr>
<tr><td>Sujeito Passivo</td><td>Estado, coletividade ou quem foi atingido ou posto em perigo.</td></tr>
<tr><td>Objeto Jurídico</td><td>Incolumidade pública.</td></tr>
</table>

| TÓPICO-SÍNTESE: Dos Crimes contra a segurança dos meios de comunicação e transporte e outros serviços públicos | |
|---|---|
| **Objeto Material** | Embarcação ou aeronave atingida. |
| **Elemento Subjetivo** | Dolo de perigo, admite-se a modalidade culposa. |
| **Consumação** | Consuma-se no momento em que o agente pratica qualquer das condutas previstas no tipo penal. |
| **Tentativa** | É admitida. |
| **Ação Penal** | Pública incondicionada. |
| **ATENTADO CONTRA A SEGURANÇA DE OUTRO MEIO DE TRANSPORTE** | |
| **Atentado Contra a Segurança de Outro Meio de Transporte (art. 262)** | Expor a perigo outro meio de transporte público, impedir-lhe ou dificultar-lhe o funcionamento. |
| **Penas** | A pena prevista para o crime de furto é de reclusão de um a quatro anos, além da multa. |
| **Qualificadora (§ 1º)** | Se resulta desastre, a pena é de reclusão, de dois a cinco anos. |
| **Modalidade Culposa (§ 2º)** | No caso de culpa, se ocorre desastre:<br>Pena – detenção, de 3 (três) meses a 1 (um) ano. |
| **Classificação** | Comum; formal; doloso ou culposo; simples; comissivo (podendo ser praticado via omissão imprópria, caso o agente goze do status de garantidor); de forma livre; instantâneo; de perigo; unissubjetivo; plurissubsistente. |
| **Sujeito Ativo** | Qualquer pessoa. |
| **Sujeito Passivo** | Estado, coletividade ou quem foi atingido ou posto em perigo. |
| **Objeto Jurídico** | Incolumidade pública. |
| **Objeto Material** | Qualquer meio de transporte público diverso de embarcação ou aeronave. |
| **Elemento Subjetivo** | Dolo de perigo, admite-se a modalidade culposa. |
| **Consumação** | Consuma-se quando o agente se nega a prestar assistência ao sujeito que ele sabe estar necessitando. |
| **Tentativa** | É admitida. |
| **Ação Penal** | Pública Incondicionada. |
| **ARREMESSO DE PROJÉTIL** | |
| **Arremesso de Projétil (art. 264)** | Arremessar projétil contra veículo, em movimento, destinado ao transporte público por terra, por água ou pelo ar. |
| **Penas** | A pena para o crime pode ser de detenção, de um a seis meses. |
| **Qualificadoras (Parágrafo único)** | • Se resulta lesão corporal;<br>• Se resulta morte. |

| TÓPICO-SÍNTESE: Dos Crimes contra a segurança dos meios de comunicação e transporte e outros serviços públicos | |
|---|---|
| **Classificação** | Comum; formal; doloso ou culposo; comissivo (podendo ser praticado via omissão imprópria, caso o agente goze do status de garantidor); de forma livre; instantâneo; de perigo; unissubjetivo; unissubsistente ou plurissubsistente, conforme o caso. |
| **Sujeito Ativo** | Qualquer pessoa. |
| **Sujeito Passivo** | Estado, coletividade ou quem foi atingido ou posto em perigo. |
| **Objeto Jurídico** | Incolumidade pública. |
| **Objeto Material** | Projétil. |
| **Elemento Subjetivo** | Dolo de perigo. |
| **Consumação** | Consuma-se no momento em que o agente pratica qualquer das condutas previstas no tipo penal. |
| **Tentativa** | É admitida. |
| **Ação Penal** | Pública Incondicionada. |
| **ATENTADO CONTRA A SEGURANÇA DE SERVIÇO DE UTILIDADE PÚBLICA** | |
| **Atentado Contra a Segurança de serviço de Utilidade Pública (art. 265)** | Atentar contra a segurança ou o funcionamento de serviço de água, luz, força ou calor, ou qualquer outro de utilidade pública. |
| **Penas** | A pena para o crime pode ser de reclusão, de um a cinco anos, e multa. |
| **Aumento de pena de 1/3 a 1/2 (Parágrafo Único)** | Se o dano ocorrer em virtude de subtração de material essencial ao funcionamento dos serviços. |
| **Classificação** | Comum; formal; doloso ou culposo; simples; comissivo (podendo ser praticado via omissão imprópria, caso o agente goze do status de garantidor); de forma livre; instantâneo; de perigo; unissubjetivo; plurissubsistente. |
| **Sujeito Ativo** | Qualquer pessoa. |
| **Sujeito Passivo** | Estado, coletividade ou quem foi atingido ou posto em perigo. |
| **Objeto Jurídico** | Incolumidade pública. |
| **Objeto Material** | Serviço de utilidade pública contra o qual é dirigida a conduta praticada pelo agente. |
| **Elemento Subjetivo** | Dolo de perigo. |
| **Consumação** | Consuma-se no momento em que o agente pratica qualquer das condutas previstas no tipo penal. |
| **Tentativa** | É admitida. |
| **Ação Penal** | Pública Incondicionada. |

| TÓPICO-SÍNTESE: Dos Crimes contra a segurança dos meios de comunicação e transporte e outros serviços públicos | |
|---|---|
| **INTERRUPÇÃO OU PERTURBAÇÃO DE SERVIÇO TELEGRÁFICO, TELEFÔNICO, INFORMÁTICO, TELEMÁTICO OU DE INFORMAÇÃO DE UTILIDADE PÚBLICA** | |
| **Interrupção ou Perturbação de Serviço Telegráfico ou Telefônico (art. 266)** | Interromper ou perturbar serviço telegráfico, radiotelegráfico ou telefônico, impedir ou dificultar-lhe o restabelecimento. |
| **Penas** | A pena para o crime pode ser de detenção, de um a três anos, e multa. |
| **Figura Equiparada (§ 1º)** | Interromper serviço telemático ou de informação de utilidade pública, ou impedir ou dificultar-lhe o restabelecimento. |
| **Aumento de Pena em dobro (§ 2º)** | Se é cometido por ocasião de calamidade pública. |
| **Classificação** | Comum; formal; simples; doloso; comissivo (podendo ser praticado via omissão imprópria, caso o agente goze do status de garantidor); de forma livre; instantâneo; de perigo; unissubjetivo; plurissubsistente. |
| **Sujeito Ativo** | Qualquer pessoa. |
| **Sujeito Passivo** | Estado e coletividade. |
| **Objeto Jurídico** | Incolumidade pública. |
| **Objeto Material** | Serviço de telegrafia, radiotelegrafia, telefonia, serviço telemático ou de informação de utilidade pública. |
| **Elemento Subjetivo** | Dolo de perigo. |
| **Consumação** | Consuma-se no momento em que o agente pratica qualquer das condutas previstas no tipo penal. |
| **Tentativa** | É admitida. |
| **Ação Penal** | Pública Incondicionada. |

Capítulo

# 3

# DOS CRIMES CONTRA A INCOLUMIDADE PÚBLICA

***Leia a Lei:***

- *arts. 267 a 285 do CP.*

## 1. EPIDEMIA

**Art. 267.** *Causar epidemia, mediante a propagação de germes patogênicos:*
**Pena** – *reclusão, de 10 (dez) a 15 (quinze) anos.*
**§ 1º** *Se do fato resulta morte, a pena é aplicada em dobro.*
**§ 2º** *No caso de culpa, a pena é de detenção, de 1 (um) a 2 (dois) anos, ou, se resulta morte, de 2 (dois) a 4 (quatro) anos.*

### 1.1. Introdução

A ação nuclear do agente delituoso consubstancia-se na conduta de *causar* (provocar) epidemia (doença que atinge grande número de pessoas), sendo a execução realizada mediante a propagação (espalhar, difundir) de germes patogênicos, que são todos os micro-organismos capazes de produzir moléstias infecciosas.

A pena para o crime pode ser de reclusão, de dez a quinze anos. Logo, podemos concluir que:

a) Não é possível a transação penal (art. 76, Lei n. 9.099/95), pois não se trata de infração penal de menor potencial ofensivo;

b) Não é possível a suspensão condicional do processo (art. 89, Lei n. 9.099/95), pois a pena mínima ultrapassa um ano.

Em se tratando de crime na modalidade culposa, sem o resultado morte, seria possível tanto a transação penal quanto a suspensão condicional do processo, haja vista o fato de a pena ser de detenção entre um e dois anos.

Tendo em vista a promulgação da Lei n° 8.930/1994, o delito de epidemia com resultado morte foi inserto na lei que dispôs sobre os crimes hediondos. Ademais, o artigo determinou que a pena deve ser aplicada em dobro se do fato resulta morte, bastando a ocorrência de única morte para a sua incidência.

O tipo também prevê a modalidade culposa, quando a pena é de detenção, de um a dois anos, ou, se resulta morte, de dois a quatro anos. É o que se depreende da leitura do **§** 2º.

Assinale-se que se a intenção do agente for **transmitir moléstia à pessoa determinada**, restará configurado o crime inserto no art. 131 do Código Penal – perigo de contágio de moléstia grave.

O crime de *epidemia* é comum; doloso ou culposo; material; comissivo; simples; de forma vinculada; instantâneo; de perigo; unissubjetivo; unissubsistente ou plurissubsistente, conforme o caso concreto.

### 1.2. Sujeito Ativo

Trata-se de um crime comum, portanto, o sujeito ativo pode ser qualquer pessoa.

### 1.3. Sujeito Passivo

O sujeito passivo é o Estado, a coletividade, bem como aquele que diretamente sofreu o dano ou a ele foi exposto.

### 1.4. Objeto Jurídico

O objeto juridicamente tutelado é a incolumidade pública.

### 1.5. Objeto Material

O objeto material é o *germe patogênico.*

### 1.6. Elemento Subjetivo

O elemento subjetivo exigido no tipo penal é o dolo, consubstanciando na vontade livre de propagar germes patogênicos de forma a propagar epidemia. O tipo também prevê a modalidade culposa.

### 1.7. Consumação e Tentativa

Consuma-se o crime no momento em que o agente causa a epidemia, mediante a propagação de germes patogênicos, gerando, efetivamente, perigo à incolumidade pública.

A forma tentada é perfeitamente cabível.

### 1.8. Ação Penal

A ação penal é de iniciativa pública incondicionada.

## 2. INFRAÇÃO DE MEDIDA SANITÁRIA PREVENTIVA

**Art. 268.** *Infringir determinação do poder público, destinada a impedir introdução ou propagação de doença contagiosa:*

**Pena** – *detenção, de 1 (um) mês a 1 (um) ano, e multa.*

**Parágrafo único.** *A pena é aumentada de um terço, se o agente é funcionário da incolumidade pública ou exerce a profissão de médico, farmacêutico, dentista ou enfermeiro.*

## 2.1. Introdução

A ação nuclear do agente delituoso consubstancia-se na conduta *infringir* (violar, transgredir) determinação do Poder Público destinada a impedir a introdução ou propagação de doença contagiosa. Trata-se de norma penal em branco, sendo necessária lei, decreto, portaria, regulamento etc., normas que tenham o desiderato de indicar determinada doença como contagiosa.

*Introdução* significa o ingresso, a entrada de doença contagiosa; *propagação* deve ser entendida como difundir, disseminar determinada doença.

A pena para o crime pode ser de detenção, de um mês a um ano, e multa. Logo, podemos concluir que:

a) É possível a transação penal (art. 76, Lei n. 9.099/95), pois se trata de infração penal de menor potencial ofensivo;

b) É possível a suspensão condicional do processo (art. 89, Lei n. 9.099/95), pois a pena mínima não ultrapassa um ano.

Conforme previsão do parágrafo único do presente artigo, a pena será aumentada de um terço, se o agente é funcionário da incolumidade pública ou exerce a profissão de médico, farmacêutico, dentista ou enfermeiro.

O crime de *infração de medida sanitária preventiva* é comum; formal; doloso; simples; comissivo ou omissivo (podendo ser praticado via omissão imprópria, no caso de o agente gozar do status de garantidor); de forma livre; instantâneo; de perigo; unissubjetivo; plurissubsistente.

## 2.2. Sujeito Ativo

Trata-se de um crime comum, portanto, o sujeito ativo pode ser qualquer pessoa.

Entretanto, a pena será aumentada de um terço, se o agente é funcionário da incolumidade pública ou exerce a profissão de médico, farmacêutico, dentista ou enfermeiro.

## 2.3. Sujeito Passivo

O sujeito passivo é o Estado, a coletividade.

## 2.4. Objeto Jurídico

O objeto juridicamente tutelado é a incolumidade pública.

## 2.5. Objeto Material

O objeto material é a determinação do Poder Público.

## 2.6. Elemento Subjetivo

O elemento subjetivo exigido no tipo penal é o dolo de perigo, pois se exige do agente a vontade de gerar um risco não tolerado a terceiros. Não há previsão para a modalidade culposa.

### 2.7. Consumação e Tentativa

Consuma-se o crime com a mera infração da determinação do Poder Público, não sendo necessário que o resultado naturalístico venha a ocorrer.

A forma tentada é perfeitamente cabível.

### 2.8. Ação Penal

A ação penal é de iniciativa pública incondicionada.

## 3. OMISSÃO DE NOTIFICAÇÃO DE DOENÇA

> **Art. 269.** *Deixar o médico de denunciar à autoridade pública doença cuja notificação é compulsória:*
> **Pena** – *detenção, de 6 (seis) meses a 2 (dois) anos, e multa.*

### 3.1. Introdução

Trata-se de crime omissivo próprio. A conduta típica consiste em *deixar* de comunicar à autoridade pública competente, geralmente a autoridade sanitária, doença cuja notificação é compulsória. Trata-se de norma penal em branco, pois incumbe à lei ou ato administrativo complementá-la, a exemplo da Portaria n. 1.100/96, editada pelo Ministério da Saúde, instrumento que elenca doenças cuja notificação é obrigatória.

A pena para o crime pode ser de detenção, de seis meses a dois anos, e multa. Logo, podemos concluir que:

a) É possível a transação penal (art. 76, Lei n. 9.099/95), pois se trata de infração penal de menor potencial ofensivo;

b) É possível a suspensão condicional do processo (art. 89, Lei n. 9.099/95), pois a pena mínima não ultrapassa um ano.

O crime de *omissão de notificação de doença* é próprio formal; doloso; de forma vinculada; omissivo próprio; de perigo; instantâneo; unissubjetivo; unissubsistente.

### 3.2. Sujeito Ativo

Trata-se de um crime próprio. Somente o médico pode ser autor deste delito.

Omissão de notificação de doença. Febre tifoide, imputação a farmacêutico. A denúncia à autoridade pública de doença cuja notificação é compulsória só é exigível do médico e não também do farmacêutico. (RT, 492, p. 355)

### 3.3. Sujeito Passivo

O sujeito passivo é o Estado, a coletividade.

### 3.4. Objeto Jurídico

O objeto juridicamente tutelado é a incolumidade pública.

### 3.5. Objeto Material

O objeto material é a notificação compulsória.

### 3.6. Elemento Subjetivo

O elemento subjetivo exigido no tipo penal é o dolo de perigo, pois se exige do agente a vontade de gerar um risco não tolerado a terceiros. Não há previsão para a modalidade culposa.

### 3.7. Consumação e Tentativa

Consuma-se o crime no momento em que expira o prazo fixado em lei ou ato administrativo para efetuar o comunicado ou, não havendo prazo estipulado, quando o médico pratica ato incompatível com a denúncia.

A forma tentada é inadmissível.

### 3.8. Ação Penal

A ação penal é de iniciativa pública incondicionada.

## 4. ENVENENAMENTO DE ÁGUA POTÁVEL OU DE SUBSTÂNCIA ALIMENTÍCIA OU MEDICINAL

> **Art. 270.** *Envenenar água potável, de uso comum ou particular, ou substância alimentícia ou medicinal destinada a consumo:*
> **Pena** – *reclusão, de 10 (dez) a 15 (quinze) anos.*
> **§ 1º** *Está sujeito à mesma pena quem entrega a consumo ou tem em depósito, para o fim de ser distribuída, a água ou a substância envenenada.*
> **Modalidade Culposa**
> **§ 2º** *Se o crime é culposo:*
> **Pena** – *detenção, de 6 (seis) meses a 2 (dois) anos.*

### 4.1. Introdução

A ação nuclear do agente delituoso consubstancia-se na conduta *envenenar* (tornar tóxica) água potável, seja ela de uso comum ou particular. Além da água potável, o agente poderá também envenenar substância alimentícia ou medicinal destinada a consumo.

A pena para o crime pode ser de reclusão, de dez a quinze anos. Logo, podemos concluir que:

a) Não é possível a transação penal (art. 76, Lei n. 9.099/95), pois não se trata de infração penal de menor potencial ofensivo;

b) Não é possível a suspensão condicional do processo (art. 89, Lei n. 9.099/95), pois a pena mínima ultrapassa um ano.

Na modalidade culposa, seria possível a obtenção da transação penal e da suspensão condicional do processo, pois a pena passa a ser de detenção de, de seis meses a dois anos.

Ainda, conforme previsão do art. 258 do Código Penal, se do presente delito, cometido dolosamente, resultar lesão corporal de natureza grave, a pena privativa de liberdade é aumentada na metade; se resultar morte, será aplicada em dobro. Sendo culposo, resultando o fato lesão corporal, a pena será aumentada na metade; se resulta a morte, aplicar-se-á a pena prevista para o homicídio culposo, aumentada em um terço.

O crime de *envenenamento de água potável ou de substância alimentícia ou medicinal* é comum; formal; simples; doloso ou culposo; comissivo (podendo ser praticado via omissão imprópria, no caso de o agente gozar do status de garantidor); de forma livre; instantâneo; de perigo comum e concreto; unissubjetivo ou plurissubsistente, conforme o caso.

### 4.2. Sujeito Ativo

Trata-se de um crime comum, portanto, o sujeito ativo pode ser qualquer pessoa.

### 4.3. Sujeito Passivo

O sujeito passivo é o Estado, a coletividade.

### 4.4. Objeto Jurídico

O objeto juridicamente tutelado é a incolumidade pública.

### 4.5. Objeto Material

O objeto material é a água potável.

### 4.6. Elemento Subjetivo

O elemento subjetivo exigido no tipo penal é o dolo de perigo, pois se exige do agente a vontade de gerar um risco não tolerado a terceiros. Há previsão para a modalidade culposa.

### 4.7. Consumação e Tentativa

Trata-se de crime abstrato, cujo perigo é presumido. Consuma-se o crime no momento em que o envenenamento se concretizar, independentemente de atingir alguém, ou quando a água ou substância envenenada for entregue ao consumo ou tida em depósito. Registre-se que o veneno empregado deve ser idôneo a provocar malefícios à saúde das pessoas; do contrário, estaremos diante de um crime impossível.

A forma tentada é perfeitamente cabível.

### 4.8. Ação Penal

A ação penal é de iniciativa pública incondicionada.

## 5. CORRUPÇÃO OU POLUIÇÃO DE ÁGUA POTÁVEL

**Art. 271.** *Corromper ou poluir água potável, de uso comum ou particular, tornando-a imprópria para consumo ou nociva à saúde:*
**Pena** – *reclusão, de 2 (dois) a 5 (cinco) anos.*
**Modalidade Culposa**
**Parágrafo único.** *Se o crime é culposo:*
**Pena** – *detenção, de 2 (dois) meses a 1 (um) ano.*

### 5.1. Introdução

A ação nuclear do agente delituoso consubstancia-se nas condutas *corromper*, aqui entendido como estragar, infectar, e *poluir*, cujo significado é sujar. Cuida-se, pois, de um tipo misto alternativo.

O conceito de água potável não se restringe às químicas e bacteriologicamente puras, mas também àquelas que servem de algum modo à população, mesmo que tenham de passar por tratamento adequado. (TJSC, AC 96004795-6, Rel. Genésio Nolli).

A pena para o crime pode ser de reclusão, de dois a cinco anos. Logo, podemos concluir que:

a) Não é possível a transação penal (art. 76, Lei n. 9.099/95), pois não se trata de infração penal de menor potencial ofensivo;

b) Não é possível a suspensão condicional do processo (art. 89, Lei n. 9.099/95), pois a pena mínima ultrapassa um ano.

Na modalidade culposa, seria possível a obtenção da transação penal e da suspensão condicional do processo, pois a pena passa a ser de detenção, de dois meses a um ano.

Ademais, conforme previsão do art. 258 do Código Penal, se do presente delito, cometido dolosamente, resultar lesão corporal de natureza grave, a pena privativa de liberdade é aumentada na metade; se resultar morte, será aplicada em dobro. Sendo culposo, resultando o fato lesão corporal, a pena será aumentada na metade; se resulta a morte, aplicar-se-á a pena prevista para o homicídio culposo, aumentada em um terço.

Caso a poluição seja lançada sobre água não potável ou torne necessária a **interrupção do abastecimento de água de uma comunidade**, o crime será o previsto no art. 54 da Lei dos Crimes Ambientais – Lei n. 9.605/98.

O crime de *corrupção ou poluição de água potável* é comum; formal; doloso ou culposo; simples; comissivo (podendo ser praticado via omissão imprópria, no caso do agente gozar do status de garantidor); de forma livre; instantâneo; de perigo; unissubjetivo; unissubsistente ou plurissubsistente, conforme o caso.

### 5.2. Sujeito Ativo

Trata-se de um crime comum, portanto, o sujeito ativo pode ser qualquer pessoa.

### 5.3. Sujeito Passivo

O sujeito passivo é o Estado, a coletividade, bem como aquele que, direta e efetivamente, sofreu o dano ou a ele foi exposto.

### 5.4. Objeto Jurídico

O objeto juridicamente tutelado é a incolumidade pública, consubstanciada no caso específico, na saúde pública.

### 5.5. Objeto Material

O objeto material é a água potável corrompida ou poluída.

### 5.6. Elemento Subjetivo

O elemento subjetivo exigido no tipo penal é o dolo de perigo, pois se exige do agente a vontade de gerar um risco não tolerado a um número indeterminado de pessoas. Há previsão para a modalidade culposa.

### 5.7. Consumação e Tentativa

Consuma-se o crime no momento em que o agente pratica qualquer das condutas previstas no tipo penal, não sendo necessária a ocorrência do resultado naturalístico.

A forma tentada é perfeitamente cabível.

### 5.8. Ação Penal

A ação penal é de iniciativa pública incondicionada.

## 6. FALSIFICAÇÃO, CORRUPÇÃO, ADULTERAÇÃO OU ALTERAÇÃO DE SUBSTÂNCIA OU PRODUTOS ALIMENTÍCIOS

**Art. 272.** *Corromper, adulterar, falsificar ou alterar substância ou produto alimentício destinado a consumo, tornando-o nocivo à saúde ou reduzindo-lhe o valor nutritivo:*

**Pena** – *reclusão, de 4 (quatro) a 8 (oito) anos, e multa.*

**§ 1º-A** *Incorre nas penas deste artigo quem fabrica, vende, expõe à venda, importa, tem em depósito para vender ou, de qualquer forma, distribui ou entrega a consumo a substância alimentícia ou o produto falsificado, corrompido ou adulterado.*

**§ 1º** *Está sujeito às mesmas penas quem pratica as ações previstas neste artigo em relação a bebidas, com ou sem teor alcoólico.*

**Modalidade Culposa**

**§ 2º** *Se o crime é culposo:*

**Pena** – *detenção, de 1 (um) a 2 (dois) anos, e multa.*

### 6.1. Introdução

A ação nuclear do agente delituoso consubstancia-se nas ações *corromper* (estragar), *adulterar* (deformar), *falsificar* (reproduzir imitando) e *alterar* (modificar) *substância ou produto alimentício destinado a consumo*, ou seja, aquele que tem por finalidade alimentar um número indeterminado de pessoas, tenha ele natureza líquida ou sólida.

Consoante o § 1° – A, também incorrera na conduta escrita neste tipo quem *fabrica, vende, expõe à venda, importa, tem em depósito para vender, distribui ou entrega a consumo* aquela substância ou produto corrompido, adulterado, falsificado ou alterado. São as figuras equiparadas.

Por seu turno, o § 1° acrescenta bebidas com ou sem teor alcoólico no rol dos objetos materiais deste crime.

Registre-se que sem a prova da nocividade positiva ou da redução do valor nutritivo da substância ou produto alimentício, o ilícito não será configurado. Neste sentido, "Adulteração de substância alimentícia. Descaracterização – Impropriedade do produto para consumo que, por si só, não tipifica o delito – Necessidade de comprovação pericial da nocividade à saúde – Absolvição decretada por falta desse elemento típico – Inteligência do art. 272 do CP". (TJSP, RT 632, p. 282)

A pena para o crime pode ser de reclusão, de quatro a oito anos, e multa. Logo, podemos concluir que:

a) Não é possível a transação penal (art. 76, Lei n. 9.099/95), pois não se trata de infração penal de menor potencial ofensivo;

b) Não é possível a suspensão condicional do processo (art. 89, Lei n. 9.099/95), pois a pena mínima ultrapassa um ano.

Na modalidade culposa, seria possível a obtenção da transação penal e da suspensão condicional do processo, pois a pena passa a ser de detenção, de um a dois anos, e multa.

Ademais, conforme previsão do art. 258 do Código Penal, se do presente delito, cometido dolosamente, resultar lesão corporal de natureza grave, a pena privativa de liberdade é aumentada na metade; se resultar morte, será aplicada em dobro. Sendo culposo, resultando o fato lesão corporal, a pena será aumentada na metade; se resulta a morte, aplicar-se-á a pena prevista para o homicídio culposo, aumentada em um terço.

O crime de *falsificação, corrupção, adulteração ou alteração de substância ou produtos alimentícios* é comum; formal; doloso ou culposo; comissivo (podendo ser praticado via omissão imprópria, no caso do agente gozar do status de garantidor); de forma livre; instantâneo (corromper, adulterar, falsificar, alterar, fabricar, vender, importar, distribuir, entregar) e permanente (expor à venda e ter em depósito); de perigo abstrato; unissubjetivo; plurissubsistente.

### 6.2. Sujeito Ativo

Trata-se de um crime comum, portanto, o sujeito ativo pode ser qualquer pessoa.

### 6.3. Sujeito Passivo

O sujeito passivo é o Estado, a coletividade.

### 6.4. Objeto Jurídico

O objeto juridicamente tutelado é a incolumidade pública, consubstanciada no caso específico, na saúde pública.

### 6.5. Objeto Material

O objeto material é a substância ou produtos alimentícios destinados ao consumo.

### 6.6. Elemento Subjetivo

O elemento subjetivo exigido no tipo penal é o dolo de perigo, pois se exige do agente a vontade de gerar um risco não tolerado a um número indeterminado de pessoas. Há previsão para a modalidade culposa.

### 6.7. Consumação e Tentativa

Consuma-se o crime quando o agente pratica qualquer das condutas previstas no tipo penal, não sendo necessária a ocorrência do resultado naturalístico.

A forma tentada é perfeitamente cabível.

### 6.8. Ação Penal

A ação penal é de iniciativa pública incondicionada.

## 7. FALSIFICAÇÃO, CORRUPÇÃO, ADULTERAÇÃO OU ALTERAÇÃO DE PRODUTO DESTINADO A FINS TERAPÊUTICOS OU MEDICINAIS

**Art. 273.** *Falsificar, corromper, adulterar ou alterar produto destinado a fins terapêuticos ou medicinais:*

**Pena** – *reclusão, de 10 (dez) a 15 (quinze) anos, e multa.*

**§ 1º** *Nas mesmas penas incorre quem importa, vende, expõe à venda, tem em depósito para vender ou, de qualquer forma, distribui ou entrega a consumo o produto falsificado, corrompido, adulterado ou alterado.*

**§ 1º-A** *Incluem-se entre os produtos a que se refere este artigo os medicamentos, as matérias-primas, os insumos farmacêuticos, os cosméticos, os saneantes e os de uso em diagnóstico.*

**§ 1º-B** *Está sujeito às penas deste artigo quem pratica as ações previstas no § 1º em relação a produtos em qualquer das seguintes condições:*

**I** – *sem registro, quando exigível, no órgão de vigilância sanitária competente;*

**II** – *em desacordo com a fórmula constante do registro previsto no inciso anterior;*

**III** – *sem as características de identidade e qualidade admitidas para a sua comercialização;*

**IV** – *com redução de seu valor terapêutico ou de sua atividade;*

**V** – *de procedência ignorada;*

**VI** – *adquiridos de estabelecimento sem licença da autoridade sanitária competente.*

**Modalidade Culposa**

**§ 2º** *Se o crime é culposo:*

**Pena** – *detenção, de 1 (um) a 3 (três) anos, e multa.*

### 7.1. Introdução

A ação nuclear do agente delituoso consubstancia-se nas condutas *corromper* (estragar), *adulterar* (deformar), *falsificar* (reproduzir imitando) e *alterar* (modificar) produto destinado a fins terapêuticos ou medicinais.

Consoante o § 1°, também incorre na conduta descrita neste tipo penal quem *fabrica, vende, expõe à venda, importa, tem em depósito para vender, distribui ou entrega a consumo* aquele produto corrompido, adulterado, falsificado ou alterado. Trata-se de figura equiparada.

Incluem-se entre os produtos referidos no *caput* os medicamentos, as matérias-primas, os insumos farmacêuticos, os cosméticos, os saneantes e os de uso em diagnóstico.

O § 1° B prevê sujeição às mesmas penas do *caput* determinadas condutas equiparadas, definindo que quem importa, vende, expõe à venda, tem em depósito para vender ou, de qualquer forma, distribui ou entrega a consumo produtos que, muito embora não falsificados, corrompidos, alterados ou adulterados, encontram-se nas seguintes condições: *sem registro, quando exigível, no órgão de vigilância sanitária competente* – trata-se de uma norma penal em branco, pois necessita de normas próprias; *em desacordo com a fórmula constante do registro previsto no inciso anterior* – a composição é diversa daquela que consta do registro no órgão sanitário; *sem as características de identidade e qualidade admitidas para a sua comercialização; com redução de seu valor terapêutico ou de sua atividade; de procedência ignorada; adquiridos de estabelecimento sem licença da autoridade sanitária competente.*

Acerca do § 1° B há crítica doutrinária no sentido de não ser necessária incidência o Direito Penal, exceto quando tratássemos de produto falsificado, já que estaria materialmente apto ao consumo. Argumenta-se no sentido de que a questão poderia ser resolvida no âmbito administrativo, respeitando-se, desta forma, o Princípio da Intervenção Mínima, corolário do Princípio da Lesividade. Entretanto, não, é o posicionamento que prevalece.

Ainda na perspectiva crítica, durante muito tempo foi questionada a proporcionalidade da pena, já que a pena mínima de 10 anos de reclusão, em regime inicialmente fechado, estaria deveras elevada se comparada, por exemplo, ao crime de homicídio. No referido contexto, no ano de 2015, o STJ, no julgamento do HC 239.363/PR, reconheceu a inconstitucionalidade do preceito secundário (pena em abstrato) deste dispositivo, notadamente em razão da flagrante ofensa aos princípios da proporcionalidade e da razoabilidade. Ademais, determinou que, por analogia, deveriam ser aplicadas as pens do delito de tráfico de drogas: reclusão de 5 a 15 anos.

De mais a mais, conforme previsão do art. 258 do Código Penal, se do presente delito, cometido dolosamente, resultar lesão corporal de natureza grave, a pena privativa de liberdade é aumentada na metade; se resultar morte, será aplicada em dobro. Sendo culposo, resultando o fato lesão corporal, a pena será aumentada na metade; se resulta a morte, aplicar-se-á a pena prevista para o homicídio culposo, aumentada em um terço.

Registre-se, ainda, que não é possível a transação penal (art. 76, Lei n. 9.099/95), pois não se trata de infração penal de menor potencial ofensivo; bem como não é possível a suspensão condicional do processo (art. 89, Lei n. 9.099/95), pois a pena mínima ultrapassa um ano.

Importante destacar que as condutas contidas no art. 273, *caput* e § 1º, § 1º-A e § 1º-B são consideradas **crimes hediondos**, conforme previsão do art. 1º., VII-B da Lei n. 8.072/90.

O crime de *falsificação, corrupção, adulteração ou alteração de produto destinado a fins terapêuticos ou medicinais* é comum; formal; doloso ou culposo; de forma livre; simples; comissivo (podendo ser praticado via omissão imprópria, no caso de o agente gozar do status de garantidor); instantâneo (permanente nas formas "expor à venda" e "ter em depósito"); de perigo; unissubjetivo; plurissubsistente.

### 7.2. Sujeito Ativo

Trata-se de um crime comum, portanto, o sujeito ativo pode ser qualquer pessoa.

### 7.3. Sujeito Passivo

O sujeito passivo é o Estado, a coletividade.

### 7.4. Objeto Jurídico

O objeto juridicamente tutelado é a incolumidade pública, aqui consubstanciada na saúde pública.

### 7.5. Objeto Material

O objeto material é o produto falsificado, corrompido, adulterado ou alterado.

### 7.6. Elemento Subjetivo

O elemento subjetivo exigido no tipo penal é o dolo de perigo, pois se exige do agente a vontade de gerar um risco não tolerado a terceiros. Há previsão para a modalidade culposa.

### 7.7. Consumação e Tentativa

Consuma-se o crime no momento em que o agente pratica qualquer das condutas previstas no tipo penal, não sendo necessária a ocorrência do resultado naturalístico.

A forma tentada é perfeitamente cabível.

### 7.8. Ação Penal

A ação penal é de iniciativa pública incondicionada.

## 8. EMPREGO DE PROCESSO PROIBIDO OU DE SUBSTÂNCIA NÃO PERMITIDA

**Art. 274.** *Empregar, no fabrico de produto destinado a consumo, revestimento, gaseificação artificial, matéria corante, substância aromática, antisséptica, conservadora ou qualquer outra não expressamente permitida pela legislação sanitária:*

**Pena –** *reclusão, de 1 (um) a 5 (cinco) anos, e multa.*

### 8.1. Introdução

A ação nuclear do agente delituoso consubstancia-se na ação de *empregar* (utilizar, aplicar) *revestimento* (processo destinado a encobrir), *gaseificação artificial* (processo utilizado em substâncias de gênero alimentício ou medicinal que visa dissolver gases necessários à fabricação do produto), *matéria corante* (utilizada para da cor ao produto), *substância aromática* (destinada ao aperfeiçoamento do paladar ou aroma do produto), *antisséptica* (destinada a impedir a proliferação de matéria orgânica) e *conservadora* (destinada a evitar a proliferação de germes). O Código ainda nos trouxe uma fórmula genérica, quando previu *ou qualquer outra não expressamente permitida pela legislação sanitária.*

Registre-se que a conduta deve ser dirigida finalísticamente à fabricação de produto destinado ao consumo. Cuida-se de uma norma penal em branco, uma vez que necessitam de complementação da legislação sanitária.

A pena para o crime pode ser de reclusão, de um a cinco anos, e multa. Logo, podemos concluir que:

a) Não é possível a transação penal (art. 76, Lei n. 9.099/95), pois não se trata de infração penal de menor potencial ofensivo;

b) É possível a suspensão condicional do processo (art. 89, Lei n. 9.099/95), pois a pena mínima não ultrapassa um ano.

De mais a mais, conforme previsão do art. 258 do Código Penal, se do presente delito resultar lesão corporal de natureza grave, a pena privativa de liberdade é aumentada na metade; se resultar morte, será aplicada em dobro.

O crime de *emprego de processo proibido ou de substância não permitida* é comum; formal; doloso; de forma livre; simples; comissivo (podendo ser praticado via omissão imprópria, no caso de o agente gozar do status de garantidor); instantâneo; de perigo; unissubjetivo; plurissubsistente.

### 8.2. Sujeito Ativo

Trata-se de um crime comum, portanto, o sujeito ativo pode ser qualquer pessoa.

### 8.3. Sujeito Passivo

O sujeito passivo é o Estado, a coletividade.

### 8.4. Objeto Jurídico

O objeto juridicamente tutelado é a incolumidade pública, aqui consubstanciada pela saúde pública.

### 8.5. Objeto Material

O objeto material é o produto fabricado destinado ao consumo.

### 8.6. Elemento Subjetivo

O elemento subjetivo exigido no tipo penal é o dolo de perigo, pois se exige do agente a vontade de gerar um risco não tolerado a terceiros. Não há previsão de modalidade culposa.

### 8.7. Consumação e Tentativa

Consuma-se o crime no momento em que o agente pratica qualquer das condutas previstas no tipo penal, não sendo necessária a ocorrência do resultado naturalístico.

A forma tentada é perfeitamente cabível.

### 8.8. Ação Penal

A ação penal é de iniciativa pública incondicionada.

## 9. INVÓLUCRO OU RECIPIENTE COM FALSA INDICAÇÃO

> **Art. 275.** *Inculcar, em invólucro ou recipiente de produtos alimentícios, terapêuticos ou medicinais, a existência de substância que não se encontra em seu conteúdo ou que nele existe em quantidade menor que a mencionada:*
>
> **Pena** – *reclusão, de 1 (um) a 5 (cinco) anos, e multa.*

### 9.1. Introdução

A ação nuclear do agente delituoso consubstancia-se na conduta de *inculcar* (indicar, gravar, imprimir falsa indicação), em invólucro (rótulos, bulas, pacotes etc.) ou recipientes (frascos, vidros, latas, potes etc.) de produtos alimentícios, terapêuticos ou medicinais, a existência de substância eu não de encontra em se conteúdo ou que nele exista em quantidade menor que a mencionada. O crime é, portanto, praticado mediante fraude.

A pena para o crime pode ser de reclusão, de um a cinco anos, e multa. Logo, podemos concluir que:

a) Não é possível a transação penal (art. 76, Lei n. 9.099/95), pois não se trata de infração penal de menor potencial ofensivo;

b) É possível a suspensão condicional do processo (art. 89, Lei n. 9.099/95), pois a pena mínima não ultrapassa um ano.

De mais a mais, conforme previsão do art. 258 do Código Penal, se do presente delito resultar lesão corporal de natureza grave, a pena privativa de liberdade é aumentada na metade; se resultar morte, será aplicada em dobro.

O crime de *invólucro ou recipiente com falsa indicação* é comum; formal; doloso; de forma livre; comissivo (podendo ser praticado via omissão imprópria, no caso do agente gozar do status de garantidor); simples; instantâneo; de perigo; unissubjetivo; plurissubsistente.

### 9.2. Sujeito Ativo

Trata-se de um crime comum, portanto, o sujeito ativo pode ser qualquer pessoa.

### 9.3. Sujeito Passivo

O sujeito passivo é o Estado, a coletividade.

### 9.4. Objeto Jurídico

O objeto juridicamente tutelado é a incolumidade pública, aqui consubstanciada na saúde pública.

### 9.5. Objeto Material

O objeto material é o invólucro ou recipiente de produtos alimentícios, terapêuticos ou medicinais.

### 9.6. Elemento Subjetivo

O elemento subjetivo exigido no tipo penal é o dolo de perigo, pois se exige do agente a vontade de gerar um risco não tolerado a terceiros. Não há previsão para a modalidade culposa.

### 9.7. Consumação e Tentativa

Consuma-se o crime no momento em que o agente pratica a conduta prevista no tipo penal, não sendo necessária a ocorrência do resultado naturalístico.

A forma tentada é perfeitamente cabível.

### 9.8. Ação Penal

A ação penal é de iniciativa pública incondicionada.

## 10. PRODUTO OU SUBSTÂNCIA NAS CONDIÇÕES DOS DOIS ARTIGOS ANTERIORES

> **Art. 276.** *Vender, expor à venda, ter em depósito para vender ou, de qualquer forma, entregar a consumo produto nas condições dos arts. 274 e 275.*
> **Pena** – *reclusão, de 1 (um) a 5 (cinco) anos, e multa.*

### 10.1. Introdução

A ação nuclear do agente delituoso consubstancia-se nas condutas *vender, expor à venda e ter em depósito para vender ou, de qualquer forma, entregar a consumo* produto nas condições dos artigos anteriores. Pune-se aqui a conduta daquele que, sem praticar as ações típicas previstas nos artigos precedentes, comercializa os produtos nas condições indicadas pelos referidos dispositivos.

Trata-se de um tipo misto alternativo.

A pena para o crime pode ser de reclusão, de um a cinco anos, e multa. Logo, podemos concluir que:

a) Não é possível a transação penal (art. 76, Lei n. 9.099/95), pois não se trata de infração penal de menor potencial ofensivo;

b) É possível a suspensão condicional do processo (art. 89, Lei n. 9.099/95), pois a pena mínima não ultrapassa um ano.

De mais a mais, conforme previsão do art. 258 do Código Penal, se do presente delito resultar lesão corporal de natureza grave, a pena privativa de liberdade é aumentada na metade; se resultar morte, será aplicada em dobro.

O crime de produto ou subs*tância nas condições dos dois artigos anteriores* é comum; formal; doloso; de forma livre; comissivo (podendo ser praticado via omissão imprópria, no caso do agente gozar do status de garantidor); simples; instantâneo (nas modalidades vender e entregar) e permanente (nas modalidades expor à venda e ter em depósito para vender) ; de perigo; unissubjetivo; plurissubsistente.

### 10.2. Sujeito Ativo

Trata-se de um crime comum, portanto, o sujeito ativo pode ser qualquer pessoa, não sendo necessário que o agente seja comerciante.

### 10.3. Sujeito Passivo

O sujeito passivo é o Estado, a coletividade.

### 10.4. Objeto Jurídico

O objeto juridicamente tutelado é a incolumidade pública, aqui com substanciada na saúde pública.

### 10.5. Objeto Material

O objeto material é o produto nas condições determinadas pelos artigos 274 e 275 do Código Penal.

### 10.6. Elemento Subjetivo

O elemento subjetivo exigido no tipo penal é o dolo de perigo, pois se exige do agente a vontade de gerar um risco não tolerado a terceiros. Não há previsão para a modalidade culposa.

### 10.7. Consumação e Tentativa

Consuma-se o crime quando o agente pratica qualquer das condutas previstas no tipo penal, não sendo necessária a ocorrência do resultado naturalístico. O crime é instantâneo nas modalidades *vender* e *entregar a consumo*; já nas modalidades *expor à venda* e *ter em depósito para vender*, o delito é permanente.

A forma tentada é perfeitamente cabível.

### 10.8. Ação Penal

A ação penal é de iniciativa pública incondicionada.

## 11. SUBSTÂNCIA DESTINADA À FALSIFICAÇÃO

> **Art. 277.** *Vender, expor à venda, ter em depósito ou ceder substância destinada à falsificação de produtos alimentícios, terapêuticos ou medicinais:*
> **Pena** – *reclusão, de 1 (um) a 5 (cinco) anos, e multa.*

### 11.1. Introdução

Trata-se de crime de ação múltipla. As ações nucleares do agente delituoso consubstanciam-se nas condutas *vender, expor à venda e ter em depósito, ou ceder substância destinada à falsificação de produtos alimentícios, terapêuticos ou medicinais.* Assim, o legislador, após punir a falsificação daqueles produtos, incrimina também o fato de vender, expor à venda e ter em depósito, ou ceder os sobreditos produtos.

A pena para o crime pode ser de reclusão, de um a cinco anos, e multa. Logo, podemos concluir que:

a) Não é possível a transação penal (art. 76, Lei n. 9.099/95), pois não se trata de infração penal de menor potencial ofensivo;

b) É possível a suspensão condicional do processo (art. 89, Lei n. 9.099/95), pois a pena mínima não ultrapassa um ano.

De mais a mais, conforme previsão do art. 258 do Código Penal, se do presente delito resultar lesão corporal de natureza grave, a pena privativa de liberdade é aumentada na metade; se resultar morte, será aplicada em dobro.

O crime de *substância destinada à falsificação* é comum; formal; simples; doloso; de forma livre; comissivo (podendo ser praticado via omissão imprópria, no caso de o agente gozar do status de garantidor); instantâneo (permanente nas modalidades "expor à venda" e "ter em depósito"); de perigo ; unissubjetivo; plurissubsistente.

### 11.2. Sujeito Ativo

Trata-se de um crime comum, portanto, o sujeito ativo pode ser qualquer pessoa.

### 11.3. Sujeito Passivo

O sujeito passivo é o Estado, a coletividade.

### 11.4. Objeto Jurídico

O objeto juridicamente tutelado é a incolumidade pública, aqui consubstanciada na saúde pública.

### 11.5. Objeto Material

O objeto material é a substância destinada à falsificação de produtos alimentícios, terapêuticos ou medicinais.

### 11.6. Elemento Subjetivo

O elemento subjetivo exigido no tipo penal é o dolo de perigo, pois se exige do agente a vontade de gerar um risco não tolerado a terceiros. Não há previsão para a modalidade culposa.

### 11.7. Consumação e Tentativa

Consuma-se o crime quando o agente pratica qualquer das condutas previstas no tipo penal, não sendo necessária a ocorrência do resultado naturalístico.

A forma tentada é perfeitamente cabível.

### 11.8. Ação Penal

A ação penal é de iniciativa pública incondicionada.

## 12. OUTRAS SUBSTÂNCIAS NOCIVAS À INCOLUMIDADE PÚBLICA

**Art. 278.** *Fabricar, vender, expor à venda, ter em depósito para vender ou, de qualquer forma, entregar a consumo coisa ou substância nociva à saúde, ainda que não destinada à alimentação ou a fim medicinal:*
**Pena** – *detenção, de 1 (um) a 3 (três) anos, e multa.*
**Modalidade Culposa**
**Parágrafo único.** *Se o crime é culposo:*
**Pena** – *detenção, de 2 (dois) meses a 1 (um) ano.*

### 12.1. Introdução

As ações nucleares do agente delituoso consubstanciam-se nas condutas *fabricar, vender, expor à venda, ter em depósito para vender ou, de qualquer forma, entrega a consumo coisa ou substância nociva à saúde.*

A pena para o crime pode ser de detenção, de um a três anos, e multa. Logo, podemos concluir que:

a) Não é possível a transação penal (art. 76, Lei n. 9.099/95), pois não se trata de infração penal de menor potencial ofensivo;

b) É possível a suspensão condicional do processo (art. 89, Lei n. 9.099/95), pois a pena mínima não ultrapassa um ano.

Na modalidade culposa, será possível tanto a transação penal quanto a suspensão condicional do processo, porquanto a pena seria de detenção, de dois meses a um ano.

Ademais, conforme previsão do art. 258 do Código Penal, se do presente delito, cometido dolosamente, resultar lesão corporal de natureza grave, a pena privativa de liberdade é aumentada na metade; se resultar morte, será aplicada em dobro. Sendo culposo, resultando o fato lesão corporal, a pena será aumentada na metade; se resulta a morte, aplicar-se-á a pena prevista para o homicídio culposo, aumentada em um terço.

O crime de *outras substâncias nocivas à saúde pública* é comum; formal; simples; doloso; de forma livre; comissivo (podendo ser praticado via omissão imprópria, no caso do agente gozar do status de garantidor); instantâneo (permanente nas modalidades "expor à venda" e "ter em depósito"); de perigo; unissubjetivo; plurissubsistente.

### 12.2. Sujeito Ativo

Trata-se de um crime comum, portanto, o sujeito ativo pode ser qualquer pessoa.

### 12.3. Sujeito Passivo

O sujeito passivo é o Estado, a coletividade.

### 12.4. Objeto Jurídico

O objeto juridicamente tutelado é a incolumidade pública, aqui consubstanciada na saúde pública.

### 12.5. Objeto Material

O objeto material é a coisa ou substância nociva à saúde.

### 12.6. Elemento Subjetivo

O elemento subjetivo exigido no tipo penal é o dolo de perigo, pois se exige do agente a vontade de gerar um risco não tolerado a terceiros. Há previsão para a modalidade culposa.

### 12.7. Consumação e Tentativa

Consuma-se o crime no momento em que o agente pratica qualquer das condutas previstas no tipo penal, não sendo necessária a ocorrência do resultado naturalístico.

Embora de difícil configuração, já que a simples manutenção em depósito já configurará a consumação do crime, a forma tentada é possível.

### 12.8. Ação Penal

A ação penal é de iniciativa pública incondicionada.

## 13. SUBSTÂNCIA AVARIADA

**Art. 279. Revogado pela Lei n° 8.137, de 1990.**

## 14. MEDICAMENTO EM DESACORDO COM RECEITA MÉDICA

**Art. 280.** *Fornecer substância medicinal em desacordo com receita* **médica:**
**Pena – detenção, de 1 (um) a 3 (três) anos, ou multa.**
**Modalidade Culposa**
**Parágrafo único. Se o crime é culposo:**
**Pena – deten***ção, de 2 (dois) meses a 1 (um) ano.*

### 14.1. Introdução

A ação nuclear do agente delituoso consubstancia-se na conduta *fornecer* substância medicinal em desacordo com a receita médica (portanto, precisa ter sido emitida por um médico). A configuração do crime independe se o fornecimento foi feito a título oneroso ou gratuito.

Registre-se, por ser oportuno, que se o farmacêutico entender que há equívoco na receita, deve agir em conformidade com o art. 25 do Regulamento do Departamento Nacional da Saúde, a saber: *"Para aviar uma receita, que lhe pareça perigosa, deverá o farmacêutico consultar o médico, que a rectificará ou fará declaração expressa e escrita de que assume a responsabilidade da mesma, declaração que o pharmacêutico copiará no livro de registro do receituário e na própria receita, que ficará em seu poder".*

A pena para o crime pode ser de detenção, de um a três anos, ou multa. Logo, podemos concluir que:

a) Não é possível a transação penal (art. 76, Lei n. 9.099/95), pois não se trata de infração penal de menor potencial ofensivo;

b) É possível a suspensão condicional do processo (art. 89, Lei n. 9.099/95), pois a pena mínima não ultrapassa um ano.

Na modalidade culposa, será possível tanto a transação penal quanto a suspensão condicional do processo, porquanto a pena seria de detenção, de dois meses a um ano.

Ademais, conforme previsão do art. 258 do Código Penal, se do presente delito, cometido dolosamente, resultar lesão corporal de natureza grave, a pena privativa de liberdade é aumentada na metade; se resultar morte, será aplicada em dobro. Sendo culposo, resultando o fato lesão corporal, a pena será aumentada na metade; se resulta a morte, aplicar-se-á a pena prevista para o homicídio culposo, aumentada em um terço.

O crime de *medicamento em desacordo com receita médica* é comum; formal; simples; doloso; de forma livre; comissivo (podendo ser praticado via omissão imprópria, no caso do agente gozar do status de garantidor); instantâneo; de perigo; unissubjetivo; plurissubsistente.

### 14.2. Sujeito Ativo

Trata-se de um crime comum, portanto, o sujeito ativo pode ser qualquer pessoa, seja um farmacêutico ou qualquer outro funcionário de uma farmácia.

### 14.3. Sujeito Passivo

O sujeito passivo é o Estado, a coletividade.

### 14.4. Objeto Jurídico

O objeto juridicamente tutelado é a incolumidade pública, aqui consubstanciada na saúde pública.

### 14.5. Objeto Material

O objeto material é a substância medicinal.

### 14.6. Elemento Subjetivo

O elemento subjetivo exigido no tipo penal é o dolo de perigo, pois se exige do agente a vontade de gerar um risco não tolerado a terceiros. Há previsão para a modalidade culposa.

### 14.7. Consumação e Tentativa

Consuma-se o crime no momento em que o agente pratica a conduta descrita no tipo penal, não sendo necessária a ocorrência do resultado naturalístico.

A forma tentada é perfeitamente cabível.

### 14.8. Ação Penal

A ação penal é de iniciativa pública incondicionada.

## 15. COMÉRCIO, POSSE OU USO DE ENTORPECENTE OU SUBSTÂNCIA QUE DETERMINE DEPENDÊNCIA FÍSICA OU PSÍQUICA

**Art. 281. Revogado pela Lei n° 6.368, 1976.**

## 16. EXERCÍCIO ILEGAL DA MEDICINA, ARTE DENTÁRIA OU FARMACÊUTICA

**Art. 282.** *Exercer, ainda que a título gratuito, a profissão de médico, d*__entista ou farmacêutico, sem autorização legal ou excedendo-lhe os limites:__
**Pena – detenção, de 6 (seis) meses a 2 (dois) anos.**
**Parágrafo único.** *Se o crime é praticado com o fim de lucro, aplica-se também multa.*

### 16.1. Introdução

A ação nuclear do agente delituoso consubstancia-se na conduta de *exercer* a profissão de médico, dentista ou farmacêutico, sem *autorização legal ou excedendo-lhe os limites*, não importando se a título oneroso ou gratuito.

No que diz respeito à falta de autorização legal, o agente desempenha a profissão sem possuir o título que o habilite ou sem o registro da repartição competente. Ademais, os limites a que se refere este artigo são aqueles previstos nas leis que regulam especificamente as profissões.

A pena para o crime pode ser de reclusão, de seis meses a dois anos, e multa (se houver a finalidade lucrativa). Logo, podemos concluir que:

a) É possível a transação penal (art. 76, Lei n. 9.099/95), pois se trata de infração penal de menor potencial ofensivo;

b) É possível a suspensão condicional do processo (art. 89, Lei n. 9.099/95), pois a pena mínima não ultrapassa um ano.

Assinale-se que se a conduta for executada com finalidade lucrativa, à pena de detenção será acrescida a de multa.

De mais a mais, conforme previsão do art. 258 do Código Penal, se do presente delito resultar lesão corporal de natureza grave, a pena privativa de liberdade é aumentada na metade; se resultar morte, será aplicada em dobro.

O crime de *exercício ilegal da medicina, arte dentária ou farmacêutica* é comum (no que diz respeito à conduta de "exercer") e próprio (no que tange ao fato de o sujeito "exceder" os seus limites, haja vista que somente o médico, o dentista e o farmacêutico podem ser sujeitos ativos); formal;; doloso; de forma livre; comissivo (podendo ser praticado via omissão imprópria, no caso do agente gozar do status de garantidor); instantâneo; de perigo; habitual; unissubjetivo; plurissubsistente.

### 16.2. Sujeito Ativo

Pode ser qualquer pessoa, quando se refere o tipo ao exercício da profissão de médico, dentista ou farmacêutico. Todavia, necessita ser médico, dentista ou farmacêutico quando, na segunda parte, faz referência à ultrapassagem dos limites inerentes à profissão.

### 16.3. Sujeito Passivo

O sujeito passivo é o Estado, a coletividade, bem como aquele que, direta e efetivamente, sofreu o dano ou a ele foi exposto.

### 16.4. Objeto Jurídico

O objeto juridicamente tutelado é a incolumidade pública, aqui consubstanciada na saúde pública.

### 16.5. Objeto Material

O objeto material é a profissão de médico, dentista ou farmacêutico.

### 16.6. Elemento Subjetivo

O elemento subjetivo exigido no tipo penal é o dolo de exercer, ainda que a título gratuito, a profissão de médico, dentista ou farmacêutico, sem autorização legal ou excedendo-lhes os limites. Não há previsão para a modalidade culposa.

### 16.7. Consumação e Tentativa

Consuma-se o crime com a reiteração dos atos, isto é, com o exercício habitual da profissão. Não basta a prática de apenas um ato. Por se tratar de um crime de perigo abstrato, ainda que o paciente venha a ser curado ou obtenha melhoras com o tratamento, o crime restará configurado.

Por se tratar de um crime habitual, a maioria doutrinária entende ser inadmissível tentativa.

### 16.8. Ação Penal

A ação penal é de iniciativa pública incondicionada.

## 17. CHARLATANISMO

**Art. 283.** *Inculcar ou anunciar cura por meio secreto ou infalível:*
**Pena** – *detenção, de 3 (três) meses a 1 (um) ano, e multa.*

### 17.1. Introdução

A ação nuclear do agente delituoso consubstancia-se nas condutas de *inculcar* (indicar, apregoar) ou *anunciar* (fazer propaganda) *cura por meio secreto ou infalível*. A cura que se refere o tipo diz respeito a determinadas doenças para as quais não exista tratamento próprio de acordo com os conhecimentos científicos do momento, ou, mesmo já existindo, o agente propõe um tratamento alternativo, por meio secreto ou infalível.

A pena para o crime pode ser de detenção de três meses a um ano, e multa. Logo, podemos concluir que:

a) É possível a transação penal (art. 76, Lei n. 9.099/95), pois se trata de infração penal de menor potencial ofensivo;

b) É possível a suspensão condicional do processo (art. 89, Lei n. 9.099/95), pois a pena mínima não ultrapassa um ano.

Ademais, conforme previsão do art. 258 do Código Penal, se do presente delito resultar lesão corporal de natureza grave, a pena privativa de liberdade é aumentada na metade; se resultar morte, será aplicada em dobro.

O crime de *charlatanismo* é comum; formal; simples; doloso; de forma livre; comissivo (podendo ser praticado via omissão imprópria, no caso de o agente gozar do status de garantidor); instantâneo; de perigo abstrato; unissubjetivo; plurissubsistente.

### 17.2. Sujeito Ativo

Trata-se de um crime comum, portanto, o sujeito ativo pode ser qualquer pessoa.

### 17.3. Sujeito Passivo

O sujeito passivo é o Estado, a coletividade, bem como aquele que foi ludibriado pelo agente.

### 17.4. Objeto Jurídico

O objeto juridicamente tutelado é a incolumidade pública, aqui consubstanciada pela saúde pública.

### 17.5. Objeto Material

O objeto material é o anúncio da cura por meio secreto ou infalível.

### 17.6. Elemento Subjetivo

O elemento subjetivo exigido no tipo penal é o dolo de perigo, pois se exige do agente a vontade de ludibriar terceiros. Não há previsão para a modalidade culposa.

### 17.7. Consumação e Tentativa

Consuma-se o crime com o mero ato de propor, não sendo exigível a prática reiterada do charlatanismo.

A forma tentada é perfeitamente cabível.

### 17.8. Ação Penal

A ação penal é de iniciativa pública incondicionada.

## 18. CURANDEIRISMO

**Art. 284.** *Exercer o curandeirismo:*
**I** – *prescrevendo, ministrando ou aplicando, habitualmente, qualquer substância;*
**II** – *usando gestos, palavras ou qualquer outro meio;*
**III** – *fazendo diagnósticos:*
**Pena** – *detenção, de 6 (seis) meses a 2 (dois) anos.*
**Parágrafo único.** *Se o crime é praticado mediante remuneração, o agente fica também sujeito à multa.*

## 18.1. Introdução

A ação nuclear do agente delituoso consubstancia-se na conduta de *exercer*, o que pressupõe, portanto, certa habitualidade. Os meios de exercício do curandeirismo são: a prescrição ou aplicação de qualquer substância; uso de gestos, palavras ou qualquer outro meio que simbolize um ritual; e, por fim, fazer diagnóstico, o que implica em conhecer de determinada doença através de seus sintomas.

A pena para o crime pode ser de detenção, de seis meses a dois anos. Se houver finalidade lucrativa, haverá o acréscimo da pena de multa. Logo, podemos concluir que:

a) É possível a transação penal (art. 76, Lei n. 9.099/95), pois se trata de infração penal de menor potencial ofensivo;

b) É possível a suspensão condicional do processo (art. 89, Lei n. 9.099/95), pois a pena mínima não ultrapassa um ano.

Se a conduta é executada com o desiderato de ser objetivo lucro, à pena de detenção deve ser acrescida a pena de multa.

Ademais, conforme previsão do art. 258 do Código Penal, se do presente delito resultar lesão corporal de natureza grave, a pena privativa de liberdade é aumentada na metade; se resultar morte, será aplicada em dobro.

O crime de *curandeirismo* é comum; doloso; de forma livre; comissivo (podendo ser praticado via omissão imprópria, no caso de o agente gozar do status de garantidor); instantâneo; de perigo abstrato; habitual; unissubjetivo; plurissubsistente.

## 18.2. Sujeito Ativo

Trata-se de um crime comum, portanto, o sujeito ativo pode ser qualquer pessoa.

## 18.3. Sujeito Passivo

O sujeito passivo é o Estado, a coletividade, bem como aquele que for objeto da "cura".

## 18.4. Objeto Jurídico

O objeto juridicamente tutelado é a incolumidade pública, aqui consubstanciada na saúde pública.

## 18.5. Objeto Material

O objeto material é a substância prescrita, o gesto, a palavra ou outro meio empregado e o diagnóstico realizado.

## 18.6. Elemento Subjetivo

O elemento subjetivo exigido no tipo penal é o dolo de perigo, não sendo exigida finalidade especial do agente. Não há previsão para a modalidade culposa.

## 18.7. Consumação e Tentativa

Consuma-se o crime quando o agente, reiteradamente, pratica qualquer das condutas previstas no tipo penal.

Trata-se de um crime habitual, pelo que a maioria doutrinária defende ser inadmissível a tentada.

### 18.8. Ação Penal

A ação penal é de iniciativa pública incondicionada.

## 19. FORMA QUALIFICADA

**Art. 285.** *Aplica-se o disposto no Art. 258 aos crimes previstos neste Capítulo, salvo quanto ao definido no Art. 267.*

### 19.1. Noções Gerais

De acordo com este artigo, que referencia o art. 258 também do Código Penal, se o presente delito resultar lesão corporal de natureza grave, a pena privativa de liberdade é aumentada na metade; se resulta morte, aplicada em dobro. Sendo culposo, resultando o fato lesão corporal, a pena será aumentada na metade; se resulta a morte, aplicar-se-á a pena prevista para o homicídio culposo, aumentada em um terço, majorações que representam qualificadoras da conduta.

## 20. TÓPICO-SÍNTESE

| TÓPICO-SÍNTESE: Dos Crimes contra a incolumidade pública | |
|---|---|
| EPIDEMIA | |
| **Epidemia (art. 267)** | Causar epidemia, mediante a propagação de germes patogênicos. |
| **Penas** | A pena para o crime pode ser de reclusão, de dez a quinze anos. |
| **Aumento de Pena em dobro (§ 1º)** | Se resulta morte. |
| **Modalidade Culposa (§ 2º)** | No caso de culpa, a pena é de detenção, de 1 (um) a 2 (dois) anos, ou, se resulta morte, de 2 (dois) a 4 (quatro) anos. |
| **Classificação** | Comum; doloso ou culposo; material; comissivo; simples; de forma vinculada; instantâneo; de perigo; unissubjetivo; unissubsistente ou plurissubsistente, conforme o caso concreto. |
| **Sujeito Ativo** | Qualquer pessoa. |
| **Sujeito Passivo** | Estado, coletividade ou quem foi atingido ou posto em perigo. |
| **Objeto Jurídico** | Incolumidade pública. |
| **Objeto Material** | Germe patogênico. |
| **Elemento Subjetivo** | Dolo, admite-se a modalidade culposa. |
| **Consumação** | Consuma-se quando o agente causa a epidemia, mediante a propagação de germes patogênicos, gerando, efetivamente, perigo à incolumidade pública. |

| TÓPICO-SÍNTESE: Dos Crimes contra a incolumidade pública | |
|---|---|
| Tentativa | É admitida. |
| Ação Penal | Pública incondicionada. |
| INFRAÇÃO DE MEDIDA SANITÁRIA PREVENTIVA | |
| Infração de Medida Sanitária Preventiva (art. 268) | Infringir determinação do poder público, destinada a impedir introdução ou propagação de doença contagiosa. |
| Penas | A pena para o crime pode ser de detenção, de um mês a um ano, e multa. |
| Aumento de Pena de 1/3 (Parágrafo Único) | Se o agente é funcionário da incolumidade pública ou exerce a profissão de médico, farmacêutico, dentista ou enfermeiro. |
| Classificação | Comum; formal; doloso; simples; comissivo ou omissivo (podendo ser praticado via omissão imprópria, no caso do agente gozar do status de garantidor); de forma livre; instantâneo; de perigo; unissubjetivo; plurissubsistente. |
| Sujeito Ativo | Qualquer pessoa. |
| Sujeito Passivo | Estado e coletividade. |
| Objeto Jurídico | Incolumidade pública. |
| Objeto Material | Determinação do Poder Público. |
| Elemento Subjetivo | Dolo de perigo. |
| Consumação | Consuma-se com a infração da determinação do Poder Público. |
| Tentativa | É admitida. |
| Ação Penal | Pública incondicionada. |
| OMISSÃO DE NOTIFICAÇÃO DE DOENÇA | |
| Omissão de Notificação de Doença (art. 269) | Deixar o médico de denunciar à autoridade pública doença cuja notificação é compulsória. |
| Penas | A pena para o crime pode ser de detenção, de seis meses a dois anos, e multa. |
| Classificação | Próprio formal; doloso; de forma vinculada; omissivo próprio; de perigo; instantâneo; unissubjetivo; unissubsistente. |
| Sujeito Ativo | Médico. |
| Sujeito Passivo | Estado e coletividade. |
| Objeto Jurídico | Incolumidade pública. |
| Objeto Material | Notificação compulsória. |

| TÓPICO-SÍNTESE: Dos Crimes contra a incolumidade pública | |
|---|---|
| **Elemento Subjetivo** | Dolo de perigo. |
| **Consumação** | Consuma-se quando expira o prazo fixado em lei ou ato administrativo para efetuar o comunicado ou, não havendo prazo estipulado, quando o médico pratica ato incompatível com a denúncia. |
| **Tentativa** | Não é admitida. |
| **Ação Penal** | Pública incondicionada. |
| **ENVENENAMENTO DE ÁGUA POTÁVEL OU DE SUBSTÂNCIA ALIMENTÍCIA OU MEDICINAL** | |
| **Envenenamento de Água Potável ou de Substância Alimentícia ou Medicinal (art. 270)** | Envenenar água potável, de uso comum ou particular, ou substância alimentícia ou medicinal destinada a consumo. |
| **Penas** | A pena para o crime pode ser de reclusão, de dez a quinze anos. |
| **Figura Equiparada (§ 1º)** | Entregar a consumo ou ter em depósito, para o fim de ser distribuída, a água ou a substância envenenada. |
| **Modalidade Culposa (§ 2º)** | Se o crime é culposo:<br>Pena – detenção, de 6 (seis) meses a 2 (dois) anos. |
| **Classificação** | Comum; formal; simples; doloso ou culposo; comissivo (podendo ser praticado via omissão imprópria, no caso do agente gozar do status de garantidor); de forma livre; instantâneo; de perigo comum e concreto; unissubjetivo ou plurissubsistente, conforme o caso. |
| **Sujeito Ativo** | Qualquer pessoa. |
| **Sujeito Passivo** | Estado e coletividade. |
| **Objeto Jurídico** | Incolumidade pública. |
| **Objeto Material** | Água potável. |
| **Elemento Subjetivo** | Dolo de perigo, admite-se a modalidade culposa. |
| **Consumação** | Consuma-se quando o envenenamento se concretizar, ou quando a água ou substância envenenada for entregue ao consumo ou tida em depósito. |
| **Tentativa** | É admitida. |
| **Ação Penal** | Pública Incondicionada. |
| **CORRUPÇÃO OU POLUIÇÃO DE ÁGUA POTÁVEL** | |
| **Corrupção ou Poluição de Água Potável (art. 271)** | Corromper ou poluir água potável, de uso comum ou particular, tornando-a imprópria para consumo ou nociva à saúde. |
| **Penas** | A pena para o crime pode ser de reclusão, de dois a cinco anos. |

| TÓPICO-SÍNTESE: Dos Crimes contra a incolumidade pública | |
|---|---|
| **Modalidade Culposa (Parágrafo Único)** | Se o crime é culposo:<br>Pena – detenção, de 2 (dois) meses a 1 (um) ano. |
| **Classificação** | Comum; formal; doloso ou culposo; simples; comissivo (podendo ser praticado via omissão imprópria, no caso do agente gozar do status de garantidor); de forma livre; instantâneo; de perigo; unissubjetivo; unissubsistente ou plurissubsistente, conforme o caso. |
| **Sujeito Ativo** | Qualquer pessoa. |
| **Sujeito Passivo** | Estado, coletividade ou quem foi atingido ou posto em perigo. |
| **Objeto Jurídico** | Incolumidade pública, saúde pública. |
| **Objeto Material** | Água potável corrompida ou poluída. |
| **Elemento Subjetivo** | Dolo de perigo, admite-se a modalidade culposa. |
| **Consumação** | Consuma-se quando o agente pratica qualquer das condutas previstas no tipo penal. |
| **Tentativa** | É admitida. |
| **Ação Penal** | Pública incondicionada. |
| **FALSIFICAÇÃO, CORRUPÇÃO, ADULTERAÇÃO OU ALTERAÇÃO DE SUBSTÂNCIA OU PRODUTOS ALIMENTÍCIOS** | |
| **Falsificação, Corrupção, Adulteração ou Alteração de Substância ou Produtos Alimentícios (art. 272)** | Corromper, adulterar, falsificar ou alterar substância ou produto alimentício destinado a consumo, tornando-o nocivo à saúde ou reduzindo-lhe o valor nutritivo. |
| **Penas** | A pena para o crime pode ser de reclusão, de quatro a oito anos, e multa. |
| **Figuras Equiparadas (§§ 1º-A e 1º)** | • fabricar, vender, expor à venda, importar, ter em depósito para vender ou, de qualquer forma, distribuir ou entregar a consumo a substância alimentícia ou o produto falsificado, corrompido ou adulterado.<br>• praticar as ações previstas neste artigo em relação a bebidas, com ou sem teor alcoólico. |
| **Modalidade Culposa (§ 2º)** | Se o crime é culposo:<br>Pena – detenção, de 1 (um) a 2 (dois) anos, e multa. |
| **Classificação** | Comum; formal; doloso ou culposo; comissivo (podendo ser praticado via omissão imprópria, no caso do agente gozar do status de garantidor); de forma livre; instantâneo (corromper, adulterar, falsificar, alterar, fabricar, vender, importar, distribuir, entregar) e permanente (expor à venda e ter em depósito); de perigo abstrato; unissubjetivo; plurissubsistente. |
| **Sujeito Ativo** | Qualquer pessoa. |
| **Sujeito Passivo** | Estado e coletividade. |
| **Objeto Jurídico** | Incolumidade pública, saúde pública. |

| TÓPICO-SÍNTESE: Dos Crimes contra a incolumidade pública | |
|---|---|
| **Objeto Material** | Substância ou produtos alimentícios destinados ao consumo. |
| **Elemento Subjetivo** | Dolo de perigo, admite-se a modalidade culposa. |
| **Consumação** | Consuma-se quando o agente pratica qualquer das condutas previstas no tipo penal |
| **Tentativa** | É admitida |
| **Ação Penal** | Pública incondicionada. |
| **FALSIFICAÇÃO, CORRUPÇÃO, ADULTERAÇÃO OU ALTERAÇÃO DE PRODUTO DESTINADO A FINS TERAPÊUTICOS OU MEDICINAIS** | |
| **Falsificação, Corrupção, Adulteração ou Alteração de Produto Destinado a fins Terapêuticos ou Medicinais (art. 273)** | Falsificar, corromper, adulterar ou alterar produto destinado a fins terapêuticos ou medicinais. |
| **Penas** | A pena para o crime pode ser de reclusão, de dez a quinze anos, e multa. |
| **Figuras Equiparadas (§§ 1º e 1º-B)** | Importar, vender, expor à venda, ter em depósito para vender ou, de qualquer forma, distribuir ou entregar a consumo o produto falsificado, corrompido, adulterado ou alterado.<br>Praticar as ações previstas no § 1º em relação a produtos em qualquer das seguintes condições:<br>I – sem registro, quando exigível, no órgão de vigilância sanitária competente;<br>II – em desacordo com a fórmula constante do registro previsto no inciso anterior;<br>III – sem as características de identidade e qualidade admitidas para a sua comercialização;<br>IV – com redução de seu valor terapêutico ou de sua atividade;<br>V – de procedência ignorada;<br>VI – adquiridos de estabelecimento sem licença da autoridade sanitária competente. |
| **Modalidade Culposa (§ 2º)** | Se o crime é culposo:<br>Pena – detenção, de 1 (um) a 3 (três) anos, e multa. |
| **Classificação** | Comum; formal; doloso ou culposo; de forma livre; simples; comissivo (podendo ser praticado via omissão imprópria, no caso do agente gozar do status de garantidor); instantâneo (permanente nas formas "expor à venda" e "ter em depósito"); de perigo; unissubjetivo; plurissubsistente. |
| **Sujeito Ativo** | Qualquer pessoa. |
| **Sujeito Passivo** | Estado e coletividade. |
| **Objeto Jurídico** | Incolumidade pública, saúde pública. |
| **Objeto Material** | Produto falsificado, corrompido, adulterado ou alterado. |
| **Elemento Subjetivo** | Dolo de perigo, admite-se a modalidade culposa. |

| TÓPICO-SÍNTESE: Dos Crimes contra a incolumidade pública | |
|---|---|
| **Consumação** | Consuma-se quando o agente pratica qualquer das condutas previstas no tipo penal. |
| **Tentativa** | É admitida. |
| **Ação Penal** | Pública incondicionada. |
| **EMPREGO DE PROCESSO PROIBIDO OU DE SUBSTÂNCIA NÃO PERMITIDA** | |
| **Emprego de Processo Proibido ou de Substância não Permitida (art. 274)** | Empregar, no fabrico de produto destinado a consumo, revestimento, gaseificação artificial, matéria corante, substância aromática, antisséptica, conservadora ou qualquer outra não expressamente permitida pela legislação sanitária. |
| **Penas** | A pena para o crime pode ser de reclusão, de um a cinco anos, e multa. |
| **Classificação** | Comum; formal; doloso; de forma livre; simples; comissivo (podendo ser praticado via omissão imprópria, no caso do agente gozar do status de garantidor); instantâneo; de perigo; unissubjetivo; plurissubsistente. |
| **Sujeito Ativo** | Qualquer pessoa. |
| **Sujeito Passivo** | Estado e coletividade. |
| **Objeto Jurídico** | Incolumidade pública, saúde pública. |
| **Objeto Material** | Produto fabricado destinado ao consumo. |
| **Elemento Subjetivo** | Dolo de perigo. |
| **Consumação** | Consuma-se quando o agente pratica qualquer das condutas previstas no tipo penal. |
| **Tentativa** | É admitida. |
| **Ação Penal** | Pública incondicionada. |
| **INVÓLUCRO OU RECIPIENTE COM FALSA INDICAÇÃO** | |
| **Invólucro ou Recipiente com Falsa Indicação (art. 275)** | Inculcar, em invólucro ou recipiente de produtos alimentícios, terapêuticos ou medicinais, a existência de substância que não se encontra em seu conteúdo ou que nele existe em quantidade menor que a mencionada. |
| **Penas** | A pena para o crime pode ser de reclusão, de um a cinco anos, e multa. |
| **Classificação** | Comum; formal; doloso; de forma livre; comissivo (podendo ser praticado via omissão imprópria, no caso do agente gozar do status de garantidor); simples; instantâneo; de perigo; unissubjetivo; plurissubsistente. |

| TÓPICO-SÍNTESE: Dos Crimes contra a incolumidade pública | |
|---|---|
| **Sujeito Ativo** | Qualquer pessoa. |
| **Sujeito Passivo** | Estado e coletividade. |
| **Objeto Jurídico** | Incolumidade pública, saúde pública. |
| **Objeto Material** | Invólucro ou recipiente de produtos alimentícios, terapêuticos ou medicinais. |
| **Elemento Subjetivo** | Dolo de perigo. |
| **Consumação** | Consuma-se quando o agente pratica a conduta prevista no tipo penal. |
| **Tentativa** | É admitida. |
| **Ação Penal** | Pública incondicionada. |
| **PRODUTO OU SUBSTÂNCIA NAS CONDIÇÕES DOS DOIS ARTIGOS ANTERIORES** | |
| **Produto ou Substância nas condições dos dois artigos Anteriores (art. 276)** | Vender, expor à venda, ter em depósito para vender ou, de qualquer forma, entregar a consumo produto nas condições dos arts. 274 e 275. |
| **Penas** | A pena para o crime pode ser de reclusão, de um a cinco anos, e multa. |
| **Classificação** | Comum; formal; doloso; de forma livre; comissivo (podendo ser praticado via omissão imprópria, no caso do agente gozar do status de garantidor); simples; instantâneo (nas modalidades vender e entregar) e permanente (nas modalidades expor à venda e ter em depósito para vender) ; de perigo; unissubjetivo; plurissubsistente. |
| **Sujeito Ativo** | Qualquer pessoa. |
| **Sujeito Passivo** | Estado e coletividade. |
| **Objeto Jurídico** | Incolumidade pública, saúde pública. |
| **Objeto Material** | Produto nas condições determinadas pelos artigos 274 e 275 do Código Penal. |
| **Elemento Subjetivo** | Dolo de perigo. |
| **Consumação** | Consuma-se quando o agente pratica qualquer das condutas previstas no tipo penal. |
| **Tentativa** | É admitida. |
| **Ação Penal** | Pública incondicionada. |
| **SUBSTÂNCIA DESTINADA À FALSIFICAÇÃO** | |
| **Substância Destinada à Falsificação (art. 277)** | Vender, expor à venda, ter em depósito ou ceder substância destinada à falsificação de produtos alimentícios, terapêuticos ou medicinais. |
| **Penas** | A pena para o crime pode ser de reclusão, de um a cinco anos, e multa. |

| TÓPICO-SÍNTESE: Dos Crimes contra a incolumidade pública | |
|---|---|
| **Classificação** | Comum; formal; simples; doloso; de forma livre; comissivo (podendo ser praticado via omissão imprópria, no caso do agente gozar do status de garantidor); instantâneo (permanente nas modalidades "expor à venda" e "ter em depósito"); de perigo ; unissubjetivo; plurissubsistente. |
| **Sujeito Ativo** | Qualquer pessoa. |
| **Sujeito Passivo** | Estado e coletividade. |
| **Objeto Jurídico** | Incolumidade pública, saúde pública. |
| **Objeto Material** | Substância destinada à falsificação de produtos alimentícios, terapêuticos ou medicinais. |
| **Elemento Subjetivo** | Dolo de perigo. |
| **Consumação** | Consuma-se quando o agente pratica qualquer das condutas previstas no tipo penal. |
| **Tentativa** | É admitida. |
| **Ação Penal** | Pública incondicionada. |
| **OUTRAS SUBSTÂNCIAS NOCIVAS À INCOLUMIDADE PÚBLICA** | |
| **Outras Substâncias Nocivas à Incolumidade Pública (art. 278)** | Fabricar, vender, expor à venda, ter em depósito para vender ou, de qualquer forma, entregar a consumo coisa ou substância nociva à saúde, ainda que não destinada à alimentação ou a fim medicinal. |
| **Penas** | A pena para o crime pode ser de detenção, de um a três anos, e multa. |
| **Modalidade Culposa (Parágrafo único)** | Se o crime é culposo:<br>Pena – detenção, de 2 (dois) meses a 1 (um) ano. |
| **Classificação** | Comum; formal; simples; doloso; de forma livre; comissivo (podendo ser praticado via omissão imprópria, no caso do agente gozar do status de garantidor); instantâneo (permanente nas modalidades "expor à venda" e "ter em depósito"); de perigo; unissubjetivo; plurissubsistente. |
| **Sujeito Ativo** | Qualquer pessoa. |
| **Sujeito Passivo** | Estado e coletividade. |
| **Objeto Jurídico** | Incolumidade pública, saúde pública. |
| **Objeto Material** | Coisa ou substância nociva à saúde. |
| **Elemento Subjetivo** | Dolo de perigo, admite-se a modalidade culposa. |
| **Consumação** | Consuma-se quando o agente pratica qualquer das condutas previstas no tipo penal. |
| **Tentativa** | É admitida. |
| **Ação Penal** | Pública incondicionada. |

| TÓPICO-SÍNTESE: Dos Crimes contra a incolumidade pública | |
|---|---|
| **MEDICAMENTO EM DESACORDO COM RECEITA MÉDICA** | |
| **Medicamentos em Desacordo com Receita Médica (art. 280)** | Fornecer substância medicinal em desacordo com receita médica. |
| **Penas** | A pena para o crime pode ser de detenção, de um a três anos, ou multa. |
| **Modalidade Culposa (Parágrafo único)** | Se o crime é culposo:<br>Pena – detenção, de 2 (dois) meses a 1 (um) ano. |
| **Classificação** | Comum; formal; simples; doloso; de forma livre; comissivo (podendo ser praticado via omissão imprópria, no caso do agente gozar do status de garantidor); instantâneo; de perigo; unissubjetivo; plurissubsistente. |
| **Sujeito Ativo** | Qualquer pessoa. |
| **Sujeito Passivo** | Estado e coletividade. |
| **Objeto Jurídico** | Incolumidade pública, saúde pública. |
| **Objeto Material** | Substância medicinal. |
| **Elemento Subjetivo** | Dolo de perigo, admite-se a modalidade culposa. |
| **Consumação** | Consuma-se no momento em que o agente pratica a conduta descrita no tipo penal. |
| **Tentativa** | É admitida. |
| **Ação Penal** | Pública incondicionada. |
| **EXERCÍCIO ILEGAL DA MEDICINA, ARTE DENTÁRIA OU FARMACÊUTICA** | |
| **Exercício Ilegal da Medicina, Arte Dentária ou Farmacêutica (art. 282)** | Exercer, ainda que a título gratuito, a profissão de médico, dentista ou farmacêutico, sem autorização legal ou excedendo-lhe os limites. |
| **Penas** | A pena para o crime pode ser de reclusão, de seis meses a dois anos, e multa (se houver a finalidade lucrativa). |
| **Aplica-se também a pena de multa (Parágrafo único)** | Se o crime é praticado com o fim de lucro. |
| **Classificação** | Comum (no que diz respeito à conduta de "exercer") e próprio (no que tange ao fato de o sujeito "exceder" os seus limites, haja vista que somente o médico, o dentista e o farmacêutico podem ser sujeitos ativos); formal;; doloso; de forma livre; comissivo (podendo ser praticado via omissão imprópria, no caso do agente gozar do status de garantidor); instantâneo; de perigo; habitual; unissubjetivo; plurissubsistente. |
| **Sujeito Ativo** | Qualquer pessoa, na primeira parte. Médico, dentista ou farmacêutico na segunda parte do tipo. |

| TÓPICO-SÍNTESE: Dos Crimes contra a incolumidade pública | |
|---|---|
| **Sujeito Passivo** | Estado, coletividade e aquele que sofreu o dano ou a ele foi exposto. |
| **Objeto Jurídico** | Incolumidade pública, saúde pública. |
| **Objeto Material** | Profissão de médico, dentista ou farmacêutico. |
| **Elemento Subjetivo** | Dolo de exercer, ainda que a título gratuito, a profissão de médico, dentista ou farmacêutico, sem autorização legal ou excedendo-lhes os limites. |
| **Consumação** | Consuma-se com o exercício habitual da profissão. |
| **Tentativa** | Não é admitida. |
| **Ação Penal** | Pública incondicionada. |
| **CHARLATANISMO** | |
| **Charlatanismo (art. 283)** | Inculcar ou anunciar cura por meio secreto ou infalível. |
| **Penas** | A pena para o crime pode ser de detenção de três meses a um ano, e multa. |
| **Classificação** | Comum; doloso; de forma livre; comissivo (podendo ser praticado via omissão imprópria, no caso do agente gozar do status de garantidor); instantâneo; de perigo abstrato; unissubjetivo; plurissubsistente. |
| **Sujeito Ativo** | Qualquer pessoa. |
| **Sujeito Passivo** | Estado, coletividade e aquele que sofreu o dano ou a ele foi exposto. |
| **Objeto Jurídico** | Incolumidade pública, saúde pública. |
| **Objeto Material** | Anúncio da cura por meio secreto ou infalível. |
| **Elemento Subjetivo** | Dolo de perigo. |
| **Consumação** | Consuma-se com o ato de propor. |
| **Tentativa** | É admitida. |
| **Ação Penal** | Pública incondicionada. |
| **CURANDEIRISMO** | |
| **Curandeirismo (art. 284)** | Exercer o curandeirismo:<br>I – prescrevendo, ministrando ou aplicando, habitualmente, qualquer substância;<br>II – usando gestos, palavras ou qualquer outro meio;<br>III – fazendo diagnósticos. |
| **Penas** | A pena para o crime pode ser de detenção, de seis meses a dois anos. |
| **Aplica-se também a pena de multa (Parágrafo único)** | Se o crime é praticado mediante remuneração. |
| **Classificação** | Comum; formal; simples; doloso; de forma livre; comissivo (podendo ser praticado via omissão imprópria, no caso do agente gozar do status de garantidor); instantâneo; de perigo abstrato; unissubjetivo; plurissubsistente. |

| TÓPICO-SÍNTESE: Dos Crimes contra a incolumidade pública | |
|---|---|
| **Sujeito Ativo** | Qualquer pessoa. |
| **Sujeito Passivo** | Estado, coletividade e aquele que for objeto da "cura". |
| **Objeto Jurídico** | Incolumidade pública, saúde pública. |
| **Objeto Material** | Substância prescrita, o gesto, a palavra ou outro meio empregado e o diagnóstico realizado. |
| **Elemento Subjetivo** | Dolo de perigo. |
| **Consumação** | Consuma-se quando o agente, reiteradamente, pratica qualquer das condutas previstas no tipo penal. |
| **Tentativa** | Não é admitida. |
| **Ação Penal** | Pública incondicionada. |

Título IX

# DOS CRIMES CONTRA A PAZ PÚBLICA

Capítulo

# 1

# INCITAÇÃO AO CRIME

**Leia a Lei:**

- *art. 286 do CP.*

**Art. 286.** *Incitar, publicamente, a prática de crime:*
**Pena** – *detenção, de três a seis meses, ou multa.*

## 1. INTRODUÇÃO

A conduta consiste em incitar (instigar, estimular, reforçar a ideia, provocar) publicamente a prática de crime. Há, então, uma exigência de manifestação pública, isto é, que a incitação alcance uma quantidade expressiva de pessoas. Este número de pessoas a ser alcançado, todavia, não é definido em lei. Ademais, imprescindível que se trate de incitação à prática de crime determinado, portanto, devidamente especificado.

Não caracteriza crime a defesa pública de mudança legislativa. Por esta razão, o STF (ADI n. 4.274-DF) reputou constitucional a chamada "marcha da maconha", cujo objetivo é defender a legalização da referida droga. Neste caso, não há um estímulo à prática de crime, mas sim a defesa de mudança legislativa, o que se mostra compatível com o regime democrático.

O crime em comento pode ser praticado de qualquer forma. Assim, de modo exemplificativo, podemos vislumbrar a incitação ao crime por meio de jornais, revistas, televisão, rádio, escritos, panfletos, redes sociais etc. A antiga Lei de Imprensa possuía dispositivo específico, mas, não custa recordar, ela foi considerada incompatível com a atual ordem constitucional, pelo STF (ADPF n. 130).

A depender do caso, podemos ter tipos penais específicos de incitação ao crime, na legislação extravagante. Citamos como exemplo o art. 23 da Lei de Segurança Nacional (Lei n. 7.170/83), art. 3º da Lei de Genocídio (Lei n. 2.889/56), art. 20, *caput*, da Lei de Preconceito (Lei n. 7.716/89) e art. 155 do Código Penal Militar.

A pena para o crime pode ser de detenção, de três a seis meses, ou multa. Logo, podemos concluir que:

a) É possível a transação penal (art. 76, Lei n. 9.099/95), pois se trata de infração penal de menor potencial ofensivo;

b) É possível a suspensão condicional do processo (art. 89, Lei n. 9.099/95), pois a pena mínima não ultrapassa um ano.

Vale registrar que a pena de multa figura como sanção alternativa, e não cumulativa à privação de liberdade.

O crime de *incitação ao crime* é simples; comum; formal; doloso; de perigo abstrato; de forma livre; comissivo (podendo também ser cometido via omissão imprópria, na hipótese de o agente gozar do status de garantidor); instantâneo; unissubjetivo; unissubsistente e plurissubsistente, conforme o caso concreto.

## 2. SUJEITO ATIVO

Qualquer pessoa. Trata-se, pois, de crime comum.

## 3. SUJEITO PASSIVO

É a coletividade.

## 4. OBJETO JURÍDICO

A paz pública.

## 5. OBJETO MATERIAL

É a prática do crime.

## 6. ELEMENTO SUBJETIVO

É o dolo. Não se exige uma finalidade específica (dolo específico).

Não se admite a modalidade culposa.

## 7. CONSUMAÇÃO E TENTATIVA

O crime se consuma com a mera incitação, não se exigindo que o crime incitado venha ser efetivamente praticado. Trata-se, portanto, de crime formal, pois não se exige a produção de um resultado naturalístico.

A tentativa é admissível. Exemplo: incitação pública por escrito.

## 8. AÇÃO PENAL

É de iniciativa pública incondicionada.

## 9. TÓPICO-SÍNTESE

| TÓPICO-SÍNTESE: Incitação ao Crime | |
|---|---|
| **Incitação ao Crime (art. 286)** | Incitar, publicamente, a prática de crime. |
| **Penas** | A pena para o crime pode ser de detenção, de três a seis meses, ou multa. |

| TÓPICO-SÍNTESE: Incitação ao Crime | |
|---|---|
| **Classificação** | Comum; formal; doloso; de perigo abstrato; de forma livre; comissivo (podendo também ser cometido via omissão imprópria, na hipótese de o agente gozar do status de garantidor); instantâneo; unissubjetivo; unissubsistente e plurissubsistente, conforme o caso concreto. |
| **Sujeito Ativo** | Qualquer pessoa. |
| **Sujeito Passivo** | Coletividade. |
| **Objeto Jurídico** | Paz pública. |
| **Objeto Material** | Prática do crime. |
| **Elemento Subjetivo** | Dolo. |
| **Consumação** | Consuma-se com a mera incitação. |
| **Tentativa** | É admitida. |
| **Ação Penal** | Pública incondicionada. |

Capítulo

# 2

# APOLOGIA DE CRIME OU CRIMINOSO

***Leia a Lei:***

- *art. 287 do CP.*

**Art. 287.** *Fazer, publicamente, apologia de fato criminoso ou de autor de crime:*
**Pena –** *detenção, de três a seis meses, ou multa.*

## 1. INTRODUÇÃO

A conduta consiste em fazer apologia (enaltecer, exaltar etc.) de fato criminoso ou da figura do criminoso. A despeito das semelhanças com o tipo penal anterior, dele se diferencia, porque a incitação diz respeito à instigação para que se cometa o crime (refere-se a fato futuro), ao passo que a apologia diz respeito a fato criminoso já ocorrido à pessoa do criminoso (refere-se, então, a crime já praticado).

Tal como ocorre com o crime de incitação (art. 286, CP), o presente crime deve ser praticado publicamente, isto é, envolvendo um número expressivo de pessoas. E isto pode ocorrer por meio da imprensa, de redes sociais etc.

A pena para o crime pode ser de detenção, de três a seis meses, ou multa. Logo, podemos concluir que:

a) É possível a transação penal (art. 76, Lei n. 9.099/95), pois se trata de infração penal de menor potencial ofensivo;

b) É possível a suspensão condicional do processo (art. 89, Lei n. 9.099/95), pois a pena mínima não ultrapassa um ano.

Vale registrar que a pena de multa figura como sanção alternativa, e não cumulativa à privação de liberdade.

O crime de *apologia ao crime ou criminoso* é comum; formal; simples; doloso; de perigo abstrato; de forma livre; comissivo (podendo também ser cometido via omissão imprópria, na hipótese de o agente gozar do status de garantidor); instantâneo; unissubjetivo; unissubsistente e plurissubsistente, conforme o caso concreto.

## 2. SUJEITO ATIVO

Qualquer pessoa. Trata-se, pois, de crime comum.

## 3. SUJEITO PASSIVO

A coletividade.

## 4. OBJETO JURÍDICO

É a paz pública.

## 5. OBJETO MATERIAL

É o fato criminoso ou o autor de crime.

## 6. ELEMENTO SUBJETIVO

É o dolo. Não se admite a modalidade culposa.

## 7. CONSUMAÇÃO E TENTATIVA

A consumação ocorre com a mera apologia realizada publicamente. Trata-se de crime de mera conduta, pois não há resultado material, nem mesmo como exaurimento.

Admite-se a tentativa.

## 8. AÇÃO PENAL

É de natureza pública incondicionada.

## 9. TÓPICO-SÍNTESE

| TÓPICO-SÍNTESE: Apologia de Crime ou criminoso | |
|---|---|
| Apologia de Crime ou Criminoso (art. 287) | Fazer, publicamente, apologia de fato criminoso ou de autor de crime. |
| Penas | A pena para o crime pode ser de detenção, de três a seis meses, ou multa. |
| Classificação | Comum; doloso; formal; simples; de perigo abstrato; de forma livre; comissivo (podendo também ser cometido via omissão imprópria, na hipótese de o agente gozar do status de garantidor); instantâneo; unissubjetivo; unissubsistente e plurissubsistente, conforme o caso concreto. |
| Sujeito Ativo | Qualquer pessoa. |
| Sujeito Passivo | Coletividade. |
| Objeto Jurídico | Paz pública. |
| Objeto Material | Fato criminoso ou o autor de crime. |
| Elemento Subjetivo | Dolo. |
| Consumação | Consuma-se com a mera apologia realizada publicamente. |
| Tentativa | É admitida. |
| Ação Penal | Pública incondicionada. |

# Capítulo 3

# ASSOCIAÇÃO CRIMINOSA

***Leia a Lei:***

- *art. 288 do CP.*

**Art. 288.** *Associarem-se 3 (três) ou mais pessoas, para o fim específico de cometer crimes:*
**Pena** – *reclusão, de 1 (um) a 3 (três) anos.*
**Parágrafo único.** *A pena aumenta-se até a metade se a associação é armada ou se houver a participação de criança ou adolescente.*

## 1. INTRODUÇÃO

Até o advento da Lei n. 12.850/13, o art. 288 do Código Penal tratava do crime de "quadrilha ou bando", e exigia a participação de pelo menos quatro pessoas. A partir desta alteração legislativa, temos o crime de associação criminosa, que exige a participação mínima de três pessoas. Trata-se, portanto de um crime plurissubjetivo (crime de concurso necessário), porquanto exige a participação de mais de uma pessoa.

A caracterização do crime de associação criminosa exige permanência e estabilidade na reunião de pessoas. E é isto que a distingue do concurso de pessoas, na qual há uma reunião momentânea de criminosos. Ademais, é importante registrar que a associação criminosa é um delito autônomo em relação aos demais crimes que o grupo pretende praticar. Por esta razão, a reunião em torno do propósito delitivo independe da efetiva consumação de qualquer outro crime.

De forma exemplificativa, se três pessoas se reúnem de modo estável e decidem praticar crimes de roubo (art. 157, CP), o crime de associação criminosa já estará caracterizado. A posterior prática do(s) roubo(s) fará com que eles respondam pelos crimes em concurso material. Por outro lado, se eles se reunissem com o propósito específico de praticar apenas um crime de roubo e, posteriormente, a reunião deles se desfaz, não haverá associação criminosa, mas mero concurso de pessoas.

A pena para o crime pode ser de reclusão, de um a três anos. Logo, podemos concluir que:

a) Não é possível a transação penal (art. 76, Lei n. 9.099/95), pois não se trata de infração penal de menor potencial ofensivo;

b) É possível a suspensão condicional do processo (art. 89, Lei n. 9.099/95), pois a pena mínima não ultrapassa um ano.

Ademais, assinale-se que o parágrafo único do art. 288 prevê que a pena será aumentada até a metade se a associação for armada ou se houver a participação de criança ou adolescente.

No que concerne à associação armada, prevalece o entendimento no sentido de que basta que um dos membros da associação atue armado para que a causa de aumento incida.

No que diz respeito à participação de menores, importante destacar que a sua presença será levada em consideração para a caracterização da associação criminosa. Deste modo, pode, por exemplo, haver uma associação criminosa na qual apenas um dos agentes seja maior de idade. Neste caso, este maior r4esponderá pelo crime de associação criminosa, restando a responsabilização dos menores apenas pelo ato infracional equiparado.

O crime de *associação criminosa* é comum; formal; doloso; de perigo abstrato; de forma livre; comissivo; simples; permanente; unissubjetivo; plurissubsistente.

### 1.1. Legislação penal especial

A Lei de Crimes Hediondos (Lei n. 8.072/90) dispõe em seu artigo 8º: "Será de três a seis anos de reclusão a pena prevista no art. 288 do Código Penal, quando se tratar de crimes hediondos, prática da tortura, tráfico ilícito de entorpecentes e drogas afins ou terrorismo". Como se vê, não se trata de outro crime, mas apenas de uma modalidade qualificada de associação criminosa, prevista em lei própria.

Deste modo, se a associação criminosa se destina à prática de crimes hediondos ou equiparados, incidiria esta qualificadora. A propósito, o dispositivo transcrito foi parcialmente revogado pela atual Lei de Drogas, que prevê, como crime autônomo, a associação para o tráfico (art. 35, Lei n. 11.343/06).

Cumpre não confundir a associação criminosa (art. 288, CP) com a associação para o tráfico (art. 35, Lei n. 11.343/06), que exige a presença de apenas duas pessoas, para a prática, reiterada ou não, dos crimes previstos nos arts. 33, *caput* e § 1º, e 34 daquela Lei.

Ademais, a associação criminosa (art. 288, CP) também não se confunde com o crime de organização criminosa (art. art. 1º, § 1º, Lei n. 12.850/13), que possui como pressuposto a presença de quatro agentes. Ademais, a organização criminosa deve ser "estruturalmente ordenada e caracterizada pela divisão de tarefas, ainda que informalmente, com objetivo de obter, direta ou indiretamente, vantagem de qualquer natureza, mediante a prática de infrações penais cujas penas máximas sejam superiores a 4 (quatro) anos, ou que sejam de caráter transnacional".

## 2. SUJEITO ATIVO

Qualquer pessoa. Vale reiterar que se trata de crime plurissubjetivo (de concurso necessário), razão pela qual é imprescindível o concurso de, ao menos, três pessoas. Neste cômputo, são considerados os agentes impuníveis.

## 3. SUJEITO PASSIVO

É a coletividade.

## 4. OBJETO JURÍDICO

É a paz pública.

## 5. OBJETO MATERIAL

Não há objeto material, pois as condutas recíprocas dos agentes, não recaem sobre pessoa ou coisa.

## 6. ELEMENTO SUBJETIVO

É o dolo, consistente na vontade consciente de se associar. Exige-se o elemento subjetivo específico, consistente na finalidade de cometer crimes.

Não há previsão para a modalidade culposa.

## 7. CONSUMAÇÃO E TENTATIVA

Ocorrerá a consumação do crime quando houver a associação de, pelo menos, três pessoas, para a prática de crimes. Importante destacar que para a caracterização do crime é imprescindível o dolo de se associar com estabilidade e permanência, e a reunião ocasional de três ou mais pessoas não se subsume ao tipo do artigo 288.

Além disso, não se pode olvidar que o crime de associação criminosa é autônomo em relação aos demais crimes, razão pela qual é possível a condenação por este crime sem que exista a condenação por qualquer outro crime. Provada a associação e o outro crime, haverá concurso material de crimes, não se podendo falar em absorção de um crime pelo outro.

Ademais, vale registrar que o crime de associação criminosa possui caráter permanente. Deste modo, enquanto perdurar a associação, perdura o crime.

Não é possível a tentativa.

## 8. AÇÃO PENAL

A ação penal é pública incondicionada.

## 9. TÓPICO-SÍNTESE

| TÓPICO-SÍNTESE: Associação Criminosa | |
|---|---|
| **Associação Criminosa (art. 288)** | Associarem-se 3 (três) ou mais pessoas, para o fim específico de cometer crimes. |
| **Penas** | A pena para o crime pode ser de reclusão, de um a três anos. |
| **Majorante de pena (Parágrafo único)** | Até a metade:<br>• se a associação é armada;<br>• se houver a participação de criança ou adolescente. |

| TÓPICO-SÍNTESE: Associação Criminosa | |
|---|---|
| **Qualificadora Lei 8.072/90 (Lei de Crimes Hediondos)** | Será de três a seis anos de reclusão a pena prevista no art. 288 do Código Penal, quando se tratar de crimes hediondos, prática da tortura, tráfico ilícito de entorpecentes e drogas afins ou terrorismo. |
| **Classificação** | Comum; formal; doloso; de perigo abstrato; de forma livre; comissivo; simples; permanente; unissubjetivo; plurissubsistente. |
| **Sujeito Ativo** | Qualquer pessoa. |
| **Sujeito Passivo** | Coletividade. |
| **Objeto Jurídico** | Paz pública. |
| **Objeto Material** | Não há. |
| **Elemento Subjetivo** | Dolo específico, consistente na finalidade de cometer crimes. |
| **Consumação** | Consuma-se com a associação de, pelo menos, três pessoas, para a prática de crimes. |
| **Tentativa** | Não é admitida. |
| **Ação Penal** | Pública incondicionada. |

Capítulo

# 4

# CONSTITUIÇÃO DE MILÍCIA PRIVADA

***Leia a Lei:***

- *art. 288-A do CP.*

**Art. 288-A.** *Constituir, organizar, integrar, manter ou custear organização paramilitar, milícia particular, grupo ou esquadrão com a finalidade de praticar qualquer dos crimes previstos neste Código:*

**Pena** – *reclusão, de 4 (quatro) a 8 (oito) anos.*

## 1. INTRODUÇÃO

O crime de constituição de milícia privada foi incluído no Código Penal pela Lei n. 12.720/12. Assim como o crime de associação criminosa, a constituição de milícia privada é um crime plurissubjetivo (crime de concurso necessário), razão pela qual haverá a necessidade de participação de mais de um agente.

Contudo, a lei não estabeleceu o número de pessoas para a configuração da milícia. Doutrinariamente, tem-se entendido que a milícia deve ser constituída por, pelo menos, três pessoas, tal como ocorre no crime de associação criminosa.

Milícia privada é constituída de um grupo de pessoas que se unem para a prática de crimes, a pretexto de prestarem serviço de segurança.

A pena para o crime pode ser de reclusão, de quatro a oito anos. Logo, podemos concluir que:

a) Não é possível a transação penal (art. 76, Lei n. 9.099/95), pois não se trata de infração penal de menor potencial ofensivo;

b) Não é possível a suspensão condicional do processo (art. 89, Lei n. 9.099/95), pois a pena mínima ultrapassa um ano.

O crime de *constituição de milícia privada* é comum; formal; doloso; de perigo; de forma livre; comissivo; simples; permanente; unissubjetivo; plurissubsistente.

## 2. SUJEITO ATIVO

Qualquer pessoa. Trata-se, pois, de crime comum.

## 3. SUJEITO PASSIVO

A coletividade.

## 4. OBJETO JURÍDICO

A paz pública.

## 5. OBJETO MATERIAL

É a organização paramilitar, milícia particular, grupo ou esquadrão.

## 6. ELEMENTO SUBJETIVO

É o dolo. Exige-se o dolo específico, consistente na "finalidade de praticar qualquer dos crimes previstos neste Código". Deste modo, se a finalidade for a prática de crimes previstos na legislação penal especial, não haverá o crime de constituição de milícia privada (art. 288-A, CP), mas sim o crime de associação criminosa (art. 288, CP).

Não há previsão para a modalidade culposa.

## 7. CONSUMAÇÃO E TENTATIVA

O crime se consuma com a constituição da milícia, que pressupõe permanência e estabilidade. Assim como ocorre com o crime de associação criminosa (art. 288, CP), não há a necessidade de praticar outro crime para que o crime de milícia esteja caracterizado. Se os membros da milícia cometerem outros crimes, haverá concurso de delitos.

Não se admite a tentativa.

## 8. AÇÃO PENAL

É pública incondicionada.

## 9. TÓPICO-SÍNTESE

| TÓPICO-SÍNTESE: Constituição de milícia privada | |
|---|---|
| **Constituição de Milícia Privada (art. 288-A)** | Constituir, organizar, integrar, manter ou custear organização paramilitar, milícia particular, grupo ou esquadrão com a finalidade de praticar qualquer dos crimes previstos neste Código. |
| **Penas** | A pena para o crime pode ser de reclusão, de quatro a oito anos. |
| **Classificação** | Comum; formal; doloso; de perigo; de forma livre; comissivo; simples; permanente; unissubjetivo; plurissubsistente. |
| **Sujeito Ativo** | Qualquer pessoa. |
| **Sujeito Passivo** | Coletividade. |
| **Objeto Jurídico** | Paz pública. |
| **Objeto Material** | Organização paramilitar, milícia particular, grupo ou esquadrão. |

| TÓPICO-SÍNTESE: Constituição de milícia privada | |
|---|---|
| **Elemento Subjetivo** | Dolo específico, consistente na "finalidade de praticar qualquer dos crimes previstos neste Código". |
| **Consumação** | Consuma-se com a constituição da milícia, que pressupõe permanência e estabilidade. |
| **Tentativa** | Não é admitida. |
| **Ação Penal** | Pública incondicionada. |

Título X

# DOS CRIMES CONTRA A FÉ PÚBLICA

Capítulo

# 1

# DA MOEDA FALSA

***Leia a Lei:***

- *art. 289 a 292 do CP.*

## 1. MOEDA FALSA

**Art. 289.** *Falsificar, fabricando-a ou alterando-a, moeda metálica ou papel-moeda de curso legal no país ou no estrangeiro:*

**Pena –** *reclusão, de 3 (três) a 12 (doze) anos, e multa.*

**§ 1º** *Nas mesmas penas incorre quem, por conta própria ou alheia, importa ou exporta, adquire, vende, troca, cede, empresta, guarda ou introduz na circulação moeda falsa.*

**§ 2º** *Quem, tendo recebido de boa-fé, como verdadeira, moeda falsa ou alterada, a restitui à circulação, depois de conhecer a falsidade, é punido com detenção, de 6 (seis) meses a 2 (dois) anos, e multa.*

**§ 3º** *É punido com reclusão, de 3 (três) a 15 (quinze) anos, e multa, o funcionário público ou diretor, gerente, ou fiscal de banco de emissão que fabrica, emite ou autoriza a fabricação ou emissão:*

**I –** *de moeda com título ou peso inferior ao determinado em lei;*

**II –** *de papel-moeda em quantidade superior à autorizada.*

**§ 4º** *Nas mesmas penas incorre quem desvia e faz circular moeda, cuja circulação não estava ainda autorizada.*

### 1.1. Introdução

É importante ser dito, antes de qualquer consideração acerca do delito agora estudaremos, que a fé pública é a fé na autoridade, nas coisas que trazem o cunho de fidedignidade impresso pelo Estado.

De posse dessa informação e partindo para a análise do artigo, no núcleo do tipo está o verbo *falsificar* (imitar o que é verdadeiro, tornando-o parecido), conduta que pode ser realizada através da fabricação ou alteração de moeda metálica ou papel-moeda de curso legal no país ou no estrangeiro. Fabricar consiste em criar materialmente o objeto; já a alteração, consigna-se na transformação de objeto verdadeiro, modificando-lhe o valor, a fim de que ele passe a representar mais do que efetivamente vale.

Ainda no que tange à alteração, não é demais registrar que não restará configurado o delito em estudo se o agente falsifica a moeda metálica ou o papel-moeda, de modo a diminuir-lhe o seu valor. Muito embora não esteja consignado claramente na lei, é majoritária a conclusão doutrinária e jurisprudencial de que o falso numerário deve ser um meio de locupletação ilícita.

Ademais, é imprescindível que a falsificação seja convincente, isto é, capaz de iludir os destinatários da moeda. A falsificação grosseira, facilmente perceptível pelo *homem médio*, não configurará o deleito em apreço.

> **POSIÇÃO DO STJ**
>
> *A utilização de papel moeda grosseiramente falsificado configura, em tese, o crime de estelionato, da competência da justiça estadual.*

Outra característica necessária é a existência de má-fé por parte do agente, portanto, aquele que restitui à circulação papel-moeda do qual desconhecia a falsidade, não comete crime algum.

O § 2°prevê condutas equiparadas às previstas no *caput* deste artigo, sendo que somente responderá por tais condutas o agente que não tenha concorrido para a falsificação.

No que tange à arguição do princípio da insignificância em terreno de defesa de quem praticou a conduta prevista neste artigo, já entendeu o STF pelo indeferimento de *habeas corpus* que pretendia a aplicação de tal princípio em favor de condenado por introduzir duas notas de R$ 10,00 (dez reais) em circulação. Na espécie, a defesa sustentava atipicidade da conduta em virtude do reduzido grau de reprovabilidade da ação, bem como da inexpressiva lesão jurídica provocada. Entretanto, para a Suprema Corte, o objeto de proteção da norma seria supraindividual, posto que engloba a credibilidade do sistema monetário e a expressão da própria soberania nacional, não havendo que se falar, portanto, em sustentação de defesa embasada em tal princípio. (HC 97220/MG, rel. Min. Ayres Britto)

A pena prevista para o crime é de reclusão de três a doze anos, além da multa. Logo, podemos concluir que:

a) Não é possível a transação penal (art. 76, Lei n. 9.099/95), pois não se trata de infração penal de menor potencial ofensivo;

b) Não é possível a suspensão condicional do processo (art. 89, Lei n. 9.099/95), pois a pena mínima ultrapassa um ano.

O crime de *moeda falsa* é comum; formal o material (verbo vender); doloso; simples; de forma livre; comissivo e, excepcionalmente, comissivo por omissão (aplicação do art. 13, § 2°, CP); instantâneo ou permanente (na figura "guardar"); não transeunte; unissubjetivo; plurissubsistente.

## 1.2. Sujeito Ativo

O sujeito ativo pode ser qualquer pessoa, representando esta conduta, pois, *delicta communi*, ou seja, crime comum, não sendo necessário, em regra, qualquer qualificação para o agente delituoso, exceto no que tange à conduta descrita no § 3°, quando ele é próprio.

### 1.3. Sujeito Passivo

O sujeito passivo é o Estado, bem como aquele que foi diretamente prejudicado.

### 1.4. Objeto Jurídico

O objeto juridicamente tutelado é a fé pública.

### 1.5. Objeto Material

O objeto material é a moeda falsa (metal ou papel-moeda) sobre a qual recai qualquer das condutas aqui estudadas.

### 1.6. Elemento Subjetivo

O elemento subjetivo exigido no tipo é o dolo, pois se exige do agente a vontade livre e consciente de falsificar moeda. Não há previsão para modalidade culposa.

### 1.7. Consumação e Tentativa

Consuma-se o crime quando o agente falsifica moeda metálica ou papel moeda, não sendo necessário que o objeto do crime seja posto em circulação para que o delito reste caracterizado.

A forma tentada é perfeitamente cabível.

### 1.8. Ação Penal

A ação penal é de iniciativa pública incondicionada.

## 2. CRIMES ASSIMILADOS AO DE MOEDA FALSA

**Art. 290.** *Formar cédula, nota ou bilhete representativo de moeda com fragmentos de cédulas, notas ou bilhetes verdadeiros; suprimir, em nota, cédula ou bilhete recolhidos, para o fim de restituí-los à circulação, sinal indicativo de sua inutilização; restituir à circulação cédula, nota ou bilhete em tais condições, ou já recolhidos para o fim de inutilização:*

**Pena** – *reclusão, de dois a oito anos, e multa.*

**Parágrafo único.** *O máximo da reclusão é elevado a doze anos e multa, se o crime é cometido por funcionário que trabalha na repartição onde o dinheiro se achava recolhido, ou nela tem fácil ingresso, em razão do cargo.*

### 2.1. Introdução

Do núcleo do tipo extraem-se as seguintes condutas delituosas: *formar cédulas, nota ou bilhete representativo de moeda com fragmentos de cédulas, notas ou bilhetes verdadeiros; suprimir, em nota, cédula ou bilhete recolhidos, para o fim de restituí-los à circulação, sinal indicativo de sua inutilização; restituir à circulação cédula, nota ou bilhete em tais condições, ou já recolhidos para o fim de inutilização.* Temos, nos dois primeiros casos, que o falso é praticado por meio da *formação* e da *supressão*; ao passo que no último caso o delito restará configurado mediante a *restituição* dos objetos materiais à *circulação*.

A pena prevista para o crime é de reclusão de dois a oito anos, além da multa. Logo, podemos concluir que:

a) Não é possível a transação penal (art. 76, Lei n. 9.099/95), pois não se trata de infração penal de menor potencial ofensivo;

b) Não é possível a suspensão condicional do processo (art. 89, Lei n. 9.099/95), pois a pena mínima ultrapassa um ano.

Os *crimes assimilados ao de moeda falsa são* comuns; formal; simples; dolosos; de forma livre; comissivos ou omissivo; instantâneos; não transeunte; unissubjetivos; unissubsistente ou plurissubsistente, conforme o caso.

### 2.2. Sujeito Ativo

O sujeito ativo pode ser qualquer pessoa, representando esta conduta, pois, *delicta communi,* ou seja, crime comum, não sendo necessária qualquer qualificação para o agente delituoso.

Entretanto, se o crime é cometido por funcionário público que trabalha na repartição onde o dinheiro se achava recolhido, ou nela tem fácil ingresso, em razão de cargo, a pena máxima será aumenta para doze anos e multa, consoante parágrafo único do presente artigo.

### 2.3. Sujeito Passivo

O sujeito passivo é o Estado, bem como aquele que foi diretamente prejudicado.

### 2.4. Objeto Jurídico

O objeto juridicamente tutelado é a fé pública.

### 2.5. Objeto Material

O objeto material é a cédula, nota ou bilhete sobre os quais recai qualquer das condutas aqui estudadas.

### 2.6. Elemento Subjetivo

O elemento subjetivo exigido no tipo é o dolo, pois se exige do agente a vontade livre e consciente de praticar crime assimilado ao de moeda falsa. Não há previsão para modalidade culposa

### 2.7. Consumação e Tentativa

Consuma-se o crime quando o agente consegue, efetivamente, formar a cédula, nota ou bilhete falsificado, nos termos constantes do *caput.*

A forma tentada é perfeitamente cabível.

### 2.8. Ação Penal

A ação penal é de iniciativa pública incondicionada.

## 3. PETRECHOS PARA FALSIFICAÇÃO DE MOEDA

**Art. 291** – *Fabricar, adquirir, fornecer, a título oneroso ou gratuito, possuir ou guardar maquinismo, aparelho, instrumento ou qualquer objeto especialmente destinado à falsificação de moeda:*
**Pena** – *reclusão, de 2 (dois) a 6 (seis) anos, e multa.*

### 3.1. Introdução

O tipo prevê como conduta delituosa a fabricação, a aquisição, o fornecimento, a posse ou a guarda de maquinismo, aparelho, instrumento ou qualquer objeto especialmente destinado à falsificação de moeda, não distinguindo se o agente o faz a título oneroso ou gratuito.

A posse de petrechos para a falsificação de moeda não é punida quando se constituiu em expediente utilizado para a consecução do crime-fim, qual seja, a fabricação de moeda, e a guarda das cédulas falsas é mera consequência da sua fabricação, não se podendo punir tais delitos como crimes autônomos, devendo responder o agente somente pela falsificação de moeda, sob pena de se apenar triplamente a mesma conduta, caracterizando inaceitável *bis in idem*. (TRF, 4ª Região, ACR/PR, Rel. Decio José da Silva)

A pena prevista para o crime é de reclusão de dois a seis anos, além da multa. Logo, podemos concluir que:

a) Não é possível a transação penal (art. 76, Lei n. 9.099/95), pois não se trata de infração penal de menor potencial ofensivo;

b) Não é possível a suspensão condicional do processo (art. 89, Lei n. 9.099/95), pois a pena mínima ultrapassa um ano.

O crime de *petrechos para falsificação de moeda* é comum; formal; simples; doloso; de forma livre; comissivo ou omissivo; instantâneo (nas modalidades "fabricar", "adquirir" e "fornecer") ou permanente (nas formas "possuir" e "guardar"); não transeunte; unissubjetivo; e plurissubsistente.

### 3.2. Sujeito Ativo

O sujeito ativo pode ser qualquer pessoa, representando esta conduta, pois, *delicta communi,* ou seja, crime comum, não sendo necessária qualquer qualificação para o agente delituoso.

### 3.3. Sujeito Passivo

O sujeito passivo é o Estado.

### 3.4. Objeto Jurídico

O objeto juridicamente tutelado é a fé pública.

### 3.5. Objeto Material

O objeto material é o maquinismo, aparelho, instrumento ou qualquer outro objeto especialmente destinado à falsificação de moeda.

### 3.6. Elemento Subjetivo

O elemento subjetivo exigido no tipo é o dolo. Não há previsão para modalidade culposa.

### 3.7. Consumação e Tentativa

Consuma-se o crime quando o agente pratica qualquer das ações previstas no *caput* deste artigo.

Muito embora seja objeto de divergência doutrinária, entendemos pela possibilidade de caracterização da forma tentada.

### 3.8. Ação Penal

A ação penal é de iniciativa pública incondicionada.

## 4. EMISSÃO DE TÍTULO AO PORTADOR SEM PERMISSÃO LEGAL

> **Art. 292.** *Emitir, sem permissão legal, nota, bilhete, ficha, vale ou título que contenha promessa de pagamento em dinheiro ao portador ou a que falte indicação do nome da pessoa a quem deva ser pago:*
> **Pena** – *detenção, de 1 (um) a 6 (seis) meses, ou multa.*
> **Parágrafo único.** *Quem recebe ou utiliza como dinheiro qualquer dos documentos referidos neste artigo incorre na pena de detenção, de 15 (quinze) dias a 3 (três) meses, ou multa.*

### 4.1. Introdução

No núcleo do tipo está o verbo *emitir* (colocar em circulação), consoante a conduta prevista no *caput*. A execução deverá ocorrer sem a previsão legal e o objeto do crime poderá ser *bilhete, ficha, vale ou título que contenha promessa de pagamento em dinheiro ao portador ou a que falte indicação do nome da pessoa a quem deva ser pago*. O legislador ainda previu como conduta típica a *recepção* ou *utilização* como dinheiro de qualquer dos documentos referidos neste tipo. Temos, pois, três condutas: a emissão, a recepção e a utilização do objeto material deste crime.

A pena prevista para o crime é de detenção, de um a seis anos, além da multa. Logo, podemos concluir que:

a) Não é possível a transação penal (art. 76, Lei n. 9.099/95), pois não se trata de infração penal de menor potencial ofensivo;

b) É possível a suspensão condicional do processo (art. 89, Lei n. 9.099/95), pois a pena mínima não ultrapassa um ano.

O crime de *emissão de título ao portador sem permissão legal* é comum; formal; simples; doloso; de forma livre; comissivo ou omissivo; instantâneo; não transeunte; unissubjetivo; plurissubsistente.

### 4.2. Sujeito Ativo

O sujeito ativo pode ser qualquer pessoa, representando esta conduta, pois, *delicta communi,* ou seja, crime comum, não sendo necessária qualquer qualificação para o agente delituoso.

### 4.3. Sujeito Passivo

O sujeito passivo é o Estado.

### 4.4. Objeto Jurídico

O objeto juridicamente tutelado é a fé pública.

### 4.5. Objeto Material

O objeto material é a nota, bilhete, ficha, vale ou título onde conste promessa de pagamento em dinheiro ao portador ou a que falte indicação a quem deva ser pago, emitido sem autorização legal.

### 4.6. Elemento Subjetivo

O elemento subjetivo exigido no tipo é o dolo, pois se exige do agente a vontade livre e consciente de realizar conduta prevista no *caput.* Não há previsão para modalidade culposa.

### 4.7. Consumação e Tentativa

Consuma-se o crime quando o agente, efetivamente, coloca em circulação nota, bilhete, ficha, vale ou título que contenha promessa pagamento em dinheiro ao portador ou a que falte indicação do nome da pessoa a quem deva ser pago. Restará igualmente configurado quando o agente receber quaisquer dos documentos referidos no *caput*, ou, da mesma forma, quando os utilizar.

Objeto de divergência doutrinária, entendemos que ou o agente efetivamente *emite* o título ou trata-se de um irrelevante penal. Assim, não há que se falar em cabimento de tentativa.

### 4.8. Ação Penal

A ação penal é de iniciativa pública incondicionada.

## 5. TÓPICO-SÍNTESE

| TÓPICO-SÍNTESE: Da Moeda Falsa | |
|---|---|
| **MOEDA FALSA** | |
| **Moeda Falsa (art. 289)** | Falsificar, fabricando-a ou alterando-a, moeda metálica ou papel-moeda de curso legal no país ou no estrangeiro. |
| **Penas** | A pena prevista para o crime é de reclusão de três a doze anos, além da multa. |
| **Figura Equiparada (§ 1º)** | Por conta própria ou alheia, importar ou exportar, adquirir, vender, trocar, ceder, emprestar, guardar ou introduzir na circulação moeda falsa. |
| **Figura Privilegiada (§ 2°)** | Quem, tendo recebido de boa-fé, como verdadeira, moeda falsa ou alterada, a restitui à circulação, depois de conhecer a falsidade. |
| **Qualificadoras (§§ 3º e 4º)** | • o funcionário público ou diretor, gerente, ou fiscal de banco de emissão que fabrica, emite ou autoriza a fabricação ou emissão:<br>I – de moeda com título ou peso inferior ao determinado em lei;<br>II – de papel-moeda em quantidade superior à autorizada.<br>• quem desvia e faz circular moeda, cuja circulação não estava ainda autorizada. |

| TÓPICO-SÍNTESE: Da Moeda Falsa | |
|---|---|
| Classificação | Comum; formal o material (verbo vender); doloso; simples; de forma livre; comissivo e, excepcionalmente, comissivo por omissão (aplicação do art. 13, § 2°, CP); instantâneo ou permanente (na figura "guardar"); não transeunte; unissubjetivo; plurissubsistente. |
| Sujeito Ativo | Qualquer pessoa, exceto o § 3º. |
| Sujeito Passivo | Estado e aquele que foi diretamente prejudicado. |
| Objeto Jurídico | Fé pública. |
| Objeto Material | Moeda falsa (metal ou papel-moeda). |
| Elemento Subjetivo | Dolo. |
| Consumação | Consuma-se quando o agente falsifica moeda metálica ou papel moeda. |
| Tentativa | É admitida. |
| Ação Penal | Pública incondicionada. |
| Súmulas Aplicáveis | 73 do STJ. A utilização de papel moeda grosseiramente falsificado configura, em tese, o crime de estelionato, da competência da justiça estadual. |
| **CRIMES ASSIMILADOS AO DE MOEDA FALSA** | |
| Crimes assimilados ao de moeda falsa (art. 290) | Formar cédula, nota ou bilhete representativo de moeda com fragmentos de cédulas, notas ou bilhetes verdadeiros; suprimir, em nota, cédula ou bilhete recolhidos, para o fim de restituí-los à circulação, sinal indicativo de sua inutilização; restituir à circulação cédula, nota ou bilhete em tais condições, ou já recolhidos para o fim de inutilização. |
| Penas | A pena prevista para o crime é de reclusão de dois a oito anos, além da multa. |
| Qualificadora (Parágrafo único) | Se o crime é cometido por funcionário que trabalha na repartição onde o dinheiro se achava recolhido, ou nela tem fácil ingresso, em razão do cargo. |
| Classificação | Comuns; formal; simples; dolosos; de forma livre; comissivos ou omissivo; instantâneos; não transeunte; unissubjetivos; unissubsistente ou plurissubsistente, conforme o caso. |
| Sujeito Ativo | Qualquer pessoa. |
| Sujeito Passivo | Estado e aquele que foi diretamente prejudicado. |
| Objeto jurídico | Fé pública. |
| Objeto Material | Cédula, nota ou bilhete. |
| Elemento subjetivo | Dolo. |
| Consumação | Consuma-se quando o agente consegue formar a cédula, nota ou bilhete falsificado. |
| Tentativa | É admitida. |
| Ação Penal | Pública Incondicionada. |

| TÓPICO-SÍNTESE: Da Moeda Falsa | |
|---|---|
| **PETRECHOS PARA FALSIFICAÇÃO DE MOEDA** | |
| **Petrechos para Falsificação de Moeda (art. 291)** | Fabricar, adquirir, fornecer, a título oneroso ou gratuito, possuir ou guardar maquinismo, aparelho, instrumento ou qualquer objeto especialmente destinado à falsificação de moeda. |
| **Penas** | A pena prevista para o crime é de reclusão de dois a seis anos, além da multa. |
| **Classificação** | Comum; formal; simples; doloso; de forma livre; comissivo ou omissivo; instantâneo (nas modalidades "fabricar", "adquirir" e "fornecer") ou permanente (nas formas "possuir" e "guardar"); não transeunte; unissubjetivo; e plurissubsistente. |
| **Sujeito Ativo** | Qualquer pessoa. |
| **Sujeito Passivo** | Estado. |
| **Objeto jurídico** | Fé pública. |
| **Objeto Material** | Maquinismo, aparelho, instrumento ou qualquer outro objeto especialmente destinado à falsificação de moeda. |
| **Elemento Subjetivo** | Dolo. |
| **Consumação** | Consuma-se quando o agente pratica qualquer das ações previstas no caput do artigo. |
| **Tentativa** | É possível. |
| **Ação Penal** | Pública Incondicionada. |
| **EMISSÃO DE TÍTULO AO PORTADOR SEM PERMISSÃO LEGAL** | |
| **Emissão de Título ao Portador sem Permissão Legal (art. 292)** | Emitir, sem permissão legal, nota, bilhete, ficha, vale ou título que contenha promessa de pagamento em dinheiro ao portador ou a que falte indicação do nome da pessoa a quem deva ser pago. |
| **Penas** | A pena prevista para o crime é de detenção, de um a seis anos, além da multa. |
| **Figura Privilegiada (Parágrafo único)** | Quem recebe ou utiliza como dinheiro qualquer dos documentos referidos neste artigo. |
| **Classificação** | Comum; formal; simples; doloso; de forma livre; comissivo ou omissivo; instantâneo; não transeunte; unissubjetivo; plurissubsistente. |
| **Sujeito Ativo** | Qualquer pessoa. |
| **Sujeito Passivo** | Estado. |
| **Objeto Jurídico** | Fé pública. |
| **Objeto Material** | Nota, bilhete, ficha, vale ou título onde conste promessa de pagamento em dinheiro ao portador ou a que falte indicação a quem deva ser pago, emitido sem autorização legal. |
| **Elemento Subjetivo** | Dolo. |

| TÓPICO-SÍNTESE: Da Moeda Falsa | |
|---|---|
| **Consumação** | Consuma-se quando o agente coloca em circulação nota, bilhete, ficha, vale ou título que contenha promessa pagamento em dinheiro ao portador ou a que falte indicação do nome da pessoa a quem deva ser pago. |
| **Tentativa** | Não é admitida. |
| **Ação Penal** | Pública Incondicionada. |

Capítulo

# 2

# DA FALSIFICAÇÃO DE TÍTULOS E OUTROS PAPÉIS PÚBLICOS

***Leia a Lei:***

- *art. 293 a 295 do CP.*

## 1. FALSIFICAÇÃO DE PAPÉIS PÚBLICOS

**Art. 293.** *Falsificar, fabricando-os ou alterando-os:*

**I** – *selo destinado a controle tributário, papel selado ou qualquer papel de emissão legal destinado à arrecadação de tributo;*

**II** – *papel de crédito público que não seja moeda de curso legal;*

**III** – *vale postal;*

**IV** – *cautela de penhor, caderneta de depósito de caixa econômica ou de outro estabelecimento mantido por entidade de direito público;*

**V** – *talão, recibo, guia, alvará ou qualquer outro documento relativo a arrecadação de rendas públicas ou a depósito ou caução por que o poder público seja responsável;*

**VI** – *bilhete, passe ou conhecimento de empresa de transporte administrada pela União, por Estado ou por Município:*

**Pena** – *reclusão, de 2 (dois) a 8 (oito) anos, e multa.*

**§ 1º** *Incorre na mesma pena quem:*

**I** – *usa, guarda, possui ou detém qualquer dos papéis falsificados a que se refere este artigo;*

**II** – *importa, exporta, adquire, vende, troca, cede, empresta, guarda, fornece ou restitui à circulação selo falsificado destinado a controle tributário;*

**III** – *importa, exporta, adquire, vende, expõe à venda, mantém em depósito, guarda, troca, cede, empresta, fornece, porta ou, de qualquer forma, utiliza em proveito próprio ou alheio, no exercício de atividade comercial ou industrial, produto ou mercadoria:*

**a**) *em que tenha sido aplicado selo que se destine a controle tributário, falsificado;*

**b**) *sem selo oficial, nos casos em que a legislação tributária determina a obrigatoriedade de sua aplicação.*

**§ 2º** *Suprimir, em qualquer desses papéis, quando legítimos, com o fim de torná-los novamente utilizáveis, carimbo ou sinal indicativo de sua inutilização:*

**Pena** – *reclusão, de 1 (um) a 4 (quatro) anos, e multa.*

**§ 3º** *Incorre na mesma pena quem usa, depois de alterado, qualquer dos papéis a que se refere o parágrafo anterior.*

**§ 4º** *Quem usa ou restitui à circulação, embora recibo de boa-fé, qualquer dos papéis falsificados ou alterados, a que se referem este artigo e o seu § 2º, depois de conhecer a falsidade ou alteração, incorre na pena de detenção, de 6 (seis) meses a 2 (dois) anos, ou multa.*

*§ 5º Equipara-se a atividade comercial, para os fins do inciso III do § 1º, qualquer forma de comércio irregular ou clandestino, inclusive o exercido em vias, praças ou outros logradouros públicos e em residências.*

## 1.1. Introdução

O tipo constante no *caput* do art. 293 do Código Penal prevê como conduta criminosa a *falsificação de papéis públicos* (elencados nos incisos de I a VI), seja através da *fabricação* (criação de novo papel) seja por meio de *alteração* (modificação de papel existente). Prevê ainda como conduta típica, o uso, a guarda, a detenção, a importação, a exportação, a aquisição, a venda, o depósito, a troca, a cessão, o empréstimo, ou qualquer outra forma de utilização, seja em proveito próprio ou alheio, de quaisquer dos papéis previstos nos incisos apontados.

A pena prevista para o crime é de reclusão de dois a oito anos, além da multa. Logo, podemos concluir que:

a) Não é possível a transação penal (art. 76, Lei n. 9.099/95), pois não se trata de infração penal de menor potencial ofensivo;

b) Não é possível a suspensão condicional do processo (art. 89, Lei n. 9.099/95), pois a pena mínima ultrapassa um ano.

O crime de *falsificação de papéis públicos* é comum; formal; simples; doloso; de forma livre; comissivo ou omissivo impróprio; instantâneo (nas modalidades "fabricar", "adquirir" e "fornecer") ou permanente (nas formas "possuir" e "guardar"); não transeunte; unissubjetivo; plurissubsistente.

## 1.2. Sujeito Ativo

O sujeito ativo pode ser qualquer pessoa, representando esta conduta, pois, *delicta communi,* ou seja, crime comum. Entretanto, sendo o agente delituoso funcionário público, incidirá a majorante prevista no art. 295 do Código Penal.

## 1.3. Sujeito Passivo

O sujeito passivo é o Estado, bem como aquele que for diretamente lesado pela conduta do agente.

## 1.4. Objeto Jurídico

O objeto juridicamente tutelado é a fé pública.

## 1.5. Objeto Material

O objeto material são os papéis públicos constantes deste artigo.

No que tange aos papéis mencionados no inciso I, devem todos ser destinados à arrecadação de tributos.

A previsão do inciso II diz respeito às apólices ou títulos da dívida pública, não se confundindo, pois, com a moeda em curso legal no país.

No que tange ao inciso III, prevalece o entendimento de que ele foi substituído pelo art. 36 da Lei 6.538/78.

Quanto ao inciso IV, o objeto material é a *cautela de penhor* e a *caderneta de poupança*, que, de acordo com a doutrina clássica, consistia no livreto onde se faziam anotações relativas às movimentações bancárias, já em desuso, e aquela é o título de crédito que, através do seu pagamento, poderá ser retirada a coisa empenhada.

Previsto no inciso V, *talão* é o documento de quitação que se destaca de adequado libreto, onde fica residualmente o denominado 'canhoto', com dizeres idênticos aos do correspondente talão; *guia* é todo escrito oficial destinado ao fim de recolhimento ou depósito de dinheiros ou valores; e *alvará* é o documento ou título expedido por autoridade administrativa ou judicial autorizando algum ato concernente à arrecadação fiscal ou ao depósito ou caução sob responsabilidade do poder público.

O presente inciso ainda se vale da aplicação da interpretação analógica, quando prevê a classificação neste delito de qualquer falsificação de outro documento relativo à arrecadação de rendas públicas ou a depósito ou caução, pelos quais o poder público seja responsável.

Por fim, o inciso VI prevê os objetos materiais do delito: o *bilhete, o passe ou o conhecimento*, todos relacionados à utilização de transporte público, sendo que o último se refere ao documento representativo de mercadoria depositada ou entregue para transporte.

### 1.6. Elemento Subjetivo

O elemento subjetivo exigido no tipo é o dolo, não havendo previsão para modalidade de natureza culposa.

### 1.7. Consumação e Tentativa

Consuma-se o crime com a falsificação, não sendo necessária a caracterização de qualquer prejuízo, haja vista estarmos diante de um crime formal.

A forma tentada é perfeitamente cabível.

### 1.8. Ação Penal

A ação penal é de iniciativa pública incondicionada.

## 2. PETRECHOS DE FALSIFICAÇÃO

**Art. 294.** *Fabricar, adquirir, fornecer, possuir ou guardar objeto especialmente destinado à falsificação de qualquer dos papéis referidos no artigo anterior:*
*Pena – reclusão, de 1 (um) a 3 (três) anos, e multa.*

### 2.1. Introdução

Prevê o tipo como condutas típicas a fabricação, a aquisição, a posse ou a guarda de objeto especialmente destinado à falsificação de qualquer dos papéis referidos no artigo que trata do crime de falsificação de papéis públicos.

No que tange à caracterização do crime, é necessária a realização da perícia para a comprovação da idoneidade dos objetos à falsificação, sendo este o único meio hábil a atestar essa característica.

A pena prevista para o crime é de reclusão de um a três anos, além da multa. Logo, podemos concluir que:

a) Não é possível a transação penal (art. 76, Lei n. 9.099/95), pois não se trata de infração penal de menor potencial ofensivo;

b) É possível a suspensão condicional do processo (art. 89, Lei n. 9.099/95), pois a pena mínima não ultrapassa um ano.

O crime de *petrechos de falsificação* é comum; formal; simples; doloso; de forma livre; comissivo (podendo também ser praticado via omissão imprópria); instantâneo (nas modalidades "fabricar", "adquirir" e "fornecer") ou permanente (quando a conduta disser respeito a "possuir" ou "guardar"); não transeunte; unissubjetivo; unissubsistente ou plurissubsistente, conforme o caso.

### 2.2. Sujeito Ativo

O sujeito ativo pode ser qualquer pessoa, representando esta conduta, pois, *delicta communi,* ou seja, crime comum. Entretanto, sendo o agente delituoso for funcionário público prevalecendo-se do cargo, incidirá a majorante prevista no art. 295 deste mesmo Código.

### 2.3. Sujeito Passivo

O sujeito passivo é o Estado, bem como aquele que for diretamente lesado pela conduta do agente.

### 2.4. Objeto Jurídico

O objeto juridicamente tutelado é a fé pública.

### 2.5. Objeto Material

O objeto material é aquele destinado à falsificação dos papéis que constam no art. 293 do Código Penal.

### 2.6. Elemento Subjetivo

O elemento subjetivo exigido no tipo é o dolo, não havendo previsão para modalidade de natureza culposa.

### 2.7. Consumação e Tentativa

Consuma-se o crime com a prática de uma das condutas previstas no *caput* deste artigo.

Tendo em vista se tratar de crime material e plurissubsistente, a forma tentada é perfeitamente cabível.

### 2.8. Ação Penal

A ação penal é de iniciativa pública incondicionada.

## 3. MAJORANTE

**Art. 295.** *Se o agente é funcionário público, e comete o crime prevalecendo-se do cargo, aumenta-se a pena de sexta parte.*

O art. 295 prevê uma majorante que deve ser aplicada aos delitos tipificados nos artigos 293 e 294. Frise-se, entretanto, que não basta a característica de funcionário público, mas que o mesmo se valha das facilidades proporcionadas por seu cargo.

## 4. TÓPICO-SÍNTESE

| TÓPICO-SÍNTESE: Da Falsificação de Títulos e outros papéis públicos | |
|---|---|
| FALSIFICAÇÃO DE PAPÉIS PÚBLICOS | |
| **Falsificação de papéis públicos (art. 293)** | Falsificar, fabricando-os ou alterando-os:<br>I – selo destinado a controle tributário, papel selado ou qualquer papel de emissão legal destinado à arrecadação de tributo;<br>II – papel de crédito público que não seja moeda de curso legal;<br>III – vale postal;<br>IV – cautela de penhor, caderneta de depósito de caixa econômica ou de outro estabelecimento mantido por entidade de direito público;<br>V – talão, recibo, guia, alvará ou qualquer outro documento relativo a arrecadação de rendas públicas ou a depósito ou caução por que o poder público seja responsável;<br>VI – bilhete, passe ou conhecimento de empresa de transporte administrada pela União, por Estado ou por Município. |
| **Penas** | A pena prevista para o crime é de reclusão de dois a oito anos, além da multa. |
| **Figura Equiparada (§ 1º)** | I – usar, guardar, possuir ou deter qualquer dos papéis falsificados a que se refere este artigo;<br>II – importar, exportar, adquirir, vender, trocar, ceder, emprestar, guardar, fornecer ou restituir à circulação selo falsificado destinado a controle tributário;<br>III – importar, exportar, adquirir, vender, expor à venda, manter em depósito, guardar, trocar, ceder, emprestar, fornecer, portar ou, de qualquer forma, utilizar em proveito próprio ou alheio, no exercício de atividade comercial ou industrial, produto ou mercadoria:<br>a) em que tenha sido aplicado selo que se destine a controle tributário, falsificado;<br>b) sem selo oficial, nos casos em que a legislação tributária determina a obrigatoriedade de sua aplicação. |
| **Figuras Privilegiadas (§§ 2º, 3º e 4º)** | • Suprimir, em qualquer desses papéis, quando legítimos, com o fim de torná-los novamente utilizáveis, carimbo ou sinal indicativo de sua inutilização.<br>• Usar, depois de alterado, qualquer dos papéis a que se refere o parágrafo anterior.<br>• Quem usa ou restitui à circulação, embora recibo de boa-fé, qualquer dos papéis falsificados ou alterados, a que se referem este artigo e o seu § 2º, depois de conhecer a falsidade ou alteração |
| **Majorante (art. 295)** | Se o agente é funcionário público, e comete o crime prevalecendo-se do cargo, aumenta-se a pena de sexta parte. |
| **Classificação** | Comum; formal; simples; doloso; de forma livre; comissivo ou omissivo impróprio; instantâneo (nas modalidades "fabricar", "adquirir" e "fornecer") ou permanente (nas formas "possuir" e "guardar"); não transeunte; unissubjetivo; plurissubsistente. |
| **Sujeito Ativo** | Qualquer pessoa. |
| **Sujeito Passivo** | Estado e o diretamente lesado. |
| **Objeto Jurídico** | Fé pública. |
| **Objeto Material** | Papéis públicos constantes deste artigo. |

| TÓPICO-SÍNTESE: Da Falsificação de Títulos e outros papéis públicos | |
|---|---|
| **Elemento Subjetivo** | Dolo. |
| **Consumação** | Consuma-se com a falsificação. |
| **Tentativa** | É admitida. |
| **Ação Penal** | Pública incondicionada. |
| **PETRECHOS DE FALSIFICAÇÃO** | |
| **Petrechos de Falsificação (art. 294)** | Fabricar, adquirir, fornecer, possuir ou guardar objeto especialmente destinado à falsificação de qualquer dos papéis referidos no artigo anterior. |
| **Penas** | A pena prevista para o crime é de reclusão de um a três anos, além da multa. |
| **Majorante (art. 295)** | Se o agente é funcionário público, e comete o crime prevalecendo-se do cargo, aumenta-se a pena de sexta parte. |
| **Classificação** | Comum; formal; simples; doloso; de forma livre; comissivo (podendo também ser praticado via omissão imprópria); instantâneo (nas modalidades "fabricar", "adquirir" e "fornecer") ou permanente (quando a conduta disser respeito a "possuir" ou "guardar"); não transeunte; unissubjetivo; unissubsistente ou plurissubsistente, conforme o caso. |
| **Sujeito Ativo** | Qualquer pessoa. |
| **Sujeito Passivo** | Estado e o diretamente lesado. |
| **Objeto Jurídico** | Fé pública. |
| **Objeto Material** | Objeto destinado à falsificação dos papéis que constam no art. 293 do Código Penal. |
| **Elemento Subjetivo** | Dolo. |
| **Consumação** | Consuma-se com a prática de uma das condutas previstas no caput deste artigo. |
| **Tentativa** | É admitida. |
| **Ação Penal** | Pública incondicionada. |

Capítulo

# 3

# DA FALSIFICAÇÃO DOCUMENTAL

***Leia a Lei:***

- *art. 296 a 305 do CP.*

## 1. FALSIFICAÇÃO DE SELO OU SINAL PÚBLICO

**Art. 296.** *Falsificar, fabricando-os ou alterando-os:*

**I** – *selo público destinado a autenticar atos oficiais da União, de Estado ou de Município;*

**II** – *selo ou sinal atribuído por lei a entidade de direito público, ou a autoridade, ou sinal público de tabelião:*

**Pena** – *reclusão, de 2 (dois) a 6 (seis) anos, e multa.*

**§ 1º** *Incorre nas mesmas penas:*

**I** – *quem faz uso do selo ou sinal falsificado;*

**II** – *quem utiliza indevidamente o selo ou sinal verdadeiro em prejuízo de outrem ou em proveito próprio ou alheio.*

**III** – *quem altera, falsifica ou faz uso indevido de marcas, logotipos, siglas ou quaisquer outros símbolos utilizados ou identificadores de órgãos ou entidades da Administração Pública.*

**§ 2º** *Se o agente é funcionário público, e comete o crime prevalecendo-se do cargo, aumenta-se a pena de sexta parte.*

### 1.1. Introdução

O tipo previsto no *caput* caracteriza como conduta criminosa a *falsificação de selo ou sinal público* (elencados nos incisos de I e II), seja através da *fabricação* (criação de novo selo ou sinal) seja por meio de *alteração* (modificação de selo ou sinal existente). Prevê ainda como conduta típica, o uso de selo falsificado, bem como a utilização indevida de selo ou sinal verdadeiro em prejuízo de outrem ou em proveito próprio ou alheio. Aquele que altera, falsifica ou faz uso indevido de marcas, logotipos, siglas ou quaisquer outros símbolos utilizados ou identificadores de órgãos ou entidades da Administração Pública, aqui também incorrerá, consoante o inciso III, do seu § 1°.

A pena prevista para o crime é de reclusão de dois a seis anos, além da multa. Logo, podemos concluir que:

a) Não é possível a transação penal (art. 76, Lei n. 9.099/95), pois não se trata de infração penal de menor potencial ofensivo;

b) Não é possível a suspensão condicional do processo (art. 89, Lei n. 9.099/95), pois a pena mínima ultrapassa um ano.

O crime de *falsificação de selo ou sinal público* é comum; formal; simples; doloso; de forma livre; comissivo (podendo, também, ser praticado via omissão imprópria, no caso de o agente gozar do status de garantidor); instantâneo ou permanente (nas condutas "possuir" ou "guardar"); unissubjetivo; unissubsistente e plurissubsistente, conforme o caso concreto.

### 1.2. Sujeito Ativo

O sujeito ativo pode ser qualquer pessoa, representando esta conduta, pois, *delicta communi,* ou seja, crime comum. Entretanto, sendo o agente delituoso funcionário público prevalecendo-se do cargo, a pena será aumentada de sexta parte, inteligência do § 2° do presente artigo.

### 1.3. Sujeito Passivo

O sujeito passivo é o Estado, bem como aquele que for diretamente prejudicado pela conduta do agente.

### 1.4. Objeto Jurídico

O objeto juridicamente tutelado é a fé pública.

### 1.5. Objeto Material

O objeto material é a é o selo ou o sinal público, sobre o qual recai a conduta do agente.

### 1.6. Elemento Subjetivo

O elemento subjetivo exigido no tipo é o dolo, não havendo previsão para modalidade de natureza culposa.

### 1.7. Consumação e Tentativa

Consuma-se o crime quando o agente, efetivamente, falsifica o selo ou sinal público, levando a efeito sua fabricação ou alteração.

A forma tentada é perfeitamente cabível.

### 1.8. Ação Penal

A ação penal é de iniciativa pública incondicionada.

## 2. FALSIFICAÇÃO DE DOCUMENTO PÚBLICO

**Art. 297.** Falsificar, no todo ou em parte, documento público, ou alterar documento público verdadeiro:

Pena – reclusão, de dois a seis anos, e multa.

§ 1º - Se o agente é funcionário público, e comete o crime prevalecendo-se do cargo, aumenta-se a pena de sexta parte.

§ 2º - Para os efeitos penais, equiparam-se a documento público o emanado de entidade paraestatal, o título ao portador ou transmissível por endosso, as ações de sociedade comercial, os livros mercantis e o testamento particular.

§ 3º Nas mesmas penas incorre quem insere ou faz inserir:

I – na folha de pagamento ou em documento de informações que seja destinado a fazer prova perante a previdência social, pessoa que não possua a qualidade de segurado obrigatório;

II – na Carteira de Trabalho e Previdência Social do empregado ou em documento que deva produzir efeito perante a previdência social, declaração falsa ou diversa da que deveria ter sido escrita;

III – em documento contábil ou em qualquer outro documento relacionado com as obrigações da empresa perante a previdência social, declaração falsa ou diversa da que deveria ter constado.

§ 4º Nas mesmas penas incorre quem omite, nos documentos mencionados no § 3º, nome do segurado e seus dados pessoais, a remuneração, a vigência do contrato de trabalho ou de prestação de serviços.

## 2.1. Introdução

No núcleo do tipo estão as condutas *falsificar* (criar) e *alterar* (modificar) documento público. Aqui, as condutas dantes descritas têm a mesma conotação do crime anterior: falsifica-se criando documento que antes não existia e altera-se modificando documento verdadeiro já existente.

Documento público é aquele produzido por servidor público, no exercício de sua função, e de acordo com a legislação que lhe é pertinente, sendo o conceito de documento particular, por pressuposto, encontrado por exclusão.

O legislador também se preocupou em abranger os documentos emitidos pelas *entidades paraestatais,* assim compreendidas todas as pessoas jurídicas que tenham vínculo institucional com a uma pessoa federativa. Estariam enquadradas, portanto, as pessoas da administração indireta (autarquias, fundações públicas, sociedades de economia mista e empresas públicas) e os serviços sociais autônomos.

Com o advento da Lei nº 9.983/2000, o legislador passou a se preocupar também com a previdência social. Ocorre que isto implicou em uma alteração da natureza da *falsidade* constante do art. 297, antes considerada apenas formalmente. Agora, o tipo foi transformado em uma figura híbrida, pois prevê também em seus parágrafos, a falsidade de cunho ideológico.

De mais a mais, se a falsidade gerada na Carteira de Trabalho e Previdência Social disser respeito ou produzir prejuízo no cenário dos direitos trabalhistas do empregado, aplicar-se-á o art. 49 da CLT. Noutro passo, se a referida falsidade se voltar ao contexto da Previdência Social, aplicar-se-á o disposto no artigo agora estudado.

Título ao portador ou transmissível por endosso é, por exemplo, o cheque, a nota promissória, a letra de câmbio etc.

Por se tratar de crime que deixa vestígios, é necessária a realização de exame de corpo de delito, conforme inteligência do art. 158, Código de Processo Penal.

Registre-se que a *falsificação grosseira*, aquela incapaz de iludir um número indeterminado de pessoas, não implicará no crime previsto neste artigo, sem prejuízo, entretanto, de configurar o crime de estelionato, ainda que a vantagem ilícita tenha advindo de um documento grosseiramente falsificado.

**POSIÇÃO DO STJ**

***Súmula 17.*** *Quando o falso exaure o estelionato, sem mais potencialidade lesiva, é por esse absorvido.*

A pena prevista para o crime é de reclusão de dois a seis anos, além da multa. Logo, podemos concluir que:

a) Não é possível a transação penal (art. 76, Lei n. 9.099/95), pois não se trata de infração penal de menor potencial ofensivo;

b) Não é possível a suspensão condicional do processo (art. 89, Lei n. 9.099/95), pois a pena mínima ultrapassa um ano.

O crime de *falsificação de documento público* é comum; formal; simples; doloso; de forma livre (*caput*) e de forma vinculada (*§§ 3º e 4º)*; comissivo ou omissivo (próprio (*§ 4º do mesmo artigo)* ou impróprio (na hipótese de o agente gozar do status de garantidor)); instantâneo; não transeunte; unissubjetivo; plurissubsistente.

### 2.2. Sujeito Ativo

O sujeito ativo pode ser qualquer pessoa, representando esta conduta, pois, *delicta communi,* ou seja, crime comum, não sendo necessária qualquer qualificação para o agente delituoso. Entretanto, se o agente é funcionário público, e comete o crime prevalecendo-se do cargo, a pena será aumentada até a sexta parte, inteligência do § 1° do presente artigo.

### 2.3. Sujeito Passivo

O sujeito passivo é o Estado, bem como aquele que for diretamente lesado.

### 2.4. Objeto Jurídico

O objeto juridicamente tutelado é a fé pública.

### 2.5. Objeto Material

O objeto material é o documento público falsificado, total ou parcialmente, ou documento público verdadeiro que fora alterado pelo agente delituoso.

### 2.6. Elemento Subjetivo

O elemento subjetivo exigido no tipo é o dolo, pois se exige do agente a vontade livre e consciente de falsificar documento público.

Não há previsão para modalidade culposa.

### 2.7. Consumação e Tentativa

Consuma-se o crime quando a vítima pratica efetivamente qualquer das condutas previstas nos incisos do artigo em estudo, não sendo necessário que venha a utilizar o documento falsificado. (STJ, HC 57599/PR, Rel. Min. Félix Fischer)

A forma tentada é perfeitamente cabível.

### 2.8. Ação Penal

A ação penal é de iniciativa pública incondicionada.

## 3. FALSIFICAÇÃO DE DOCUMENTO PARTICULAR

**Art. 298.** *Falsificar, no todo ou em parte, documento particular ou alterar documento particular verdadeiro:*

**Pena** – *reclusão, de 1 (um) a 5 (cinco) anos, e multa.*

### 3.1. Introdução

No núcleo do tipo estão as condutas *falsificar* (criar) e *alterar* (modificar) documento particular. Aqui, as condutas dantes descritas têm a mesma conotação do crime anterior: falsifica-se criando documento que antes não existia e altera-se modificando documento verdadeiro já existente. A distinção aqui está no objeto material: lá, o documento é público; aqui, o documento é particular.

Como já foi visto, o conceito de documento particular se dá por exclusão: será particular aquele que não for público, sendo este o documento produzido por funcionário público, no exercício de sua função e legitimado para o ato. Registre-se, portanto, que o documento emitido por funcionário público sem competência para tanto, poderá equiparar-se ao particular.

Não diferente do tipo previsto no artigo anterior, em todos os crimes que envolvam a fé pública, a falsificação deve ser apta a iludir, sendo que a comprovação deve ocorrer por meio de exame de corpo e delito. De igual modo, para fins penais, as características do documento são as mesmas descritas anteriormente.

A pena prevista para o crime é de reclusão de um a cinco anos, além da multa. Logo, podemos concluir que:

a) Não é possível a transação penal (art. 76, Lei n. 9.099/95), pois não se trata de infração penal de menor potencial ofensivo;

b) É possível a suspensão condicional do processo (art. 89, Lei n. 9.099/95), pois a pena mínima não ultrapassa um ano.

O crime de *falsificação de documento particular* é comum; formal; simples; doloso; de forma livre; comissivo (podendo, também, ser praticado via omissão imprópria); instantâneo; unissubjetivo; plurissubsistente, conforme o caso concreto.

### 3.2. Sujeito Ativo

O sujeito ativo pode ser qualquer pessoa, representando esta conduta, pois, *delicta communi,* ou seja, crime comum, não sendo necessária qualquer qualificação para o agente delituoso.

### 3.3. Sujeito Passivo

O sujeito passivo é o Estado, bem como aquele que for diretamente lesado.

### 3.4. Objeto Jurídico

O objeto juridicamente tutelado é a fé pública.

### 3.5. Objeto Material

O objeto material é o documento público falsificado, total ou parcialmente, ou documento público verdadeiro que fora alterado pelo agente delituoso.

### 3.6. Elemento Subjetivo

O elemento subjetivo exigido no tipo é o dolo, pois se exige do agente a vontade livre e consciente de falsificar documento público.

Não há previsão para modalidade culposa.

### 3.7. Consumação e Tentativa

Consuma-se o crime quando a vítima pratica efetivamente qualquer das condutas previstas nos incisos do artigo em estudo, não sendo necessário que venha a utilizar o documento falsificado.

Admite-se tentativa.

A simples falsificação material de um falso, por si só, não constitui todo processo executório do crime porque parte integrante e elementar do processo é o uso ou tentativa de uso de documento, do que resulta o dano real ou eventual, ou seja, a possibilidade de causar dano. (TJSC, AC 27063, Rel. José Roberge, 0002628)

### 3.8. Ação Penal

A ação penal é de iniciativa pública incondicionada.

## 4. FALSIDADE IDEOLÓGICA

> **Art. 299.** *Omitir, em documento público ou particular, declaração que dele devia constar, ou nele inserir ou fazer inserir declaração falsa ou diversa da que devia ser escrita, com o fim de prejudicar direito, criar obrigação ou alterar a verdade sobre fato juridicamente relevante:*
> **Pena** – *reclusão, de 1 (um) a 5 (cinco) anos, e multa, se o documento é público, e reclusão de 1 (um) a 3 (três) anos, e multa, se o documento é particular.*
> **Parágrafo único**. *Se o agente é funcionário público, e comete o crime prevalecendo-se do cargo, ou se a falsificação ou alteração é de assentamento de registro civil, aumenta-se a pena de sexta parte.*

### 4.1. Introdução

No núcleo do tipo estão as condutas *omitir* declaração que deveria constar em documento público ou particular e *inserir* declaração falsa ou diversa da que deveria nele constar. Registre-se que tais condutas devem ter o desiderato de prejudicar direito, criar obrigação ou alterar a verdade sobre fato juridicamente relevante.

Diferente das falsidades estudadas nos artigos anteriores, aqui ela é de cunho ideológico. Portanto, o documento, em si, é perfeito; a ideia nele inserida, no entanto, é que é falsa, como por exemplo, a inserção de falsa declaração em carteira de trabalho.

Tal como ocorre na falsidade material praticada grosseiramente, que deixa de configurar crime em virtude da ausência de potencialidade de dano, quando a falsidade ideológica for sabidamente inverossímil, restará afastado o delito previsto neste artigo.

Seguindo o mesmo raciocínio de equiparação, recorde-se:

***POSIÇÃO DO STJ***

***Súmula 17.*** *Quando o falso exaure o estelionato, sem mais potencialidade lesiva, é por esse absorvido.*

Noutro passo, diversamente da falsidade material, na ideológica não cabe exame pericial.

No que diz respeito ao concurso com outros delitos, devem ser consideradas as ponderações acerca disto feitas quando do estudo do artigo 297.

Se a falsificação ocorrer em Carteira de Trabalho e Previdência Social, deverá ser aplicada a legislação específica, com as penas previstas no presente artigo, *vide* art. 49 da CLT.

A pena prevista para o crime é de reclusão de um a cinco anos, além da multa. Logo, podemos concluir que:

a) Não é possível a transação penal (art. 76, Lei n. 9.099/95), pois não se trata de infração penal de menor potencial ofensivo;

b) É possível a suspensão condicional do processo (art. 89, Lei n. 9.099/95), pois a pena mínima não ultrapassa um ano.

Ademais, se a falsificação é feita em assentamento de registro civil – escrituração correspondente ao registro civil das pessoas naturais e ao registro civil das pessoas jurídicas – a pena será aumentada de um sexto.

O crime de *falsidade ideológica* é comum; doloso; formal; simples; de forma livre; comissivo na modalidade *inserir* e omissivo próprio na modalidade *omitir* (podendo, ainda, ser cometido via omissão imprópria, quando o agente gozar do status de garantidor); não transeunte; instantâneo; unissubjetivo; plurissubsistente.

### 4.2. Sujeito Ativo

O sujeito ativo pode ser qualquer pessoa, representando esta conduta, pois, *delicta communi*, ou seja, crime comum, não sendo necessária qualquer qualificação para o agente delituoso. Entretanto, se o agente é funcionário público, e comete o crime prevalecendo-se do cargo, a pena será aumentada até a sexta parte, consoante parágrafo único do presente artigo.

### 4.3. Sujeito Passivo

O sujeito passivo é o Estado, bem como aquele que for diretamente lesado.

### 4.4. Objeto Jurídico

O objeto juridicamente tutelado é a fé pública.

### 4.5. Objeto Material

O objeto material é o documento, público ou particular, no qual o agente omitiu declaração que nele fazia constar, ou nele inseriu ou fez inserir declaração falsa ou diversa daquela que deveria ser escrita, com o fim de prejudicar direito, criar obrigação ou alterar a verdade sobre o fato juridicamente relevante.

### 4.6. Elemento Subjetivo

O elemento subjetivo exigido no tipo é o dolo, pois se exige do agente a vontade livre e consciente de agir de acordo com uma das ações nucleares típicas, exigindo-se, ainda, o propósito de lesar direito, criar obrigação ou alterar a veracidade sobre o fato juridicamente relevante. Não há previsão para modalidade culposa.

### 4.7. Consumação e Tentativa

Consuma-se o crime, no que tange à sua primeira modalidade, quando o agente confecciona o documento (público ou particular) sem a declaração que dele deveria constar, em virtude de uma omissão dolosa. Na segunda modalidade, a consumação ocorre quando o agente insere ou faz inserir no documento, declaração falsa ou diversa da que deveria ser escrita.

Admite-se tentativa.

### 4.8. Ação Penal

A ação penal é de iniciativa pública incondicionada.

## 5. FALSO RECONHECIMENTO DE FIRMA OU LETRA

> **Art. 300.** *Reconhecer, como verdadeira, no exercício de função pública, firma ou letra que o não seja:*
> **Pena** – *reclusão, de 1 (um) a 5 (cinco) anos, e multa, se o documento é público; e de 1 (um) a 3 (três) anos, e multa, se o documento é particular.*

### 5.1. Introdução

A conduta aqui descrita diz respeito ao reconhecimento de veracidade, no exercício de função pública, de firma ou letra que verídica não seja. Tem-se como *firma* a assinatura manuscrita de alguém e *letra* é o sinal gráfico, representativo de vocábulos da linguagem escrita.

Esse reconhecimento deve ser feito por funcionário que esteja no *exercício de função pública.* Portanto, se o agente, embora funcionário público, estiver afastado de suas funções, ou não possuir atribuições para o ato, não restará configurado o delito em estudo, podendo, se for o caso, ser aplicado o art. 299 deste mesmo diploma.

A pena prevista para o crime é de reclusão de um a cinco anos, além da multa (ou de um a três anos e multa, se o documento for particular). Logo, podemos concluir que:

a) Não é possível a transação penal (art. 76, Lei n. 9.099/95), pois não se trata de infração penal de menor potencial ofensivo;

b) É possível a suspensão condicional do processo (art. 89, Lei n. 9.099/95), pois a pena mínima não ultrapassa um ano.

O crime de *falso reconhecimento de firma ou letra* é próprio; *formal; simples; doloso*; de forma livre; comissivo (podendo, ainda, ser praticado via omissão imprópria, quando o agente gozar do status de garantidor); instantâneo; não transeunte; unissubjetivo; plurissubsistente.

### 5.2. Sujeito Ativo

O sujeito ativo será o funcionário, no exercício de sua função pública.

### 5.3. Sujeito Passivo

O sujeito passivo é o Estado, bem como aquele que for diretamente lesado.

### 5.4. Objeto Jurídico

O objeto juridicamente tutelado é a fé pública.

### 5.5. Objeto Material

O objeto material é a firma ou letra reconhecida falsamente pelo agente.

### 5.6. Elemento Subjetivo

O falso reconhecimento de firma ou letra só é punível a título de dolo, o que implica na ciência da falsidade. Não incrimina o Código Penal a falsidade culposa, ficando esta na esfera do ilícito civil, dando lugar apenas a indenização por perdas e danos. (TJSP, Ap. 92083. Rel. Goulart Sobrinho).

### 5.7. Consumação e Tentativa

Consuma-se o crime quando o agente reconhece como verdadeira firma ou letra sabidamente falsa.

A forma tentada é perfeitamente cabível.

### 5.8. Ação Penal

A ação penal é de iniciativa pública incondicionada.

## 6. CERTIDÃO OU ATESTADO IDEOLOGICAMENTE FALSO

**Art. 301.** *Atestar ou certificar falsamente, em razão de função pública, fato ou circunstância que habilite alguém a obter cargo público, isenção de ônus ou de serviço de caráter público, ou qualquer outra vantagem:*

**Pena** – *detenção, de 2 (dois) meses a 1 (um) ano.*

*Falsidade material de atestado ou certidão*

**§ 1º** *Falsificar, no todo ou em parte, atestado ou certidão, ou alterar o teor de certidão ou de atestado verdadeiro, para prova de fato ou circunstância que habilite alguém a obter cargo público, isenção de ônus ou de serviço de caráter público, ou qualquer outra vantagem:*

**Pena** – *detenção, de 3 (três) meses a 2 (dois) anos.*

**§ 2º** *Se o crime é praticado com o fim de lucro, aplica-se, além da pena privativa de liberdade, a de multa.*

### 6.1. Introdução

No núcleo do tipo estão as condutas *atestar* e *certificar* fato ou circunstância que habilite alguém a obter cargo público, isenção de ônus ou de serviço de caráter público ou qualquer outra vantagem. A conduta típica deverá ser executada por quem ocupa função pública e atua em razão dela.

Entende-se por *atestado* o documento que contém o testemunho do signatário a respeito de um fato qualquer. O funcionário público expede atestado a respeito de fatos cujo conhecimento lhe advém de observação direta e pessoal, procedida no exercício de suas atribuições. No que tange à *certidão*, trata-se de instrumento pelo qual o funcionário, no exercício de sua função, e fundado em documento guardado pelo Estado, afirma a veracidade do fato comprovado por esse documento, ou, em outra hipótese, transcreve o seu teor, total ou parcialmente.

A pena prevista para o crime é de detenção de dois meses a um ano. Logo, podemos concluir que:

a) É possível a transação penal (art. 76, Lei n. 9.099/95), pois se trata de infração penal de menor potencial ofensivo;

b) É possível a suspensão condicional do processo (art. 89, Lei n. 9.099/95), pois a pena mínima não ultrapassa um ano.

Na inteligência do § 2° do presente artigo, se o crime é praticado com o intuito de lucro, a pena privativa de liberdade será somada a pena de multa.

O crime de *certidão ou atestado ideologicamente falso* é próprio (no que diz respeito ao *caput*) e comum (quanto ao § 1º); doloso; formal; simples; de forma livre; comissivo (podendo, ainda, ser praticado via omissão imprópria); instantâneo; não transeunte; unissubjetivo; plurissubsistente.

### 6.2. Sujeito Ativo

O sujeito ativo será o funcionário que pratica o delito em razão da sua atividade, conforme se depreende da leitura do *caput*. Entretanto, no que tange à conduta descrita no parágrafo 1º, poderá o agente ser qualquer pessoa.

### 6.3. Sujeito Passivo

O sujeito passivo é o Estado, bem como aquele que for diretamente lesado pela conduta do agente delituoso.

### 6.4. Objeto Jurídico

O objeto juridicamente tutelado é a fé pública.

### 6.5. Objeto Material

O objeto material é o atestado ou a certidão falsificada.

### 6.6. Elemento Subjetivo

O elemento subjetivo exigido no tipo é o dolo, não havendo previsão para modalidade culposa. Havendo intuito de lucro, a pena será cumulada com multa, consoante o § 2° do presente artigo.

### 6.7. Consumação e Tentativa

Consuma-se o crime quando o documento falso é criado, não sendo necessário que ele venha a ser utilizado. Basta, portanto, que tenha essa potencialidade lesiva.

A forma tentada é perfeitamente cabível.

### 6.8. Ação Penal

A ação penal é de iniciativa pública incondicionada.

## 7. FALSIDADE DE ATESTADO MÉDICO

**Art. 302.** *Dar o médico, no exercício da sua profissão, atestado falso:*
**Pena** – *detenção, de 1 (um) mês a 1 (um) ano.*
**Parágrafo único**. *Se o crime é cometido com o fim de lucro, aplica-se também multa.*

### 7.1. Introdução

No núcleo do tipo está conduta *dar* atestado médico falso. *Atestado* é o documento que contém a afirmação ou a declaração acerca de algo assistido, como já foi visto no estudo do artigo anterior.

Para que ocorra a infração penal, o médico deve, por óbvio, fornecer atestado que diga respeito ao exercício de sua profissão.

A pena prevista para o crime é de detenção de um mês a um ano. Logo, podemos concluir que:

a) É possível a transação penal (art. 76, Lei n. 9.099/95), pois se trata de infração penal de menor potencial ofensivo;

b) É possível a suspensão condicional do processo (art. 89, Lei n. 9.099/95), pois a pena mínima não ultrapassa um ano.

O crime de *falsidade de atestado médico* é próprio; formal; simples; doloso; de forma livre; comissivo (podendo, ainda, ser praticado via omissão imprópria, no caso de o agente gozar do status de garantidor); instantâneo; unissubjetivo; plurissubsistente.

### 7.2. Sujeito Ativo

O sujeito ativo será o médico que emitir falsamente o atestado. Trata-se, pois, de um crime próprio.

### 7.3. Sujeito Passivo

O sujeito passivo é o Estado, bem como aquele que for diretamente prejudicado com o comportamento praticado pelo sujeito ativo.

### 7.4. Objeto Jurídico

O objeto juridicamente tutelado é a fé pública.

### 7.5. Objeto Material

O objeto material é o atestado médico falso.

### 7.6. Elemento Subjetivo

O elemento subjetivo exigido no tipo é o dolo, não havendo previsão para modalidade culposa.

### 7.7. Consumação e Tentativa

Consuma-se o crime com a efetiva entrega do atestado falso, independentemente de ser ele utilizado.

A forma tentada é perfeitamente cabível.

### 7.8. Ação Penal

A ação penal é de iniciativa pública incondicionada.

## 8. REPRODUÇÃO OU ADULTERAÇÃO DE SELO OU PEÇA FILATÉLICA

**Art. 303. Substituído pelo art. 39 da Lei 6.538/78.**

## 9. USO DE DOCUMENTO FALSO

**Art. 304.** *Fazer uso de qualquer dos papéis falsificados ou alterados, a que se referem os arts. 297 a 302:*
**Pena – a** *cominada à falsificação ou à alteração.*

### 9.1. Introdução

No núcleo do tipo está a conduta *fazer uso*, que significa empregar, utilizar ou aplicar. O objeto material são os papéis constantes nos arts. 297 a 302 do presente diploma legal, cujo conteúdo já foi estudado anteriormente. Registre-se que o agente deve utilizar tais papéis como se verdadeiros fossem.

Com o art. 304 o legislador pretendeu punir o desdobramento normal do crime de falso. Registre-se, entretanto, que no concurso entre a falsificação e o uso de documento falso, entendeu o STF "que o uso de documento falso, pelo próprio autor da falsificação, configura um crime só, o de falsificação". (HC 84.533-MG, Rel. Celso de Mello).

Há discussão na doutrina acerca da configuração do crime na hipótese em que a exibição do documento não parte do agente, mas de solicitação, revista pessoal ou exigência da autoridade. Entende acertadamente o STJ que: "Reiterada é a jurisprudência dessa corte do STF no sentido de que há crime de uso de documento falso ainda quando o agente o exibe para a sua identificação em virtude de exigência por parte de autoridade policial" (STJ, Resp. 193.210-DF. Rel. José Arnaldo da Fonseca). Esse também é o entendimento da doutrina majoritária. Ora, portar tal documento já implica em seu uso.

A pena prevista para o crime de uso de documento falso é aquela cominada ao respectivo crime de falsificação. Deste modo, se o agente usar um documento público falsificado, a pena para o crime será aquela correspondente à falsificação de documento público (art. 297, CP). Por outro lado, se o documento for ideologicamente falsificado, a pena será aquela do crime de falsidade ideológica (art. 299, CP). Por esta razão, no que tange à pena para o crime de uso de documento falso, remetemos os leitores aos comentários realizados nos respectivos tipos penais.

O crime de *uso de documento falso* é comum; formal; simples; doloso; de forma livre; comissivo (podendo, ainda, ser praticado via omissão imprópria, no caso de o agente gozar do status de garantidor); instantâneo; unissubjetivo; unissubsistente e plurissubsistente (conforme o caso concreto).

### 9.2. Sujeito Ativo

O sujeito ativo pode ser qualquer pessoa, representando esta conduta, pois, *delicta communi,* ou seja, crime comum, não sendo necessária qualquer qualificação para o agente delituoso.

### 9.3. Sujeito Passivo

O sujeito passivo é o Estado, bem como aquele que for diretamente lesado pela conduta descrita neste tipo.

### 9.4. Objeto Jurídico

O objeto juridicamente tutelado é a fé pública.

### 9.5. Objeto Material

O objeto material é qualquer dos papéis falsificados ou alterados, a que se referem os arts. 297 a 302.

### 9.6. Elemento Subjetivo

O elemento subjetivo exigido no tipo é o dolo, não havendo previsão para modalidade culposa.

### 9.7. Consumação e Tentativa

Consuma-se o crime quando o agente efetivamente utiliza qualquer dos papéis falsificados ou alterados, a que se referem os arts. 297 a 302 do Código Penal.

Muito embora haja entendimentos contrários e seja de difícil constatação, entendemos que a forma tentada deste delito é possível.

### 9.8. Ação Penal

A ação penal é de iniciativa pública incondicionada.

## 10. SUPRESSÃO DE DOCUMENTO

> **Art. 305.** *Destruir, suprimir ou ocultar, em benefício próprio ou de outrem, ou em prejuízo alheio, documento público ou particular verdadeiro, de que não podia dispor:*
>
> **Pena** – *reclusão, de 2 (dois) a 6 (seis) anos, e multa, se o documento é público, e reclusão, de 1 (um) a 5 (cinco) anos, e multa, se o documento é particular.*

### 10.1. Introdução

No núcleo do tipo estão as condutas *destruir* (eliminar), *suprimir* (extinguir) *ou ocultar* (sonegar), em benefício próprio ou de outrem, ou em prejuízo alheio, documento público ou particular verdadeiro, de que não podia dispor. Para fins penais, as características exigidas ao documento são as mesmas já abordadas.

Registre-se que, conforme se depreende da leitura descrita no tipo, não é necessário que seja gerado benefício próprio ou alheio, bastando para a caracterização do crime que um prejuízo seja causado.

Há entendimentos no sentido da necessidade de que o documento seja insubstituível em seu valor probatório. Nesta perspectiva, sendo destruída cópia autenticada de documento, não há de ser caracterizado o presente delito, pois, considerando que exista, o original poderá ocupar o lugar.

A pena prevista para o crime é de reclusão de dois a seis anos ou de um a cinco anos, se o documento for particular. Em qualquer dos dois casos, a pena privativa de liberdade será acrescida da pena de multa. Logo, podemos concluir que:

a) Não é possível a transação penal (art. 76, Lei n. 9.099/95), pois não se trata de infração penal de menor potencial ofensivo;

b) Quando se tratar de documento particular, será possível a suspensão condicional do processo (art. 89, Lei n. 9.099/95), pois a pena mínima não ultrapassa um ano.

O crime de *supressão de documento* é comum; formal; simples; doloso; de forma livre; comissivo (podendo, ainda, ser praticado via omissão imprópria, no caso de o agente gozar do status de garantidor); instantâneo (nas modalidades destruir e suprimir) e permanente (na modalidade ocultar); unissubjetivo; unissubsistente e plurissubsistente (conforme o caso concreto).

**10.2. Sujeito Ativo**

O sujeito ativo pode ser qualquer pessoa, representando esta conduta, pois, *delicta communi,* ou seja, crime comum, não sendo necessária qualquer qualificação para o agente delituoso.

**10.3. Sujeito Passivo**

O sujeito passivo é o Estado, bem como aquele que for diretamente lesado pela conduta delituosa.

**10.4. Objeto Jurídico**

O objeto juridicamente tutelado é a fé pública.

**10.5. Objeto Material**

O objeto material é o documento público ou particular verdadeiro, de que não poderia dispor o agente.

**10.6. Elemento Subjetivo**

O elemento subjetivo exigido no tipo é o dolo, não havendo previsão para modalidade culposa.

**10.7. Consumação e Tentativa**

Consuma-se o crime quando o agente pratica uma das condutas previstas no tipo, independentemente da obtenção ou não de qualquer benefício para si ou para outrem, ou prejuízo alheio.

A forma tentada é perfeitamente cabível.

**10.8. Ação Penal**

A ação penal é de iniciativa pública incondicionada.

## 11. TÓPICO-SÍNTESE

| TÓPICO-SÍNTESE: Da Falsificação Documental | |
|---|---|
| **FALSIFICAÇÃO DE SELO OU SINAL PÚBLICO** | |
| **Falsificação do Selo ou Sinal Público (art. 296)** | Falsificar, fabricando-os ou alterando-os:<br>I – selo público destinado a autenticar atos oficiais da União, de Estado ou de Município;<br>II – selo ou sinal atribuído por lei a entidade de direito público, ou a autoridade, ou sinal público de tabelião. |
| **Penas** | A pena prevista para o crime é de reclusão de dois a seis anos, além da multa. |
| **Figuras Equiparadas (§ 1º)** | Incorre nas mesmas penas:<br>I – quem faz uso do selo ou sinal falsificado;<br>II – quem utiliza indevidamente o selo ou sinal verdadeiro em prejuízo de outrem ou em proveito próprio ou alheio;<br>III – quem altera, falsifica ou faz uso indevido de marcas, logotipos, siglas ou quaisquer outros símbolos utilizados ou identificadores de órgãos ou entidades da Administração Pública. |
| **Majorante (§ 2º)** | Se o agente é funcionário público, e comete o crime prevalecendo-se do cargo, aumenta-se a pena de sexta parte. |
| **Classificação** | Comum; formal; simples; doloso; de forma livre; comissivo (podendo, também, ser praticado via omissão imprópria, no caso do agente gozar do status de garantidor); instantâneo ou permanente (nas condutas "possuir" ou "guardar"); unissubjetivo; unissubsistente e plurissubsistente, conforme o caso concreto. |
| **Sujeito Ativo** | Qualquer pessoa. |
| **Sujeito Passivo** | Estado e o diretamente prejudicado. |
| **Objeto Jurídico** | Fé pública. |
| **Objeto Material** | Selo ou o sinal público. |
| **Elemento Subjetivo** | Dolo. |
| **Consumação** | Consuma-se quando o agente falsifica o selo ou sinal público, levando a efeito sua fabricação ou alteração. |
| **Tentativa** | É admitida. |
| **Ação Penal** | Pública incondicionada. |
| **FALSIFICAÇÃO DE DOCUMENTO PÚBLICO** | |
| **Falsificação de documento público (art. 297)** | Falsificar, no todo ou em parte, documento público, ou alterar documento público verdadeiro. |
| **Penas** | A pena prevista para o crime é de reclusão de dois a seis anos, além da multa. |
| **Majorante (§ 1º)** | Se o agente é funcionário público, e comete o crime prevalecendo-se do cargo, aumenta-se a pena de sexta parte. |

| TÓPICO-SÍNTESE: Da Falsificação Documental | |
|---|---|
| **Figuras Equiparadas (§§ 3º e 4º)** | • Nas mesmas penas incorre quem insere ou faz inserir:<br>I – na folha de pagamento ou em documento de informações que seja destinado a fazer prova perante a previdência social, pessoa que não possua a qualidade de segurado obrigatório;<br>II – na Carteira de Trabalho e Previdência Social do empregado ou em documento que deva produzir efeito perante a previdência social, declaração falsa ou diversa da que deveria ter sido escrita;<br>III – em documento contábil ou em qualquer outro documento relacionado com as obrigações da empresa perante a previdência social, declaração falsa ou diversa da que deveria ter constado.<br>• Nas mesmas penas incorre quem omite, nos documentos mencionados no § 3º, nome do segurado e seus dados pessoais, a remuneração, a vigência do contrato de trabalho ou de prestação de serviços. |
| **Classificação** | Comum; formal; simples; doloso; de forma livre (*caput*) e de forma vinculada (*§§ 3º e 4º)*; comissivo ou omissivo (próprio (*§ 4º do mesmo artigo)* ou impróprio (na hipótese do agente gozar do status de garantidor)); instantâneo; não transeunte; unissubjetivo; plurissubsistente. |
| **Sujeito Ativo** | Qualquer pessoa. |
| **Sujeito Passivo** | Estado e o diretamente lesado. |
| **Objeto Jurídico** | Fé pública. |
| **Objeto Material** | Documento público falsificado, total ou parcialmente, ou documento público verdadeiro que fora alterado. |
| **Elemento Subjetivo** | Dolo. |
| **Consumação** | Consuma-se quando o agente pratica efetivamente qualquer das condutas previstas nos incisos do artigo em estudo, não sendo necessária a utilização do documento. |
| **Tentativa** | É admitida. |
| **Ação Penal** | Pública Incondicionada. |
| **Súmulas aplicáveis** | 17 do STJ: Quando o falso exaure o estelionato, sem mais potencialidade lesiva, é por esse absorvido. |
| **FALSIFICAÇÃO DE DOCUMENTO PARTICULAR** | |
| **Falsificação de Documento Particular (art. 298)** | Falsificar, no todo ou em parte, documento particular ou alterar documento particular verdadeiro. |
| **Penas** | A pena prevista para o crime é de reclusão de um a cinco anos, além da multa. |
| **Classificação** | Comum; formal; simples; doloso; de forma livre; comissivo (podendo, também, ser praticado via omissão imprópria); instantâneo; unissubjetivo; plurissubsistente, conforme o caso concreto. |
| **Sujeito Ativo** | Qualquer pessoa. |
| **Sujeito Passivo** | Estado e o diretamente lesado. |
| **Objeto Jurídico** | Fé pública. |
| **Objeto Material** | Documento particular falsificado, total ou parcialmente, ou documento particular verdadeiro que fora alterado. |
| **Elemento Subjetivo** | Dolo. |

| TÓPICO-SÍNTESE: Da Falsificação Documental | |
|---|---|
| **Consumação** | Consuma-se quando o agente pratica qualquer das condutas previstas no artigo, não sendo necessária a utilização do documento falsificado. |
| **Tentativa** | É admitida. |
| **Ação Penal** | Pública incondicionada. |
| **Súmulas aplicáveis** | 17 do STJ: Quando o falso exaure o estelionato, sem mais potencialidade lesiva, é por esse absorvido. |
| **FALSIDADE IDEOLÓGICA** | |
| **Falsidade ideológica (art. 299)** | Omitir, em documento público ou particular, declaração que dele devia constar, ou nele inserir ou fazer inserir declaração falsa ou diversa da que devia ser escrita, com o fim de prejudicar direito, criar obrigação ou alterar a verdade sobre fato juridicamente relevante. |
| | |
| **Majorante (Parágrafo único)** | Se o agente é funcionário público, e comete o crime prevalecendo-se do cargo, ou se a falsificação ou alteração é de assentamento de registro civil, aumenta-se a pena de sexta parte. |
| **Classificação** | Comum; doloso; formal; simples; de forma livre; comissivo na modalidade *inserir* e omissivo próprio na modalidade *omitir* (podendo, ainda, ser cometido via omissão imprópria, quando o agente gozar do status de garantidor); não transeunte; instantâneo; unissubjetivo; plurissubsistente. |
| **Sujeito Ativo** | Qualquer pessoa. |
| **Sujeito Passivo** | Estado e o diretamente lesado. |
| **Objeto Jurídico** | Fé pública. |
| **Objeto Material** | Documento, público ou particular, no qual o agente omitiu declaração que nele fazia constar, ou nele inseriu ou fez inserir declaração falsa ou diversa daquela que deveria ser escrita, com o fim de prejudicar direito, criar obrigação ou alterar a verdade sobre o fato juridicamente relevante. |
| **Elemento Subjetivo** | Dolo, exigindo-se o propósito de lesar direito, criar obrigação ou alterar a veracidade sobre o fato juridicamente relevante. |
| **Consumação** | Consuma-se, no que tange à sua primeira modalidade, quando o agente confecciona o documento (público ou particular) sem a declaração que dele deveria constar, em virtude de uma omissão dolosa. Na segunda modalidade, a consumação ocorre quando o agente insere ou faz inserir no documento, declaração falsa ou diversa da que deveria ser escrita. |
| **Tentativa** | É admitida. |
| **Ação Penal** | Pública incondicionada. |
| **FALSO RECONHECIMENTO DE FIRMA OU LETRA** | |
| **Falso reconhecimento de firma ou letra (art. 300)** | Reconhecer, como verdadeira, no exercício de função pública, firma ou letra que o não seja. |
| **Penas** | A pena prevista para o crime é de reclusão de um a cinco anos, além da multa (ou de um a três anos e multa, se o documento for particular). |
| **Classificação** | Próprio; *formal; simples; doloso*; de forma livre; comissivo (podendo, ainda, ser praticado via omissão imprópria, quando o agente gozar do status de garantidor); instantâneo; não transeunte; unissubjetivo; plurissubsistente. |
| **Sujeito Ativo** | Funcionário, no exercício de sua função pública. |
| **Sujeito Passivo** | Estado e o diretamente lesado. |

| TÓPICO-SÍNTESE: Da Falsificação Documental | |
|---|---|
| Objeto Jurídico | Fé pública. |
| Objeto Material | Firma ou letra reconhecida falsamente pelo agente. |
| Elemento Subjetivo | Dolo. |
| Consumação | Consuma-se quando o agente reconhece como verdadeira firma ou letra sabidamente falsa. |
| Tentativa | É admitida. |
| Ação Penal | Pública Incondicionada. |
| **CERTIDÃO OU ATESTADO IDEOLOGICAMENTE FALSO** | |
| Certidão ou atestado ideologicamente falso (art. 301) | Atestar ou certificar falsamente, em razão de função pública, fato ou circunstância que habilite alguém a obter cargo público, isenção de ônus ou de serviço de caráter público, ou qualquer outra vantagem. |
| Penas | A pena prevista para o crime é de detenção de dois meses a um ano. |
| Falsidade material de atestado ou certidão (§ 1º) | Falsificar, no todo ou em parte, atestado ou certidão, ou alterar o teor de certidão ou de atestado verdadeiro, para prova de fato ou circunstância que habilite alguém a obter cargo público, isenção de ônus ou de serviço de caráter público, ou qualquer outra vantagem. |
| Aplica-se também a pena de multa (§ 2º) | Se o crime é praticado com o fim de lucro. |
| Classificação | Próprio (no que diz respeito ao *caput*) e comum (quanto ao § 1º); doloso; formal; simples; de forma livre; comissivo (podendo, ainda, ser praticado via omissão imprópria); instantâneo; não transeunte; unissubjetivo; plurissubsistente. |
| Sujeito Ativo | Funcionário que pratica o delito em razão da sua atividade. |
| Sujeito Passivo | Estado e o diretamente lesado |
| Objeto Jurídico | Fé pública. |
| Objeto Material | Atestado ou a certidão falsificada. |
| Elemento Subjetivo | Dolo. |
| Consumação | Consuma-se quando o documento falso é criado. |
| Tentativa | É admitida. |
| Ação Penal | Pública Incondicionada. |
| **FALSIDADE DE ATESTADO MÉDICO** | |
| Falsidade de atestado médico (art. 302) | Dar o médico, no exercício da sua profissão, atestado falso. |
| Penas | A pena prevista para o crime é de detenção de um mês a um ano. |
| Aplica-se também a pena de multa (Parágrafo único) | Se o crime é praticado com o fim de lucro. |

| TÓPICO-SÍNTESE: Da Falsificação Documental | |
|---|---|
| Classificação | Próprio; formal; simples; doloso; de forma livre; comissivo (podendo, ainda, ser praticado via omissão imprópria, no caso do agente gozar do status de garantidor); instantâneo; unissubjetivo; plurissubsistente. |
| Sujeito Ativo | Médico que emitir falsamente o atestado. |
| Sujeito Passivo | Estado e o diretamente prejudicado. |
| Objeto Jurídico | Fé pública. |
| Objeto Material | Atestado médico falso. |
| Elemento Subjetivo | Dolo. |
| Consumação | Consuma-se com a entrega do atestado falso. |
| Tentativa | É admitida. |
| Ação Penal | Pública Incondicionada. |
| USO DE DOCUMENTO FALSO | |
| Uso de documento falso (art. 304) | Fazer uso de qualquer dos papéis falsificados ou alterados, a que se referem os arts. 297 a 302. |
| Penas | A pena prevista para o crime de uso de documento falso é aquela cominada ao respectivo crime de falsificação. Deste modo, se o agente usar um documento público falsificado, a pena para o crime será aquela correspondente à falsificação de documento público (art. 297, CP). Por outro lado, se o documento for ideologicamente falsificado, a pena será aquela do crime de falsidade ideológica (art. 299, CP). |
| Classificação | Comum; formal; simples; doloso; de forma livre; comissivo (podendo, ainda, ser praticado via omissão imprópria, no caso do agente gozar do status de garantidor); instantâneo; unissubjetivo; unissubsistente e plurissubsistente (conforme o caso concreto). |
| Sujeito Ativo | Qualquer pessoa. |
| Sujeito Passivo | Estado e o diretamente lesado. |
| Objeto Jurídico | Fé pública. |
| Objeto Material | Qualquer dos papéis falsificados ou alterados, a que se referem os arts. 297 a 302. |
| Elemento Subjetivo | Dolo. |
| Consumação | Consuma-se quando o agente efetivamente utiliza qualquer dos papéis falsificados ou alterados, a que se referem os arts. 297 a 302 do Código Penal. |
| Tentativa | É admitida. |
| Ação Penal | Pública Incondicionada. |
| SUPRESSÃO DE DOCUMENTO | |
| Supressão de Documento (art. 305) | Destruir, suprimir ou ocultar, em benefício próprio ou de outrem, ou em prejuízo alheio, documento público ou particular verdadeiro, de que não podia dispor. |
| Penas | A pena prevista para o crime é de reclusão de dois a seis anos ou de um a cinco anos, se o documento for particular. Em qualquer dos dois casos, a pena privativa de liberdade será acrescida da pena de multa. |

| TÓPICO-SÍNTESE: Da Falsificação Documental | |
|---|---|
| **Classificação** | Comum; formal; simples; doloso; de forma livre; comissivo (podendo, ainda, ser praticado via omissão imprópria, no caso do agente gozar do status de garantidor); instantâneo (nas modalidades destruir e suprimir) e permanente (na modalidade ocultar); unissubjetivo; unissubsistente e plurissubsistente (conforme o caso concreto). |
| **Sujeito Ativo** | Qualquer pessoa. |
| **Sujeito Passivo** | Estado e o diretamente lesado. |
| **Objeto Jurídico** | Fé pública. |
| **Objeto Material** | Documento público ou particular verdadeiro, de que não poderia dispor o agente. |
| **Elemento Subjetivo** | Dolo. |
| **Consumação** | Consuma-se quando o agente pratica uma das condutas previstas no tipo. |
| **Tentativa** | É admitida. |
| **Ação Penal** | Pública incondicionada. |

Capítulo

# 4

# DE OUTRAS FALSIDADES

*Leia a Lei:*

- *art. 306 a 311 do CP.*

## 1. FALSIFICAÇÃO DO SINAL EMPREGADO NO CONTRASTE DE METAL PRECIOSO OU NA FISCALIZAÇÃO ALFANDEGÁRIA, OU PARA OUTROS FINS

**Art. 306.** *Falsificar, fabricando-o ou alterando-o, marca ou sinal empregado pelo poder público no contraste de metal precioso ou na fiscalização alfandegária, ou usar marca ou sinal dessa natureza, falsificado por outrem:*

**Pena** – *reclusão, de 2 (dois) a 6 (seis) anos, e multa.*

**Parágrafo único.** *Se a marca ou sinal falsificado é o que usa a autoridade pública para o fim de fiscalização sanitária, ou para autenticar ou encerrar determinados objetos, ou comprovar o cumprimento de formalidade legal:*

**Pena** – *reclusão ou detenção, de 1 (um) a 3 (três) anos, e multa.*

### 1.1. Introdução

O tipo previsto no presente artigo caracteriza como conduta criminosa a *falsificação de sinal*, compreendido como a impressão simbólica destinada a autenticar a legitimidade do metal precioso, *empregado no contraste de metal precioso ou na fiscalização alfandegária*, que vem a ser a representação gráfica alfandegária utilizada pela fiscalização e controle das mercadorias. A conduta pode ser executada através da *fabricação* ou da *alteração*.

Caso o agente falsifique ou use marca ou sinal referente à fiscalização sanitária ou para a autenticação ou encerramento de determinados objetos, responderá pelo tipo privilegiado, inteligência do parágrafo único do presente artigo.

A pena prevista para o crime é de reclusão de dois a seis anos, e multa. Logo, podemos concluir que:

a) Não é possível a transação penal (art. 76, Lei n. 9.099/95), pois não se trata de infração penal de menor potencial ofensivo;

b) Não é possível a suspensão condicional do processo (art. 89, Lei n. 9.099/95), pois a pena mínima ultrapassa um ano.

O crime de *falsificação do sinal empregado no contraste de metal precioso ou na fiscalização alfandegária, ou para outros fins* é comum; formal; simples; doloso; de forma livre; comissivo (podendo ser praticado via omissão imprópria, no caso de o agente gozar do status de garantidor); instantâneo; unissubjetivo; unissubsistente e plurissubsistente, conforme o caso concreto.

### 1.2. Sujeito Ativo

O sujeito ativo pode ser qualquer pessoa, representando esta conduta, pois, *delicta communi,* ou seja, crime comum, não sendo necessária qualquer qualificação para o agente delituoso.

### 1.3. Sujeito Passivo

O sujeito passivo é o Estado, bem como aquele que for diretamente lesado pela conduta do

agente delituoso.

### 1.4. Objeto Jurídico

O objeto juridicamente tutelado é a fé pública.

### 1.5. Objeto Material

O objeto material é a marca ou sinal empregado pelo poder público no contraste de metal precioso ou na falsificação alfandegária.

### 1.6. Elemento Subjetivo

O elemento subjetivo exigido no tipo é o dolo, não havendo previsão para modalidade culposa.

### 1.7. Consumação e Tentativa

Consuma-se o crime com a falsificação ou uso do objeto material deste crime.

A forma tentada é admitida.

### 1.8. Ação Penal

A ação penal é de iniciativa pública incondicionada.

## 2. FALSA IDENTIDADE

> **Art. 307.** *Atribuir-se ou atribuir a terceiro falsa identidade para obter vantagem, em proveito próprio ou alheio, ou para causar dano a outrem:*
>
> **Pena** – *detenção, de 3 (três) meses a 1 (um) ano, ou multa, se o fato não constitui elemento de crime mais grave.*

### 2.1. Introdução

No núcleo do tipo estão as condutas *atribuir-se ou atribuir* a terceiro falsa identidade, cuja finalidade é a obtenção de vantagem, seja em proveito próprio ou alheio; bastando, entretanto, que a conduta cause dano a outrem. Restará configurado o crime em estudo, mesmo que não seja obtida qualquer vantagem sobre a conduta criminosa.

A doutrina majoritária entende por *identidade* o conjunto dos seguintes dados: o nome, a idade, o estado civil, a filiação, o sexo, entre outros dados que permitam reconhecer a pessoa tal qual como ela é.

Ademais, a lei ressalva que a punição somente ocorrerá se a falsa identidade não constitui elemento para crime mais grave, tratando-se, pois, de delito subsidiário, como ocorre, por exemplo, quando o sujeito se atribui falsa identidade para praticar um estelionato.

A pena prevista para o crime é de detenção de três meses a um ano, ou multa, se o crime não constitui elementar de crime mais grave. Logo, podemos concluir que:

a) É possível a transação penal (art. 76, Lei n. 9.099/95), pois se trata de infração penal de menor potencial ofensivo;

b) É possível a suspensão condicional do processo (art. 89, Lei n. 9.099/95), pois a pena mínima não ultrapassa um ano.

Por derradeiro, se o desiderato do agente não for nenhum dos que estão descritos no tipo (obter vantagem em proveito próprio ou alheio, ou para causar prejuízo a outrem), restará configurada a contravenção penal prevista no art. 68 do Decreto-lei 3.688/41, a despeito da classificação no art. 307 do Código Penal.

O crime de *falsa identidade* é comum; formal; simples; doloso; de forma livre; comissivo (podendo ser praticado via omissão imprópria, no caso do agente gozar do status de garantidor); instantâneo; unissubjetivo; unissubsistente e plurissubsistente, conforme o caso concreto.

### 2.2. Sujeito Ativo

O sujeito ativo pode ser qualquer pessoa, representando esta conduta, pois, *delicta communi,* ou seja, crime comum, não sendo necessária qualquer qualificação para o agente delituoso.

### 2.1. Sujeito Passivo

O sujeito passivo é o Estado, bem como aquele que for diretamente lesado pela conduta do agente delituoso.

### 2.2. Objeto Jurídico

O objeto juridicamente tutelado é a fé pública.

### 2.3. Objeto Material

Não há objeto material.

### 2.4. Elemento Subjetivo

O elemento subjetivo exigido no tipo é o dolo, não havendo previsão para modalidade culposa.

A falsa identidade para ser tipificada deve conter a vontade livre e consciente de atribuir-se identidade diversa e, por isso, presente o dolo direto de enganar, de ocultar a real identidade, sonegando-se à aplicação da lei penal. Quando o meio aplicado não é eficaz, carece a conduta de tipicidade. (TJRS, Rec. Crim. 71001304419, Rel. Nara Leonor Castro Garcia)

### 2.5. Consumação e Tentativa

Consuma-se o crime quando o agente pratica uma das condutas previstas no tipo, não sendo necessária a obtenção de vantagem, em proveito próprio ou alheio, ou que cause dando a outrem.

A forma tentada é cabível.

### 2.6. Ação Penal

A ação penal é de iniciativa pública incondicionada.

## 3. USO DE DOCUMENTO DE IDENTIDADE ALHEIA

> **Art. 308.** *Usar, como próprio, passaporte, título de eleitor, caderneta de reservista ou qualquer documento de identidade alheia ou ceder a outrem, para que dele se utilize, documento dessa natureza, próprio ou de terceiro:*
>
> **Pena** – *detenção, de 4 (quatro) meses a 2 (dois) anos, e multa, se o fato não constitui elemento de crime mais grave.*

### 3.1. Introdução

No núcleo do tipo estão as condutas *usar, como próprio,* e *ceder a outrem, para que dele se utilize*, os seguintes objetos: passaporte, título de eleitor, caderneta de reservista ou outro documento de identidade alheia – todos verdadeiros, pois se falsos, o crime será o do art. 304 do Código Penal.

A mesma observação feita no que tange à subsidiariedade do delito previsto no art. 307 aplica-se ao presente tipo. Dito de outra forma, se o uso da identidade alheia ocorrer como elementar de outro crime, será por este absorvido.

Assinale-se, ainda, que ao contrário do que dispõe o artigo anterior, não se exige do agente finalidade especial impulsionando sua conduta.

A pena prevista para o crime é de detenção de quatro meses a dois anos, e multa, se o crime não constitui elementar de crime mais grave. Logo, podemos concluir que:

a) É possível a transação penal (art. 76, Lei n. 9.099/95), pois se trata de infração penal de menor potencial ofensivo;

b) É possível a suspensão condicional do processo (art. 89, Lei n. 9.099/95), pois a pena mínima não ultrapassa um ano.

O crime de *uso de documento de identidade alheia* é comum; formal; simples; doloso; de forma livre; comissivo (podendo ser praticado via omissão imprópria, no caso do agente gozar do status de garantidor); instantâneo; unissubjetivo; unissubsistente e plurissubsistente, conforme o caso concreto.

### 3.2. Sujeito Ativo

O sujeito ativo pode ser qualquer pessoa, representando esta conduta, pois, *delicta communi,* ou seja, crime comum, não sendo necessária qualquer qualificação para o agente delituoso.

### 3.3. Sujeito Passivo

O sujeito passivo é o Estado, bem como aquele que for diretamente lesado pela conduta do agente.

### 3.4. Objeto Jurídico

O objeto juridicamente tutelado é a fé pública.

### 3.5. Objeto Material

O objeto material é o passaporte, título de eleitor, caderneta de reservista ou qualquer outro documento de identidade alheia, utilizado pelo agente como próprio.

### 3.6. Elemento Subjetivo

O elemento subjetivo exigido no tipo é o dolo, não havendo previsão para modalidade culposa.

### 3.7. Consumação e Tentativa

No que tange à primeira parte do artigo, consuma-se o crime com a efetiva utilização do documento, não caracterizado o simples porte, portanto, a consumação do crime. No que diz respeito à segunda parte do artigo, consumado estará o delito quando o agente cede a outrem qualquer dos documentos mencionados pelo tipo, não havendo necessidade de que o sujeito que recebeu o documento, efetivamente o utilize.

A forma tentada é cabível.

### 3.8. Ação Penal

A ação penal é de iniciativa pública incondicionada.

## 4. FRAUDE DE LEI SOBRE ESTRANGEIRO

**Art. 309.** *Usar o estrangeiro, para entrar ou permanecer no território nacional, nome que não é o seu:*

**Pena** – *detenção, de 1 (um) a 3 (três) anos, e multa.*

**Parágrafo único.** *Atribuir a estrangeiro falsa qualidade para promover-lhe a entrada em território nacional:*

**Pena** – *reclusão, de 1 (um) a 4 (quatro) anos, e multa.*

### 4.1. Introdução

No tipo estão descritas as condutas *usar* o estrangeiro nome falso, com o intuito de entrar ou permanecer em território nacional; ou, ainda, *atribuir* a estrangeiro falsa qualidade para promover-lhe a entrada em território nacional.

A pena prevista para o crime é de detenção de um a três anos, e multa. Na figura do parágrafo único, a pena é de reclusão de um a quatro anos, e multa. Logo, podemos concluir que:

a) Não é possível a transação penal (art. 76, Lei n. 9.099/95), pois não se trata de infração penal de menor potencial ofensivo;

b) É possível a suspensão condicional do processo (art. 89, Lei n. 9.099/95), pois a pena mínima não ultrapassa um ano.

O crime de *fraude de lei sobre estrangeiro* é próprio na modalidade fundamental e comum na modalidade qualificada; formal; simples; doloso; de forma livre; comissivo (podendo ser praticado via omissão imprópria, no caso de o agente gozar do status de garantidor); instantâneo; unissubjetivo; unissubsistente e plurissubsistente, conforme o caso concreto.

### 4.2. Sujeito Ativo

No que diz respeito à modalidade fundamental, somente o estrangeiro pode figurar como agente delituoso. Já no que tange à conduta descrita no parágrafo único, cuida-se de crime comum, podendo o agente ser qualquer pessoa.

### 4.3. Sujeito Passivo

O sujeito passivo é o Estado.

### 4.4. Objeto Jurídico

O objeto juridicamente tutelado é a fé pública.

### 4.5. Objeto Material

Não há objeto material.

### 4.6. Elemento Subjetivo

O elemento subjetivo exigido no tipo é o dolo, não havendo previsão para modalidade culposa.

### 4.7. Consumação e Tentativa

Acerca da conduta prevista no *caput,* consuma-se o crime quando o estrangeiro, efetivamente, usa um nome que não é seu, com a finalidade de entrar ou permanecer em território nacional, não havendo necessidade de que consiga o resultado naturalístico. Com relação à modalidade prevista no parágrafo único, o delito resta consumado quando o agente imputa a estrangeiro falsa qualidade com o objetivo de promover-lhe entrada em território nacional, mesmo que tal objetivo não seja alcançado.

Admite-se a tentativa.

### 4.8. Ação Penal

A ação penal é de iniciativa pública incondicionada.

## 5. FALSIDADE EM PREJUÍZO DA NACIONALIZAÇÃO DE SOCIEDADE

**Art. 310.** *Prestar-se a figurar como proprietário ou possuidor de ação, título ou valor pertencente a estrangeiro, nos casos em que a este é vedada por lei a propriedade ou a posse de tais bens:*
**Pena** – *detenção, de 6 (seis) meses a 3 (três) anos, e multa.*

### 5.1. Introdução

No tipo está descrita a conduta de brasileiro que serve de "testa de ferro", ou "homem de palha" ao estrangeiro, assumindo a qualidade de proprietário ou possuidor de ação, título ou valor que, em verdade, pertencem a estrangeiro, considerando a propriedade ou posse a este vedada por lei.

A pena prevista para o crime é de detenção de seis meses a três anos, e multa. Logo, podemos concluir que:

a) Não é possível a transação penal (art. 76, Lei n. 9.099/95), pois não se trata de infração penal de menor potencial ofensivo;

b) É possível a suspensão condicional do processo (art. 89, Lei n. 9.099/95), pois a pena mínima não ultrapassa um ano.

O crime de *falsidade em prejuízo da nacionalização de sociedade* é comum; formal; simples; doloso; de forma livre; comissivo (podendo ser praticado via omissão imprópria, no caso de o agente gozar do status de garantidor); instantâneo; unissubjetivo; plurissubsistente.

### 5.2. Sujeito Ativo

O sujeito ativo pode ser qualquer pessoa, representando esta conduta, pois, *delicta communi,* ou seja, crime comum, não sendo necessária qualquer qualificação para o agente delituoso.

### 5.3. Sujeito Passivo

O sujeito passivo é o Estado.

### 5.4. Objeto Jurídico

O objeto juridicamente tutelado é a fé pública.

### 5.5. Objeto Material

O objeto material é a ação, título ou valor pertencente a estrangeiro, dos quais o agente simula ser proprietário ou possuidor.

### 5.6. Elemento Subjetivo

O elemento subjetivo exigido no tipo é o dolo, não havendo previsão para modalidade culposa.

### 5.7. Consumação e Tentativa

Consuma-se o crime quando se dá a efetiva substituição do verdadeiro possuidor ou proprietário, isto é, quando o "homem de palha" passa a ter ou possuir aparentemente os valores que não lhe pertencem.

A forma tentada é cabível.

### 5.8. Ação Penal

A ação penal é de iniciativa pública incondicionada.

## 6. ADULTERAÇÃO DE SINAL IDENTIFICADOR DE VEÍCULO AUTOMOTOR

**Art. 311.** *Adulterar ou remarcar número de chassi ou qualquer sinal identificador de veículo automotor, de seu componente ou equipamento:*
**Pena** – *reclusão, de 3 (três) a 6 (seis) anos, e multa.*

> **§ 1º** *Se o agente comete o crime no exercício da função pública ou em razão dela, a pena é aumentada de um terço.*
> **§ 2º** *Incorre nas mesmas penas o funcionário público que contribui para o licenciamento ou registro do veículo remarcado ou adulterado, fornecendo indevidamente material ou informação oficial.*

## 6.1. Introdução

No tipo estão descritas as condutas *adulterar* (modificar) ou *remarcar* (marcar de novo) número de chassi (estrutura que descreve os elementos que integram o veículo) ou qualquer sinal identificador (qualquer registro que sirva como elemento individualizador), do veículo automotor (veículo motorizado que serve como transporte viário de pessoas) de seu componente (portas, vidros etc.) ou equipamento (iluminação das placas etc.).

> ***POSIÇÃO DO STJ***
> *O STJ entende que "O agente que substitui as placas originais de veículo automotor por placas de outro veículo enquadra-se na conduta prevista no art. 311 do Código Penal, tendo em vista a adulteração dos sinais identificadores" (Resp. 799.565-SP, Rel. Laurita Vaz).*

A pena prevista para o crime é de reclusão de três a seis anos, e multa. Logo, podemos concluir que:

a) Não é possível a transação penal (art. 76, Lei n. 9.099/95), pois se trata de infração penal de menor potencial ofensivo;

b) Não é possível a suspensão condicional do processo (art. 89, Lei n. 9.099/95), pois a pena mínima não ultrapassa um ano.

Ademais, o § 1°do tipo agora estudado, ainda prevê causa de aumento de um terço da pena se o agente é funcionário público, desde que exercendo sua função ou dela se valendo.

O crime de *adulteração de sinal identificador de veículo automotor* é comum; forma; simples; doloso; de forma livre; comissivo (podendo ser praticado via omissão imprópria, no caso do agente gozar do status de garantidor); instantâneo; unissubjetivo; plurissubsistente.

## 6.2. Sujeito Ativo

O sujeito ativo pode ser qualquer pessoa, representando esta conduta, pois, *delicta communi,* ou seja, crime comum, não sendo necessária qualquer qualificação para o agente delituoso. Entretanto, se o agente é funcionário público, e comete o crime prevalecendo-se do cargo, a pena será aumentada até a sexta parte, inteligência do § 1° do presente artigo.

## 6.3. Sujeito Passivo

O sujeito passivo é o Estado, bem como aquele que for diretamente lesado pela conduta delituosa.

### 6.4. Objeto Jurídico

O objeto juridicamente tutelado é a fé pública.

### 6.5. Objeto Material

O objeto material é o número do chassi ou qualquer sinal identificador de veículo automotor, de seu componente ou equipamento.

### 6.6. Elemento Subjetivo

O elemento subjetivo exigido no tipo é o dolo, não havendo previsão para modalidade culposa.

### 6.7. Consumação e Tentativa

Consuma-se o crime quando o agente, efetivamente, adultera ou remarca o número do chassi ou qualquer sinal identificador de veículo automotor, de seu componente, ou equipamento.

A forma tentada é cabível.

### 6.8. Ação Penal

A ação penal é de iniciativa pública incondicionada.

## 7. TÓPICO-SÍNTESE

| TÓPICO-SÍNTESE: De outras falsidades | |
|---|---|
| FALSIFICAÇÃO DO SINAL EMPREGADO NO CONTRASTE DE METAL PRECIOSO OU NA FISCALIZAÇÃO | |
| **Falsificação do sinal empregado no contraste de metal precioso ou na fiscalização alfandegária, ou para outros fins (art. 306)** | Falsificar, fabricando-o ou alterando-o, marca ou sinal empregado pelo poder público no contraste de metal precioso ou na fiscalização alfandegária, ou usar marca ou sinal dessa natureza, falsificado por outrem. |
| **Penas** | A pena prevista para o crime é de reclusão de dois a seis anos, e multa. |
| **Modalidade Privilegiada (Parágrafo único)** | Se a marca ou sinal falsificado é o que usa a autoridade pública para o fim de fiscalização sanitária, ou para autenticar ou encerrar determinados objetos, ou comprovar o cumprimento de formalidade legal. |
| **Classificação** | Comum; formal; simples; doloso; de forma livre; comissivo (podendo ser praticado via omissão imprópria, no caso do agente gozar do status de garantidor); instantâneo; unissubjetivo; unissubsistente e plurissubsistente, conforme o caso concreto. |
| **Sujeito Ativo** | Qualquer pessoa. |
| **Sujeito Passivo** | Estado e o diretamente lesado. |
| **Objeto Jurídico** | Fé pública. |
| **Objeto Material** | Marca ou sinal empregado pelo poder público no contraste de metal precioso ou na falsificação alfandegária. |
| **Elemento Subjetivo** | Dolo. |

| TÓPICO-SÍNTESE: De outras falsidades | |
|---|---|
| **Consumação** | Consuma-se com a falsificação ou uso do objeto material deste crime. |
| **Tentativa** | É admitida. |
| **Ação Penal** | Pública incondicionada. |
| **FALSA IDENTIDADE** | |
| **Falsa identidade (art. 307)** | Atribuir-se ou atribuir a terceiro falsa identidade para obter vantagem, em proveito próprio ou alheio, ou para causar dano a outrem. |
| **Penas** | A pena prevista para o crime é de detenção de três meses a um ano, ou multa, se o crime não constitui elementar de crime mais grave. |
| **Classificação** | Comum; formal; simples; doloso; de forma livre; comissivo (podendo ser praticado via omissão imprópria, no caso do agente gozar do status de garantidor); instantâneo; unissubjetivo; unissubsistente e plurissubsistente, conforme o caso concreto. |
| **Sujeito Ativo** | Qualquer pessoa. |
| **Sujeito Passivo** | Estado e o diretamente lesado. |
| **Objeto Jurídico** | Fé pública. |
| **Objeto Material** | Não há. |
| **Elemento Subjetivo** | Dolo. |
| **Consumação** | Consuma-se quando o agente pratica uma das condutas previstas no tipo. |
| **Tentativa** | É admitida. |
| **Ação Penal** | Pública incondicionada. |
| **Súmulas aplicáveis** | 522 o STJ. A conduta de atribuir-se falsa identidade perante autoridade policial é típica ainda que em situação de alegada autodefesa. |
| **USO DE DOCUMENTO DE IDENTIDADE ALHEIA** | |
| **Uso de documento de identidade alheia (art. 308)** | Usar, como próprio, passaporte, título de eleitor, caderneta de reservista ou qualquer documento de identidade alheia ou ceder a outrem, para que dele se utilize, documento dessa natureza, próprio ou de terceiro. |
| **Penas** | A pena prevista para o crime é de detenção de quatro meses a dois anos, e multa, se o crime não constitui elementar de crime mais grave. |
| **Classificação** | Comum; doloso; formal; simples; de forma livre; comissivo (podendo ser praticado via omissão imprópria, no caso do agente gozar do status de garantidor); instantâneo; unissubjetivo; unissubsistente e plurissubsistente, conforme o caso concreto. |
| **Sujeito Ativo** | Qualquer pessoa. |
| **Sujeito Passivo** | Estado e o diretamente lesado. |
| **Objeto Jurídico** | Fé pública. |
| **Objeto Material** | Passaporte, título de eleitor, caderneta de reservista ou qualquer outro documento de identidade alheia, utilizado pelo agente como próprio. |

| TÓPICO-SÍNTESE: De outras falsidades | |
|---|---|
| **Elemento Subjetivo** | Dolo. |
| **Consumação** | Consuma-se, no que tange à primeira parte do artigo, com a efetiva utilização do documento. No que diz respeito à segunda parte do artigo, consuma-se quando o agente cede a outrem qualquer dos documentos mencionados pelo tipo. |
| **Tentativa** | É admitida. |
| **Ação Penal** | Pública Incondicionada. |
| **FRAUDE DE LEI SOBRE ESTRANGEIRO** | |
| **Fraude de lei sobre estrangeiro (art. 309)** | Usar o estrangeiro, para entrar ou permanecer no território nacional, nome que não é o seu. |
| **Penas** | A pena prevista para o crime é de detenção de um a três anos, e multa. Na figura do parágrafo único, a pena é de reclusão de um a quatro anos, e multa. |
| **Modalidade Qualificada (Parágrafo único)** | Atribuir a estrangeiro falsa qualidade para promover-lhe a entrada em território nacional. |
| **Classificação** | Próprio na modalidade fundamental e comum na modalidade qualificada; formal; simples; doloso; de forma livre; comissivo (podendo ser praticado via omissão imprópria, no caso do agente gozar do status de garantidor); instantâneo; unissubjetivo; unissubsistente e plurissubsistente, conforme o caso concreto. |
| **Sujeito Ativo** | Estrangeiro (caput), qualquer pessoa (parágrafo único). |
| **Sujeito Passivo** | Estado. |
| **Objeto Jurídico** | Fé pública. |
| **Objeto Material** | Não há. |
| **Elemento Subjetivo** | Dolo. |
| **Consumação** | Consuma-se quando o estrangeiro, efetivamente, usa um nome que não é seu, com a finalidade de entrar ou permanecer em território nacional (caput). Consuma-se quando o agente imputa a estrangeiro falsa qualidade com o objetivo de promover-lhe entrada em território nacional (parágrafo único). |
| **Tentativa** | É admitida. |
| **Ação Penal** | Pública incondicionada. |
| **FALSIFICAÇÃO EM PREJUÍZO DA NACIONALIZAÇÃO DE SOCIEDADE** | |
| **Falsificação em prejuízo da nacionalização de sociedade (art. 310)** | Prestar-se a figurar como proprietário ou possuidor de ação, título ou valor pertencente a estrangeiro, nos casos em que a este é vedada por lei a propriedade ou a posse de tais bens. |
| **Penas** | A pena prevista para o crime é de detenção de seis meses a três anos, e multa. |
| **Classificação** | Comum; formal; simples; doloso; de forma livre; comissivo (podendo ser praticado via omissão imprópria, no caso do agente gozar do status de garantidor); instantâneo; unissubjetivo; plurissubsistente.. |

| TÓPICO-SÍNTESE: De outras falsidades | |
|---|---|
| **Sujeito Ativo** | Qualquer pessoa. |
| **Sujeito Passivo** | Estado. |
| **Objeto Jurídico** | Fé pública. |
| **Objeto Material** | Ação, título ou valor pertencente a estrangeiro, dos quais o agente simula ser proprietário ou possuidor. |
| **Elemento Subjetivo** | Dolo. |
| **Consumação** | Consuma-se quando se dá a efetiva substituição do verdadeiro possuidor ou proprietário. |
| **Tentativa** | É admitida. |
| **Ação Penal** | Pública incondicionada. |
| **ADULTERAÇÃO DE SINAL IDENTIFICADOR DE VEÍCULO AUTOMOTOR** | |
| **Adulteração de sinal identificador de veículo automotor (art. 311)** | Adulterar ou remarcar número de chassi ou qualquer sinal identificador de veículo automotor, de seu componente ou equipamento. |
| **Penas** | A pena prevista para o crime é de reclusão de três a seis anos, e multa. |
| **Majorantes de Pena (§§ 1º e 2º)** | • Se o agente comete o crime no exercício da função pública ou em razão dela, a pena é aumentada de um terço.<br>• Incorre nas mesmas penas o funcionário público que contribui para o licenciamento ou registro do veículo remarcado ou adulterado, fornecendo indevidamente material ou informação oficial. |
| **Classificação** | Comum; forma; simples; doloso; de forma livre; comissivo (podendo ser praticado via omissão imprópria, no caso do agente gozar do status de garantidor); instantâneo; unissubjetivo; plurissubsistente. |
| **Sujeito Ativo** | Qualquer pessoa. |
| **Sujeito Passivo** | Estado e o diretamente prejudicado. |
| **Objeto Jurídico** | Fé pública. |
| **Objeto Material** | Número do chassi ou qualquer sinal identificador de veículo automotor, de seu componente ou equipamento. |
| **Elemento Subjetivo** | Dolo. |
| **Consumação** | Consuma-se quando o agente adultera ou remarca o número do chassi ou qualquer sinal identificador de veículo automotor, de seu componente, ou equipamento. |
| **Tentativa** | É admitida. |
| **Ação Penal** | Pública incondicionada. |

Capítulo

# 5

# DAS FRAUDES EM CERTAMES DE INTERESSE PÚBLICO

***Leia a Lei:***

- *art. 311-A do CP.*

## 1. FRAUDES EM CERTAME DE INTERESSE PÚBLICO

**Art. 311-A.** *Utilizar ou divulgar, indevidamente, com o fim de beneficiar a si ou a outrem, ou de comprometer a credibilidade do certame, conteúdo sigiloso de:*

**I** – *concurso público;*

**II** – *avaliação ou exames públicos;*

**III** – *processo seletivo para ingresso no ensino superior;*

**IV** – *exame ou processo seletivo previstos em lei:*

**Pena** – *reclusão, de 1(um) a 4 (quatro) anos, e multa.*

**§ 1º** *Nas mesmas penas incorre quem permite ou facilita, por qualquer meio, o acesso de pessoas não autorizadas às informações mencionadas do caput.*

**§ 2º** *Se da ação ou omissão resulta dano à administração pública:*

*Pena – reclusão, se 2(dois) a 6 (seis) anos, e multa.*

**§ 3º** *Aumenta-se a pena de 1/3 (um terço) se o fato é cometido por funcionário público.*

### 1.1. Introdução

Inserido pela Lei 12.550/2011, no núcleo do tipo estão descritas as condutas *utilizar* ou *divulgar* indevidamente, com o fim de beneficiar a si ou a outrem, ou de comprometer a credibilidade do certame, conteúdo sigiloso de concurso público, avaliação ou exames públicos, processo seletivo para ingresso no ensino superior ou exame ou processo seletivo previstos em lei.

O artigo ainda prevê como condutas típicas a *permissão* ou *facilitação*, por qualquer meio, do acesso de pessoas não autorizadas às informações mencionadas anteriormente.

Com advento daquela Lei, a "cola eletrônica", antes entendida pelo STF como fato atípico, por não se amoldar, com perfeição, na figura do estelionato – em face do princípio da reserva legal e da proibição de aplicação da *analogia in malam partem* – agora passa a ser conduta típica inserta no art. 311-A do Código Penal. (Informativo STF n° 453)

A pena prevista para o crime é de reclusão de um a quatro anos, e multa. Logo, podemos concluir que:

a) Não é possível a transação penal (art. 76, Lei n. 9.099/95), pois se trata de infração penal de menor potencial ofensivo;

b) É possível a suspensão condicional do processo (art. 89, Lei n. 9.099/95), pois a pena mínima não ultrapassa um ano.

O crime de *fraudes em certame de interesse público* é comum; doloso; formal; simples; comissivo ou omissivo, conforme o caso; de forma livre; instantâneo; unissubjetivo; plurissubsistente.

### 1.2. Sujeito Ativo

O sujeito ativo pode ser qualquer pessoa, representando esta conduta, pois, *delicta communi,* ou seja, crime comum, não sendo necessária qualquer qualificação para o agente delituoso. Entretanto, se o agente é funcionário público, e comete o crime prevalecendo-se do cargo, a pena será aumentada até a sexta parte, inteligência do § 3° do presente artigo.

### 1.3. Sujeito Passivo

O sujeito passivo é o Estado, bem como aquele que for diretamente lesado pela conduta delituosa.

### 1.4. Objeto Jurídico

O objeto juridicamente tutelado é a fé pública.

### 1.5. Objeto Material

O objeto material é o conteúdo sigiloso do certame.

### 1.6. Elemento Subjetivo

O elemento subjetivo exigido no tipo é o dolo, não havendo previsão para modalidade culposa.

### 1.7. Consumação e Tentativa

Consuma-se o crime com a realização da conduta descrita no tipo, sem a exigência do resultado naturalístico. Este, se ocorrer, o crime restará qualificado pelo seu resultado, devendo a pena ser elevada, consoante disposto no § 2°do presente artigo.

A forma tentada é cabível.

### 1.8. Ação Penal

A ação penal é de iniciativa pública incondicionada.

## 2. TÓPICO-SÍNTESE

| TÓPICO-SÍNTESE: Das Fraudes em certame de interesse público | |
|---|---|
| **FRAUDES EM CERTAME DE INTERESSE PÚBLICO** | |
| **Fraudes em certames de interesse público (art. 311-A)** | Utilizar ou divulgar, indevidamente, com o fim de beneficiar a si ou a outrem, ou de comprometer a credibilidade do certame, conteúdo sigiloso de:<br>I – concurso público;<br>II – avaliação ou exames públicos;<br>III – processo seletivo para ingresso no ensino superior;<br>IV – exame ou processo seletivo previstos em lei. |
| **Penas** | A pena prevista para o crime é de reclusão de um a quatro anos, e multa. |
| **Figura Equiparada (§ 1º)** | Quem permite ou facilita, por qualquer meio, o acesso de pessoas não autorizadas às informações mencionadas do caput. |
| **Qualificadora (§ 2º)** | Se da ação ou omissão resulta dano à administração pública. |
| **Majorante (§ 3º)** | Aumenta-se a pena de 1/3 (um terço) se o fato é cometido por funcionário público. |
| **Classificação** | Comum; doloso; formal; simples; comissivo ou omissivo, conforme o caso; de forma livre; instantâneo; unissubjetivo; plurissubsistente. |
| **Sujeito Ativo** | Qualquer pessoa. |
| **Sujeito Passivo** | Estado e o diretamente lesado. |
| **Objeto Jurídico** | Fé pública. |
| **Objeto Material** | Conteúdo sigiloso do certame. |
| **Elemento Subjetivo** | Dolo. |
| **Consumação** | Consuma-se com a realização da conduta descrita no tipo. |
| **Tentativa** | É admitida. |
| **Ação Penal** | Pública incondicionada. |

Título XI

# DOS CRIMES CONTRA A ADMINISTRAÇÃO PÚBLICA

Capítulo

# 1

# DOS CRIMES PRATICADOS POR FUNCIONÁRIO PÚBLICO CONTRA A ADMINISTRAÇÃO EM GERAL

***Leia a Lei:***

- *art. 312 a 327 do CP.*

## 1. PECULATO

**Art. 312** – *Apropriar-se o funcionário público de dinheiro, valor ou qualquer outro bem móvel, público ou particular, de que tem a posse em razão do cargo, ou desviá-lo, em proveito próprio ou alheio:*

**Pena** – *reclusão, de 2 (dois) a 12 (doze) anos, e multa.*

**§ 1º** – *Aplica-se a mesma pena, se o funcionário público, embora não tendo a posse do dinheiro, valor ou bem, o subtrai, ou concorre para que seja subtraído, em proveito próprio ou alheio, valendo-se de facilidade que lhe proporciona a qualidade de funcionário.*

**Peculato Culposo**

**§ 2º** – *Se o funcionário concorre culposamente para o crime de outrem:*

**Pena** – *detenção, de 3 (três) meses a 1 (um) ano.*

**§ 3º** – *No caso do parágrafo anterior, a reparação do dano, se precede à sentença irrecorrível, extingue a punibilidade; se lhe é posterior, reduz de metade a pena imposta.*

### 1.1. Introdução

A doutrina costuma dividir este crime em: a) peculato-apropriação (art. 312, *caput*, primeira parte); b) peculato-desvio (art. 312, *caput*, segunda parte); c) peculato-furto (art. 312, § 1º); d) peculato culposo (art. 312, § 2º.).

Como se percebe, no peculato, o funcionário público apropria-se (peculato-apropriação), desvia (peculato desvia) ou subtrai (peculato-furto) dinheiro, valor ou outro bem móvel, público ou particular.

Relevante notar que a natureza do dinheiro, valor ou bem (público ou particular) é indiferente para a caracterização do crime. O que diferencia o peculato de crimes como a apropriação indébita (art. 168, CP) ou furto (art. 155, CP) não é a natureza do bem envolvido, mas sim a condição de funcionário público. Por outras palavras, o que caracteriza o crime de peculato é o sujeito ativo, e não o objeto material.

Vale dizer que o peculato de uso, tal qual o furto nesta mesma modalidade, também é atípico (STJ, HC 94.168, Rel. Min. Jane Silva (convocada)). Assim, se o funcionário público, por exemplo, utiliza um computador portátil do poder público, de que tem a posse em razão do cargo, em proveito pessoal, restituindo-o intacto, não haverá que se falar em crime. Inobstante, casos como este podem constituir ilícitos administrativos e, portanto, devem ser punidos na seara administrativa.

Relevante salientar, contudo, que o Decreto-Lei n.º 201/67, que trata dos crimes de responsabilidade praticados por prefeito municipal, prevê, em seu art. 1º. II, a conduta consistente em "utilizar-se, indevidamente, em proveito próprio ou alheio, de bens, rendas ou serviços públicos".

A pena prevista para o crime é de reclusão de dois a doze anos, além da multa. Logo, podemos concluir que:

a) Não é possível a transação penal (art. 76, Lei n. 9.099/95), pois não se trata de infração penal de menor potencial ofensivo;

b) Não é possível a suspensão condicional do processo (art. 89, Lei n. 9.099/95), pois a pena mínima ultrapassa um ano.

Acerca da classificação, o crime de *peculato* é próprio ; doloso ou culposo; simples; material; de dano, de forma livre, comissivo (regra) ou omissivo; instantâneo; unissubjetivo; plurissubsistente.

### 1.2. Sujeito Ativo

É o funcionário público. Trata-se, portanto, de crime próprio, vale dizer, de crime que exige uma qualidade especial do agente. Acerca da conceituação de funcionário público, passemos a algumas considerações.

Muito embora em desuso em outros ramos do Direito, a expressão "funcionário público" ainda é utilizada pela legislação penal e tal expressão constitui um elemento normativo do tipo.

Vale lembrar que os elementos normativos do tipo são aqueles que dependem de uma valoração social ou jurídica. A expressão "funcionário público" depende de uma valoração jurídica, na medida em que a própria lei define o funcionário público.

O conceito válido para o Direito Penal está no art. 327, *caput*, do Código Penal, nos seguintes termos:

- **Art. 327 – Considera-se funcionário público, para os efeitos penais, quem, embora transitoriamente ou sem remuneração, exerce cargo, emprego ou função pública.**

Além desta definição, o primeiro parágrafo do mesmo artigo cria a figura do equiparado a funcionário público, destacando que:

- § 1º – Equipara-se a funcionário público quem exerce cargo, emprego ou função em entidade paraestatal, e quem trabalha para empresa prestadora de serviço contratada ou conveniada para a execução de atividade típica da Administração Pública.

Depreende-se destas definições que a acepção da expressão "funcionário público", para fins de Direito Penal é bastante ampla, abrangendo a Administração Pública direta e indireta. Por isto, equipara-se a funcionário público, por exemplo, o empregado de sociedade de economia mista (STJ – REsp. 212940/MG, Rel. Min. Feliz Fischer), empresa pública e, até mesmo, funcionário de empresas privadas concessionárias de serviços públicos. Também neste sentido, o § 2º do mesmo artigo:

A pena será aumentada da terça parte quando os autores dos crimes previstos neste Capítulo forem ocupantes de cargos em comissão ou de função de direção ou assessoramento de órgão da administração direta, sociedade de economia mista, empresa pública ou fundação instituída pelo poder público.

Não é equiparado a funcionário público, todavia, o funcionário de empresa contratada ou conveniada com o poder público para o desempenho de atividade que não seja típica da Administração. Imagine-se, por exemplo, que uma Prefeitura contrata uma empresa para realizar um evento comemorativo do aniversário do Município. O funcionário da referida empresa não é equiparado a funcionário público para fins penais, porquanto o contrato com o poder público não diz respeito a atividades típicas da Administração.

Mas, sob esta perspectiva, seria equiparado a funcionário público, por exemplo, o médico que atende em um hospital particular que mantém convênio com o Sistema p/único de Saúde (SUS). Importante destacar, porém, que a extensão da definição de equiparado a funcionário público aos funcionários de empresas contratadas ou conveniadas com o poder público para o desempenho de atividades típicas da Administração só se faz possível para os casos ocorridos após o advento da Lei n.º 9.983/2000, que alterou a redação do art. 327, CP (STJ, REsp 1.067653/PR, Rel. Min. Jorge Mussi).

Imperioso ressaltar ser imprescindível que o funcionário público esteja atuando no exercício da função pública ou em razão dela. Com efeito, se o funcionário público não se enquadra em uma destas duas situações, é considerado particular.

Por fim, não se pode deixar de anotar que o crime pode ser praticado por particular, desde que esteja agindo em coautoria ou participação com o funcionário público, e conheça esta condição de funcionário do seu comparsa. Isto ocorre por força do art. 30 do Código Penal, que permite que esta condição pessoal (ser funcionário público) se comunique ao comparsa, pois é uma elementar do crime de peculato.

O prefeito municipal não responde não responde pelos crimes de peculato-apropriação ou peculato desvio previstos no Código, pois há previsão específica para sua conduta no art. 1º, I, Decreto-Lei n. 201/67 (Lei de crimes de responsabilidade dos prefeitos municipais). Contudo, o prefeito responde pelo crime de peculato-furto previsto no art. 312, CP.

### 1.3. Sujeito Passivo

O sujeito passivo direto é o Estado, titular do bem jurídico Administração Pública. De forma secundária, admite-se também como sujeito passivo o particular, proprietário do bem, objeto ou valor.

### 1.4. Objeto Jurídico

O bem jurídico tutelado no crime de peculato é a Administração Pública, em seu aspecto patrimonial e moral. Secundariamente, tutela-se, também, o patrimônio do particular.

### 1.5. Objeto Material

É o dinheiro, bem ou valor, público ou particular, sobre o qual vai recair a conduta criminosa.

### 1.6. Elemento Subjetivo

É o dolo, a vontade livre e consciente de praticar as condutas descritas no tipo penal (apropriar-se, desviar, subtrair). Há referência, ainda, ao elemento subjetivo do tipo, quando se faz menção à expressão "proveito próprio ou alheio".

O § 2º, prevê, ainda, a modalidade culposa da conduta.

O peculato também poderá ser realizado na modalidade culposa. Isto ocorrerá quando o funcionário público, por negligência, imprudência ou imperícia contribui para o crime de outrem. Podemos imaginar, por exemplo, o caso em que um funcionário público, por negligência, deixa aberta a porta do almoxarifado da repartição, permitindo que outra pessoa ingresse no recinto e subtraia bens.

É imprescindível que, da conduta culposa do funcionário público ocorra um crime praticado por outra pessoa. Caso contrário, o funcionário negligente terá praticado fato atípico.

A grande particularidade do crime de peculato culposo é a consequência decorrente da reparação do dano ou restituição da coisa. Se esta reparação ou restituição ocorrer até a sentença irrecorrível haverá a extinção da punibilidade do agente; se ocorrer após a sentença condenatória irrecorrível, isto é, em fase de execução da pena, haverá a sua redução pela metade.

Para logo se vê que o tratamento dado à reparação do dano ou restituição da coisa em caso de peculato culposo é muito mais benéfica do que aquele que é conferido ao peculato doloso. Neste, é possível aplicar-se o instituto do arrependimento posterior, causa de diminuição de pena prevista na parte geral (art. 16, CP). Assim, se a reparação do dano ou restituição da coisa ocorrer até o recebimento da denúncia ou queixa, haverá a diminuição da pena, de um a dois terços. Se a reparação ou restituição ocorrer em momento posterior ao recebimento da denúncia ou queixa, é caso de se aplicar a atenuante prevista no art. 65, III, *b*, CP.

### 1.7. Consumação e Tentativa

a) Peculato-apropriação: a consumação ocorre no momento em que o agente passa a agir com o *animus rem sibi habendi*, isto é, com a intenção de se tornar proprietário do bem. É imprescindível que a posse do bem tenha sido adquirida de forma legítima, pois se já existia a intenção prévia de se apoderar do bem, estaremos diante de um estelionato. Ademais, se a posse foi adquirida mediante o emprego de violência ou grave ameaça, não haverá que se falar em peculato, mas sim em roubo (art. 157, CP) ou extorsão (art. 158, CP).

b) Peculato-desvio: a consumação ocorre no momento do desvio, ainda que outro seja o momento da efetiva obtenção do proveito (STJ, HC 37202/RJ, Rel. Min. Gilson Dipp).

c) Peculato-furto: a consumação ocorre no momento em que se efetiva a subtração. Importa destacar que, em se tratando do crime de furto, de todo similar à presente conduta, a jurisprudência consolidou-se no sentido de que a consumação independe da obtenção da posse mansa e pacífica por parte do agente.

É possível falar em tentativa no crime de peculato, porquanto se trata de crime plurissubsistente.

### 1.8. Ação Penal

A ação penal é pública incondicionada.

A súmula n. 147/STJ assevera que compete à Justiça Federal processar e julgar o crime praticado contra funcionário público federal, no exercício da sua função ou em razão dela.

## 2. PECULATO MEDIANTE ERRO DE OUTREM

**Art. 313** – *Apropriar-se de dinheiro ou qualquer utilidade que, no exercício do cargo, recebeu por erro de outrem:*
**Pena** – *reclusão, de um a quatro anos, e multa.*

### 2.1. Introdução

Como a própria terminologia do tipo penal indica, o crime pressupõe que o agente – funcionário público no exercício da função ou em razão dela – valha-se do erro de outra pessoa. Por esta razão, este crime é chamado, doutrinariamente, de peculato-estelionato.

A pena prevista para o crime é de reclusão de um a quatro anos, além da multa. Logo, podemos concluir que:

a) Não é possível a transação penal (art. 76, Lei n. 9.099/95), pois não se trata de infração penal de menor potencial ofensivo;

b) É possível a suspensão condicional do processo (art. 89, Lei n. 9.099/95), pois a pena mínima não ultrapassa um ano.

Acerca da classificação, o crime de *peculato mediante erro de outrem* é próprio; material; simples; doloso; de forma livre; comissivo (regra); instantâneo; unissubjetivo; plurissubsistente.

### 2.2. Sujeito Ativo

É o funcionário público, no exercício da função ou em razão dela. Trata-se, portanto, de crime próprio, vale dizer, de crime que exige uma qualidade especial do agente. Admite-se que o crime seja praticado por particular, conquanto o seja em coautoria ou participação com o funcionário público (art. 30, CP).

### 2.3. Sujeito Passivo

O sujeito passivo direto é o Estado, titular do bem jurídico Administração Pública. De forma secundária, admite-se também como sujeito passivo a pessoa vítima da fraude.

### 2.4. Objeto Jurídico

O bem jurídico tutelado no crime de peculato é a Administração Pública, em seu aspecto patrimonial e moral.

### 2.5. Objeto Material

É o dinheiro ou a utilidade, pois são as coisas sobre as quais pode recair a conduta do agente.

### 2.6. Elemento Subjetivo

É o dolo, consistente na vontade livre e consciente de se apoderar do dinheiro ou utilidade que recebeu por erro de outrem. Deve haver a consciência do erro em que incorre a pessoa que entrega o dinheiro ou vantagem ao agente.

### 2.7. Consumação e Tentativa

Ocorre a consumação no momento em que o funcionário público, ciente do erro da outra pessoa, apodera-se do dinheiro ou utilidade, portando-se como proprietário. É possível a tentativa.

### 2.8. Ação Penal

A ação penal é pública incondicionada.

## 3. INSERÇÃO DE DADOS FALSOS EM SISTEMAS DE INFORMAÇÕES

**Art. 313-A** – *Inserir ou facilitar, o funcionário autorizado, a inserção de dados falsos, alterar ou excluir indevidamente dados corretos nos sistemas informatizados ou bancos de dados da Administração Pública com o fim de obter vantagem indevida para si ou para outrem ou para causar dano:*
**Pena** – *reclusão, de 2 (dois) a 12 (doze) anos, e multa.*

### 3.1. Introdução

O artigo 313-A foi inserido no Código Penal pela Lei n.º 9.983/2000 como mais uma modalidade de peculato, razão pela qual podemos reconhecê-lo como *peculato eletrônico* – pelo modo com o qual é realizada a conduta.

A pena prevista para o crime é de reclusão de dois a doze anos, além da multa. Logo, podemos concluir que:

a) Não é possível a transação penal (art. 76, Lei n. 9.099/95), pois não se trata de infração penal de menor potencial ofensivo;

b) Não é possível a suspensão condicional do processo (art. 89, Lei n. 9.099/95), pois a pena mínima ultrapassa um ano.

Acerca da classificação, o crime de *inserção de dados falsos no sistema de informações* é próprio; simples; doloso; de forma livre; comissivo (regra); formal; instantâneo; unissubjetivo; plurissubsistente.

### 3.2. Sujeito Ativo

Somente o funcionário público autorizado pode figurar como sujeito ativo de delito de inserção de dados falsos em sistemas de informações. É necessário, portanto, que, além dessa qualificação própria de funcionário público, ele seja autorizado a atuar com os sistemas informatizados do poder público; isto significa que o sujeito, além de funcionário público, possui senha de acesso a uma área restrita, ou poder de comando em determinados setores que os outros funcionários públicos não possuem e tampouco o público em geral.

O terceiro ou o funcionário público não autorizado podem atuar em concurso com o funcionário público autorizado. Dessa forma, responderão todos pela mesma infração penal, a teor do que dispõe o artigo 30 do Código Penal, pois, neste caso, a condição pessoal de funcionário público autorizado vai se comunicar aos coautores ou partícipes.

### 3.3. Sujeito Passivo

O sujeito passivo direto é o Estado. Secundariamente, admite-se, também, na condição de sujeito passivo, qualquer prejudicado, seja pessoa física ou jurídica.

### 3.4. Objeto Jurídico

Levando em consideração que todas as atividades da Administração Pública são pautadas pelo princípio da legalidade e que dela decorre a segurança jurídica de seus atos, vale dizer que, no que se refere a este crime, a objetividade jurídica é a segurança e a proteção de suas informações, mais precisamente as informações informatizadas que só devem ser modificadas nas formas e limites legais.

### 3.5. Objeto Material

O objeto material deste delito são os dados constantes dos bancos de dados.

### 3.6. Elemento Subjetivo

O elemento subjetivo do tipo penal é o dolo. É necessária a presença da vontade de inserir, facilitar, alterar ou excluir.

Exige-se, de igual sorte, o elemento subjetivo específico do tipo que consiste em obter vantagem indevida para si ou para outrem, ou para causar dano, apenas.

### 3.7. Consumação e Tentativa

Consuma-se o delito quando há alteração ou modificação no sistema de informações da Administração Pública, seja por meio de atuação direta (do funcionário público autorizado), seja por meio da facilitação a terceiros, com a finalidade de obter vantagem indevida para si ou para outrem, ou apenas para causar dano.

A tentativa é admissível.

### 3.8. Ação Penal

A ação penal é de iniciativa pública incondicionada.

## 4. MODIFICAÇÃO OU ALTERAÇÃO NÃO AUTORIZADA NO SISTEMA DE INFORMAÇÃO

**Art. 313-B** – *Modificar ou alterar, o funcionário, sistema de informações ou programa de informática sem autorização ou solicitação de autoridade competente:*

**Pena** – *detenção, de 3 (três) meses a 2 (dois) anos, e multa.*

**Parágrafo único.** *As penas são aumentadas de um terço até a metade se da modificação ou alteração resulta dano para a Administração Pública ou para o administrado.*

### 4.1. Introdução

O artigo 313-B do CP também foi introduzido pela Lei nº 9.983/2000.

Diferentemente do que ocorre no crime tipificado no artigo 313-A, no crime em comento não há a necessidade de o funcionário público ser autorizado a atuar nos sistemas informatizados da Administração Pública.

A pena prevista para o crime é de detenção de três meses a dois anos, além da multa. Logo, podemos concluir que:

a) É possível a transação penal (art. 76, Lei n. 9.099/95), pois se trata de infração penal de menor potencial ofensivo;

b) É possível a suspensão condicional do processo (art. 89, Lei n. 9.099/95), pois a pena mínima não ultrapassa um ano.

Acerca da classificação, o crime de *modificação ou alteração não autorizada de sistema de informações* é próprio; formal; simples; doloso; de forma livre; comissivo (regra); instantâneo; unissubjetivo; plurissubsistente.

### 4.2. Sujeito Ativo

Somente o funcionário público pode ser sujeito ativo do delito. Trata-se de crime próprio, portanto.

### 4.3. Sujeito Passivo

O sujeito passivo é o Estado, bem como (secundariamente) todo terceiro prejudicado – seja pessoa física ou jurídica.

### 4.4. Objeto Jurídico

O objeto juridicamente protegido é a própria Administração Pública, em razão da incolumidade dos seus sistemas de informação e programas de informática.

### 4.5. Objeto Material

Como objeto material da conduta, temos o sistema de informações – aqui entendido como o que opera através de banco de dados e os programas de informática, que seria o próprio *software*.

### 4.6. Elemento Subjetivo

O dolo é o elemento subjetivo exigido pelo tipo penal. Não há previsão de modalidade culposa.

### 4.7. Consumação e Tentativa

O delito é consumado quando o agente modifica ou altera – parcial ou totalmente, vale dizer – o sistema de informações da Administração Pública.

A tentativa é possível.

### 4.8. Ação Penal

A ação penal é de iniciativa pública incondicionada.

## 5. EXTRAVIO, SONEGAÇÃO OU INUTILIZAÇÃO DE LIVRO OU DOCUMENTO

**Art. 314** – *Extraviar livro oficial ou qualquer documento, de que tem a guarda em razão do cargo; sonegá-lo ou inutilizá-lo, total ou parcialmente:*
**Pena** – *reclusão, de um a quatro anos, se o fato não constitui crime mais grave.*

### 5.1. Introdução

As condutas descritas no tipo têm como objeto livro oficial ou documento. O documento pode ser tanto público como particular, bastando somente que a sua existência seja alvo de interesse administrativo, a exemplo das provas escritas de concursos públicos, pareceres etc.

A conduta exige, ainda, que o agente tenha a atribuição de guarda desses livros e documentos, ou seja, seja o funcionário público encarregado.

Consistindo o fato em crime mais grave, será este do artigo 314 do Código Penal, puramente subsidiário, como explicitado em "se o fato não constitui crime mais grave".

A pena prevista para o crime é de reclusão de um a quatro anos, se o fato não constitui crime mais grave. Logo, podemos concluir que:

a) Não é possível a transação penal (art. 76, Lei n. 9.099/95), pois não se trata de infração penal de menor potencial ofensivo;

b) É possível a suspensão condicional do processo (art. 89, Lei n. 9.099/95), pois a pena mínima não ultrapassa um ano.

Acerca da classificação, o crime de *extravio, sonegação ou inutilização de livro ou documento* é próprio; formal; simples; doloso; de forma livre; comissivo (nas condutas "extraviar" e "inutilizar", podendo, também, ser praticada via omissão imprópria, quando o agente gozar do status de garantidor) ou omissivo (na conduta "sonegar"); instantâneo; unissubjetivo; plurissubsistente ou unissubsistente, conforme o caso.

### 5.2. Sujeito Ativo

O sujeito ativo é o funcionário público no exercício do cargo, pois se trata de crime próprio. Admite-se a participação de terceiro não qualificado. Se, todavia, for praticado por agente fiscal, incorrerá o agente na conduta tipificada no art. 3, I da Lei n. 8.137/90 – extraviar livro ou processo fiscal.

### 5.3. Sujeito Passivo

O sujeito passivo é o Estado. O particular, seja pessoa física ou jurídica, também podem ocupar o polo passivo, se o objeto material do qual o Estado tinha a posse lhe pertencerem.

### 5.4. Objeto Jurídico

O objeto jurídico protegido é a Administração Pública.

### 5.5. Objeto Material

O objeto material é o livro oficial ou o documento.

### 5.6. Elemento Subjetivo

O dolo é o elemento subjetivo exigido pelo tipo penal. Os núcleos extraviar e inutilizar indicam um comportamento comissivo do agente, enquanto o verbo sonegar, pressupõe uma omissão própria.

### 5.7. Consumação e Tentativa

No particular deste crime, devemos analisar cada um dos núcleos:

a) Extraviar: delito permanente e plurissubsistente. Admite-se a tentativa.

b) Sonegar: delito também permanente. O funcionário possui o dever de apresentar o livro ou documento e deixa de fazê-lo; por esta razão não se admite a tentativa.

c) Inutilizar: crime plurissubsistente, portanto, admite-se a tentativa. Por sua vez, é crime instantâneo, tendo que seus efeitos eventualmente podem ser permanentes.

### 5.8. Ação Penal

A ação penal é pública e incondicionada.

## 6. EMPREGO IRREGULAR DE VERBAS OU RENDAS PÚBLICAS

**Art. 315** – *Dar às verbas ou rendas públicas aplicação diversa da estabelecida em lei:*
**Pena** – *detenção, de um a três meses, ou multa.*

### 6.1. Introdução

A conduta descrita no tipo se refere a dar destinação diversa da prevista legalmente às rendas e verbas públicas, ou seja, utilizar ou empregar de forma indevida.

A pena prevista para o crime é de detenção de um a três meses, ou multa. Logo, podemos concluir que:

a) É possível a transação penal (art. 76, Lei n. 9.099/95), pois se trata de infração penal de menor potencial ofensivo;

b) É possível a suspensão condicional do processo (art. 89, Lei n. 9.099/95), pois a pena mínima não ultrapassa um ano.

Acerca da classificação, o crime de *emprego irregular de verbas ou rendas públicas* é próprio; material; simples; doloso; de forma livre; comissivo (podendo ser praticado via omissão imprópria); instantâneo; unissubjetivo; plurissubsistente.

### 6.2. Sujeito Ativo

O sujeito ativo é o funcionário público, sendo, portanto, crime próprio. Mas o funcionário público que possua a atribuição de gerir ou administrar verbas ou rendas públicas, a exemplo dos ministros de Estado.

### 6.3. Sujeito Passivo

O sujeito passivo é o Estado, bem como todo terceiro prejudicado – seja pessoa física ou jurídica.

### 6.4. Objeto Jurídico

O objeto juridicamente tutelado diz respeito à conduta da Administração pública no tocante a aplicação das verbas e rendas públicas.

### 6.5. Objeto Material

As rendas ou verbas públicas. Verbas públicas, aqui entendidas como o custo da realização de determinado serviço público e rendas públicas, o dinheiro recebido pela Fazenda Pública.

### 6.6. Elemento Subjetivo

O dolo é o elemento subjetivo exigido pelo tipo penal.

### 6.7. Consumação e Tentativa

Consuma-se com o efetivo emprego irregular das verbas e rendas públicas, ou seja, quando empregados de forma diversa de sua destinação legal.

É admitida a tentativa.

### 6.8. Ação Penal

A ação penal é pública incondicionada.

## 7. CONCUSSÃO

> **Art. 316** – *Exigir, para si ou para outrem, direta ou indiretamente, ainda que fora da função ou antes de assumi-la, mas em razão dela, vantagem indevida:*
> **Pena** – *reclusão, de dois a doze anos, e multa.*

### 7.1. Introdução

O crime de consunção ocorre quando o funcionário público faz a exigência da vantagem indevida. E isto o diferencia da corrupção passiva, na qual um dos núcleos é o verbo "solicitar". Nestes crimes, costuma vigorar certa celeuma em torno da delimitação do que seria a conduta consistente no solicitar e no exigir. Teoricamente, não há maiores problemas, na medida em que a exigência denota ordem, imposição, ao passo que a solicitação denota rogativa, pedido. Na prática, porém, não raras vezes, há uma linha muito tênue entre a solicitação e a exigência.

Registre-se a majoração da pena máxima, alteração promovida pela Lei n. 13.964/2019, passando de oito para doze anos.

A pena prevista para o crime é de reclusão de dois a doze anos, além da multa. Logo, podemos concluir que:

a) Não é possível a transação penal (art. 76, Lei n. 9.099/95), pois não se trata de infração penal de menor potencial ofensivo;

b) Não é possível a suspensão condicional do processo (art. 89, Lei n. 9.099/95), pois a pena mínima ultrapassa um ano.

Acerca da classificação, o crime de *concussão* é próprio; doloso; formal; comissivo (podendo ser praticado via omissão imprópria); de forma livre; instantâneo; unissubjetivo; unissubsistente ou plurissubsistente (conforme o caso concreto).

### 7.2. Sujeito Ativo

O sujeito ativo é o funcionário público.

### 7.3. Sujeito Passivo

É o Estado. Podemos ter o particular como sujeito passivo secundário.

### 7.4. Objeto Jurídico

Administração Pública.

### 7.5. Objeto Material

Objeto material é a vantagem indevida. A vantagem indevida pode ser de qualquer natureza (patrimonial, financeira, sexual, título honorífico, favor político etc.).

### 7.6. Elemento Subjetivo

Elemento subjetivo é o dolo.

Não se admite a modalidade culposa.

### 7.7. Consumação e Tentativa

O crime estará consumado com a mera exigência, independentemente da efetiva obtenção da vantagem indevida. O recebimento da vantagem será mero exaurimento.

A tentativa é possível. Exemplo: quando a exigência é feita por escrito.

### 7.8. Ação Penal

É de iniciativa pública incondicionada.

## 8. EXCESSO DE EXAÇÃO

> **§ 1º** – *Se o funcionário exige tributo ou contribuição social que sabe ou deveria saber indevido, ou, quando devido, emprega na cobrança meio vexatório ou gravoso, que a lei não autoriza:*
>
> **Pena** – *reclusão, de 3 (três) a 8 (oito) anos, e multa.*
>
> **§ 2º** – *Se o funcionário desvia, em proveito próprio ou de outrem, o que recebeu indevidamente para recolher aos cofres públicos:*
>
> *Pena – reclusão, de dois a doze anos, e multa.*

### 8.1. Introdução

Como se vê, no crime de excesso de exação temos um funcionário público vinculado à administração fazendária, encarregado da cobrança de tributos. Contudo, nesta conduta criminosa, o agente não exige, solicita, recebe ou aceita promessa de vantagem indevida, tampouco possui o dolo específico de deixar de lançar ou cobrar o tributo, ou cobrá-los parcialmente.

Contudo, o funcionário público cobra um tributo sabidamente indevido ou, embora devido, emprega, na cobrança meio vexatório ou gravoso não autorizado em lei. Nesta última hipótese, podemos imaginar que o sujeito faz inscrever, na frente da sede da pessoa jurídica a informação de que ela é devedora de tributos.

Acerca da classificação, o crime de *excesso de exação* é próprio; simples; doloso; formal ou material, conforme o caso; comissivo (podendo ser praticado via omissão imprópria); de forma livre; instantâneo; unissubjetivo; unissubsistente ou plurissubsistente (conforme o caso concreto).

### 8.2. Sujeito Ativo

O sujeito ativo é o funcionário público.

### 8.3. Sujeito Passivo

É o Estado. Podemos ter o particular (contribuinte) como sujeito passivo secundário.

### 8.4. Objeto Jurídico

Administração Pública.

### 8.5. Objeto material

É o tributo. Muito embora o tipo penal empregue a expressão "tributo ou contribuição social", devemos recordar que as contribuições são, também elas, modalidades de tributo.

### 8.6. Elemento Subjetivo

Elemento subjetivo é o dolo.

Não se admite a modalidade culposa.

### 8.7. Consumação e Tentativa

O crime se consuma no momento em que o funcionário público faz a exigência ou cobrança indevida. A tentativa é possível. Exemplo: quando a exigência é feita por escrito.

### 8.8. Ação Penal

É de iniciativa pública incondicionada.

## 9. CORRUPÇÃO PASSIVA

**Art. 317** – *Solicitar ou receber, para si ou para outrem, direta ou indiretamente, ainda que fora da função ou antes de assumi-la, mas em razão dela, vantagem indevida, ou aceitar promessa de tal vantagem:*

**Pena** – *reclusão, de 2 (dois) a 12 (doze) anos, e multa.*

**§ 1º** – *A pena é aumentada de um terço, se, em consequência da vantagem ou promessa, o funcionário retarda ou deixa de praticar qualquer ato de ofício ou o pratica infringindo dever funcional.*

**§ 2º** – *Se o funcionário pratica, deixa de praticar ou retarda ato de ofício, com infração de dever funcional, cedendo a pedido ou influência de outrem:*

*Pena – detenção, de três meses a um ano, ou multa.*

### 9.1. Introdução

A distinção fundamental entre os crimes de corrupção ativa e passiva reside na figura do sujeito ativo. Com efeito, no crime de corrupção ativa, a conduta é perpetrada por particular, ao passo que no crime de corrupção passiva o agente é um funcionário público, que atua em razão de sua função.

Por outro lado, também não podemos confundir o crime de corrupção passiva com a concussão. Ambos são crimes funcionais, mas a distinção reside na conduta, pois este se consuma mediante a exigência do agente, ao passo que aquele pressupõe que o funcionário público venha a solicitar, receber ou aceitar a promessa da vantagem indevida.

A pena prevista para o crime é de reclusão de dois a doze anos, além da multa. Logo, podemos concluir que:

a) Não é possível a transação penal (art. 76, Lei n. 9.099/95), pois não se trata de infração penal de menor potencial ofensivo;

b) Não é possível a suspensão condicional do processo (art. 89, Lei n. 9.099/95), pois a pena mínima ultrapassa um ano.

Acerca da classificação, o crime de *corrupção passiva* é próprio; formal; simples; doloso; comissivo (podendo ser praticado via omissão imprópria); de forma livre; instantâneo; unissubjetivo; unissubsistente ou plurissubsistente (conforme o caso concreto).

### 9.2. Sujeito Ativo

O funcionário público.

### 9.3. Sujeito Passivo

É o Estado. Podemos ter o particular como sujeito passivo secundário.

### 9.4. Objeto Jurídico

A Administração Pública.

### 9.5. Objeto Material

É a vantagem indevida. A vantagem indevida pode ser de qualquer natureza (patrimonial, financeira, sexual, título honorífico, favor político etc.).

### 9.6. Elemento Subjetivo

Elemento subjetivo é o dolo.

Não se admite a modalidade culposa.

### 9.7. Consumação e Tentativa

O crime estará consumado quando o agente efetivamente solicitar, receber ou aceitar a promessa da vantagem indevida. Não há a necessidade de praticar qualquer ato funcional posterior ou anterior, para que ocorra a consumação do crime.

Demais disso, importante chamar a atenção para o fato de que a conduta consistente em receber a vantagem indevida somente será considerada consumação do crime se não vier antecedida da realização de algum dos outros verbos do tipo. Deste modo, o funcionário público que solicita a vantagem indevida, por exemplo, já consumou o crime. Em casos como este, o posterior recebimento da vantagem não caracteriza consumação de novo crime, mas sim exaurimento do crime que já se havia consumado.

A tentativa é possível. Basta imaginar o exemplo em que o agente solicita a vantagem por escrito.

### 9.8. Ação Penal

É de iniciativa pública incondicionada.

## 10. FACILITAÇÃO DE CONTRABANDO OU DESCAMINHO

**Art. 318** – *Facilitar, com infração de dever funcional, a prática de contrabando ou descaminho (art. 334):*
**Pena** – *reclusão, de 3 (três) a 8 (oito) anos, e multa.*

### 10.1. Introdução

A conduta descrita é dirigida no sentido de facilitar – remover obstáculos – a prática do delito.

O contrabando é o ato de importar ou exportar mercadorias que são em todo ou parte ilegais. O descaminho, por sua vez, se faz com mercadorias que são lícitas, ou seja, permitidas e a fraude consiste na vontade de evitar o pagamento de tributos.

A pena prevista para o crime é de reclusão de três a oito anos, além da multa. Logo, podemos concluir que:

a) Não é possível a transação penal (art. 76, Lei n. 9.099/95), pois não se trata de infração penal de menor potencial ofensivo;

b) Não é possível a suspensão condicional do processo (art. 89, Lei n. 9.099/95), pois a pena mínima ultrapassa um ano.

Acerca da classificação, o crime de *facilitação de contrabando ou descaminho* é próprio; formal; simples; doloso; comissivo ou omissivo próprio (haja vista que o núcleo "facilitar" pode ser cometido via omissão do agente); de forma livre; instantâneo; unissubjetivo; unissubsistente ou plurissubsistente (conforme o caso concreto).

### 10.2. Sujeito Ativo

Em se tratando de crime próprio, o delito tipificado somente pode ser praticado por funcionário público, com infração do dever funcional, pois a ele cabia impedir a ocorrência do contrabando ou descaminho.

Note que além de ser funcionário público, é preciso possuir o agente essa qualificação funcional.

### 10.3. Sujeito Passivo

O sujeito passivo é o Estado.

### 10.4. Objeto Jurídico

O objeto juridicamente tutelado pelo tipo é Administração Pública e toda a coletividade quando os produtos objetos do delito, forem nocivos à saúde, à moral ou à ordem pública.

### 10.5. Objeto Material

O objeto material são os produtos contrabandeados ou os tributos não pagos.

### 10.6. Elemento Subjetivo

O dolo é o elemento subjetivo exigido na conduta descrita.

### 10.7. Consumação e Tentativa

A consumação é atestada quando o agente (funcionário público), de alguma forma facilita a ocorrência do contrabando ou descaminho. Seja ele fazendo ou deixando de fazer alguma coisa a qual estava obrigado.

A tentativa é possível.

### 10.8. Ação Penal

A ação penal é de iniciativa pública e incondicionada.

## 11. PREVARICAÇÃO

> **Art. 319** – *Retardar ou deixar de praticar, indevidamente, ato de ofício, ou praticá-lo contra disposição expressa de lei, para satisfazer interesse ou sentimento pessoal:*
> **Pena** – *detenção, de três meses a um ano, e multa.*

### 11.1. Introdução

Para que se configure o delito em estudo, o comportamento do funcionário público deve ser no sentido de postergar para além do necessário ou até mesmo deixar de praticar ato de ofício, omitindo-se, dolosamente, ou ainda, praticá-lo contra disposição expressa da lei.

Esse comportamento deve ser baseado no sentimento de se beneficiar, satisfazendo interesses pessoais e esse interesse ou sentimento pessoal pode ser de qualquer espécie, pouco importando para a configuração do delito.

Em contrapartida, se o funcionário público é apenas preguiçoso e se prolonga nas execuções dos seus atos funcionais, não pratica ele o crime de prevaricação.

A diferença entre o crime de prevaricação e o crime de corrupção passiva, reside no fato de o agente, no crime de corrupção passiva, ele age ou deixa de agir para receber vantagem indevida, enquanto na prevaricação a sua motivação é pessoal.

A pena prevista para o crime é de detenção de três meses a um ano, além da multa. Logo, podemos concluir que:

a) É possível a transação penal (art. 76, Lei n. 9.099/95), pois se trata de infração penal de menor potencial ofensivo;

b) É possível a suspensão condicional do processo (art. 89, Lei n. 9.099/95), pois a pena mínima não ultrapassa um ano.

Acerca da classificação, o crime de *prevaricação* é próprio ; formal; simples; doloso; comissivo ou omissivo próprio (haja vista que os núcleos “retardar” e “deixa de praticar” podem ser levados a efeito pela omissão do agente); de forma livre; instantâneo; unissubjetivo; unissubsistente e plurissubsistente (conforme o caso concreto).

### 11.2. Sujeito Ativo

O sujeito ativo é o funcionário público, porém, admite-se a participação de terceiros.

### 11.3. Sujeito Passivo

O sujeito passivo é o Estado, bem como o terceiro prejudicado – seja pessoa física ou jurídica.

### 11.4. Objeto Jurídico

O objeto jurídico é o próprio interesse da Administração Pública.

### 11.5. Objeto Material

O objeto material é o ato de ofício que fora retardado, deixado de ser praticado ou praticado em desconformidade com as disposições legais.

### 11.6. Elemento Subjetivo

O dolo é o elemento subjetivo exigido para o tipo penal, ou seja, o agende deve ter a consciência de que se omite ou pratica ato contrariando expressa disposição legal por livre e espontânea vontade, movido pelo seu sentimento pessoal.

### 11.7. Consumação e Tentativa

O delito se consuma quando o funcionário público estende para além do necessário, de forma indevida, a prática de determinado ato. Pode se consumar, por outro lado, quando o agente deixa de praticá-lo, quando estava obrigado a fazê-lo. Por fim, pode se consumar, quando o agente pratica o ato de forma a contrariar dispositivo expresso de lei.

Em todas as situações é imperioso que o agente haja com o animus de satisfazer interesse pessoal, seja movido pelo sentimento pessoal.

A tentativa não é admitida.

### 11.8. Ação Penal

A ação penal é pública incondicionada.

## 12. PREVARICAÇÃO IMPRÓPRIA OU ESPECIAL

**Art. 319-A** – *Deixar o Diretor de Penitenciária e/ou agente público, de cumprir seu dever de vedar ao preso o acesso a aparelho telefônico, de rádio ou similar, que permita a comunicação com outros presos ou com o ambiente externo:*

**Pena:** *detenção, de 3 (três) meses a 1 (um) ano.*

### 12.1. Introdução

Acrescentado pela Lei n. 11.466/07, o artigo 319-A descreve a omissão por parte daquele que tinha o dever de vedar acesso ao preso a aparelhos telefônicos e similares.

Não é vedado ao preso se comunicar através de aparelhos telefônicos; ele pode fazê-lo, desde que devidamente autorizado pela autoridade administrativa, para isso se valendo dos telefones públicos instalados no ambiente prisional.

A pena prevista para o crime é de detenção de três meses a um ano. Logo, podemos concluir que:

a) É possível a transação penal (art. 76, Lei n. 9.099/95), pois se trata de infração penal de menor potencial ofensivo;

b) É possível a suspensão condicional do processo (art. 89, Lei n. 9.099/95), pois a pena mínima não ultrapassa um ano.

Acerca da classificação, o crime de *omissão de dever se vedar ao preso o acesso a aparelho telefônico, de rádio ou similar* é próprio (somente podendo ser cometido pelo Diretor de Penitenciária e/ou agente público); formal; simples; doloso; omissivo; de forma livre; instantâneo; unissubjetivo; unissubsistente.

### 12.2. Sujeito Ativo

O sujeito ativo é o agente público, entendido como todo aquele que em exercício tenha o dever de vedar, impedir que o preso se coloque em contato com aparelhos telefônicos e similares (rádios, *walkie-talkies*, etc.). O sujeito ativo pode ser ainda o próprio Diretor do estabelecimento.

### 12.3. Sujeito Passivo

O sujeito passivo é o Estado.

### 12.4. Objeto Jurídico

O objeto jurídico é a Administração Pública.

### 12.5. Objeto Material

O objeto material é o aparelho telefônico ou similar.

### 12.6. Elemento Subjetivo

O dolo é o elemento subjetivo do tipo penal, uma vez que se exige do agente ou diretor do estabelecimento prisional a conduta conscientemente permissiva, vez que seu dever era o de fazer justamente o contrário.

### 12.7. Consumação e Tentativa

O delito se consuma quando o diretor ou o agente, dolosamente, permite ou nada faz para proibir que o preso tenha acesso aos aparelhos telefônicos ou similares dos quais não poderia se valer. Não se exige que o preso efetivamente se utilize do aparelho.

Não se admite tentativa, pois a conduta exige que o agente permita que ela aconteça.

### 12.8. Ação Penal

A ação penal é pública incondicionada.

## 13. CONDESCENDÊNCIA CRIMINOSA

**Art. 320** – *Deixar o funcionário, por indulgência, de responsabilizar subordinado que cometeu infração no exercício do cargo ou, quando lhe falte competência, não levar o fato ao conhecimento da autoridade competente:*

**Pena** – *detenção, de quinze dias a um mês, ou multa.*

### 13.1. Introdução

A descrição do tipo penal *condescendência criminosa* prevê dois aspectos dessa modalidade delitiva, qual sejam: a primeira, quando um funcionário, por indulgência deixa de responsabilizar subordinado; logo percebemos que a primeira característica deste tipo penal é, além da relação hierárquica existente entre eles há o sentimento de não querer responsabilizar, ou seja, por clemência ou tolerância não o faz.

A segunda característica seria a falta de comunicação, por parte deste funcionário hierarquicamente superior ao saber de conduta infratora praticada por outro funcionário, a autoridade competente para punir a infração por não ter ele mesmo competência para responsabilizar o agente infrator.

Vale salientar que o elemento indulgência subsume a conduta ao tipo, pois sem esse sentimento por parte do funcionário, poderia ele incorrer no crime de prevaricação.

A pena prevista para o crime é de detenção de quinze dias a um mês, ou multa. Logo, podemos concluir que:

a) É possível a transação penal (art. 76, Lei n. 9.099/95), pois se trata de infração penal de menor potencial ofensivo;

b) É possível a suspensão condicional do processo (art. 89, Lei n. 9.099/95), pois a pena mínima não ultrapassa um ano.

Acerca da classificação, o crime de *condescendência criminosa* é próprio; formal; simples; doloso; omissivo; de forma livre; instantâneo; unissubjetivo; unissubsistente.

### 13.2. Sujeito Ativo

Tratando-se de crime próprio, só funcionário público pode praticá-lo. Deve o mesmo ser hierarquicamente superior ao outro que comete a infração.

### 13.3. Sujeito Passivo

O sujeito passivo é o Estado.

### 13.4. Objeto Jurídico

A Administração Pública é o bem juridicamente tutelado, pois estando os funcionários públicos sujeitos às normas e princípios que os orientam e disciplinam, é devida a responsabilização de seus atos infracionais por parte de seus superiores.

### 13.5. Objeto Material

Não há.

### 13.6. Elemento Subjetivo

O dolo é o elemento subjetivo exigido no tipo penal, ou seja, a vontade consciente de praticar a conduta. É imprescindível, ainda, que a conduta contenha o elemento subjetivo tolerância, ou seja, *por indulgência*.

### 13.7. Consumação e Tentativa

O delito em tela se consuma quando o agente (funcionário público) hierarquicamente superior, diante de infração praticado por outro funcionário público deixa, por clemência, por indulgência de responsabilizá-lo, ou deixa de comunicar a autoridade superior que tenha competência para promover a responsabilização.

A tentativa não é admitida.

### 13.8. Ação Penal

A ação penal é pública incondicionada.

## 14. ADVOCACIA ADMINISTRATIVA

> **Art. 321** – *Patrocinar, direta ou indiretamente, interesse privado perante a administração pública, valendo-se da qualidade de funcionário:*
>
> **Pena** – *detenção, de um a três meses, ou multa.*
>
> *Parágrafo único – Se o interesse é ilegítimo:*
>
> **Pena** – *detenção, de três meses a um ano, além da multa.*

### 14.1. Introdução

A Lei n. 8.112/90 proíbe o funcionário público de atuar como procurador, salvo em casos relacionados a benefícios assistenciais e previdenciários para o cônjuge/companheiro e parentes até o segundo grau.

Esse patrocínio descrito no tipo penal, diz respeito a conduta do funcionário público que se vale de sua posição ou função para defender interesse privado em face da Administração Pública, seja pessoalmente (diretamente) ou por interposta pessoa (indiretamente), ou seja quando o agente pratica atos concretos que importem na defesa da causa do particular.

Sendo o interesse do agente ilegítimo, o crime se qualifica, por se tratar de conduta com maior grau de reprovabilidade.

Se este interesse se der em relação a Administração Fazendária, incorrerá no crime previsto na Lei 8.137/90 e se estiver relacionado com Licitação Pública, a Lei que trata é a 8.666/93.

A pena prevista para o crime é de detenção de um a três meses, ou multa. Logo, podemos concluir que:

a) É possível a transação penal (art. 76, Lei n. 9.099/95), pois se trata de infração penal de menor potencial ofensivo;

b) É possível a suspensão condicional do processo (art. 89, Lei n. 9.099/95), pois a pena mínima não ultrapassa um ano.

Acerca da classificação, o crime de *advocacia administrativa* é próprio; formal; simples; doloso; comissivo (podendo, no entanto, ser praticado via omissão imprópria); de forma livre; instantâneo; unissubjetivo; plurissubsistente.

### 14.2. Sujeito Ativo

O sujeito ativo é o funcionário público, portanto, se trata de crime próprio.

### 14.3. Sujeito Passivo

O sujeito passivo é o Estado, bem como qualquer terceiro – pessoa física ou jurídica – que tenha sido prejudicada pela conduta praticada pelo sujeito ativo.

### 14.4. Objeto Jurídico

A Administração Pública é o objeto jurídico descrito no tipo, no que diz respeito à moralidade administrativa.

### 14.5. Objeto Material

Não há objeto material.

### 14.6. Elemento Subjetivo

O dolo é o elemento subjetivo exigido no tipo penal, uma vez que o agente escolhe patrocinar interesse particular em face da Administração Pública.

### 14.7. Consumação e Tentativa

O crime se consuma quando o agente pratica qualquer ato que importe na defesa, patrocínio de interesse privado perante a Administração Pública. É possível a tentativa.

### 14.8. Ação Penal

A ação penal é pública incondicionada.

## 15. VIOLÊNCIA ARBITRÁRIA

**Art. 322** – *Praticar violência, no exercício de função ou a pretexto de exercê-la:*
**Pena** – *detenção, de seis meses a três anos, além da pena correspondente à violência.*

### 15.1. Introdução

Com o advento da Lei 4.898/65 os casos de abuso de autoridade foram regulados com o direito de representação e o processo de responsabilidade administrativa, o que levou parte da doutrina a entender que o referido artigo do Código Penal havia sido revogado.

Consoante entendimento do STF, não há que se falar em revogação, uma vez que a finalidade da Lei é diversa da pretendida pelo artigo (RE 73914/SP, Min. Osvaldo Trigueiro).

A autoridade não está proibida de agir c de forma veemente, chegando em algumas situações a ser violenta, como casos de estrito cumprimento do dever legal ou legítima defesa; o que se proíbe é o abuso dessa conduta.

Vale registrar que, majoritariamente, a doutrina é pela revogação tácita do dispositivo.

A pena prevista para o crime é de detenção de seis meses a três anos, além da pena correspondente à violência. Logo, podemos concluir que:

a) Não é possível a transação penal (art. 76, Lei n. 9.099/95), pois não se trata de infração penal de menor potencial ofensivo;

b) É possível a suspensão condicional do processo (art. 89, Lei n. 9.099/95), pois a pena mínima não ultrapassa um ano.

Acerca da classificação, o crime de *violência arbitrária* é próprio; material; simples; doloso; comissivo (podendo, no entanto, ser praticado via omissão imprópria); de forma livre; instantâneo; unissubjetivo; plurissubsistente.

### 15.2. Sujeito Ativo

O sujeito ativo do tipo penal é o funcionário público, pois se trata de crime próprio.

### 15.3. Sujeito Passivo

O sujeito passivo é o Estado, ou o terceiro – pessoa física ou jurídica – que tenha sido lesado pela conduta do sujeito passivo.

### 15.4. Objeto Jurídico

Tutela-se a Administração Pública, no que concerne o desempenho adequado de seus funcionários na atribuição de suas funções.

### 15.5. Objeto Material

O objeto materialmente tutelado é a integridade física da pessoa e sua liberdade, contra a qual é praticado o ato de violência.

### 15.6. Elemento Subjetivo

O dolo é o elemento subjetivo exigido para a conduta penal e a consciência de que sua conduta é ilícita e ilegítima.

### 15.7. Consumação e Tentativa

O crime se consuma quando o agende, de forma exagerada, pratica o ato de violência contra a vítima em razão da função ou a pretexto de exercê-la.

A tentativa é admitida.

### 15.8. Ação Penal

A ação penal é pública incondicionada.

## 16. ABANDONO DE FUNÇÃO

**Art. 323** – *Abandonar cargo público, fora dos casos permitidos em lei:*
**Pena** – *detenção, de quinze dias a um mês, ou multa.*
**§ 1º** – *Se do fato resulta prejuízo público:*
**Pena** – *detenção, de três meses a um ano, e multa.*
**§ 2º** – *Se o fato ocorre em lugar compreendido na faixa de fronteira.*
**Pena** – *detenção, de um a três anos, e multa.*

### 16.1. Introdução

A conduta descrita diz respeito ao abandono de cargo e não função, isto porque em alguns casos estará presente o funcionário a quem incumbe assumir o cargo na ausência do ocupante; cargo é o espaço na Administração Pública criado mediante lei e ocupado por um funcionário público. A todo cargo corresponde uma função e nem toda função pública possui cargo – como é o caso dos servidores contratados temporariamente em regime de urgência regidos sob a CLT. Portanto, não se pode aplicar ao crime o conceito de funcionário público por extensão.

Desse modo, o abandono do cargo deve se dar por tempo juridicamente relevante a ponto de criar um potencial prejuízo a Administração Pública.

A pena prevista para o crime é de detenção de quinze dias a um mês, ou multa. Logo, podemos concluir que:

a) É possível a transação penal (art. 76, Lei n. 9.099/95), pois se trata de infração penal de menor potencial ofensivo; na qualificadora do § 2º, não caberia a transação penal, pois a pena supera dois anos.

b) É possível a suspensão condicional do processo (art. 89, Lei n. 9.099/95), pois a pena mínima não ultrapassa um ano.

Acerca da classificação, o crime de *abandono de função* é próprio; formal; simples; doloso; de forma livre; omissivo próprio; instantâneo; unissubjetivo e unissubsistente.

### 16.2. Sujeito Ativo

O sujeito ativo é o funcionário público, pois se trata de crime próprio.

### 16.3. Sujeito Passivo

O sujeito passivo é o Estado.

### 16.4. Objeto Jurídico

A Administração Pública é o bem juridicamente tutelado.

### 16.5. Objeto Material

Parte da doutrina entende não haver, enquanto a outra parte aponta o cargo abandonado como sendo o objeto material do tipo penal.

### 16.6. Elemento Subjetivo

O dolo é o elemento subjetivo exigido no tipo penal, vez que é necessário que o abandono do agente não seja legalmente permitido e que essa situação gere para a Administração Pública uma possibilidade concreta de dano.

### 16.7. Consumação e Tentativa

O delito se consuma quando o agente efetivamente abandona o cargo – ou por mero afastamento ou pela sua falta de apresentação no devido momento – e esse abandono seja por tempo suficiente para gerar uma situação de perigo ou lesão para a Administração Pública.

A tentativa não é admitida.

### 16.8. Ação Penal

A ação penal é pública incondicionada.

## 17. EXERCÍCIO FUNCIONAL ILEGALMENTE ANTECIPADO OU PROLONGADO

**Art. 324** – *Entrar no exercício de função pública antes de satisfeitas as exigências legais, ou continuar a exercê-la, sem autorização, depois de saber oficialmente que foi exonerado, removido, substituído ou suspenso:*

**Pena** – *detenção, de quinze dias a um mês, ou multa.*

### 17.1. Introdução

O delito em comento é praticado quando o agente desempenha as funções inerentes ao seu cargo antes de exigidas as condições legais, bastando para tanto que tenha sido nomeado para que adquira a qualidade de funcionário público; condições estas que se encontram nos estatutos dos funcionários públicos, ou que continua a desempenhar, sem autorização para fazê-lo.

Em um primeiro momento, o agente desempenha suas funções antes de satisfazer determinados requisitos legais; noutro momento, satisfeitos esses requisitos e investido no cargo, por evento posterior, como o caso de exoneração, remoção, substituição ou suspensão, continua ele a exercer os atos típicos de sua função como se não estivesse impedido.

A pena prevista para o crime é de detenção de quinze dias a um mês, ou multa. Logo, podemos concluir que:

a) É possível a transação penal (art. 76, Lei n. 9.099/95), pois se trata de infração penal de menor potencial ofensivo;

b) É possível a suspensão condicional do processo (art. 89, Lei n. 9.099/95), pois a pena mínima não ultrapassa um ano.

Acerca da classificação, o crime de *exercício funcional ilegalmente antecipado ou prolongado* é próprio; formal; simples; doloso; de forma livre; comissivo (podendo ser praticado via omissão imprópria), instantâneo, unissubjetivo e plurissubsistente.

### 17.2. Sujeito Ativo

O sujeito ativo é o funcionário público e se trata de crime próprio.

### 17.3. Sujeito Passivo

O Estado é o sujeito passivo.

### 17.4. Objeto Jurídico

A Administração Pública é o objeto juridicamente tutelado.

### 17.5. Objeto Material

A função pública usurpada pelo agente.

### 17.6. Elemento Subjetivo

O dolo é o elemento subjetivo exigido no tipo penal, mormente em relação a vontade consciente do agente em entrar no exercício de suas funções antes de preenchidas as devidas condições legais; no segundo momento, o elemento subjetivo diz respeito ao dolo em permanecer exercendo as atribuições de suas funções quando oficialmente souber de seu impedimento, seja por conta de exoneração, remoção, substituição ou suspensão. É necessária a consciência da irregularidade de sua conduta.

### 17.7. Consumação e Tentativa

Consuma-se o crime quando o funcionário público pratica ato sem estar devidamente investido no cargo ou função, ou seja, antes de exigidas as condições legais ou permanece em exercício, sem autorização.

A tentativa é admitida

### 17.8. Ação Penal

A ação penal é publica incondicionada.

## 18. VIOLAÇÃO DE SIGILO PROFISSIONAL

**Art. 325** – *Revelar fato de que tem ciência em razão de cargo e que deva permanecer em segredo, ou facilitar-lhe a revelação:*

**Pena** – *detenção, de seis meses a dois anos, ou multa, se o fato não constitui crime mais grave.*

**§ 1º** *Nas mesmas penas deste artigo incorre quem:*

**I** – *permite ou facilita, mediante atribuição, fornecimento e empréstimo de senha ou qualquer outra forma, o acesso de pessoas não autorizadas a sistemas de informações ou banco de dados da Administração Pública;*

**II** – *se utiliza, indevidamente, do acesso restrito.*

**§ 2º** *Se da ação ou omissão resulta dano à Administração Pública ou a outrem:*

**Pena** – *reclusão, de 2 (dois) a 6 (seis) anos, e multa.*

### 18.1. Introdução

Muito embora vigore em nosso ordenamento o Princípio da Publicidade da atividade administrativa, há casos em que a inviolabilidade do sigilo da Administração Pública é tutelado, visando preservar o seu regular funcionamento. Logo, pratica o ato o funcionário público que pessoalmente, em razão do cargo, revela o fato que deveria ser mantido em sigilo, como aquele que facilita sua revelação.

A pena prevista para o crime é de detenção de seis meses a dois anos, ou multa. Logo, podemos concluir que:

a) É possível a transação penal (art. 76, Lei n. 9.099/95), pois se trata de infração penal de menor potencial ofensivo;

b) É possível a suspensão condicional do processo (art. 89, Lei n. 9.099/95), pois a pena mínima não ultrapassa um ano.

Acerca da classificação, o crime de *violação de sigilo profissional* é próprio; formal; simples; doloso; comissivo ou omissivo próprio (vez que a conduta "facilitar" também pode ser praticada por omissão; de forma livre; instantâneo, unissubjetivo; unissubsistente ou plurissubsistente, conforme o caso.

### 18.2. Sujeito Ativo

O sujeito ativo é o funcionário público, tratando-se, pois de crime próprio. É importante lembrar, que se o fato for revelado pelo funcionário após ele ter deixado em definitivo a função pública, não incorrerá no crime em apreço. Porém, ao funcionário aposentado ou posto em disponibilidade, a norma o alcança.

### 18.3. Sujeito Passivo

O sujeito passivo é o Estado, o titular do sigilo ou o terceiro prejudicado, seja ele pessoa física ou jurídica.

### 18.4. Objeto Jurídico

O objeto juridicamente tutelado é a própria Administração Pública.

### 18.5. Objeto Material

O objeto material é o sigilo da Administração Pública, ou seja, o sigilo funcional.

### 18.6. Elemento Subjetivo

O elemento subjetivo é o dolo, ou seja, a vontade do funcionário em revelar o segredo da Administração ou facilitar-lhe a revelação. Não previsão dessa modalidade culposa, pois implica em o funcionário saber que a informação é sigilosa e querer revelá-la.

### 18.7. Consumação e Tentativa

Consuma-se o delito com a revelação da informação que deveria estar posta em segredo, isto é, quando o agente revela a pelo menos uma pessoa do fato de que tem ciência ser segredo em razão do cargo que ocupa ou que facilite que esta informação seja revelada.

Admite-se a tentativa na revelação ou facilitação de revelação do segrego em sua forma escrita.

### 18.8. Ação Penal

A ação penal é pública incondicionada.

## 19. VIOLAÇÃO DO SIGILO DE PROPOSTA DE CONCORRÊNCIA

**Art. 326** – *Devassar o sigilo de proposta de concorrência pública, ou proporcionar a terceiro o ensejo de devassa-lo:*

**Pena** – *Detenção, de três meses a um ano, e multa.*

*Este artigo foi tacitamente revogado pelo art. 94 da Lei de Licitações (Lei n. 8.666/93).*

**Art. 327** – *Considera-se funcionário público, para os efeitos penais, quem, embora transitoriamente ou sem remuneração, exerce cargo, emprego ou função pública.*

**Parágrafo único**. *Equipara-se a funcionário público quem exerce cargo, emprego ou função em entidade paraestatal. § 1º – Equipara-se a funcionário público quem exerce cargo, emprego ou função em entidade paraestatal.*

**§ 1º** – *Equipara-se a funcionário público quem exerce cargo, emprego ou função em entidade paraestatal, e quem trabalha para empresa prestadora de serviço contratada ou conveniada para a execução de atividade típica da Administração Pública.*

**§ 2º** – *A pena será aumentada da terça parte quando os autores dos crimes previstos neste Capítulo forem ocupantes de cargos em comissão ou de função de direção ou assessoramento de órgão da administração direta, sociedade de economia mista, empresa pública ou fundação instituída pelo poder público.*

Este artigo traz a definição de funcionário público e equiparado a funcionário público, que comentamos ao tratarmos do crime de peculato. Em seu segundo parágrafo, traz uma causa de aumento de pena para os agentes que forem ocupantes de cargos em comissão ou de função de direção ou assessoramento de órgão da administração direta, sociedade de economia mista, empresa pública ou fundação instituída pelo poder público.

## 20. TÓPICO-SÍNTESE

| TÓPICO-SÍNTESE: Dos Crimes praticados por funcionário público contra a Administração em geral | |
|---|---|
| PECULATO | |
| Peculato (art. 312) | Apropriar-se o funcionário público de dinheiro, valor ou qualquer outro bem móvel, público ou particular, de que tem a posse em razão do cargo, ou desviá-lo, em proveito próprio ou alheio. |
| Penas | A pena prevista para o crime é de reclusão de dois a doze anos, além da multa. |
| Peculato-Furto (§ 1º) | Se o funcionário público, embora não tendo a posse do dinheiro, valor ou bem, o subtrai, ou concorre para que seja subtraído, em proveito próprio ou alheio, valendo-se de facilidade que lhe proporciona a qualidade de funcionário. |
| Peculato Culposo (§ 2°) | Se o funcionário concorre culposamente para o crime de outrem. |
| Classificação | Próprio ; doloso ou culposo; simples; material; de dano, de forma livre, comissivo (regra) ou omissivo; instantâneo; unissubjetivo; plurissubsistente. |
| Sujeito Ativo | Funcionário público. |
| Sujeito Passivo | Estado, secundariamente o particular. |
| Objeto Jurídico | Administração Pública. |
| Objeto Material | Dinheiro, bem ou valor, público ou particular, sobre o qual vai recair a conduta criminosa. |
| Elemento Subjetivo | Dolo, admite-se a modalidade culposa. |
| Consumação | • **Peculato-apropriação:** consuma-se quando o agente passa a agir com o *animus rem sibi habendi*, isto é, com a intenção de se tornar proprietário do bem.<br>• **Peculato-desvio:** consuma-se no momento do desvio, ainda que outro seja o momento da efetiva obtenção do proveito (STJ, HC 37202/RJ, Rel. Min. Gilson Dipp).<br>• **Peculato-furto:** consuma-se quando se efetiva a subtração. |
| Tentativa | É admitida. |
| Ação Penal | Pública incondicionada. |
| Súmulas aplicáveis | 147 do STJ. Compete à Justiça Federal processar e julgar os crimes praticados contra funcionário público federal, quando relacionados com o exercício da função. |

| TÓPICO-SÍNTESE: Dos Crimes praticados por funcionário público contra a Administração em geral | |
|---|---|
| **PECULATO MEDIANTE ERRO DE OUTREM** | |
| **Peculato mediante erro de outrem (art. 313)** | Apropriar-se de dinheiro ou qualquer utilidade que, no exercício do cargo, recebeu por erro de outrem. |
| **Penas** | A pena prevista para o crime é de reclusão de um a quatro anos, além da multa. |
| **Classificação** | Próprio; material; simples; doloso; de forma livre; comissivo (regra); instantâneo; unissubjetivo; plurissubsistente. |
| **Sujeito Ativo** | Funcionário público. |
| **Sujeito Passivo** | Estado e secundariamente, pessoa vítima da fraude. |
| **Objeto jurídico** | Administração Pública. |
| **Objeto Material** | Dinheiro ou utilidade. |
| **Elemento subjetivo** | Dolo. |
| **Consumação** | Consuma-se quando o funcionário público, ciente do erro da outra pessoa, apodera-se do dinheiro ou utilidade, portando-se como proprietário. |
| **Tentativa** | É admitida. |
| **Ação Penal** | Pública Incondicionada. |
| **INSERÇÃO DE DADOS FALSOS EM SISTEMAS DE INFORMAÇÕES** | |
| **Inserção de dados falsos em sistemas de informações (art. 313-A)** | Inserir ou facilitar, o funcionário autorizado, a inserção de dados falsos, alterar ou excluir indevidamente dados corretos nos sistemas informatizados ou bancos de dados da Administração Pública com o fim de obter vantagem indevida para si ou para outrem ou para causar dano. |
| **Penas** | A pena prevista para o crime é de reclusão de dois a doze anos, além da multa. |
| **Classificação** | Próprio; simples; doloso; de forma livre; comissivo (regra); formal; instantâneo; unissubjetivo; plurissubsistente. |
| **Sujeito Ativo** | Funcionário público autorizado. |
| **Sujeito Passivo** | Estado e secundariamente, qualquer prejudicado. |
| **Objeto jurídico** | Segurança e a proteção das informações da Administração Pública. |
| **Objeto Material** | Dados constantes dos bancos de dados. |
| **Elemento Subjetivo** | Dolo. |
| **Consumação** | Consuma-se quando há alteração ou modificação no sistema de informações da Administração Pública. |
| **Tentativa** | É possível. |

| TÓPICO-SÍNTESE: Dos Crimes praticados por funcionário público contra a Administração em geral | |
|---|---|
| **Ação Penal** | Pública Incondicionada. |
| **MODIFICAÇÃO OU ALTERAÇÃO NÃO AUTORIZADA NO SISTEMA DE INFORMAÇÕES** | |
| **Modificação ou alteração não autorizada no sistema de informação (art. 313-B)** | Modificar ou alterar, o funcionário, sistema de informações ou programa de informática sem autorização ou solicitação de autoridade competente. |
| **Penas** | A pena prevista para o crime é de detenção de três meses a dois anos, além da multa. |
| **Aumento de pena (parágrafo único)** | **De 1/3 até 1/2:** se da modificação ou alteração resulta dano para a Administração Pública ou para o administrado. |
| **Classificação** | Próprio; formal; simples; doloso; de forma livre; comissivo (regra); instantâneo; unissubjetivo; plurissubsistente. |
| **Sujeito Ativo** | Funcionário público. |
| **Sujeito Passivo** | Estado e secundariamente, o terceiro prejudicado. |
| **Objeto Jurídico** | Administração Pública. |
| **Objeto Material** | Sistema de informações que opera através de banco de dados e os programas de informática, que seria o próprio software. |
| **Elemento Subjetivo** | Dolo. |
| **Consumação** | Consuma-se quando o agente modifica ou altera, parcial ou totalmente, o sistema de informações da Administração Pública. |
| **Tentativa** | É admitida. |
| **Ação Penal** | Pública Incondicionada. |
| **EXTRAVIO, SONEGAÇÃO OU INUTILIZAÇÃO DE LIVRO OU DOCUMENTO** | |
| **Extravio, sonegação ou inutilização de livro ou documento (art. 314)** | Extraviar livro oficial ou qualquer documento, de que tem a guarda em razão do cargo; sonegá-lo ou inutilizá-lo, total ou parcialmente. |
| **Pena** | A pena prevista para o crime é de reclusão de um a quatro anos, se o fato não constitui crime mais grave. |
| **Classificação** | Próprio; formal; simples; doloso; de forma livre; comissivo (nas condutas "extraviar" e "inutilizar", podendo, também, ser praticada via omissão imprópria, quando o agente gozar do status de garantidor) ou omissivo (na conduta "sonegar"); instantâneo; unissubjetivo; plurissubsistente ou unissubsistente, conforme o caso. |
| **Sujeito Ativo** | Funcionário público. |

| TÓPICO-SÍNTESE: Dos Crimes praticados por funcionário público contra a Administração em geral | |
|---|---|
| **Sujeito Passivo** | Estado ou particular proprietário do objeto material. |
| **Objeto Jurídico** | Administração Pública. |
| **Objeto Material** | Livro oficial ou documento. |
| **Elemento Subjetivo** | Dolo. |
| **Consumação** | Consuma-se com a realização dos núcleos do tipo, não se exigindo produção de resultado posterior. |
| **Tentativa** | É admitida, exceto em relação ao verbo sonegar. |
| **Ação Penal** | Pública incondicionada. |
| **EMPREGO IRREGULAR DE VERBAS OU RENDAS PÚBLICAS** | |
| **Emprego irregular de verbas ou rendas públicas (art. 315)** | Dar às verbas ou rendas públicas aplicação diversa da estabelecida em lei. |
| **Penas** | A pena prevista para o crime é de detenção de um a três meses, ou multa. |
| **Classificação** | Próprio; material; simples; doloso; de forma livre; comissivo (podendo ser praticado via omissão imprópria); instantâneo; unissubjetivo; plurissubsistente. |
| **Sujeito Ativo** | Funcionário público. |
| **Sujeito Passivo** | Estado ou o prejudicado. |
| **Objeto Jurídico** | Administração pública. |
| **Objeto Material** | Rendas ou verbas públicas. |
| **Elemento Subjetivo** | Dolo. |
| **Consumação** | Consuma-se com o efetivo emprego irregular das verbas e rendas públicas, ou seja, quando empregados de forma diversa de sua destinação legal. |
| **Tentativa** | É admitida. |
| **Ação Penal** | Pública incondicionada. |
| **CONCUSSÃO** | |
| **Concussão (art. 316)** | Exigir, para si ou para outrem, direta ou indiretamente, ainda que fora da função ou antes de assumi-la, mas em razão dela, vantagem indevida. |
| **Penas** | A pena prevista para o crime é de reclusão de dois a doze anos, além da multa. |
| **Classificação** | Próprio; doloso; formal; comissivo (podendo ser praticado via omissão imprópria); de forma livre; instantâneo; unissubjetivo; unissubsistente ou plurissubsistente (conforme o caso concreto). |
| **Sujeito Ativo** | Funcionário público. |
| **Sujeito Passivo** | Estado e secundariamente, o particular. |
| **Objeto Jurídico** | Administração Pública. |

| TÓPICO-SÍNTESE: Dos Crimes praticados por funcionário público contra a Administração em geral | |
|---|---|
| Objeto Material | Vantagem indevida. |
| Elemento Subjetivo | Dolo. |
| Consumação | Consuma-se com a mera exigência, independentemente da efetiva obtenção da vantagem indevida. |
| Tentativa | É admitida. |
| Ação Penal | Pública incondicionada. |
| EXCESSO DE EXAÇÃO | |
| Excesso de Exação (art. 316, § 1º) | Se o funcionário exige tributo ou contribuição social que sabe ou deveria saber indevido, ou, quando devido, emprega na cobrança meio vexatório ou gravoso, que a lei não autoriza. |
| Qualificadora (art. 316, § 2º) | Se o funcionário desvia, em proveito próprio ou de outrem, o que recebeu indevidamente para recolher aos cofres públicos. |
| Classificação | Próprio; simples; doloso; formal ou material, conforme o caso; comissivo (podendo ser praticado via omissão imprópria); de forma livre; instantâneo; unissubjetivo; unissubsistente ou plurissubsistente (conforme o caso concreto). |
| Sujeito Ativo | Funcionário público. |
| Sujeito Passivo | Estado e secundariamente, o particular. |
| Objeto Jurídico | Administração Pública. |
| Objeto Material | Tributo. |
| Elemento Subjetivo | Dolo. |
| Consumação | Consuma-se quando o funcionário público faz a exigência ou cobrança indevida. |
| Tentativa | É admitida. |
| Ação Penal | Pública Incondicionada. |
| CORRUPÇÃO PASSIVA | |
| Corrupção passiva (art. 317) | Solicitar ou receber, para si ou para outrem, direta ou indiretamente, ainda que fora da função ou antes de assumi-la, mas em razão dela, vantagem indevida, ou aceitar promessa de tal vantagem. |
| Penas | A pena prevista para o crime é de reclusão de dois a doze anos, além da multa. |
| Aumento de Pena (§ 1º) | **De 1/3:** Se, em consequência da vantagem ou promessa, o funcionário retarda ou deixa de praticar qualquer ato de ofício ou o pratica infringindo dever funcional. |
| Art. 317 (§ 2º) | Se o funcionário pratica, deixa de praticar ou retarda ato de ofício, com infração de dever funcional, cedendo a pedido ou influência de outrem. |
| Classificação | Próprio; formal; simples; doloso; comissivo (podendo ser praticado via omissão imprópria); de forma livre; instantâneo; unissubjetivo; unissubsistente ou plurissubsistente (conforme o caso concreto). |

| TÓPICO-SÍNTESE: Dos Crimes praticados por funcionário público contra a Administração em geral | |
|---|---|
| **Sujeito Ativo** | Funcionário público. |
| **Sujeito Passivo** | Estado e secundariamente, o particular. |
| **Objeto Jurídico** | Administração Pública. |
| **Objeto Material** | Vantagem indevida. |
| **Elemento Subjetivo** | Dolo. |
| **Consumação** | Consuma-se quando o agente efetivamente solicitar, receber ou aceitar a promessa da vantagem indevida. |
| **Tentativa** | É admitida. |
| **Ação Penal** | Pública incondicionada. |
| FACILITAÇÃO DE CONTRABANDO OU DESCAMINHO | |
| **Facilitação de contrabando ou descaminho (art. 318)** | Facilitar, com infração de dever funcional, a prática de contrabando ou descaminho (art. 334). |
| **Penas** | A pena prevista para o crime é de reclusão de três a oito anos, além da multa. |
| **Classificação** | Próprio; doloso; formal; simples; comissivo ou omissivo próprio (haja vista que o núcleo "facilitar" pode ser cometido via omissão do agente); de forma livre; instantâneo; unissubjetivo; unissubsistente ou plurissubsistente (conforme o caso concreto). |
| **Sujeito Ativo** | Funcionário público. |
| **Sujeito Passivo** | Estado. |
| **Objeto Jurídico** | Administração Pública e a coletividade. |
| **Objeto Material** | Produtos contrabandeados ou os tributos não pagos. |
| **Elemento Subjetivo** | Dolo. |
| **Consumação** | Consuma-se quando o agente, de alguma forma, facilita a ocorrência do contrabando ou descaminho. |
| **Tentativa** | É admitida. |
| **Ação Penal** | Pública incondicionada. |
| PREVARICAÇÃO | |
| **Prevaricação (art. 319)** | Retardar ou deixar de praticar, indevidamente, ato de ofício, ou praticá-lo contra disposição expressa de lei, para satisfazer interesse ou sentimento pessoal. |
| **Penas** | A pena prevista para o crime é de detenção de três meses a um ano, além da multa. |

| TÓPICO-SÍNTESE: Dos Crimes praticados por funcionário público contra a Administração em geral | |
|---|---|
| **Classificação** | Próprio ; formal; simples; doloso; comissivo ou omissivo próprio (haja vista que os núcleos "retardar" e "deixa de praticar" podem ser levados a efeito pela omissão do agente); de forma livre; instantâneo; unissubjetivo; unissubsistente e plurissubsistente (conforme o caso concreto). |
| **Sujeito Ativo** | Funcionário público, admite-se a participação de terceiros. |
| **Sujeito Passivo** | Estado e o terceiro prejudicado. |
| **Objeto Jurídico** | Administração Pública. |
| **Objeto Material** | Ato de ofício que fora retardado, deixado de ser praticado ou praticado em desconformidade com as disposições legais. |
| **Elemento Subjetivo** | Dolo. |
| **Consumação** | Consuma-se quando o funcionário público estende para além do necessário, de forma indevida, a prática de determinado ato; quando o agente deixa de praticá-lo, quando estava obrigado a fazê-lo; quando o agente pratica o ato de forma a contrariar dispositivo expresso de lei. |
| **Tentativa** | Admitida. |
| **Ação Penal** | Pública Incondicionada. |
| **PREVARICAÇÃO IMPRÓPRIA OU ESPECIAL** | |
| **(art. 319 – A)** | Deixar o Diretor de Penitenciária e/ou agente público, de cumprir seu dever de vedar ao preso o acesso a aparelho telefônico, de rádio ou similar, que permita a comunicação com outros presos ou com o ambiente externo. |
| **Penas** | A pena prevista para o crime é de detenção de três meses a um ano. |
| **Classificação** | Próprio (somente podendo ser cometido pelo Diretor de Penitenciária e/ou agente público); formal; simples; doloso; omissivo; de forma livre; instantâneo; unissubjetivo; unissubsistente.. |
| **Sujeito Ativo** | Agente público. |
| **Sujeito Passivo** | Estado. |
| **Objeto Jurídico** | Administração Pública. |
| **Objeto Material** | Aparelho telefônico ou similar. |
| **Elemento Subjetivo** | Dolo. |
| **Consumação** | Consuma-se no momento em que o diretor ou o agente, dolosamente, permite ou nada faz para proibir que o preso tenha acesso aos aparelhos telefônicos ou similares dos quais não poderia se valer. |
| **Tentativa** | Não é admitida. |
| **Ação Penal** | Pública Incondicionada. |

| TÓPICO-SÍNTESE: Dos Crimes praticados por funcionário público contra a Administração em geral | |
|---|---|
| **CONDESCENDÊNCIA CRIMINOSA** | |
| **Condescendência Criminosa (art. 320)** | Deixar o funcionário, por indulgência, de responsabilizar subordinado que cometeu infração no exercício do cargo ou, quando lhe falte competência, não levar o fato ao conhecimento da autoridade competente. |
| **Penas** | A pena prevista para o crime é de detenção de quinze dias a um mês, ou multa. |
| **Classificação** | Próprio; formal; simples; doloso; omissivo; de forma livre; instantâneo; unissubjetivo; unissubsistente. |
| **Sujeito Ativo** | Funcionário público. |
| **Sujeito Passivo** | Estado. |
| **Objeto Jurídico** | Administração Pública. |
| **Objeto Material** | Não há. |
| **Elemento Subjetivo** | Dolo. |
| **Consumação** | Consuma-se quando o agente, hierarquicamente superior, diante de infração praticado por outro funcionário público deixa, por clemência, por indulgência de responsabilizá-lo, ou deixa de comunicar a autoridade superior que tenha competência para promover a responsabilização. |
| **Tentativa** | Não é admitida. |
| **Ação Penal** | Pública Incondicionada. |
| **ADVOCACIA ADMINISTRATIVA** | |
| **Advocacia Administrativa (art. 321)** | Interromper ou perturbar serviço telegráfico, radiotelegráfico ou telefônico, impedir ou dificultar-lhe o restabelecimento. |
| **Penas** | A pena prevista para o crime é de detenção de um a três meses, ou multa. |
| **Qualificadora (parágrafo único)** | Se o interesse é ilegítimo. |
| **Classificação** | Próprio; formal; simples; doloso; comissivo (podendo, no entanto, ser praticado via omissão imprópria); de forma livre; instantâneo; unissubjetivo; plurissubsistente. |
| **Sujeito Ativo** | Funcionário público. |
| **Sujeito Passivo** | Estado e qualquer terceiro prejudicado. |
| **Objeto Jurídico** | Administração Pública. |
| **Objeto Material** | Não há. |
| **Elemento Subjetivo** | Dolo. |
| **Consumação** | Consuma-quando o agente pratica qualquer ato que importe na defesa, patrocínio de interesse privado perante a Administração Pública. |
| **Tentativa** | É admitida. |
| **Ação Penal** | Pública Incondicionada. |

| TÓPICO-SÍNTESE: Dos Crimes praticados por funcionário público contra a Administração em geral | |
|---|---|
| **VIOLÊNCIA ARBITRÁRIA** | |
| **Violência Arbitrária (art. 322)** | Praticar violência, no exercício de função ou a pretexto de exercê-la. |
| **Pena** | A pena prevista para o crime é de detenção de seis meses a três anos, além da pena correspondente à violência. |
| **Classificação** | Próprio; material; simples; doloso; comissivo (podendo, no entanto, ser praticado via omissão imprópria); de forma livre; instantâneo; unissubjetivo; plurissubsistente. |
| **Sujeito Ativo** | Funcionário público. |
| **Sujeito Passivo** | Estado ou terceiro lesado. |
| **Objeto Jurídico** | Administração Pública. |
| **Objeto Material** | Integridade física da pessoa e sua liberdade, contra a qual é praticado o ato de violência. |
| **Elemento Subjetivo** | Dolo. |
| **Consumação** | Consuma-se quando o agente, de forma exagerada, pratica o ato de violência contra a vítima em razão da função ou a pretexto de exercê-la. |
| **Tentativa** | É admitida. |
| **Ação Penal** | Pública incondicionada. |
| **ABANDONO DE FUNÇÃO** | |
| **Abandono De Função (art. 323)** | Abandonar cargo público, fora dos casos permitidos em lei. |
| **Pena** | A pena prevista para o crime é de detenção de quinze dias a um mês, ou multa. |
| **Qualificadoras (§§ 1º e 2º)** | • Se do fato resulta prejuízo público.<br>• Se o fato ocorre em lugar compreendido na faixa de fronteira. |
| **Classificação** | Próprio; formal; simples; doloso; de forma livre; omissivo próprio; instantâneo; unissubjetivo e unissubsistente. |
| **Sujeito Ativo** | Funcionário público. |
| **Sujeito Passivo** | Estado. |
| **Objeto Jurídico** | Administração Pública. |
| **Objeto Material** | Para parte da doutrina não há; para outra parte é o cargo abandonado. |
| **Elemento Subjetivo** | Dolo. |
| **Consumação** | Consuma-se quando o agente efetivamente abandona o cargo por tempo suficiente para gerar uma situação de perigo ou lesão para a Administração Pública. |
| **Tentativa** | Não é admitida. |
| **Ação Penal** | Pública incondicionada. |

| TÓPICO-SÍNTESE: Dos Crimes praticados por funcionário público contra a Administração em geral | |
|---|---|
| **EXERCÍCIO FUNCIONAL ILEGALMENTE ANTECIPADO OU PROLONGADO** | |
| **Exercício Funcional Ilegalmente Antecipado ou Prolongado (art. 324)** | Entrar no exercício de função pública antes de satisfeitas as exigências legais, ou continuar a exercê-la, sem autorização, depois de saber oficialmente que foi exonerado, removido, substituído ou suspenso. |
| **Pena** | A pena prevista para o crime é de detenção de quinze dias a um mês, ou multa. |
| **Classificação** | Próprio; formal; simples; doloso; de forma livre; comissivo (podendo ser praticado via omissão imprópria), instantâneo, unissubjetivo e plurissubsistente. |
| **Sujeito Ativo** | Funcionário público. |
| **Sujeito Passivo** | Estado. |
| **Objeto Jurídico** | Administração Pública. |
| **Objeto Material** | Função pública usurpada pelo agente. |
| **Elemento Subjetivo** | Dolo. |
| **Consumação** | Consuma-se quando o funcionário público pratica ato sem estar devidamente investido no cargo ou função. |
| **Tentativa** | É admitida. |
| **Ação Penal** | Pública incondicionada. |
| **VIOLAÇÃO DE SIGILO PROFISSIONAL** | |
| **Violação de Sigilo Profissional (art. 325)** | Revelar fato de que tem ciência em razão de cargo e que deva permanecer em segredo, ou facilitar-lhe a revelação. |
| **Penas** | A pena prevista para o crime é de detenção de seis meses a dois anos, ou multa. |
| **Figuras Equiparadas (§ 1º)** | Permite ou facilita, mediante atribuição, fornecimento e empréstimo de senha ou qualquer outra forma, o acesso de pessoas não autorizadas a sistemas de informações ou banco de dados da Administração Pública;<br>Se utiliza, indevidamente, do acesso restrito. |
| **Qualificadora (§ 2º)** | Se da ação ou omissão resulta dano à Administração Pública ou a outrem. |
| **Classificação** | Próprio; formal; simples; doloso; comissivo ou omissivo próprio (vez que a conduta "facilitar" também pode ser praticada por omissão; de forma livre; instantâneo, unissubjetivo; unissubsistente ou plurissubsistente, conforme o caso. |
| **Sujeito Ativo** | Funcionário público. |
| **Sujeito Passivo** | Estado ou terceiro prejudicado. |

| TÓPICO-SÍNTESE: Dos Crimes praticados por funcionário público contra a Administração em geral | |
|---|---|
| **Objeto Jurídico** | Administração Pública. |
| **Objeto Material** | Sigilo da Administração Pública. |
| **Elemento Subjetivo** | Dolo. |
| **Consumação** | Consuma-se quando o agente revela a pelo menos uma pessoa do fato de que tem ciência ser segredo em razão do cargo que ocupa ou que facilite que esta informação seja revelada. |
| **Tentativa** | É admitida na revelação ou facilitação de revelação do segredo em sua forma escrita. |
| **Ação Penal** | Pública Incondicionada. |

Capítulo

# 2

# DOS CRIMES PRATICADOS POR PARTICULAR CONTRA A ADMINISTRAÇÃO EM GERAL

***Leia a Lei:***

- *art. 328 a 337-A do CP.*

## 1. USURPAÇÃO DE FUNÇÃO PÚBLICA

**Art. 328** – *Usurpar o exercício de função pública:*
**Pena** – *detenção, de três meses a dois anos, e multa.*
**Parágrafo único** – *Se do fato o agente aufere vantagem:*
**Pena** – *reclusão, de dois a cinco anos, e multa.*

### 1.1. Introdução

O tipo penal presente no artigo estudado diz respeito ao agente que se faz passar por funcionário público devidamente investido para a prática de atos relacionados a sua função; função esta que é própria da Administração.

A pena prevista para o crime é de detenção de três meses a dois anos, e multa. Logo, podemos concluir que:

a) É possível a transação penal (art. 76, Lei n. 9.099/95), pois se trata de infração penal de menor potencial ofensivo;

b) É possível a suspensão condicional do processo (art. 89, Lei n. 9.099/95), pois a pena mínima não ultrapassa um ano.

Na hipótese do Parágrafo único, a pena passa a ser de reclusão de dois a cinco anos, e multa. Por esta razão não caberá transação penal e nem suspensão condicional do processo.

Acerca da classificação, o crime de *usurpação de função pública* é comum; formal; simples; doloso; de forma livre; comissivo; instantâneo, unissubjetivo; plurissubsistente.

### 1.2. Sujeito Ativo

O sujeito ativo é qualquer pessoa.

### 1.3. Sujeito Passivo

O sujeito passivo é o Estado ou qualquer terceiro – pessoa física ou jurídica – que tenha sido prejudicada pela conduta praticada pelo agente.

### 1.4. Objeto jurídico

O objeto juridicamente tutelado é a Administração Pública.

### 1.5. Objeto material

O objeto material é a função pública que foi usurpada pelo agente que pratica o ato delituoso.

### 1.6. Elemento subjetivo

O elemento subjetivo é o dolo, pois sabendo o agente se tratar de função própria da Administração se coloca na qualidade de funcionário público regularmente investido e pratica atos de ofício que são inerentes à função usurpada.

### 1.7. Consumação e Tentativa

Consuma-se o crime quando o agente pratica, efetivamente, ato de ofício. Se o agente apenas finge ser funcionário público e nada faz, o crime não se caracteriza nem se consuma; é necessária a prática do ato de ofício próprio da função usurpada.

A tentativa é admissível.

### 1.8. Ação Penal

A ação penal é de iniciativa pública incondicionada.

## 2. RESISTÊNCIA

**Art. 329** – *Opor-se à execução de ato legal, mediante violência ou ameaça a funcionário competente para executá-lo ou a quem lhe esteja prestando auxílio:*
**Pena** – *detenção, de dois meses a dois anos.*
**§ 1º** – *Se o ato, em razão da resistência, não se executa:*
**Pena** – *reclusão, de um a três anos.*
**§ 2º** – *As penas deste artigo são aplicáveis sem prejuízo das correspondentes à violência.*

### 2.1. Introdução

O delito de Resistência se configura quando o agente, mediante atos violentos – força física – ou a ameaça. Importa dizer que esta resistência deve ser *ativa,* ou seja, o agende deve se valer de força física para resistir, se opor a um ato legal e se dirigir contra o funcionário ou autoridade pública (incluindo, também, quem o auxilia) competente para a execução da medida legal. Não sendo o ato legal a resistência não poderá ser considerada crime.

Note que o ato de violência deve ser perpetrado contra a pessoa e não contra a coisa (ex.: atirar uma pedra na viatura), a fim de evitar que seja o ato cumprido.

A pena prevista para o crime é de detenção de dois meses a dois anos. Logo, podemos concluir que:

a) É possível a transação penal (art. 76, Lei n. 9.099/95), pois se trata de infração penal de menor potencial ofensivo;

b) É possível a suspensão condicional do processo (art. 89, Lei n. 9.099/95), pois a pena mínima não ultrapassa um ano.

Na hipótese do § 1º, a pena passa a ser de reclusão de um a três anos. Por esta razão não caberá transação penal, embora caiba a suspensão condicional do processo.

Acerca da classificação, o crime de *resistência* é comum; formal; simples; doloso; de forma livre; comissivo; instantâneo, unissubjetivo; plurissubsistente.

### 2.2. Sujeito Ativo

O sujeito ativo é qualquer pessoa que se oponha à execução do ato, incluindo-se aqui, o terceiro ao qual o ato não seja diretamente dirigido.

### 2.3. Sujeito Passivo

O sujeito passivo é o Estado na pessoa da autoridade pública, funcionário público ou terceiro que o auxilie.

### 2.4. Objeto Jurídico

A Administração Pública é o bem juridicamente tutelado, pois visa resguardar a autoridade pública e a fiel execução de seus atos.

### 2.5. Objeto Material

O objeto material é a pessoa contra o qual o ato foi praticado, ou seja, o funcionário/autoridade público bem como o terceiro que o auxilia.

### 2.6. Elemento Subjetivo

O dolo é o elemento subjetivo exigido, pois tendo o agente a consciência da legalidade do ato, livremente opta por se utilizar de atos de violência ou ameaça para impedir a execução da medida.

Em se tratando de resistência por motivo de embriaguez, a doutrina considera três possibilidades de exclusão do crime:

a. Primeira: consoante o art. 28, II, CP a embriaguez não exclui o elemento subjetivo do crime, logo, o agente embriagado comete o crime de resistência. (Mirabete)

b. Segunda: A embriaguez excluirá o elemento subjetivo do crime (o dolo) quando o agente estiver inteiramente dominado pela substância alcoólica, ou seja, quando sua capacidade volitiva for diminuída. (Damásio de Jesus)

c. Terceira: A embriaguez excluirá o elemento subjetivo do crime qualquer que seja a sua intensidade.

### 2.7. Consumação e Tentativa

Consuma-se o delito em estudo quando o agente se opõe a execução da medida legal, não precisando que o ato seja efetivamente obstado. A tentativa é admitida.

### 2.8. Ação Penal

A ação penal é de iniciativa pública incondicionada.

## 3. DESOBEDIÊNCIA

**Art. 330** – *Desobedecer a ordem legal de funcionário público:*
**Pena** – *detenção, de quinze dias a seis meses, e multa.*

### 3.1. Introdução

O crime de desobediência se configura quando o agente se recusa a cumprir uma ordem legalmente emanada da autoridade pública, ou seja, quando o agente não quer se submeter a uma obrigação legal. Não se trata de uma solicitação não atendida e sim de uma imposição legal, uma ordem legal, uma determinação legal, seja fazendo ou deixando de fazer alguma coisa imposta por lei.

A pena prevista para o crime é de detenção de quinze dias a seis meses, e multa. Logo, podemos concluir que:

a) É possível a transação penal (art. 76, Lei n. 9.099/95), pois se trata de infração penal de menor potencial ofensivo;

b) É possível a suspensão condicional do processo (art. 89, Lei n. 9.099/95), pois a pena mínima não ultrapassa um ano.

Acerca da classificação, o crime de *desobediência* é comum; simples; formal; doloso; de forma livre; comissivo ou omissivo próprio (haja vista que o verbo "desobedecer"); instantâneo, unissubjetivo; unissubsistente e plurissubsistente, conforme o caso concreto.

### 3.2. Sujeito Ativo

O sujeito ativo poderá ser qualquer pessoa.

### 3.3. Sujeito Passivo

O sujeito passivo é o Estado e subsidiariamente a pessoa do funcionário/autoridade pública.

### 3.4. Objeto Jurídico

A Administração Pública é o objeto juridicamente protegido pela norma.

### 3.5. Objeto Material

Há divergência doutrinária. Parte da doutrina entende não haver objeto material e parte entende ser a própria ordem emanada da autoridade pública.

### 3.6. Elemento Subjetivo

O dolo é o elemento subjetivo exigido no tipo penal, pois é necessário que o agente consciente da ordem ser legal queira desobedecê-la mesmo assim, fazendo ou deixando de fazer algo, ou seja, de forma comissiva ou omissiva.

No tocante à embriaguez, a doutrina entende a exclusão do elemento subjetivo da mesma forma do crime de Resistência.

### 3.7. Consumação e Tentativa

O delito poderá ser consumado em sua forma comissiva – o agente faz algo – ou em sua forma omissiva – o agente deixa de fazer algo. Será consumado em sua forma comissiva quando a ordem legal impuser uma obrigação de não fazer e o agente, descumprindo-a, faz o que era vedado.

Por outro lado, será consumado em sua forma omissiva quando a ordem legal contiver uma obrigação de fazer e o agente, não faz. Neste caso, atenta-se para o prazo contido na ordem legal e em silente sobre prazo, se utiliza o critério da razoabilidade jurídica a fim de caracterizar a consumação do crime em sua forma omissiva.

A tentativa é admitida.

### 3.8. Ação Penal

A ação penal é de iniciativa pública incondicionada.

## 4. DESACATO

> **Art. 331** – *Desacatar funcionário público no exercício da função ou em razão dela:*
> **Pena** – *detenção, de seis meses a dois anos, ou multa.*

### 4.1. Introdução

O delito de desacato se dá em face do funcionário público em razão de sua função ou no exercício dela. Ocorre por vias de fato, agressões verbais, gestos obscenos ou quaisquer outras formas que sinalizem verdadeiro desrespeito, humilhação, ofensa e desprestígio ao funcionário público.

É necessário que ocorra no exercício da função, ou seja, quando estiver o funcionário desempenhando suas funções ao ser afrontado ou em razão dessas funções, quando mesmo fora do exercício lhe seja faltado o devido respeito. Importante também, que o agente e o funcionário estejam pelo menos num mesmo ambiente, não se admitindo a configuração do delito quando as agressões forem proferidas por cartas ou telefone.

A pena prevista para o crime é de detenção de seis meses a dois anos, ou multa. Logo, podemos concluir que:

a) É possível a transação penal (art. 76, Lei n. 9.099/95), pois se trata de infração penal de menor potencial ofensivo;

b) É possível a suspensão condicional do processo (art. 89, Lei n. 9.099/95), pois a pena mínima não ultrapassa um ano.

Acerca da classificação, o crime de *desacato* é comum; formal; simples; doloso; de forma livre; comissivo (podendo também ser praticado via omissão imprópria); instantâneo, unissubjetivo; unissubsistente e plurissubsistente, conforme o caso concreto.

### 4.2. Sujeito Ativo

O sujeito ativo do crime de desacato é qualquer pessoa, pois se trata de crime comum.

Em relação ao funcionário público ser sujeito ativo do crime de Desacato, a doutrina entende que:

a. O funcionário público poderá ser sujeito ativo do crime de desacato quando o sujeito passivo for hierarquicamente superior a ele;

b. O funcionário público pode ser sujeito ativo em qualquer hipótese, pois ao praticar o crime ele se iguala ao particular, ou seja, perde a qualidade de funcionário público. Entende-se ser esta a posição majoritária da doutrina. E;

c. O funcionário público não pode ser sujeito ativo do crime de desacato, salvo se for despido dessa qualidade ou estiver fora do exercício de suas funções.

### 4.3. Sujeito Passivo

O sujeito passivo é o Estado, secundariamente o funcionário público.

### 4.4. Objeto Jurídico

A administração Pública é o objeto juridicamente tutelado pelo tipo penal.

### 4.5. Objeto Material

O objeto material é o funcionário público, quem no exercício de sua função ou em razão dela foi desacatado.

### 4.6. Elemento Subjetivo

O elemento subjetivo é o dolo, pois se exige o querer ofender e humilhar, desprestigiando, dessa forma, o funcionário público, ou seja, é a intenção ofensiva.

O crime de Desacato em razão de embriaguez, consoante entendimento majoritário da doutrina, a exemplo de Nélson Hungria, será excluído, pois para estar configurado o delito é necessário o agente agir com dolo especifico, ou seja, querer humilhar o funcionário público, o que não seria compatível com o estado de embriaguez.

Outra parte da doutrina entende que a embriaguez, por força do art. 28, II do CP não exclui o delito em tela e, por fim, há uma outra parte da doutrina que entende que o elemento subjetivo do crime será excluído se a embriaguez excluir o estado volitivo do agente, defendida por Damásio de Jesus.

### 4.7. Consumação e Tentativa

O crime de Desacato se consuma no momento em que os atos são praticados ou expressões proferidas que indiquem menoscabo por parte do agente em relação a Administração Pública, na figura do funcionário público.

Não será admitida a sua forma tentada em virtude de não se conseguir fracionar o *iter criminis*.

### 4.8. Ação Penal

A ação penal é de iniciativa pública incondicionada.

## 5. TRÁFICO DE INFLUÊNCIA E CORRUPÇÃO ATIVA

**TRÁFICO DE INFLUÊNCIA**

**Art. 332**-*Solicitar, exigir, cobrar ou obter, para si ou para outrem, vantagem ou promessa de vantagem, a pretexto de influir em ato praticado por funcionário público no exercício da função:*

**Pena** – *reclusão, de 2 (dois) a 5 (cinco) anos, e multa.*

**Parágrafo único** – *A pena é aumentada da metade, se o agente alega ou insinua que a vantagem é também destinada ao funcionário.*

## 5.1. Introdução

O crime de tráfico de influência era anteriormente conhecido como "exploração de prestígio", tendo a redação e rubrica alteradas pela Lei n. 9.127/95.

Assevere-se que todos os comportamentos do agente devem ser dirigidos no sentido de que o agente obtenha, para si ou para outrem, vantagem ou promessa de vantagem, que poderá ou não ter caráter econômico, podendo, por exemplo, tratar-se de uma prestação sexual.

Ademais, assinale-se que se trata de um tipo misto alternativo, em que a prática de mais de uma conduta prevista importará, em verdade, em infração penal única.

A pena prevista para o crime é de detenção de dois a cinco anos, e multa. Logo, podemos concluir que:

a) Não é possível a transação penal (art. 76, Lei n. 9.099/95), pois não se trata de infração penal de menor potencial ofensivo;

b) Não é possível a suspensão condicional do processo (art. 89, Lei n. 9.099/95), pois a pena mínima ultrapassa um ano.

Acerca da classificação, o crime de *tráfico de influência* é comum; formal; simples; doloso; de forma livre; comissivo; instantâneo; unissubjetivo; unissubsistente e plurissubsistente, conforme o caso concreto.

## 5.2. Sujeito Ativo

O sujeito ativo pode ser qualquer pessoa, inclusive um funcionário público.

## 5.3. Sujeito Passivo

O sujeito passivo é o Estado, bem como aquele que foi vítima de um dos comportamentos praticados pelo sujeito ativo.

## 5.4. Objeto Jurídico

O objeto juridicamente tutelado é a Administração Pública.

## 5.5. Objeto Material

O objeto material é a vantagem indevida.

## 5.6. Elemento Subjetivo

O elemento subjetivo é o dolo, não havendo previsão para a modalidade culposa.

## 5.7. Consumação e Tentativa

Consuma-se o crime quando o agente pratica qualquer dos comportamentos previstos pelo tipo penal, não sendo imprescindível que obtenha a vantagem, ou mesmo a promessa de cumprimento da aludida vantagem.

Embora de difícil constatação, admite-se a tentativa.

## 5.8. Ação Penal

A ação penal é de iniciativa pública incondicionada.

**CORRUPÇÃO ATIVA**
**Art. 333** – *Oferecer ou prometer vantagem indevida a funcionário público, para determiná-lo a praticar, omitir ou retardar ato de ofício:*
**Pena** – *reclusão, de 2 (dois) a 12 (doze) anos, e multa.*
**Parágrafo único** – *A pena é aumentada de um terço, se, em razão da vantagem ou promessa, o funcionário retarda ou omite ato de ofício, ou o pratica infringindo dever funcional.*

## 5.9. Introdução

O crime de corrupção ativa ocorre quando a promessa é feita diretamente ao funcionário público, mesmo que por intermédio de outrem, que no caso seria coautor; proposta/promessa essa que lhe é indevida, com o objetivo claro de impedir, fazê-lo praticar ou retardar ato de ofício. Logo, a promessa é feita antes de praticado o ato de ofício – atribuído as suas funções – por parte do funcionário perante a Administração Pública. Note que qualquer coisa pode ser oferecida ou prometida, desde que seja indevida.

A pena prevista para o crime é de reclusão de dois a doze anos, e multa. Logo, podemos concluir que:

a) Não é possível a transação penal (art. 76, Lei n. 9.099/95), pois não se trata de infração penal de menor potencial ofensivo;

b) Não é possível a suspensão condicional do processo (art. 89, Lei n. 9.099/95), pois a pena mínima ultrapassa um ano.

Acerca da classificação, o crime de *corrupção ativa* é comum; formal; simples; doloso; de forma livre; comissivo (podendo também ser praticado via omissão imprópria); instantâneo; unissubjetivo; unissubsistente e plurissubsistente, conforme o caso concreto.

## 5.10. Sujeito Ativo

O sujeito ativo do crime de Corrupção Ativa pode ser qualquer pessoa, à exceção do menor, conquanto inimputável, porém, se o funcionário aceita a oferta, incorrerá ele no tipo penal Corrupção Passiva.

## 5.11. Sujeito Passivo

O sujeito passivo é o Estado. O funcionário que aceita a promessa, se desloca do âmbito de sujeito passivo, para se tornar sujeito ativo do crime de Corrupção Passiva.

## 5.12. Objeto Jurídico

O objeto juridicamente tutelado é a Administração Pública. Justamente por estar sendo tutelado o bom e regular funcionamento da Administração, a jurisprudência tem entendido pela não aplicação do Princípio da Insignificância relativo ao crime de corrupção ativa, por não se entender possível mensurar economicamente o bem tutelado.

### 5.13. Objeto Material

O objeto material é a vantagem indevida.

### 5.14. Elemento Subjetivo

O elemento subjetivo é o dolo, pois o agente está consciente e ciente de que o que está oferecendo/prometendo se trata de vantagem indevida, que se trata de funcionário público e que o faz para compelir o funcionário a praticar, retardar ou omitir ato de ofício.

### 5.15. Consumação e Tentativa

Consuma-se o crime quando o agente pratica qualquer dos comportamentos previstos, ou seja, em se tratando de crime formal basta que o agente proceda ao oferecimento ou promessa da vantagem, não importando se o funcionário público aceitou e praticou quaisquer dos atos referidos no artigo.

Não é admitida a tentativa.

### 5.16. Ação Penal

A ação penal é de iniciativa pública incondicionada.

## 6. DESCAMINHO

**Art. 334.** *Iludir, no todo ou em parte, o pagamento de direito ou imposto devido pela entrada, pela saída ou pelo consumo de mercadoria.*

**Pena** – *reclusão, de 1 (um) a 4 (quatro) anos.*

**§ 1º** *Incorre na mesma pena quem:*

**I** – *pratica navegação de cabotagem, fora dos casos permitidos em lei;*

**II** – *pratica fato assimilado, em lei especial, a descaminho;*

**III** – *vende, expõe à venda, mantém em depósito ou, de qualquer forma, utiliza em proveito próprio ou alheio, no exercício de atividade comercial ou industrial, mercadoria de procedência estrangeira que introduziu clandestinamente no País ou importou fraudulentamente ou que sabe ser produto de introdução clandestina no território nacional ou de importação fraudulenta por parte de outrem;*

**IV** – *adquire, recebe ou oculta, em proveito próprio ou alheio, no exercício de atividade comercial ou industrial, mercadoria de procedência estrangeira, desacompanhada de documentação legal ou acompanhada de documentos que sabe serem falsos.*

**§ 2º** *Equipara-se às atividades comerciais, para os efeitos deste artigo, qualquer forma de comércio irregular ou clandestino de mercadorias estrangeiras, inclusive o exercido em residências.*

**§ 3º** *A pena aplica-se em dobro se o crime de descaminho é praticado em transporte aéreo, marítimo ou fluvial.*

### 6.1. Introdução

Até o advento da Lei n. 13.008/2014, o art. 334 trazia dois crimes distintos: contrabando e descaminho. Andou bem o legislador quando, em 2014, promoveu a alteração legislativa, reservando o art. 334 para tratar do crime de descaminho e criando o art. 334-A, para tratar do crime de contrabando.

O crime de contrabando consiste em importar ou exportar produtos ou mercadorias ilícitas, tratando-se, portanto, de crime próprio. O descaminho, por sua vez, consiste na importação ou exportação mercadorias lícitas sem o recolhimento do tributo respectivo.

Importa, portanto, em crime que atenta diretamente contra o erário público, enquanto no crime de contrabando não há interesse fiscal.

Esta é uma das razões pelas quais admite-se a incidência do princípio da insignificância para o crime de descaminho, mas não se pode falar a mesma coisa quando nos referimos ao crime de contrabando.

A pena prevista para o crime é de reclusão de um a quatro anos. Logo, podemos concluir que:

a) Não é possível a transação penal (art. 76, Lei n. 9.099/95), pois não se trata de infração penal de menor potencial ofensivo;

b) É possível a suspensão condicional do processo (art. 89, Lei n. 9.099/95), pois a pena mínima não ultrapassa um ano.

Acerca da classificação, o crime de *descaminho* é comum; formal; simples; doloso; de forma livre; comissivo; instantâneo; unissubjetivo; unissubsistente e plurissubsistente, conforme o caso concreto.

### 6.2. Sujeito Ativo

O sujeito ativo do crime é qualquer pessoa.

### 6.3. Sujeito Passivo

O sujeito passivo é o Estado.

### 6.4. Objeto Jurídico

O objeto juridicamente tutelado pelo tipo penal é a Administração Pública.

### 6.5. Objeto Material

No crime de descaminho o objeto material é o tributo gerado pela sua entrada ou saída no país.

### 6.6. Elemento Subjetivo

O elemento subjetivo exigido no tipo penal é o dolo. No crime de descaminho, o dolo está presente quando o agente muito embora saiba ser permitida a circulação de determinados bens no país, age conscientemente de forma a burlar a fiscalização tributária.

Não se admite a modalidade culposa.

### 6.7. Consumação e Tentativa

No crime de descaminho, a consumação ocorre quando da liberação do produto ou mercadoria dos postos de fiscalização; a manobra feita pelo agente surte efeito no sentido de "enganar" a fiscalização e, dessa forma, os tributos não são cobrados, pois a conduta típica deste crime é a de iludir.

A tentativa é admitida.

### 6.8. Ação Penal

A ação penal é de iniciativa pública e incondicionada.

## 7. CONTRABANDO

**Art. 334 -A** – *Importar ou exportar mercadoria proibida:*

**Pena** – *reclusão, de 2 (dois) a 5 ( cinco) anos.*

**§ 1o** *Incorre na mesma pena quem:*

**I** – *pratica fato assimilado, em lei especial, a contrabando;*

**II** – *importa ou exporta clandestinamente mercadoria que dependa de registro, análise ou autorização de órgão público competente;*

**III** – *reinsere no território nacional mercadoria brasileira destinada à exportação;*

**IV** – *vende, expõe à venda, mantém em depósito ou, de qualquer forma, utiliza em proveito próprio ou alheio, no exercício de atividade comercial ou industrial, mercadoria proibida pela lei brasileira;*

**V** – *adquire, recebe ou oculta, em proveito próprio ou alheio, no exercício de atividade comercial ou industrial, mercadoria proibida pela lei brasileira.*

**§ 2º** – *Equipara-se às atividades comerciais, para os efeitos deste artigo, qualquer forma de comércio irregular ou clandestino de mercadorias estrangeiras, inclusive o exercido em residências.*

**§ 3º** *A pena aplica-se em dobro se o crime de contrabando é praticado em transporte aéreo, marítimo ou fluvial.*

### 7.1. Introdução

Ao comentarmos o tipo penal anterior, tecemos algumas considerações em torno do crime de contrabando. É relevante reiterar que, neste crime, não tributo envolvido. E isto porque a conduta recai sobre mercadoria proibida. Ora, não se pode tributar a mercadoria proibida. Por esta razão, a conduta por si constitui crime.

Evidentemente, não teremos crime de contrabando se houver a previsão de crime específico. Deste modo, evidentemente, importar ou exportar drogas ou armas possuem tipificação própria. Mas podemos citar como exemplo de contrabando a importação ou exportação de mercadoria falsificada.

A pena prevista para o crime é de reclusão de dois a cinco anos.

a) Não é possível a transação penal (art. 76, Lei n. 9.099/95), pois não se trata de infração penal de menor potencial ofensivo;

b) Não é possível a suspensão condicional do processo (art. 89, Lei n. 9.099/95), pois a pena mínima ultrapassa um ano.

Acerca da classificação, o crime de *contrabando* é comum; formal; simples; doloso; de forma livre; comissivo; instantâneo; unissubjetivo; plurissubsistente.

### 7.2. Sujeito Ativo

O sujeito ativo do crime é qualquer pessoa.

### 7.3. Sujeito Passivo

O sujeito passivo é o Estado.

### 7.4. Objeto Jurídico

O objeto juridicamente tutelado pelo tipo penal é a Administração Pública.

### 7.5. Objeto Material

O objeto material no crime de contrabando é a mercadoria/produto ilícita, importada ou exportada.

### 7.6. Elemento Subjetivo

O elemento subjetivo exigido no tipo penal é o dolo, pois o agente em relação ao crime de contrabando tem a consciência da natureza ilícita da mercadoria ou produto e age de forma a importá-lo ou exportá-lo.

### 7.7. Consumação e Tentativa

Em relação ao crime de contrabando, há a consumação no momento da entrada ou saída da mercadoria ou produto no país.

A tentativa é admitida.

### 7.8. Ação Penal

A ação penal é de iniciativa pública e incondicionada.

## 8. IMPEDIMENTO, PERTURBAÇÃO OU FRAUDE DE CONCORRÊNCIA

**Art. 335** – *Impedir, perturbar ou fraudar concorrência pública ou venda em hasta pública, promovida pela administração federal, estadual ou municipal, ou por entidade paraestatal; afastar ou procurar afastar concorrente ou licitante, por meio de violência, grave ameaça, fraude ou oferecimento de vantagem:*

**Pena** – *detenção, de seis meses a dois anos, ou multa, além da pena correspondente à violência.*

**Parágrafo único** – *Incorre na mesma pena quem se abstém de concorrer ou licitar, em razão da vantagem oferecida.*

Com o advento da Lei n. 8.666/93 – Lei de Licitações, que regulamentou o art. 37, XXI da CF, o art. 335 do CP foi revogado, sendo que a adequação da conduta vai depender do momento em que foi praticado o ato.

## 9. INUTILIZAÇÃO DE EDITAL OU DE SINAL

**Art. 336** – *Rasgar ou, de qualquer forma, inutilizar ou conspurcar edital afixado por ordem de funcionário público; violar ou inutilizar selo ou sinal empregado, por determinação legal ou por ordem de funcionário público, para identificar ou cerrar qualquer objeto:*

**Pena** – *detenção, de um mês a um ano, ou multa.*

### 9.1. Introdução

O tipo penal previsto no art. 336 do CP transcreve num primeiro momento a inutilização do edital afixado por funcionário público. O edital pode ser de qualquer natureza, a exemplo de edital de concurso público. A conduta do agente é no sentido de conspurcar o edital e consequentemente demonstrar o seu desprezo em relação a Administração Pública, que se utiliza desse meio de publicidade.

Num segundo momento a violação/inutilização de sinal ou selo empregado por funcionário público consiste na conduta do agente que devassa sinal ou selo empregado por funcionário público competente para o ato; os selos e sinais aqui entendidos como os lacres, fitas de isolamento utilizados pela polícia etc.

A pena prevista para o crime é de detenção de seis meses a dois anos. Logo, podemos concluir que:

a) É possível a transação penal (art. 76, Lei n. 9.099/95), pois se trata de infração penal de menor potencial ofensivo;

b) É possível a suspensão condicional do processo (art. 89, Lei n. 9.099/95), pois a pena mínima não ultrapassa um ano.

Acerca da classificação, o crime de *inutilização de edital ou de sinal* é comum ; formal; simples; doloso; de forma livre; comissivo; instantâneo; material, de unissubjetivo; plurissubsistente.

### 9.2. Sujeito Ativo

O sujeito ativo pode ser qualquer pessoa.

### 9.3. Sujeito Passivo

O sujeito passivo é o Estado.

### 9.4. Objeto Jurídico

O objeto juridicamente tutelado é a Administração Pública.

### 9.5. Objeto Material

O objeto material é o edital ou o selo ou sinal inutilizado pelo agente público competente para cerrar ou identificar qualquer objeto.

### 9.6. Elemento Subjetivo

O elemento subjetivo exigido no tipo penal é o dolo, pois o agente sabendo ter sido o edital afixado por funcionário público, ou o sinal ou selo ter sido empregado por determinação legal ou por ordem de funcionário público, agir deliberadamente de forma a inutilizá-los.

### 9.7. Consumação e Tentativa

Consuma-se o crime em relação à inutilização de edital afixado por funcionário público no momento em que o agente rasga e inutiliza o edital. No caso do selo ou sinal empregado por determinação legal ou por ordem de funcionário público o crime se consuma no momento em que o agente viola o lacre, ou inutiliza o sinal usado para identificar ou cerrar qualquer objeto sem que seja necessário, para esta configuração, que o agente tenha o conhecimento do conteúdo ou do objeto que fora lacrado, sinalizado ou cerrado.

Por se tratar de crime plurissubsistente é admitida a tentativa.

### 9.8. Ação Penal

A ação penal é de iniciativa pública incondicionada.

## 10. SUBTRAÇÃO OU INUTILIZAÇÃO DE LIVRO OU DOCUMENTO

**Art. 337** – *Subtrair, ou inutilizar, total ou parcialmente, livro oficial, processo ou documento confiado à custódia de funcionário, em razão de ofício, ou de particular em serviço público:*
**Pena** – *reclusão, de dois a cinco anos, se o fato não constitui crime mais grave.*

### 10.1. Introdução

O art. 337 do CP traz em seu bojo a referência a livro, documento ou processo. O livro oficial é aquele que possui destinação certa, uma finalidade, como os usados para registros; o documento é todo o escrito que tenha natureza pública ou te mesmo privada; e o processo é um conjunto de atos de qualquer natureza.

Logo, a conduta do agente é pela subtração ou inutilização de livro oficial, processo ou documento confiado à custódia de funcionário, em razão de ofício – em razão do cargo ocupado – ou de particular em serviço público – particular que se encontrava no exercício do serviço público.

A pena prevista para o crime é de reclusão de dois a cinco anos, se o fato não constituir crime mais grave. Logo, podemos concluir que:

a) Não é possível a transação penal (art. 76, Lei n. 9.099/95), pois não se trata de infração penal de menor potencial ofensivo;

b) Não é possível a suspensão condicional do processo (art. 89, Lei n. 9.099/95), pois a pena mínima ultrapassa um ano.

Acerca da classificação, o crime de *subtração ou inutilização de livro ou documento* é comum; formal; simples; doloso; de forma livre; comissivo; instantâneo; unissubjetivo; plurissubsistente.

### 10.2. Sujeito Ativo

O sujeito ativo pode ser qualquer pessoa.

### 10.3. Sujeito Passivo

O sujeito passivo é o Estado, ou terceiro prejudicado, seja pessoa física ou jurídica, pela conduta delitiva do agente.

### 10.4. Objeto Jurídico

O objeto juridicamente tutelado é a Administração Pública.

### 10.5. Objeto Material

O objeto material é o livro oficial, o processo ou documento confiado à custódia de funcionário, em razão de ofício, ou de particular em serviço público.

### 10.6. Elemento Subjetivo

O elemento subjetivo exigido pelo tipo penal é o dolo, pois o agente age com a intenção de tornar inútil, o documento, o livro oficial ou o processo que estava sob a custódia do funcionário em razão do cargo por ele ocupado ou pelo particular em serviço público; ou pela subtração, pela vontade em tirar da esfera de posse e disponibilidade do funcionário esses mesmos objetos.

### 10.7. Consumação e Tentativa

Consuma-se o crime quando o agente retira esses objetos da esfera de disponibilidade do funcionário, se imitindo na posse de forma tranquila – pois a subtração aqui se equipara a do crime de furto – ou quando os inutiliza, mesmo que parcialmente.

A tentativa é admitida.

### 10.8. Ação Penal

A ação penal é de iniciativa pública incondicionada.

## 11. SONEGAÇÃO DE CONTRIBUIÇÃO PREVIDENCIÁRIA

**Art. 337 - A** – *Suprimir ou reduzir contribuição social previdenciária e qualquer acessório, mediante as seguintes condutas:*

**I** – *omitir de folha de pagamento da empresa ou de documento de informações previsto pela legislação previdenciária segurados empregados, empresário, trabalhador avulso ou trabalhador autônomo ou a este equiparado que lhe prestem serviços;*

**II** – *deixar de lançar mensalmente nos títulos próprios da contabilidade da empresa as quantias descontadas dos segurados ou as devidas pelo empregador ou pelo tomador de serviços;*

**III** – *omitir, total ou parcialmente, receitas ou lucros auferidos, remunerações pagas ou creditadas e demais fatos geradores de contribuições sociais previdenciárias:*

**Pena** – *reclusão, de 2 (dois) a 5 (cinco) anos, e multa.*

**§ 1º** *É extinta a punibilidade se o agente, espontaneamente, declara e confessa as contribuições, importâncias ou valores e presta as informações devidas à previdência social, na forma definida em lei ou regulamento, antes do início da ação fiscal.*

**§ 2º** *É facultado ao juiz deixar de aplicar a pena ou aplicar somente a de multa se o agente for primário e de bons antecedentes, desde que:*

**I** – *(Vetado)*

**II** – *o valor das contribuições devidas, inclusive acessórios, seja igual ou inferior àquele estabelecido pela previdência social, administrativamente, como sendo o mínimo para o ajuizamento de suas execuções fiscais.*

**§ 3º** *Se o empregador não é pessoa jurídica e sua folha de pagamento mensal não ultrapassa R$ 1.510,00 (um mil, quinhentos e dez reais), o juiz poderá reduzir a pena de um terço até a metade ou aplicar apenas a de multa.*

**§ 4º** *O valor a que se refere o parágrafo anterior será reajustado nas mesmas datas e nos mesmos índices do reajuste dos benefícios da previdência social.*

### 11.1. Introdução

A Lei n.9.983/2000 introduziu o artigo 337 -A ao CP revogando o que dispunha o art. 95 da Lei n. 8.212/91. O artigo do CP em comento revela que o agente que omite de folha de pagamento, deixa de lançar mensalmente nos títulos próprios ou omite total ou parcialmente os lucros auferidos, incorre na prática delituosa do 337-A, que tem por finalidade deixar de pagar contribuição social previdenciária ou reduzir o pagamento para valor inferior ao devido, ou de seus acessórios por meio de uma das condutas descritas no tipo.

A Lei n. 10.684/2003, a qual instituiu o PAES, prevê em seu art. 9º a suspensão da prescrição com o parcelamento do débito ao qual se refere o art. 337-A; logo, feito o parcelamento do débito tributário fica a prescrição suspensa e tão logo seja quitada a última parcela, a punibilidade será extinta ou se feito o pagamento em sua forma integral, de imediato se extingue a punibilidade.

Infere-se, porém, que este pagamento seja feito a qualquer tempo, pois não há qualquer referência a lapso temporal; é também o entendimento acolhido pela jurisprudência do STF.

Dessa forma, de acordo com o art. 9º da Lei 10.684/2003, se o agente realizar o pagamento integral do débito, ainda que se tenha iniciado a ação fiscal e esteja em grau recursal, terá extinta a punibilidade. Em contrapartida, o § 1º do art. 337 – A do CP não exige que o pagamento seja feito, exige somente que o agente declare e confesse o seu débito.

A pena prevista para o crime é de reclusão de dois a cinco anos, e multa. Logo, podemos concluir que:

a) Não é possível a transação penal (art. 76, Lei n. 9.099/95), pois não se trata de infração penal de menor potencial ofensivo;

b) Não é possível a suspensão condicional do processo (art. 89, Lei n. 9.099/95), pois a pena mínima ultrapassa um ano.

Acerca da classificação, o crime de *sonegação de contribuição previdenciária* é comum; formal; simples; doloso; de forma livre; comissivo ; unissubjetivo; plurissubsistente.

### 11.2. Sujeito Ativo

O sujeito ativo é a pessoa, o particular que ocupa cargo administrativo ou técnico-contábil-financeiro responsável pelo lançamento das informações necessárias relacionadas com a Previdência Social.

### 11.3. Sujeito Passivo

O sujeito passivo é o Estado, representado aqui pela Previdência Social.

### 11.4. Objeto Jurídico

O objeto juridicamente tutelado pelo tipo penal é a Previdência Social e o seu patrimônio.

### 11.5. Objeto Material

Não há objeto material.

### 11.6. Elemento Subjetivo

O elemento subjetivo exigido pelo tipo penal é o dolo, encontrado na conduta do agente que diante da vontade de suprimir ou reduzir contribuição previdenciária, ou seus acessórios, devida pratica uma das condutas descritas em um dos três incisos do artigo.

### 11.7. Consumação e Tentativa

Consume-se o crime previsto neste artigo quando o agente praticando uma das condutas descritas no tipo suprime ou reduz contribuição previdenciária, ou de seus acessórios, devida. Logo, a consumação se dá quando da entrega dos relatórios ou guia de informações ao órgão previdenciário feitas as omissões de dados relevantes.

A tentativa é admitida.

### 11.8. Ação Penal

A ação penal é de iniciativa pública incondicionada.

## 12. TÓPICO-SÍNTESE

| TÓPICO-SÍNTESE: DOS CRIMES PRATICADOS POR PARTICULAR CONTRA A ADMINISTRAÇÃO EM GERAL | |
|---|---|
| **USURPAÇÃO DA FUNÇÃO PÚBLICA** | |
| **Usurpação Da Função Pública (art. 328)** | Usurpar o exercício de função pública. |
| **Pena** | A pena prevista para o crime é de detenção de três meses a dois anos, e multa. |
| **Qualificadora (parágrafo único)** | Se do fato o agente aufere vantagem. |
| **Classificação** | Comum; formal; simples; doloso; de forma livre; comissivo; instantâneo, unissubjetivo; plurissubsistente. |
| **Sujeito Ativo** | Qualquer pessoa. |
| **Sujeito Passivo** | Estado ou terceiro prejudicado. |
| **Objeto Jurídico** | Administração Pública. |
| **Objeto Material** | Função pública que foi usurpada pelo agente. |
| **Elemento Subjetivo** | Dolo. |
| **Consumação** | Consuma-se quando o agente pratica, efetivamente, ato de ofício. |
| **Tentativa** | É admitida. |
| **Ação Penal** | Pública incondicionada. |
| **RESISTÊNCIA** | |
| **Resistência (art. 329)** | Opor-se à execução de ato legal, mediante violência ou ameaça a funcionário competente para executá-lo ou a quem lhe esteja prestando auxílio. |
| **Pena** | A pena prevista para o crime é de detenção de dois meses a dois anos |
| **Qualificadora (§ 1º)** | Se o ato, em razão da resistência, não se executa. |
| **Classificação** | Comum; formal;. simples; doloso; de forma livre; comissivo; instantâneo, unissubjetivo; plurissubsistente. |
| **Sujeito Ativo** | Qualquer pessoa. |
| **Sujeito Passivo** | Estado. |
| **Objeto Jurídico** | Administração Pública. |

| TÓPICO-SÍNTESE: DOS CRIMES PRATICADOS POR PARTICULAR CONTRA A ADMINISTRAÇÃO EM GERAL | |
|---|---|
| **Objeto Material** | Pessoa contra o qual o ato foi praticado. |
| **Elemento Subjetivo** | Dolo. |
| **Consumação** | Consuma-se quando o agente se opõe a execução da medida legal, não precisando que o ato seja efetivamente obstado. |
| **Tentativa** | É admitida. |
| **Ação Penal** | Pública incondicionada. |
| **DESOBEDIÊNCIA** | |
| **Desobediência (art. 330)** | Desobedecer a ordem legal de funcionário público. |
| **Penas** | A pena prevista para o crime é de detenção de quinze dias a seis meses, e multa. |
| **Classificação** | Comum; simples; formal; doloso; de forma livre; comissivo ou omissivo próprio (haja vista que o verbo "desobedecer"); instantâneo, unissubjetivo; unissubsistente e plurissubsistente, conforme o caso concreto. |
| **Sujeito Ativo** | Qualquer pessoa. |
| **Sujeito Passivo** | Estado e subsidiariamente a pessoa do funcionário/autoridade pública. |
| **Objeto Jurídico** | Administração Pública. |
| **Objeto Material** | Parte da doutrina entende não haver objeto material e parte entende ser a própria ordem emanada da autoridade pública. |
| **Elemento Subjetivo** | Dolo. |
| **Consumação** | Consuma-se em sua forma comissiva quando a ordem legal impuser uma obrigação de não-fazer e o agente, descumprindo-a, faz o que era vedado.<br>Consuma-se em sua forma omissiva quando a ordem legal contiver uma obrigação de fazer e o agente, não faz. |
| **Tentativa** | É admitida. |
| **Ação Penal** | Pública incondicionada. |
| **DESACATO** | |
| **Desacato (art. 331)** | Desacatar funcionário público no exercício da função ou em razão dela. |
| **Penas** | A pena prevista para o crime é de detenção de seis meses a dois anos, ou multa. |
| **Classificação** | Comum; formal; simples; doloso; de forma livre; comissivo (podendo também ser praticado via omissão imprópria); instantâneo, unissubjetivo; unissubsistente e plurissubsistente, conforme o caso concreto. |
| **Sujeito Ativo** | Qualquer pessoa. |
| **Sujeito Passivo** | Estado e secundariamente, o funcionário público. |
| **Objeto Jurídico** | Administração Pública. |

| TÓPICO-SÍNTESE: DOS CRIMES PRATICADOS POR PARTICULAR CONTRA A ADMINISTRAÇÃO EM GERAL | |
|---|---|
| **Objeto Material** | Funcionário público, quem no exercício de sua função ou em razão dela foi desacatado. |
| **Elemento Subjetivo** | Dolo. |
| **Consumação** | Consuma-se no momento em que os atos são praticados ou expressões proferidas que indiquem menoscabo por parte do agente em relação a Administração Pública, na figura do funcionário público. |
| **Tentativa** | Não é admitida. |
| **Ação Penal** | Pública incondicionada. |
| **TRÁFICO DE INFLUÊNCIA** | |
| **Tráfico de Influência (art. 332)** | Solicitar, exigir, cobrar ou obter, para si ou para outrem, vantagem ou promessa de vantagem, a pretexto de influir em ato praticado por funcionário público no exercício da função. |
| **Penas** | A pena prevista para o crime é de detenção de dois a cinco anos, e multa. |
| **Classificação** | Comum; formal; simples; doloso; de forma livre; comissivo; instantâneo; unissubjetivo; unissubsistente e plurissubsistente, conforme o caso concreto. |
| **Sujeito Ativo** | Qualquer pessoa. |
| **Sujeito Passivo** | É o Estado, bem como aquele que, secundariamente, foi vítima de um dos comportamentos praticados pelo sujeito ativo. |
| **Objeto Jurídico** | Administração Pública. |
| **Objeto Material** | A vantagem perseguida pelo agente. |
| **Elemento Subjetivo** | Dolo. |
| **Consumação** | Consuma-se o crime quando o agente pratica qualquer dos comportamentos previstos pelo tipo penal, não sendo imprescindível que obtenha a vantagem, ou mesmo a promessa de cumprimento da aludida vantagem. |
| **Tentativa** | Admitida. |
| **Ação Penal** | Pública incondicionada. |
| **CORRUPÇÃO ATIVA** | |
| **Corrupção Ativa (art. 333)** | Oferecer ou prometer vantagem indevida a funcionário público, para determiná-lo a praticar, omitir ou retardar ato de ofício. |
| **Penas** | A pena prevista para o crime é de reclusão de dois a doze anos, e multa. |
| **Aumento de pena de 1/3 (parágrafo único)** | Se, em razão da vantagem ou promessa, o funcionário retarda ou omite ato de ofício, ou o pratica infringindo dever funcional. |
| **Classificação** | Comum; formal; simples; doloso; de forma livre; comissivo (podendo também ser praticado via omissão imprópria); instantâneo; unissubjetivo; unissubsistente e plurissubsistente, conforme o caso concreto. |
| **Sujeito Ativo** | Qualquer pessoa. |
| **Sujeito Passivo** | Estado. |

| TÓPICO-SÍNTESE: DOS CRIMES PRATICADOS POR PARTICULAR CONTRA A ADMINISTRAÇÃO EM GERAL | |
|---|---|
| **Objeto Jurídico** | Administração Pública. |
| **Objeto Material** | Vantagem indevida. |
| **Elemento Subjetivo** | Dolo. |
| **Consumação** | Consuma-se quando o agente pratica qualquer dos comportamentos previstos. |
| **Tentativa** | Não é admitida. |
| **Ação Penal** | Pública incondicionada. |
| **DESCAMINHO** | |
| **Descaminho (art. 334)** | Iludir, no todo ou em parte, o pagamento de direito ou imposto devido pela entrada, pela saída ou pelo consumo de mercadoria. |
| **Penas** | A pena prevista para o crime é de reclusão de um a quatro anos. |
| **Figuras Equiparadas (§ 1º)** | I - pratica fato assimilado, em lei especial, a contrabando;<br>II - importa ou exporta clandestinamente mercadoria que dependa de registro, análise ou autorização de órgão público competente;<br>III - reinsere no território nacional mercadoria brasileira destinada à exportação;<br>IV - vende, expõe à venda, mantém em depósito ou, de qualquer forma, utiliza em proveito próprio ou alheio, no exercício de atividade comercial ou industrial, mercadoria proibida pela lei brasileira;<br>V - adquire, recebe ou oculta, em proveito próprio ou alheio, no exercício de atividade comercial ou industrial, mercadoria proibida pela lei brasileira. |
| **Figura Equiparada (§ 2º)** | Equipara-se às atividades comerciais, para os efeitos deste artigo, qualquer forma de comércio irregular ou clandestino de mercadorias estrangeiras, inclusive o exercido em residências. |
| **Aplica-se a pena em dobro (§ 3º)** | Se o crime de descaminho é praticado em transporte aéreo, marítimo ou fluvial. |
| **Classificação** | Comum; formal; simples; doloso; de forma livre; comissivo; instantâneo; unissubjetivo; unissubsistente e plurissubsistente, conforme o caso concreto. |
| **Sujeito Ativo** | Qualquer pessoa. |
| **Sujeito Passivo** | Estado. |
| **Objeto Jurídico** | Administração Pública. |
| **Objeto Material** | Tributo gerado pela sua entrada ou saída no país. |
| **Elemento Subjetivo** | Dolo. |
| **Consumação** | Consuma-se quando da liberação do produto ou mercadoria dos postos de fiscalização. |
| **Tentativa** | É admitida. |
| **Ação Penal** | Pública incondicionada. |

| TÓPICO-SÍNTESE: DOS CRIMES PRATICADOS POR PARTICULAR CONTRA A ADMINISTRAÇÃO EM GERAL | |
|---|---|
| **CONTRABANDO** | |
| **Contrabando (art. 334-A)** | Importar ou exportar mercadoria proibida. |
| **Penas** | A pena prevista para o crime é de reclusão de dois a cinco anos. |
| **Figuras Equiparadas (§ 1º)** | I – pratica fato assimilado, em lei especial, a contrabando;<br>II – importa ou exporta clandestinamente mercadoria que dependa; de registro, análise ou autorização de órgão público competente;<br>III – reinsere no território nacional mercadoria brasileira destinada à exportação;<br>IV – vende, expõe à venda, mantém em depósito ou, de qualquer forma, utiliza em proveito próprio ou alheio, no exercício de atividade comercial ou industrial, mercadoria proibida pela lei brasileira;<br>V – adquire, recebe ou oculta, em proveito próprio ou alheio, no exercício de atividade comercial ou industrial, mercadoria proibida pela lei brasileira. |
| **Figura Equiparada (§ 2º)** | Equipara-se às atividades comerciais, para os efeitos deste artigo, qualquer forma de comércio irregular ou clandestino de mercadorias estrangeiras, inclusive o exercido em residências. |
| **Aplica-se a pena em dobro (§ 3º)** | Se o crime de descaminho é praticado em transporte aéreo, marítimo ou fluvial. |
| **Classificação** | Comum; formal; simples; doloso; de forma livre; comissivo; instantâneo; unissubjetivo; plurissubsistente. |
| **Sujeito Ativo** | Qualquer pessoa. |
| **Sujeito Passivo** | Estado. |
| **Objeto Jurídico** | Administração Pública. |
| **Objeto Material** | Mercadoria/produto ilícita, importada ou exportada. |
| **Elemento Subjetivo** | Dolo. |
| **Consumação** | Consuma-se no momento da entrada ou saída da mercadoria ou produto no país. |
| **Tentativa** | É admitida. |
| **Ação Penal** | Pública incondicionada. |
| **INUTILIZAÇÃO DE EDITAL OU DE SINAL** | |
| **Inutilização de Edital ou de Sinal (art. 336)** | Rasgar ou, de qualquer forma, inutilizar ou conspurcar edital afixado por ordem de funcionário público; violar ou inutilizar selo ou sinal empregado, por determinação legal ou por ordem de funcionário público, para identificar ou cerrar qualquer objeto. |
| **Penas** | A pena prevista para o crime é de detenção de seis meses a dois anos. |
| **Classificação** | Comum ; formal; simples; doloso; de forma livre; comissivo; instantâneo; material, de unissubjetivo; plurissubsistente. |
| **Sujeito Ativo** | Qualquer pessoa. |
| **Sujeito Passivo** | Estado. |

| TÓPICO-SÍNTESE: DOS CRIMES PRATICADOS POR PARTICULAR CONTRA A ADMINISTRAÇÃO EM GERAL | |
|---|---|
| **Objeto Jurídico** | Administração Pública. |
| **Objeto Material** | Edital ou o selo ou sinal inutilizado pelo agente público competente para cerrar ou identificar qualquer objeto. |
| **Elemento Subjetivo** | Dolo. |
| **Consumação** | Consuma-se no momento em que o agente rasga e inutiliza o edital; ou no momento em que o agente viola o lacre, ou inutiliza o sinal usado para identificar ou cerrar qualquer objeto sem que seja necessário. |
| **Tentativa** | É admitida. |
| **Ação Penal** | Pública incondicionada. |
| **SUBTRAÇÃO OU INUTILIZAÇÃO DE LIVRO OU DOCUMENTO** | |
| **Subtração ou Inutilização de Livro ou Documento (art. 337)** | Subtrair, ou inutilizar, total ou parcialmente, livro oficial, processo ou documento confiado à custódia de funcionário, em razão de ofício, ou de particular em serviço público. |
| **Penas** | A pena prevista para o crime é de reclusão de dois a cinco anos, se o fato não constituir crime mais grave. |
| **Classificação** | Comum; formal; simples; doloso; de forma livre; comissivo; instantâneo; unissubjetivo; plurissubsistente. |
| **Sujeito Ativo** | Qualquer pessoa. |
| **Sujeito Passivo** | Estado ou terceiro prejudicado. |
| **Objeto Jurídico** | Administração Pública. |
| **Objeto Material** | Livro oficial, o processo ou documento confiado à custódia de funcionário, em razão de ofício, ou de particular em serviço público. |
| **Elemento Subjetivo** | Dolo. |
| **Consumação** | Consuma-se quando o agente retira esses objetos da esfera de disponibilidade do funcionário, se imitindo na posse de forma tranquila ou quando os inutiliza, mesmo que parcialmente. |
| **Tentativa** | É admitida. |
| **Ação Penal** | Pública incondicionada. |
| **SONEGAÇÃO DE CONTRIBUIÇÃO PREVIDENCIÁRIA** | |

| TÓPICO-SÍNTESE: DOS CRIMES PRATICADOS POR PARTICULAR CONTRA A ADMINISTRAÇÃO EM GERAL | |
|---|---|
| **Sonegação de Contribuição Previdenciária (art. 337-A)** | Suprimir ou reduzir contribuição social previdenciária e qualquer acessório, mediante as seguintes condutas:<br>I – omitir de folha de pagamento da empresa ou de documento de informações previsto pela legislação previdenciária segurados empregados, empresário, trabalhador avulso ou trabalhador autônomo ou a este equiparado que lhe prestem serviços;<br>II – deixar de lançar mensalmente nos títulos próprios da contabilidade da empresa as quantias descontadas dos segurados ou as devidas pelo empregador ou pelo tomador de serviços;<br>III – omitir, total ou parcialmente, receitas ou lucros auferidos, remunerações pagas ou creditadas e demais fatos geradores de contribuições sociais previdenciárias. |
| **Penas** | A pena prevista para o crime é de reclusão de dois a cinco anos, e multa. |
| **Extinção de punibilidade (§ 1º)** | Se o agente, espontaneamente, declara e confessa as contribuições, importâncias ou valores e presta as informações devidas à previdência social, na forma definida em lei ou regulamento, antes do início da ação fiscal. |
| **(§ 2º)** | É facultado ao juiz deixar de aplicar a pena ou aplicar somente a de multa se o agente for primário e de bons antecedentes, desde que: o valor das contribuições devidas, inclusive acessórios, seja igual ou inferior àquele estabelecido pela previdência social, administrativamente, como sendo o mínimo para o ajuizamento de suas execuções fiscais. |
| **Redução de Pena (§ 3º)** | Se o empregador não é pessoa jurídica e sua folha de pagamento mensal não ultrapassa R$ 1.510,00 (um mil, quinhentos e dez reais), o juiz poderá reduzir a pena de um terço até a metade ou aplicar apenas a de multa. |
| **Classificação** | Comum; formal; simples; doloso; de forma livre; comissivo; unissubjetivo; plurissubsistente. |
| **Sujeito Ativo** | Particular que ocupa cargo administrativo ou técnico-contábil-financeiro responsável pelo lançamento das informações necessárias relacionadas com a Previdência Social. |
| **Sujeito Passivo** | Estado. |
| **Objeto Jurídico** | Previdência Social e seu patrimônio. |
| **Objeto Material** | Não há. |
| **Elemento Subjetivo** | Dolo. |
| **Consumação** | Consuma-se quando o agente praticando uma das condutas descritas no tipo suprime ou reduz contribuição previdenciária, ou de seus acessórios, devida. |
| **Tentativa** | É admitida. |
| **Ação Penal** | Pública incondicionada. |

Capítulo

# 2-A

# DOS CRIMES PRATICADOS POR PARTICULAR CONTRA A ADMINISTRAÇÃO PÚBLICA ESTRANGEIRA

***Leia a Lei:***

- *art. 337-B a 337-D do CP.*

## 1. NOÇÕES GERAIS

Considera-se funcionário público estrangeiro, para efeitos penais, quem, ainda que transitoriamente ou sem remuneração, exerce cargo, emprego ou função pública em entidades estatais ou em representações diplomáticas de país estrangeiro.

Depreende-se do conceito encontrado no art. 337-D que o dispositivo não alcança os profissionais de empresas privadas estrangeiras, ainda que em exercício de representação de Estado estrangeiro. De igual modo, não equipara a pessoa física vinculada a empresa privada internacional, ainda que realize atividades típicas de entidades internacionais.

## 2. CORRUPÇÃO ATIVA EM TRANSAÇÃO COMERCIAL INTERNACIONAL

**Art. 337-B** – *Prometer, oferecer ou dar, direta ou indiretamente, vantagem indevida a funcionário público estrangeiro, ou a terceira pessoa, para determiná-lo a praticar, omitir ou retardar ato de ofício relacionado à transação comercial internacional:*

**Pena** – *reclusão, de 1 (um) a 8 (oito) anos, e multa.*

**Parágrafo único.** *A pena é aumentada de 1/3 (um terço), se, em razão da vantagem ou promessa, o funcionário público estrangeiro retarda ou omite o ato de ofício, ou o pratica infringindo dever funcional.*

### 2.1. Introdução

O tipo penal previsto no artigo em estudo foi inserido pela Lei 10.467/2002 e de forma semelhante ao crime previsto no art. 333 do CP, o agente promete ou oferece vantagem indevida a funcionário público estrangeiro, adicionado o núcleo *dar.* Outra diferença, é que além do funcionário público, pode figurar no polo passivo terceira pessoa; isto ocorre por força da Convenção sobre combate a corrupção de funcionários públicos estrangeiros em transações comerciais internacionais.

Logo, o tipo penal prevê a conduta do agente como forma de convencer, determinar funcionário público estrangeiro a praticar, retardar ou omitir ato de ofício relacionado à transação comercial internacional, ou terceiro, que muito embora não esteja vinculado à Administração, pode nela influir.

A pena prevista para o crime é de reclusão de um a oito anos, e multa. Logo, podemos concluir que:

a) Não é possível a transação penal (art. 76, Lei n. 9.099/95), pois não se trata de infração penal de menor potencial ofensivo;

b) É possível a suspensão condicional do processo (art. 89, Lei n. 9.099/95), pois a pena mínima não ultrapassa um ano.

Acerca da classificação, o crime de *corrupção ativa em transação comercial internacional* é comum; formal; simples; doloso; de forma livre; comissivo; instantâneo; unissubjetivo; unissubsistente ou plurissubsistente, conforme o caso concreto.

### 2.2. Sujeito Ativo

O sujeito ativo pode ser qualquer pessoa.

### 2.3. Sujeito Passivo

O sujeito passivo é o Estado, bem como terceiro prejudicado, seja pessoa física ou jurídica.

### 2.4. Objeto Jurídico

O objeto juridicamente tutelado é a Administração Pública estrangeira.

### 2.5. Objeto Material

O objeto material é a vantagem indevida.

### 2.6. Elemento Subjetivo

O elemento subjetivo exigido no tipo penal é o dolo, pois importa na vontade do agente em querer de algum modo prejudicar a Administração, relacionado à transação comercial internacional.

### 2.7. Consumação e Tentativa

A consumação é reconhecida quando o agente oferece, promete ou dá vantagem indevida (direta ou indiretamente; neste caso por interposta pessoa) ao funcionário público estrangeiro ou terceira pessoa, com o objetivo de estimulá-lo a praticar determinado ato de ofício que importe num fim prejudicial à Administração Pública, não havendo necessidade, portanto, que o funcionário efetivamente pratique o ato de ofício desejado pelo agente. Restará configurado ainda que o funcionário recuse a oferta.

A tentativa é admitida.

### 2.8. Ação Penal

A ação penal é de iniciativa pública incondicionada.

## 3. TRÁFICO DE INFLUÊNCIA EM TRANSAÇÃO COMERCIAL INTERNACIONAL

**Art. 337-C** – *Solicitar, exigir, cobrar ou obter, para si ou para outrem, direta ou indiretamente, vantagem ou promessa de vantagem a pretexto de influir em ato praticado por funcionário público estrangeiro no exercício de suas funções, relacionado a transação comercial internacional:*

**Pena** – *reclusão, de 2 (dois) a 5 (cinco) anos, e multa.*

**Parágrafo único**. *A pena é aumentada da metade, se o agente alega ou insinua que a vantagem é também destinada a funcionário estrangeiro.*

### 3.1. Introdução

O delito em comento enumera os núcleos solicitar, exigir, cobrar ou obter, que são comportamentos destinados à obtenção de vantagem ou promessa de vantagem para si ou para outrem. Uma vez mais, não há a necessidade de que o agente tenha recebido a vantagem por ele solicitada, exigida ou cobrada. Possui a finalidade de tão somente influenciar o funcionário em razão de suas funções relacionada a transação comercial internacional.

A pena prevista para o crime é de reclusão, de dois a cinco anos, e multa. Logo, podemos concluir que:

a) Não é possível a transação penal (art. 76, Lei n. 9.099/95), pois não se trata de infração penal de menor potencial ofensivo;

b) Não é possível a suspensão condicional do processo (art. 89, Lei n. 9.099/95), pois a pena mínima ultrapassa um ano.

Acerca da classificação, o crime de *tráfico de influência em transação comercial internacional* é comum; formal; simples; doloso; de forma livre; comissivo; instantâneo, unissubjetivo; unissubsistente ou plurissubsistente, conforme o caso concreto.

### 3.2. Sujeito Ativo

O sujeito ativo pode ser qualquer pessoa.

### 3.3. Sujeito Passivo

O sujeito passivo é o Estado ou terceiro prejudicado, seja pessoa física ou jurídica.

### 3.4. Objeto Jurídico

O objeto juridicamente tutelado é a Administração Pública estrangeira.

### 3.5. Objeto Material

O objeto material é a vantagem pretendida pelo agente.

### 3.6. Elemento Subjetivo

O elemento subjetivo exigido pelo tipo penal é o dolo, pois o agente demonstra livre e conscientemente a vontade de querer obter para si ou para outrem vantagem ou promessa de vantagem relacionada a transações comerciais internacionais, mediante adoção de quaisquer das condutas descritas no tipo.

### 3.7. Consumação e Tentativa

No tocante a consumação, parte da doutrina entende ser constatada quando o agente solicita, cobra ou exige, pois se trata de crime formal. Esta é a posição adotada por Greco.

Em contrapartida, há quem defenda, a exemplo de Edgard Noronha, que a consumação ocorre quando o agente obtém a vantagem indevida ou ela lhe é prometida.

Dependendo da posição adotada, a tentativa é possível.

### 3.8. Ação Penal

A ação penal é de iniciativa pública incondicionada.

> **Art. 337-D** – *Considera-se funcionário público estrangeiro, para os efeitos penais, quem, ainda que transitoriamente ou sem remuneração, exerce cargo, emprego ou função pública em entidades estatais ou em representações diplomáticas de país estrangeiro.*
>
> **Parágrafo único**. *Equipara-se a funcionário público estrangeiro quem exerce cargo, emprego ou função em empresas controladas, diretamente ou indiretamente, pelo Poder Público de país estrangeiro ou em organizações públicas internacionais.*

## 4. TÓPICO-SÍNTESE

| TÓPICO-SÍNTESE: DOS CRIMES PRATICADOS POR PARTICULAR CONTRA A ADMINISTRAÇÃO PÚBLICA ESTRANGEIRA | |
|---|---|
| **CORRUPÇÃO ATIVA EM TRANSAÇÃO COMERCIAL INTERNACIONAL** | |
| **Corrupção Ativa em Transação Comercial Internacional (art. 337-B)** | Prometer, oferecer ou dar, direta ou indiretamente, vantagem indevida a funcionário público estrangeiro, ou a terceira pessoa, para determiná-lo a praticar, omitir ou retardar ato de ofício relacionado à transação comercial internacional. |
| **Penas** | A pena prevista para o crime é de reclusão de um a oito anos, e multa. |
| **Aumento de Pena (parágrafo único)** | **De 1/3:** Se, em razão da vantagem ou promessa, o funcionário público estrangeiro retarda ou omite o ato de ofício, ou o pratica infringindo dever funcional. |
| **Classificação** | Comum; formal; simples; doloso; de forma livre; comissivo; instantâneo; unissubjetivo; unissubsistente ou plurissubsistente, conforme o caso concreto. |
| **Sujeito Ativo** | Qualquer pessoa. |
| **Sujeito Passivo** | Estado ou terceiro prejudicado. |
| **Objeto Jurídico** | Administração Pública estrangeira. |
| **Objeto Material** | Vantagem indevida. |
| **Elemento Subjetivo** | Dolo. |

| TÓPICO-SÍNTESE: DOS CRIMES PRATICADOS POR PARTICULAR CONTRA A ADMINISTRAÇÃO PÚBLICA ESTRANGEIRA | |
|---|---|
| **Consumação** | Consuma-se quando o agente oferece, promete ou dá vantagem indevida (direta ou indiretamente; neste caso por interposta pessoa) ao funcionário público estrangeiro ou terceira pessoa, com o objetivo de estimulá-lo a praticar determinado ato de ofício que importe num fim prejudicial à Administração Pública. |
| **Tentativa** | É admitida. |
| **Ação Penal** | Pública incondicionada. |
| **TRÁFICO DE INFLUÊNCIA EM TRANSAÇÃO COMERCIAL INTERNACIONAL** | |
| **Tráfico de influência em transação comercial internacional (art. 337-C)** | Solicitar, exigir, cobrar ou obter, para si ou para outrem, direta ou indiretamente, vantagem ou promessa de vantagem a pretexto de influir em ato praticado por funcionário público estrangeiro no exercício de suas funções, relacionado a transação comercial internacional. |
| **Penas** | A pena prevista para o crime é de reclusão, de dois a cinco anos, e multa. |
| **Aumento de Pena (Parágrafo único)** | A pena é aumentada da metade, se o agente alega ou insinua que a vantagem é também destinada a funcionário estrangeiro. |
| **Classificação** | Comum; formal; simples; doloso; de forma livre; comissivo; instantâneo, unissubjetivo; unissubsistente ou plurissubsistente, conforme o caso concreto. |
| **Sujeito Ativo** | Qualquer pessoa. |
| **Sujeito Passivo** | Estado ou terceiro prejudicado. |
| **Objeto Jurídico** | Administração Pública estrangeira. |
| **Objeto Material** | Vantagem pretendida pelo agente. |
| **Elemento Subjetivo** | Dolo. |
| **Consumação** | Há divergência doutrinária. Consuma-se quando o agente solicita, cobra ou exige, pois se trata de crime formal (GRECO); Consuma-se quando o agente obtém a vantagem indevida ou ela lhe é prometida (NORONHA) |
| **Tentativa** | É admitida, dependendo da posição adotada. |
| **Ação Penal** | Pública incondicionada. |

Capítulo

# 2-B

# CRIMES EM LICITAÇÕES E CONTRATOS ADMINISTRATIVOS

**Leia a Lei: 14.133 /2021**

- *art. 337 -E a 337-P do CP.*
-
-
-

A nova Lei de Licitações, Lei n. 14.133 de 1º de abril de 2021, determina uma alteração em nosso Código Penal, fazendo incluir neste Título XI (Crimes contra a Administração Pública) este Capítulo II-B, que versa sobre "Crimes em Licitações e Contratos Administrativos". Destarte, o tema relativo aos crimes envolvendo licitações e contratos deixará de ser do âmbito da legislação penal especial e passará a integrar o Direito Penal parte especial, precisamente nos artigos 337-E a 337-P. Frise-se, todavia, que a referida Lei prevê uma *vacatio legis* de dois anos, de modo que levará um bom tempo para que entre em vigor as mudanças doravante comentadas.

Dito isso, passemos às primeiras considerações sobre os novos tipos insertos na parte especial do Código Penal.

## 1. CONTRATAÇÃO DIRETA ILEGAL

**Art. 337 - E.** Admitir, possibilitar ou dar causa à contratação direta fora das hipóteses previstas em lei:

Pena - reclusão, de 4 (quatro) a 8 (oito) anos, e multa.

### 1.1. Introdução

Aludido artigo tem a seguinte redação: "Admitir, possibilitar ou dar causa à contratação direta fora das hipóteses previstas em lei".

O crime possui pena prevista de reclusão, de 4 (quatro) a 8 (oito) anos, e multa. Assim, pela pena em abstrato, percebemos que: a) não se trata de infração de menor potencial ofensivo, e, portanto, não cabe a transação penal; b) a pena mínima supera um ano, e, portanto, não cabe a suspensão condicional do processo (*sursis* processual);

e c) A pena mínima não é inferior a quatro anos, e, portanto, não cabe o acordo de não persecução penal (ANPP).

Acerca da classificação, trata-se de crime é próprio; simples; doloso; de forma livre; comissivo; instantâneo; unissubjetivo; unissubsistente ou plurissubsistente, conforme o caso concreto.

### 1.2. Sujeito Ativo

**O agente público que** possui atribuições para a contratação direta.

### 1.3. Sujeito Passivo

O sujeito passivo é o Estado.

### 1.4. Objeto Jurídico

O objeto juridicamente tutelado é a Administração Pública.

### 1.5. Objeto Material

A contratação direta realizada pelo agente (funcionário) público.

### 1.6. Elemento Subjetivo

O elemento subjetivo exigido no tipo penal é o dolo, não sendo exigido qualquer dolo específico. A modalidade culposa não é admitida.

### 1.7. Consumação e Tentativa

Este crime se consuma com a realização de qualquer das condutas descritas em seu *caput*, independentemente da produção de algum resultado posterior. Deste modo, não importa saber se a contratação produziu efetivo prejuízo à administração pública.

A tentativa é admitida.

### 1.8. Ação Penal

A ação penal é de iniciativa pública incondicionada.

## 2. FRUSTRAÇÃO DO CARÁTER COMPETITIVO DA LICITAÇÃO

**Art. 337 - F.** *Frustrar ou fraudar, com o intuito de obter para si ou para outrem vantagem decorrente da adjudicação do objeto da licitação, o caráter competitivo do processo licitatório:*

Pena - reclusão, de 4 (quatro) anos a 8 (oito) anos, e multa.

### 2.1. Introdução

O tipo define como conduta criminosa *frustrar ou fraudar* o caráter competitivo do processo licitatório, característica que lhe é elementar.

O crime possui pena prevista de reclusão, de 4 (quatro) a 8 (oito) anos, e multa. Destarte, pela pena em abstrato, percebemos que: a) não se trata de infração de menor potencial ofensivo, e, portanto, não cabe a transação penal; b) a pena mínima supera um ano, e, portanto, não cabe a suspensão condicional do processo (*sursis* processual);

e, por fim, c) a pena mínima não é inferior a quatro anos, não cabendo, portanto, o acordo de não persecução penal (ANPP).

Acerca da classificação, trata-se de crime é comum; simples; doloso; de forma livre; comissivo; instantâneo; unissubjetivo; unissubsistente ou plurissubsistente, conforme o caso concreto.

### 2.2. Sujeito Ativo

**É** qualquer pessoa, uma vez que a conduta pode ser praticada pelo licitante, pelo funcionário público que pretenda outorgar o objeto do contrato a algum licitante, ou mesmo a alguém que não participa diretamente do procedimento licitatório, mas nele pretende intervir, com o intuito de conferir vantagem para si ou para outrem.

### 2.3. Sujeito Passivo

O sujeito passivo é o Estado.

### 2.4. Objeto Jurídico

O objeto juridicamente tutelado é a Administração Pública.

### 2.5. Objeto Material

O processo licitatório.

### 2.6. Elemento Subjetivo

É o dolo, exigindo-se o elemento subjetivo específico (especial finalidade no agir), consistente na pretensão de obter vantagem para si ou para outrem. A referida vantagem não é, necessariamente, de caráter patrimonial, mas deve ser decorrente da adjudicação do objeto da licitação. Não há previsão para este crime na modalidade culposa.

### 2.7. Consumação e Tentativa

O crime em análise se **consuma** com a realização de qualquer das condutas descritas no *caput*, independentemente da produção de um resultado posterior. Assim, quando o agente frustra ou frauda o caráter competitivo da licitação, o crime estará consumado. Evidentemente, conforme já mencionado, o agente precisa agir com o elemento subjetivo específico, consistente na pretensão de obter vantagem para si ou para outrem. Todavia, a efetiva obtenção da vantagem não é imprescindível para que ocorra a consumação.

A tentativa é admitida.

### 2.8. Ação Penal

A ação penal é de iniciativa pública incondicionada.

## 3. PATROCÍNIO DE CONTRATAÇÃO INDEVIDA

**Art. 337 - G.** *Patrocinar, direta ou indiretamente, interesse privado perante a Administração Pública, dando causa à instauração de licitação ou à celebração de contrato cuja invalidação vier a ser decretada pelo Poder Judiciário:*

Pena - reclusão, de 6 (seis) meses a 3 (três) anos, e multa.

### 3.1. Introdução

Sabe-se que os processos licitatórios podem vir a ser anulados, seja pela própria Administração Pública, através do exercício do princípio da autotutela, como pelo judiciário, quando este exerce o seu papel de controle jurisdicional de legalidade. Registre-se que a anulação pressupõe a ocorrência de algum vício de legalidade.

Aqui, o que o tipo criminaliza não é, por si só, determinada conduta da qual tenha derivado algum vício de legalidade legitimador de anulação, mas a conduta daquele que patrocina interesse privado perante a Administração, dando causa, a partir de tal comportamento, à instauração de procedimento licitatório ou celebração de contrato administrativo que venha a ser, futuramente, anulado pelo Poder Judiciário (ou seja, não inclui processos que tenham sido anulados apenas no âmbito da autotutela administrativa).

Acerca das **penas**, o crime possui a previsão da pena de reclusão, de 6 (seis) meses a 3 (três) anos, e multa. Assim, pela pena em abstrato, percebemos que: a) não se trata de infração de menor potencial ofensivo, e, portanto, não cabe a transação penal; b) a pena mínima não supera um ano, e, portanto, cabe a suspensão condicional do processo (*sursis* processual); c) a pena mínima é inferior a quatro ano, e, portanto, não cabe o acordo de não persecução penal (ANPP).

Acerca da classificação, trata-se de crime é próprio; simples; doloso; de forma livre; comissivo; instantâneo; unissubjetivo; unissubsistente ou plurissubsistente, conforme o caso concreto.

### 3.2. Sujeito Ativo

É o agente público, consubstanciando-se crime próprio.

### 3.3. Sujeito Passivo

O sujeito passivo é o Estado.

### 3.4. Objeto Jurídico

O objeto juridicamente tutelado é a Administração Pública.

### 3.5. Objeto Material

Indefinido.

### 3.6. Elemento Subjetivo

É o dolo, sendo exigido o elemento subjetivo específico, consistente em dar causa à instauração de licitação ou à celebração de contrato. Não há previsão para a modalidade culposa.

### 3.7. Consumação e Tentativa

O crime se consuma com a realização da conduta descrita no tipo penal. Entretanto, é importante salientar que o tipo penal possui "condições de punibilidade", de modo que somente poderemos falar na possibilidade de se punir o agente se elas se encontrarem presentes. As condições de punibilidade são: a) efetiva instauração da licitação ou celebração do contrato administrativo; b) invalidação da licitação ou do contrato administrativo pelo Poder Judiciário.

A tentativa é admitida.

### 3.8. Ação Penal

A ação penal é de iniciativa pública incondicionada.

## 4. MODIFICAÇÃO OU PAGAMENTO IRREGULAR EM CONTRATO ADMINISTRATIVO

> **Art. 337 - H.** *Admitir, possibilitar ou dar causa a qualquer modificação ou vantagem, inclusive prorrogação contratual, em favor do contratado, durante a execução dos contratos celebrados com a Administração Pública, sem autorização em lei, no edital da licitação ou nos respectivos instrumentos contratuais, ou, ainda, pagar fatura com preterição da ordem cronológica de sua exigibilidade:*

Pena - reclusão, de 4 (quatro) anos a 8 (oito) anos, e multa.

### 4.1. Introdução

Em consonância com o art. 124 da nova Lei de Licitações, os contratos administrativos poderão ser alterados, com as devidas justificativas em ambas as situações, unilateralmente pela Administração, ou por acordo entre as partes. Ademais, os artigos 125 a 136 do normativo especial também estabelecem circunstâncias que autorizam as alterações, bem como o procedimento para tanto.

O que art. 337-H tipifica é a admissão, viabilização ou a promoção de qualquer modificação ou vantagem no contrato, em favor do contratado, sem que haja previsão legislativa, sem encaixe, portanto, nas regras estabelecidas nos artigos 124 a 136 da Lei de Licitações, cujas premissas seguem replicadas nos respectivos editais e instrumentos contratuais.

O aludido tipo penal também pune a conduta de pagar fatura com preterição da ordem cronológica de sua exigibilidade, restando consonante com o artigo 141 da nova Lei de Licitações, que determina

> No dever de pagamento pela Administração, será observada a ordem cronológica para cada fonte diferenciada de recursos [...]
>
> § 2º A inobservância imotivada da ordem cronológica referida no **caput** deste artigo ensejará a apuração de responsabilidade do agente responsável, cabendo aos órgãos de controle a sua fiscalização.

De mais a mais, a legislação também veda o pagamento antecipado, seja parcial ou total, relativo às parcelas contratuais, excepcionando a referida vedação aos casos em que a antecipação propiciar sensível economia de recursos ou se representar condição indispensável para a obtenção do bem ou para a prestação do serviço, hipótese que deverá ser previamente justificada no processo licitatório e expressamente prevista no edital de licitação ou contrato, conforme se depreende da leitura do art. 145.

Registre-se, ainda, que o crime possui **pena** prevista de reclusão, de 4 (quatro) a 8 (oito) anos, e multa. Assim, pela pena em abstrato, percebemos que: a) não se trata de infração de menor potencial ofensivo, e, portanto, não cabe a transação penal; b) a pena mínima supera um ano, e, portanto, não cabe a suspensão condicional do processo (*sursis* processual); c) a pena mínima não é inferior a quatro ano, e, portanto, não cabe o acordo de não persecução penal (ANPP).

Acerca da classificação, trata-se de crime é próprio; simples; doloso; de forma livre; comissivo; instantâneo; unissubjetivo; unissubsistente ou plurissubsistente, conforme o caso concreto.

### 4.2. Sujeito Ativo

É o agente público, consubstanciando-se crime próprio.

### 4.3. Sujeito Passivo

O sujeito passivo é o Estado.

### 4.4. Objeto Jurídico

A Administração Pública.

### 4.5. Objeto Material

**É o contrato administrativo ou a fatura.**

### 4.6. Elemento Subjetivo

É o dolo, sendo exigido o elemento subjetivo específico, consistente em dar causa à instauração de licitação ou à celebração de contrato. Não há previsão para a modalidade culposa.

### 4.7. Consumação e Tentativa

O crime se consuma com a efetiva prática das condutas descritas no tipo, independentemente da produção de qualquer resultado posterior (como o efetivo prejuízo à administração pública, por exemplo).

A tentativa é admitida.

### 4.8. Ação Penal

A ação penal é de iniciativa pública incondicionada.

## 5. PERTURBAÇÃO DE PROCESSO LICITATÓRIO

**Art. 337 - I.** *Impedir, perturbar ou fraudar a realização de qualquer ato de processo licitatório:*

Pena - detenção, de 6 (seis) meses a 3 (três) anos, e multa.

### 5.1. Introdução

O art. 337-I tipifica como criminosa a conduta de "Impedir, perturbar ou fraudar a realização de qualquer ato de processo licitatório".

Os atos do processo licitatório estão todos consignados em Lei, é o que se verifica no art. 11 e seguintes da nova Lei de Licitações. Desde a sua fase interna e preparatória até a fase de homologação do certame, a legislação determina os passos que devem ser seguidos pelo agente público, trata-se de premissa estabelecida pelo princípio do procedimento formal.

O que este artigo pune é a conduta de impedir, perturbar ou fraudar a licitação, ou mesmo qualquer ato que componha o seu procedimento.

A pena definida é a de detenção, de 6 (seis) meses a 3 (três) anos, e multa. Portanto, depreende-se que: a) não se trata de infração de menor potencial ofensivo, e, portanto, não cabe a transação penal; b) a pena mínima não supera um ano, e, portanto, cabe a suspensão condicional do processo (*sursis* processual).

Acerca da classificação, trata-se de crime é comum; simples; doloso; de forma livre; comissivo; instantâneo; unissubjetivo; unissubsistente ou plurissubsistente, conforme o caso concreto.

### 5.2. Sujeito Ativo

Qualquer pessoa, sendo, portanto, um crime comum.

### 5.3. Sujeito Passivo

O sujeito passivo é o Estado.

### 5.4. Objeto Jurídico

A Administração Pública.

### 5.5. Objeto Material

**É o processo licitatório alvo da conduta.**

### 5.6. Elemento Subjetivo

É o dolo, sendo exigido o elemento subjetivo específico, consistente em dar causa à instauração de licitação ou à celebração de contrato. Não há previsão para a modalidade culposa.

### 5.7. Consumação e Tentativa

O crime se consuma com a realização das condutas descritas no tipo penal, independentemente da produção de qualquer resultado posterior. O crime consiste, portanto, em impedir (obstaculizar, inviabilizar), perturbar (tumultuar, prejudicar) ou fraudar (promover fraude, ludibriar, enganar) o processo licitatório.

A tentativa é admitida.

### 5.8. Ação Penal

A ação penal é de iniciativa pública incondicionada.

## 6. VIOLAÇÃO DE SIGILO EM LICITAÇÃO

**Art. 337 - J.** *Devassar o sigilo de proposta apresentada em processo licitatório ou proporcionar a terceiro o ensejo de devassá-lo:*

Pena - detenção, de 2 (dois) anos a 3 (três) anos, e multa.

### 6.1. Introdução

O art. 337-J tipifica a conduta de "Devassar o sigilo de proposta apresentada em processo licitatório ou proporcionar a terceiro o ensejo de devassá-lo".

Antes de adentrarmos nas considerações de ordem penal, insta trazermos à baila o princípio do sigilo das propostas. Trata-se de princípio licitatório que tem como premissa a ideia de que as propostas apresentadas pelos licitantes são sigilosas até a data de abertura dos envelopes, que deve ser feita em conjunto por todos os concorrentes e em sessão pública. É dizer, até esse momento, previamente determinado em edital, um licitante não pode conhecer do conteúdo da proposta do outro, ou mesmo um agente público poderá, sendo que a violação desse sigilo, além de crime, configura improbidade administrativa.

Dito isso, temos que o artigo em questão tipifica a conduta daquele que devassa o sigilo, bem como aquele que proporciona que terceiro o faça.

Ademais, o crime em estudo tem pena prevista de detenção, de 2 (dois) a 3 (três) anos, e multa. Assim, pela pena em abstrato, percebemos que: a) não se trata de infração de menor potencial ofensivo, e, portanto, não cabe a transação penal; b) a pena mínima supera um ano, e, portanto, não cabe a suspensão condicional do processo (*sursis* processual); c) a pena mínima é inferior a quatro ano, e, portanto, cabe o acordo de não persecução penal (ANPP).

Acerca da classificação, trata-se de crime é comum; simples; doloso; de forma livre; comissivo; instantâneo; unissubjetivo; unissubsistente ou plurissubsistente, conforme o caso concreto.

### 6.2. Sujeito Ativo

Qualquer pessoa, sendo, portanto, um crime comum.

### 6.3. Sujeito Passivo

O sujeito passivo é o Estado.

### 6.4. Objeto Jurídico

A Administração Pública.

### 6.5. Objeto Material

Trata-se da proposta apresentada em processo licitatório.

### 6.6. Elemento Subjetivo

É o dolo, sendo exigido o elemento subjetivo específico, consistente em dar causa à instauração de licitação ou à celebração de contrato. Não há previsão para a modalidade culposa.

### 6.7. Consumação e Tentativa

O crime se consuma com a realização das condutas descritas no tipo penal, independentemente da produção de qualquer resultado posterior.

A tentativa é admitida.

### 6.8. Ação Penal

A ação penal é de iniciativa pública incondicionada.

# 7. AFASTAMENTO DE LICITANTE

**Art. 337 - K.** *Afastar ou tentar afastar licitante por meio de violência, grave ameaça, fraude ou oferecimento de vantagem de qualquer tipo:*

*Pena - reclusão, de 3 (três) anos a 5 (cinco) anos, e multa, além da pena correspondente à violência.*

*Parágrafo único. Incorre na mesma pena quem se abstém ou desiste de licitar em razão de vantagem oferecida.*

## 7.1. Introdução

Determina o art. 337- K que é crime "Afastar ou tentar afastar licitante por meio de violência, grave ameaça, fraude ou oferecimento de vantagem de qualquer tipo", incorrendo na mesma pena quem se abstém ou desiste de licitar em razão de vantagem oferecida.

O crime em estudo tem pena prevista de reclusão de 3 (três) a 5 (cinco) anos, e multa, além da pena correspondente à violência. Pela pena em abstrato, percebemos que: a) não se trata de infração de menor potencial ofensivo, e, portanto, não cabe a transação penal; b) a pena mínima supera um ano, e, portanto, não cabe a suspensão condicional do processo (*sursis* processual); c) a pena mínima é inferior a quatro ano, mas o crime é praticado mediante violência ou grave ameaça, o que inviabiliza o acordo de não persecução penal (ANPP).

Acerca da classificação, trata-se de crime é comum; simples; doloso; de forma livre; comissivo; instantâneo; unissubjetivo; unissubsistente ou plurissubsistente, conforme o caso concreto.

## 7.2. Sujeito Ativo

Qualquer pessoa, sendo, portanto, um crime comum.

## 7.3. Sujeito Passivo

O sujeito passivo é o Estado. Assinale-se, todavia, que também o será a pessoa vítima da violência, da ameaça ou da fraude.

## 7.4. Objeto Jurídico

A Administração Pública.

## 7.5. Objeto Material

Trata-se da pessoa do licitante.

## 7.6. Elemento Subjetivo

É o dolo, sendo exigido o elemento subjetivo específico, consistente em dar causa à instauração de licitação ou à celebração de contrato. Não há previsão para a modalidade culposa.

## 7.7. Consumação e Tentativa

O crime se consuma quando o agente afasta ou tenta afastar o licitante, por meio de violência (física, real), grave ameaça (violência moral), fraude (enganar, ludibriar, levar a erro) ou oferecimento de vantagem de qualquer tipo. Trata-se de um crime de atentado ou de empreendimento, na medida em que considera consumado o crime tanto na hipótese de afastamento quanto na hipótese de mera tentativa de afastamento. Ou seja, consumação e tentativa das condutas são punidas da mesma forma.

A tentativa é admitida.

### 7.8. Ação Penal

A ação penal é de iniciativa pública incondicionada.

## 8. FRAUDE EM LICITAÇÃO OU CONTRATO

> **Art. 337 - L** *Fraudar, em prejuízo da Administração Pública, licitação ou contrato dela decorrente, mediante:*
>
> *I - entrega de mercadoria ou prestação de serviços com qualidade ou em quantidade diversas das previstas no edital ou nos instrumentos contratuais;*
>
> *II - fornecimento, como verdadeira ou perfeita, de mercadoria falsificada, deteriorada, inservível para consumo ou com prazo de validade vencido;*
>
> *III - entrega de uma mercadoria por outra;*
>
> *IV - alteração da substância, qualidade ou quantidade da mercadoria ou do serviço fornecido;*
>
> *V - qualquer meio fraudulento que torne injustamente mais onerosa para a Administração Pública a proposta ou a execução do contrato:*
>
> *Pena - reclusão, de 4 (quatro) anos a 8 (oito) anos, e multa.*

### 8.1. Introdução

O Capítulo IX da nova Lei de Licitações estabelece as regras relativas ao recebimento do objeto do contrato, definindo o procedimento para cada natureza contratual, quais sejam obras, serviços e compras.

No que diz respeito ao objeto do contrato de obras e serviços, o art. 140 estabelece que ele será provisoriamente recebido pelo responsável por seu acompanhamento e fiscalização, mediante termo detalhado, quando verificado o cumprimento das exigências de caráter técnico; e definitivamente recebido por servidor ou comissão designada pela autoridade competente, mediante termo detalhado que comprove o atendimento das exigências contratuais.

Em se tratando de compras, o mesmo artigo estabelece que serão provisoriamente recebidas, de forma sumária, pelo responsável por seu acompanhamento e fiscalização, com verificação posterior da conformidade do material com as exigências contratuais; e definitivamente recebidas, por servidor ou comissão designada pela autoridade competente, mediante termo detalhado que comprove o atendimento das exigências contratuais.

Sem prejuízo de outras importantes consignações, as quais não cabem ao presente momento, o aludido artigo determina que o objeto do contrato poderá ser rejeitado, no todo ou em parte, quando estiver em desacordo com o contrato.

Fez-se imperioso destacar as referidas determinações acerca do recebimento do contrato, para que deixemos claro que eventuais sanções administrativas ou determinações por parte da Administração de, por exemplo, troca de material entregue incompatível com o contratado, não necessariamente irá configurar o crime inserto no artigo em apreço. Percebam que o tipo estabelece a conduta de fraudar (enganar, falsear, fingir), não podendo ser confundida, por exemplo, com mero erro que eventualmente possa ser cometido pelo contratado quando da entrega do objeto, erro que, decerto, pode ensejar sanção administrativa e/ou responsabilização cível, mas não representará conduta criminosa.

Ademais, a **pena** prevista de reclusão, de 4 (quatro) a 8 (oito) anos, e multa. Assim, pela pena em abstrato, percebemos que: a) não se trata de infração de menor potencial ofensivo, e, portanto, não cabe a transação penal; b) a pena mínima supera um ano, e, portanto, não cabe a suspensão condicional do processo (*sursis* processual); c) a pena mínima não é inferior a quatro ano, e, portanto, não cabe o acordo de não persecução penal (ANPP).

Acerca da classificação, trata-se de crime é comum; simples; doloso; de forma livre; comissivo; instantâneo; unissubjetivo; unissubsistente ou plurissubsistente, conforme o caso concreto.

### 8.2. Sujeito Ativo

Qualquer pessoa, sendo, portanto, um crime comum.

### 8.3. Sujeito Passivo

O sujeito passivo é o Estado.

### 8.4. Objeto Jurídico

A Administração Pública.

### 8.5. Objeto Material

É a licitação ou o contrato fraudados em prejuízo da administração pública.

### 8.6. Elemento Subjetivo

É o dolo, não sendo exigido o elemento subjetivo específico. Não há previsão para a modalidade culposa.

### 8.7. Consumação e Tentativa

O crime se consuma com a fraude à licitação, por meio das condutas descritas nos incisos do tipo penal, trata-se de um crime, portanto, cuja execução se dá de forma vinculada.

A tentativa é admitida.

### 8.8. Ação Penal

A ação penal é de iniciativa pública incondicionada.

## 9. CONTRATAÇÃO INIDÔNEA

> **Art. 337 - M–** *Admitir à licitação empresa ou profissional declarado inidôneo:*
> *Pena - reclusão, de 1 (um) ano a 3 (três) anos, e multa.*
> *§ 1º Celebrar contrato com empresa ou profissional declarado inidôneo:*
> *Pena - reclusão, de 3 (três) anos a 6 (seis) anos, e multa.*

*§ 2º Incide na mesma pena do caput deste artigo aquele que, declarado inidôneo, venha a participar de licitação e, na mesma pena do § 1º deste artigo, aquele que, declarado inidôneo, venha a contratar com a Administração Pública.*

## 9.1. Introdução

A declaração de inidoneidade é uma sanção administrativa que, de acordo com a nova Lei de Licitações, impede o responsável de licitar ou contratar no âmbito da Administração Pública direta e indireta de todos os entes federativos, pelo prazo mínimo de 3 (três) anos e máximo de 6 (seis) anos.

Ademais, ainda conforme a nova Lei de Licitações, a sanção de declaração de inidoneidade será precedida de análise jurídica e observará as seguintes regras: a) quando aplicada por órgão do Poder Executivo, será de competência exclusiva de ministro de Estado, de secretário estadual ou de secretário municipal e, quando aplicada por autarquia ou fundação, será de competência exclusiva da autoridade máxima da entidade; b) quando aplicada por órgãos dos Poderes Legislativo e Judiciário, pelo Ministério Público e pela Defensoria Pública no desempenho da função administrativa, será de competência exclusiva de autoridade de nível hierárquico equivalente às autoridades referidas no inciso I deste parágrafo, na forma de regulamento.

Ainda, não há que se confundir a declaração de inidoneidade enquanto sanção pela Administração, com a possibilidade de o Tribunal de Contas da União, em razão da verificação de ocorrência de fraude comprovada à licitação, declarar a inidoneidade do licitante fraudador para participar por até cinco anos, de licitação na Administração Pública Federal. São competências distintas, exercíveis por órgãos diferentes, através de fundamentação diversa.

A pergunta que pode surgir é a que declaração de inidoneidade se refere o tipo penal em questão. Pensamos que a qualquer das duas declarações agora apresentadas.

Ademais, percebam que o artigo, além de criminalizar a conduta daquele que permite à licitação ou contrato de empresa ou profissional inidôneo, também criminaliza a conduta desta empresa ou profissional inidôneo que, não obstante a sanção que suporta, participa de licitação ou contrata com a Administração.

A pena prevista no tipo é a de reclusão, de 1 (um) a 3 (três) anos, e multa. Destarte, pela pena em abstrato, percebemos que: a) não se trata de infração de menor potencial ofensivo, e, portanto, não cabe a transação penal; b) a pena mínima não supera um ano, e, portanto, cabe a suspensão condicional do processo (*sursis* processual); c) a pena mínima é inferior a quatro ano, e, portanto, não cabe o acordo de não persecução penal (ANPP).

Acerca da classificação, trata-se de crime é próprio; comum; simples; doloso; de forma livre; comissivo; instantâneo; unissubjetivo; unissubsistente ou plurissubsistente, conforme o caso concreto.

## 9.2. Sujeito Ativo

Quanto ao sujeito ativo deste crime, temos que para as condutas consignadas no *caput* e §1º, trata-se do agente público responsável pela concretização da licitação ou pela celebração do contrato, o qual deveria verificar os documentos de habilitação apresentados e, uma vez constatada que a pretensa licitante ou contratada estava considerada inidônea, deveria, de imediato, providenciar a sua exclusão do certame, bem como não concretizar a sua contratação. Já nas condutas previstas no § 2º, o sujeito ativo será o particular que participar da licitação ou que venha a contratar com a Administração Pública.

### 9.3. Sujeito Passivo

O sujeito passivo é o Estado.

### 9.4. Objeto Jurídico

A Administração Pública.

### 9.5. Objeto Material

Trata-se da empresa ou profissional inidôneos admitidos à licitação ou contratados.

### 9.6. Elemento Subjetivo

O **elemento subjetivo** é o dolo, não sendo exigido vontade específica. De mais a mais, não se admite a modalidade culposa.

### 9.7. Consumação e Tentativa

O crime se consuma com a prática das condutas, independentemente da efetiva produção de resultado naturalístico posterior.

A tentativa é admitida.

### 9.8. Ação Penal

A ação penal é de iniciativa pública incondicionada.

## 10. IMPEDIMENTO INDEVIDO

**Art. 337 - N.** *Obstar, impedir ou dificultar injustamente a inscrição de qualquer interessado nos registros cadastrais ou promover indevidamente a alteração, a suspensão ou o cancelamento de registro do inscrito:*
*Pena - reclusão, de 6 (seis) meses a 2 (dois) anos, e multa.*

### 10.1. Introdução

Conforme o art. 337-N, configura-se crime "obstar, impedir ou dificultar injustamente a inscrição de qualquer interessado nos registros cadastrais ou promover indevidamente a alteração, a suspensão ou o cancelamento de registro do inscrito".

O registro cadastral é um procedimento auxiliar da licitação e das contratações, é o que se depreende do art. 78, V da nova Lei. Ele atua como uma pré-qualificação de licitantes, podendo, inclusive, substituir documentos exigidos na habilitação, conforme art. 80, I da mesma Lei.

Ademais, os artigos 87 e 88 da nova Lei de Licitações traz considerações acerca do registro cadastral, determinado que, sem prejuízo de outras exposições, "os órgãos e entidades da Administração Pública deverão utilizar o sistema de registro cadastral unificado disponível no Portal Nacional de Contratações Públicas (PNCP), para efeito de cadastro unificado de licitantes". De mais a mais, o § 1º consigna que "o sistema de registro cadastral unificado será público e deverá ser amplamente divulgado e estar permanentemente aberto aos interessados, e será obrigatória a realização de chamamento público pela internet, no mínimo anualmente, para atualização dos registros existentes e para ingresso de novos interessados".

O aludido registro é direito do pretenso licitante/contratante, e o art. 337-N criminaliza a conduta daquele que obsta, impede ou dificulta injustamente a inscrição de qualquer interessado, bem como aquele que promove indevidamente a alteração, a suspensão ou o cancelamento de registro do inscrito.

Ademais, a pena prevista é a de reclusão, de 6 (seis) meses a 2 (dois) anos, e multa. Assim sendo, pela pena em abstrato, percebemos que: a) é infração de menor potencial ofensivo, e, portanto, cabe a transação penal; b) a pena mínima não supera um ano, e, portanto, cabe a suspensão condicional do processo (*sursis* processual); c) a pena mínima é inferior a quatro ano, e, portanto, cabe o acordo de não persecução penal (ANPP).

Acerca da classificação, trata-se de crime é próprio; simples; doloso; de forma livre; comissivo; instantâneo; unissubjetivo; unissubsistente ou plurissubsistente, conforme o caso concreto.

### 10.2. Sujeito Ativo

**O** agente público responsável pela inscrição ou manutenção dos registros cadastrais.

### 10.3. Sujeito Passivo

O sujeito passivo é o Estado, bem como aquele que for diretamente prejudicado.

### 10.4. Objeto Jurídico

A Administração Pública.

### 10.5. Objeto Material

Os registros cadastrais.

### 10.6. Elemento Subjetivo

O **elemento subjetivo** é o dolo, não sendo exigido vontade específica. De mais a mais, não se admite a modalidade culposa.

### 10.7. Consumação e Tentativa

O crime se consuma com a prática das condutas, independentemente da efetiva produção de resultado naturalístico posterior.

A tentativa é admitida.

### 10.8. Ação Penal

A ação penal é de iniciativa pública incondicionada.

## 11. OMISSÃO GRAVE DE DADO OU DE INFORMAÇÃO POR PROJETISTA

**Art. 337 – O** -*Omitir, modificar ou entregar à Administração Pública levantamento cadastral ou condição de contorno em relevante dissonância com a realidade, em frustração ao caráter competitivo da licitação ou em detrimento da seleção da proposta mais vantajosa para a Administração Pública,* *em contratação para a elaboração de projeto básico, projeto executivo ou anteprojeto, em diálogo competitivo ou em procedimento de manifestação de interesse:*

*Pena - reclusão, de 6 (seis) meses a 3 (três) anos, e multa.*

*§ 1º Consideram-se condição de contorno as informações e os levantamentos suficientes e necessários para a definição da solução de projeto e dos respectivos preços pelo licitante, incluídos sondagens, topografia, estudos de demanda, condições ambientais e demais elementos ambientais impactantes, considerados requisitos mínimos ou obrigatórios em normas técnicas que orientam a elaboração de projetos.*

*§ 2º Se o crime é praticado com o fim de obter benefício, direto ou indireto, próprio ou de outrem, aplica-se em dobro a pena prevista no caput deste artigo.*

## 11.1. Introdução

O tipo criminaliza a conduta de omitir, modificar ou entregar à Administração Pública levantamento cadastral ou condição de contorno em relevante dissonância com a realidade, em frustração ao caráter competitivo da licitação ou em detrimento da seleção da proposta mais vantajosa para a Administração. Ademais, considera "condição de contorno" as informações e os levantamentos necessários para a definição de projeto e dos respectivos preços dos licitantes. Por fim, estabelece que deverá ser aplicada em dobro a pena consignada no *caput*, caso haja o fim específico de obter benefício, seja ele direto ou indireto, próprio ou de outrem.

A pena prevista é a de reclusão, de 6 (seis) meses a 3 (três) anos, e multa. Portanto, pela pena em abstrato, percebemos que: a) não é infração de menor potencial ofensivo, e, portanto, não cabe a transação penal; b) a pena mínima não supera um ano, e, portanto, cabe a suspensão condicional do processo (*sursis* processual); c) a pena mínima é inferior a quatro ano, e, portanto, cabe o acordo de não persecução penal (ANPP).

Acerca da classificação, trata-se de crime é próprio; simples; doloso; de forma livre; comissivo; instantâneo; unissubjetivo; unissubsistente ou plurissubsistente, conforme o caso concreto.

## 11.2. Sujeito Ativo

O projetista responsável pelo levantamento cadastral ou condição de contorno.

## 11.3. Sujeito Passivo

O sujeito passivo é o Estado.

## 11.4. Objeto Jurídico

A Administração Pública.

## 11.5. Objeto Material

O levantamento cadastral ou a condição de contorno.

## 11.6. Elemento Subjetivo

O elemento subjetivo é o dolo, não sendo exigido vontade específica. De mais a mais, não se admite a modalidade culposa.

## 11.7. Consumação e Tentativa

O crime se consuma com a prática das condutas, independentemente da efetiva produção de resultado naturalístico posterior.

A tentativa é admitida.

### 11.8. Ação Penal

A ação penal é de iniciativa pública incondicionada.

## 12. PENA DE MULTA

> **Art. 337 -P** - A pena de multa cominada aos crimes previstos neste Capítulo seguirá a metodologia de cálculo prevista neste Código e não poderá ser inferior a 2% (dois por cento) do valor do contrato licitado ou celebrado com contratação direta."

A pena de multa cominada aos crimes tratados neste artigo seguirá a metodologia de cálculo inserta no Código Penal brasileiro, e não poderá ser inferior a 2% (dois por cento) do valor do contrato licitado ou celebrado com contratação direta.

Recorde-se que a metodologia de cálculo referenciada utiliza o critério do dia-multa, em uma valoração bifásica. Deste modo, cabe ao julgador, em um primeiro momento, estabelecer o quantitativo de dias-multa, em patamares que variam de 10 (dez) a 360 (trezentos e sessenta). Neste primeiro momento, não se leva em consideração a capacidade econômica do condenado.

Em uma segunda fase, o juiz irá estabelecer o valor de cada dia-multa, considerando a situação econômica do condenado. Cada dia-multa poderá variar entre um trigésimo do salário-mínimo e cinco salários-mínimos. Ademais, se o juiz entender que, mesmo fixando o valor no patamar o montante for insuficiente para estabelecer a reprovabilidade da conduta, poderá elevá-lo ao triplo.

A particularidade para os crimes relacionados a licitações e contratos, percebam, é a regra de acordo com a qual o valor final estabelecido na pena de multa não poderá ser inferior a 2% (dois por cento) do valor do contrato licitado ou celebrado com contratação direta. Com isto, uma vez alcançado o valor definitivo da pena de multa, após a valoração dos critérios mencionados, se tal valor estiver aquém do montante de 2% previsto, caberá ao juiz fazer uma adequação da pena de multa, para que, assim, alcance este limite mínimo.

| TÓPICO-SÍNTESE: CRIMES EM LICITAÇÕES E CONTRATOS ADMINISTRATIVOS | |
|---|---|
| **CONTRATAÇÃO DIRETA ILEGAL** | |
| **Contratação direta ilegal (art. 337-E)** | Admitir, possibilitar ou dar causa à contratação direta fora das hipóteses previstas em lei. |
| **Pena** | A pena prevista é a de reclusão, de 4 (quatro) a 8 (oito) anos, e multa. |
| **Classificação** | Próprio; simples; doloso; de forma livre; comissivo; instantâneo; unissubjetivo; unissubsistente ou plurissubsistente, conforme o caso concreto. |

| TÓPICO-SÍNTESE: CRIMES EM LICITAÇÕES E CONTRATOS ADMINISTRATIVOS | |
|---|---|
| **Sujeito Ativo** | O agente público que possui atribuições para a contratação direta. |
| **Sujeito Passivo** | Estado. |
| **Objeto Jurídico** | Administração Pública. |
| **Objeto Material** | A contratação direta realizada. |
| **Elemento Subjetivo** | Dolo. |
| **Consumação** | O crime em análise se consuma com a realização de qualquer das condutas descritas no caput, independentemente da produção de um resultado posterior. |
| **Tentativa** | É admitida. |
| **Ação Penal** | Pública incondicionada. |
| **FRUSTRAÇÃO DO CARÁTER COMPETITIVO DA LICITAÇÃO** | |
| **Frustração do caráter competitivo da licitação (art. 337-F)** | O tipo define como conduta criminosa frustrar ou fraudar o caráter competitivo do processo licitatório, característica que lhe é elementar. |
| **Pena** | A pena prevista é a de reclusão, de 4 (quatro) a 8 (oito) anos, e multa. |
| **Classificação** | Comum; simples; doloso; de forma livre; comissivo; instantâneo; unissubjetivo; unissubsistente ou plurissubsistente, conforme o caso concreto. |
| **Sujeito Ativo** | Qualquer pessoa. |
| **Sujeito Passivo** | Estado. |
| **Objeto Jurídico** | Administração Pública. |
| **Objeto Material** | O processo licitatório. |
| **Elemento Subjetivo** | É o dolo, exigindo-se o elemento subjetivo específico (especial finalidade no agir), consistente na pretensão de obter vantagem para si ou para outrem. |
| **Consumação** | O crime em análise se consuma com a realização de qualquer das condutas descritas no caput, independentemente da produção de um resultado posterior. |
| **Tentativa** | É admitida. |
| **Ação Penal** | Pública incondicionada. |
| **PATROCÍNIO DE CONTRATAÇÃO INDEVIDA** | |
| **Patrocínio de contratação indevida (art. 337-G)** | O tipo criminaliza a conduta daquele que patrocina interesse privado perante a Administração, dando causa, a partir de tal comportamento, à instauração de procedimento licitatório ou celebração de contrato administrativo que venha a ser, futuramente, anulado pelo Poder Judiciário (ou seja, não inclui processos que tenham sido anulados apenas no âmbito da autotutela administrativa). |
| **Pena** | A pena prevista é a de reclusão, de 6 (seis) meses a 3 (três) anos, e multa. |
| **Classificação** | Próprio; simples; doloso; de forma livre; comissivo; instantâneo; unissubjetivo; unissubsistente ou plurissubsistente, conforme o caso concreto. |

| TÓPICO-SÍNTESE: CRIMES EM LICITAÇÕES E CONTRATOS ADMINISTRATIVOS | |
|---|---|
| **Sujeito Ativo** | Agente público. |
| **Sujeito Passivo** | Estado. |
| **Objeto Jurídico** | Administração Pública. |
| **Objeto Material** | Indefinido. |
| **Elemento Subjetivo** | É o dolo. |
| **Consumação** | O crime se consuma com a realização da conduta descrita no tipo penal. Entretanto, é importante salientar que o tipo penal possui "condições de punibilidade", de modo que somente poderemos falar na possibilidade de se punir o agente se elas se encontrarem presentes. As condições de punibilidade são: a) efetiva instauração da licitação ou celebração do contrato administrativo; b) invalidação da licitação ou do contrato administrativo pelo Poder Judiciário. |
| **Tentativa** | É admitida. |
| **Ação Penal** | Pública incondicionada. |
| **MODIFICAÇÃO OU PAGAMENTO IRREGULAR EM CONTRATO ADMINISTRATIVO** | |
| **Modificação ou pagamento irregular em contrato administrativo (art. 337-H)** | Admitir, possibilitar ou dar causa a qualquer modificação ou vantagem, inclusive prorrogação contratual, em favor do contratado, durante a execução dos contratos celebrados com a Administração Pública, sem autorização em lei, no edital da licitação ou nos respectivos instrumentos contratuais, ou, ainda, pagar fatura com preterição da ordem cronológica de sua exigibilidade. |
| **Pena** | A pena prevista é a de reclusão, de 4 (quatro) anos a 8 (oito) anos, e multa. |
| **Classificação** | Próprio; simples; doloso; de forma livre; comissivo; instantâneo; unissubjetivo; unissubsistente ou plurissubsistente, conforme o caso concreto. |
| **Sujeito Ativo** | Agente público. |
| **Sujeito Passivo** | Estado. |
| **Objeto Jurídico** | Administração Pública. |
| **Objeto Material** | Contrato administrativo ou fatura. |
| **Elemento Subjetivo** | É o dolo. |
| **Consumação** | O crime se consuma com a realização da conduta descrita no tipo penal, independentemente de qualquer resultado posterior. |
| **Tentativa** | É admitida. |
| **Ação Penal** | Pública incondicionada. |
| **PERTURBAÇÃO DE PROCESSO LICITATÓRIO** | |
| **Perturbação de processo licitatório (art. 337-I)** | O art. 337-I tipifica como criminosa a conduta de "Impedir, perturbar ou fraudar a realização de qualquer ato de processo licitatório". |
| **Pena** | A pena prevista é a de detenção, de 6 (seis) meses a 3 (três) anos, e multa. |

| TÓPICO-SÍNTESE: CRIMES EM LICITAÇÕES E CONTRATOS ADMINISTRATIVOS | |
|---|---|
| **Classificação** | Comum; simples; doloso; de forma livre; comissivo; instantâneo; unissubjetivo; unissubsistente ou plurissubsistente, conforme o caso concreto. |
| **Sujeito Ativo** | Qualquer pessoa. |
| **Sujeito Passivo** | Estado. |
| **Objeto Jurídico** | Administração Pública. |
| **Objeto Material** | É o processo licitatório alvo da conduta. |
| **Elemento Subjetivo** | É o dolo. |
| **Consumação** | O crime se consuma com a realização da conduta descrita no tipo penal, independentemente de qualquer resultado posterior. |
| **Tentativa** | É admitida. |
| **Ação Penal** | Pública incondicionada. |
| **VIOLAÇÃO DE SIGILO EM LICITAÇÃO** | |
| **Violação de sigilo em licitação (art. 337-J)** | O art. 337-J tipifica a conduta de "Devassar o sigilo de proposta apresentada em processo licitatório ou proporcionar a terceiro o ensejo de devassá-lo". |
| **Pena** | A pena prevista é a de detenção, de 2 (dois) anos a 3 (três) anos, e multa. |
| **Classificação** | Comum; simples; doloso; de forma livre; comissivo; instantâneo; unissubjetivo; unissubsistente ou plurissubsistente, conforme o caso concreto. |
| **Sujeito Ativo** | Qualquer pessoa. |
| **Sujeito Passivo** | Estado. |
| **Objeto Jurídico** | Administração Pública. |
| **Objeto Material** | **Trata-se da proposta apresentada em processo licitatório.** |
| **Elemento Subjetivo** | É o dolo. |
| **Consumação** | O crime se consuma com a realização da conduta descrita no tipo penal, independentemente de qualquer resultado posterior. |
| **Tentativa** | É admitida. |
| **Ação Penal** | Pública incondicionada. |
| **AFASTAMENTO DE LICITANTE** | |
| **Afastamento de licitante (art. 337-K)** | Determina o art. 337- K que é crime "Afastar ou tentar afastar licitante por meio de violência, grave ameaça, fraude ou oferecimento de vantagem de qualquer tipo", incorrendo na mesma pena quem se abstém ou desiste de licitar em razão de vantagem oferecida. |
| **Pena** | A pena prevista é a de reclusão, de 3 (três) anos a 5 (cinco) anos, e multa, além da pena correspondente à violência. |

| TÓPICO-SÍNTESE: CRIMES EM LICITAÇÕES E CONTRATOS ADMINISTRATIVOS | |
|---|---|
| **Classificação** | Comum; simples; doloso; de forma livre; comissivo; instantâneo; unissubjetivo; unissubsistente ou plurissubsistente, conforme o caso concreto. |
| **Sujeito Ativo** | Qualquer pessoa. |
| **Sujeito Passivo** | Estado, bem como a pessoa que for diretamente lesada. |
| **Objeto Jurídico** | Administração Pública. |
| **Objeto Material** | **A pessoa do licitante.** |
| **Elemento Subjetivo** | É o dolo. |
| **Consumação** | O crime se consuma quando o agente afasta ou tenta afastar o licitante, por meio de violência (física, real), grave ameaça (violência moral), fraude (enganar, ludibriar, levar a erro) ou oferecimento de vantagem de qualquer tipo. Trata-se de um crime de atentado ou de empreendimento, na medida em que considera consumado o crime tanto na hipótese de afastamento quanto na hipótese de mera tentativa de afastamento. Ou seja, consumação e tentativa das condutas são punidas da mesma forma. |
| **Tentativa** | É admitida. |
| **Ação Penal** | Pública incondicionada. |
| **FRAUDE EM LICITAÇÃO OU CONTRATO** | |
| **Fraude em licitação ou contrato (art. 337-L)** | Fraudar, em prejuízo da Administração Pública, licitação ou contrato dela decorrente, mediante:<br>I - entrega de mercadoria ou prestação de serviços com qualidade ou em quantidade diversas das previstas no edital ou nos instrumentos contratuais;<br>II - fornecimento, como verdadeira ou perfeita, de mercadoria falsificada, deteriorada, inservível para consumo ou com prazo de validade vencido;<br>III - entrega de uma mercadoria por outra;<br>IV - alteração da substância, qualidade ou quantidade da mercadoria ou do serviço fornecido;<br>V - qualquer meio fraudulento que torne injustamente mais onerosa para a Administração Pública a proposta ou a execução do contrato. |
| **Pena** | A pena prevista é a de reclusão de 4 (quatro) a 8 (oito) anos, e multa. |
| **Classificação** | Comum; simples; doloso; de forma vinculada; comissivo; instantâneo; unissubjetivo; unissubsistente ou plurissubsistente, conforme o caso concreto. |
| **Sujeito Ativo** | Qualquer pessoa. |
| **Sujeito Passivo** | Estado. |
| **Objeto Jurídico** | Administração Pública. |
| **Objeto Material** | É a licitação ou o contrato fraudados em prejuízo da administração pública. |
| **Elemento Subjetivo** | É o dolo. |
| **Consumação** | O crime se consuma com a fraude à licitação, por meio das condutas descritas nos incisos do tipo penal, trata-se de um crime, portanto, cuja execução se dá de forma vinculada. |

| TÓPICO-SÍNTESE: CRIMES EM LICITAÇÕES E CONTRATOS ADMINISTRATIVOS | |
|---|---|
| **Tentativa** | É admitida. |
| **Ação Penal** | Pública incondicionada. |
| **CONTRATAÇÃO INIDÔNEA** | |
| **Contratação inidônea (art. 337-M)** | Admitir à licitação empresa ou profissional declarado inidôneo. |
| **Pena** | A pena prevista é a de reclusão, de 1 (um) ano a 3 (três) anos, e multa. |
| **Figura equiparada § 1º** | Celebrar contrato com empresa ou profissional declarado inidôneo. |
| **Pena** | A pena prevista é a de reclusão, de 3 (três) anos a 6 (seis) anos, e multa. |
| **Figura equiparada (§ 2º)** | Incide na mesma pena aquele que, declarado inidôneo, venha a participar de licitação ou venha a contratar com a Administração Pública. |
| **Pena** | A pena prevista é a de reclusão, de 1 (um) ano a 3 (três) anos, e multa. |
| **Classificação** | Próprio; comum; simples; doloso; de forma livre; comissivo; instantâneo; unissubjetivo; unissubsistente ou plurissubsistente, conforme o caso concreto. |
| **Sujeito Ativo** | Quanto ao sujeito ativo deste crime, temos que para as condutas consignadas no caput e §1º, trata-se do agente público responsável pela concretização da licitação ou pela celebração do contrato, o qual deveria verificar os documentos de habilitação apresentados e, uma vez constatada que a pretensa licitante ou contratada estava considerada inidônea, deveria, de imediato, providenciar a sua exclusão do certame, bem como não concretizar a sua contratação. Já nas condutas previstas no § 2º, o sujeito ativo será o particular que participar da licitação ou que venha a contratar com a Administração Pública. |
| **Sujeito Passivo** | Estado, bem como a pessoa que for diretamente lesada. |
| **Objeto Jurídico** | Administração Pública. |
| **Objeto Material** | Trata-se da empresa ou profissional inidôneos admitidos à licitação ou contratados. |
| **Elemento Subjetivo** | É o dolo. |
| **Consumação** | O crime se consuma quando o agente afasta ou tenta afastar o licitante, por meio de violência (física, real), grave ameaça (violência moral), fraude (enganar, ludibriar, levar a erro) ou oferecimento de vantagem de qualquer tipo. Trata-se de um crime de atentado ou de empreendimento, na medida em que considera consumado o crime tanto na hipótese de afastamento quanto na hipótese de mera tentativa de afastamento. Ou seja, consumação e tentativa das condutas são punidas da mesma forma. |
| **Tentativa** | É admitida. |

| TÓPICO-SÍNTESE: CRIMES EM LICITAÇÕES E CONTRATOS ADMINISTRATIVOS | |
|---|---|
| **Ação Penal** | Pública incondicionada. |
| **IMPEDIMENTO INDEVIDO** | |
| **Impedimento indevido (art. 337-N)** | Conforme o art. 337-N, configura-se crime "obstar, impedir ou dificultar injustamente a inscrição de qualquer interessado nos registros cadastrais ou promover indevidamente a alteração, a suspensão ou o cancelamento de registro do inscrito". |
| **Pena** | A pena prevista é a de reclusão, de 1 (um) ano a 3 (três) anos, e multa. |
| **Classificação** | Próprio; simples; doloso; de forma livre; comissivo; instantâneo; unissubjetivo; unissubsistente ou plurissubsistente, conforme o caso concreto. |
| **Sujeito Ativo** | **Agente público responsável pelos registros cadastrais.** |
| **Sujeito Passivo** | Estado, bem como a pessoa que for diretamente lesada. |
| **Objeto Jurídico** | Administração Pública. |
| **Objeto Material** | Trata-se dos registros cadastrais. |
| **Elemento Subjetivo** | É o dolo. |
| **Consumação** | O crime se consuma com a prática das condutas, independentemente da efetiva produção de resultado naturalístico posterior. |
| **Tentativa** | É admitida. |
| **Ação Penal** | Pública incondicionada. |
| **OMISSÃO GRAVE DE DADO OU DE INFORMAÇÃO POR PROJETISTA** | |
| **Omissão grave de dado ou de informação por projetista (art. 337-O)** | O tipo criminaliza a conduta de omitir, modificar ou entregar à Administração Pública levantamento cadastral ou condição de contorno em relevante dissonância com a realidade, em frustração ao caráter competitivo da licitação ou em detrimento da seleção da proposta mais vantajosa para a Administração. |
| **Pena** | A pena prevista é a de reclusão, de 6 (seis) meses a 3 (três) anos, e multa. |
| **Classificação** | Próprio; simples; doloso; de forma livre; comissivo; instantâneo; unissubjetivo; unissubsistente ou plurissubsistente, conforme o caso concreto. |
| **Sujeito Ativo** | **Projetista responsável pelo levantamento cadastral ou condição de contorno.** |
| **Sujeito Passivo** | Estado. |
| **Objeto Jurídico** | Administração Pública. |
| **Objeto Material** | Levantamento cadastral ou condição de contorno. |
| **Elemento Subjetivo** | É o dolo. |
| **Consumação** | O crime se consuma com a prática das condutas, independentemente da efetiva produção de resultado naturalístico posterior. |
| **Tentativa** | É admitida. |

| TÓPICO-SÍNTESE: CRIMES EM LICITAÇÕES E CONTRATOS ADMINISTRATIVOS | |
|---|---|
| **Ação Penal** | Pública incondicionada. |
| **DA MULTA** | |
| **Da multa (art. 337-P)** | A particularidade para os crimes relacionados a licitações e contratos, percebam, é a regra de acordo com a qual o valor final estabelecido na pena de multa não poderá ser inferior a 2% (dois por cento) do valor do contrato licitado ou celebrado com contratação direta. Com isto, uma vez alcançado o valor definitivo da pena de multa, após a valoração dos critérios mencionados, se tal valor estiver aquém do montante de 2% previsto, caberá ao juiz fazer uma adequação da pena de multa, para que, assim, alcance este limite mínimo. |

Capítulo

# 3

# DOS CRIMES CONTRA A ADMINISTRAÇÃO DA JUSTIÇA

***Leia a Lei:***

- *art. 338 a 359 do CP.*

## 1. REINGRESSO DE ESTRANGEIRO EXPULSO

**Art. 338** – *Reingressar no território nacional o estrangeiro que dele foi expulso:*
**Pena** – *reclusão, de um a quatro anos, sem prejuízo de nova expulsão após o cumprimento da pena.*

### 1.1. Introdução

O tipo penal descreve a conduta do estrangeiro que expulso do território nacional, retorna sem que lhe seja permitido, ou seja, reingressa. No caso de o estrangeiro ser expulso e não deixar o território nacional, se recusar a sair, o crime não restaria tipificado, pois é necessário que ele saia e retorne, para que o reingresso se configure.

A pena prevista para o crime é de reclusão de um a quatro anos. Logo, podemos concluir que:

a) Não é possível a transação penal (art. 76, Lei n. 9.099/95), pois não se trata de infração penal de menor potencial ofensivo;

b) É possível a suspensão condicional do processo (art. 89, Lei n. 9.099/95), pois a pena mínima não ultrapassa um ano.

Acerca da classificação, o crime de *reingresso de estrangeiro expulso* é de mão própria; formal; simples; doloso; comissivo; instantâneo; unissubjetivo; plurissubsistente.

### 1.2. Sujeito Ativo

O sujeito ativo é o estrangeiro expulso do território nacional, pois se trata de crime de mão própria. Não é admitida coautoria.

### 1.3. Sujeito Passivo

O sujeito passivo é o Estado.

### 1.4. Objeto Jurídico

O objeto juridicamente tutelado é a Administração Pública.

### 1.5. Objeto Material

Não há objeto material.

### 1.6. Elemento Subjetivo

O elemento subjetivo exigido no tipo penal é o dolo, pois o agente age querendo reingressar no território do país que o expulsou.

### 1.7. Consumação e Tentativa

O crime se consuma no momento do reingresso. É crime de efeitos permanentes, ou seja, enquanto não cessar o reingresso, estará o agente em flagrante delito.

A tentativa é admitida.

### 1.8. Ação Penal

A ação penal é de iniciativa pública incondicionada.

## 2. DENUNCIAÇÃO CALUNIOSA

*Art. 339 – Dar causa à instauração de inquérito policial, de procedimento investigatório criminal, de processo judicial, de processo administrativo disciplinar, de inquérito civil ou de ação de improbidade administrativa contra alguém, imputando-lhe crime, infração ético-disciplinar ou ato ímprobo de que o sabe inocente .*

**Pena** – *reclusão, de dois a oito anos, e multa.*

**§ 1º** – *A pena é aumentada de sexta parte, se o agente se serve de anonimato ou de nome suposto.*

**§ 2º** – *A pena é diminuída de metade, se a imputação é de prática de contravenção.*

### 2.1. Introdução

A despeito de algumas semelhanças, o crime de denunciação caluniosa não se confunde com o crime de calúnia. Em primeiro lugar, vale recordar que a calúnia é um crime contra a honra, enquanto a denunciação caluniosa é crime contra a administração da justiça. Além disto, a denunciação caluniosa enseja a instauração de uma investigação (inquérito policial, inquérito civil ou procedimento investigatório criminal) ou de um processo (judicial, administrativo disciplinar ou ação de improbidade administrativa), o que não ocorre no crime de calúnia. Por fim, a denunciação caluniosa é compatível com a imputação de fato não definido como crime (contravenção, infração ético-disciplinar ou ato ímprobo), o que não ocorre na calúnia.

Este tipo penal sofreu mudanças. Promovidas pela Lei n. 14.110, de 18 de dezembro de 2020. Antes da entrada em vigor desta Lei, o tipo penal mencionava a instauração de "investigação policial". Com a alteração, passou-se a configurar a denunciação caluniosa com a instauração do inquérito policial (instrumento de investigação da autoridade policial) ou o procedimento investigatório criminal (PIC), instrumento de investigação conduzido pelo próprio Ministério Público. Na mesma linha, o art. 339, CP deixou de utilizar a expressão "investigação administrativa", substituindo-a pelo processo administrativo disciplinar (PAD).

As adaptações terminológicas mencionadas foram bastante salutares. Por outro lado, a alteração legislativa manteve uma redundância, consistente na menção à instauração de "processo judicial" e "ação de improbidade administrativa". Não há qualquer dúvida de que a ação de improbidade é espécie de processo judicial.

No que concerne às imputações que ensejam a caracterização do crime, antes da Lei n. 14.110, somente se falaria em denunciação caluniosa se a imputação dissesse respeito a crime (*caput*) ou contravenção penal (§ 2º). A partir da sua entrada em vigor, também haverá denunciação caluniosa quando da imputação de infração ético-disciplinar ou ato ímprobo.

A pena prevista para o crime é de reclusão de dois a oito anos, e multa. Logo, podemos concluir que:

a) Não é possível a transação penal (art. 76, Lei n. 9.099/95), pois não se trata de infração penal de menor potencial ofensivo;

b) Não é possível a suspensão condicional do processo (art. 89, Lei n. 9.099/95), pois a pena mínima ultrapassa um ano.

Acerca da classificação, o crime de *denunciação caluniosa* é comum; formal; simples; doloso; comissivo; instantâneo; de forma livre; unissubjetivo; plurissubsistente.

### 2.2. Sujeito Ativo

O sujeito ativo pode ser qualquer pessoa.

### 2.3. Sujeito Passivo

O sujeito passivo é o Estado ou o terceiro prejudicado, seja pessoa física ou jurídica.

### 2.4. Objeto Jurídico

O objeto juridicamente tutelado é a Administração Pública.

### 2.5. Objeto Material

O objeto material é a pessoa que foi vítima de imputação falsa de crime.

### 2.6. Elemento Subjetivo

O elemento subjetivo exigido no tipo penal é o dolo, pois o agente tem o conhecimento sobre a inocência da vítima e age de forma a denunciá-la falsamente por crime, ou seja, o agente age com dolo direto e quer o resultado.

### 2.7. Consumação e Tentativa

O delito previsto se consuma quando da instauração de alguns dos procedimentos investigativos, ainda que preliminares, ou com a abertura de ação penal contra a vítima.

A tentativa é admitida.

### 2.8. Ação Penal

A ação penal é de iniciativa pública incondicionada.

## 3. COMUNICAÇÃO FALSA DE CRIME OU CONTRAVENÇÃO

> **Art. 340** – *Provocar a ação de autoridade, comunicando-lhe a ocorrência de crime ou de contravenção que sabe não se ter verificado:*
> **Pena** – *detenção, de um a seis meses, ou multa.*

### 3.1. Introdução

O crime se consuma com a provocação da ação da autoridade. Não é necessário, portanto, que haja a instauração formal de uma investigação. O crime ocorre, por exemplo, naquelas situações em que o agente efetua ligação telefônica para o serviço de atendimento da polícia, para "passar trote", informando a prática de crime que sabe não ter ocorrido.

A pena prevista para o crime é de detenção de um a seis, ou multa. Logo, podemos concluir que:

a) É possível a transação penal (art. 76, Lei n. 9.099/95), pois se trata de infração penal de menor potencial ofensivo;

b) É possível a suspensão condicional do processo (art. 89, Lei n. 9.099/95), pois a pena mínima não ultrapassa um ano.

Acerca da classificação, o crime de *comunicação falsa de crime ou de contravenção* é comum; formal; simples; de forma livre; comissivo; instantâneo; unissubjetivo; plurissubsistente.

### 3.2. Sujeito Ativo

Qualquer pessoa.

### 3.3. Sujeito Passivo

É o Estado.

### 3.4. Objeto Jurídico

A administração da justiça.

### 3.5. Objeto Material

Não há.

### 3.6. Elemento Subjetivo

É o dolo.

Não se admite a modalidade culposa.

### 3.7. Consumação e Tentativa

O crime de consuma no momento da efetiva comunicação falsa, independentemente de qualquer outro resultado material.

É possível a tentativa.

### 3.8. Ação Penal

É de iniciativa pública incondicionada.

## 4. AUTOACUSAÇÃO FALSA

**Art. 341** – *Acusar-se, perante a autoridade, de crime inexistente ou praticado por outrem:*
**Pena** – *detenção, de três meses a dois anos, ou multa.*

### 4.1. Introdução

O crime ocorre quando o agente imputa a si próprio a prática de crime que não ocorreu ou que, se ocorreu, foi praticado por alguma outra pessoa. Pode acontecer este crime quando, por exemplo, o agente imputa a si a prática de crime para beneficiar alguém. É o exemplo em que a pessoa confessa a prática de um crime que foi praticado pelo seu filho.

Pode acontecer, ainda, de o agente confessar o crime para se livrar de alguma outra imputação. Exemplo: o agente cometeu o crime de homicídio, mas confessa a prática de um crime de furto, no mesmo dia e hora. Neste caso, o agente confessa a prática de um crime que não ocorreu, como forma de se ver livre da acusação de um crime mais grave.

Pode acontecer, ainda, situação na qual o sujeito é coagido a confessar crime que não cometeu. Neste caso, evidentemente, não será responsabilizado penalmente, pois, embora tenha praticado o fato típico e ilícito, será beneficiado por uma causa de exclusão da culpabilidade (coação moral irresistível, art. 22, CP).

A pena prevista para o crime é de detenção de três meses a dois anos. Logo, podemos concluir que:

a) É possível a transação penal (art. 76, Lei n. 9.099/95), pois se trata de infração penal de menor potencial ofensivo;

b) É possível a suspensão condicional do processo (art. 89, Lei n. 9.099/95), pois a pena mínima não ultrapassa um ano.

Acerca da classificação, o crime de *autoacusação falsa* é comum; formal; simples; de forma livre; comissivo; instantâneo; unissubjetivo; plurissubsistente.

### 4.2. Sujeito Ativo

Qualquer pessoa.

### 4.3. Sujeito Passivo

É o Estado.

### 4.4. Objeto Jurídico

A administração da justiça.

### 4.5. Objeto Material

Não há.

### 4.6. Elemento Subjetivo

É o dolo. Não se admite a modalidade culposa.

### 4.7. Consumação e Tentativa

O crime se consuma no momento da autoacusação perante a autoridade.
É possível a tentativa.

### 4.8. Ação Penal

É de iniciativa pública incondicionada.

## 5. FALSO TESTEMUNHO OU FALSA PERÍCIA

**Art. 342.** *Fazer afirmação falsa, ou negar ou calar a verdade como testemunha, perito, contador, tradutor ou intérprete em processo judicial, ou administrativo, inquérito policial, ou em juízo arbitral:*

**Pena** – *reclusão, de 2 (dois) a 4 (quatro) anos, e multa.*

**§ 1°** *As penas aumentam-se de um sexto a um terço, se o crime é praticado mediante suborno ou se cometido com o fim de obter prova destinada a produzir efeito em processo penal, ou em processo civil em que for parte entidade da administração pública direta ou indireta.*

**§ 2°** *O fato deixa de ser punível se, antes da sentença no processo em que ocorreu o ilícito, o agente se retrata ou declara a verdade.*

### 5.1. Introdução

No tipo penal do art. 342, temos os crimes de falso testemunho e de falsa perícia. No primeiro, temos condutas que somente poderão ser praticados pela testemunha, ao passo que, no segundo, teremos crime praticado pelo perito, tradutor, contador ou intérprete.

Para a doutrina majoritária, são crimes de mão própria, de modo que não admitem coautoria. Vale recordar que os crimes de mão própria, embora não admitam a coautoria, admitem a participação. Por esta razão, se alguém induzir, instigar ou prestar auxílio a quaisquer das condutas descritas no tipo penal, poderá ser por elas responsabilizado, a título de participação.

É muito importante atentar para esta questão, pois, a jurisprudência do STF possui precedente reconhecendo a possibilidade de se condenar alguém que induziu outra pessoa a mentir em juízo como coautor (e não apenas partícipe) do crime de falso testemunho. Por esta razão, percebemos que o STF trata o crime em apreço como crime próprio, e não crime de mão própria, haja vista o fato de admitir a coautoria.

A pena prevista para o crime é de reclusão de um a três anos, e multa. Logo, podemos concluir que:

a) Não é possível a transação penal (art. 76, Lei n. 9.099/95), pois não se trata de infração penal de menor potencial ofensivo;

b) É possível a suspensão condicional do processo (art. 89, Lei n. 9.099/95), pois a pena mínima não ultrapassa um ano.

Acerca da classificação, o crime de *falso testemunho ou falsa perícia* é de mão própria; doloso; formal; simples; de forma livre; comissivo ou omissivo (na hipótese em que o agente, por exemplo, se cala sobre a verdade); instantâneo; unissubjetivo; unissubsistente .

### 5.2. Sujeito Ativo

É a testemunha, o perito, o contador, tradutor ou intérprete. Trata-se, portanto, de crime próprio, pois exige qualidade especial do agente.

### 5.3. Sujeito Passivo

É o Estado.

### 5.4. Objeto Jurídico

É a administração da justiça.

### 5.5. Objeto Material

É a afirmação, o laudo falso, o cálculo ou a tradução.

### 5.6. Elemento Subjetivo

É o dolo. Não se admite a modalidade culposa.

### 5.7. Consumação e Tentativa

O crime estará consumado com a prática de qualquer das condutas descritas no tipo penal, independentemente da realização de qualquer outro resultado.

A tentativa é admitida.

### 5.8. Ação Penal

É de natureza pública incondicionada.

## 6. CORRUPÇÃO ATIVA DE TESTEMUNHA, PERITO, CONTADOR, TRADUTOR OU INTÉRPRETE

**Art. 343** – *Dar, oferecer ou prometer dinheiro ou qualquer outra vantagem a testemunha, perito, contador, tradutor ou intérprete, para fazer afirmação falsa, negar ou calar a verdade em depoimento, perícia, cálculos, tradução ou interpretação:*

**Pena** – *reclusão, de três a quatro anos, e multa.*

**Parágrafo único.** *As penas aumentam-se de um sexto a um terço, se o crime é cometido com o fim de obter prova destinada a produzir efeito em processo penal ou em processo civil em que for parte entidade da administração pública direta ou indireta.*

### 6.1. Introdução

Trata-se do crime de suborno a testemunha, contador, tradutor, perito ou intérprete. O entendimento dominante é no sentido de que a expressão "qualquer outra vantagem" deve ser interpretada no sentido de vantagem de conteúdo patrimonial, haja vista o fato de o tipo penal iniciar a afirmação referindo-se a dinheiro. Assim, "dinheiro" é a fórmula exemplificativa e a expressão "qualquer outra vantagem" é a fórmula genérica.

A pena prevista para o crime é de detenção de três a quatro anos, e multa. Logo, podemos concluir que:

a) Não é possível a transação penal (art. 76, Lei n. 9.099/95), pois não se trata de infração penal de menor potencial ofensivo;

b) Não é possível a suspensão condicional do processo (art. 89, Lei n. 9.099/95), pois a pena mínima ultrapassa um ano.

Acerca da classificação, o crime de *corrupção ativa de testemunha, perito, contador, tradutor ou intérprete* é comum; formal; simples; doloso; de forma livre; comissivo; instantâneo; unissubjetivo; unissubsistente ou plurissubsistente, conforme o caso concreto.

### 6.2. Sujeito Ativo

Qualquer pessoa.

### 6.3. Sujeito Passivo

É o Estado. Secundariamente, pode haver um particular como sujeito passivo.

### 6.4. Objeto Jurídico

É a administração da justiça.

### 6.5. Objeto Material

É a testemunha, perito, tradutor, contador ou intérprete.

### 6.6. Elemento Subjetivo

É o dolo.

Não se admite a modalidade culposa.

### 6.7. Consumação e Tentativa

Ocorre a consumação com a prática de qualquer das condutas descritas no tipo penal.

É possível a tentativa.

### 6.8. Ação Penal

É de iniciativa pública incondicionada.

## 7. COAÇÃO NO CURSO DO PROCESSO

**Art. 344** – *Usar de violência ou grave ameaça, com o fim de favorecer interesse próprio ou alheio, contra autoridade, parte, ou qualquer outra pessoa que funciona ou é chamada a intervir em processo judicial, policial ou administrativo, ou em juízo arbitral.*
**Pena** – *reclusão, de um a quatro anos, e multa, além da pena correspondente à violência.*

### 7.1. Introdução

A leitura do art. 344 leva a crer na existência de um "processo policial", o que, evidentemente, não existe. O dispositivo em apreço refere-se, em verdade, ao inquérito policial, que é procedimento (e não processo) administrativo.

A pena prevista para o crime é de reclusão de um a quatro anos, além da pena correspondente à violência. Logo, podemos concluir que:

a) Não é possível a transação penal (art. 76, Lei n. 9.099/95), pois não se trata de infração penal de menor potencial ofensivo;

b) É possível a suspensão condicional do processo (art. 89, Lei n. 9.099/95), pois a pena mínima não ultrapassa um ano.

Acerca da classificação, o crime de *coação no curso do processo* é comum; formal; simples; doloso; de forma livre; comissivo; instantâneo; unissubjetivo; plurissubsistente.

### 7.2. Sujeito Ativo

Qualquer pessoa.

### 7.3. Sujeito Passivo

É o Estado. Secundariamente, figura como sujeito passivo a pessoa que sofreu a violência ou a grave ameaça.

### 7.4. Objeto Jurídico

É a administração da justiça.

### 7.5. Objeto Material

É a pessoa que sofre a coação.

### 7.6. Elemento Subjetivo

É o dolo. Exige-se o dolo específico, consistente na vontade de favorecer interesse próprio ou alheio.

Não se admite a modalidade culposa.

### 7.7. Consumação e Tentativa

O crime se consuma com o efetivo emprego da violência ou ameaça ainda que não haja o real prejuízo ao Estado ou o atendimento às finalidades pretendidas pelo agente.

A tentativa é admissível.

### 7.8. Ação Penal

É de iniciativa pública incondicionada.

## 8. EXERCÍCIO ARBITRÁRIO DAS PRÓPRIAS RAZÕES

**Art. 345** – *Fazer justiça pelas próprias mãos, para satisfazer pretensão, embora legítima, salvo quando a lei o permite:*
**Pena** – *detenção, de quinze dias a um mês, ou multa, além da pena correspondente à violência.*
**Parágrafo único** – *Se não há emprego de violência, somente se procede mediante queixa.*

### 8.1. Introdução

O crime ocorre quando o agente pretende obter direito que lhe é devido, mas sem empregar os meios colocados à disposição pelo ordenamento jurídico para tanto.

A pena prevista para o crime é de detenção de quinze dias a um mês, ou multa, além da pena correspondente à violência. Logo, podemos concluir que:

a) É possível a transação penal (art. 76, Lei n. 9.099/95), pois se trata de infração penal de menor potencial ofensivo;

b) É possível a suspensão condicional do processo (art. 89, Lei n. 9.099/95), pois a pena mínima não ultrapassa um ano.

Acerca da classificação, o crime de *exercício arbitrário das próprias razões* é comum; formal; simples; comissivo; doloso; de forma livre; instantâneo; unissubjetivo; plurissubsistente.

### 8.2. Sujeito Ativo

Qualquer pessoa.

### 8.3. Sujeito Passivo

É o Estado. Secundariamente, figura como sujeito passivo o particular.

### 8.4. Objeto Jurídico

É a administração da justiça.

### 8.5. Objeto Material

É a pessoa ou coisa, a depender da forma como realizada a conduta do agente.

### 8.6. Elemento Subjetivo

É o dolo. Exige-se o dolo específico, consistente na vontade de satisfazer pretensão legítima.

Não se admite a modalidade culposa.

### 8.7. Consumação e Tentativa

O crime se consuma com a prática da conduta, independentemente da efetiva satisfação da pretensão.

A tentativa é admissível.

### 8.8. Ação Penal

É de iniciativa pública incondicionada se houver emprego de violência. Se não houver violência, trata-se de crime de ação penal de iniciativa privada.

## 9. SUBTRAÇÃO OU DANO DE COISA PRÓPRIA EM PODER DE TERCEIRO

**Art. 346** – *Tirar, suprimir, destruir ou danificar coisa própria, que se acha em poder de terceiro por determinação judicial ou convenção:*
**Pena** – *detenção, de seis meses a dois anos, e multa.*

### 9.1. Introdução

Trata-se de uma modalidade específica de dano, que recai sobre coisa própria. Não existe crime quando a conduta é autolesiva, ou seja, quando atinge, apenas, bem jurídico do próprio agente. No caso em tela, a conduta é tipificada por conta da existência de determinação judicial ou convenção que é violada pelo agente.

Esta, inclusive, a razão pela qual se trata de crime contra a administração da justiça, e não crime contra o patrimônio. Com efeito, não haveria que se falar em crime contra o patrimônio, porquanto o patrimônio lesado é do próprio agente que realiza as condutas.

A pena prevista para o crime é de detenção de seis meses a dois anos, e multa. Logo, podemos concluir que:

a) É possível a transação penal (art. 76, Lei n. 9.099/95), pois se trata de infração penal de menor potencial ofensivo;

b) É possível a suspensão condicional do processo (art. 89, Lei n. 9.099/95), pois a pena mínima não ultrapassa um ano.

O crime de *subtração ou dano de coisa própria em poder de terceiro* é comum; formal; simples; doloso; comissivo; de forma livre;; instantâneo; unissubjetivo; plurissubsistente.

### 9.2. Sujeito Ativo

É o proprietário da coisa.

### 9.3. Sujeito Passivo

É o Estado. Secundariamente, figura como sujeito passivo o particular.

### 9.4. Objeto Jurídico

É a administração da justiça.

### 9.5. Objeto Material

É a coisa tirada, suprimida, destruída ou danificada.

### 9.6. Elemento Subjetivo

É o dolo. Não se exige o dolo específico.

Não se admite a modalidade culposa.

### 9.7. Consumação e Tentativa

O crime se consuma com a prática de qualquer das condutas descritas no tipo penal.

A tentativa é admissível.

### 9.8. Ação Penal

É de iniciativa pública incondicionada.

## 10. FRAUDE PROCESSUAL

**Art. 347** – *Inovar artificiosamente, na pendência de processo civil ou administrativo, o estado de lugar, de coisa ou de pessoa, com o fim de induzir a erro o juiz ou o perito:*

**Pena** – *detenção, de três meses a dois anos, e multa.*

**Parágrafo único** – *Se a inovação se destina a produzir efeito em processo penal, ainda que não iniciado, as penas aplicam-se em dobro.*

## 10.1. Introdução

O tipo penal confere tratamento distinto ao momento de instauração do processo. Deste modo, no *caput* do art. 347, CP, vemos que a consumação do crime pressupõe que o processo civil ou administrativo se encontre em andamento. Por outro lado, em se tratando de processo penal, o crime restará consumado, ainda que ele não tenha se instaurado.

A pena prevista para o crime é de detenção de três meses a dois anos, e multa. Logo, podemos concluir que:

a) É possível a transação penal (art. 76, Lei n. 9.099/95), pois se trata de infração penal de menor potencial ofensivo;

b) É possível a suspensão condicional do processo (art. 89, Lei n. 9.099/95), pois a pena mínima não ultrapassa um ano.

Acerca da classificação, o crime de *fraude processual* é comum; formal; simples; doloso; de forma livre; comissivo; instantâneo; unissubjetivo; plurissubsistente.

## 10.2. Sujeito Ativo

Qualquer pessoa.

## 10.3. Sujeito Passivo

É o Estado. Secundariamente, figura como sujeito passivo o particular.

## 10.4. Objeto Jurídico

É a administração da justiça.

## 10.5. Objeto Material

É a pessoa ou coisa, a depender da forma como realizada a conduta do agente.

## 10.6. Elemento Subjetivo

É o dolo. Exige-se o dolo específico, consistente na vontade de induzir a erro o juiz ou o perito.

Não se admite a modalidade culposa.

## 10.7. Consumação e Tentativa

O crime se consuma com a prática da conduta, independentemente do efetivo induzimento a erro do juiz ou do perito.

A tentativa é admissível.

## 10.8. Ação Penal

É de iniciativa pública incondicionada.

## 11. FAVORECIMENTO PESSOAL

**Art. 348** – *Auxiliar a subtrair-se à ação de autoridade pública autor de crime a que é cominada pena de reclusão:*

**Pena** – *detenção, de um a seis meses, e multa.*

**§ 1º** – *Se ao crime não é cominada pena de reclusão:*

**Pena** – *detenção, de quinze dias a três meses, e multa.*

**§ 2º** – *Se quem presta o auxílio é ascendente, descendente, cônjuge ou irmão do criminoso, fica isento de pena.*

### 11.1. Introdução

O crime ocorre quando, por exemplo, o agente auxilia um amigo ou conhecido a fugir da polícia, dando-lhe guarida em sua própria residência.

A pena prevista para o crime é de detenção de um a seis meses, e multa. Logo, podemos concluir que:

a) É possível a transação penal (art. 76, Lei n. 9.099/95), pois se trata de infração penal de menor potencial ofensivo;

b) É possível a suspensão condicional do processo (art. 89, Lei n. 9.099/95), pois a pena mínima não ultrapassa um ano.

Na hipótese do § 1º, a pena passa a ser de detenção de quinze dias a três meses, e multa, razão pela qual continua a ser possível tanto a transação penal quanto a suspensão condicional do processo.

Acerca da classificação, o crime de *favorecimento pessoal* é comum; material; simples; doloso; de forma livre; comissivo; instantâneo; unissubjetivo; plurissubsistente.

### 11.2. Sujeito Ativo

Qualquer pessoa.

### 11.3. Sujeito Passivo

É o Estado.

### 11.4. Objeto Jurídico

É a administração da justiça.

### 11.5. Objeto Material

Não há.

### 11.6. Elemento Subjetivo

É o dolo. O dolo específico consiste na vontade de ludibriar a autoridade pública. Não se admite a modalidade culposa.

### 11.7. Consumação e Tentativa

O crime se consuma com a prática da conduta, descrita no tipo penal, independentemente da produção de qualquer resultado.

A tentativa é admissível.

### 11.8. Ação Penal

É de iniciativa pública incondicionada.

## 12. FAVORECIMENTO REAL

> **Art. 349** – *Prestar a criminoso, fora dos casos de coautoria ou de receptação, auxílio destinado a tornar seguro o proveito do crime:*
> **Pena** – *detenção, de um a seis meses, e multa.*

### 12.1. Introdução

Diversamente do que ocorrendo tipo penal anterior, o favorecimento real recai – como, aliás, o próprio nome indica – sobre a coisa (o proveito do crime) e não sobre a pessoa (criminoso).

A pena prevista para o crime é de detenção de um a seis meses, e multa. Logo, podemos concluir que:

a) É possível a transação penal (art. 76, Lei n. 9.099/95), pois se trata de infração penal de menor potencial ofensivo;

b) É possível a suspensão condicional do processo (art. 89, Lei n. 9.099/95), pois a pena mínima não ultrapassa um ano.

Acerca da classificação, o crime de *favorecimento real* é comum; formal; simples; doloso; de forma livre; comissivo; instantâneo; unissubjetivo; plurissubsistente.

### 12.2. Sujeito Ativo

Qualquer pessoa.

### 12.3. Sujeito Passivo

É o Estado.

### 12.4. Objeto Jurídico

É a administração da justiça.

### 12.5. Objeto Material

É o proveito do crime.

### 12.6. Elemento Subjetivo

É o dolo. É a vontade de tornar seguro o proveito do crime.

Não se admite a modalidade culposa.

### 12.7. Consumação e tentativa

O crime se consuma com a prática da conduta, descrita no tipo penal, independentemente da produção de qualquer resultado.

A tentativa é admissível.

### 12.8. Ação penal

É de iniciativa pública incondicionada.

## 13. FAVORECIMENTO REAL IMPRÓPRIO

**Art. 349-A.** *Ingressar, promover, intermediar, auxiliar ou facilitar a entrada de aparelho telefônico de comunicação móvel, de rádio ou similar, sem autorização legal, em estabelecimento prisional.*
**Pena** – *detenção, de 3 (três) meses a 1 (um) ano.*

### 13.1. Introdução

O crime de *favorecimento real impróprio* é comum; formal; simples; doloso; de forma livre; comissivo; instantâneo; unissubjetivo; plurissubsistente.

A pena prevista para o crime é de detenção de três meses a um ano. Logo, podemos concluir que:

a) É possível a transação penal (art. 76, Lei n. 9.099/95), pois se trata de infração penal de menor potencial ofensivo;

b) É possível a suspensão condicional do processo (art. 89, Lei n. 9.099/95), pois a pena mínima não ultrapassa um ano.

### 13.2. Sujeito Ativo

Qualquer pessoa.

### 13.3. Sujeito Passivo

É o Estado.

### 13.4. Objeto Jurídico

É a administração da justiça.

### 13.5. Objeto material

É o aparelho telefônico de comunicação móvel, de rádio ou similar.

### 13.6. Elemento subjetivo

É o dolo.

Não se admite a modalidade culposa.

### 13.7. Consumação e tentativa

O crime se consuma com a prática das condutas descritas no tipo penal, independentemente da produção de qualquer resultado.

A tentativa é admissível.

### 13.8. Ação Penal

É de iniciativa pública incondicionada.

## 14. EXERCÍCIO ARBITRÁRIO OU ABUSO DE PODER

**Art. 350** – (Revogado pela Lei nº 13.869, de 2019) Este dispositivo já havia sido tacitamente revogado pela anterior Lei de Abuso de Autoridade (Lei n. 4.898/65). Agora, expressamente revogado pela atual Lei de Abuso de Autoridade (Lei n. 13.869/2019).

## 15. FUGA DE PESSOA PRESA OU SUBMETIDA A MEDIDA DE SEGURANÇA

**Art. 351** – *Promover ou facilitar a fuga de pessoa legalmente presa ou submetida a medida de segurança detentiva:*

**Pena** – *detenção, de seis meses a dois anos.*

**§ 1º** – *Se o crime é praticado a mão armada, ou por mais de uma pessoa, ou mediante arrombamento, a pena é de reclusão, de dois a seis anos.*

**§ 2º** – *Se há emprego de violência contra pessoa, aplica-se também a pena correspondente à violência.*

**§ 3º** – *A pena é de reclusão, de um a quatro anos, se o crime é praticado por pessoa sob cuja custódia ou guarda está o preso ou o internado.*

**§ 4º** – *No caso de culpa do funcionário incumbido da custódia ou guarda, aplica-se a pena de detenção, de três meses a um ano, ou multa.*

### 15.1. Introdução

Para que ocorra o crime, é necessário promover ou facilitar a fuga de pessoa que se encontre legalmente presa. Deste modo, não há crime em caso de privação ilegal à liberdade. Em se tratando de prisão legal, importante recordar que referida prisão pode ser uma pena (prisão definitiva) ou uma prisão de natureza cautelar (preventiva, temporária ou flagrante). Ademais, o preso pode se encontrar no próprio estabelecimento penal ou fora dele (quando, por exemplo, se encontra na viatura policial).

Também ocorre o crime quando a pessoa se encontra sob medida de segurança detentiva, isto é, a medida de internação em hospital de custódia e tratamento psiquiátrico.

A pena prevista para o crime é de detenção de seis meses a dois anos. Logo, podemos concluir que:

a) É possível a transação penal (art. 76, Lei n. 9.099/95), pois se trata de infração penal de menor potencial ofensivo;

b) É possível a suspensão condicional do processo (art. 89, Lei n. 9.099/95), pois a pena mínima não ultrapassa um ano.

Acerca da classificação, o crime de *fuga de pessoa presa ou submetida a medida de segurança* é comum; material; simples; doloso; comissivo (nas condutas "promover" e "facilitar"), omissivo próprio (no núcleo "facilitar; de forma livre; instantâneo; unissubjetivo; plurissubsistente.

### 15.2. Sujeito Ativo

Qualquer pessoa.

### 15.3. Sujeito Passivo

É o Estado.

### 15.4. Objeto Jurídico

É a administração da justiça.

### 15.5. Objeto Material

É a pessoa fugitiva.

### 15.6. Elemento Subjetivo

É o dolo ou a culpa.

### 15.7. Consumação e Tentativa

O crime se consuma com a prática das condutas descritas no tipo penal, independentemente da produção de qualquer resultado.

A tentativa é admissível.

### 15.8. Ação penal

É de iniciativa pública incondicionada.

## 16. EVASÃO MEDIANTE VIOLÊNCIA CONTRA A PESSOA

> **Art. 352** – *Evadir-se ou tentar evadir-se o preso ou o indivíduo submetido a medida de segurança detentiva, usando de violência contra a pessoa:*
> **Pena** – *detenção, de três meses a um ano, além da pena correspondente à violência.*

### 16.1. Introdução

Trata-se de modalidade de crime de atentado (ou crime de empreendimento), ou seja, as penas da modalidade consumada equiparam-se à modalidade tentada. E isto porque a tentativa já se encontra prevista no próprio tipo penal, de modo que tentar a conduta já consuma o crime.

A pena prevista para o crime é de detenção de três meses a um ano, além da pena correspondente à violência. Logo, podemos concluir que:

a) É possível a transação penal (art. 76, Lei n. 9.099/95), pois se trata de infração penal de menor potencial ofensivo;

b) É possível a suspensão condicional do processo (art. 89, Lei n. 9.099/95), pois a pena mínima não ultrapassa um ano.

Acerca da classificação, o crime de *evasão mediante violência contra pessoa* é próprio; material; simples; doloso; comissivo; de forma livre; instantâneo; unissubjetivo; plurissubsistente.

### 16.2. Sujeito Ativo

Qualquer pessoa.

### 16.3. Sujeito Passivo

É o Estado. Secundariamente, será a pessoa contra quem a violência foi empregada.

### 16.4. Objeto Jurídico

É a administração da justiça.

### 16.5. Objeto Material

É a pessoa agredida.

### 16.6. Elemento Subjetivo

É o dolo.

Não se admite a modalidade culposa.

### 16.7. Consumação e Tentativa

O crime se consuma no momento em que o agente emprega a violência, objetivando a fuga.

A tentativa é inadmissível, pois se trata de crime de atentado (de empreendimento).

### 16.8. Ação Penal

É de iniciativa pública incondicionada.

## 17. ARREBATAMENTO DE PRESO

> **Art. 353** – *Arrebatar preso, a fim de maltratá-lo, do poder de quem o tenha sob custódia ou guarda:*
> **Pena** – *reclusão, de um a quatro anos, além da pena correspondente à violência.*

### 17.1. Introdução

O tipo penal pressupõe a verificação do elemento subjetivo específico, consistente na finalidade de maltratar o preso. Se não existir tal finalidade, poderemos estar diante de algum outro crime, mas não o arrebatamento de preso.

A pena prevista para o crime é de reclusão de um a quatro anos, além da pena correspondente à violência. Logo, podemos concluir que:

a) Não é possível a transação penal (art. 76, Lei n. 9.099/95), pois não se trata de infração penal de menor potencial ofensivo;

b) É possível a suspensão condicional do processo (art. 89, Lei n. 9.099/95), pois a pena mínima não ultrapassa um ano.

Acerca da classificação, o crime de *arrebatamento de preso* é comum; formal; simples; doloso; comissivo; instantâneo; de forma livre; unissubjetivo; plurissubsistente.

### 17.2. Sujeito Ativo

Qualquer pessoa.

### 17.3. Sujeito Passivo

É o Estado. Secundariamente, será o preso.

### 17.4. Objeto Jurídico

É a administração da justiça.

### 17.5. Objeto Material

É o preso.

### 17.6. Elemento Subjetivo

É o dolo. Exige-se o dolo específico, consistente na finalidade de maltratar o preso. Não se admite a modalidade culposa.

### 17.7. Consumação e Tentativa

O crime se consuma no momento em que há o efetivo arrebatamento do preso, independentemente de o agente conseguir, efetivamente maltratá-lo. Trata-se, pois, de crime formal.

A tentativa é admissível.

### 17.8. Ação Penal

É de iniciativa pública incondicionada.

## 18. MOTIM DE PRESOS

**Art. 354** – *Amotinarem-se presos, perturbando a ordem ou disciplina da prisão:*
**Pena** – *detenção, de seis meses a dois anos, além da pena correspondente à violência.*

### 18.1. Introdução

Amotinar-se significa provocar uma revolta, um alvoroço, uma rebelião. Trata-se de crime plurissubjetivo, pois, a toda evidência, pressupõe o concurso de mais de uma pessoa. Somente os presos (definitivos ou provisórios) podem cometer o referido crime.

A pena prevista para o crime é de detenção de seis meses a dois anos, além da pena correspondente à violência. Logo, podemos concluir que:

a) É possível a transação penal (art. 76, Lei n. 9.099/95), pois se trata de infração penal de menor potencial ofensivo;

b) É possível a suspensão condicional do processo (art. 89, Lei n. 9.099/95), pois a pena mínima não ultrapassa um ano.

Acerca da classificação, o crime de *motim de presos* é próprio; material; simples; doloso; comissivo; de forma livre; instantâneo; plurissubjetivo; plurissubsistente.

### 18.2. Sujeito Ativo

As pessoas presas.

### 18.3. Sujeito Passivo

É o Estado.

### 18.4. Objeto Jurídico

É a administração da justiça.

### 18.5. Objeto Material

Não há.

### 18.6. Elemento Subjetivo

É o dolo.

Não se admite a modalidade culposa.

### 18.7. Consumação e Tentativa

O crime se consuma com o motim dos presos, que produz a perturbação da ordem ou disciplina da prisão.

A tentativa é admissível.

### 18.8. Ação Penal

É de iniciativa pública incondicionada.

## 19. PATROCÍNIO INFIEL

> **Art. 355** – *Trair, na qualidade de advogado ou procurador, o dever profissional, prejudicando interesse, cujo patrocínio, em juízo, lhe é confiado:*
>
> **Pena** – *detenção, de seis meses a três anos, e multa.*
>
> **Patrocínio simultâneo ou tergiversação**
>
> **Parágrafo único** – *Incorre na pena deste artigo o advogado ou procurador judicial que defende na mesma causa, simultânea ou sucessivamente, partes contrárias.*

### 19.1. Introdução

A conduta consiste em trair, isto é, violar a confiança depositada por outrem. No caso do tipo penal em apreço, a traição é praticada pelo advogado (profissional bacharel em Direito regularmente inscrito nos quadros da Ordem dos Advogados do Brasil) ou procurador (mandatário, isto é, alguém a quem foram delegados poderes de representação em juízo).

No patrocínio infiel, conduta constante do parágrafo único do artigo em comento, o advogado ou procurador patrocina interesses conflitantes na mesma causa.

A pena prevista para o crime é de detenção de seis meses a três anos, e multa. Logo, podemos concluir que:

a) Não é possível a transação penal (art. 76, Lei n. 9.099/95), pois não se trata de infração penal de menor potencial ofensivo;

b) É possível a suspensão condicional do processo (art. 89, Lei n. 9.099/95), pois a pena mínima não ultrapassa um ano.

Acerca da classificação, o crime de *patrocínio infiel* é próprio; material; pluriofensivo; de forma livre; comissivo ou omissivo; instantâneo, unissubjetivo; plurissubsistente.

### 19.2. Sujeito Ativo

É o advogado ou procurador.

### 19.3. Sujeito Passivo

É o Estado. Secundariamente, também será aquele que foi prejudicado pelo advogado ou procurador.

### 19.4. Objeto Jurídico

É a administração da justiça.

### 19.5. Objeto Material

É a pessoa que teve o interesse prejudicado.

### 19.6. Elemento Subjetivo

É o dolo.

Não se admite a modalidade culposa.

### 19.7. Consumação e Tentativa

A consumação ocorre quando há o prejuízo posterior à traição.

### 19.8. Ação Penal

É pública incondicionada.

## 20. SONEGAÇÃO DE PAPEL OU OBJETO DE VALOR PROBATÓRIO

**Art. 356** – *Inutilizar, total ou parcialmente, ou deixar de restituir autos, documento ou objeto de valor probatório, que recebeu na qualidade de advogado ou procurador:*
**Pena** – *detenção, de seis meses a três anos, e multa.*

### 20.1. Introdução

No tipo penal, há duas condutas distintas. Na primeira, de caráter comissivo, o agente inutiliza os autos, documento ou objeto de valor probatório. Na segunda, de natureza omissiva, apenas deixa de restituir.

A pena prevista para o crime é de detenção de seis meses a três anos, e multa. Logo, podemos concluir que:

a) Não é possível a transação penal (art. 76, Lei n. 9.099/95), pois não se trata de infração penal de menor potencial ofensivo;

b) É possível a suspensão condicional do processo (art. 89, Lei n. 9.099/95), pois a pena mínima não ultrapassa um ano.

Acerca da classificação, o crime de *sonegação de papel ou objeto de valor probatório* é próprio; material; simples; de forma livre; comissivo ("inutilizar") ou omissivo ("deixar de restituir"); instantâneo ("inutilizar") e permanente ("deixar de restituir"); unissubjetivo; unissubsistente ou plurissubsistente, conforme o caso concreto.

### 20.2. Sujeito Ativo

O advogado ou procurador. Trata-se de crime próprio.

### 20.3. Sujeito Passivo

O Estado.

### 20.4. Objeto Jurídico

A administração da justiça.

### 20.5. Objeto Material

Os autos, documento ou objeto de valor probatório.

### 20.6. Elemento Subjetivo

É o dolo. Não se admite a modalidade culposa.

### 20.7. Consumação e Tentativa

O crime se consuma com a realização das condutas descritas no tipo penal.

É possível a tentativa na modalidade "inutilizar", pois, neste caso, a conduta pode ser fracionada.

### 20.8. Ação Penal

É pública incondicionada.

## 21. EXPLORAÇÃO DE PRESTÍGIO

**Art. 357** – *Solicitar ou receber dinheiro ou qualquer outra utilidade, a pretexto de influir em juiz, jurado, órgão do Ministério Público, funcionário de justiça, perito, tradutor, intérprete ou testemunha.*

**Pena** – *reclusão, de um a cinco anos, e multa.*

*Parágrafo único – As penas aumentam-se de um terço, se o agente alega ou insinua que o dinheiro ou utilidade também se destina a qualquer das pessoas referidas neste artigo.*

### 21.1. Introdução

A conduta é extremamente similar àquela consistente no tráfico de influência. Difere, todavia, na medida em que ocorre a pretexto de influir em juiz, jurado, órgão do Ministério Público, funcionário de justiça, perito, tradutor, intérprete ou testemunha.

A pena prevista para o crime é de reclusão de um a cinco anos, e multa. Logo, podemos concluir que:

a) Não é possível a transação penal (art. 76, Lei n. 9.099/95), pois não se trata de infração penal de menor potencial ofensivo;

b) É possível a suspensão condicional do processo (art. 89, Lei n. 9.099/95), pois a pena mínima não ultrapassa um ano.

Acerca da classificação, o crime de *exploração de prestígio* é comum; formal; simples; de forma livre; comissivo; instantâneo; unissubjetivo; unissubsistente (na solicitação verbal) ou plurissubsistente (demais casos), conforme o caso concreto.

### 21.2. Sujeito Ativo

Qualquer pessoa.

### 21.3. Sujeito Passivo

O Estado

### 21.4. Objeto Jurídico

Administração da justiça.

### 21.5. Objeto material

Dinheiro ou qualquer outra utilidade.

### 21.6. Elemento subjetivo

*É o dolo.*

Não há previsão para a modalidade culposa.

### 21.7. Consumação e tentativa

Na modalidade solicitar, trata-se de crime formal, que se consuma com a mera solicitação, independentemente do efetivo recebimento do dinheiro ou utilidade. Na modalidade receber, trata-se de crime material, consumando-se com o efetivo recebimento.

A tentativa é admitida.

### 21.8. Ação penal

Pública incondicionada.

## 22. VIOLÊNCIA OU FRAUDE EM ARREMATAÇÃO JUDICIAL

**Art. 358** – *Impedir, perturbar ou fraudar arrematação judicial; afastar ou procurar afastar concorrente ou licitante, por meio de violência, grave ameaça, fraude ou oferecimento de vantagem:*
**Pena** – *detenção, de dois meses a um ano, ou multa, além da pena correspondente à violência.*

### 22.1. Introdução

A primeira conduta presente no tipo penal diz respeito a impedir (obstar), perturbar (atrapalhar, tumultuar) ou fraudar (enganar, ludibriar) arrematação judicial (alienação onerosa em hasta pública, conduzida pelo Poder Judiciário). A segunda conduta diz respeito a afastar ou procurar afastar concorrente no processo licitatório, empregando violência (física), grave ameaça (violência moral), fraude ou oferecimento de vantagem,

A pena prevista para o crime é de detenção de dois meses a um ano, ou multa, além da pena correspondente à violência. Logo, podemos concluir que:

a) É possível a transação penal (art. 76, Lei n. 9.099/95), pois se trata de infração penal de menor potencial ofensivo;

b) É possível a suspensão condicional do processo (art. 89, Lei n. 9.099/95), pois a pena mínima não ultrapassa um ano.

Vale registrar que a pena de multa é alternativa, e não cumulativa.

Acerca da classificação, o crime de *violência ou fraude em arrematação judicial* é comum; material; simples; de forma livre; comissivo; instantâneo; unissubjetivo; plurissubsistente.

### 22.2. Sujeito Ativo

Qualquer pessoa

### 22.3. Sujeito Passivo

**É o Estado.**

### 22.4. Objeto Jurídico

Administração da justiça

### 22.5. Objeto Material

**É o concorrente ou licitante.**

## 23. ELEMENTO SUBJETIVO

É o dolo. Não se admite a modalidade culposa.

### 23.1. Consumação e Tentativa

O crime se consuma com a realização de qualquer das condutas descritas no tipo penal.

É possível a tentativa.

### 23.2. Ação Penal

Pública incondicionada.

## 24. DESOBEDIÊNCIA A DECISÃO JUDICIAL SOBRE PERDA OU SUSPENSÃO DE DIREITO

> **Art. 359** – *Exercer função, atividade, direito, autoridade ou múnus, de que foi suspenso ou privado por decisão judicial:*
> **Pena** – *detenção, de três meses a dois anos, ou multa.*

### 24.1. Introdução

Trata-se de modalidade específica de crime de desobediência. Somente haverá a prática da presente conduta se a referida desobediência disser respeito a decisão judicial.

A pena prevista para o crime é de detenção de três meses a dois anos, ou multa. Logo, podemos concluir que:

a) É possível a transação penal (art. 76, Lei n. 9.099/95), pois se trata de infração penal de menor potencial ofensivo;

b) É possível a suspensão condicional do processo (art. 89, Lei n. 9.099/95), pois a pena mínima não ultrapassa um ano.

Vale registrar que a pena de multa é alternativa, e não cumulativa.

Acerca da classificação, o crime de *desobediência a decisão judicial sobre perda ou suspensão de direito* é próprio; formal; simples; de forma livre; comissivo; instantâneo; unissubjetivo; plurissubsistente.

### 24.2. Sujeito ativo

Aquele que teve sua função, atividade, direito, autoridade ou múnus suspenso ou privado por decisão judicial.

### 24.3. Sujeito passivo

O Estado.

### 24.4. Objeto jurídico

Administração da justiça.

### 24.5. Objeto material

Não há.

### 24.6. Elemento subjetivo

É o dolo.

Não há previsão para a modalidade culposa.

### 24.7. Consumação e tentativa

O crime se consuma com o exercício da função, atividade, direito, autoridade ou múnus.

A tentativa é admissível.

### 24.8. Ação penal

Pública incondicionada.

## 25. TÓPICO-SÍNTESE

| TÓPICO-SÍNTESE: DOS CRIMES CONTRA A ADMINISTRAÇÃO DA JUSTIÇA | |
|---|---|
| REINGRESSO DE ESTRANGEIRO EXPULSO | |
| **Reingresso de estrangeiro expulso (art. 338)** | Reingressar no território nacional o estrangeiro que dele foi expulso. |
| **Penas** | A pena prevista para o crime é de reclusão de um a quatro anos. |
| **Classificação** | De mão própria; formal; simples; doloso; comissivo; instantâneo; unissubjetivo; plurissubsistente. |
| **Sujeito Ativo** | Estrangeiro expulso do território nacional. |
| **Sujeito Passivo** | Estado. |
| **Objeto Jurídico** | Administração Pública. |
| **Objeto Material** | Não há. |

| TÓPICO-SÍNTESE: DOS CRIMES CONTRA A ADMINISTRAÇÃO DA JUSTIÇA | |
|---|---|
| **Elemento Subjetivo** | Dolo. |
| **Consumação** | Consuma-se no momento do reingresso. |
| **Tentativa** | É admitida. |
| **Ação Penal** | Pública incondicionada. |
| **DENUNCIAÇÃO CALUNIOSA** | |
| **Denunciação Caluniosa (art. 339)** | Dar causa à instauração de inquérito policial, de procedimento investigatório criminal, de processo judicial, de processo administrativo disciplinar, de inquérito civil ou de ação de improbidade administrativa contra alguém, imputando-lhe crime, infração ético-disciplinar ou ato ímprobo de que o sabe inocente. |
| **Penas** | A pena prevista para o crime é de reclusão de dois a oito anos, e multa. |
| **Causa de aumento (§ 1º)** | A pena é aumentada de sexta parte, se o agente se serve de anonimato ou de nome suposto. |
| **Causa de diminuição (§ 2º)** | A pena é diminuída de metade, se a imputação é de prática de contravenção. |
| **Classificação** | Comum; formal; simples; doloso; comissivo; instantâneo; de forma livre; unissubjetivo; plurissubsistente. |
| **Sujeito Ativo** | Qualquer pessoa. |
| **Sujeito Passivo** | Estado ou terceiro prejudicado. |
| **Objeto Jurídico** | Administração Pública. |
| **Objeto Material** | Pessoa que foi vítima de imputação falsa de crime. |
| **Elemento Subjetivo** | Dolo. |
| **Consumação** | Consuma-se quando da instauração de alguns dos procedimentos investigativos, ainda que preliminares, ou com a abertura de ação penal contra a vítima. |
| **Tentativa** | É admitida. |
| **Ação Penal** | Pública incondicionada. |
| **COMUNICAÇÃO FALSA DE CRIME OU CONTRAVENÇÃO** | |
| **Comunicação Falsa de Crime ou Contravenção (art. 340)** | Provocar a ação de autoridade, comunicando-lhe a ocorrência de crime ou de contravenção que sabe não se ter verificado. |
| **Penas** | A pena prevista para o crime é de detenção de um a seis, ou multa. |
| **Classificação** | Comum; formal; simples; de forma livre; comissivo; instantâneo; unissubjetivo; plurissubsistente. |
| **Sujeito Ativo** | Qualquer pessoa. |
| **Sujeito Passivo** | Estado. |
| **Objeto Jurídico** | Administração da justiça. |
| **Objeto Material** | Não há. |

| TÓPICO-SÍNTESE: DOS CRIMES CONTRA A ADMINISTRAÇÃO DA JUSTIÇA | |
|---|---|
| **Elemento Subjetivo** | Dolo. |
| **Consumação** | Consuma-se no momento da efetiva comunicação falsa, independentemente de qualquer outro resultado material. |
| **Tentativa** | É admitida. |
| **Ação Penal** | Pública incondicionada. |
| **AUTOACUSAÇÃO FALSA** | |
| **Autoacusação Falsa (art. 341)** | Acusar-se, perante a autoridade, de crime inexistente ou praticado por outrem. |
| **Penas** | A pena prevista para o crime é de detenção de três meses a dois anos. |
| **Classificação** | Comum; formal; simples; de forma livre; comissivo; instantâneo; unissubjetivo; plurissubsistente. |
| **Sujeito Ativo** | Qualquer pessoa. |
| **Sujeito Passivo** | Estado. |
| **Objeto Jurídico** | Administração da justiça. |
| **Objeto Material** | Não há. |
| **Elemento Subjetivo** | Dolo. |
| **Consumação** | Consuma-se no momento da autoacusação perante a autoridade. |
| **Tentativa** | É admitida. |
| **Ação Penal** | Pública incondicionada. |
| **FALSO TESTEMUNHO OU FALSA PERÍCIA** | |
| **Falso Testemunho ou Falsa Perícia (art. 342)** | Fazer afirmação falsa, ou negar ou calar a verdade como testemunha, perito, contador, tradutor ou intérprete em processo judicial, ou administrativo, inquérito policial, ou em juízo arbitral. |
| **Penas** | A pena prevista para o crime é de reclusão de um a três anos, e multa. |
| **Aumento de Pena (§ 1º)** | **De 1/6 a 1/3:** Se o crime é praticado mediante suborno ou se cometido com o fim de obter prova destinada a produzir efeito em processo penal, ou em processo civil em que for parte entidade da administração pública direta ou indireta. |
| **Não se pune o fato (§ 2º)** | Se, antes da sentença no processo em que ocorreu o ilícito, o agente se retrata ou declara a verdade. |
| **Classificação** | De mão própria; doloso; formal; simples; de forma livre; comissivo ou omissivo (na hipótese em que o agente, por exemplo, se cala sobre a verdade); instantâneo; unissubjetivo; unissubsistente . |
| **Sujeito Ativo** | Testemunha, o perito, o contador, tradutor ou intérprete. |
| **Sujeito Passivo** | Estado. |

| TÓPICO-SÍNTESE: DOS CRIMES CONTRA A ADMINISTRAÇÃO DA JUSTIÇA | |
|---|---|
| **Objeto Jurídico** | Administração da justiça. |
| **Objeto Material** | A afirmação, o laudo falso, o cálculo ou a tradução. |
| **Elemento Subjetivo** | Dolo. |
| **Consumação** | Consuma-se com a prática de qualquer das condutas descritas no tipo penal, independentemente da realização de qualquer outro resultado. |
| **Tentativa** | É admitida. |
| **Ação Penal** | Pública incondicionada. |
| **CORRUPÇÃO ATIVA DE TESTEMUNHA , PERITO, CONTADOR, TRADUTOR OU INTÉRPRETE** | |
| **art. 343** | Dar, oferecer ou prometer dinheiro ou qualquer outra vantagem a testemunha, perito, contador, tradutor ou intérprete, para fazer afirmação falsa, negar ou calar a verdade em depoimento, perícia, cálculos, tradução ou interpretação. |
| **Penas** | A pena prevista para o crime é de detenção de três a quatro anos, e multa. |
| **Aumento de Pena (Parágrafo único)** | **De 1/3 a 1/6:** Se o crime é cometido com o fim de obter prova destinada a produzir efeito em processo penal ou em processo civil em que for parte entidade da administração pública direta ou indireta. |
| **Classificação** | Comum; formal; simples; doloso; de forma livre; comissivo; instantâneo; unissubjetivo; unissubsistente ou plurissubsistente, conforme o caso concreto. |
| **Sujeito Ativo** | Qualquer pessoa. |
| **Sujeito Passivo** | Estado ou, secundariamente, o terceiro prejudicado. |
| **Objeto Jurídico** | Administração da justiça. |
| **Objeto Material** | Testemunha, perito, tradutor, contador ou intérprete. |
| **Elemento Subjetivo** | Dolo. |
| **Consumação** | Consuma-se com a prática de qualquer das condutas descritas no tipo penal. |
| **Tentativa** | É admitida. |
| **Ação Penal** | Pública incondicionada. |
| **COAÇÃO NO CURSO DO PROCESSO** | |
| **Coação no curso do processo (art. 344)** | Usar de violência ou grave ameaça, com o fim de favorecer interesse próprio ou alheio, contra autoridade, parte, ou qualquer outra pessoa que funciona ou é chamada a intervir em processo judicial, policial ou administrativo, ou em juízo arbitral. |
| **Penas** | A pena prevista para o crime é de reclusão de um a quatro anos, além da pena correspondente à violência. |
| **Classificação** | Comum; formal; simples; doloso; de forma livre; comissivo; instantâneo; unissubjetivo; plurissubsistente. |
| **Sujeito Ativo** | Qualquer pessoa. |

| TÓPICO-SÍNTESE: DOS CRIMES CONTRA A ADMINISTRAÇÃO DA JUSTIÇA | |
|---|---|
| **Sujeito Passivo** | Estado ou, secundariamente, o terceiro que sofreu a violência ou a grave ameaça. |
| **Objeto Jurídico** | Administração da justiça. |
| **Objeto Material** | Pessoa que sofre a coação. |
| **Elemento Subjetivo** | Dolo específico, consistente na vontade de favorecer interesse próprio ou alheio. |
| **Consumação** | Consuma-se com o efetivo emprego da violência ou ameaça ainda que não haja o real prejuízo ao Estado ou o atendimento às finalidades pretendidas pelo agente. |
| **Tentativa** | É admitida. |
| **Ação Penal** | Pública incondicionada. |
| **EXERCÍCIO ARBITRÁRIO DAS PRÓPRIAS RAZÕES** | |
| **Exercício arbitrário das próprias razões (art. 345)** | Fazer justiça pelas próprias mãos, para satisfazer pretensão, embora legítima, salvo quando a lei o permite. |
| **Penas** | A pena prevista para o crime é de detenção de quinze dias a um mês, ou multa, além da pena correspondente à violência. |
| **Classificação** | Comum; formal; simples; comissivo; doloso; de forma livre; instantâneo; unissubjetivo; plurissubsistente. |
| **Sujeito Ativo** | Qualquer pessoa. |
| **Sujeito Passivo** | Estado ou, secundariamente, o terceiro prejudicado. |
| **Objeto Jurídico** | Administração da justiça. |
| **Objeto Material** | Pessoa ou coisa, a depender da forma como realizada a conduta do agente. |
| **Elemento Subjetivo** | Dolo específico, consistente na vontade de satisfazer pretensão legítima. |
| **Consumação** | Consuma-se com a prática da conduta, independentemente da efetiva satisfação da pretensão. |
| **Tentativa** | É admitida. |
| **Ação Penal** | Pública incondicionada, se houver violência.<br>Privada, se não houver emprego de violência. |
| **SUBTRAÇÃO OU DANO DE COISA PRÓPRIA EM PODER DE TERCEIRO** | |
| **(art. 346)** | Tirar, suprimir, destruir ou danificar coisa própria, que se acha em poder de terceiro por determinação judicial ou convenção. |
| **Penas** | A pena prevista para o crime é de detenção de seis meses a dois anos, e multa. |
| **Classificação** | Comum; formal; simples; doloso; comissivo; de forma livre;; instantâneo; unissubjetivo; plurissubsistente. |
| **Sujeito Ativo** | Proprietário da coisa. |
| **Sujeito Passivo** | Estado ou, secundariamente, o terceiro prejudicado. |
| **Objeto Jurídico** | Administração da justiça. |
| **Objeto Material** | Coisa tirada, suprimida, destruída ou danificada. |
| **Elemento Subjetivo** | Dolo. |

| TÓPICO-SÍNTESE: DOS CRIMES CONTRA A ADMINISTRAÇÃO DA JUSTIÇA | |
|---|---|
| **Consumação** | Consuma-se com a prática de qualquer das condutas descritas no tipo penal. |
| **Tentativa** | É admitida. |
| **Ação Penal** | Pública incondicionada. |
| **FRAUDE PROCESSUAL** | |
| **Fraude processual (art. 347)** | Inovar artificiosamente, na pendência de processo civil ou administrativo, o estado de lugar, de coisa ou de pessoa, com o fim de induzir a erro o juiz ou o perito. |
| **Penas** | A pena prevista para o crime é de detenção de três meses a dois anos, e multa. |
| **Aplicam-se as penas em dobro (Parágrafo único)** | Se a inovação se destina a produzir efeito em processo penal, ainda que não iniciado. |
| **Classificação** | Comum; formal; simples; doloso; de forma livre; comissivo; instantâneo; unissubjetivo; plurissubsistente. |
| **Sujeito Ativo** | Qualquer pessoa. |
| **Sujeito Passivo** | Estado ou, secundariamente, o terceiro prejudicado. |
| **Objeto Jurídico** | Administração da justiça. |
| **Objeto Material** | Pessoa ou coisa, a depender da forma como realizada a conduta do agente. |
| **Elemento Subjetivo** | Dolo específico, consistente na vontade de induzir a erro o juiz ou o perito. |
| **Consumação** | Consuma-se com a prática da conduta, independentemente do efetivo induzimento a erro do juiz ou do perito. |
| **Tentativa** | É admitida. |
| **Ação Penal** | Pública incondicionada. |
| **FAVORECIMENTO PESSOAL** | |
| **Favorecimento pessoal (art. 348)** | Auxiliar a subtrair-se à ação de autoridade pública autor de crime a que é cominada pena de reclusão. |
| **Penas** | A pena prevista para o crime é de detenção de um a seis meses, e multa. |
| **Privilegiadora (§ 1º)** | Se ao crime não é cominada pena de reclusão. |
| **Fica isento de pena (§ 2º)** | Se quem presta o auxílio é ascendente, descendente, cônjuge ou irmão do criminoso. |
| **Classificação** | Comum; material; simples; doloso; de forma livre; comissivo; instantâneo; unissubjetivo; plurissubsistente. |
| **Sujeito Ativo** | Qualquer pessoa. |
| **Sujeito Passivo** | Estado. |
| **Objeto Jurídico** | Administração da justiça. |
| **Objeto Material** | Não há. |
| **Elemento Subjetivo** | Dolo específico consiste na vontade de ludibriar a autoridade pública. |

| TÓPICO-SÍNTESE: DOS CRIMES CONTRA A ADMINISTRAÇÃO DA JUSTIÇA | |
|---|---|
| **Consumação** | Consuma-se com a prática da conduta, descrita no tipo penal, independentemente da produção de qualquer resultado. |
| **Tentativa** | É admitida. |
| **Ação Penal** | Pública incondicionada. |
| **FAVORECIMENTO REAL** | |
| **Favorecimento real (art. 349)** | Prestar a criminoso, fora dos casos de coautoria ou de receptação, auxílio destinado a tornar seguro o proveito do crime. |
| **Penas** | A pena prevista para o crime é de detenção de um a seis meses, e multa. |
| **Classificação** | Comum; formal; simples; doloso; de forma livre; comissivo; instantâneo; unissubjetivo; plurissubsistente. |
| **Sujeito Ativo** | Qualquer pessoa. |
| **Sujeito Passivo** | Estado ou, secundariamente, o terceiro prejudicado. |
| **Objeto Jurídico** | Administração da justiça. |
| **Objeto Material** | O proveito do crime. |
| **Elemento Subjetivo** | Dolo. |
| **Consumação** | Consuma-se com a prática da conduta, descrita no tipo penal, independentemente da produção de qualquer resultado. |
| **Tentativa** | É admitida. |
| **Ação Penal** | Pública incondicionada. |
| **FAVORECIMENTO REAL IMPRÓPRIO** | |
| **(art. 349-A)** | Ingressar, promover, intermediar, auxiliar ou facilitar a entrada de aparelho telefônico de comunicação móvel, de rádio ou similar, sem autorização legal, em estabelecimento prisional. |
| **Penas** | A pena prevista para o crime é de detenção de três meses a um ano. |
| **Classificação** | Comum; formal; simples; doloso; de forma livre; comissivo; instantâneo; unissubjetivo; plurissubsistente. |
| **Sujeito Ativo** | Qualquer pessoa. |
| **Sujeito Passivo** | Estado. |
| **Objeto Jurídico** | Administração da justiça. |
| **Objeto Material** | Aparelho telefônico de comunicação móvel, de rádio ou similar. |
| **Elemento Subjetivo** | Dolo. |
| **Consumação** | Consuma-se com a prática das condutas descritas no tipo penal, independentemente da produção de qualquer resultado. |
| **Tentativa** | É admitida. |
| **Ação Penal** | Pública incondicionada. |

| TÓPICO-SÍNTESE: DOS CRIMES CONTRA A ADMINISTRAÇÃO DA JUSTIÇA | |
|---|---|
| **FUGA DE PESSOA PRESA OU SUBMETIDA A MEDIDA DE SEGURANÇA** | |
| **Fuga de pessoa presa ou submetida a medida de segurança (art. 351)** | Promover ou facilitar a fuga de pessoa legalmente presa ou submetida a medida de segurança detentiva. |
| **Penas** | A pena prevista para o crime é de detenção de seis meses a dois anos. |
| **Qualificadoras (§§ 1º e 3º)** | • Se o crime é praticado a mão armada, ou por mais de uma pessoa, ou mediante arrombamento.<br>• Se o crime é praticado por pessoa sob cuja custódia ou guarda está o preso ou o internado. |
| **Modalidade Culposa (§ 4º)** | No caso de culpa do funcionário incumbido da custódia ou guarda, aplica-se a pena de detenção, de três meses a um ano, ou multa. |
| **Classificação** | Comum; material; simples; doloso; comissivo (nas condutas "promover" e "facilitar"), omissivo próprio (no núcleo "facilitar; de forma livre; instantâneo; unissubjetivo; plurissubsistente. |
| **Sujeito Ativo** | Qualquer pessoa. |
| **Sujeito Passivo** | Estado. |
| **Objeto Jurídico** | Administração da justiça. |
| **Objeto Material** | A pessoa fugitiva. |
| **Elemento Subjetivo** | Dolo ou culpa. |
| **Consumação** | Consuma-se com a prática das condutas descritas no tipo penal, independentemente da produção de qualquer resultado. |
| **Tentativa** | É admitida. |
| **Ação Penal** | Pública incondicionada. |
| **EVASÃO MEDIANTE VIOLÊNCIA CONTRA A PESSOA** | |
| **Evasão mediante violência contra a pessoa (art. 352)** | Evadir-se ou tentar evadir-se o preso ou o indivíduo submetido a medida de segurança detentiva, usando de violência contra a pessoa. |
| **Penas** | A pena prevista para o crime é de detenção de três meses a um ano, além da pena correspondente à violência. |
| **Classificação** | Próprio; material; simples; doloso; comissivo; de forma livre; instantâneo; unissubjetivo; plurissubsistente. |
| **Sujeito Ativo** | Qualquer pessoa. |
| **Sujeito Passivo** | Estado ou, secundariamente, o terceiro que sofreu a violência. |
| **Objeto Jurídico** | Administração da justiça. |
| **Objeto Material** | Pessoa agredida. |

| TÓPICO-SÍNTESE: DOS CRIMES CONTRA A ADMINISTRAÇÃO DA JUSTIÇA | |
|---|---|
| **Elemento Subjetivo** | Dolo. |
| **Consumação** | Consuma-se quando o agente emprega a violência, objetivando a fuga. |
| **Tentativa** | Não é admitida. |
| **Ação Penal** | Pública incondicionada. |
| **ARREBATAMENTO DE PRESO** | |
| **Arrebatamento de preso (art. 353)** | Arrebatar preso, a fim de maltratá-lo, do poder de quem o tenha sob custódia ou guarda. |
| **Penas** | A pena prevista para o crime é de reclusão de um a quatro anos, além da pena correspondente à violência. |
| **Classificação** | Comum; formal; simples; doloso; comissivo; instantâneo; de forma livre; unissubjetivo; plurissubsistente. |
| **Sujeito Ativo** | Qualquer pessoa. |
| **Sujeito Passivo** | Estado ou, secundariamente, o preso. |
| **Objeto Jurídico** | Administração da justiça. |
| **Objeto Material** | O preso. |
| **Elemento Subjetivo** | Dolo específico, consistente na finalidade de maltratar o preso. |
| **Consumação** | Consuma-se quando há o efetivo arrebatamento do preso, independentemente de o agente conseguir, efetivamente maltratá-lo. |
| **Tentativa** | É admitida. |
| **Ação Penal** | Pública incondicionada |
| **MOTIM DE PRESOS** | |
| **Motim de presos (art. 354)** | Amotinarem-se presos, perturbando a ordem ou disciplina da prisão. |
| **Penas** | A pena prevista para o crime é de detenção de seis meses a dois anos, além da pena correspondente à violência. |
| **Classificação** | Próprio; material; simples; doloso; comissivo; de forma livre; instantâneo; plurissubjetivo; plurissubsistente. |
| **Sujeito Ativo** | As pessoas presas. |
| **Sujeito Passivo** | Estado. |
| **Objeto Jurídico** | Administração da justiça. |
| **Objeto Material** | Não há. |
| **Elemento Subjetivo** | Dolo. |
| **Consumação** | Consuma-se com o motim dos presos, que produz a perturbação da ordem ou disciplina da prisão. |
| **Tentativa** | É admitida. |
| **Ação Penal** | Pública incondicionada. |

| **TÓPICO-SÍNTESE: DOS CRIMES CONTRA A ADMINISTRAÇÃO DA JUSTIÇA** | |
|---|---|
| **PATROCÍNIO INFIEL** | |
| **Patrocínio infiel (art. 355)** | Trair, na qualidade de advogado ou procurador, o dever profissional, prejudicando interesse, cujo patrocínio, em juízo, lhe é confiado. |
| **Penas** | A pena prevista para o crime é de detenção de seis meses a três anos, e multa. |
| **Patrocínio simultâneo ou tergiversação (Parágrafo único)** | Incorre na pena deste artigo o advogado ou procurador judicial que defende na mesma causa, simultânea ou sucessivamente, partes contrárias. |
| **Classificação** | Próprio; material; pluriofensivo; de forma livre; comissivo ou omissivo; instantâneo, unissubjetivo; plurissubsistente. |
| **Sujeito Ativo** | O advogado ou procurador. |
| **Sujeito Passivo** | Estado ou, secundariamente, o terceiro prejudicado. |
| **Objeto Jurídico** | Administração da justiça. |
| **Objeto Material** | A pessoa que teve o interesse prejudicado. |
| **Elemento Subjetivo** | Dolo. |
| **Consumação** | Consuma-se quando há o prejuízo posterior à traição. |
| **Tentativa** | É admitida. |
| **Ação Penal** | Pública incondicionada. |
| **SONEGAÇÃO DE PAPEL OU OBJETIVO DE VALOR PROBATÓRIO** | |
| **Sonegação de papel ou objeto de valor probatório (art. 356)** | Inutilizar, total ou parcialmente, ou deixar de restituir autos, documento ou objeto de valor probatório, que recebeu na qualidade de advogado ou procurador. |
| **Penas** | A pena prevista para o crime é de detenção de seis meses a três anos, e multa. |
| **Classificação** | Próprio; material; simples; de forma livre; comissivo ("inutilizar") ou omissivo ("deixar de restituir"); instantâneo ("inutilizar") e permanente ("deixar de restituir"); unissubjetivo; unissubsistente ou plurissubsistente, conforme o caso concreto.. |
| **Sujeito Ativo** | O advogado ou procurador. |
| **Sujeito Passivo** | Estado. |
| **Objeto Jurídico** | Administração da justiça. |
| **Objeto Material** | Os autos, documento ou objeto de valor probatório. |
| **Elemento Subjetivo** | Dolo. |
| **Consumação** | Consuma-se com a realização das condutas descritas no tipo penal. |
| **Tentativa** | É admitida na modalidade inutilizar. |
| **Ação Penal** | Pública incondicionada. |

| TÓPICO-SÍNTESE: DOS CRIMES CONTRA A ADMINISTRAÇÃO DA JUSTIÇA | |
|---|---|
| **EXPLORAÇÃO DE PRESTÍGIO** | |
| **Exploração de prestígio (art. 357)** | Solicitar ou receber dinheiro ou qualquer outra utilidade, a pretexto de influir em juiz, jurado, órgão do Ministério Público, funcionário de justiça, perito, tradutor, intérprete ou testemunha. |
| **Penas** | A pena prevista para o crime é de reclusão de um a cinco anos, e multa. |
| **Aumento de Pena (Parágrafo único)** | **De 1/3:** Se o agente alega ou insinua que o dinheiro ou utilidade também se destina a qualquer das pessoas referidas neste artigo. |
| **Classificação** | Comum; formal; simples; de forma livre; comissivo; instantâneo; unissubjetivo; unissubsistente (na solicitação verbal) ou plurissubsistente (demais casos), conforme o caso concreto. |
| **Sujeito Ativo** | Qualquer pessoa. |
| **Sujeito Passivo** | Estado. |
| **Objeto Jurídico** | Administração da justiça. |
| **Objeto Material** | Dinheiro ou qualquer outra utilidade. |
| **Elemento Subjetivo** | Dolo. |
| **Consumação** | Na modalidade solicitar, consuma-se com a mera solicitação, independentemente do efetivo recebimento do dinheiro ou utilidade;<br>Na modalidade receber, consuma-se com o efetivo recebimento. |
| **Tentativa** | É admitida. |
| **Ação Penal** | Pública incondicionada. |
| **VIOLÊNCIA OU FRAUDE EM ARREMATAÇÃO JUDICIAL** | |
| **Violência ou fraude em arrematação judicial (art. 358)** | Impedir, perturbar ou fraudar arrematação judicial; afastar ou procurar afastar concorrente ou licitante, por meio de violência, grave ameaça, fraude ou oferecimento de vantagem. |
| **Penas** | A pena prevista para o crime é de detenção de dois meses a um ano, ou multa, além da pena correspondente à violência. |
| **Classificação** | Comum; material; simples; de forma livre; comissivo; instantâneo; unissubjetivo; plurissubsistente. |
| **Sujeito Ativo** | Qualquer pessoa. |
| **Sujeito Passivo** | Estado. |
| **Objeto Jurídico** | Administração da justiça. |
| **Objeto Material** | O concorrente ou licitante. |
| **Elemento Subjetivo** | Dolo. |
| **Consumação** | Consuma-se com a realização de qualquer das condutas descritas no tipo penal. |
| **Tentativa** | É admitida. |
| **Ação Penal** | Pública incondicionada. |

| TÓPICO-SÍNTESE: DOS CRIMES CONTRA A ADMINISTRAÇÃO DA JUSTIÇA | |
|---|---|
| **DESOBEDIÊNCIA A DECISÃO JUDICIAL SOBRE PERDA OU SUSPENSÃO DE DIREITO** | |
| **Desobediência a decisão judicial sobre perda ou suspensão de direito (art. 359)** | Exercer função, atividade, direito, autoridade ou múnus, de que foi suspenso ou privado por decisão judicial. |
| **Penas** | A pena prevista para o crime é de detenção de três meses a dois anos, ou multa. |
| **Classificação** | Próprio; formal; simples; de forma livre; comissivo; instantâneo; unissubjetivo; plurissubsistente. |
| **Sujeito Ativo** | Aquele que teve sua função, atividade, direito, autoridade ou múnus suspenso ou privado por decisão judicial. |
| **Sujeito Passivo** | Estado. |
| **Objeto Jurídico** | Administração da justiça. |
| **Objeto Material** | Não há. |
| **Elemento Subjetivo** | Dolo. |
| **Consumação** | Consuma-se com o exercício da função, atividade, direito, autoridade ou múnus. |
| **Tentativa** | É admitida. |
| **Ação Penal** | Pública incondicionada. |

Capítulo

# 4

# DOS CRIMES CONTRA AS FINANÇAS PÚBLICAS

*Leia a Lei:*

- *art. 359-A a 359-H do CP.*

A Lei n. 10.028, de 2000, inseriu o capítulo IV no Título IX do código Penal, que trata dos crimes contra as finanças públicas. A pretensão do legislador foi tipificar de modo mais claro condutas perpetradas por gestores públicos encarregados da administração dos recursos. Indubitavelmente, o legislador penal envidou esforços para concretizar alguns preceitos da Lei de Responsabilidade Fiscal (Lei complementar n. 101/2000).

Os tipos penais relacionados às finanças públicas possuem algumas características em comum, como o fato de serem próprios, isto é, exigirem uma qualidade especial do agente. Com efeito, os crimes mencionados abaixo somente podem ser praticados por funcionários públicos encarregados de determinadas atividades, vinculadas às finanças públicas.

## 1. CONTRATAÇÃO DE OPERAÇÃO DE CRÉDITO

**Art. 359-A**. *Ordenar, autorizar ou realizar operação de crédito, interno ou externo, sem prévia autorização legislativa:*

**Pena** – *reclusão, de 1 (um) a 2 (dois) anos.*

**Parágrafo único**. *Incide na mesma pena quem ordena, autoriza ou realiza operação de crédito, interno ou externo:*

**I** – *com inobservância de limite, condição ou montante estabelecido em lei ou em resolução do Senado Federal;*

**II** – *quando o montante da dívida consolidada ultrapassa o limite máximo autorizado por lei.*

### 1.1. Introdução

As condutas consistem em "ordenar" (determinar, impor, mandar), "autorizar" (permitir, facultar, viabilizar) ou "realizar" (concretizar, efetivar) e recaem sobre operação de crédito (interno ou externo) que, conforme definição do art. 29, III da Lei Complementar n. 101/2005 (Lei de Responsabilidade Fiscal), consiste em: "compromisso financeiro assumido em razão de mútuo, abertura de crédito, emissão e aceite de título, aquisição financiada de bens, recebimento antecipado de valores provenientes da venda a termo de bens e serviços, arrendamento mercantil e outras operações assemelhadas, inclusive com o uso de derivativos financeiros".

Atente-se que somente ocorrerá o crime quando a operação de crédito:

a) Não vier antecedida de autorização legislativa (*caput*).

b) Ocorrer com inobservância de limite, condição ou montante estabelecido em lei ou em resolução do Senado Federal (parágrafo único, I).

c) Quando o montante da dívida consolidada ultrapassa o limite máximo autorizado por lei.

A Lei de Responsabilidade Fiscal estabelece, em seu art. 29, algumas definições. No que se refere à dívida pública consolidada, consta do seu inciso I: é o "montante total, apurado sem duplicidade, das obrigações financeiras do ente da Federação, assumidas em virtude de leis, contratos, convênios ou tratados e da realização de operações de crédito, para amortização em prazo superior a dize meses". E o conceito é complementado pelo § 3º do mesmo artigo, nos seguintes termos: "Também integram a dívida pública consolidada as operações de crédito de prazo inferior a doze meses cujas receitas tenham constado do orçamento".

Ainda no que tange aos limites previstos no tipo penal, o art. 30, § 4º da Lei de Responsabilidade Fiscal assevera que: "para fins de verificação do atendimento do limite, a apuração do montante da dívida consolidada será efetuada ao final de cada quadrimestre".

A pena prevista para o crime é de reclusão de um a dois anos. Logo, podemos concluir que:

a) É possível a transação penal (art. 76, Lei n. 9.099/95), pois se trata de infração penal de menor potencial ofensivo;

b) É possível a suspensão condicional do processo (art. 89, Lei n. 9.099/95), pois a pena mínima não ultrapassa um ano.

Acerca da classificação, o crime de contratação de operação de crédito é próprio; formal; de forma vinculada; simples; comissivo; unissubjetivo; instantâneo; plurissubsistente ou unissubsistente, conforme o caso concreto; de perigo; doloso.

### 1.2. Sujeito ativo

O funcionário público responsável por ordenar, autorizar ou realizar da operação de crédito.

### 1.3. Sujeito passivo

O Estado.

### 1.4. Objeto jurídico

As finanças públicas.

### 1.5. Objeto material

A operação de crédito.

### 1.6. Elemento subjetivo

É o dolo.

Não há previsão para a modalidade culposa.

### 1.7. Consumação e tentativa

O crime estará consumado com a realização das condutas contidas no tipo. Não se exige a produção de um prejuízo financeiro para o Estado.

Admite-se a tentativa.

### 1.8. Ação penal

Pública incondicionada.

## 2. INSCRIÇÃO DE DESPESAS NÃO EMPENHADAS EM RESTOS A PAGAR

**Art. 359-B**

*. Ordenar ou autorizar a inscrição em restos a pagar, de despesa que não tenha sido previamente empenhada ou que exceda limite estabelecido em lei:*

**Pena** – *detenção, de 6 (seis) meses a 2 (dois) anos.*

**Conforme art. 42 da Lei de Responsabilidade Fiscal:** *"É vedado ao titular de Poder ou órgão referido no art. 20, nos últimos dois quadrimestres do seu mandato, contrair obrigação de despesa que não possa ser cumprida integralmente dentro dele, ou que tenha parcelas a serem pagas no exercício seguinte sem que haja suficiente disponibilidade de caixa para este efeito.*

**Parágrafo único.** *Na determinação da disponibilidade de caixa serão considerados os encargos e despesas compromissadas a pagar até o final do exercício."*

### 2.1. Introdução

As condutas consistem em "ordenar" (determinar, impor, mandar) ou "autorizar" (permitir, facultar, viabilizar).

A Lei n. 4.320/64, que trata das normas gerais sobre Direito Financeiro, estabelece, em seu art. 36, que "consideram-se Restos a Pagar as despesas empenhadas, mas não pagas até o dia 31 de dezembro distinguindo-se as processadas das não processadas".

Por seu turno, a Lei de Responsabilidade Fiscal estatui em seu art. 42 que "É vedado ao titular de Poder ou órgão referido no art. 20, nos últimos dois quadrimestres do seu mandato, contrair obrigação de despesa que não possa ser cumprida integralmente dentro dele, ou que tenha parcelas a serem pagas no exercício seguinte sem que haja suficiente disponibilidade de caixa para este efeito".

A pena prevista para o crime é de detenção de seis meses a dois anos. Logo, podemos concluir que:

a) É possível a transação penal (art. 76, Lei n. 9.099/95), pois se trata de infração penal de menor potencial ofensivo;

b) É possível a suspensão condicional do processo (art. 89, Lei n. 9.099/95), pois a pena mínima não ultrapassa um ano.

Acerca da classificação, o crime de inscrição de despesas não emprenhadas em resto a pagar é próprio; formal; de forma vinculada; simples; comissivo; unissubjetivo; instantâneo; plurissubsistente ou unissubsistente, conforme o caso concreto; de perigo; doloso.

### 2.2. Sujeito ativo

O funcionário público responsável por ordenar, autorizar a inscrição em restos a pagar.

### 2.3. Sujeito passivo

O Estado.

### 2.4. Objeto jurídico

As finanças públicas.

### 2.5. Objeto material

A despesa (não empenhada ou que exceda o limite estabelecido em lei).

### 2.6. Elemento subjetivo

É o dolo.

Não há previsão para a modalidade culposa.

### 2.7. Consumação e tentativa

O crime estará consumado com a realização das condutas contidas no tipo. Não se exige a produção de um prejuízo financeiro para o Estado.

Admite-se a tentativa.

### 2.8. Ação penal

Pública incondicionada.

## 3. ASSUNÇÃO DE OBRIGAÇÃO NO ÚLTIMO ANO DO MANDATO OU LEGISLATURA

**Art. 359-C.** *Ordenar ou autorizar a assunção de obrigação, nos dois últimos quadrimestres do último ano do mandato ou legislatura, cuja despesa não possa ser paga no mesmo exercício financeiro ou, caso reste parcela a ser paga no exercício seguinte, que não tenha contrapartida suficiente de disponibilidade de caixa:*

**Pena** – *reclusão, de 1 (um) a 4 (quatro) anos.*

### 3.1. Introdução

As condutas consistem em "ordenar" (determinar, impor, mandar) ou "autorizar" (permitir, facultar, viabilizar).

O crime ocorrerá quando o agente público ordenar ou autorizar a assunção de obrigação

a) Nos dois últimos quadrimestres do último ano do mandato ou legislatura cuja despesa não possa ser paga no mesmo exercício financeiro:

b) Nos dois últimos quadrimestres caso reste parcela a ser paga no exercício seguinte.

Como se percebe o objetivo do tipo penal é evitar que o gestor sacrifique as finanças públicas, comprometendo a atuação dos seus sucessores.

A pena prevista para o crime é de reclusão de um a quatro anos. Logo, podemos concluir que:

a) Não é possível a transação penal (art. 76, Lei n. 9.099/95), pois se trata de infração penal de menor potencial ofensivo;

b) É possível a suspensão condicional do processo (art. 89, Lei n. 9.099/95), pois a pena mínima não ultrapassa um ano.

Acerca da classificação, o crime de assunção de obrigação no último ano do mandato ou legislatura é próprio; formal; de forma vinculada; simples; comissivo; unissubjetivo; instantâneo; plurissubsistente ou unissubsistente, conforme o caso concreto; de perigo; doloso.

### 3.2. Sujeito ativo

O funcionário público responsável por ordenar, autorizar a assunção de obrigação.

### 3.3. Sujeito passivo

O Estado.

### 3.4. Objeto jurídico

As finanças públicas.

### 3.5. Objeto material

A obrigação.

### 3.6. Elemento subjetivo

É o dolo.

Não há previsão para a modalidade culposa.

### 3.7. Consumação e tentativa

O crime estará consumado com a realização das condutas contidas no tipo. Não se exige a produção de um prejuízo financeiro para o Estado.

Admite-se a tentativa.

### 3.8. Ação penal

Pública incondicionada.

## 4. ORDENAÇÃO DE DESPESA NÃO AUTORIZADA

**Art. 359-D.** *Ordenar despesa não autorizada por lei:*
**Pena** – *reclusão, de 1 (um) a 4 (quatro) anos.*

### 4.1. Introdução

A conduta consiste em "ordenar" (determinar, impor, mandar), e diz respeito a despesa não autorizada por lei. Trata-se de norma penal em branco, porquanto é imprescindível conhecer o teor da lei que estabelecerá as despesas autorizadas.

A pena prevista para o crime é de reclusão de um a quatro anos. Logo, podemos concluir que:

a) Não é possível a transação penal (art. 76, Lei n. 9.099/95), pois se trata de infração penal de menor potencial ofensivo;

b) É possível a suspensão condicional do processo (art. 89, Lei n. 9.099/95), pois a pena mínima não ultrapassa um ano.

Acerca da classificação, o crime de ordenação de despesa não autorizada é próprio; formal; de forma vinculada; simples; comissivo; unissubjetivo; instantâneo; plurissubsistente ou unissubsistente, conforme o caso concreto; de perigo; doloso.

### 4.2. Sujeito ativo

O funcionário público responsável por ordenar a despesa.

### 4.3. Sujeito passivo

O Estado.

### 4.4. Objeto jurídico

As finanças públicas.

### 4.5. Objeto material

A despesa ordenada.

### 4.6. Elemento subjetivo

É o dolo.

Não há previsão para a modalidade culposa.

### 4.7. Consumação e tentativa

O crime estará consumado com a realização das condutas contidas no tipo. Não se exige a produção de um prejuízo financeiro para o Estado.

Admite-se a tentativa.

### 4.8. Ação penal

Pública incondicionada.

## 5. PRESTAÇÃO DE GARANTIA GRACIOSA

> **Art. 359-E.** *Prestar garantia em operação de crédito sem que tenha sido constituída contragarantia em valor igual ou superior ao valor da garantia prestada, na forma da lei:*
> **Pena** – *detenção, de 3 (três) meses a 1 (um) ano.*

### 5.1. Introdução

O núcleo do tipo é o verbo "prestar", e diz respeito à garantia, no sentido de firmar compromisso, garantir, afiançar. A garantia, por seu lado, corresponde à operação de crédito, que, conforme definição do art. 29, III da Lei Complementar n. 101/2005 (Lei de Responsabilidade Fiscal), consiste em: "compromisso financeiro assumido em razão de mútuo, abertura de crédito, emissão e aceite de título, aquisição financiada de bens, recebimento antecipado de valores provenientes da venda a termo de bens e serviços, arrendamento mercantil e outras operações assemelhadas, inclusive com o uso de derivativos financeiros".

O crime ocorre quando o agente público presta a garantia em operação de crédito sem que tenha havido contragarantia em valor igual ou superior, o que pode ocasionar dano às finanças públicas.

A pena prevista para o crime é de detenção de três meses a um ano. Logo, podemos concluir que:

a) É possível a transação penal (art. 76, Lei n. 9.099/95), pois se trata de infração penal de menor potencial ofensivo;

b) É possível a suspensão condicional do processo (art. 89, Lei n. 9.099/95), pois a pena mínima não ultrapassa um ano.

Acerca da classificação, o crime de prestação de garantia graciosa é próprio; formal; de forma vinculada; simples; comissivo; unissubjetivo; instantâneo; plurissubsistente ou unissubsistente, conforme o caso concreto; de perigo; doloso.

### 5.2. Sujeito ativo

O funcionário público responsável por prestar a garantia em operação de crédito.

### 5.3. Sujeito passivo

O Estado.

### 5.4. Objeto jurídico

As finanças públicas.

### 5.5. Objeto material

A operação de crédito.

### 5.6. Elemento subjetivo

É o dolo.

Não há previsão para a modalidade culposa.

### 5.7. Consumação e tentativa

O crime estará consumado com a realização das condutas contidas no tipo. Não se exige a produção de um prejuízo financeiro para o Estado.

Admite-se a tentativa.

### 5.8. Ação penal

Pública incondicionada.

## 6. NÃO CANCELAMENTO DE RESTOS A PAGAR

> **Art. 359-F.** *Deixar de ordenar, de autorizar ou de promover o cancelamento do montante de restos a pagar inscrito em valor superior ao permitido em lei:*
> **Pena** – *detenção, de 6 (seis) meses a 2 (dois) anos.*

### 6.1. Introdução

As condutas dizem respeito a "deixar de" (não fazer, abster-se) "ordenar" (determinar, impor, mandar), "autorizar" (permitir, facultar, viabilizar) ou "promover" (ensejar, dar causa). As condutas omissivas dizem respeito ao cancelamento do montante de restos a pagar inscrito em valor superior ao permitido em lei.

A Lei n. 4.320/64, que trata das normas gerais sobre Direito Financeiro, estabelece, em seu art. 36, que "consideram-se Restos a Pagar as despesas empenhadas mas não pagas até o dia 31 de dezembro distinguindo-se as processadas das não processadas".

Acerca da classificação, o crime de não cancelamento de restos a pagar é próprio; formal; de forma vinculada; simples; comissivo; unissubjetivo; instantâneo; unissubsistente; de perigo; doloso.

### 6.2. Sujeito ativo

O funcionário público responsável por ordenar, autorizar ou promover o cancelamento do montante de restos a pagar inscrito em valor superior ao permitido em lei.

### 6.3. Sujeito passivo

O Estado.

### 6.4. Objeto jurídico

As finanças públicas.

### 6.5. Objeto material

A inscrição de restos a pagar.

### 6.6. Elemento subjetivo

É o dolo.

Não há previsão para a modalidade culposa.

### 6.7. Consumação e tentativa

O crime estará consumado com a realização das condutas contidas no tipo. Não se exige a produção de um prejuízo financeiro para o Estado.

Admite-se a tentativa.

### 6.8. Ação penal

Pública incondicionada.

## 7. AUMENTO DE DESPESA TOTAL COM PESSOAL NO ÚLTIMO ANO DO MANDATO OU LEGISLATURA

**Art. 359-G.** *Ordenar, autorizar ou executar ato que acarrete aumento de despesa total com pessoal, nos cento e oitenta dias anteriores ao final do mandato ou da legislatura:*

**Pena** – *reclusão, de 1 (um) a 4 (quatro) anos.*

### 7.1. Introdução

As condutas dizem respeito a "ordenar" (determinar, impor, mandar), "autorizar" (permitir, facultar, viabilizar) ou "executar" (fazer, concretizar, realizar). As condutas dizem respeito a ato que acarrete aumento de despesa total com pessoal, o que poderia dificultar ou inviabilizar os mandatos subsequentes.

A pena prevista para o crime é de reclusão de um a quatro anos. Logo, podemos concluir que:

a) Não é possível a transação penal (art. 76, Lei n. 9.099/95), pois não se trata de infração penal de menor potencial ofensivo;

b) É possível a suspensão condicional do processo (art. 89, Lei n. 9.099/95), pois a pena mínima não ultrapassa um ano.

Acerca da classificação, o crime de aumento de despesa total com pessoal no último ano do mandato ou legislatura é próprio; formal; de forma vinculada; simples; comissivo; unissubjetivo; instantâneo; unissubsistente ou plurissubsistente, conforme o caso concreto; de perigo; doloso.

### 7.2. Sujeito ativo

O funcionário público exercente de mandato, responsável por ordenar, autorizar ou executar ato que acarrete aumento de despesa total com pessoal.

### 7.3. Sujeito passivo

O Estado.

### 7.4. Objeto jurídico

As finanças públicas.

### 7.5. Objeto material

O ato que enseja o aumento de despesa com pessoal.

### 7.6. Elemento subjetivo

É o dolo.

Não há previsão para a modalidade culposa.

### 7.7. Consumação e tentativa

O crime estará consumado com a realização das condutas contidas no tipo. Não se exige a produção de um prejuízo financeiro para o Estado.

Admite-se a tentativa.

### 7.8. Ação penal

Pública incondicionada.

## 8. OFERTA PÚBLICA OU COLOCAÇÃO DE TÍTULOS NO MERCADO

> **Art. 359-H.** *Ordenar, autorizar ou promover a oferta pública ou a colocação no mercado financeiro de títulos da dívida pública sem que tenham sido criados por lei ou sem que estejam registrados em sistema centralizado de liquidação e de custódia:*
> **Pena** – *reclusão, de 1 (um) a 4 (quatro) anos.*

### 8.1. Introdução

As condutas dizem respeito a "ordenar" (determinar, impor, mandar), "autorizar" (permitir, facultar, viabilizar) ou "promover" (ensejar, dar causa). As condutas recaem sobre a oferta pública ou a colocação no mercado financeiro de títulos da dívida pública sem que tenham sido criados por lei ou sem que estejam registrados em sistema centralizado de liquidação e de custódia.

Os títulos constituem a dívida pública mobiliária que, conforme definição do art. 29, II da Lei de Responsabilidade Fiscal é a "dívida pública representada por títulos emitidos pela União, inclusive os do Banco Central do Brasil, Estados e Municípios".

A pena prevista para o crime é de reclusão de um a quatro anos. Logo, podemos concluir que:

a) Não é possível a transação penal (art. 76, Lei n. 9.099/95), pois não se trata de infração penal de menor potencial ofensivo;

b) É possível a suspensão condicional do processo (art. 89, Lei n. 9.099/95), pois a pena mínima não ultrapassa um ano.

Acerca da classificação, o crime de oferta pública ou colocação de títulos no mercado é próprio; formal; de forma vinculada; simples; comissivo; unissubjetivo; instantâneo; unissubsistente ou plurissubsistente, conforme o caso concreto; de perigo; doloso.

### 8.2. Sujeito ativo

O funcionário público responsável por ordenar, autorizar ou promover a oferta pública ou a colocação no mercado financeiro de títulos da dívida pública.

### 8.3. Sujeito passivo

O Estado.

### 8.4. Objeto jurídico

As finanças públicas.

### 8.5. Objeto material

Os títulos da dívida pública.

8.6. Elemento subjetivo

É o dolo.

Não há previsão para a modalidade culposa.

### 8.7. Consumação e tentativa

O crime estará consumado com a realização das condutas contidas no tipo. Não se exige a produção de um prejuízo financeiro para o Estado.

Admite-se a tentativa.

### 8.8. Ação penal

Pública incondicionada.

## 9. TÓPICO-SÍNTESE

| TÓPICO-SÍNTESE: DOS CRIMES CONTRA AS FINANÇAS PÚBLICAS | |
|---|---|
| CONTRATAÇÃO DE OPERAÇÃO DE CRÉDITO | |
| Contratação de operação de crédito 359-A | As condutas consistem em "ordenar" (determinar, impor, mandar), "autorizar" (permitir, facultar, viabilizar) ou "realizar" (concretizar, efetivar) e recaem sobre operação de crédito (interno ou externo) que, conforme definição do art. 29, III da Lei Complementar n. 101/2005 (Lei de Responsabilidade Fiscal), consiste em: "compromisso financeiro assumido em razão de mútuo, abertura de crédito, emissão e aceite de título, aquisição financiada de bens, recebimento antecipado de valores provenientes da venda a termo de bens e serviços, arrendamento mercantil e outras operações assemelhadas, inclusive com o uso de derivativos financeiros". |
| Penas | A pena prevista para o crime é de reclusão de um a dois anos. |
| Classificação | Próprio; formal; de forma vinculada; simples; comissivo; unissubjetivo; instantâneo; plurissubsistente ou unissubsistente, conforme o caso concreto; de perigo; doloso. |
| Sujeito ativo | O funcionário público responsável por ordenar, autorizar ou realizar da operação de crédito. |
| Sujeito passivo | Estado. |
| Objeto jurídico | Finanças públicas. |
| Objeto material | Operação de crédito. |
| Elemento subjetivo | Dolo. |
| Consumação | O crime estará consumado com a realização das condutas contidas no tipo. Não se exige a produção de um prejuízo financeiro para o Estado. |

| TÓPICO-SÍNTESE: DOS CRIMES CONTRA AS FINANÇAS PÚBLICAS | |
|---|---|
| **Tentativa** | Admite-se. |
| **Ação Penal** | Pública incondicionada. |
| **INSCRIÇÃO DE DESPESAS NÃO EMPENHADAS EM RESTOS A PAGAR** | |
| **Inscrição de despesas não empenhadas em restos a pagar 359 - B** | As condutas consistem em "ordenar" (determinar, impor, mandar) ou "autorizar" (permitir, facultar, viabilizar).<br>A Lei n. 4.320/64, que trata das normas gerais sobre Direito Financeiro, estabelece, em seu art. 36, que "consideram-se Restos a Pagar as despesas empenhadas e não pagas até o dia 31 de dezembro distinguindo-se as processadas das não processadas". Por seu turno, a Lei de Responsabilidade Fiscal estatui em seu art. 42 que "É vedado ao titular de Poder ou órgão referido no art. 20, nos últimos dois quadrimestres do seu mandato, contrair obrigação de despesa que não possa ser cumprida integralmente dentro dele, ou que tenha parcelas a serem pagas no exercício seguinte sem que haja suficiente disponibilidade de caixa para este efeito". |
| **Penas** | A pena prevista para o crime é de detenção de seis meses a dois anos. |
| **Classificação** | Próprio; formal; de forma vinculada; simples; comissivo; unissubjetivo; instantâneo; plurissubsistente ou unissubsistente, conforme o caso concreto; de perigo; doloso. |
| **Sujeito ativo** | O funcionário público responsável por ordenar ou autorizar a inscrição em restos a pagar. |
| **Sujeito passivo** | O Estado. |
| **Objeto jurídico** | Finanças públicas. |
| **Objeto material** | A despesa (não empenhada ou que exceda o limite estabelecido em lei). |
| **Elemento subjetivo** | Dolo. |
| **Consumação** | O crime estará consumado com a realização das condutas contidas no tipo. |
| **Tentativa** | Admite-se. |
| **Ação Penal** | Pública incondicionada. |
| **ASSUNÇÃO DE OBRIGAÇÃO NO ÚLTIMO ANO DO MANDATO OU LEGISLATURA** | |
| **Assunção de obrigação no último ano do mandato ou legislatura 359 – C** | As condutas consistem em "ordenar" (determinar, impor, mandar) ou "autorizar" (permitir, facultar, viabilizar).<br>O crime ocorrerá quando o agente público ordenar ou autorizar a assunção de obrigação<br>a) Nos dois últimos quadrimestres do último ano do mandato ou legislatura cuja despesa não possa ser paga no mesmo exercício financeiro:<br>b) Nos dois últimos quadrimestres caso reste parcela a ser paga no exercício seguinte. |
| **Penas** | A pena prevista para o crime é de reclusão de um a quatro anos. |

| TÓPICO-SÍNTESE: DOS CRIMES CONTRA AS FINANÇAS PÚBLICAS | |
|---|---|
| **Classificação** | Próprio; formal; de forma vinculada; simples; comissivo; unissubjetivo; instantâneo; plurissubsistente ou unissubsistente, conforme o caso concreto; de perigo; doloso. |
| **Sujeito ativo** | O funcionário público responsável por ordenar ou autorizar a assunção de obrigação. |
| **Sujeito passivo** | O Estado. |
| **Objeto jurídico** | Finanças públicas. |
| **Objeto material** | A obrigação. |
| **Elemento subjetivo** | Dolo. |
| **Consumação** | O crime estará consumado com a realização das condutas contidas no tipo. |
| **Tentativa** | Admite-se. |
| **Ação Penal** | Pública incondicionada. |
| **ORDENAÇÃO DE DESPESA NÃO AUTORIZADA** | |
| **Ordenação de despesa não autorizada 359 – D** | A conduta consiste em "ordenar" (determinar, impor, mandar), e diz respeito a despesa não autorizada por lei. Trata-se de norma penal em branco. |
| **Penas** | A pena prevista para o crime é de reclusão de um a quatro anos. |
| **Classificação** | Próprio; formal; de forma vinculada; simples; comissivo; unissubjetivo; instantâneo; plurissubsistente ou unissubsistente, conforme o caso concreto; de perigo; doloso. |
| **Sujeito ativo** | O funcionário público responsável por ordenar a despesa. |
| **Sujeito passivo** | O Estado. |
| **Objeto jurídico** | Finanças públicas. |
| **Objeto material** | A despesa não autorizada. |
| **Elemento subjetivo** | Dolo. |
| **Consumação** | O crime estará consumado com a realização das condutas contidas no tipo. |
| **Tentativa** | Admite-se. |
| **Ação Penal** | Pública incondicionada. |
| **PRESTAÇÃO DE GARANTIA GRACIOSA** | |
| **Prestação de garantia graciosa 359 – E** | O núcleo do tipo é o verbo "prestar", e diz respeito à garantia, no sentido de firmar compromisso, garantir, afiançar. O crime ocorre quando o agente público presta a garantia em operação de crédito sem que tenha havido contragarantia em valor igual ou superior, o que pode ocasionar dano às finanças públicas. |
| **Penas** | A pena prevista para o crime é de detenção de três meses a um ano. |

| TÓPICO-SÍNTESE: DOS CRIMES CONTRA AS FINANÇAS PÚBLICAS | |
|---|---|
| **Classificação** | Próprio; formal; de forma vinculada; simples; comissivo; unissubjetivo; instantâneo; plurissubsistente ou unissubsistente, conforme o caso concreto; de perigo; doloso. |
| **Sujeito ativo** | O funcionário público responsável por prestar a garantia em operação de crédito. |
| **Sujeito passivo** | O Estado. |
| **Objeto jurídico** | Finanças públicas. |
| **Objeto material** | A operação de crédito. |
| **Elemento subjetivo** | Dolo. |
| **Consumação** | O crime estará consumado com a realização das condutas contidas no tipo. |
| **Tentativa** | Admite-se. |
| **Ação Penal** | Pública incondicionada. |
| **NÃO CANCELAMENTO DE RESTOS A PAGAR** | |
| **Não cancelamento de restos a pagar 359 – F** | As condutas dizem respeito a "deixar de" (não fazer, abster-se) "ordenar" (determinar, impor, mandar), "autorizar" (permitir, facultar, viabilizar) ou "promover" (ensejar, dar causa). As condutas omissivas dizem respeito ao cancelamento do montante de restos a pagar inscrito em valos superior ao permitido em lei. |
| **Penas** | A pena prevista para o crime é de detenção de seis meses a dois anos. |
| **Classificação** | Próprio; formal; de forma vinculada; simples; comissivo; unissubjetivo; instantâneo; unissubsistente; de perigo; doloso. |
| **Sujeito ativo** | O funcionário público responsável por ordenar, autorizar ou promover o cancelamento do montante de restos a pagar inscrito em valor superior ao permitido em lei. |
| **Sujeito passivo** | O Estado. |
| **Objeto jurídico** | Finanças públicas. |
| **Objeto material** | A inscrição de restos a pagar. |
| **Elemento subjetivo** | Dolo. |
| **Consumação** | O crime estará consumado com a realização das condutas contidas no tipo. |
| **Tentativa** | Admite-se. |
| **Ação Penal** | Pública incondicionada. |
| **AUMENTO DE DESPESA TOTAL COM PESSOAL NO ÚLTIMO ANO DO MANDATO OU LEGISLATURA** | |
| **Prestação de garantia graciosa 359 – G** | As condutas dizem respeito a "ordenar" (determinar, impor, mandar), "autorizar" (permitir, facultar, viabilizar) ou "executar" (fazer, concretizar, realizar). As condutas dizem respeito a ato que acarrete aumento de despesa total com pessoal, o que poderia dificultar ou inviabilizar os mandatos subsequentes. |

| TÓPICO-SÍNTESE: DOS CRIMES CONTRA AS FINANÇAS PÚBLICAS | |
|---|---|
| **Penas** | A pena prevista para o crime é de reclusão de um a quatro anos. |
| **Classificação** | Próprio; formal; de forma vinculada; simples; comissivo; unissubjetivo; instantâneo; plurissubsistente ou unissubsistente, conforme o caso concreto; de perigo; doloso. |
| **Sujeito ativo** | O funcionário público exercente de mandato, responsável por ordenar, autorizar ou executar ato que acarrete aumento de despesa total com pessoal. |
| **Sujeito passivo** | O Estado. |
| **Objeto jurídico** | Finanças públicas. |
| **Objeto material** | O ato que enseja o aumento de despesa com pessoal. |
| **Elemento subjetivo** | Dolo. |
| **Consumação** | O crime estará consumado com a realização das condutas contidas no tipo. |
| **Tentativa** | Admite-se. |
| **Ação Penal** | Pública incondicionada. |
| **OFERTA PÚBLICA OU COLOCAÇÃO DE TÍTULOS NO MERCADO** | |
| **Oferta Pública ou colocação de títulos no mercado 359 – H** | As condutas dizem respeito a "ordenar" (determinar, impor, mandar), "autorizar" (permitir, facultar, viabilizar) ou "promover" (ensejar, dar causa). As condutas recaem sobre a oferta pública ou a colocação no mercado financeiro de títulos da dívida pública sem que tenham sido criados por lei ou sem que estejam registrados em sistema centralizado de liquidação e de custódia. |
| **Penas** | A pena prevista para o crime é de reclusão de um a quatro anos. |
| **Classificação** | Próprio; formal; de forma vinculada; simples; comissivo; unissubjetivo; instantâneo; plurissubsistente ou unissubsistente, conforme o caso concreto; de perigo; doloso. |
| **Sujeito ativo** | O funcionário público responsável por ordenar, autorizar ou promover a oferta pública ou a colocação no mercado financeiro de títulos da dívida pública. |
| **Sujeito passivo** | O Estado. |
| **Objeto jurídico** | Finanças públicas. |
| **Objeto material** | Os títulos da dívida pública. |
| **Elemento subjetivo** | Dolo. |
| **Consumação** | O crime estará consumado com a realização das condutas contidas no tipo. |
| **Tentativa** | Admite-se. |
| **Ação Penal** | Pública incondicionada. |

EDITORA *Jus*PODIVM
www.editorajuspodivm.com.br

Impressão e Acabamento
PlenaPrint
Indústria Gráfica